本书为"海峡两岸文化发展协同创新中心"成果

闽台方言的源流与嬗变

■ 马重奇　李春晓　张　凡／著

人民出版社

责任编辑:詹素娟
装帧设计:周涛勇

图书在版编目(CIP)数据

闽台方言的源流与嬗变/马重奇,李春晓,张凡 著. -北京:人民出版社,2013.9
ISBN 978 - 7 - 01 - 012625 - 8

Ⅰ.①闽… Ⅱ.①马…②李…③张… Ⅲ.①闽语-语言演变-福建省
  ②闽语-语言演变-台湾省 Ⅳ.①H177

中国版本图书馆 CIP 数据核字(2013)第 229082 号

闽台方言的源流与嬗变
MINTAI FANGYAN DE YUANLIU YU SHANBIAN

马重奇　李春晓　张　凡　著

人民出版社 出版发行
(100706　北京市东城区隆福寺街 99 号)

北京中科印刷有限公司印刷　新华书店经销

2013 年 9 月第 1 版　2013 年 9 月北京第 1 次印刷
开本:710 毫米×1000 毫米 1/16　印张:22.75
字数:370 千字

ISBN 978 - 7 - 01 - 012625 - 8　定价:58.00 元

邮购地址 100706　北京市东城区隆福寺街 99 号
人民东方图书销售中心　电话 (010)65250042　65289539

前　言

　　我们把这套书,献给关心两岸文化发展的朋友们。

　　两岸和平发展,是萦系海内外中华民族子孙心上的一个最牵动民族感情的大事。中国几千年历史上,曾经出现过多次分裂,或南北对峙,或东西抗衡,但历史最终都走向民族和国家的重新统一。其重要的原因之一,是中华文化巨大的民族凝聚力。同样,在近一百多年来,台湾与祖国大陆也处于被割据和相对峙的疏隔状态。但无论是日本帝国主义的殖民统治,还是延续国内战争造成的两岸政治对峙,纵使有某些别怀居心的异国势力介入和岛内分离分子的鼓噪,台湾始终是祖国不可分割的一部分,没有、也不可能从祖国分离出去。其重要的原因之一仍是,台湾同胞和祖国大陆同胞一样,都是中华民族的伟大子民;台湾社会和祖国大陆社会一样,都是奠立在中华文化基础之上建构和发展的。共同的文化,是一股潜在的、巨大的力量,无论过去、现在,还是将来,都是维系台湾与祖国大陆不可分割的深厚文化基因。正如江泽民在《为促进祖国统一大业的完成而继续奋斗》的讲话中所指出的:"中华各族儿女共同创造的五千年灿烂文化,始终是维系全体中国人的精神纽带,也是实现和平统一的一个重要基础。"

　　台湾与祖国大陆的文化亲缘,最先、也最直接地就体现为台湾与福建的文化亲缘关系。这是因为,福建与台湾同处于台湾海峡的两岸;福建社会与台湾社会都是以中原南徙的移民为主体先后建立起来的社会,稍有不同的是:中原移民南徙福建,大约到宋代已基本完成;而在台湾,则是由定居福建之后的中原移民后裔,自明末至清中叶,才再度大规模迁徙入台。随同移民的携带,中原文化经历在福建的本土化发展之后,也以闽(主要是闽南)文化的地域形态,再度传入台湾,成为台湾社会建构的文化基础,并与福建社会一样,经历了一个共同的内地化、文治化,也即中原化的过程。因此,闽台(亦即台湾海峡两岸)被视为一个共同文化区,皆因其文化有着历史形成过程中先后承递的文化亲缘关系。追寻台湾文化的来路,便不能不追根到闽(闽南)文化二度传递的汉民族文化的源头。作为闽籍文化学者,我们无论是在进行福建文化研究,还是在探询台湾文化的存在和发展,都会触及闽台文化关系这个寓意深远的敏感神经,也会为闽台(两岸)文化这种共同源于中原汉民族文化而又呈现出多样形态的魅力所感动,也深感有责任揭示闽台(两岸)文化这种同根共源的密切亲缘关系,以更有利于促进两岸和平发展,推动民族和国家的最终统一。

为此,我们组织撰写了"海峡两岸文化发展丛书·闽台文化关系篇"。顾名思义,是以"文化"为讨论对象,以"关系"为切入点,在闽台背后,涵盖的其实是两岸,所涉及的问题也不仅止于文化。它是以闽台为中心,以文化为重点,来论析两岸关系的一套系列研究论著。

文化是一个庞大、复杂而丰富的现象。就文化的形态而言,有所谓"俗民文化"(或称俗文化、常俗文化等)和"精英文化"(或称雅文化、士人文化等);就文化的过程看,有文化的历史形成,也有文化的现代发展,等等。"闽台文化关系篇"侧重的是文化形成过程中的历史关系,对于文化的现代发展与当下的存在状态,相对着墨较少。而在文化形成的历史关系讨论中,主要以俗民文化为对象,包括方言、民俗、民间信仰、民间戏曲、民间音乐、民居建筑等,也略为涉及诸如教育与文学等一般划属精英文化范畴的论题。这是因为俗民文化是随同移民与"身"俱来的底层的基本生存经验,是最早、也最大量地存在于闽台民间之中的一种基础性文化。显然,由于诸多原因,列入"闽台文化关系篇"的这些专题,无论是俗民文化层面还是精英文化层面,都只是很少的一部分,远非全面,还有很多专题,有待我们今后以及更多的同行继续努力。

两岸文化问题是当今社会不断有人提出并给予关注的问题,但却少见有专门性的研究论著行世。我们这套丛书仅是个初步的尝试,肤浅、不足和失误之处,当所难免。我们诚恳地期待关心两岸文化发展的学界先进和读者朋友们给予批评。

感谢福建师范大学海峡两岸文化发展协同创新中心对丛书的出版给予的支持。

刘登翰　林国平

二〇一三年七月

《闽台方言的源流与嬗变》序

　　不久前，我应邀到福州参加一个跟汉字信息处理有关的学术会议，恰好马重奇教授是这次会议的主持人之一。好朋友平时久疏问候，忽然有个机会见面，自然十分高兴。他告诉我最近写了一部《闽台方言的源流与嬗变》的书稿，希望我有时间读一读，并且提供一些意见或建议。我对福建、台湾两岸的方言也算略知一二，对他的这部书稿自然希望先睹为快，因此非常感谢他的信任和关爱。

　　福建、台湾两岸人民同根，文化同源。作为族群意识、文化载体的两岸语言和方言几乎完全相同。除了高山族的民族语言和少数的其他汉语方言外，台湾绝大多数人说的都是通称为"福佬话"的闽南话，以及客家人所说的客家话。台湾的闽南话主要是明清之际从福建闽南地区大规模流传过去的，台湾的客家话也在大致同时从粤东四县地区传播进去。在中国社会科学院和澳大利亚人文科学院合作编制的《中国语言地图集》（香港朗文出版［远东］有限公司 1987 年版）里，分布于台湾台北、基隆、宜兰、彰化、南投、台中、云林、嘉义、台南、屏东、高雄、台东、花莲、澎湖等县市的台湾闽南话，与分布于福建的厦门、泉州、漳州、龙岩、晋江、金门、永春、德化、平和、诏安等县市的福建闽南话，同属于闽语大区的闽南区泉漳片（见 B12 闽语图）；而分布于台湾苗栗、新竹、桃园、屏东、高雄等县市的台湾客家话，与分布于梅州、蕉岭、平远等县市的粤东客家话，同属于客家话区粤台片的嘉应小片（见 B15 客家话图）。这就是说，台湾的闽南话和福建厦门、泉州、漳州一带的闽南话大致相同；台湾的客家话和粤东梅州一带的客家话也有很大的共同性，跟福建西部地区的客家话也没有大的差别。他们之间互相通话是完全没有困难的。所以，W. 甘为霖（W. Cambell）根据台南音的记录，编出来的字典却叫做《厦门音新字典》（1913，台南）。可见两岸闽南话的一致性是非常大的。但是我们注意到，由于人文地理、政治历史以及其他各方面的原因，两岸的闽南话和客家话在语音、词汇或语法等方面都存在一定的差别。这种差别同样应该引起足够的重视。

　　闽南话和客家话都有很长的研究历史。无论是福建和台湾的闽南话，或是粤东、闽西和台湾的客家话，许多学者都作过调查研究，并且发表过很多十分有价值的论著，我们可以很容易就罗列出一份很长的有关文献目录。其中不少论著都曾经广泛地涉及两岸闽南话和客家话的源流，以及多方面的比较研究。在这方面，连横的《台湾语典》（台湾中华丛书编审委员会，1957），丁邦新的《台湾语言源流》（台湾省政府新闻处，1970），王育德的《台湾语音的历史研究》（日本第一书房 1987年影印本）等重要著作经常为众多的研究者所征引。但是就我所知，像马重奇教授在新著《闽台方言的源流与嬗变》里那样，对两岸的闽南话和客家话进行全方位的、多角度的比较研究，在此之前还没有过。《闽台方言的源流与嬗变》实际上讨论了闽、粤、台两岸三地的闽南话和客家话，但重点是讨论闽台的闽南话。本书从闽台方言史说起，详细讨论了闽南话的形成和发展，进而讨论了闽南话和客家话在台湾的传播和发展。然后以闽、粤、台三地的一些重要历史韵书，特别是现代闽南话地点方言的重要研究著作为大纲，对闽台两岸的闽南话进行了贯穿古今的历史比较和纵横各地的共时比较。这种比较涉及语音、词汇和语法的各个方面。本书最后设了一部分专门的章节，仔细地比较了闽、粤、台三地的客家话的一致性和差异性。全书纵论两岸方言古今，材料翔实丰富，论述深刻入微，而且重点突出，杂而不乱。这不但是闽台方言比较研究的一部力作，同时也是汉语比较方言学的一部重要作品。因此，我愿意在这里郑重推荐，相信值得方言学和语言学方面的读者仔细一读；研究两岸历史文化、社会政治等方面的学者也可以从这本著作中得到很多有益的启发。

研究比较方言学的人都知道，比较一两个具体的地点方言容易，比较大面积的成片方言很难，把两种不同类型的方言进行同时的比较更难；比较不同类型的方言容易，比较相同类型的方言很难，把同一类型内非常相近的若干地点方言进行共时的比较更难。《闽台方言的源流与嬗变》能够把闽、粤、台两岸三地十分相近的闽南话和客家话作出这么细致的、深入的比较，让读者清晰地看到它们之间的共性和个性，我们不得不佩服马重奇教授宽阔的视野和深厚的专业功力。我国汉语方言的研究近二十来年取得了可观的进展，无论从哪个角度来说，我们现在都具备了把整个汉语方言研究推向大规模的比较研究的充足条件。马重奇教授的《闽台方言的源流与嬗变》在这方面为我们提供了一个比较成功的范本。当然，方言比较研究还是要讲究实事求是的原则，事实是比较方言学的基础。重在事实，重在材料，对于事实和材料无论怎么强调都不为过分。因此，方言的比较研究应该根据不同的方言事实、不同的应用目标而有所侧重，有所发挥，不能千篇一律，不求创新。

我和重奇教授认识多年，亦师亦友，素有往来。他先在大学里教授古代汉语，后来又专攻音韵学,尤其精于闽语的早期音韵学,对闽语的各地韵书如蔡士泮的《戚林八音》、林端材的《建州八音字义便览》、无名氏《安腔八音》、黄谦的《汇音妙悟》、谢秀岚的《汇集雅俗通十五音》、无名氏《增补汇音》、无名氏《渡江书十五音》、钟德明的《加订美全八音》等以及台湾闽南方言韵书深有研究,在《方言》等重要学术刊物上发表过很有见地的研究论文。之后,他从闽语的方言音韵而进入现代闽语方言的调查研究,他的《漳州方言研究》(香港纵横出版社1994年版)成为近年来闽语研究方面的一部重要著作。据我所知,他在语言学的其他领域还有很多兴趣,发表过一些颇有见解的文章。最近一年多来,他一方面承担着大学里非常繁重的学术管理工作,一方面仍然继续从事他在方言学、音韵学等领域里的研究。现在我们看到的这本《闽台方言的源流与嬗变》就是在这样繁忙的情况下,伴随着多少个不眠之夜写出来的。由此我们知道他是一位多么用功、勤奋的学者。

　　我因此非常敬重马重奇教授。有机会先读《闽台方言的源流与嬗变》这部著作,至为幸事。以上一些话算是读书之后的一点体会,是为序。

　　　　　　　　　　　　　　　　　　　　　　　　张振兴
　　　　　　　　　　　　　　　　　　　　　　于北京东湖别墅

　　(注:张振兴,中国社会科学院语言研究所研究员,中国社会科学院研究生院教授、博士生导师,原中国社会科学院语言研究所主办的权威刊物——《方言》的常务主编,国内外享有盛誉的著名的汉语方言学家)

目　录

第一章　闽台方言史简篇

第一节　福建史略及闽方言的形成和发展

一、福建的早期开发与福建古代方言

福建省具有悠久的历史。根据考古工作者报告,福建这个地域有不少原始社会新石器时代的文物遗址。如福清东张的山坡遗址、闽侯甘蔗县石山遗址、白沙溪头和榕岸庄边山等地的贝丘遗址等均具有原始的地方文化类型,距今已有五千年历史;金门发现的篦点纹陶器,跟中原地区发现的裴李冈文化的篦点纹陶器相类似。这些都证明了至少在七千年前福建早已有先民在这里活动了。

《尚书·禹贡》记载夏禹治水之功,分九州:冀、兖、青、徐、扬、荆、豫、梁、雍。曰:"淮海惟扬州。"① "淮"指淮河;"海"指东海。意思是淮河与东海之间是扬州。《周礼·夏官·职方氏》:"东南曰扬州。"②《尔雅·释地》:"江南曰扬州。"③可见,夏朝时福建一带应属扬州地域。福建武夷山的船棺至今犹存,经测定,其年代大约是距今 3400 年的殷商时期。类似的船棺在闽、赣、湘、桂、云、贵、川等地均有发现,从其文化特征来看,当时的原住民夷落中可能有现今壮侗语族诸民族的先民。

《周礼·夏官·职方氏》:"辨其邦国、都、鄙、四夷、八蛮、七闽、九貉、五戎、六狄之人民。"④ 郑玄注:"闽,蛮之别也,《国语》曰:闽,芈蛮矣。四、八、七、九、五、六,周之所服国数也。"贾公彦疏:"叔熊居濮如蛮,后子从分为七种,故谓之七闽。"可见,"七闽"指的是远离中原的边陲地区少数民族聚集之处,当在福建和浙江南部一带。至今,闽南话"闽""蛮"二字仍完全相同。《说文解字·虫部》:"闽,

---

① 阮元校刻:《十三经注疏》,中华书局 1982 年版,第 148 页中。
② 同上书,第 862 页上。
③ 同上书,第 2614 页下。
④ 同上书,第 861 页下。

东南越,蛇种";"蛮,南蛮,蛇种"。① 这里的"蛇种"即"蛇族",就是信仰蛇神的民族。至今闽南、闽西一带建有不少蛇王庙、蛇王宫、蛇腾寺等,大概分布于福建的闽越人是以蛇为图腾的。

战国时期,勾践七世孙无疆和楚威王作战(约前339~前329),无疆战败被杀,楚兵占领吴越土地,越国瓦解,其后裔和福建原有土著结合,称"闽越人"。

公元前221年,秦始皇统一中国后置三十六郡,在闽地设闽中郡,治所在冶县(今福州市),辖境相当于今福建和浙江宁海、天台以南灵江、瓯江、飞云江流域。秦末废。汉初属闽越国,汉武帝后属于会稽郡。有关闽越人的资料,《史记·东越列传》记载:"闽越王无诸及越东海王摇者,其先皆越王勾践之后也,姓驺氏。秦已并天下,皆废为君长,以其地为闽中郡。"《集解》徐广曰:"今建安侯官是。"《索隐》徐广云:"本建安侯官是。"② 按:为闽州。《正义》:"今闽州又改为福也。"据《史记》所载,高祖五年(前202),越人立越首领无诸为闽越王,主要活动中心在闽江流域,并建立闽越国,都东冶(今福州)。汉惠帝三年(前192),又封勾践的后人摇为东海王,统治今浙江省南部,以东瓯(今温州)为国都,所以又被称为东瓯王。至今,闽北各县多处可见民间传说的"越王墓"、"越王城"、"越王台"的遗址。在福建武夷山市兴田乡所发掘的"汉城"遗址,就是汉初闽越人所营造的城堡。汉武帝建元三年(前138),闽越发兵围东瓯(东海),东瓯向朝廷告急。汉军出动,未至而闽越军闻风退走。元封元年(前110),汉军平定了闽越国中东越王余善的叛乱,并乘机废除了与朝廷合作的(闽)越繇王,"将其民徙处江淮间,东越地遂虚"。③ 其实,当时还有大量的闽越土著纷纷逃遁山谷间,繁衍了下来。但是,西汉朝廷派遣大批军队入闽,并在闽中设立了实质性的行政机构,在闽越故地设立冶县(今福州市),属会稽郡东部都尉管辖,加强了对闽中之地的实质性统治,这就为北方汉人的入闽创造了便利的条件。

东汉时期,冶县更名为东侯官,省称侯官。在此驻防的军队,有一部分可能成了当地的居民。陈支平考证④,东汉末年,中原战乱兴起,人民四处逃亡,闽中既为人烟稀少的边陲之地,不少逃亡的中原汉民,便开始批量入闽。特别是孙吴集团崛起于江东,为了扩展势力范围,着意向南发展,经营闽中,先后五次派遣军队入闽,更带动了大批北方汉民入闽。第一次,为建安元年(196),孙吴攻打会稽,会

① 许慎:《说文解字》,中华书局1978年版,第282页下。
② 司马迁:《二十四史·史记》,中华书局1995年版,第2979页上。
③ 同上书,第2984页上。
④ 陈支平:《福建六大民系》,福建人民出版社2001年版,第13~14页。

稽太守王朗不敌,由海路奔东冶,侯官长商升起兵支持王朗。孙策则遣永宁长韩晏领南部都尉,率兵讨伐,后又以贺齐代替韩晏,商升乞降,商升部将张雅、詹彊等杀升,共守,被贺齐攻破,孙策军占领侯官。[①] 第二次,为建安八年(203),建安(今建瓯)、汉兴(今浦城)、南平叛乱,孙吴将领贺齐进兵建安,并把南部都尉从浙江迁到建安,先后打败洪明、洪进、苑御等反吴势力,确立了孙吴在福建闽江流域的统治地位(《三国志·贺齐传》)。第三次,为建安十三年(208),孙权派余姚长吕岱为督军校尉,与将军蒋钦等共同率军入闽,消灭了会稽东冶的吕合、秦狼起义,平定东冶五县(《三国志·吕岱传》)。第四次,为吴嘉禾四年(235),孙权又派吕岱督率刘纂、唐咨等进兵攻打会稽东冶的随春。在孙吴的进攻下,随春即时投降,被吕岱任为偏将军,使领其众(《三国志·吕岱传》)。第五次,为吴太平二年(257),建安、鄱阳、新都三郡"山民作乱",吴中书令钟离牧任监军使者,镇压了建安等地的"山越"动乱,山越军首领黄乱、常惧等被逐出其部队,以充兵役(《三国志·钟离牧传》)。孙吴前后数十年用兵五次,基本上建立和巩固了对福建的统治,并建立了建安郡。

　　三国时期,东吴孙权曾派将领率兵平定闽越人的叛乱,入闽通道有二:一是海路,经福鼎入闽东、闽南;一是陆路,经崇安入闽北和闽中。建安八年(203),在建安(今建瓯)立南部都尉,屯兵5万于汉兴(今浦城),1.2万于大潭、盖竹。闽中汉人日益增多。至吴景帝永安三年(260)设建安郡,辖有十个县:侯官(今福州)、建安(今建瓯)、南平、汉兴(今浦城)、建平(今建阳)、将乐、昭武(今邵武)、东平(今松溪、政和)、绥安(今建宁、泰宁)、东安(今闽南)。治所在建安(今建瓯),辖境相当今福建省。十个县中,除了福州属于闽东、东安属于闽南以外,其余八个县均属闽北或闽西北,可见福建最早开发还是闽北或闽西北。这时,汉人逐渐成为闽中人口的主体。这些入闽者,多数应是长江以南的吴人和楚人。闽东片以福州为中心,是福建最早的置县之地,表明这些中原汉人最初是由海路抵闽的。三国东吴时期,北方移民深入闽南,在晋江口设县,说明移民也是由海路而来,然后以沿海河口为据点,向各河流的中上游渐次移殖,同时也扩大自己的方言区。有的从陆路移入福建的汉人越仙霞岭,经浦城、崇安进入建溪流域,形成闽北方言区。以后逐步推进到闽中,奠定闽中方言片的基础。三国时期,还有一支移民由今江西经临川越武夷山进入闽西北,还有一些零星的移民是由广东迁入的。这一区域的移民主要来自江西的方言。但当地还有不少越人后裔,他们的语言对移民也会产生影响。

---

　　① 　陈寿:《二十四史·三国志》,中华书局1997年版。

以后的闽南方言也就是在移民与土著语言的互相影响下逐渐形成的。移民入闽有不同的路线,有海路也有陆路。不同路线的移民代表着不同方向和区域,同时也带来了不同的方言。因此,也就形成古代闽方言中的闽东、闽南沿海和闽西北山地方言之间很大的差异。[①]

近年来的考古发掘资料也证实了东汉末、孙吴时期北方汉人已逐渐在闽江上中游地域及闽东地区定居了下来。1985 年霞浦县城关发现东吴永安六年(263)和霞浦县故县村发现孙吴"天纪三年(279)"墓砖,这是福建迄今发现的最早的纪年砖。1958 年和 1976 年先后于闽侯荆溪庙后山与福州洪塘金鸡山发现两座东汉时期的土坑墓,出土有陶罐、陶壶、陶灶、陶瓿、陶耳杯、陶滤器、铁釜、铁剑、铜镜、五铢、货泉等。这些文物足证当时北方汉人的入闽趋向以及汉文化在福建地区的传播了。[②]

这些早期入闽的汉人,带来了上古汉语主要是"江东"的古吴语和"南楚"的古楚语。现今福建方言中,还有不少古吴语和古楚语的残余现象。

(一)古吴语

1. 侬

《玉篇·人部》:"侬,吴人称我是也。"《晋书·会稽文孝王道子传》:"道子颔曰:'侬知侬知。'"《六书故·人一》:"侬,吴人谓人侬。按:此即人声之转。"(按:福建沿海闽语均称人为侬,兼指我。)《戚林八音·东字母》:"侬,自称。"《戚林八音·缸字母》:"侬,吴人称我。"《汇音妙悟·东韵》:"侬,我也。"《汇集雅俗通十五音·公韵》:"侬,我也。"今福州音读作[nuŋ⁵],泉州音、漳州音、厦门音均读作[laŋ⁵]。(按:关于八音调序,我们采取这样的标法:阴平 1,阴上 2,阴去 3,阴入 4,阳平 5,阳上 6,阳去 7,阳入 8。)

2. 僆

《尔雅·释畜》:"未成鸡,僆。"郭璞注:"今江东呼鸡少者曰僆。"《广韵·霰韵》:"僆,未成鸡也。"(按:福建闽方言亦称未成鸡为僆。)《汇集雅俗通十五音·坚韵》:"僆,鸡小者名。"今漳州音文读作[lian⁷],白读与今泉州音、厦门音均读作[nuã⁷]。

3. 裑

《方言》卷四:"褕裑谓之袖。"郭璞注:"衣褾,江东呼裑。"钱绎笺疏:"衣褾谓之裑,……今人犹谓袖管袜管矣。"今闽方言多称衣袖为"手裑",短袖称"短

① 葛剑雄主编:《中国移民史》卷一,福建人民出版社 1997 年版,第 120~121 页。
② 陈支平:《福建六大民系》,福建人民出版社 2001 年版,第 16 页。

裓"，长袖称"长裓"。福州音读作[uoŋ²]，泉州音、厦门音均读作[ŋ²]，漳州音读作[uĩ²]。

4.藻

《尔雅·释草》："萍，蓱。"郭璞注："水中浮蓱，江东谓之藻。"《广韵·宵韵》："藻，《方言》云：'江东谓浮萍为藻'。"《戚林八音·烧字母》："藻，水上浮萍。"《汇集雅俗通十五音·娇韵》："藻，萍也。"《渡江书十五音·幺韵》："萍，水面浮萍。藻，同上。"福州音读作[pʰiu⁵]，泉州音、漳州音、厦门音均读作[pʰio⁵]。

（二）古楚语

1.颔

《方言》卷十："颔、颐，颔也。南楚谓之颔，秦晋谓之颔，颐，其通语也。"闽南语亦称颈为颔。《汇集雅俗通十五音·甘韵》："颔，颔颈。"《增补汇音·甘韵》："颔，颈也。"《渡江书十五音·甘韵》："颔，颔颈。"今闽南话称脖子为"颔胵"。泉州音读作[am⁶]，漳州音、厦门音均读作[am⁷]。

2.奶

《广韵·荠韵》："奶，楚人呼母，奴礼切。"闽方言亦多称母为奶。《戚林八音·西字母》："奶姟姟嬭，乳母，俗作娘称。"《汇集雅俗通十五音·闲韵》："奶，母曰娘奶。"今福州音读作[nɛ³]（依奶：母亲），漳州音读作[nɛ̃²]（娘奶：母亲）。

3.箬

《说文·竹部》："箬，楚谓竹皮曰箬，而勺切。"《玉篇·竹部》："箬，竹大叶。"（按：闽语多泛称一切叶子为箬。）《戚林八音·桥字母》："箬箹，籍箬，叶也。"今福州音读作[nuoʔ⁸]，泉州音、漳州音、厦门音均读作[hioʔ⁸]。

4.潭

《广雅·释水》："潭，渊也。"《楚辞·九章·抽思》："长濑湍流，泝江潭兮。"王逸注："潭，渊也。楚人名渊曰潭。"今闽语谓深水处曰潭。《戚林八音·山字母》："潭，溪水深处。"《汇音妙悟·三韵》："潭，水深处。"《汇集雅俗通十五音·甘韵》："潭，水深。"今福州音读作[tʰaŋ⁵]，泉州音、漳州音、厦门音均读作[tʰam⁵]。

（三）先秦两汉古方言

1.薅

《说文·蓐部》："薅，拔田草也，呼毛切。茠，薅或从休。《诗》曰：'既茠荼蓼'。"（按：闽语耘田谓之薅草。从休声，读如咻。）《汇集雅俗通十五音·扛韵》："薅，拔去田草。"今福州音读作[xau¹]，泉州音、漳州音、厦门音均读作[kʰau¹]。

2. 必

《说文·八部》:"必,分极也,毕聿反。徐锴曰:分别之极也。"(按:闽语物将裂未裂谓之必。盖亦言其分别也。)《普通话闽南方言词典》:"必",裂,皲裂。泉州音、漳州音、厦门音均读作 [pit⁴]。

3. 呬

《说文·口部》:"呬,东夷谓息曰呬,从口四声。《诗》曰:'犬夷呬矣'。希媚反。"(按:闽语凡人遇事小作声曰呬呬叫,从四声也。)今漳州音有 "呬呬叫" 的说法,读作 [su³]。

4. 癶

《说文·癶部》:"癶,足刺癶也,从止少。读若拨。"徐锴曰:"两足相背不顺故刺癶也,北末反。"(按:闽语步不相应曰八字骹,盖两足相背势,若八字,象形而为之号也,然其字则应作癶。)漳州读作 [puat⁷]。

二、西晋末年至唐五代时期中原汉人入闽以及闽方言的形成

(一)西晋末年至唐五代时期中原汉人大规模移民入闽

晋灭吴后,统一全中国,全国社会比较安定,经济也得到发展,福建的经济和人口也相应地发展。太康三年(282),建安郡缩小至该省的西北部,分为建安、晋安两郡。《晋书·地理志》记载:"建安郡,故秦闽中郡,汉高帝五年以立闽越王。及武帝灭之,徙其人,名为东冶,又更名东城。后汉改为侯官都尉,及吴置建安郡,统县七,户四千三百。"统七县,指建安(今建瓯)、吴兴(今浦城)、东平(今松溪、政和)、建阳(今建阳)、将乐(今将乐)、邵武(今邵武)、延平(今南平)。[1]《晋书·地理志》又载:"晋安郡,太康三年置,统县八,户四千三百。"统八县,指原丰(今闽侯)、新罗(今上杭)、宛平(无考)、同安(今属厦门)、侯官(今闽侯东南)、罗江(今宁德,一说今罗源)、晋安(今南安)、温麻(今霞浦)。[2] 自西晋末年至唐五代时期北方移民先后有三次迁入福建,给古闽越地区带来了北方丰富的汉族文化和中原官话。

1. 第一次大规模移民入闽

西晋末年,北方混战,汉人大量南移,永嘉二年(308),有林、陈、黄、郑、詹、邱、何、胡八大姓迁到福建定居 [3],同时带进大量的先进生产工具、农业技术和早期文

---

① 房玄龄等:《二十四史·晋书》,中华书局 1997 年版,第 461 页上。
② 同上书,第 462 页上。
③ 何乔远:《闽书》,福建人民出版社 1994 年版。

化。他们在共同的生产生活中,和本地闽越人很好地融合起来。这是中原汉族人民第一次大规模南迁入闽。这次汉人迁徙的定居地主要是闽北,也有辗转到了闽江下游、木兰溪和晋江流域的。根据陈支平考证,入闽的汉人并非均在永嘉二年才突然蜂拥而至,就是在永嘉二年以前,亦有不少汉人入闽。如 1973 年福建松溪县发现西晋永兴三年(306)八月廿二日的古墓①;1983 年浦城县莲塘乡吕厝坞村发现西晋元康六年(296)的墓群②;清乾隆《莆田县志》记载,康熙二十九年发现"太康八年(287)八月作"的巨砖;等等。永嘉之乱入闽汉人多数为"八大姓",也有其他姓氏的移民;入闽的汉人有衣冠望族,也有一般平民百姓。根据福建省博物馆《建国以来福建考古工作的主要收获》③,从西晋末和东晋出土的墓葬可以证明,从西晋末至东晋的确有大批的北方汉人入闽。

东晋末年元兴年间,孙恩在三吴八郡领导数万农民举行暴动,建立了地方政权。元兴元年(402)孙恩在临海战死,其妹夫卢循率众转战于闽浙沿海。次年,攻入福建晋安,持续三年之久。卢循被刘裕击败后,其余部还散居在福建沿海④。

南朝宋、齐、梁、陈四个朝代(420~589),总计 170 年,北方汉人不断有移民入闽。南朝宋时福建也是置建安、晋安二郡。《宋书·州郡二》记载:"建安太守,……领县七。户三千四十二,口一万七千六百八十六。去州水二千三百八十,去京都水三千四十,并无陆。……晋安太守,……领县五。户二千八百四十三,口一万九千八百三十八。去州水三千九百九十,去京都水三千五百八十。"⑤建安太守领县七:即吴兴(今浦城)、将乐、邵武、建阳、绥成(今建宁西南)、沙村(今沙县东)。晋安太守领县五:即侯官、原丰(今闽侯)、晋安(今南安)、罗江、温麻(今霞浦)。当时福建只有水路而无陆路。《南齐书·州郡上》:"建安郡:吴兴、建安、将乐、邵武、建阳、绥成、沙村。晋安郡:侯官、罗江、原丰、晋安(今南安)、温麻。"⑥但到了南朝梁天监中(502~519),随着闽南地区的进一步开发,又从晋安郡分出一个南安郡,辖有兴化、泉、漳等地。尤其是梁末侯景之乱时的那次南迁,规模是最大的。《陈书·世祖纪》载:"侯景以来,遭乱移在建安、晋安、义安郡者,并许还本土,其被略为奴婢者,释为良民。"⑦这里简述了侯景之乱后的移民情景。《隋书·地理

---

①　《福建松溪县发现西晋墓》,《文物》1975 年第 4 期。
②　新修《浦城县志》卷五《人口》,中华书局 1994 年版。
③　《文物考古工作三十年(1949~1979)》,文物出版社 1979 年版。
④　《太平寰宇记》卷一〇二《泉州风俗》。
⑤　沈约:《二十四史·宋书》,中华书局 1997 年版,第 1092~1093 页。
⑥　萧子显:《二十四史·南齐书》,中华书局 1997 年版,第 262 页。
⑦　姚思廉:《二十四史·陈书》,中华书局 1997 年版,第 58 页。

下》："建安郡,统县四,户一万二千四百二十。"① 统县四:即闽、建安、南安、龙溪。可见,从宋至隋,人口从 6885 户发展到 12420 户,几乎增加了一倍,也可以看出移民数量的增加。

总之,由西晋末年至南北朝,由于永嘉之乱、卢循入闽以及侯景之乱,造成北方汉人大量移民入闽。其数量之多,大大超过汉代、三国东吴时期,而且移民的身份也是较为复杂。

从汉代至魏晋南北朝时期,北方汉人移民入闽的主要路线,据陈支平《福建六大民系》② 考证,大致有 4 条路线:一是由江西鄱阳、铅山经分水关入闽。福建的闽北崇安、建阳一带与江西、浙江相毗邻,距离中原最近,也是北方汉人入闽最先到达的地方。在这里曾多次发现汉代中原钱币,可知很早以来就是入闽古道。二是由江西临川、黎川越东兴岭经杉关入闽。这一条路线较为平坦。南朝陈文帝天嘉四年(563),护军将军章昭达统率缇骑五千、组甲二万,"逾东兴岭",经杉关"直渡邵武",进入福建(《陈书·陈宝应传》)。由此即可知这条路线早已为人们所熟悉、所通行。三是由闽浙边界山口入闽。闽浙边界有很多山口关隘,如著名的浦城仙霞岭等。北方汉人经浙江到达福建的很多。福建出土的六朝时期的青瓷,有一部分是来自浙江的"瓯窑"。这很可能就是从仙霞岭运来福建的。四是由海路入闽。福建背山面海,海上交通很早就甚为发达,海路也是北方汉人入闽的重要路线。三国时期,孙策兵攻打会稽,会稽太守王朗失败后由海路奔侯官,孙策军队也跟踪而至并占领侯官,双方行动都相当迅速,可见在会稽和侯官之间有一条为人们所熟悉的海上交通线。汉代至魏晋南北朝时期,应当也有一部分北方汉人是经浙江等地由海路入闽的。入闽的北方汉人,从海路来的主要居住在福州及沿海地带;大多数则是从陆路经江西、浙江先移居闽北,然后由闽江上游、中游而到达下游的侯官,再由侯官往南迁至木兰溪流域、晋江流域和九龙江流域;其中可能也有一部分是从江西直接进入闽西,然后再到达闽西、闽南九龙江流域,但这部分数量较少。解放以来,福建省考古工作者发现了一百余座六朝时期的墓葬,根据林忠干的归纳,具有典型意义的墓葬约 50 处,我们从这 50 处典型墓葬的分布情况看,在闽江上游(指南平以上)的共有 16 处,闽江下游(指南平以下)的共有 27 处,闽东沿海(指现在宁德地区各县)有 2 处,闽南沿海(指现在莆田市以南的沿海各县)有 5 处。这说明当时北方汉人入闽后主要定居于闽江流域及沿海的部分

---

① 魏徵:《二十四史·隋书》,中华书局 1997 年版,第 879 页。
② 陈支平:《福建六大民系》,福建人民出版社 2001 年版,第 23 页。

地区。①

据李如龙《福建方言》考证，"闽北方言是福建境内最早形成的方言。应该说它在六朝时期就形成了。它的一些古老的方言特点是其他闽方言所没有的。例如从上古到中古的声母中有全浊声母 b、d、g、ɦ、dz 等，现代闽方言中仅见于闽北的石陂、建阳、崇安等地。又来母字读 s 声母（如聋、篮、鳞、笠、雷、箩等）则见于闽北各县及将乐、邵武、永安等地，闽东南极少发现"②。

2. 第二次大规模移民入闽

根据谢重光考证，唐代之前，少数汉人主要从两个方向进入九龙江流域：一是由岭南珠江流域、韩江流域沿东北方向逐渐推进到九龙江流域；二是由闽江流域、晋江流域沿西南方向逐渐推进到九龙江流域。③ 到了唐朝总章初年，闽粤一带少数民族武装反抗朝廷。二年（669），唐高宗派玉铃卫翊府左郎将归德将军陈政统领南行军总管，率府兵 2600 名，副将以下 123 员，驻往绥安（今漳浦县）平定叛乱。据《漳州府志》："陈政，是河南光州固始人。唐高宗总章二年（669），泉潮间蛮獠啸乱，朝廷以政总岭南军事，偏裨一百三十二员从焉；镇绥安（今漳浦）。政兄敏嗣领五十八姓入闽相助。政旋卒，子元光领其众，戡定蛮乱，奉命世镇漳州，遂屯师不旋，垦土招徕，方数千里，无烽火之惊，号称乐土。世谓漳州开辟自此为始，亦为陈始也。"④ 陈政、陈元光父子入闽，是唐代中原人民继西晋"永嘉之乱"后的第二次大规模移民南下。根据民国《云霄县志》、《台湾省通志·氏族》和陈嘉音《漳州开发史考辨》，当时约有八十余种姓氏入闽：陈、许、卢、戴、李、欧、马、张、沈、黄、林、郑、魏、朱、刘、徐、廖、汤、涂、吴、周、柳、陆、苏、欧阳、司马、杨、詹、曾、萧、胡、赵、蔡、叶、颜、柯、潘、钱、余、姚、韩、王、方、孙、何、庄、唐、邹、邱、冯、江、石、郭、曹、高、钟、汪、章、宋、翟、罗、施、蒋、丁、卜、尤、尹、韦、甘、宁、弘、名、阴、麦、邵、金、种、耿、谢、上官、司空、令狐。⑤ 陈氏父子及其所率府兵将中原文化和先进技术、工具、语言文字带到闽地加以传播，深受群众的欢迎和拥护。逝世后，漳州人民为了纪念他的功绩，尊称他为"开漳圣王"、"开漳元祖"。陈氏子弟及其部下后来皆定居在漳州一带，成为今漳、潮一部分居民的来源。

---

① 林忠干等：《福建六朝墓初论》，《福建文博》1987 年第 2 期。
② 李如龙：《福建方言》，福建人民出版社 1997 年版，第 26 页。
③ 谢重光：《陈元光与漳州早期开发史研究》，台北文史哲出版公司 1995 年版。
④ 光绪《漳州府志》卷二二《兵纪》上。
⑤ 陈支平：《福建六大民系》，福建人民出版社 2001 年版，第 29 ~ 30 页。

据《新唐书·地理志五》①记载，唐代把福建分为五州五郡，对照现代福建省境内的方言分区，估计当时已经初步形成了五个方言区：①福州长乐郡（即闽东方言区），天宝元年（742）已有34084户，人口75876人，辖县十：闽县、侯官、长乐、福唐（今福清）、连江、长溪（今霞浦）、古田、梅溪（今闽清）、永泰、尤溪。在唐代，闽东方言区已初步形成，但除了霞浦县以外，基本上限于闽东南片。尤溪是属于闽东、闽北、闽中交界的方言点，此地可能比较接近于闽东方言，因此归入福州长乐郡（即闽东方言区）。②建州建安郡（即闽北方言区），武德四年（621）已有22770户，人口142774人，辖县五：建安、邵武、浦城、建阳、将乐。这时，闽北方言区可能还没有分化为闽北方言片和闽赣方言片，因此邵武和将乐仍归入建州建安郡（即闽北方言区）。③泉州清源郡（即闽南方言区北片），景云二年（711）已有23860户，人口160295人，辖县四：晋江、南安、莆田、仙游。在唐代，莆田、仙游二县归属泉州清源郡，说明它们同属闽南北片方言区。④汀州临汀郡（即闽西、中方言区），大历四年（769）已有4680户，人口13720人，辖县三：长汀、宁化、沙县。当时沙县归入汀州，说明闽西方言与闽中方言是没有什么区别的。⑤漳州漳浦郡（即闽南方言区西、南片），乾元二年（759）已有5846户，人口17940人，辖县三：龙溪、龙岩、漳浦。在唐代，龙岩方言与龙溪、漳浦二县的方言可能比较一致，因此同属漳州漳浦郡。

3. 第三次大规模移民入闽

根据《中国移民史》第三卷"表9-5 唐后期五代南迁的北方移民实例（福建部分）"②，唐后期五代南迁的北方移民主要来自13个地区：①河南：固始、光州、荥阳、汴州、开封、颍川、洛阳、宋州、长葛、滑县、上蔡；②北方：？；③安徽：寿州、亳州；④中原：？；⑤湖北：安陆、江夏、荆州；⑥山东：高密、济阳、曲阜、清河、邹县、博陵；⑦甘肃：天水；⑧山西：河东、寿阳、太原；⑨陕西：关中、长安、京兆；⑩河北：高阳；⑪江苏：彭城。⑫淮河间：？；⑬？：？。具体移民人数统计如下：

迁出地／迁入地	河南	北方	安徽	中原	湖北	山东	？	甘肃	山西	江淮间	陕西	河北	江苏
福　州	24	1	1	2	1	1	1						
泉　州	16	1		9	2	2	1	1	1	1	1	1	1
建　州	17		1	1	1	2	1				4		

---

① 欧阳修、宋祁：《二十四史·新唐书》，中华书局1997年版，第1064~1066页。
② 葛剑雄主编：《中国移民史》第三卷，福建人民出版社1997年版，第306~310页。

续表

迁入地 \ 迁出地		河南	北方	安徽	中原	湖北	山东	?	甘肃	山西	江淮间	陕西	河北	江苏
闽		16	6		3	1	1					1		1
合计	127	73	8	2	15	5	6	3	1	5	1	6	1	1
比例数:	100	57.48	6.30	1.57	11.81	3.94	4.72	2.36	0.79	3.94	0.79	4.72	0.79	0.79

由上表还可以看出:① 从迁出地 13 个地区来看,河南移民的人数最多,共 73 人（其中光州 42 人、固始 18 人）,占总数的 57.48%;中原次之,占 11.81%。河南光州移民是此期间人数最多最重要的一次北方移民入闽。这可能与陈政、陈元光父子在福建任漳州刺史的影响有关。② 从迁入地 3 个地区来看,分布在福州、泉州和建州的移民分别为 31 人、36 人和 31 人。③ 从移民的时间来看,"安史之乱"北方移民入闽 2 人,占总数 1.57%;"藩镇割据"北方移民入闽 11 人,占总数 8.66%;"唐末战争"北方移民入闽 92 人,占总数 72.44%;"五代十国"北方移民入闽 22 人,占总数 17.32%。后两个阶段的移民最多,占总数的 89.76%。

（二）闽方言的形成

第三次移民比较集中的是唐末随王审知入闽的将士。王审知（862～925）,字信通,河南光州固始人。[①] 五代十国时闽国建立者。家世为农。黄巢起义后,与兄王潮俱从王绪起兵。及潮杀绪,命审知率中原人马五千余人攻入福建,剪除诸割据势力,始据闽中五州之地。潮死,王审知被唐朝任为威武军节度、福建观察使。至后梁,拜中书令,封闽王。王审知在位时,选良吏、省刑罚、减赋役、立学校、发展海上贸易,使闽地得偏安一隅,经济文化得以发展。唐代两次大批入闽的北方汉人,主要以河南光州固始人为主体、为领袖,并带来了河洛一带的方言。当年的河洛方言,正是形成闽方言的最重要的基础成分。我们知道,隋朝陆法言《切韵》是以永嘉前的河洛官话为基础的,而闽台河洛人祖先在永嘉之后带来的正是河洛官话。周振鹤著《现代汉语方言地理的历史背景》[②] 及其与游汝杰合著的《方言与中国文化》[③] 就移民与方言的关系有着详细的讨论。他们认为,现代汉语方言区的形成与历史时期的移民活动有密切的关系,同样,历史时期的方言区也与此前的移民活动有密切的关系。原始的方言区主要受到自然地理环境的制约,但当人口在不同方言区之间迁移时,移民就对方言区的变化起了重大的甚至是决定性的

①　欧阳修:《二十四史·新五代史》,中华书局 1997 年版,第 845～846 页。
②　周振鹤:《现代汉语方言地理的历史背景》,《历史地理》第九辑,上海人民出版社 1990 年版。
③　周振鹤、游汝杰:《方言与中国文化》,上海人民出版社,1986 年版。

作用。《中国移民史》卷一"语言学的方法"① 专门阐述了移民对原有方言影响的四个主要因素：

第一是移民的数量。既包括其绝对数量，也包括其相对数量，即在迁入地总人口中所占的比例。数量太少的移民一般不可能对当地的方言造成明显的影响，只能被当地的方言所同化。如唐后期五代南迁的安徽、甘肃、江怀间、河北、江苏移民入闽各只有一两个人，根本不可能对福建的土著方言造成什么影响。数量稍多的移民可能会对原有方言造成影响，使其发生一定的变异，但还不足以完全改变或取代原有的方言。如湖北、山东、陕西的移民入闽虽然数量稍多，但也还不可能改变或取代福建原有的方言。只有数量相当大，如占压倒优势时，才能使原有的方言发生根本性的变化，或者能够用移民自己的方言取代原有的方言。如唐后期五代南迁的北方移民中，河南移民最多且占移民总数的 57.48%，就能使原有的福建土著方言发生根本的变化。

第二是移民的集中程度。所谓集中，既指居住地的集中，也应指迁入时间的集中，即足以在一个特定时期内产生使移民在迁入地的全境或某一局部占压倒优势的条件。如唐初陈政、陈元光父子带领数千名将士直接驻扎在闽南漳州一带，唐后期五代南迁的北方移民主要集中在福州、泉州、建州等地，而且多数是河南光州固始人，因此，河南洛阳一带的方言才能在福建几个局部地区形成自己的数量优势。

第三是移民的社会地位。移民的社会地位越高，文化经济上的优势越大，掌握的行政权力越大，他们的方言对当地原有方言的优势也越大。这一方面是由于社会地位高、文化经济先进或大权在握的移民不仅有强烈的方言优越感，而且可以利用自己的影响和权力来保持和推行自己的方言，至少可以不受到迁入地原有方言的强制同化。如"福建第二次移民入闽"，唐朝总章二年朝廷陈政统领南行军总管，率府兵 2600 名，副将以下 123 员，驻往绥安平定叛乱。陈政地位高，任玉铃卫翌府左郎将归德将军。陈政、陈元光父子及其子孙们在福建漳州一带驻守和开发影响颇大。"福建第三次移民入闽"，王审知与兄王潮俱从王绪起兵。后潮杀绪，命审知率中原人马五千余人攻入福建，始据闽中五州之地。王审知被唐朝任为威武军节度、福建观察使。至后梁，拜中书令，封闽王。其地位十分显赫。他们带来的都是河南光州固始县的方言，对闽南原有的土著方言产生了极大的冲击。当时的土著居民为了迎合这些上层移民的需要，同时也是基于对他们带来的先进文化的仰慕仿效以及受到官方的压力，当地的居民必然会改变自己的方言，甚至完全放弃原有方言，而采用移民的方言。

---

① 葛剑雄主编：《中国移民史》第一卷，福建人民出版社 1997 年版，第 161～163 页。

　　第四是移民的方言与迁入地原有方言间的差异。河南洛阳方言与福建的土著方言的差异是很大的,语言上的冲突是十分激烈的。两种方言经过长期的激烈冲突和彼此相互影响,形成了闽方言,同时又保持了原来各片之间不同的特点。

（三）现代闽方言与《切韵》音系的比较

　　《福建省志·方言志》明确指出:"唐代两次大批入闽汉人,都以河南中州人为主体,当年的中州汉语,正是形成闽方言的最重要的基础成分。这个基础,既有东晋时期中原人士保留的上古雅言成分,又有唐代洛下正音(《广韵》为代表)的中古汉民族标准语成分。正是这两种成分构成了闽方言的共同性。"[1] 如果将现代闽方言与《切韵》音系进行历史比较,就会发现二者之间有其共性之处。

　　1.声母的比较

　　《切韵》中的唇音只有一类即重唇音帮、滂、并、明,轻唇音非、敷、奉、微尚未分化出来。如今闽方言一部分轻唇音字也是读作重唇音。如:

例字	分	飞	纺	蜂	房	饭	问	尾
切韵	府文切	甫微切	妃两切	敷容切	符方切	扶晚切	亡运切	无匪切
声母	帮（非）	帮（非）	滂（敷）	滂（敷）	并（奉）	并（奉）	明（微）	明（微）
福州	puoŋ	puoi	p'uŋ	p'uŋ	puŋ	puoŋ	muoŋ	muoi
泉州	pun	pɤ	p'aŋ	p'aŋ	paŋ	pŋ	bŋ	bɤ
漳州	pun	pue	p'aŋ	p'aŋ	paŋ	puĩ	muĩ	bue
厦门	pun	pe	p'aŋ	p'aŋ	paŋ	pŋ	bŋ	be
龙岩	pun	pue	p'aŋ	p'aŋ	paŋ	puĩ	muĩ	bue
永安	pum	pue	hum	p'aŋ	hm	pum	muĩ	bue
建瓯	pyeŋ	yɛ	p'ɔŋ	ŋɔ'ɛ	pɔŋ	pyiŋ	mɔŋ	myɛ
建阳	puŋ	pɔi	xuɔŋ	p'ɔŋ	pɔŋ	puŋ	puŋ	mui

　　《切韵》虽已有舌头音端、透、定和舌上音知、彻、澄之分,但在今闽方言中则是不分的。这可以印证清代学者钱大昕提出的古无舌上音的论断。如:

例字	忠	竹	长	抽	蛏	尘	除	直
切韵	陟弓切	张六切	知丈切	丑鸠切	丑贞切	直珍切	直鱼切	除力切
声母	端／知	端／知	端／知	透／彻	透／彻	定／澄	定／澄	定／澄
福州	tuoŋ	tøyʔ	tuoŋ	t'ieu	t'ɛiŋ	tiŋ	ty	tiʔ
泉州	tioŋ	tiak	tiɔŋ	t'iu	t'an	tin	tu	tit

---

① 黄典诚主编:《福建省志·方言志》,方志出版社1998年版,第4页。

例字	忠	竹	长	抽	蛏	尘	除	直
漳州	tiɔŋ	tik	tiaŋ	t'iu	t'an	tin	ti	tit
厦门	tiɔŋ	tik	tiɔŋ	t'iu	t'an	tin	tu	tit
龙岩	tioŋ	tiok	tiõ	t'iu	t'an	tin	ti	tit
永安	tam	ty	tiam	t'iau	t'ĩ	—	ty	ta
建瓯	pœyŋ	ty	tiɔŋ	t'iu	t'aiŋ	teiŋ	ty	tɛ
建阳	peiŋ	ty	tiɔŋ	hiu	haiŋ	tɔiŋ	ly	lɔi

《切韵》尚未从匣母中分化出喻三（云）母来,今闽方言尚存有这种残余现象。如:

例 字	雨	园	雄	云	熊	远
切 韵	王矩切	雨元切	羽弓切	王分切	羽弓切	云阮切
声 母	匣 / 云	匣 / 云	匣 / 云	匣 / 云	匣 / 云	匣 / 云
福州	huɔ	huoŋ	hyŋ	huŋ	hyŋ	huoŋ
泉州	hɔ	hŋ	hiɔŋ	hun	him	hŋ
漳州	hɔ	huĩ	hiɔŋ	hun	him	huĩ
厦门	hɔ	hŋ	hiɔŋ	hun	him	hŋ
龙岩	hu	huĩ	hioŋ	gun	him	huĩ
永安	hu	yeiŋ	xɑm	uã	ʃiɛm	ʃyeiŋ
建瓯	xy	xyeŋ	xœyŋ	œyŋ	xœyŋ	yiŋ
建阳	xy	xyeiŋ	xeiŋ	ɦieiŋ	xeiŋ	ɦiyeiŋ

2. 韵母的比较

《切韵》唇音一等为合口,二等为开口;闽方言与之相同。如山摄一、二等唇音字:

例字	般	半	潘	拨	扮	盼	办	捌
切韵	北潘切	博慢切	普官切	普活切	晡幻切	匹限切	蒲苋切	百镨切
等 / 呼	一 / 合	一 / 合	一 / 合	一 / 合	二 / 开	二 / 开	二 / 开	二 / 开
福州	puaŋ	puaŋ	p'uŋ	pua?	puaŋ	p'aŋ	paiŋ	pai?
泉州	puan	puan	p'uan	pua?	pan	p'an	pan	pat
漳州	puan	puan	p'uan	pua?	pan	p'an	pan	pat
厦门	puan	puan	p'uan	pua?	pan	p'an	pan	pat
龙岩	puan	puan	p'uan	pua?	pan	p'an	pan	pat
永安	pum	pum	p'um	puɔ	pĩ	p'ã	pĩ	pa
建瓯	puiŋ	puiŋ	p'uiŋ	puɛ	p'aiŋ	p'aiŋ	paiŋ	pai
建阳	pueiŋ	pueiŋ	p'ueiŋ	pue	p'aiŋ	p'aiŋ	paiŋ	pai

《切韵》有一等重韵之分,如覃韵与谈韵是一对重韵,闽方言某些韵字亦可分。如(以平赅上去,下同):

例 字	眈	贪	潭	男	敢	担	三	篮
切韵	丁含切	他含切	徒含切	那含切	古览切	都甘切	苏甘切	鲁甘切
等/韵	一/覃	一/覃	一/覃	一/覃	一/谈	一/谈	一/谈	一/谈
福州	taŋ	t'aŋ	t'aŋ	naŋ	kaŋ	taŋ	saŋ	naŋ
泉州	tam	t'am	t'am	lam	kã	tã	sã	nã
漳州	tam	t'am	t'am	lam	kã	tã	sã	nã
厦门	tam	t'am	t'am	lam	kã	tã	sã	nã
龙岩	tam	t'am	t'am	lam	kã	tã	sã	nã
永安	tõ	t'õ	t'õ	nõ	kõ	tõ	sõ	sõ
建瓯	taŋ	t'aŋ	t'aŋ	naŋ	kaŋ	taŋ	saŋ	naŋ
建阳	taŋ	t'aŋ	t'aŋ	naŋ	kaŋ	taŋ	saŋ	naŋ

《切韵》有二等重韵之分,如删韵与山韵、咸韵与衔韵,就是二等重韵。删韵与山韵某些韵字闽方言亦可分。如:

例 字	班	攀	蛮	删	拣	眼	间	闲
切韵	布还切	普班切	莫还切	所奸切	古限切	五限切	古闲切	户间切
等/韵	二/删	二/删	二/删	二/删	二/山	二/山	二/山	二/山
福州	paŋ	p'aŋ	maŋ	saŋ	keiŋ	ŋiaŋ	kaŋ	haŋ
泉州	pan	p'an	ban	san	kuĩ	guĩ	kuĩ	uĩ
漳州	pan	p'an	ban	san	kan	kan	kan	iŋ
厦门	pan	p'an	ban	san	kiŋ	giŋ	kiŋ	iŋ
龙岩	pan	p'an	ban	san	kian	ian	kĩ	ĩ
永安	pĩ	p'ĩ	bĩ	sum	kĩ	geiŋ	kĩ	hĩ
建瓯	paiŋ	p'aiŋ	maiŋ	suiŋ	kaiŋ	ŋaiŋ	kaiŋ	xaiŋ
建阳	paiŋ	p'aiŋ	maiŋ	suiŋ	kaiŋ	ŋaiŋ	kaiŋ	xaiŋ

《切韵》有二等重韵咸韵与衔韵之分,某些韵字闽方言亦可分。如:

例 字	减	杉	斩	咸	喃	岩	衫	监
切韵	古斩切	所咸切	侧咸切	胡谗切	女咸切	五衔切	所衔切	古衔切
等/韵	二/咸	二/咸	二/咸	二/咸	二/咸	二/衔	二/衔	二/衔
福州	keiŋ	saŋ	tsaŋ	kieŋ	naŋ	ŋaŋ	saŋ	kaŋ
泉州	kiam	sam	tsam	kiam	lam	nã	sã	kã
漳州	kiam	sam	tsam	kiam	lam	nã	sã	kã
厦门	kiam	sam	tsam	kiam	lam	nã	sã	kã
龙岩	kiam	sam	tsam	kiam	lam	nã	sã	kã
永安	kõ	sõ	tsõ	hõ	lõ	gõ	sõ	kõ
建瓯	kaŋ	saŋ	tsaŋ	kaiŋ	naŋ	ŋaŋ	saŋ	kaŋ
建阳	kaŋ	saŋ	tsaŋ	kaiŋ	naŋ	ŋaŋ	saŋ	kaŋ

《切韵》三等重韵支韵与脂韵、鱼韵与虞韵、尤韵与幽韵,均为三等重韵,是有区别的。支韵与脂韵某些韵字在闽方言里也是有区别的。如:

例字	寄	骑	蚁	倚	冀	祁	器	弃
切韵	居义切	渠羁切	鱼倚切	渠绮切	几利切	渠脂切	去冀切	诘利切
等/韵	三/支	三/支	三/支	三/支	三/脂	三/脂	三/脂	三/脂
福州	kie	k'ie	hie	k'ie	ki	ki	k'i	k'i
泉州	kia	k'a	hia	k'a	ki	ki	k'i	k'i
漳州	kia	k'ia	hia	k'ia	ki	ki	k'i	k'i
厦门	kia	k'ia	hia	k'ia	ki	ki	k'i	k'i
龙岩	kia	k'i	ŋiõ	k'iua	ki	ki	k'i	k'i
永安	ki	ki	gi	k'i	i	ki	k'i	k'i
建瓯	kyɛ	kuɛ	ŋyɛ	kyɛ				

《切韵》鱼韵与虞韵某些韵字在闽方言里也是有区别的。如:

例字	徐	苎	疏	署	须	柱	数	树
切韵	似鱼切	直吕切	所菹切	常恕切	相俞切	直主切	色句切	臣庾切
等/韵	三/鱼	三/鱼	三/鱼	三/鱼	三/虞	三/虞	三/虞	三/虞
福州	sy	ty	su	sy	sy	tsy	su	sy
泉州	sɯ	tɯ	sɔ	su	ts'iu	t'iau	siau	ts'iu
漳州	ts'i	te	sɔ	su	ts'iu	t'iau	siau	ts'iu
厦门	ts'i	tue	sɔ	su	ts'iu	t'iau	siau	ts'iu
龙岩	ts'i	te	sɔ	si	ts'iu	t'iau	siau	ts'iu
永安	tsy	tɔu	sɔu	sy	sy	t'iau	t'iau	tʃ'y

《切韵》尤韵与幽韵某些韵字在闽方言里也是有区别的。如:

例字	久	丘	舅	牛	纠	彪	幽	幼
切韵	举有切	去鸠切	其九切	语求切	居黝切	甫烋切	於虯切	伊谬切
等/韵	三/尤	三/尤	三/尤	三/尤	三/幽	三/幽	三/幽	三/幽
福州	ku	k'u	kiu	ŋu	kiu	piu	xiu	iu
泉州	ku	н'u	ku	gu	kiu	piu	iu	iu
漳州	ku	k'u	ku	gu	kiu	piu	iu	iu
厦门	ku	k'u	ku	gu	kiu	piu	iu	iu
龙岩	ku	k'u	ku	gu	kiu	piau	giu	giu
永安	kiau	k'iau	kiau	giau	kiau	piu	iau	iau

3.声调的比较

《切韵》有平、上、去、入四个声调;闽方言也有平、上、去、入四声,但还各分阴阳。《切韵》平、上、去、入四个声调遇到清声母,在闽方言里一律读作阴平、阴上、阴去、阴入;遇到浊声母,就读作阳平、阳上(泉州、龙岩、永安,其他地方变阳去)、阳去、阳入。现比较如下：

方言点＼声调调值	1 阴平	5 阳平	2 阴上	6 阳上	3 阴去	7 阳去	4 阴入	8 阳入
切韵	平		上		去		入	
福州	44	53	31		213	242	23	5
泉州	33	24	544	22	31		4	23
漳州	44	12	53		21	22	32	121
厦门	44	24	53		21	22	32	4
龙岩	334	11	21	41	213	55	5/白55	23/白41
永安	42	33	21	54	24		12	
建瓯	54		21		33	44	24	42
建阳	53	334/41	21		332	43	214	4

三、宋以后中原汉人入闽以及福建方言的发展变化

唐及五代时期，一部分北方移民进入了赣南、闽西，地理障碍使他们与北方方言隔绝开来。尤其是闽西地区，有武夷山与赣南相隔，更与北方方言隔绝，在当地定居的移民形成了他们独特的方言。有的学者认为，这些移民使用的方言是客家话的源头。宋室南渡前后，北方百姓为避战乱，再次出现南迁浪潮，大批中原人扶老携幼入闽，即"第四次移民入闽"，使福建地方人口急增。根据《中国移民史》第四卷"表9-7靖康乱后南迁的北方移民实例（福建部分）"，我们特将靖康乱后南迁的北方移民统计如下表：[①]

迁入地＼迁出地	河南	北方	安徽	山东	甘肃	陕西	河北	江苏	小计
福州	72	2	3					1	78
泉州	11	1	1	8	1		3		25
邵武军	9					1			10
建州	7								7
南剑州	3								3
汀州				6					6
兴化军	6								6
漳州	4			1					5
闽				3					3
合计	112	3	4	18	1	1	3	1	

北宋后期，梅州客户已超过土著，虽然客户未必全是客家人，客户中还包括了

---

① 葛剑雄主编：《中国移民史》第四卷，福建人民出版社1997年版，第343～346页。

一部分迁入较早的移民的后裔,但说明外来移民的数量在当地人口中占有很高的比例。南宋时,赣南和汀州的人口开始向粤东迁移,粤东客家方言在此后逐渐形成。南宋初期,当江西的大部分地区因战争人口数量有所下降时,位于南部和东南部的赣州(治今市)、建昌军(治今南城县),以及属于福建但与二州军比邻的汀州(治今长汀县),人口数量却有了较快的增长。高宗绍兴年间赣州户近 12.1 万,孝宗淳熙年间为 29.3 万,年平均增长率达 25.6%,高于全国年平均增长率几十倍。① 汀州在孝宗隆兴二年(1164)户数为 174517,较元丰年间增加 9.3 万户,年平均增长率达 9.1%。② 这些地区人口的增加,一定程度上要归之于外来人口的迁入。

南宋时期迁入赣南、闽西的移民数量多,居住集中,而当地土著居民数量少,居住分散,在这个相对封闭的环境中,一种为移民所共同接受的新方言 —— 客家方言终于在宋元之际形成,这一带成为客家方言的中心区。一直处于其他方言包围中的客家人,形成了顽强地坚持自己的方言的传统,因此在以后的移殖中始终保持着自己的方言,不轻易为其他方言所同化。

据《宋史·地理志五》记载 ③,宋代把福建路分为六州:福州、建宁、泉州、南剑州、漳州、汀州;二军:邵武军和兴化军;四十七县。绍兴三十二年,已有 1390565 户,人口 2828852 个。实际上当时已按方言划分为八个区:①福州(即闽东方言区),崇宁(1102～1106)年间已有 211552 户人口,辖县十二:闽县、侯官、福清、古田、永福(今永泰)、长溪(今霞浦)、长乐、罗源、闽清、宁德、怀安(今闽侯北)、连江;比唐代增加了罗源、宁德、怀安三个县,但把特殊方言点尤溪县归入南剑州,说明以福州话为代表的闽东方言区已初步形成。②建宁(即闽北方言区),崇宁(1102～1106)年间已有 196566 户人口,辖县七:建安、浦城、嘉禾(建阳)、松溪、崇安、政和、瓯宁(建瓯西北)、丰国监(建瓯北);比唐代增加了松溪、崇安、政和、瓯宁、丰国监四个县,但把邵武、将乐二县归入邵武军,说明以建瓯话为代表的闽北方言区在宋代已初步形成。③泉州(即闽南北片方言区),崇宁(1102～1106)年间已有 201460 户人口,辖县七:晋江、南安、同安、惠安、永春、安溪、德化;比唐代增加了同安、惠安、永春、安溪、德化五县,但把莆田、仙游二县归入兴化军,说明宋时莆仙方言与泉州方言已有区别,以泉州话为代表的闽南北片方言区已初步形成。④南剑州(闽中方言区),崇宁(1102～1106)年间已有 119561 户人口,辖县五:剑浦(今南平)、将乐、顺昌、沙县、尤溪。南剑州是宋代设置的,除了把唐代建州建安郡的将乐县、汀州临汀郡的沙县、福州长乐郡的尤溪归入此州外,另增

---

① 参考嘉靖《赣州府志》卷四。
② 户数据《郡县志》和《临汀志》,载《永乐大典》卷七八九〇"汀"字。
③ 脱脱等:《二十四史·宋史》,中华书局 1997 年版,第 2207～2210 页。

加了剑浦、顺昌二县。这说明宋代已初步形成了以剑浦话为代表的闽中方言区。
⑤漳州（即闽南西、南片方言区），崇宁（1102～1106）年间已有100469户人口，辖县四：龙溪、漳浦、龙岩、长泰；比唐代增加了长泰县。说明了以漳州话为代表的闽南西、南片方言区已初步形成。⑥汀州（闽客方言区），崇宁（1102～1106）年间已有81454户人口，辖县五：长汀、宁化、上杭、武平、清流；与唐代相比，增加了上杭、武平、清流三县，另外把沙县归入南剑州。这时的汀州行政区与现在的闽客方言区相符，说明宋代也已初步形成了以长汀话为代表的闽客方言区。⑦邵武军（闽赣方言区），崇宁（1102～1106）年间已有87594户人口，辖县四：邵武、光泽、泰宁、建宁。邵武军是宋代设置的，除了把唐代建州建安郡的邵武县归入此州外，另外增加了光泽、泰宁、建宁三县，恰好与现代闽赣方言区相符，说明早在宋代就已初步形成了以邵武话为代表的闽赣方言区了。⑧兴化军（莆仙方言区），崇宁（1102～1106）年间已有63157户人口，辖县三：莆田、仙游、兴化。兴化军是宋代设置的，除了把唐代泉州清源郡的莆田、仙游二县独立出来外，还增加了兴化县，恰好与现代莆仙方言区的辖区相符，说明以莆田话为代表的莆仙方言区在宋代已形成。

　　总之，唐后期和五代迁入福建的移民不仅数量多，居住集中，而且居于统治地位，这些移民又带来了他们使用的北方方言，并且产生很大的影响。类似的过程又在北宋末年至南宋期间重现。所以，闽方言既受到自唐后期至南宋期间北方移民的共同影响，又保持了原来各片之间不同的特点，初步形成了八个方言区：①以福州话为代表的闽东方言区；②以建瓯话为代表的闽北方言区；③以泉州话为代表的闽南北片方言区；④以剑浦话为代表的闽中方言区；⑤以漳州话为代表的闽南西、南片方言区；⑥以长汀话为代表的闽客方言区；⑦以邵武话为代表的闽赣方言区；⑧以莆田话为代表的莆仙方言区。

　　据《元史·地理志五》记载"江浙等处行中书省"设福建道宣慰使司都元帅府和福建闽海肃政廉访司。[①] 下有福州路、建宁路、泉州路、兴化路、邵武路、延平路、汀州路、漳州路。当时所分的方言区基本上与宋代相同：①福州路（即闽东方言区），至元二十二年（1287）已有799694户3875127人，领司一，即录事司；县九，即闽县、侯官、怀安、古田、闽清、长乐、连江、罗源、永福；州二，即福清州、福宁州（领二县：即宁德、福安）。与宋代相比，福清县升格为福清州，另外增加了福宁州，领宁德、福安二县。②建宁路（即闽北方言区），至元二十六年（1289）已有127254户506926人，领司一，即录事司；县七，即建安、瓯宁、浦城、建阳、崇安、

　　① 宋濂等：《二十四史·元史》，中华书局1997年版，第1503～1507页。

松溪、政和。与宋代相比,嘉禾县改为建阳县。③泉州路(即闽南北片方言区),至元二十年(1283)已有 89060 户 455545 人,领司一,即录事司;县七,即晋江、南安、同安、惠安、永春、安溪、德化。与宋代相比,增加德化县。④兴化路(即莆仙方言区),至元十四年(1277)已有 67739 户 352534 人,领司一,即录事司;辖县三:莆田、仙游、兴化。⑤邵武路(即闽赣方言区),至元十三年(1276)已有 64127 户 248761 人,领司一,即录事司;辖县四,即邵武、光泽、泰宁、建宁。⑥延平路(即闽中方言区),至元十五年(1278)已有 89825 户 435869 人,领司一,即录事司;辖县五,即南平、尤溪、沙县、顺昌、将乐。把宋代的南剑州改为延平路,剑浦县改为南平县。⑦汀州路(即闽客方言区),至元十五年(1278)已有 41423 户 238127 人,领司一,即录事司;辖县六,即长汀、宁化、清流、莲城、上杭、武平。⑧漳州路(即闽南西、南片方言区),至元十六年(1279)已有 21695 户 101360 人,领司一,即录事司;辖县五,即龙溪、漳浦、龙岩、长泰、南靖。比宋代增加了南靖县。

据《明史·地理志六》记载[①],设福建都指挥使司和承宣布政使司。领府八,即福州府、兴化府、建宁府、延平府、汀州府、邵武府、泉州府、漳州府;直隶州一,即福宁州;属县五十七。当时福建省已有人口 515370 户、1738793 人。明代方言分区与元代大抵相同:①福州府(即闽东南片方言区),领县九,即闽县、侯官、长乐、福清、连江、罗源、古田、闽清、永福,比元代少了怀安县。②兴化府(即莆仙方言区),领县二:莆田、仙游,比元代少了兴化县。③建宁府(即闽北方言区),领县八,即建安、瓯宁、建阳、崇安、浦城、松溪、政和、寿宁,比元代多了寿宁县。④延平府(即闽中方言区),领县七,即南平、将乐、沙县、尤溪、顺昌、永安、大田,比元代多了永安、大田二县。⑤汀州府(即闽客方言区),领县八,即长汀、宁化、上杭、武平、清流、连城、归化、永定,比元代多了归化、永定二县。⑥邵武府(即闽赣方言区),领县四,即邵武、光泽、泰宁、建宁。⑦泉州府(即闽南北片方言区),领县七,即晋江、南安、同安、惠安、安溪、永春、德化。⑧漳州府(即闽南西、南片方言区),领县十,即龙溪、漳浦、龙岩、长泰、南靖、漳平、平和、诏安、海澄、宁洋,比元代多了漳平、平和、诏安、海澄、宁洋五县。⑨福宁州(即闽东北片方言区),领县二,即宁德、福安。《明史·地理志六》把元代福州路分为福州府和福宁州,即明确地把闽东方言区分为南片方言区和北片方言区。

据《清史稿·地理志十七》记载,清初设福建省,置闽浙总督。康熙二十三年,海岛平,以其地置台湾府为行省,与福建分治。宣统三年,福建领府九,即福

---

① 张廷玉等:《二十四史·明史》,中华书局 1997 年版,第 1121~1132 页。

州府、福宁府、延平府、建宁府、邵武府、汀州府、漳州府、兴化府、泉州府;直隶州二,即龙岩直隶州、永春直隶州;厅一,即云霄厅;县五十七。[①] 当时福建省已有人口 2376855 户、14229963 人。清代方言分区与明代基本相同:① 福州府(即闽东南片方言区),领县十,即闽县、侯官、长乐、福清、连江、罗源、古田、屏南、闽清、永福,比明代多了屏南县。② 福宁府(即闽东北片方言区),领县五,即霞浦、福鼎、福安、宁德、寿宁,比明代多了霞浦、福鼎、寿宁三县。③ 延平府(即闽中方言区),领县六,即南平、顺昌、将乐、沙县、永安、尤溪,比明代少了特殊方言点大田县。④ 建宁府(即闽北方言区),领县七,即建安、瓯宁、建阳、崇安、浦城、松溪、政和,把明代建宁府的寿宁县归入福宁府。⑤ 邵武府(即闽赣方言区),领县四,即邵武、光泽、建宁、泰宁。⑥ 汀州府(即闽客方言区),领县八,即长汀、宁化、清流、归化、连城、上杭、武平、永定。⑦ 漳州府(即闽南南片方言区),领县七,即龙溪、海澄、南靖、漳浦、平和、诏安、长泰、云霄厅,比明代多了云霄厅,龙岩、漳平、宁洋三县另外设置州。⑧ 龙岩直隶州(即闽南西片方言区),领县二,即漳平、宁洋。⑨ 兴化府(即莆仙方言区),领县二:莆田、仙游。⑩ 泉州府(即闽南北片方言区),领县五,即晋江、南安、惠安、同安、安溪。⑪ 永春直隶州,领县二,即德化、大田。《清史稿·地理志十七》把明代漳州府分为漳州府和龙岩直隶州,即明确地把闽南西、南片方言区分为南片方言区和西片方言区。

关于客家移民及客家方言的形成,袁家骅等著《汉语方言概要》第八章"客家方言"中阐述了客家方言形成的历史背景。据考察,东晋以前客家先民的居地,"北起并州上党,西届司州弘农,东达扬州淮南,中至豫州新蔡安丰。换言之,即汝水以东,颖水以西,淮水以北,北达黄河以至上党,皆为客家先民的聚居地"[②]。东晋永嘉以后,客家先民为战乱所迫,先后经历了五次大的迁徙运动[③]:

第一次,迁徙时代是由东晋至隋唐,由于匈奴族及其他外族入侵,迫使汉族人民从并州、司州、豫州等地南迁避难,远者达江西中部,近者达颖淮汝三水之间。

第二次,迁徙时代是由唐末到宋,由于黄巢起义,为战乱所迫,汉族人民从河南西南部,江西中部北部及安徽南部南迁避难,远者达循州、惠州、韶州,近者达福建宁化、汀州、上杭、永定,更近者达江西中部南部。

第三次,迁徙时代是由宋末到明初,由于蒙元南侵,为战乱所迫,汉族人民从闽西、赣南南迁避难,来到广东东部和北部。

第四次,迁徙时代是自康熙中叶到乾嘉之际,由于客家人口繁殖,而客地山多

① 赵尔巽等:《清史稿》,中华书局 1997 年版,第 2241～2261 页。
② 罗香林:《客家研究导论》,新加坡客总会 1938 年版。
③ 袁家骅等:《汉语方言概要》,语文出版社 2001 年版,第 145～146 页。

田少,逐步向外发展。他们从广东东部北部、江西南部外迁,有的到了四川,有的到了台湾,有的进入广东中部和西部,有的迁入湖南和广西。

第五次,迁徙时代是乾嘉以后,因土客械斗,调解后地方当局协助一批客民向外迁徙。他们从粤中(如新兴、恩平、台山、鹤山等地)外迁,近者到粤西(高、雷、钦、廉诸州),远者到达海南岛(如崖县、定安)。

据罗香林统计,目前全国的客家住地(包括纯客住地和非纯客住地)分布在广东、福建、江西、台湾、广西、湖南、四川等省,共达127县,其中纯客住县32个,非纯客住县95个,人口约两千多万。而粤东粤北、闽西、赣南这一片相连的地区是客家分布的主要部分。广东有纯客县17个,除了赤溪在南部外,都在粤东粤北,即今梅县、大埔、兴宁、五华、蕉岭、丰顺、和平、龙川、紫金、河源、连平、始兴、英德、翁源、仁化、平远。福建的客家集中在闽西山区14县,即上杭、武平、永定、长汀、连城、清流、宁化、明溪、将乐、顺昌、建宁、泰宁、邵武、光泽。江西的客家集中在以赣州(不包括市区)、于都、宁都为中心的赣南地区。

四、福建境内现代汉语方言分布概况

中华人民共和国成立后,福建省分为9个行政区:① 福州地区辖有福州、闽侯、长乐、永泰、福清、连江、罗源、闽清8个县市;② 厦门地区辖有厦门、同安2个县市;③ 宁德地区辖有宁德、古田、霞浦、福鼎、福安、柘荣、寿宁、周宁、屏南9个县市;④ 莆田地区辖有仙游、莆田2个县市;⑤ 泉州地区辖有晋江、南安、惠安、同安、安溪、永春、德化7个县市;⑥ 漳州地区辖有漳州、龙海、华安、南靖、漳浦、平和、诏安、长泰、云霄、东山10个县市;⑦ 龙岩地区辖有漳平、龙岩、连城、上杭、武平、永定、长汀7个县市;⑧ 三明地区辖有宁化、清流、三明、沙县、尤溪、大田、永安、明溪8个县市;⑨ 南平地区辖有南平、建瓯、建阳、武夷山、浦城、松溪、政和、邵武、光泽、建宁、泰宁11个县市。这9个行政区并不以方言区来划分的,与唐五代至明清时期的行政区划不太一样。

根据《福建省志·方言志》"关于福建方言的分区"把福建分为七个主要方言区:

其一,闽东方言区分布于唐代的福州,宋代的福州、福宁州,明代的福州、福宁二府;又大体按这两个府分为南北两片。南片是闽江下游流域,以福州音为代表;北片是交溪流域,以旧府城福安音较有代表性。现在的闽东方言区,面积共29559.35平方公里,人口约800万人。北片包括福安、宁德、霞浦、福鼎、柘荣、寿宁、周宁7个县市,面积14457平方公里,人口约200多万人。南片包括福州、闽侯、长乐、永泰、福清、连江、罗源、闽清、平潭、古田、屏南11个县市,面积共

15102.35 平方公里，人口 600 多万人。

其二，莆仙方言区分布在宋代太平兴国四年（979）设立的兴化军，明清的兴化府，全境为木兰溪流域，以莆田城关音为代表。莆仙方言区既受到泉州方言的影响，又受到福州方言的影响，因而形成了具有过渡色彩、自成一系的方言。现在的莆仙方言区又按莆田、仙游二县，分为南北两片口音，使用的人口共约有200 多万人。

其三，闽南方言分布在唐代的泉州、漳州，明清的泉州、漳州二府和永春、龙岩二州。南北两片不同口音正好分布在晋江流域和九龙江流域。分别以明清的泉州、漳州两个府城的口音为代表。原龙岩州二县由于受客方言影响成为西片口音，后起的城市厦门则集南北片的特点（泉、漳口音）成为全区的代表方言。现在的闽南方言区可以分为四片：东片以厦门话为代表，包括厦门、金门 2 个县市；北片以泉州话为代表，包括泉州、晋江、南安、惠安、永春、德化、安溪、同安、大田（西南部）9 个县市；南片以漳州话为代表，包括漳州、龙海、长泰、华安、南靖、平和、漳浦、云霄、东山、诏安 10 个县市；西片以龙岩话为代表，包括龙岩、漳平 2 个县市。这四片共有人口 1500 万人。

其四，闽北方言主要分布于唐代的建州，明清的建宁府，全境属建溪流域，以旧府城建瓯音为代表。建溪上源和崇阳溪两支流正好把闽北方言分为东西两片口音。东片以建瓯音为代表，包括建瓯、松溪、政和、南平（大部）、顺昌（东南部）5个县市；西片以建阳音为代表，包括建阳、崇安、浦城（南部）3 个县市，使用人口约有 200 万人。

其五，闽赣方言区就是宋代的邵武军、明清的邵武府，属于富屯溪流域和金溪上游，以府城邵武口音为代表。其附属的过渡片（将乐、顺昌、明溪等县）原是南剑州及后来的延平府，属于金溪流域。从西晋到隋代，这里曾两度划归江西的江周和抚州管辖两百多年，因此他们历来与江西交往较多。这里的方言原属闽北方言，后来逐渐赣语化。宋元以后，有大量江西人陆续前来定居。尤其是明永乐年间闽西北邵武一带曾连续发生过大瘟疫，至永乐十七年，邵武一带死亡的人口竟达 77 万之多。土著人口几乎为之一空。除了明朝政府组织过一两次不大规模的移民之外，其人口的补充应当来自于毗邻的江西。这就是邵武一带赣方言的由来（《中国移民史》第五卷）。就赣化程度说，建宁话最彻底，已极少闽方言的成分；光泽次之，邵武、泰宁则保存较多的闽方言成分。北片以邵武话为代表，包括邵武、光泽 2个县市；西片以建宁话为代表；南片以泰宁话为代表。此方言区属武夷山南脉，在1.4 万多平方公里的低山地中约有人口 100 万。

其六，闽中方言区是原来的南剑州、延平府，沙溪贯穿其中，主要以永安市的城关话为代表。该方言区分为南、北两种不同口音。南片以永安话为代表,包括永安、列东、列西;北片以沙县为代表。闽中方言流布的范围不广,使用人口不多,约50万人。

其七,闽客方言分布在唐代的汀州,明清的汀州府。南片口音分布在汀江流域,上杭音较有代表性,北片口音则处于沙溪上游的九龙溪两岸,宁化音较有代表性。整个区可以旧城府长汀音为代表。闽西客话主要分布在福建省的西部,以长汀县城关话为代表,大致可以分成中片、北片、南片3片:中片以长汀县为代表,包括长汀、连城2个县;北片以宁化话为代表,包括宁化、清流2个县;南片以上杭话为代表,包括上杭、永定、武平等县市及闽南边界(平和西沿、南靖西沿、诏安北角)的客话。

此外,福建境内还有一些小区域的边界方言和方言岛。据《福建省志·方言志》记载,大致有以下数种:①浦城县北的吴方言;②戴云山区的闽方言土语群;③官话方言岛;④其他方言"飞地"。

第二节 台湾史略及闽南、客家诸方言在台湾的传播和发展

一、台湾的地理与历史概说

台湾是中国神圣领土不可分割的一部分,是中国的第一个大岛。位于祖国东南沿海的大陆架上。台湾东临太平洋,东北邻日本琉球群岛,相隔约600公里;南界巴士海峡,与菲律宾相距约300公里;西隔台湾海峡与福建相望,最窄处为130公里。台湾扼西太平洋航道的中心,是中国与太平洋地区各国海上联系的重要交通枢纽。

台湾海峡呈东北向西南走向,北通东海,南接南海,长约200海里,宽约70至221海里,平均宽约108海里,是中国海上交通要道,也是国际海上交通要道。

目前,台湾省包括台湾本岛及兰屿、绿岛、钓鱼岛等21个附属岛屿,澎湖列岛64个岛屿,其中台湾本岛面积为35873平方公里。台湾四面环海,海岸线总长达1600公里。台湾岛多山,高山和丘陵面积占全部面积的三分之二以上。东部的台湾山脉由台湾山、台东山、雪山—玉山、阿里山等四条平行山脉组成,高峰多在海拔3000米以上,主峰玉山海拔3950米,为我国东部最高峰。台北、基隆、淡水之间有著名的大屯火山群。台湾岛的西部为平原,由各河下游冲积平原和三角洲断续组成,主要有台南平原、屏东平原等,为本省主要农业区。台南平原面积5000平方公

里,是台湾最大的平原。山地、平原间为丘陵区,山间盆地主要有台北盆地、日月潭盆地等。本省河流多发源于中部山地,河坡度陡、流量大,多险滩、瀑布,浊水溪全长 170 公里,为本省最长河流,其余依次为下淡水溪、淡水河等。本省湖泊较少,中部的日月潭为台湾最大的天然湖泊。

据台湾有关方面统计,截至 1998 年 8 月,台湾省人口为 2181 万多人,加金门、马祖人口,总数为 2186 万多人。台湾居民中,汉族约占总人口的 98%;少数民族占 2%,约 38 万人。根据语言、风俗的不同,台湾少数民族分为阿美、泰雅、排湾、布农、卑南、鲁凯、曹、雅美和赛夏九个大的族群,统称为"高山族",分居全省各地。在行政区划上,台湾省有 5 个省辖市,即基隆市、新竹市、台中市、嘉义市、台南市;16 个县,即台北、宜兰、桃园、新竹、苗栗、台中、彰化、南投、云林、嘉义、台南、高雄、屏东、台东、花莲、澎湖。1967 年和 1979 年将台北市和高雄市定为"行政院院辖市"。此外,还设有所谓"福建省政府",辖金门、连江(马祖)2 个县。

早在远古时代,台湾与大陆相连,后来因地壳运动,相连接的部分沉入海中,形成海峡,出现台湾岛。台湾早期住民中,大部分是从祖国大陆直接或间接移居而来的。据考古工作报告,台南县左镇乡发现了迄今为止台湾最早的人类化石,被命名为"左镇人"。考古学家认为,"左镇人"是在 3 万年前从大陆到台湾的,与福建考古发现的"清流人"、"山东人"同属中国旧石器时代南部地区的晚期智人,有着共同的起源,都继承了中国直立人的一些特性。台湾早期住民中,还有少数属于尼格利陀人种的矮黑人和属于琉球人种的琅峤人。上述台湾早期住民是现今台湾少数民族的祖先。

台湾有文字记载的历史可以追溯到公元 230 年。当时三国吴王孙权曾遣将军卫温、诸葛直"将甲士万人浮海求夷洲及亶洲"[1],结果只是从夷洲(台湾)掠回数千人。这是世界上对台湾最早的记述。

隋唐时期(589~618)称台湾为"流求"。亦作"琉求"、"留求"、"瑠求"、"琉球",一直沿用到宋元。隋王朝曾三次出师台湾。据史籍记载,隋大业六年(610),汉族人民开始移居澎湖地区。陈稜、张镇周率兵万余自义安(今广东潮安)泛海至流求,即此。到宋元时期(960~1368),汉族人民在澎湖地区已有相当数量,也开始向台湾发展,并带去了当时先进的生产技术。公元 12 世纪中叶,宋朝将澎湖划归福建泉州晋江县管辖,并派兵戍守。连横《台湾通史·开辟记》说:"历更五代,终极两宋,中原板荡,战争未息,漳、泉边民,渐来台湾,而以北港为互市之口,故台湾旧志'台湾一名北港'之语。"可见,福建人早在一千多年前就开始开发台湾了。

---

[1] 陈寿:《二十四史·三国志》,中华书局 1997 年版,第 1136 页。

元朝也曾派兵前往台湾。元明两朝政府在澎湖设巡检司,负责澎湖事务。明中叶后称"北港"、"东番"、"鸡笼",明朝后期开始出现"台湾"的名称。进入 17 世纪之后,汉人在台湾开拓的规模越来越大。在战乱和灾荒的年代,明朝政府的福建当局和郑芝龙集团曾经有组织地移民台湾,与高山族人民共同对台湾省进行开发。16 世纪,西班牙、荷兰等西方殖民地势力迅速发展,开始把触角伸向东方。1624 年和 1626 年,荷兰和西班牙殖民者分别侵占我国台湾省的台南和基隆,并以此两地为中心,扩大侵略活动,我国领土台湾第一次被劫夺。1644 年,清军入关,在北京建立清朝政权。1661 年,民族英雄郑成功以南明王朝招讨大将军的名义,率 2.5 万将士及数百艘战舰,率领大军进入台湾,在当地人民的密切配合下,赶走荷兰侵略者,收复台湾。郑成功收复台湾后仅 4 个月即病逝。郑氏政权把祖国大陆的政治、文教制度移植到台湾,重视土地开发和兴修水利,发展对外贸易,促进了台湾经济的发展。到郑氏末期,台湾的汉族人口已达 12 万人。

清政府平定大陆后,开始谋划进攻台湾。1683 年,清政府派福建水师提督施琅率水陆官兵 2 万余人、战舰 300 余艘,向澎湖守军发起攻击,郑军溃败,郑成功之孙郑克塽率众归顺清政府。1684 年,清政府设置分巡台厦兵备道及台湾府,隶属于福建省。

1894 至 1895 年的中日战争之后,台湾省被日本侵略者强行霸占。在日本帝国主义侵占 50 年的残酷殖民统治期间,台湾同胞争取重返祖国怀抱的斗争从未间断,包括高山族人民在台中的英勇起义等较大规模的斗争,就有 20 多起,先后牺牲达数十万人之多。[1]

据《清史稿·地理志十八》记载:"台湾,古荒服之地,不通中国,名曰东番。清顺治十八年,海寇郑成功逐荷兰人据之,伪置承天府,名曰东都,设二县,曰天兴,曰万年。其子郑经改东都为东宁省,升二州。康熙二十二年讨平之,改置台湾府,属福建省,领县三。雍正元年,增置彰化县,领县四。光绪十三年,改建行省。二十一年,割隶日本。省在福建东南五百四十里。……领府三,州一,厅三,县十一。"[2] 台湾府领县四,即台湾、彰化、云林、苗栗;厅一,即埔里社厅。台南府领县四,即安平、凤山、嘉义、恒春;厅一,即澎湖厅。台北府领县三,即淡水、新竹、宜兰;厅一,即基隆厅。州一,即台东直隶州。

1945 年第二次世界大战结束以后,根据《开罗宣言》和《波茨坦公告》,我国恢复了在台湾省的主权,台湾同胞回到了祖国怀抱。1949 年祖国大陆解放,蒋介石集团逃据台湾。

① 参考中共中央台湾工作办公室、国务院台湾事务办公室:《中国台湾问题》,九州图书出版社 1998 年版。

② 赵尔巽等:《清史稿》,中华书局 1997 年版,第 2263~2268 页。

二、闽、粤移民入台概况

闽语向福建以外地区的扩散是随着福建人的外迁开始的。从北宋后期开始，闽南人不断迁入广东，移民把闽南方言散布到广东东、西两端的沿海地带，并在珠江三角洲留下了一些闽南方言岛。一部分闽南人沿海向北迁移，使温州一些地方成为闽南方言区。早在宋代，福建闽南人曾到台湾北港与本岛的土著居民互通贸易。连横在《台湾通史》中说："当宋之时，漳、泉边民渐来台湾，而以北港为互市之口。"但只是贸易而已，因土著居民剽悍排外，移民台湾并非易事。元代就有福建泉州人到与台湾本岛之间只隔有狭窄的一条海峡的澎湖群岛。元大德年间（1297～1306）"澎湖居民日多，已有一千六百余人。贸易至者岁常数十艘，为泉州外府"[1]。汪大渊在《岛夷志略》中也说："泉人结茅为屋……山羊之孳生，数万为群。"明万历三十二年（1604）荷兰殖民者侵入台湾时，首先入据澎湖。抢夺汉人的渔船600艘，役使汉人1500人，可见当时澎湖岛上的汉族人口仍有数千人。[2]

天启元年（1621），颜思齐（漳州府海澄县人）和郑芝龙（泉州府南安县人）率部众到达台湾。所率部众多数是闽南人。由于有颜氏军事力量作为保证，时漳、泉一带人口多来投奔，前后达数千人，皆安排垦殖。崇祯年间，闽地大旱，福建巡抚熊文灿和郑芝龙合议，"招饥民数万人，人给银三两，三人给牛一头，用海舶载至台湾，令其发舍开垦荒土为田……"[3]郑芝龙迁民入台，开创了大规模移民台湾之先河。

顺治十八年（1661）三月，郑芝龙之子郑成功在大陆抗清失利后，率部数万乘船200多艘进军台湾。同年十二月，荷兰军队投降，郑成功收复台湾。明郑时代屯田开垦的土地，共有40余处，屯营所在地以盐水港一带为多，凤山次之，台南更次之。郑氏时代的末期，全岛人口约为25万人。[4]

根据《中国移民史》第六卷"表8-1 渡台始祖渡台时间统计"（万人）[5]，整理出各地各类移民数量，见下：

年 代	康 熙	雍 正	乾 隆	嘉 庆	道 光	咸 丰	同 治	光 绪	合 计
			（廿二年起）				（廿年起）		
年 数	40	13	60	25	30	11	13	20	212
人 数	152	131	987	200	151	43	17	6	1687
百分比 %	9.0	7.8	58.5	11.9	8.9	2.6	1.0	0.3	100
年平均	3.8	10.1	16.5	8.0	5.0	3.9	1.3	0.3	8.0

---

[1] 连横：《台湾通史》，商务印书馆1983年版。
[2] 田珏主编：《台湾史纲要》，福建人民出版社2000年版。
[3] 黄宗羲：《赐姓始末》，《台湾文献丛刊》第25种。
[4] 葛剑雄主编：《中国移民史》第六卷，福建人民出版社1997年版，第323页。
[5] 同上书，第331页。

    祖国大陆迁台移民原籍地主要有三大板块：一为泉州移民，他们入台最早，多分布在平坦肥沃的沿海平原。二为漳州人及厦门人，他们中的一部分随郑成功收复台湾时首批入台，之后，主要在施琅平定台湾后大量迁入，分布于距海较远的丘陵地带和各条河（溪）的中上游流域。三是客家人，他们本来就在闽粤山地，距海较远，迁台时动作最慢，时间最晚，抵台后多分布于南部低山和溪谷低洼处，在北部则分布于平原，这也是清代中期分类械斗后重新迁移的结果。详见陈亦荣《清代汉人在台湾地区迁徙之研究》第四章"日据时代对台湾汉人分省籍调查表"（以下数字单位：百人）①。

祖籍	台北	新竹	台中	台南	高雄	台东	花莲	澎湖	合计
福　建	7161	2171	7362	9793	3871	37	99	670	31164
泉州府	3990	992	3418	5374	2388	23	47	582	16814
漳州府	2846	1065	3611	4238	1293	10	46	86	13195
汀州府	174	55	83	76	36	—	1	—	425
龙岩府	26	19	61	25	27	—	2	—	160
福州府	67	15	121	35	27	2	3	2	272
兴化府	5	17	5	32	33	1	—	—	93
永春州	53	8	63	13	67	1	—	—	205
广　东	43	3533	1077	205	920	12	72	1	5863
潮州府	18	518	547	113	128	2	21	1	1348
嘉应州（今梅县）	19	1683	383	71	769	9	35	—	2969
惠州府	6	1332	147	21	23	1	16	—	1546
其　他	56	117	99	106	106	—	—	5	489
合　计	7260	5821	8538	10104	4897	49	171	676	37516

    曹树基指出："各类移民人口的多少实与各地距离台湾的远近有关，与台湾隔海相望的厦门是大陆渡台的主要港口，迁入的人口最多。在泉州府各县中，又以厦门港所在的同安县迁入人口为最多，次则安溪、晋江等县。泉州之外，次则漳州。"② 根据上表，台湾汉族人口的98%以上来自闽、粤两省。其原籍以府为单位进行分析，泉州移民占45%，漳州占35%，汀州占1%，福建其他地区占2%；另外15.6%来自广东的嘉应、潮州和惠州。在清光绪十三年之前，台湾一直是福建省辖的一个府，因此，来自广东省的移民则成为"隔省流寓"，他们入垦所得各种利益和占有各种资源都可以视作侵占了闽人的权益。加上闽南的福佬人（汀州人除外）

---

① 葛剑雄主编：《中国移民史》第六卷，福建人民出版社1997年版，第331页。
② 同上书，第332页。

和广东的客家人属于不同的语系,相互之间的沟通就存在许多障碍。清雍正年间台湾知府沈起元在《条陈台湾事宜状》云:"漳、泉内地无籍之民,无田可耕,无工可佣,无食可觅。一到台地,上之可以致富,下之可以温饱,一切农工商贾,以及百艺之末,计工授值,比内地率皆倍蓰。"① 而自施琅平台以后,则"严禁粤中惠、潮之民,不许渡台"②,广东人口迁台所受限制要比福建人口大得多。

黄典诚曾撰写一篇文章,题为《台湾同胞祖根在中原(以音韵为例)》③。他引用新刊《台湾省通志》卷二记载这样的材料:"本省人,系行政上之一种名词。其实均为明清以来大陆闽粤移民即河洛与客家之苗裔。"还根据 1928 年日台总督府官房调查课《台湾在籍汉民族乡贯别调查表》材料所得结论:"所列本省人中,祖籍福建省者最多,广东省者次之,其它省份又次之。"其中"出身福建省者,约为出身广东省者之五倍半,出身其他省份者之六十三倍之众。出身福建省,以泉州、漳州二府占最多数"。而漳泉二府的人,正是客家人所指的河洛人。文章着重讨论了闽南话为什么被称为河洛话。河洛,古代可特指河南洛阳。《文选·班固〈西都赋〉》:"盖闻皇汉之初经营也,尝有意乎都河洛矣。"李善注:"东都有河南洛阳,故曰河洛也。"那么,河洛话也就是洛阳话。作者还引用明·何乔远《闽书》卷一百五十二云:"晋永嘉二年,中原板荡,衣冠始入闽者八族,所谓林、黄、陈、郑、詹、丘、何、胡是也。"④ 是为河洛迁闽之先路,进一步证实漳泉人就是"河洛人"。

其次,作者搜集了大量民间谱牒来证明河洛人就是来自晋唐时代的河洛地区。作者分别考证了陈、林、黄、张、李、王、吴、蔡、杨、郑、谢、郭、曾、丘、周、叶、廖、庄、何、萧、詹、沈等姓氏的来源。如:

"陈氏"——新刊《台湾省志》卷二《人民志·氏族篇》第五章《播迁入台》"各姓之姓源","陈姓"下云:"唐高宗总章二年(669)霞漳陈氏——世祖陈政父子,奉敕出镇泉潮,而家漳浦云霄。"此陈姓入闽之始也。⑤ 台北县《清源陈氏家乘叙》:"(后唐)清泰中(934~935),石晋以地赂契丹。祖有陈启瑞者,官都押卫指挥使,极陈其不可,不听。乃遽偕弟及子,由固始入闽,居建阳,后迁温陵(今泉州),旋入永春之小岵居焉。"

"林氏"——台北县《虎丘林氏族谱》:"先世固始人。祖有林一郎者仕唐。光启乙巳(885),迁福建永春机源大杉林保。其后一脉入泉之清溪(今安溪县)依

① 《皇朝经世文编》卷八四《兵政》。
② 乾隆《续修台湾府志》卷一一《武备》。
③ 黄典诚:《台湾同胞祖根在中原(以音韵为例)》,厦门大学中文系,油印本。
④ 何乔远:《闽书》五,福建人民出版社 1995 年版,卷一百五十二,第 4487 页。
⑤ 黄典诚:《台湾同胞祖根在中原(以音韵为例)》,厦门大学中文系,油印本。

仁里西头井兜,至明分居安溪之虎丘。"

"黄氏"——据《台湾黄氏族谱》载:"其先四十三世尚陆,居河南光州固始。"又台北县《深坑乡黄氏族谱》:"世居光州固始。"明·何乔远《闽书》:"固始黄氏之入闽,始于永嘉之乱。"

"张氏"——据台北县《张氏族谱》:"世居光州固始。唐末有张延齐等兄弟三人,随王潮入闽,居泉州之惠安、安溪等地,支派甚盛。"又《清溪张氏族谱序》:"惟清河之派,流于光州。及唐末五季,遭世板荡。由光州固始入闽者,卜居晋(江)之张林。"

"李氏"——台南《李氏族谱》:"先世光州固始人,唐末随王潮入闽。"《漳州府志》:"有李伯瑶者,固始人。随陈元光开漳州,平蛮獠三十六寨。"

"王氏"——台北县板桥镇《王氏族谱》:"王氏之先出姬姓,三十四世晔为光州定城令,因家于固始。晔曾孙曰恁,三子:曰审潮,曰审邽,曰审知。兄弟有才气,王绪辟为军正。以副先锋提兵入汀漳,遂有闽泉土地。"

"吴氏"——台湾《吴氏族谱·祭公家传》:"其祖有吴祭公者,固始县青云乡井兜人也。唐僖宗中和四年(884)兄弟一行二十余人,住福州侯官县。王审知据入闽之地,乃避地福泉之间,遂为闽人。"

"蔡氏"——台北县新庄镇《鸿儒蔡氏族谱》:"先世居光州固始。唐武后垂拱二年(656)从陈元光入闽。"

"杨氏"——台湾《杨姓大族谱》:"始祖君胄公,随陈元光入闽开漳,盖唐垂拱二年也。"又台北县《顶溪洲杨氏家谱》:"先世居河南,唐末避黄巢之乱,乃南下入闽。"又《漳州府志》:"杨天正,汝南人。总章二年,随副将军陈政,出镇泉潮。"

"郑氏"——台湾《马巷郑氏族谱序》:"唐垂拱间,陈将军(元光)趋闽,大臣郑时中随之,郑氏遂星布闽粤。"又《郑氏石井宗谱序》:"夫我郑自唐光启间入闽,或居于莆、于漳、于潮、于泉,是不一其处。"黄典权著《郑成功史事研究》云:"郑氏在唐僖宗光启间(885～887)由河南光州固始县入闽。"[①]

"谢氏"——《清溪永安谢氏族谱》:"祖为光州固始人,从审知入闽。"

"郭氏"——《漳州府志》载:"从陈元光开漳裨将,有郭益其人。是知唐初郭姓已有自固始迁入闽南者。"又台北县汐上镇《蓬岛郭氏家谱》:"初为光州固始人,嗣奉汾阳王(郭子仪)香火,从王审知从弟想入闽。"

"曾氏"——《清源曾氏族谱序》:"唐僖宗光启间,王潮由光州固始入闽,中原士民避难者皆徙以从。曾姓亦随迁于漳、泉、福、兴之间。晋江之曾,始祖延世,光州刺史也。"

---

① 黄典权:《郑成功史事研究》,台湾商务印书馆 1971 年版。

"丘氏"——台北县土城乡《丘氏族谱》:"远祖出自周之姜齐,支派繁衍,盛于河南之光州固始。"

"周氏"——《武功周氏族谱》:"系苏姓之后。先世居光州固始。唐末有苏益者,避黄巢之乱,子僖宗广明(880~881)中随王潮入闽。"

"叶氏"——仙游《古濑叶氏族谱》:"始祖叶谌,世居雍州。五季之乱,举族流徙莫定。至宋,卜居光州固始。若祖有叶炎会者,随宋南渡,卜居仙游之古濑。"

"廖氏"——《漳州府志》:"廖光远,自光州固始随陈元光入闽。"

"庄氏"——青阳《庄氏家谱》:"唐光启间,始祖森公,王潮之甥也,偕入闽。"又台北县《新庄镇庄氏族谱》:"唐末有庄森者,居河南光州固始,于僖宗光启元年(885)随王潮入闽。"

"何氏"——台北县土城乡《何氏族谱》:"世居光州固始。唐高宗仪凤(676~678)中,何嗣韩从陈元公经略全闽,因家焉。"

"萧氏"——台湾萧氏多谓其先由光州固始入闽。今考《漳州府志》从陈氏征闽58姓132将之中有萧润尔其人,与所传由固始入闽,亦略相符。

"詹氏"——台北县《泉州佛耳山詹氏族谱》:"先世居光州固始。始祖詹贤,仕唐,官至金紫光禄大夫点检使,从王潮入闽。"

"沈氏"——《漳州府志》:"沈世纪,光州固始人。总章二年,从陈王政领军入闽……日与元光披荆斩棘,开村落,辟地数千里,厥功懋焉。今子孙散处龙溪、漳浦、南靖、长泰、诏安等处。黄巢之乱,于僖宗广明(880~881)中随王潮入闽。"(按:《漳州府志》,陈元光入闽开漳,已有周姓随之同行。)

上面所引民间谱牒传说,只证明福建河洛人大部分是晋唐时从河南中原迁来的,在唐初则由于陈政、陈元光父子,唐末则由于王潮、王审知兄弟的征战所带来的。而二陈和二王,恰好都是河南光州固始人。至于这些福建河洛又是如何再迁台湾省的?新刊《台湾省通志》卷二《人民志·民族篇》第三章《本省之居民》开宗明义就说:"迨及明清鼎革,为避战乱而迁南洋台湾者,更不可胜数。当时迁居台湾之大陆居民,均不出下述几种类型:一为海上之冒险家,二为明之遗臣,三为随军(按:指郑成功部队)东征之将士,四为避乱之民,五为渔猎贸易之民。"黄典诚指出:"'永嘉之乱'是中国四五世纪南北政局分裂的原史原因。而河洛'衣冠八族'带了河洛官话到福建来定居的又在'永嘉之乱'时期。《切韵》以永嘉乱前的河洛官音为基础,闽台河洛人祖先在永嘉之乱带来的正是河洛官音。那么如把闽台河洛人所操的河洛方音和记录河洛方音的《切韵》比较一下,不是很有必要、很有意义的吗?"[①]

---

① 黄典诚:《台湾同胞祖根在中原(以音韵为例)》,厦门大学中文系,油印本。

32 闽台方言的源流与嬗变

黄典诚文章中以十分翔实的材料说明了"台湾同胞祖根在中原",闽南方言来源于永嘉时期的河洛方音,与以永嘉乱前的河洛官音为基础的《切韵》是一脉相承的。

三、台湾境内闽、客方言分布概况

据陈亦荣《清代汉人在台湾地区迁徙之研究》第四章"日据时代对台湾汉人分省籍调查表",原是按福建省和广东省及其他省份移民情况来统计的,为了突出不同方言区的人数情况,现按闽南(包括泉州、漳州、永春、龙岩和潮州)、客家(包括汀州、嘉应和惠州)、福州、莆仙(兴化)、其他五个方言区的移民情况列表如下(以下数字单位:百人):

祖籍	台北	新竹	台中	台南	高雄	台东	花溪	澎湖	合计
闽南方言区	6933	2602	7700	9763	3903	36	116	669	31722
泉州府	3990	992	3418	5374	2388	23	47	582	16814
漳州府	2846	1065	3611	4238	1293	10	46	86	13195
龙岩府	26	19	61	25	27	—	2	—	160
永春州	53	8	63	13	67	1	—	—	205
潮州府	18	518	547	113	128	2	21	1	1348
福州方言区	67	15	121	35	27	2	3	2	272
福州府	67	15	121	35	27	2	3	2	272
莆仙方言区	5	17	5	32	33	1	—	—	93
兴化府	5	17	5	32	33	1	—	—	93
客家方言区	199	3070	613	168	828	10	52	0	4940
汀州府	174	55	83	76	36	—	1	—	425
嘉应州	19	1683	383	71	769	9	35	—	2969
惠州府	6	1332	147	21	23	1	16	—	1546
其他方言区	56	117	99	106	106	—	—	5	489
合计	7260	5821	8538	10104	4897	49	171	676	37516

上表 ① 统计结果,清代移民入台总数为375.16万人。其中闽南方言区移民入台最多,计317.22万人,占总数的84.56%;客家方言区移民49.4万人,占总数13.17%;福州方言区移民2.72万人,占总数的0.73%;莆仙方言区移民0.93万人,占总数0.25%;其他方言区移民4.89万人,占总数的1.30%。由上可见,清代客家人移民台湾最多的地区是新竹,计30.7万人,占总移民数的62.15%;高雄8.28万人,占总移民数的16.76%;台中6.13万人,占总移民数的12.41%。从移民地来说,广东嘉应州移民最多,计29.69万人,占总移民数的60.10%;惠州15.46万人,占总数的

---

① 葛剑雄主编:《中国移民史》第六卷,福建人民出版社1997年版,第332页。

31.30%;汀州府移民最少,计4.25万人,仅占总数的8.6%。客家移民台湾后,也把客家方言带到台湾进行传播。经过几百年的人口的流动以及客家方言的变化,现已形成了台湾客家方言区。

据洪惟仁《台湾方言之旅》,台湾"客家语区"主要分布于桃园的新屋乡、中坜、龙潭以南的桃园县、新竹市及海边以外的新竹县,竹南、后龙、通宵以外的苗栗县(约70%),台中的东势、大社、延至南投北端的国姓乡,整个北部的丘陵、台地,大部分是客家语区。此外的重要聚集区是高雄美浓、屏东高树、长治、麟洛、内埔、竹田、万峦、新埤、佳冬的丘陵地带。集中程度不及北部。另外,台东纵谷是闽南、客家、平埔族、阿美族杂居之处,客家占有相当成分,每能聚成村落、市集。①

关于台湾境内方言分布问题,张振兴在《台湾闽南方言记略·导论》② 中指出,台湾汉语方言主要有闽南方言和客家方言,但闽南方言又可以分为泉州腔、漳州腔、漳泉混合腔;泉州腔又有三邑(包括晋江、南安、惠安)、同安、安溪、厦门等不同的口音。客家方言还有四县、海陆、饶平、长乐、诏安、汀州等不同口音。由于大陆移民入台已有数百年的历史,长期以来方言互相移借、互相渗透,以致无法分辨是漳是泉,从而形成一种不漳不泉的闽南方言。

洪惟仁所著《台湾方言之旅》,分别将台湾话分为"偏漳腔"、"偏泉腔"、"漳泉混合腔"、"客语区"等,并附有《台湾汉语方言分布图》。此图包括以下语区:①海陆腔客语区,主要分布于台湾西部的北侧(包括新屋、杨梅、竹东);②四县腔客语区,主要分布于西部的北侧和南侧的丘陵(包括中坜、苗栗、东势、国圣、美浓);③偏泉腔闽南语区,主要分布于西部沿海平原(包括新竹、大甲、清水、陆港、福兴、社口、溪湖、大城、麦寮、台西、褒忠、北港、水林、蒜头、东石)和台北盆地(包括淡水、林口、三重、艋舺、三峡、新店、七堵、坪林);④偏漳腔闽南语区,主要集中于西部内陆平原(包括丰原、台中、埔里、员林、南投、西螺、虎尾、竹山、斗六、新港)、北部丘陵(应是东北沿岸,包括石门、金山、万里、士林、基隆、贡寮、大城、礁溪、宜兰、罗东、冬山、苏澳、花莲)和桃园、大牛椆等地;⑤漳泉混合区,位于中央山脉东北麓及西麓的"偏漳区"和台北盆地、西海岸狭长地带的"偏泉区"中间及嘉南平原,花莲寿丰以南的一大片地区属于"漳泉混合区"。包括竹南、后龙、白沙屯、通宵、彰化、嘉义、朴子、布袋、白河、新营、东山、学甲、下营、安定、平安、台南市、左镇、关庙、茄定、岗山、高雄、凤山、屏东、潮州、林园、东港、恒春、台东等地。

---

① 　洪惟仁:《台湾方言之旅》,台湾前卫出版社1994年版。
② 　张振兴:《台湾闽南方言记略·导论》,福建人民出版社1983年版。

第二章 闽台闽南方言音韵篇

第一节 闽台现代闽南方言音系比较研究

一、福建闽南方言声韵调系统研究概述

福建的闽南方言点主要有厦门、泉州、漳州、龙岩。这四个方言点主要研究成果有：周长楫《厦门方言研究》、林连通《泉州方言志》、马重奇《漳州方言研究》和郭启熹《龙岩方言研究》。这四种方言研究专著，各自介绍了四个方言点的声韵调系统。

（一）周长楫《厦门方言研究》声韵调系统

厦门方言区包括厦门、同安和金门 3 个县市。由于厦门在近一百多年来的迅速发展而成为闽南地区政治、经济和文化的中心，厦门方言又兼容泉州、漳州这两个地区闽南方言语音的一些特点，因而厦门方言便逐渐成为福建、台湾两省闽南方言区的优势方言，并作为闽台地区闽南方言的代表。根据周长楫《厦门方言研究》第一章"厦门方言音系"，现将厦门方言声韵调系统介绍如下：

1. 声母系统

厦门方言的声母共 17 个，包括零声母在内：

声 母	例 字	声 母	例 字	声 母	例 字	声 母	例 字
p	补悲	pʻ	普披	m	茂棉	b	某味
t	肚知	tʻ	土耻	n	努泥	l	鲁利
ts	祖芝	tsʻ	楚市	s	所是		
k	古基	kʻ	苦欺	ŋ	午硬	g	五义
∅	乌衣	h	虎希				

作者认为，厦门方言的声母主要是根据"十五音"而制定的。以《十五音》为例，即"柳边求去地颇他曾入时英文语出喜"。其中，"入"声母字在厦门方言已归入"柳"声母。十五音声母系统 m–b 合为"文"声母，n–l 合为"柳"声母，ŋ–g

合为"语"声母，即只有 b、l、g 而无 m、n、ŋ。在发音上，b、l、g 的实际音值相当于发 m、n、ŋ 时去掉鼻音成分的浊音。同时，b、l、g 后的韵母一般是非鼻化韵母。由于鼻化韵母鼻化成分的强势，常常影响到声母也带有鼻化成分，因而 b、l、g 后的韵母如果是鼻化韵母，b、l、g 就会受到鼻化韵的影响而变成 m、n、ŋ 音了。似可将 m、n、ŋ 做为 b、l、g 的音位变体看（参见《厦门方言研究》第 8 页）。

2. 韵母系统

厦门方言的韵母常用的有 82 个。如下表：

		元音韵	鼻音韵	鼻化韵	声化韵
开口呼	舒声	a o o o ai au 阿 乌 窝 锅 哀 欧	am an aŋ ɔŋ 庵 安 翁 汪	ã ɔ̃ ẽ ãi ãu 馅 恶 婴 耐 闹	m ŋ 怀 秧
	促声	aʔ oʔ ɔʔ eʔ auʔ 鸭 □ 学 呃 □	ap at ak ɔk 压 遏 沃 恶	ãʔ ɔ̃ʔ ẽʔ ãuʔ 喝 膜 脉 □	mʔ ŋʔ 默
齐齿呼	舒声	i ia io iu iau 衣 爷 腰 忧 妖	im iam in ian iŋ iaŋ iɔŋ 阴 盐 因 烟 英 漳 央	ĩ iã iũ iãu 圆 营 羊 猫	
	促声	iʔ iaʔ ioʔ iuʔ iauʔ 缺 页 药 □ □	ip iap it iat ik iak iɔk 摄 叶 一 杰 益 逼 约	ĩʔ iãʔ iãuʔ 物	
合口呼	舒声	u ua ue ui uai 有 蛙 话 威 歪	un uan 恩 弯	uã uĩ uãi 碗 梅 关	
	促声	uʔ uaʔ ueʔ uiʔ uaiʔ 托 活 挟 划 □	ut uat 骨 越	uẽʔ uãiʔ 挟 □	

厦门方言 82 个韵母中（参见《厦门方言研究》第 8 页），较常用的是 76 个左右。这 82 个韵母按其主要元音和韵尾的特征可分为元音韵 16 个；鼻音韵 13 个；鼻化韵 12 个；入声韵 39 个（收 –p、–t、–k 尾 13 个，收 –ʔ 尾 15 个，鼻化入声韵与声化入声韵 11 个），声化韵 2 个。按其介音（韵头）的情况可分为开口呼韵 32 个，齐齿呼韵 31 个，合口呼韵 19 个。

3. 声调系统

厦门方言的声调有 7 个（不包括轻声）。各类声调的名称和调值如下（参见《厦门方言研究》第 11 页）：

调类	阴平	阳平	上声	阴去	阳去	阴入	阳入
例字	东诗	同时	董死	栋四	动洞是示	督薛	独蚀
调值	55	35	53	21	11	3̲2̲	5̲

（二）林连通《泉州方言志》声韵调系统

泉州方言区包括泉州、晋江、石狮、惠安、南安、永春、德化、安溪 8 个县市。根据林连通《泉州市方言志》第一章"语音"部分，现将泉州方言声韵调系统介绍

如下:

1.声母系统

泉州方言共有14个声母,分别用17个符号表示(参见《泉州方言志》第7页):

声 母	例 字	声 母	例 字	声 母	例 字	声 母	例 字
p	边比备	p'	普皮评	m	摸梅棉	b	微无密
t	地都重	t'	他托彻	n	年林两	l	柳利日
ts	争齐之	ts'	出秋市	s	时四常		
k	求公古	k'	气靠琴	ŋ	雅迎硬	g	语宜义
∅	英员油	h	喜虎非				

《汇音妙悟》"十五音"即"柳边求去地颇他曾入时英文语出喜"。其中,"入"声母字在泉州方言已归入"柳"声母。[m、n、ŋ]是[b、l、g]的音位变体。当[b、l、g]与鼻化韵相拼时,分别变成[m、n、ŋ]。

2.韵母系统

泉州方言共有87个韵母(参见《泉州方言志》第18~20页):

		元音韵			鼻音韵			鼻化韵			声化韵	
开口呼	舒声	a ɔ ə o e 阿乌波祸马	u ɯ ai au 余哀凹		am əm an aŋ ɔŋ 庵 欣 安 翁 汪			ã ɔ̃ ẽ ãi 衫恶妹耐			m̩ ŋ̩ 媒央	
	促声	aʔ ɔʔ əʔ oʔ eʔ auʔ 盒 呕学 呃麦溃拗			ap at ak ɔk 压 遏沃屋			ãʔ ɔ̃ʔ ẽʔ ãiʔ ãuʔ 凹瘼咩唉嗷			m̩ʔ ŋ̩ʔ 默物	
齐齿呼	舒声	i ia io iu iau 伊爷摇九 妖			im iam in ian iŋ iaŋ iɔŋ 音阉因烟英漾央			ĩ iã iũ iãu 婴营羊猫				
	促声	iʔ iaʔ ioʔ iuʔ iauʔ 铁 页 药搐 嚼			ip iap it iat iak iɔk 揖叶乙谒逼欲			ĩʔ iãʔ iũʔ iãuʔ 捏 赢憴蛲				
合口呼	舒声	u ua ue ui uai 有 娃 鸡胃歪			un uan uaŋ 温 弯 风			uã uĩ uãi 安梅弯				
	促声	uʔ uaʔ ueʔ uiʔ 托 活 狭挖			ut uat 骨 越			uĩʔ uãiʔ 蜢稽				

林连通认为,[ə]实际发音开口度较大,音值接近于[ɣ]。

3.声调系统

泉州方言共有7个声调(参见《泉州方言志》第20页):

调类	阴平	阳平	阴上	阳上	去声	阴入	阳入
例字	高猪	穷陈	古展	近柱	盖帐醉对	急竹	月入
调值	33	24	55	22	41	5	24

(三)马重奇《漳州方言研究》声韵调系统

漳州方言区包括漳州、龙海、长泰、华安、南靖、云霄、漳浦、平和、诏安、东山10

个县市。根据马重奇《漳州方言研究》第一章"语音"部分（参见《漳州方言研究》第 11～14 页），现将漳州方言声韵调系统介绍如下：

1. 声母系统

漳州方言共有 18 个声母，分别用 18 个符号表示：

声母	例字	声母	例字	声母	例字	声母	例字
p	边比备	p'	波皮评	m	毛棉名	b	文微无
t	地都重	t'	他托彻	n	耐年林	l	柳利里
ts	贞齐之	ts'	出秋市	s	时四常	dz	入如然
k	求公古	k'	去靠琴	ŋ	雅硬迎	g	语宜义
Ø	英鹰油	h	喜虎非				

2. 韵母系统

漳州方言共有 85 个韵母：

		元音韵	鼻音韵	鼻化韵	声化韵
开口呼	舒声	a ɔ o e ɜ ai au 阿 乌 蚵 鞋 家 哀 瓯	am ɔm an aŋ ɔŋ 庵 参 安 邦 汪	ã ɔ̃ ɜ̃ ãi ãu 馅 毛 生 耐 藕	m ŋ 姆 秧
	促声	aʔ ɔʔ oʔ eʔ ɜʔ auʔ 鸭 阁 学 八 格 暴	ap at ak ɔk 压 遏 握 恶	ã ʔ ɔ̃ʔ ɜ̃ʔ ãuʔ 讷 膜 夹 氽	mʔ ŋʔ 默 呛
齐齿呼	舒声	i ia io iu iau 伊 耶 腰 优 妖	im iam in ian iŋ iaŋ iɔŋ 音 兼 因 烟 永 双 雍	ĩ iã ĩɔ iũ iãu 燕 营 羊 扭 猫	
	促声	iʔ iaʔ ioʔ iuʔ iauʔ 舌 页 药 搐 寂	ip iap it iat ik iak iɔk 集 叶 乙 撇 益 约 育	ĩʔ iãʔ iãuʔ 物 吓 蛲	
合口呼	舒声	u ua ue ui uai 污 娃 灰 威 歪	un uan uaŋ 温 冤 仿	uã uĩ uẽ uãi 鞍 黄 妹 秆	
	促声	uʔ uaʔ ueʔ 托 活 月	ut uat 熨 越		

3. 声调系统

漳州方言共有 7 个声调：

调类	阴平	阳平	上声	阴去	阳去	阴入	阳入
例字	东诗	同时	董死	栋四	动洞是示	督薛	独蚀
调值	44	12	53	21	22	32	121

（四）郭启熹《龙岩方言研究》声韵调系统

龙岩地区闽南方言主要包括龙岩和漳平两个县市。根据郭启熹《龙岩方言研究》第一章"语音"部分（参见《龙岩方言研究》第 5～7 页），现将龙岩方言声韵调系统介绍如下：

1.声母系统

龙岩方言共有 17 个声母,分别用 17 个符号表示:

声　母	例　字	声　母	例　字	声　母	例　字	声　母	例　字
p	边帮迫	p'	颇皮博	m	面妈命	b	卖帽眉
t	地多毒	t'	他托读	n	娘奶脑	l	漏料日
ts	尊赠绝	ts'	出超床	s	时苏谢		
k	求旗掘	k'	可区屈	ŋ	碍熬硬	g	牛娱伍
∅	英湾越	h	喜法花				

　　[b、d、g]跟鼻化音韵母相拼时分别读作[m、n、ŋ],如棉、年、疑。[ts、ts'、s]跟韵母[i]或[i]起头韵母(即 iau、io、iu、ioŋ 等)相拼时,读音近乎普通话的 j、q、x。

2.韵母系统

龙岩方言韵母 65 个,如下表:

		元音韵	鼻音韵	鼻化韵	声化韵
开口呼	舒声	a ɿ ɔ e ɛ ai au 阿 资 波 鞋 下 排 包	am　an　aŋ oŋ 沾　班　帮 朋	ã õ ɛ̃ ãi ãu 衫 秧 楹 爱 脑	m ŋ 怀 五
	促声		ap　at　ak ok 答　达　北 卜		
齐齿呼	舒声	i ia io ie iɛ iu iua iau 衣 写 钓 西 寨 流 靴 标	im iam in ian iaŋ ioŋ 深 甜 勤 展 凉 龙	ĩ iã iõ iɛ̃ iãu iuã 扁 饼 胀 骂 猫 件	
	促声		ip iap it iat iak iok 立 贴 逸 别 约 竹	iãt 捏	
合口呼	舒声	u ua ue ui uɛ uai 乌 沙 赔 规 画 乖	un uan uaŋ 吞 弯 壮	ũ uã uĩ uɛ̃ 有 烂 门 秆	
	促声		ut uat uak 物 劣 绰		

3.声调系统

龙岩方言有 8 个单字调:

调类	阴平	阳平	阴上	阳上	阴去	阳去	阴　入		阳　入	
例字	边开婚	穷寒麻	碗丑好	近厚是	盖抗汉	护豆愧	急	尺	白	抹
调值	34	11	21	52	213	55	5 文	55 白	42 文	55 白

二、广东闽南方言声韵调系统研究概述

　　闽南方言也分布于广东东部的潮汕地区,约有几百万人使用这种方言。以潮

州话为代表。主要研究成果有詹伯慧《潮州方言》、李永明《潮州方言》和林伦伦《广东闽方言法间研究》等。

（一）詹伯慧《潮州方言》和李永明《潮州方言》声韵调系统

根据詹伯慧《潮州方言》和李永明《潮州方言》，现将潮州方言的声韵调系统综合介绍如下：

1. 声母系统

潮州方言共有 18 个声母，分别用 18 个符号表示：

声 母	例 字	声 母	例 字	声 母	例 字	声 母	例 字
p	波	p'	抱	m	毛	b	无
t	刀	t'	胎	n	娜	l	罗
ts	坐	ts'	错	s	梭	z	而
k	哥	k'	戈	ŋ	俄	g	鹅
∅	窝	h	河				

2. 韵母系统

潮州方言韵母有 76 个：

		元音韵	鼻音韵	鼻化韵	声化韵
开口呼	舒声	ŋ a o e ɯ ai au oi ou 书 亚 窝 哑 余 埃 欧 鞋 乌	am aŋ oŋ eŋ ɯŋ 庵 安 翁 英 恩	ã ẽ aĩ aũ oĩ õũ 柑 楹 爱 好 闲 虎	m ŋ 姆 黄
	促声	aʔ oʔ eʔ 鸭 托 厄	ap ak auk ok oik ek ɯk 盒 恶 乐 握 狭 亿 乞	eʔ̃ □	
齐齿呼	舒声	i ia ie iu iəu 衣 爷 腰 幽 妖	im iəm iŋ iaŋ ioŋ ieŋ 音 淹 因 央 永 延	ĩ iã iẽ iũ 圆 影 样 幼	
	促声	iʔ iaʔ ieʔ 铁 益 药	ip iəp ik iak iok iek 邑 叶 乙 略 育 逸	ĩʔ □	
合口呼	舒声	u ua ue ui uai 有 我 话 为 歪	uam uŋ uaŋ ueŋ 凡 温 汪 冤	uã uĩ uẽ 碗 畏 果	
	促声	uʔ uaʔ ueʔ □ 活 划	uap uk uek 法 突 越		

3. 声调系统

潮州方言声调有 8 个：

调类	阴平	阳平	阴上	阳上	阴去	阳去	阴入	阳入
例字	诗梯知	时题穷	死体恐	是弟近	试替抗	事地树	识竹职	食笛白
调值	33	55	53	35	213	11	21	44

（二）林伦伦《广东闽方言语音研究》

根据林伦伦《广东闽方言语音研究》第二章"粤东闽语",现将汕头话的声韵调系统介绍如下参见（《广东闽方言语音研究》第 13～17 页）：

1. 声母系统

汕头方言共有 18 个声母,分别用 18 个符号表示：

声 母	例 字	声 母	例 字	声 母	例 字	声 母	例 字
p	波	p'	抱	m	毛	b	无
t	刀	t'	胎	n	娜	l	罗
ts	坐	ts'	错	s	梭	z	而
k	哥	k'	戈	ŋ	俄	g	鹅
∅	窝	h	河				

2. 韵母系统

汕头方言韵母有 84 个：

		元音韵	鼻音韵	鼻化韵	声化韵
开口呼	舒声	a o e ɯ ai au oi ou 亚 窝 哑 余 埃 欧 鞋 乌	am aŋ oŋ eŋ ɯŋ 庵 红 公 英 恩	ã ẽ ãĩ ãũ õĩ õũ 揞 楹 爱 好 闲 虎	m ŋ 姆 秧
	促声	aʔ oʔ eʔ ɯʔ aiʔ auʔ oiʔ 鸭 学 厄 乞 □ □ 八	ap ak ok ek ɯk 盒 北 屋 亿 乞	ẽʔ ãĩʔ ãũʔ 脉 □ □	mʔ ŋʔ □ □
齐齿呼	舒声	i ia io iu iau 衣 爷 腰 优 妖	im iam iŋ iaŋ ioŋ 音 淹 因 央 雍	ĩ iã iõ iũ iãũ 圆 影 羊 幼 □	
	促声	iʔ iaʔ ioʔ iuʔ iauʔ 铁 益 药 □ □	ip iap ik iak iok 立 粒 乙 跃 育	ĩʔ iũʔ iãũʔ □ □ □	
合口呼	舒声	u ua ue ui uai 污 娃 锅 医 歪	uŋ uaŋ 温 弯	uã uĩ uẽ uãĩ 鞍 畏 关 樣	
	促声	uʔ uaʔ ueʔ 膪 活 划	uk uat 熨 越	uãʔ uãĩʔ 活 □	

3. 声调系统

汕头方言有 8 个声调：

调类	阴平	阳平	阴上	阳上	阴去	阳去	阴入	阳入
例字	诗	时	死	是	四	逝	薛	蚀
调值	33	55	53	35	213	11	2	5

三、台湾闽南方言声韵调系统研究概述

在本节里,我们拟介绍几部重要的台湾闽南方言的研究著作:即张振兴的《台湾闽南方言记略》、洪惟仁的《台湾话音韵入门》附《台湾十五音字母》、竺家宁的《台北闽南方言音档》、郑良伟、郑谢淑娟的《台湾福建话的语音结构及标音法》、董忠司撰的《台南市、台北市、鹿港、宜兰等四个方言音系的整理与比较》。这几部论著,分别介绍了台湾几种闽南方言的语音系统。

（一）张振兴《台湾闽南方言记略》声韵调系统

张振兴在调查台湾闽南方言时,有两位主要的发音合作人:一位是台北市人,讲的是台北"泉州腔";另一位是台南市人,讲的是台南"漳州腔"。现根据张振兴《台湾闽南方言记略》第一章"语音系统",现将台湾闽南方言声韵调系统介绍如下:

1. 声母系统

《台湾闽南方言记略》(参见第 7 页)介绍台湾闽南方言声母 14 个,分别用 20 个符号表示:

声　母	例　字	声　母	例　字	声　母	例　字	声　母	例　字
p	爸罢房	p'	泡炮扶	b（m）	某亩梅妹		
t	都肚重	t'	梯体锤	l（n）	良日奈耐		
ts（tɕ）	兹制撞	ts'（tɕ'）	此市肠			s（ɕ）	思世示
k	公工猴	k'	考靠倚	g（ŋ）	牙语我	h	好浩雨
∅	员晚冤						

张振兴认为,/b（m）/、/l（n）/、/g（ŋ）/ 分别是三个音位。[b]并不是一个单纯的双唇浊塞音,在它的前头总是带有一个轻微的不带声的鼻音成分,用严式标音应写作[ᵐb]。[l]可以分成两派:一派主要是中年以下的人,他们的[l]很接近于一个舌尖边音,只是前头略带有一个轻微的不带声的舌尖鼻音成分,用严式标音应写作[ⁿl];另一派主要是老年人,他们的[l]很接近于一个舌尖部位的浊塞音[d],发音时舌尖与硬腭接触较多,气流不是从舌的两旁流出,而是舌尖离开硬腭后,从舌面上端流出,同时在它的前头也带有一个轻微的不带声的舌尖鼻音成分,用严式标音应写作[ⁿd]。[g]也不是一个单纯的舌根浊塞音,在它的前头也带有一个轻微的不带声的舌根鼻音成分,用严式标音应写作[ᵑg]。

2. 韵母系统

《台湾闽南方言记略》(第 9~10 页)介绍台湾闽南方言韵母 77 个,现列表介绍如下:

		元音韵	鼻音韵	鼻化韵	声化韵
开口呼	舒声	a ɔ ɤ* e ai ua 窒 普 科 马 戴 教	am an aŋ ŋ 三 单 讲 公	ã ɔ̃ ẽ· ãi ãu 马 五 柄 指 恼	m ŋ 媒 汤
开口呼	促声	aʔ ʔ ɤ*ʔ eʔ 百 学 伯	ap at ak ɔk 箬 八 学 读	ãʔ ʔ ẽ̃ʔ 闸 膜 脉	
齐齿呼	舒声	i ia ioiɤ* iu iau 知 蛇 表 九 表	im iam in ian iŋ iaŋ iɔŋ 林 甜 进 边 金 相 乡	ĩ iã iɔ̃* iũ iaũ 边 京 乡 猫	
齐齿呼	促声	iʔ iaʔ ioʔiɤʔ* 笛 锡 约	ip iap it iat ik iak iɔk 立 接 实 别 百 □ 逐	ĩʔ iãʔ 物 悙	
合口呼	舒声	u ua ue ui uai 夫 瓜 吹 脆 乖	un uan 回 酸	uã uẽ* uĩ uãi* 半 梅 梅 关	
合口呼	促声	uʔ uaʔ ueʔ uiʔ 托 末 八 血	ut uat 物 活		

注:□ [piak。]~开:器物突然破裂。

张振兴考证,台湾闽南方言没有普通话的全部撮口呼韵母([y]、[ye]、[yan]、[yn]),也没有[uo]、[ie]、[ei]、[ou]、[ɿ]、[ʅ]、[ən]、[uan]、[əŋ]、[uəŋ]、[ər] 11韵母。上列韵母中,右上角有"*"的,共8个,是属于漳州腔所特有的:[ɤ]、[iɤ]、[iɔ̃]、[ẽ]、[uẽ]、[uãi]、[ɤʔ]、[iɤʔ]。它们和泉州腔韵母的关系,通过表中的例字,大致可以清楚。

3.声调系统

《台湾闽南方言记略》(第12页)介绍台湾闽南方言声调7个(不包括轻声)。如下表:

调类	阴平(1)	阳平(2)	阴上(3)	阴去(5)	阳去(6)	阴入(7)	阳入(8)
例字	军	群	滚	棍	近郡	骨	滑
调值	55	24	53	21	33	21	53

(二)洪惟仁《台湾话音韵入门》附《台湾十五音字母》声韵调系统

洪惟仁于1995编撰出版了歌仔戏教材《台湾话音韵入门》附《台湾十五音字母》,其《台湾十五音字母》"例言"说:"本表音韵系统系根据笔者对台湾闽南语全面的方言调查的资料认定为台湾优势音者,超出本系统的'方言'语音不在本表收集之列(如台南腔漳州音的 -ionn,'海口腔'泉州音的 -er、-ir 等)。"为了避免混淆台湾优势音的音韵系统,凡非台湾优势音的音节而填入字词者都附注来源"方言"。附注符号有以下数种:(漳)漳州方言,流行于台湾宜兰、桃园及中南部等偏漳腔地区;(浦)漳州系漳浦方言,残存于台湾偏漳腔方言如宜兰北部方言;(泉)泉州方言,流行于台北盆地南舷地带及西部海岸线的"海口腔";

（同）泉州系同安方言，流行于台湾淡水河两岸下游地区，新竹等少数海口腔；
（厦）泉州系厦门方言，台北大稻埕方言近之；（湖西）长泰腔方言，流行于澎湖
县湖西乡；（文）文读音专用，专用于读汉文，不用于口语者；（诗）汉诗中专用
者，非汉文一般念法；（童）儿童语；（方）来历不明的方言；（古）已成死语的词
汇。洪惟仁认为，扣除这些"杂质"便是台湾优势方言的音韵系统了。现将台湾
闽南优势音方言声、韵、调系统介绍如下（该书所用台湾音标，这里一律改为国际
音标）：

1.声母系统

《台湾十五音字母·例言》云："纵列〈柳〉〈边〉〈求〉〈去〉〈地〉……表'十五音'
字头，各注上 TLPA 符号，但〈文〉〈柳〉〈语〉三个字头在鼻音韵之前鼻化，TLPA 以不
同符号标示，表中亦附注'十八声'符号于'字头'之傍。"台湾闽南方言优势音共
有 18 个声母，分别用 17 个符号表示（参见《台湾话音韵入门》第 8 页）。

声 母	例 字	声 母	例 字	声 母	例 字	声 母	例 字
p	边巴	p'	波抛	m	貌棉	b	美肉
t	地罩	t'	他天	n	年染	l	龄了
ts	贞早	ts'	出差	s	时洒	j	入耳
k	求胶	k'	去坑	ŋ	雅硬	g	艺外
ø	英婴	h	喜花				

洪惟仁认为，从音位观点来看，文美［b］、柳龄［l］、语艺［g］和文貌［m］、柳
年［n］、语雅［ŋ］互为音位变体。在元音鼻化韵母之前，［b］、［l］、［g］分别读为
［m］、［n］、［ŋ］；在非元音鼻化韵母之前，［m］、［n］、［ŋ］分别读为［b］、［l］、［g］。

2.韵母系统

《台湾十五音字母》"四十六字母顺序表"载，台湾闽南优势音方言共有 46 个
字母，分为"阴声韵"（31 个字母，均配入声韵，计 62 个韵母）和"阳声韵"（15 个
字母，均配入声韵，计 30 个韵母）两大类。"阴声韵"还分"口音韵"和"鼻音韵"
两小类。现将 46 个字母、92 个韵母列表如下（凡是标○号者，表示无音无字；凡是
标□号者，表示有音无字。参见《台湾话音韵入门》第 8 页）：

		元音韵					鼻音韵				鼻化韵					声化韵	
开口呼	舒声	a 阿	ɔ 乌	o 呵	e 挨	ai 哀	au 瓯	am 庵	om 蓼	an 安	aŋ 翁	oŋ 汪	ã 韽	ɔ̃ 恶	ẽ 婴	ãi 乃	ãu 脑	m 姆	ŋ 秧
	促声	aʔ 猎	ɔʔ ○	oʔ 落	eʔ 白	aiʔ 袷	auʔ 雹	ap 答	op □	at 八	akok 北博		ãʔ 煞	ɔ̃ʔ 膜	ẽʔ 雾	ãiʔ □	ãuʔ 嗌	mʔ 默	ŋʔ 哼

续表

		元音韵	鼻音韵	鼻化韵	声化韵
齐齿呼	舒声	i ia io iu iau 伊 耶 腰 忧 妖	im iam in ian iŋ iaŋ ioŋ 音 阉 因 烟 英 双 容	ĩ iã iũ iaũ 燕 缨 鸯 猫	
	促声	iʔ iaʔ ioʔ iuʔ iauʔ 裂 掠 药 搐 确	ip iap it iat ik iak iok 急 摄 吉 别 激 约 筑	ĩʔ iãʔ iũʔ iaũʔ 物 嚇 □ 逆	
合口呼	舒声	u ua ue ui uai 迂 哇 椏 威 歪	un uan uaŋ 温 冤 嚾	uã uẽ ũi uãi 鞍 糜 每 关	
	促声	uʔ uaʔ ueʔ uiʔ uaiʔ 揆 辢 笠 血 辖	ut uat uak 不 缺 □	uãʔ uẽʔ ũiʔ uãiʔ ○ 挟 蟆 辖	

3.声调系统

《台湾话音韵入门》(第 30~31 页)载,台湾闽南方言优势音有 7 个声调(不包括轻声)。如下表:

调类	阴平(1)	阳平(2)	阴上(3)	阴去(5)	阳去(6)	阴入(7)	阳入(8)
例字	乌	红	冷	笑	厚	湿	俗
调值	33	12	31	11	22	2	3

(三)竺家宁《台北闽南方言音档》声韵调系统

台北是台湾最大的都市,中心区人口超过 300 万,若加上相邻的卫星城市,如三重、板桥、永和、中和、新庄等地,以及流动人口,总数当在 800 万以上。如果台北县、市合计,则人口超过千万(涵盖基隆、淡水等地区)。竺家宁根据龚煌城《台湾地区汉语方言调查研究》,把台北地区分为二大区六小区:①漳州区:a. 由三芝、金山、万里、基隆、贡寮,下接宜兰的东北海岸;b. 士林、内湖靠阳明山南麓地带;c. 板桥、中和一带。②泉州区:a. 由淡水、北投南下,经八里、芦州、三重、社子、大龙峒、大稻埕的同安腔;b. 由万华、古亭、景美、新店、深坑至石碇的三邑腔;c. 林口、三峡、莺歌、坪林、平溪、瑞芳、七堵、汐止、南港、松山等,属盆地南舷的安溪腔。现根据台湾竺家宁编著的《台北闽南方言音档》,将台北闽南方言声韵调系统介绍如下:

1.声母系统

《台北闽南方言音档》载,台北闽南方言共有 18 个声母,分别用 17 个符号表示:

声母	例字	声母	例字	声母	例字	声母	例字
p	排饼富	pʻ	蜂抱曝	b	眠尾面	m	棉满骂
t	图短定	tʻ	桃丑读	l	奴里历	n	年软闹
ts	水坐舌	tsʻ	粗手七	dz	如字日	s	衫死算
k	瓜几顾	kʻ	琴款壳	g	疑五月	ŋ	迎五硬
h	鱼火现	∅	摇哑活				

竺家宁认为,三个鼻音[m]、[n]、[ŋ]和[b]、[l]、[g]三音成互补状态,它们不出现在相同的韵母之前。三个鼻音只接鼻化元音及音节化的鼻音;后三音则接不鼻化之元音韵母。例如"马"白读[be],文读[mã]。因此,三对浊音可以合并为[m/b]、[n/l]、[ŋ/g]三个音位。[ts]、[ts']、[dz]、[s]四音之后配高元音[i]时,有显著的腭化现象,与国语的[tɕ]、[tɕ']、[ɕ]很相似。[dz]音只见于老年人口中,年轻人已变读为[l]。在台北方言中,[l]较占优势。若把[dz]与[l]视为同一声母,则声母总数减为17个。

2. 韵母系统

《台北闽南方言音档》载,台北闽南方言韵母共有82个:

		元音韵	鼻音韵	鼻化韵	声化韵
开口呼	舒声	a ɔ o e ai au 早 布 婆 爸 牌 老	am an aŋ ɔŋ 贪 班 蜂 亡	ã ɔ̃ ẽ ãi ãu 骂 摸 平 还 貌	m ŋ □ 门
	促声	aʔ oʔ eʔ auʔ 拍 薄 白 □	ap at ak ɔk 合 别 墨 独	ãʔ ɔ̃ʔ ẽʔ ãiʔ ãuʔ □ 膜 脉 □ □	mʔ ŋʔ □ □
齐齿呼	舒声	i ia io iu iau 米 舍 表 抽 吊	im iam in ian iŋ ian iɔŋ 沈 点 民 电 兵 凉 忠	ĩ iã iũ iaũ 鼻 明 丈 尿	
	促声	iʔ iaʔ ioʔ iuʔ iauʔ 铁 壁 著 □ □	ip iap it iat ik iak iɔk 立 接 笔 灭 逼 □ 局	ĩʔ iãʔ iaũʔ 捏 □ □	
合口呼	舒声	u ua ue ui uai 武 大 杯 追 乖	un uan 本 全	uã uẽ uĩ uãi 半 媒 梅 关	
	促声	uʔ uaʔ ueʔ uiʔ 秃 热 八 拔	ut uat 佛 末	uẽʔ uãiʔ □ □	

3. 声调系统

《台北闽南方言音档》载,台北闽南方言有7个声调(不包括轻声)。如下表:

调类	阴平(1)	阳平(2)	阴上(3)	阴去(5)	阳去(6)	阴入(7)	阳入(8)
例字	西丝酥	茶池逃	马米母	架记告	袋痔道	雪薛索	舌绝昨
调值	44	24	53	11	33	32	44

(四)郑良伟、郑谢淑娟《台湾福建话的语音结构及标音法》声韵调系统

郑良伟、郑谢淑娟编著的《台湾福建话的语音结构及标音法》一书,首先指出台湾福建话也可称为闽南系台湾话,俗称台湾话或福佬话。台湾的福建话是由厦门话、泉州话、漳州话融合演进形成的。现在台湾各地的方言大都被认为不泉不漳(亦可说亦泉亦漳),但内部的方言差异很少。作者主要根据比较有代表性的台南市与台北市的口音来编这本书。为要节省篇幅起见,作者特别设计一个"方音调整符号"。即:凡是在音标下面加横杠的都表示该音有南北音(包括语音与字音)

的不同,除了在文中有特别的说明以外,标音一律根据台南音。如果与台北音的发音一样,就不加任何符号;如果有不同的发音,就划一横杠,使读者能做下列的调整。例如:

本文（根据台南音）		台北人念成	例字
e		e	体、马、父
e̲	→	oe	细、鸡、街
oe		oe	杯、最、罪
o̲e	→	e（或ə）	火、岁、过
in		in	引、印、真
i̲n	→	un	恨、恩、勤、均

台南有 e^n 和 i^n 的分别,而台北则只有 i^n,因为所有的 e^n 音都一律念成 i^n,因此 e^n 不加任何记号,而仅用箭号指示台北音,例如:

e^n	→ i^n	婴、生、平

"张"、"样"、"腔"等字虽然台南市人念 io^n,可是并不具代表性,因为南部其他大部分地区人都念 iu^n。因此本书一律写成 iu^n,而台南市人则凡遇 iu^n 都须念成 io^n（即 $iu^n \rightarrow io^n$）。其他如"彰"、"相"、"将"等字,一般都念 iong,而嘉义等地区则特别念成 iang。又如"园"、"光"等字一般都念 ng,而宜兰、桃园等地区则特别念成 ui^n。这些方音差异因为并不普遍,而且也不属于台北或台南的口音,所以一律不加方音调整符号。

现将台湾福建话声、韵、调系统介绍如下:

1. 声母系统

《台湾福建话的语音结构及标音法》(第 20 页) 台湾福建话共有 18 个声母,分别用国际音标来表示:

声母	例字	声母	例字	声母	例字	声母	例字
p	巴排包	p'	抛派跑	m	妈买貌	b	麻埋卯
t	大罩谈	t'	他胎偷	n	那乃闹	l	来留南
ts/tɕ	查灾走	ts'/tɕ'	差采抄	s/ɕ	沙塞扫	dz/dʒ	二惹染
k	家该交	k'	巧开口	ŋ	雅艾肴	g	牙碍颜
∅	亚哀欧	h	哈害孝				

2. 韵母系统

《台湾福建话的语音结构及标音法》(第 24～27 页) 台湾福建话分"鼻音尾韵母"(13 个)、"零韵尾韵母"(10 个)、"母音韵尾"(6 个)、"鼻化元音的韵母"(12 个)、"鼻核音韵母"(2 个)、"塞音韵尾韵母"(13 个)、"喉塞音 –h 韵尾韵母"(28 个)。凡韵母

之前标有 * 者,表示该音不存在。该书所用台湾音标一律改用国际音标。下面将84 个韵母分类列表如下:

		元音韵	鼻音韵	鼻化韵	声化韵
开口呼	舒声	a ɔ o e ai au 亚 乌 窝 裔 哀 欧	am an aŋ eŋ oŋ 庵 安 翁 英 王	ã ɔ̃ ẽ ãi ãu 馅 恶 婴 揹 □	m ŋ 姆 方
	促声	aʔ ɔʔ oʔ eʔ* aiʔ auʔ 鸭 □ 学 伯 □ □	ap at ak ek ok 压 遏 握 益 恶	ãʔ *ɔ̃ʔ ẽʔ ãiʔ ãuʔ □ □ □ □ □	mʔ ŋʔ □ □
齐齿呼	舒声	i ia io iu iau 衣 也 腰 忧 妖	im iam in ian iaŋ ioŋ 音 盐 因 烟 双 央	ĩ iã iũ iaũ 异 影 样 □	
	促声	iʔ iaʔ ioʔ iuʔ iauʔ 铁 页 药 □ □	ip iap it iat iak iok 集 叶 乙 谒 □ 约	ĩʔ iãʔ* iaũʔ 物 □ □	
合口呼	舒声	u ua ue ui uai 于 娃 锅 为 歪	un uan 运 弯	uã uẽ uãi 换 □ 横	
	促声	uʔ uaʔ ueʔ uiʔ uaiʔ 突 活 挖 血 □	ut uat 郁 越	*uãʔ uãiʔ □ □	

3.声调系统

《台湾福建话的语音结构及标音法》载,台湾福建话有 7 个声调(不包括轻声),如下表:

调类	阴平(1)	阳平(2)	阴上(3)	阴去(5)	阳去(6)	阴入(7)	阳入(8)
例字	东君翻	同裙强	党滚反	栋棍贩	洞郡范	督骨发	毒滑罚
调值	55	13	53	31	33	21	4

(五)董忠司《台南市、台北市、鹿港、宜兰四个方言音系的整理与比较》

1.台北市的语音系统

董忠司主要参考了董同龢《台北市方言的语音》、张振兴《台湾闽南方言记略》、丁邦新《台湾语言源流》,整理与比较了台南市、台北市、鹿港、宜兰 4 个方言音系(参见《语言研究》1991 年增刊第 124~146 页)。现将台北市的语音系统介绍如下:

(1)声母系统:台北有 18 个声母,包括零声母。

声 母	例 字	声 母	例 字	声 母	例 字	声 母	例 字
p	八百	pʻ	破皮	m	毛	b	无
t	地图	tʻ	剃头	n	年	l	来
ts	才情	tsʻ	粗柴	s	心算	dz	如日
k	奇怪	kʻ	空气	ŋ	硬	g	玉
∅	安慰	h	好云				

董、丁二家都有 15 个声母,张氏少 dz-,则只有 14 个。董忠司认为,台北市实

有 dz–,只是有人把 dz–、l– 混读成 l–,有人不混,并不一致,这应该分别是泉、漳之遗迹。

（2）韵母系统:

		元音韵	鼻音韵	鼻化韵	声化韵
开口呼	舒声	a ɔ o e o ai au 饱 素 劳 坐 西 炮	am an aŋ ŋɔ 暗 安 梦 通	ã ɔ̃ ãi ãu 三 傲 耐 闹	m ŋ 不 黄
	促声	aʔ oʔ eʔ auʔ 鸭 学 白 [kau²⁴]	ap at ak ok 合 杀 六 恶	ãʔ *ɔ̃ʔ ẽʔ 闸 膜 脉	
齐齿呼	舒声	i ia io iu iau 备 也 少 忧 妖	im iam in ien iŋ ian iɔŋ 金 点 近 天 庭 凉 中	ĩ iã iũ iaũ 边 影 张 猫	
	促声	iʔ iaʔ ioʔ iuʔ iauʔ 摺 赤 玉 [tiu²⁴][hiau²⁴]	ip iap it iet ik iak iɔk 急 接 一 切 刻 [siak⁴] 育	ĩʔ iãʔ 物 [hiãʔ]	
合口呼	舒声	u ua ue ui uai 有 大 回 水 怪	un uan 本 原	uã uĩ 半 横	
	促声	uʔ uaʔ ueʔ uiʔ [tuʔ⁸] 活 八 血	ut uat 掘 活		

董同龢列出 60 个韵母,张振兴《台湾闽南方言记略》说有 77 个韵母,实在是把台北市和台南市合并计算的结果,台北市实际只有 69 个韵母。张振兴比董同龢多出 9 个韵,分别是:[ɔ̃]、[ãi]、[ãu]、[iaũ]、[ĩʔ]、[ãʔ]、[iãʔ]、[ɔ̃ʔ]、[ẽʔ]。

（3）声调系统:

董同龢、丁邦新、张振兴三家均认为台北的声调都是 7 调,但是调值略有不同。

	阴平	阴上	阴去	阴入	阳平	阳去	阳入
董同龢	44	53	11	32	24	33	44
丁邦新	44	53	11	32	24	33	44
张振兴	55	53	21	21	24	33	53

2.台南市的语音系统

董忠司主要参考杨秀芳《台南市志·人民志·语言篇》、张振兴《台湾闽南方言记略》、王育德《台湾语常用语汇》。现将台南市的语音系统介绍如下:

（1）声母系统:

声母	例字	声母	例字	声母	例字	声母	例字
p	八百	pʻ	破皮	m	毛	b	无
t	地图	tʻ	剃头	n	年	l	来
ts	才情	tsʻ	粗柴	s	心算		
k	奇怪	kʻ	空气	ŋ	硬	g	玉
∅	安慰	h	好云				

王育德的《台湾语常用语汇》以台南音为主,列出 24 个音读,而提出 15 个声母的音标符号,其中 dz–、l– 分立。杨秀芳的《台南市志·人民志·语言篇》列有18 个声母,其中 b–、l–、g– 和 m–、n–、ŋ– 分立,dz– 和 l– 也分立。张振兴《台湾闽南方言记略》则为 14 个声母,dz– 归入 l–。董氏认为,台南市旧市外围,虽有部分人 dz–、l– 分立,但旧市区清一色是 dz– 并入 l–。和台北市比较起来,台南市少了一个 dz–,只有 14 个声母。

（2）韵母系统:

杨秀芳《台南市志·人民志·语言篇》列有 64 个韵母,张振兴《台湾闽南方言记略》则有 71 个韵母,王育德《台湾语常用语汇》列出 83 个韵母。董忠司本人调查的台南市区的韵母列举如下（与张振兴比较,以 "@" 表示增加,"*" 表示不同）:

		元音韵	鼻音韵	鼻化韵	声化韵
开口呼	舒声	a ɔ ə e ai au 饱 素 劳* 坐 西 炮	am ɔm an aŋ ŋ̩ 暗 [ɔm¹]@ 安 梦 通	ã ɔ̃ ẽ ãi ãu 三 傲 婴 耐 闹	m̩ ŋ̩ 不 黄
	促声	aʔ ɔʔ eʔ auʔ 鸭 薄* 白 [kauʔ⁴]@	ap at ak ɔk 合 杀 六 恶	ãʔ ɔ̃ʔ ẽ̃ ãuʔ [sãʔ]膜 脉 [mãuʔ⁴]	m̩ʔ@ ŋ̩ʔ@ 默 [ŋ̩ʔ⁸]
齐齿呼	舒声	i ia iə iu iau 备 也 少* 忧 妖	im iam in ien iŋ iaŋ iɔŋ 金 点 近 天 清 双 中	ĩ iã iɔ̃ iãu 边 影 张 猫
	促声	iʔ iaʔ iəʔ iuʔ iauʔ 摺 赤 玉*[tiuʔ⁴]@[hiauʔ⁴]@	ip iap it iet ik iak iɔk 急 接 一 切 刻[siak⁴]育	ĩʔ iãʔ iãuʔ 物[hiãʔ⁴][ŋiãʔ⁴]@	
合口呼	舒声	u ua ue ui uai 有 大 回 水 怪	un uan 本 原	uã uẽ uãi 半 梅 横	
	促声	uʔ uaʔ ueʔ uiʔ [tuʔ⁸]活 血 [uiʔ⁴]	ut uat 掘 活	uãiʔ [uãiʔ⁴]@	

（3）声调系统:

王、张、杨三家的所记台南声调都是 7 个,但调值略有不同。

	阴平	阴上	阴去	阴入	阳平	阳去	阳入
王育德	55	51	31	33	35	33	44
张振兴	55	53	21	21	24	33	53
杨秀芳	44	53	31	22	13	22	44

3. 鹿港的语音系统

鹿港方言分布于台湾西部的沿海地带,从北部的淡水到台南的安平,分布着所谓的 "海口腔",即泉州腔。日本学者樋口靖曾经调查并写成《台湾鹿港方言的一些语音特点》一文,董忠司将其声韵调系统整理如下:

（1）声母系统：

声 母	例 字	声 母	例 字	声 母	例 字	声 母	例 字
p	朋白	p'	破皮	m	毛	b	面
t	大刀	t'	土虫	n	年	l	老
ts	酒钱	ts'	草厝	s	心线		
k	狗骨	k'	看齿	ŋ	雅	g	语
∅	暗药	h	话叶				

　　反映泉州古方言韵书《汇音妙悟》有十五声母"柳、边、求、气、地、普、他、争、入、时、英、文、语、出、喜"，鹿港方言也没有"入"母，凡是"入"母字都并入"柳"母[l-]。

（2）韵母系统：

		元音韵	鼻音韵	鼻化韵	声化韵
开口呼	舒声	ɨ i a ɔ c ə e ai ua 者 早 土 刀 果 茶 爱 狗	am əm an aŋ ɔŋ 暗 森 慢 红 讲	ã ɔ̃ ẽ ãi ãu 担 五 骂 坏 脑	m ŋ 不 黄
	促声	aʔ ɔʔ eʔ ʔ 拍 薄 白 雪	ap at ak ɔk 合 贼 六 束	ãʔ ɔ̃ʔ [nãʔ]@ 瘼@	
齐齿呼	舒声	i ia io iu iau 字 骑 桥 油 跳	im iam in ien iŋ iaŋ ɔ̃ŋ 心 点 面 烟 冷 凉 强	ĩ iã iũ iaũ 天 名 想 猫	
	促声	iʔ iaʔ ioʔ iuʔ 铁 食 借 搹@	ip iap it iet ik iɔk 吸 接 失 切 绿 约	ĩ iãʔ 物 [niãʔ⁸]@	
合口呼	舒声	u ua ue ui uai 牛 大 花 开 歪	un uan 顺 全	uã uẽ uĩ 半 妹 梅	
	促声	uʔ uaʔ ueʔ uiʔ [tuʔ⁸]活 八 血	ut uat 滑 绝	uãiʔ [uãiʔ⁴]@	

　　董忠司认为，鹿港的 /ə/ 是个展唇的元音，实际的舌位比台南的[ə]要高些，有时还会再前一些。虽然鹿港音已经失掉了《汇音妙悟》里的"生"[iŋ]、"鸡"[əe]、"风"[uaŋ]等韵，但仍然大致保存着大部分的古泉州的韵母。表中[iuʔ][ãʔ][ɔ̃ʔ][uãiʔ][iãʔ]加"@"号者是作者本人增加的，合计75个韵母。

（3）声调系统：

	阴平	阴上	阴去	阴入	阳平	阳去	阳入
樋口靖	55	53	31	32	35	33	44
例字	君身	滚五	棍意	骨执	群成	郡大	滑入

　　董忠司认为，目前鹿港的声调仍然以老人层为主，根据洪惟仁《汇音妙悟的音读》，其声调应该是：

	阴平	阴上	阴去	阴入		阳平	阳上	阳去	阳入
洪惟仁	33	55	31	55	55[﹣ʔ]	24	33	31	35
例 字	端身	短滚	锻意	掇执	鸭	传成	断后	段大	夺入

4.宜兰的语音系统

台湾地区保存漳州音最多的方言是宜兰县。董忠司根据蓝清汉《中国语宜兰方言语汇集》(1980),将其声韵调系统介绍如下:

（1）声母系统:

声 母	例 字	声 母	例 字	声 母	例 字	声 母	例 字
p	百排	p'	怕打	m	毛	b	面
t	踏豆	t'	头胎	n	年	l	老
ts	才情	ts'	柴草	s	心狮	dz	遮热
k	咬狗	k'	开口	ŋ	硬	g	玉
∅	爱暗	h	云霞				

（2）韵母系统:

		元音韵	鼻音韵	鼻化韵	声化韵
开口呼	舒声	a ɔ o e ai au 咬 土 讨 茶 来 包	am ɔm an aŋ ŋ̍ 暗 [ɔm¹] 安 红 通	ã ɔ̃ ẽ ãi ãu 三 毛 平 耐 闹	m̩ ŋ̍ 不 糖
	促声	aʔ ɔʔ oʔ eʔ aiʔ auʔ 百 索 八 [eʔ²⁴] 嗳 @[auʔ⁴]	ap ɔp at ak ɔk 合 㖷 @ 杀 六 国	ãʔ ɔ̃ʔ ẽʔ ãiʔ ãuʔ [hãʔ⁴][m̃ɔ̃ʔ]□ 咳[nãi⁴]	m̩ʔ ŋ̍ʔ [hm̩ʔ][sŋ̍ʔ]
齐齿呼	舒声	i ia io iu iau 鱼 寄 少 忧 条	m̩ iam in ien iɔŋ 金 咸 人 天 停	ĩ iã iũ iãu 甜 听 张 猫	
	促声	iʔ iaʔ ioʔ iuʔ 摺 拆 借 [tiuʔ]	ip iap it iet ik 急 叶 一 切 碧	ĩʔ iãʔ iãuʔ 物 [hiã⁴][ŋiã⁴]	
合口呼	舒声	u ua ue ui uai 有 大 回 水 歪	un uan 本 乱	uã uẽ uĩ uãi 半 糜 软 横	
	促声	uʔ uaʔ ueʔ uaiʔ [puʔ⁴] 抹 缺 [buaiʔ]	ut uat 出 发	uãiʔ [uãiʔ⁴]	

蓝氏列有80个韵母,董氏增加[m̩ʔ]一个韵母,合计81个韵母。宜兰韵母的特色是:①无[iaŋ][iak]和[iɔŋ][iɔk]4个韵母,并入[ieŋ][iek]。②"饭、门、问、转、顿、脱、软、穿、卵、光、卷、贯、劝、砖、钻、舐、酸、损、算、慌、园、远、掩、黄"等字保存漳州音的特色,韵母读为[uĩ],而不读作[ŋ]。

（3）声调系统:

	阴平	阴上	阴去	阴入	阳平	阳去	阳入
蓝清汉	44	53	21	22	24	33	55
例 字	君风	滚草	棍菜	骨结	裙人	郡近	滑日

董忠司认为,宜兰的声调系统和台南市大体相似,不同的只有两处:

	阴入	阳入
台南	32	44
宜兰	22	55

四、闽台闽南方言音系比较

鉴于台湾人绝大多数来自于福建泉州、漳州和厦门,故在本节里,我们根据台湾学者董忠司《台南市、台北市、鹿港、宜兰四个方言音系的整理与比较》、祖国大陆学者周长楫《厦门方言研究》、林连通《泉州方言志》和马重奇《漳州方言研究》,现将台南市、台北市、鹿港、宜兰、厦门、漳州、泉州七个方言的异同情况比较如下:

(一)声母系统的比较

十五音	柳	边	求	去	地	普	他	争	入	时	英	文	语	出	喜
台南市 17	l/n	p	k	k‘	t	p‘	t‘	ts	l	s	Ø	b/m	g /ŋ	ts‘	h
台北市 18									dz						
鹿 港 17									l						
宜 兰 18									dz						
厦门市 17	l/n	p	k	k‘	t	p‘	t‘	ts	l	s	Ø	b/m	g /ŋ	ts‘	h
泉州市 17															
漳州市 18									dz						

从上表可见,闽台闽南方言的声母系统与近代福建"十五音"基本上相同,其中,"柳、文、语"三个字母在鼻化韵和非鼻化韵之前分别是[n、m、ŋ]和[l、b、g],前者是后者的音位变体。差别比较大的是"日"母,台南、鹿港、厦门、泉州等地均读作[l],而台北、宜兰、漳州等地则读作[dz]。

(二)韵母系统的比较

台南市有韵母80个,其中开尾和 –i、–u尾韵16个,鼻尾韵14个,鼻化韵12个,入声韵34个,声化韵及其入声韵4个;台北市有韵母72个,其中开尾和 –i、–u尾韵16个,鼻尾韵13个,鼻化韵10个,入声韵31个,声化韵2个;鹿港有韵母75个,其中开尾和 –i、–u尾韵18个,鼻尾韵14个,鼻化韵12个,入声韵29个,声化韵2个;宜兰有韵母81个,其中开尾和 –i、–u尾韵16个,鼻尾韵12个,鼻化韵13个,入声韵36个,声化韵及其入声韵4个;厦门有韵母82个,其中开尾和 –i、–u尾韵16个,鼻尾韵13个,鼻化韵12个,入声韵37个,声化韵及其入声韵4个;泉州有韵母87个,其中开尾和 –i、–u尾韵18个,鼻尾韵15个,鼻化韵11个,入声韵39个,声化韵及其入声韵4个;漳州有韵母84个,其中开尾和 –i、–u尾韵17个,鼻尾韵15个,鼻化韵13个,入声韵35个,声化韵及其入声韵4个。具体情况如下:

1. 开尾和 –i、–u 尾韵

阴声韵	ɨ	i	u	e	ue	a	ia	ua	ɔ	ə	o	iə	io	iu	ui	ai	uai	au	iau	ɛ	ɯ
台南市	−	+	+	+	+	+	+	+	+	+	−	+	−	+	+	+	+	+	+	−	−
台北市	−	+	+	+	+	+	+	+	+	−	+	−	+	+	+	+	+	+	+	−	−
鹿港	+	+	+	+	+	+	+	+	+	+	+	−	+	+	+	+	+	+	+	−	−
宜兰	−	+	+	+	+	+	+	+	+	−	+	−	+	+	+	+	+	+	+	−	−
厦门市	−	+	+	+	+	+	+	+	+	−	+	−	+	+	+	+	+	+	+	−	−
泉州市	−	+	+	+	+	+	+	+	+	+	+	−	+	+	+	+	+	+	+	−	+
漳州市	−	+	+	+	+	+	+	+	+	−	+	−	+	+	+	+	+	+	+	+	−

上表中 i、u、e、ue、a、ia、ua、ɔ、iu、ui、ai、uai、au、iau 14 个韵母是 7 个方言点均有，差异之处有：①只有鹿港有 [ɨ]，其余均无；②只有台南、鹿港、泉州有 [ə]，其余均无；③只有台南无 [o]、[io]，其余均有；④只有台南有 [iə]，其余均无；⑤只有漳州有 [ɛ]，其余均无；⑥只有泉州有 [ɯ]，其余均无。

2. 鼻尾韵

鼻尾韵	im	am	iam	ɔm	əm	in	un	an	ien	uan	iŋ	iəŋ	aŋ	iaŋ	ɔŋ	iɔŋ	ian	uaŋ
台南市	+	+	+	+	−	+	+	+	+	+	+	−	+	+	+	+	−	−
台北市	+	+	+	−	−	+	+	+	+	+	+	−	+	+	+	+	−	−
鹿港	+	+	+	−	+	+	+	+	+	+	+	−	+	+	+	+	−	−
宜兰	+	+	+	+	−	+	+	+	+	+	−	+	+	−	+	−	−	−
厦门市	+	+	+	−	−	+	+	+	−	+	+	−	+	+	+	+	+	−
泉州市	+	+	+	−	+	+	+	+	−	+	+	−	+	+	+	+	+	+
漳州市	+	+	+	+	−	+	+	+	−	+	+	−	+	+	+	+	+	+

上表中 im、am、iam、in、un、an、uan、aŋ、ɔŋ 9 个韵母是 7 个方言点均有的，差异之处有：①只有台南、宜兰、漳州有 [ɔm]，其余均无；②只有鹿港、泉州有 [əm]，其余均无；③台南、台北、鹿港、宜兰读作 [ien] 母，厦门、泉州、漳州则读作 [ian]；④宜兰读作 [iəŋ] 母，其余均读作 [iŋ]；⑤只有宜兰无 [iaŋ]、[iɔŋ]，其余均有；⑥只有泉州、漳州有 [uaŋ]，其余均无。

3. 鼻化韵

鼻化韵	ĩ	ẽ	uẽ	ã	iã	uã	ɔ̃	iɔ̃	iũ	uĩ	ãi	uãi	ãu	iãu	ɛ̃
台南市	+	+	+	+	+	+	+	+	−	−	+	+	+	+	−
台北市	+	−	−	+	+	+	+	+	+	+	+	+	+	+	−
鹿港	+	+	+	+	+	+	+	+	+	−	+	+	+	+	−
宜兰	+	+	+	+	+	+	+	+	+	+	+	+	+	+	−
厦门市	+	+	−	+	+	+	+	+	+	+	+	+	+	+	−
泉州市	+	+	+	+	+	+	+	+	−	+	+	+	−	+	−
漳州市	+	−	+	+	+	+	+	+	+	+	+	+	+	+	+

上表中 ĩ、ã、iã、uã、ɔ̃、aĩ、iãu 7 个韵母是 7 个方言点均有的,差异之处有:①只有台北、漳州无[ẽ],其余均有;②只有台南、鹿港、宜兰有[uẽ],其余均无;③只有台南、漳州有[iɔ̃],其余均无;④只有台南无[iũ]、[uĩ],其余均有;⑤只有台北、鹿港无[uãi],其余均有;⑥只有泉州无[ãu],其余均有;⑦只有漳州有[ɛ̃],其余均无。

4. 收 –ʔ、–p、–t、–k 塞尾韵

入声韵	iʔ	uʔ	eʔ	ueʔ	aʔ	iaʔ	uaʔ	ɔʔ	əʔ	oʔ	iəʔ	ioʔ	iuʔ	aiʔ	uaiʔ	auʔ	iauʔ	uiʔ	ɯʔ	ɛʔ
台南	+	+	+	+	+	+	+	-	+	-	+	-	+	+	+	+	+	+	-	-
台北	+	+	+	+	+	+	+	-	-	+	-	+	+	+	+	+	+	+	-	-
鹿港	+	+	+	+	+	+	+	-	+	+	-	+	+	+	+	-	+	+	-	-
宜兰	+	+	+	+	+	+	+	+	-	+	-	+	+	-	-	+	+	-	-	-
厦门	+	+	+	+	+	+	+	+	-	+	-	+	+	+	-	+	+	+	-	-
泉州	+	+	+	+	+	+	+	+	+	+	-	+	+	+	+	+	+	+	+	-
漳州	+	+	+	+	+	+	+	+	-	+	-	+	+	+	+	+	+	-	-	+

上表中 iʔ、uʔ、eʔ、ueʔ、aʔ、iaʔ、uaʔ、iuʔ 8 个韵母是 7 个方言点均有的,差异之处有:①只有台南、台北、鹿港无[ɔʔ],其余均有;②只有台南、鹿港、泉州有[əʔ],其余均无;③只有台南无[oʔ]、[ioʔ],其余均有;④只有台南有[iəʔ],其余均无;⑤只有宜兰无[aiʔ],其余均有;⑥只有宜兰、厦门无[uaiʔ],其余均有;⑦只有鹿港无[auʔ],其余均有;⑧只有宜兰、漳州无[uiʔ],其余均有;⑨只有泉州有[ɯʔ],其余均无;⑩只有漳州有[ɛʔ],其余均无。

入声韵	ip	ap	iap	ɔp	it	ut	at	iet	uat	ik	ak	iak	ɔk	iɔk	iat
台南市	+	+	+	-	+	+	+	+	+	+	+	+	+	+	-
台北市	+	+	+	-	+	+	+	+	+	+	+	+	+	+	-
鹿　港	+	+	+	-	+	+	+	+	+	+	+	-	+	+	-
宜　兰	+	+	+	+	+	+	+	+	+	+	+	-	+	-	-
厦门市	+	+	+	-	+	+	+	-	+	+	+	+	+	+	+
泉州市	+	+	+	-	+	+	+	-	+	-	+	+	+	+	+
漳州市	+	+	+	+	+	+	+	-	+	+	+	+	+	+	+

上表中 ip、ap、iap、it、ut、at、uat、ak、ɔk 9 个韵母是 7 个方言点均有的,差异之处有:①只有宜兰、漳州有[ɔp],其余均无;②台南、台北、鹿港、宜兰读作[iet],而厦门、泉州、漳州则读作[iat];③只有泉州无[ik],其余均有;④只有鹿港、宜兰无[iak],其余均有;⑤只有宜兰无[iɔk],其余均有。

入声韵	ĩʔ	iũʔ	uĩʔ	ãʔ	iãʔ	ɔ̃ʔ	ẽʔ	ɛ̃ʔ	uẽʔ	ãiʔ	uãiʔ	ãuʔ	iãuʔ
台南市	+	–	–	+	+	+	+	–	–	–	+	+	+
台北市	+	–	–	+	+	+	+	–	–	–	–	–	–
鹿　港	+	–	–	+	–	+	–	–	–	–	+	+	+
宜　兰	+	–	–	+	+	+	+	–	–	+	+	+	+
厦门市	+	–	–	+	+	+	+	–	+	–	+	+	+
泉州市	+	+	+	+	+	+	+	–	–	+	+	+	+
漳州市	+	–	–	+	+	+	–	+	–	–	–	+	+

上表中 ĩʔ、ãʔ、ɔ̃ʔ 3 个韵母是 7 个方言点均有的,差异之处有 :①只有泉州有 [iũʔ]、[uĩʔ],其余均无 ;②只有鹿港无 [iãʔ],其余均有 ;③只有鹿港、漳州无 [ẽʔ],其余均有 ;④只有漳州有 [ɛ̃ʔ],其余均无 ;⑤只有厦门有 [uẽʔ],其余均无 ;⑥只有宜兰、泉州有 [ãiʔ],其余均无 ;⑦只有台北、漳州无 [uãiʔ],其余均有 ;⑧只有台北、鹿港无 [ãuʔ],其余均有 ;⑨只有台北无 [iãuʔ],其余均有。

5.声化韵及其收 -ʔ 尾韵

声化韵	m	ŋ	mʔ	ŋʔ	声化韵	m	ŋ	mʔ	ŋʔ
台南市	+	+	+	+	厦门市	+	+	+	+
台北市	+	+	–	–	泉州市	+	+	+	+
鹿　港	+	+	–	–	漳州市	+	+	+	+
宜　兰	+	+	+	+					

上表中 m、ŋ 2 个韵母是 7 个方言点均有的,差异之处有 :台北、鹿港均无 [mʔ]、[ŋʔ],其余均有。

（三）声调系统的比较

声调	台北市		台南市		鹿　港		宜　兰		厦门市		泉州市		漳州市	
	本调	变调	本调	变调	本调	变调	本调	变调	本调	变调	本调	变调	本调	变调
阴平	44	33	44	33	33	33	44	33	55	11	33			44	22
阳平	24	11	24	33	24	22	24	33	35	11	24	22	12	22
阴上	53	55	53	55	55	35	53	55	53	—	55	24	53	44
阳上	—	—	—	—	33	22	—	—	—	—	22			
阴去	21	53	21	53	31	53	21	53	21	53	<u>41</u>	55	21	53
阳去	33	11	33	11	31	22	33	21	11	21		22	22	21
阴入	32	44	32	44	55	55	22	55	<u>32</u>	53	<u>5</u>	24	32	53
-ʔ	32	53	32	53	55	53	22	53						
阳入	44	11	44	11	35	22	55	22	<u>5</u>	21	24	22	121	21

上表可见,台南市、台北市、鹿港、宜兰、厦门、泉州、漳州 7 个方言点本调均有

阴平、阳平、阴上、阴入、阳入,异同之处有:① 只有鹿港、泉州有阳上,其余均无;② 只有泉州去声部分阴、阳,而其余则均有阴去和阳去两调;③ 台南市、台北市、鹿港、宜兰 4 个方言点收 -? 塞尾韵变调均与本调不同,而厦门、泉州、漳州则不然,与本调同。

第二节　闽台闽南方言韵书比较研究

一、祖国大陆闽南方言韵书比较研究

(一)祖国大陆闽南方言韵书类别及其版本

福建方言极其复杂,它包括闽南方言、闽东方言(南片以福州为中心,北片以福安为中心)、闽北方言(包括建瓯与邵武)、闽西方言(包括闽南与客家方言)、闽中方言、莆仙方言。明清时期的语言学家们根据福建不同方言区的语音现象,编撰出许许多多的便于广大民众学习的方言韵书。其成果之多,可谓全国之最。

明清时期反映闽东方言的韵书主要有:福州蔡士泮汇集《戚参军八音字义便览》(明末)、福州陈池汇集《太史林碧山先生珠玉同声》(清初)、晋安汇集的《戚林八音》(1749)、美国教会编的《福州方言辞典》(1870)、古田钟德明的《加订美全八音》(1906)、福安无名氏《安腔八音》(清末)、郑宜光《简易识字七音字汇》(清末)。闽北方言韵书有:明陈相手抄本《六音字典》(1515)、清陈家篯手抄本《六音字典》(1894)、建瓯林端材的《建州八音字义便览》(1795)、教会罗马字辞典《建宁方言词典》(1901)。反映闽南方言的韵书最多,影响也最大。大致包括福建省泉州、漳州、厦门、龙岩和广东省的潮汕等地方言。现将这些方言韵书的作者、成书年代及其版本简介如下:

1. 反映泉州方言的两种韵书

《汇音妙悟》:著者泉州人黄谦,书成于嘉庆五年(1800)。是一部仿造《戚林八音》而撰作、反映泉州方音的通俗韵图。据笔者所知,《汇音妙悟》自刊行以来,由于颇受欢迎,因此屡经翻版再印。目前已知版本有下列数种:清嘉庆五年(1800)刻本,薰园藏版,二卷;清光绪二十年(1894)刻本,文德堂梓行;清光绪二十九年(1903)刻本,集新堂藏版;清光绪三十年(1904)石印本,厦文书局;清光绪三十一年(1905)石印本二种,上海源文书局及厦门会文书庄;民国八年(1919)石印本,泉州郁文堂书坊。

《拍掌知音》:廖纶玑撰。此书全称为《拍掌知音切音调平仄图》。此书大约成书于康熙年间。久佚,1979 年《方言》刊载了厦门大学黄典诚所藏叶国庆赠本《拍

掌知音》木刻本一册,共三十六图。扉页中刻"拍掌知音",右上刻"连阳廖纶玑撰",下款"梅轩书屋藏"。正文中缝上刻"拍掌知音切音调平仄图",下刻"芹园藏版"。韵图是单音字表,韵书则是同音字表而略加解释。

2. 反映漳州方言的四种韵书

《汇集雅俗通十五音》:漳州东苑谢秀岚编,成书于清嘉庆二十三年(1818),比黄谦《汇音妙悟》(1800)晚 18 年。《汇集雅俗通十五音》主要版本有:嘉庆二十三年(1818)文林堂刻本,五十韵,书名《汇集雅俗通十五音》;漳州颜锦华木刻本,书名《增注雅俗通十五音》,书面上有"东苑谢秀岚编辑"字样;有林文堂木刻本;厦门会文堂本刻板,8 卷 64 开本,书名《增注砗字十五音》(封面),《汇集雅俗通十五音》(卷首)《增注十五音》(页脊);台湾高雄庆芳书局影印本;上海萃英书局石印本,四十韵。

Dictionary of the Hok-keen Dialect of the Chinese Language(《福建方言字典》):作者英国传教士麦都思(W. H. Medhurst)编,成书于 1831 年,比谢秀岚《汇集雅俗通十五音》(1818)只晚 13 年。这是一部反映漳州音(实际上是漳浦县音)的早期字典。

《增补汇音》:著者不详,书首有嘉庆庚辰年(1820)"壶麓主人"序,三十韵。此书版本甚多,主要有:漳州素位堂木刻本;民国十七年(1928)上海大一统书局石印本 64 开 6 卷本;昭和十二年(1937)嘉义捷发汉书局手抄影印本;民国五十年(1961)台湾林梵手抄本;民国七十年(1981)台湾瑞成书局再版影印本。

《渡江书十五音》:著者、著作年代皆不详,手抄本,四十三韵。1958 年李熙泰在厦门旧书摊购得,1987 年东京外国语大学亚非言语文化研究所影印发行,有李荣序。黄典诚(1991)在《〈渡江书十五音〉的本腔是什么》说:《渡江书》的作者确系漳州市长泰县籍无疑(见《厦门民俗方言》1991 年第 5 期)。根据黄有实编著《台湾十五音辞典》"读十五音小引"所说,此书参考了张祯祥家藏之珍书《手抄十五音》、清光绪庚子年刊福省集新堂藏版《增注砗字十五音》和《增注黑字十五音》。《增注砗字十五音》即漳州谢秀岚编撰的《汇集雅俗通十五音》的另一种版本。《手抄十五音》,不注明作者,是张祯祥藏之珍书。此书有 43 个韵部,与无名氏《渡江书十五音》43 个韵部有些相似。《增注黑字十五音》,不注明作者,有清光绪庚子年刊福省集新堂藏版。共 30 个韵部,此书与《增补汇音》的 30 个韵部完全相同。

3. 反映厦门方言的两种韵书

《八音定诀》:清代叶开温编,书前有"觉梦氏"作的序。此二人的籍贯、生平事迹不详。据序言考知,此韵书乃反映闽南方言韵书。目前可以见到的版本有三种：①清光绪二十年（1894）的木刻本，福建师范大学图书馆藏有此本的手抄本；②清宣统元年（1909）厦门信文斋的铅印本，藏于厦门大学图书馆；③民国十三年（1924）厦门会文书局的石印本，藏于厦门市图书馆。

《击掌知音》：不著撰人。四册，抄本。卷首有序云："故将四十二音之字为母，次第排纂，继以十五音导之方，入八音明之目，然能知其字兼用漳、泉二腔，一音一义可采。其卷中大指，首二十八字当用口而呼，末十四字当用鼻而呼。"

4. 反映潮汕方言的三种韵书

《潮声十五音》：清末张世珍辑。张氏为广东澄海隆都（原属饶平）人。书前有李世铭写于宣统元年（1909）的序和张氏写于光绪三十三年（1907）的自序。此书有汕头文明商务书局石印本。

《击木知音》：全名《汇集雅俗通十五音》，副题《击木知音》。书成于"中华四年（1915）岁次乙卯八月望日"。因书名与谢秀岚所著《汇集雅俗通十五音》同名，故有许多学者误为漳州十五音，实际上是潮州十五音。许云樵《十五音研究》所研究的十五音便是这部《击木知音》，所拟之音则是根据潮州音。

《潮语十五音》：潮安萧云屏编、澄海黄茂升校订，1922年出版。这也是反映潮州方言的韵书。

以上均为反映闽方言的韵书。闽方言韵书之多可以说居全国首位。其种类多的原因，与闽方言特别复杂有着直接的关系。其中以闽南方言韵书最多，说明闽南方言影响之大，传播之广。

（二）祖国大陆闽南方言韵书声韵调系统比较研究

语言史的研究途径过去主要有两条。一条以书面材料为对象，排比不同时期的历史文献，找出其间的差异，从中整理出不同时期的音系和语言发展的线索。这是一种由古到今沿着历史的顺序追踪演变过程的"前瞻"的历史法。传统的汉语史研究基本上就是这样的一种途径。另一种途径是从现实的语言材料出发去探索语言发展的线索和规律，它的研究方向上正好与"前瞻"的历史法相反，而是一种以今证古的"回顾"的方法。我们在研究祖国大陆闽南方言韵书时，既以书面材料为对象，排比不同时期的闽南韵书，找出其间的差异，从中整理出不同时期和区域的音系和语言发展的线索，又从现代闽南方言材料出发去探索语言发展的线索和规律，从而构拟了十九世纪初迄二十世纪初祖国大陆闽南方言韵书的声、韵、调系统。

1. 大陆闽南方言诸韵书声母系统比较

闽台闽南方言韵书的声母系统均来源于明末清初的《戚林八音》中的"十五音"。《戚林八音》是清乾隆十四年（1749）晋安将明代戚继光所编撰的《戚参军八音字义便览》和清初林碧山编撰的《太史林碧山先生珠玉同声》汇集而成的，是反映福州话音韵系统的通俗读物。《戚参军八音字义便览》是福建第一本反映福州方言的韵书，相传为明末戚继光根据福州音所编著的。其声母编成韵句：柳边求气低，波他曾日时。莺蒙语出喜，打掌与君知。其中前三句代表15个声类。其后清康熙戊辰年（1688）进士林碧山改订了《戚参军八音字义便览》，编为《太史林碧山先生珠玉同声》一卷，署名闽中藤山陈他也人氏汇辑，梅谷林涛与群氏校阅。《珠玉同声》的声母代表字有20个，但将声母诗改为：柳边求美女，波面鸟亦之。雅音风出语，声授悉皆知。其中"美"、"面"同，"鸟"同"雅"、"语"，"声"、"知"实一，"亦"同"音"，故实际上也是15个声母。大陆与台湾闽南方言韵书深受其影响，尤其是受《戚参军八音字义便览》的影响更深。现根据泉州、漳州、厦门、潮汕现代方言音系，将闽南方言韵书的声母及其拟音如下：

戚参军八音字义便览	汇音妙悟	拍掌知音	八音定诀	击掌知音	汇集雅俗通十五音	福方言字典	增补汇音	渡江书十五音	潮声十五音	击木知音	潮语十五音
柳 l	柳 l/n	柳 l/n	柳 l/n	柳 l/n	柳 l/n	柳 l/n	柳 l/n	柳 l/n	柳 l/n	柳 l/n	柳 l/n
边 p	边 p	边 p	边 p	边 p	边 p	边 p	边 p	边 p	边 p	边 p	边 p
求 k	求 k	求 k	求 k	求 k	求 k	求 k	求 k	求 k	求 k	求 k	求 k
气 k'	气 k'	去 k'	气 k'	气 k'	去 k'	去 k'	去 k'	去 k'	去 k'	去 k'	去 k'
低 t	地 t	地 t	地 t	地 t	地 t	地 t	地 t	治 t	地 t	地 t	地 t
波 p'	普 p'	颇 p'	颇 p'	颇 p'	颇 p'	颇 p'	波 p'	坡 p'	坡 p'	颇 p'
他 t'	他 t'	他 t'	他 t'	他 t'	他 t'	他 t'	他 t'	他 t'	他 t'	他 t'
争 ts	争 ts	争 ts	曾 ts	争 ts	曾 ts	曾 ts	曾 ts	曾 ts	增 ts	增 ts	贞 ts
日 n	入 z	入 z	入 z	入 z	入 dz	入 dz	入 dz	入 dz	入 z	入 z	入 z
时 s	时 s	时 s	时 s	时 s	时 s	时 s	时 s	时 s	时 s	时 s	时 s
莺 ∅	英 ∅	英 ∅	英 ∅	莺 ∅	英 ∅	英 ∅	莺 ∅	英 ∅	英 ∅	英 ∅	英 ∅
蒙 m	文 b/m	文 b/m	文 b/m	门 b/m	门 b/m	门 b/m	门 b/m	门 b/m	文 b/m	文 b/m	文 b/m
语 ŋ	语 g/ŋ	语 g/ŋ	语 g/ŋ	语 g/ŋ	语 g/ŋ	语 g/ŋ	语 g/ŋ	语 g/ŋ	语 g/ŋ	语 g/ŋ	语 g/ŋ
出 ts'	出 ts'	出 ts'	出 ts'	出 ts'	出 ts'	出 ts'	出 ts'	出 ts'	出 ts'	出 ts'	出 ts'
喜 h	喜 h	喜 h	喜 h	喜 h	喜 h	喜 h	喜 h	喜 h	喜 h	喜 h	喜 h

上表可见，《戚参军八音字义便览》所代表的是福州方言音系，不像大陆闽南方言音系那样有一整套鼻化韵，因此其声母字"柳"、"蒙"、"语"只有一套读音"l、m、ŋ"；而闽南方言韵书则不然，声母"柳、文、语"用于非鼻化韵之前的，读作"b、l、g"，用于鼻化韵之前的则读作"m、n、ŋ"。这是不同于《戚参军八音字义便览》之处。至于入母的拟音，漳州方言韵书拟作[dz]，其他闽南韵书均拟作[z]。

2. 大陆闽南方言韵书韵母系统比较

反映泉州方言的韵书有《汇音妙悟》和廖纶玑编著的《拍掌知音》两种。《汇音妙悟》共分 50 个韵部,所反映的是清代泉州方言音系,包括文读系统和白读系统。《拍掌知音》共 36 图,每图一韵,共 36 韵。此书与《汇音妙悟》较为接近,但《汇音妙悟》五十韵目所注"土解""俗解"的白读音的韵目都被删除了,可见书中所反映的也是泉州音的文读系统。

反映漳州方言的韵书有《汇集雅俗通十五音》、《增补汇音》、《渡江书十五音》、《手抄十五音》、《增注黑字十五音》和 W. H. Medhurt《福建方言字典》6 种。它们在韵目名称及其排列次序方面均与《汇音妙悟》一系韵书不一样。通过对它们编撰体例的比较考察,我们发现它们均属《雅俗通》一系的韵书。下面从卷数、韵目、韵序的对照排比来考察。《雅俗通》共分 8 卷,共 50 韵。书首列"字母共五十字"(原版用红黑两色套印,今凡字前加·者为黑字,其余为红字)。《增补汇音》是在《雅俗通》的基础上删除白读音、保留文读音编撰而成,共 6 卷,"字祖八音共三十字"。《渡江书十五音》虽不分卷,但按"渡江书字祖三十字",应该也有 7 卷,"又附音十三字"共 43 字母。此三种韵书的前 30 个韵部基本上相同,《雅俗通》和《渡江书》30 部以后基本上是白读音,也是大同小异的。据笔者考证,《汇集雅俗通十五音》50 韵,反映的是清代漳州府漳浦县音系;《增补汇音》30 韵,反映的可能是漳州府龙溪县音系;《渡江书十五音》43 韵,反映的可能是漳州府长泰县音系;麦都思(W. H. Medhurst)的 Dictinoary of the Hok-keen Dialect of the Chinese Language(《福建方言字典》),这是一部反映漳浦县音系的早期字典。《手抄十五音》有 43 个韵部,与《渡江书十五音》43 个韵部有些相似,《渡江书十五音》有箴韵 [ɔm] 和浯韵 [ẽũ],《手抄十五音》有家韵 [ɛ] 和关韵 [uaĩ]。据初步研究,《手抄十五音》应该是反映漳州一带方言的韵书。《增注黑字十五音》与《增补汇音》的 30 个韵部完全相同,这两种韵书可能是同一种韵书,也是反映漳州一带的方言韵书。

反映厦门方言的韵书有《八音定诀》和《击掌知音》两种。《汇音妙悟》对反映厦门方言音系的韵书《八音定诀》和《击掌知音》产生较大的影响。《八音定诀》42 韵,通过比较,《八音定诀》有以下韵部与《汇音妙悟》相同:春 [un]、丹 [an]、川 [uan]、朝 [iau]、西 [e]、香 [iɔŋ]、开 [ai]、宾 [in]、花 [ua]、江 [aŋ]、杯 [ue]、风 [uaŋ]、三 [ã]、秋 [iu]、烧 [io]、青 [ĩ]、京 [iã]。此外,《八音定诀》还有 3 个韵部的拟音与《汇音妙悟》相同:居 [ɯ] / 书 [ɯ],科 [ə] / 飞 [ə],鸡 [əe] / 梅 [əe]。《汇音妙悟》还有恩 [in] 和生 [iŋ] 2 韵是《八音定诀》没有的。可见,《八音定诀》与《汇音妙悟》关系更密切一些。《击掌知音》,兼用漳、泉二腔,也是 42

韵,"用口而呼"韵28韵,"用鼻而呼"韵14韵。通过《击掌知音》与《八音定诀》相比较,二书的韵母系统基本相同,参差之处是:辉/飞,湛/堪。可见,《八音定诀》和《击掌知音》与《汇音妙悟》比较接近。

反映潮汕方言的韵书主要有《潮声十五音》、《潮语十五音》和《击木知音》三种。《潮声十五音》有44字母:君家高金鸡公姑兼基坚京官皆恭君钧居歌光光归庚鸠瓜江胶坚娇基乖肩扛弓龟柑公佳甘瓜姜叨啰哖烧。其中"公"、"基"、"坚"、"光"4个字母重出,"叨"同于"皆","啰"同于"歌","哖"同于"基",实际上只有37个字母。《击木知音》和《潮语十五音》各分40韵。《潮语十五音》"四十字母目录":君坚金归佳江公乖经光孤娇鸡恭歌皆君薑甘柯兼交家瓜胶龟扛枝鸠官居柑庚京蕉天肩干关姜。其中"干部与江同,关部与光同,姜部与坚同,俱不录",实际上只有37个韵部。《击木知音》"四十字母"实际上只有37个韵部,与《潮语十五音》同。

现根据泉州、漳州、厦门、潮汕现代方言音系,将闽南方言韵书的韵母及其拟音比较如下:

汇音妙悟	拍掌知音	八音定诀	击掌知音	汇集雅俗通十五音	福建方言字典	增补汇音	渡江书十五音	手抄十五音	黑字十五音	潮声十五音	击木知音	潮语十五音
春 un	仑 un	春 un	春 un	君 un	君 un	君 un	君 un	君 un	君 un	君 un	君 un	君 un
轩 ian	连 ian	边 ian	边 ian	坚 ian	坚 ian	坚 ian	坚 ian	坚 ian	坚 ian	坚 ian	坚 ian	坚 ian
金 im	林 im	深 im	深 im	金 im	金 im	金 im	金 im	今 im	金 im	金 im	金 im	金 im
飞 ui	雷 ui	辉 ui	飞 ui	规 ui	规 ui	归 ui	规 ui	归 ui	归 ui	归 ui	规 ui	归 ui
—	—	—	—	嘉 ε	嘉 ε	家 ε	—	家 ε	家 ε	家 e	家 e	家 e
丹 an	栏 an	丹 an	丹 an	干 an	干 an	干 an	干 an	干 an	干 an	江 an	干 an	干 an
东 ɔŋ	郎 ɔŋ	风 ɔŋ	风 ɔŋ	公 ɔŋ	公 ɔŋ	光 ɔŋ	公 ɔŋ	光 ɔŋ	光 ɔŋ	公 ɔŋ	公 ɔŋ	公 ɔŋ
乖 uai	乖 uai	歪 uai	歪 uai	乖 uai	乖 uai	乖 uai	乖 uai	乖 uai	乖 uai	乖 uai	乖 uai	乖 uai
卿 iŋ	令 iŋ	灯 iŋ	灯 iŋ	经 ɛŋ	经 ɛŋ	京 iŋ	经 ɛŋ	经 ɛŋ	京 ɛŋ	弓 iŋ	经 ɛŋ	京 iŋ
川 uan	卵 uan	川 uan	川 uan	观 uan	观 uan	官 uan	官 uan	官 uan	官 uan	官 uan	关 uan	关 uan
高 ɔ	鲁 ɔ	孤 ɔ	孤 ɔ	沽 ou	沽 ou	姑 ɔ	姑 eu	姑 ɔ	姑 ɔ	姑 ou	孤 ou	孤 ou
朝 iau	鸟 iau	朝 iau	朝 iau	娇 iau	娇 iau	娇 iau	娇 iau	娇 iau	娇 iau	娇 iau	骄 iau	骄 iau
西 e	礼 e	西 e	西 e	稽 ei	稽 ei	稽 e	鸡 e	鸡 e	稽 e	鸡 e	鸡 e	鸡 e
—	—	—	—	伽 e	伽 e	—	—	—	—	—	—	—
香 iɔŋ	两 iɔŋ	香 iɔŋ	香 iɔŋ	恭 iɔŋ	恭 iɔŋ	宫 iɔŋ	恭 iɔŋ	宫 iɔŋ	宫 iɔŋ	恭 iɔŋ	恭 iɔŋ	恭 iɔŋ
刀 o	劳 o	多 o	多 o	高 o	高 o	高 o	高 ɔ	高 o	高 o	高 o	高 o	歌 o
开 ai	来 ai	开 ai	开 ai	皆 ai	皆 ai	皆 ai	皆 ai	皆 ai	皆 ai	皆 ai	皆 ai	皆 ai
宾 in	吝 in	宾 in	宾 in	巾 in	巾 in	根 in	根 in	根 in	根 in	君 in	斤 in	君 in
商 iaŋ	—	—	—	羌 iaŋ	羌 iaŋ	姜 iaŋ	姜 iaŋ	姜 iaŋ	姜 iaŋ	—	姜 iaŋ	—

续表

汇音妙悟	拍掌知音	八音定诀	击掌知音	汇集雅俗通十五音	福建方言字典	增补汇音	渡江书十五音	手抄十五音	黑字十五音	潮声十五音	击木知音	潮语十五音
三 am	览 am	湛 am	堪 am	甘 am	甘 am	甘 am	甘 am	甘 am	甘 am	甘 am	甘 am	甘 am
花 ua	瓜 ua	花 ua	花 ua	瓜 ua	瓜 ua	瓜 ua	瓜 ua	瓜 ua	瓜 ua	歌 ua	柯 ua	歌 ua
江 aŋ	邦 aŋ	江 aŋ	江 aŋ	江 aŋ	江 aŋ	江 aŋ	江 aŋ	江 aŋ	江 aŋ		江 aŋ	江 an
兼 iam	廉 iam	添 iam	添 iam	兼 iam	兼 iam	兼 iam	兼 iam	兼 iam	兼 iam	兼 iam	兼 iam	兼 iam
郊 au	挠 au	敲 au	敲 au	交 au	交 au	交 au	交 au	交 au	交 au		交 au	交 au
嗟 ia	嗟 ia	遮 ia	遮 ia	迦 ia	迦 ia	伽 ia	迦 ia	家 ia	伽 ia	佳 ia	佳 ia	佳 ia
杯 ue	内 ue	杯 ue	杯 ue	桧 uei	桧 uei	ue	ue	瓜 ue	瓜 ue	瓜 ue	瓜 ue	瓜 ue
弍 ã	拿 ã	三 ã	三 ã	监 ã	监 ã	—	他 ã	他 ã	—	柑 ã	柑 ã	柑 ã
珠 u	诛 u	须 u	须 u	艍 u	艍 u	龟 u	朱 u	龟 u	龟 u	龟 u	龟 u	龟 u
嘉 a	巴 a	佳 a	佳 a	胶 a	胶 a	葩 a	嘉 a	巴 a	葩 a	胶 a	胶 a	胶 a
基 i	里 i	诗 i	诗 i	居 i	居 i	玑 i	几 i	几 i	玑 i	基 i	枝 i	枝 i
秋 iu	钮 iu	秋 iu	秋 iu	丩 iu	丩 iu	iu	鸠 iu	丩 iu	iu	鸠 iu	鸠 iu	鸠 iu
一				更 ẽ	更 ẽ	—	雅 ẽ	庚 ẽ	—	庚 ẽ	更 ẽ	庚 ẽ
烧 io	娄 io	烧 io	烧 io	茄 io	茄 io	—	幺 ɔi	幺 io	—	烧 io	蕉 io	蕉 io
青 ĩ	—	青 ĩ	青 ĩ	栀 ĩ	栀 ĩ	—	拈 ĩ	边 ĩ	—			天 ĩ
箱 iũ	—	鎗 iũ	鎗 iũ	薑 iɔ̃	薑 iɔ̃	—	鎗 iũ	鎗 iũ	—	姜 iɔ̃	姜 iɔ̃	薑 iɔ̃
京 iã	—	京 iã	京 iã	惊 iã	惊 iã	—	且 iã	惊 iã	—	京 iã	京 iã	京 iã
欢 uã	—	山 uã	山 uã	官 uã	官 uã	—	官 uã	山 uã	—	瓜 uã	官 uã	官 uã
毛 ŋ	—	庄 ŋ	庄 ŋ	钢 ŋ	钢 ŋ	—	缸 ŋ	光 ŋ	—	扛 ŋ	扛 ŋ	扛 ŋ
管 uĩ	—	—	—	裈 uĩ	裈 uĩ	—	缸 ŋ	—	—			
燕 aĩ	乃 aĩ	千 aĩ	千 aĩ	闲 aĩ	闲 aĩ	—	乃 aĩ	乃 aĩ	—	肩 aĩ	闲 aĩ	肩 aĩ
—	—	—	—	姑 õu	姑 õu	—	浯 ẽu	—	—	—	—	—
梅 m	枚 m	不 m	不 m	姆 m	姆 m	—	姆 m	姆 m	姆 m	—	—	—
风 uaŋ				光 uaŋ	光 uaŋ					光 uaŋ	光 uaŋ	
关 uaĩ				闩 uaĩ	闩 uaĩ			关 uaĩ				
				糜 uẽ	糜 uẽ							
猫 iãu	—	—	—	噪 iãu	噪 iãu	—	猫 iãu	猫 iãu	—			
箴 im	针 im			箴 ɔm	箴 ɔm	箴 ɔm	箴 ɔm					
嘹 ãu	—	乐 ãu	乐 ãu	爻 ãu	爻 ãu	—	茅 ãu	爻 ãu	—			
莪 ɔ̃	老 ɔ̃	毛 ɔ̃	毛 ɔ̃	扛 ɔ̃	扛 ɔ̃	—	儺 ɔ̃	茵 ɔ̃	—	—	—	—
				牛 iũ	牛 iũ							

续表

汇音妙悟	拍掌知音	八音定诀	击掌知音	汇集雅俗通十五音	福建方言字典	增补汇音	渡江书十五音	手抄十五音	黑字十五音	潮声十五音	击木知音	潮语十五音
居 ɯ	女 ɯ	书 ɯ	书 ɯ	—	—	—	—	—	—	居 ɯ	车 ɯ	居 ɯ
恩 in	巾 in	—	—	—	—	—	—	—	—	钩 ɤŋ	—	—
生 iŋ	能 iŋ	—	—	—	—	—	—	—	—	—	—	—
科 ə	—	飞 ə	飞 ə	—	—	—	—	—	—	—	—	—
鸡 əe	—	梅 əe	梅 əe	—	—	—	—	—	—	—	—	—
钩 əu	—	—	—	—	—	—	—	—	—	—	—	—

　　由于表格设置的关系,笔者没有把收 –p、–t、–k、–ʔ 尾的音标标出。凡是与阳声韵相配的,分别配清辅音 –p、–t、–k 塞尾韵,即 –m 尾韵配 –p 尾韵,–n 尾韵配 –t 尾韵,–ŋ 尾韵配 –k 尾韵;凡是与阴声韵相配的,基本上都配 –ʔ 尾韵。由上表可见,泉州方言韵书《汇音妙悟》、《拍掌知音》,厦门方言韵书《八音定诀》、《击掌知音》,潮州韵书《潮语十五音》、《击木知音》均有居[ɯ]韵母;而漳州方言韵书《汇集雅俗通十五音》、《福建方言字典》、《手抄十五音》、《黑字十五音》、《增补汇音》、《渡江书十五音》则不见有此韵,这是漳州方言韵书有别于其他闽南韵书之处。泉州方言韵书《汇音妙悟》和厦门方言韵书《八音定诀》、《击掌知音》均有科[ə]和鸡[əe]二韵,这是有别于漳州和潮州方言韵书之处。泉州方言韵书《汇音妙悟》有恩[in]、生[iŋ]、钩[əu]三韵,这是泉州方言韵书有别于厦门及其他闽南方言韵书之处。

(三)祖国大陆闽南方言韵书声调系统比较

　　祖国大陆闽南方言韵书所反映的声调系统有些差异。泉州方言韵书《汇音妙悟》声调分为平上去入四类又各分清浊,计八个声调。《拍掌知音》声调分为平上去入四类又各分上下,计八个声调。厦门方言韵书《八音定诀》声调分为平上去入四类又各分阴阳,计八个声调,阳上阳去严重相混。《击掌知音》与《八音定诀》同,声调亦分为平上去入四类又各分阴阳,计八个声调。漳州音无下上声(即阳上),《汇集雅俗通十五音》作者为了补足"八音",以"下上"来配"上上",所有"下上声"都是"空音",卷内注明"全韵与上同",意思是说漳州音实际上只有七调,根本就没有下上声。《增补汇音》分声调为上平声、上上声、上去声、上入声、下平声、下上声、下入声;下上声实际上就是下去声同,实际上只有七调。《渡江书十五音》分声调为平上去入四类又各分上下,但无下上声,计七个声调。潮州方言韵书《潮语十五音》"八音分声法"分声调为平上去入四类又各分上下,计八个声调。《击木知音》与《潮语十五音》同。

总之,闽台闽南方言韵书在声、韵、调系统方面均大同小异。

其声母系统均来源于明末清初的《戚林八音》中的"十五音"。大陆与台湾闽南方言韵书深受其影响,尤其是受《戚参军八音字义便览》的影响更深。《戚参军八音字义便览》所代表的是福州方言音系,不像大陆与台湾闽南方言音系那样有一整套鼻化韵,因此其声母字"柳"、"蒙"、"语"只有一套读音"l、m、ŋ";而闽南方言韵书则不然,声母"柳、文、语"用于非鼻化韵之前的,读作"b、l、g",用于鼻化韵之前的则读作"m、n、ŋ"。这是不同于《戚参军八音字义便览》之处。只有入母,各种韵书的拟音不太一致。漳州韵书拟作[dz],泉州韵书拟作[z],厦门韵书拟作[z],潮汕韵书拟作[z]。

韵部系统方面,漳州方言韵书《汇集雅俗通十五音》和泉州方言韵书《汇音妙悟》对中国大陆其他闽南方言韵书的编撰产生较大的影响,尤其是《汇集雅俗通十五音》的影响更大。《汇集雅俗通十五音》50 个韵部中有 36 个韵部在漳州、泉州、厦门、潮州闽南韵书中基本上是一致的。如:[1]君[un][2]坚[ian][3]金[im][4]规[ui][6]干[an][7]公[ɔŋ][8]乖[uai][10]观[uan][12]娇[iau][14]恭[iɔŋ][16]皆[ai][17]巾[in][19]甘[am][20]瓜[ua][21]江[aŋ][22]兼[iam][23]交[au][24]迦[ia][26]监[ã][27]艍[u][28]胶[a][29]居[i][30]ㄐ[iu][33]茄[io][34]栀[ĩ][36]惊[iã][37]官[uã][38]钢[ŋ][40]间[aĩ][42]姆[m][43]光[uaŋ][45]糜[uẽ][46]噪[iãu][48]爻[ãu]。较大差异的韵部有:①[5]嘉韵[ɛ]:漳州方言韵书《雅俗通》和《增补汇音》均读作前半低不圆唇元音[ɛ],泉州、厦门以及潮州台湾方言韵书均读作前半高不圆唇元音[e]或前低不圆唇元音[a]。②[9]经韵[eŋ]:《雅俗通》读作[eŋ],《渡江书》、潮州闽南方言韵书均读作[eŋ],泉州、厦门均读作[iŋ]。③[11]沽韵[ou]:《雅俗通》读作[ou],《渡江书》读作[eu],潮州韵书读作[ou],泉州、厦门读作[ɔ]。④[13]稽韵[ei]和[39]伽韵[e]:《雅俗通》有[13]稽韵[ei]和[39]伽韵[e]两韵的对立,反映了漳州府漳浦县的音韵特点,而其余闽南方言韵书均只有[e]韵,而无[ei]韵。⑤[15]高韵[o]:除《渡江书》读作[ɔ]外,其余均读作[o]。⑥[18]羌韵[iaŋ]:《雅俗通》[18]羌韵读作[iaŋ],而有部分韵字在泉州、厦门韵书则读作[iɔŋ]。⑦[25]桧韵[uei]:除《雅俗通》外,其余韵书均读作[ue]。⑧[26]监韵[ã]:除《增补汇音》《黑字十五音》无此韵外,其余韵书均读作[ã]。⑨[27]艍韵[u][28]和[29]居韵[i]:部分艍韵[u]字在泉州、厦门韵书中读作[i],而[29]居韵[i]字有部分韵字在泉州、厦门韵书中则读作[u]。⑩[31]更韵[ẽ]:《雅俗通》[31]更韵读作[ẽ],《渡江书》、潮州韵书均读作[ẽ],泉州、厦门韵书均读作[ĩ]。⑪[34]栀韵[ĩ]:泉州、厦门韵书有部分韵字读作[ĩ],而在漳州、潮汕、台湾韵书中读作[ẽ]或[ẽ]。⑫[35]薑韵[iɔ̃]:《雅俗通》有[35]薑韵[iɔ̃]和[50]牛韵[iũ]的对立,

其余均只有［iũ］韵,而无［iɔ̃］。⑬ ³²裤韵［uĩ］和 ³⁸钢韵［ŋ］:《雅俗通》³²裤韵
［uĩ］和 ³⁸钢韵［ŋ］是对立的,但 ³²裤韵［uĩ］中许多字在泉州、厦门、潮汕韵书中
则读作［ŋ］,而不读作［uĩ］。⑭ ⁴¹姑韵［õu］:《雅俗通》⁴¹姑韵读作［õu］,反映漳
州市漳浦县音的特色;《渡江书》读作［ẽu］,反映了长泰县音的特色;其余韵书基
本上读作［ɔ̃］。⑮ ⁴²姆韵［m］:除《增补汇音》和潮汕韵书外,其余韵书均有［m］
韵。⑯ ⁴³光韵［uaŋ］:厦门韵书无此韵。⑰ ⁴⁵糜韵［uẽ］:除《雅俗通》外,其余韵书
均无此韵。⑱ ⁴⁷箴韵［ɔm］:《雅俗通》读作［ɔm］,漳州其他韵书中亦读作［ɔm］,
而泉州韵书则读作［im］,厦门韵书无此韵。《汇音妙悟》也有 50 个韵部,但有 6 个
韵部很特殊:即“居［ɯ］、恩［in］、生［iŋ］、科［ə］、鸡［əe］、钩［əu］”。泉州、厦门、
潮州韵书均有［ɯ］韵,漳州、台湾韵书则无;泉州、厦门韵书均有［ə］韵和复元音
［əe］(说明厦门方言韵书受泉州方言还是比较大的),漳州、潮州、台湾韵书则无;泉
州韵书有恩［in］、生［iŋ］、钩［əu］3 韵,厦门、漳州、潮州、台湾韵书均无。这就是大
陆闽南方言韵书韵母系统的异同点。

　　声调系统方面,泉州、厦门、潮汕闽南方言韵书均有平、上、去、入四类又各分
清、浊,计八个声调。而只有漳州闽南方言韵书则只有七调,无浊上。总之,泉州方
言韵书《汇音妙悟》和漳州方言韵书《汇集雅俗通十五音》对闽南方言韵书的编
撰影响很大。

　　据笔者考证,祖国大陆闽南方言韵书种类多,所反映的方言音系也是十分复
杂的。

序　号	韵书名称	作　者	成书时间	韵　数	音系性质
1	《汇音妙悟》	黄　谦	1800	50 韵	泉州府音系
2	《拍掌知音》	廖纶玑	不详	36 韵	泉州府文读音系
3	《汇集雅俗通十五音》	谢秀岚	1818	50 韵	漳州府漳浦县音系
4	《福建方言字典》	麦都思	1831	50 韵	漳州府漳浦县音系
5	《增补汇音》	无名氏	1820	30 韵	似漳州府龙溪县文读音系
6	《增注黑字十五音》	无名氏	1820	30 韵	似漳州一带文读音系
7	《渡江书十五音》	无名氏	不详	43 韵	似漳州府长泰县音系
8	《手抄十五音》	无名氏	不详	43 韵	似漳州一带音系
9	《八音定诀》	叶开温	1894	42 韵	厦门音系
10	《击掌知音》	无名氏	清末	42 韵	厦门音系
11	《潮声十五音》	张世珍	1907	44 韵	潮汕音系
12	《击木知音》	无名氏	1915	40 韵	潮汕音系
13	《潮语十五音》	萧云屏	1922	40 韵	潮汕音系

　　笔者通过对祖国大陆闽南方言韵书进行全面、深入的历时和共时、时间与空间的比较研究,分析和探讨了祖国大陆泉州、漳州、厦门、潮汕四个闽南次方言的语音共同特点以及所存在的差异,从中窥知闽台方言发展的线索和规律。徐通锵在《历史语言学》[①] 中指出:"语言的空间差异反映语言的时间发展,说明语言的发展同时表现在空间和时间两个方面。语言发展中的时间是无形的,一发即逝,难以捕捉,而语言的空间差异则是有形的,是听得见、看得清(把实际的音值记下来)的,是时间留在语言中的痕迹,可以成为观察已经消失的时间的窗口。所以,从语言的空间差异探索语言的时间发展就成为历史比较法的一条重要原则。"徐通锵又说:"语言,特别是语音,它的发展是很有规律的,而这种规律的作用又受到一定的时间、地域、条件的限制,使同一个要素在不同的方言或亲属语言里表现出不同的发展速度、不同的发展方向,因而在不同的地区表现出差异。语言中的差异是语言史研究的基础。没有差异就不会有比较,没有比较也就看不出语言的发展。对历史比较语言学来说,差异的比较是它取得成功的最主要的原因。"通过历史比较,中国大陆泉州、漳州、厦门、潮汕四个闽南次方言韵书的声韵调系统基本上是相同的,其所存在的差异,主要是因为不同韵书成书时间的迟早、所反映方言区域的不同以及文读系统与白读系统的差别等原因造成的。总之,我们可以通过这些韵书来窥探闽南方言自 19 世纪初叶迄 20 世纪初泉州、漳州、厦门、潮汕四个次方言区的方言音系及其差异概况。

二、台湾闽南方言韵书比较研究

　　大陆闽方言韵书对台湾产生重大影响。台湾语言学家们模仿大陆闽方言韵书的内容和形式,结合台湾闽南方言概况编撰新的十五音。反映台湾闽南方言的韵书主要有:台湾现存最早的方言韵书为台湾总督府民政局学务部编撰的《台湾十五音字母详解》(1895)和《订正台湾十五音字母详解》(1901)、沈富进编著《增补汇音宝鉴》(1954)、林登魁编著《乌字十五音》(1960)、李木杞著《国台音通用字典》(1963,台中瑞成书局出版)、薛文郎编《简单台音字典》(1963,高雄庆芳书局出版)、黄有实编《台湾十五音辞典》(1972,台北南山堂出版)、黄士祥编《士祥国台语字典》(1973,台南正平出版社出版)、洪惟仁著《台湾话音韵入门》、竺家宁著《台北闽南方言音档》等。这些韵书的问世,为台湾人学习和普及闽南方言奠定了很好的基础。

　　闽南"十五音"方言韵书在台湾产生重大影响,尤其是《汇集雅俗通十五音》对《增补汇音宝鉴》、《台湾十五音辞典》影响更大。以下主要介绍《台湾十五音

---

① 徐通锵:《历史语言学》,商务印书馆 2001 年版,第 81、136 页。

字母详解》、《增补汇音宝鉴》、《台湾十五音辞典》、《台湾话音韵入门》、《台北闽南方言音档》五部具有代表性的韵书,并对它们的声韵调进行横向比较和纵向比较。横向比较即五种韵书声韵调的比较,纵向比较即将五种韵书与现代台湾闽南方言的比较。

（一）台湾闽南方言诸韵书声母系统比较

台湾闽南方言韵书声母系统深受祖国大陆福建方言韵书《戚参军八音字义便览》、《汇音妙悟》和《汇集雅俗通十五音》等韵书的影响,许多声母字除了竺家宁《台北闽南方言音档》外基本上是相同的。请看以下声母字比较表:

戚参军八音字义便览	汇音妙悟	汇集雅俗通十五音	台湾十五音字母详解	增补汇音宝鉴	台湾十五音辞典	台湾话音韵入门	台北闽南方言音档
柳[l]	柳[l/n]	柳[l/n]	柳[l/n]	柳[l] 拈[n]	柳[l/n]	龄[l/n]	内[l/n]
边[p]	边[p]	边[p]	边[p]	边[p]	边[p]	边[p]	飞[p]
求[k]	求[k]	求[k]	求[k]	求[k]	求[k]	求[k]	姑[k]
气[kʻ]	气[kʻ]	去[kʻ]	去[kʻ]	去[kʻ]	去[kʻ]	去[kʻ]	课[kʻ]
低[t]	地[t]	地[t]	地[t]	地[t]	地[t]	地[t]	蜘[t]
波[pʻ]	普[pʻ]	颇[pʻ]	波[pʻ]	颇[pʻ]	波[pʻ]	波[pʻ]	破[pʻ]
他[tʻ]	他[tʻ]	他[tʻ]	他[tʻ]	他[tʻ]	他[tʻ]	他[tʻ]	体[tʻ]
争[ts]	争[ts]	曾[ts]	贞[ts]	曾查[ts]	曾[ts]	贞[ts]	水[ts]
日[n]	入[z]	入[dz]	入[j]	入[j]	入[j]	入[j]	
时[s]	时[s]	时[s]	时[s]	时[s]	时[s]	时[s]	时[s]
莺[o]	英[o]	英[o]	英[o]	英[o]	英[o]	英[o]	有[o]
蒙[m]	文[b/m]	门[b/m]	文[b/m]	门[b] 眸[m]	文[b/m]	貌[b/m]	母[b/m]
语[ŋ]	语[g/ŋ]	语[g/ŋ]	语[g/ŋ]	语[g] 觎[ŋ]	语[g/ŋ]	艺[g/ŋ]	鹅[g/ŋ]
出[tsʻ]	出[tsʻ]	出[tsʻ]	出[tsʻ]	出[tsʻ]	出[tsʻ]	出[tsʻ]	车[tsʻ]
喜[h]	喜[h]	喜[h]	喜[h]	喜[h]	喜[h]	喜[h]	府[h]

《戚参军八音字义便览》所代表的是福州方言音系,不像大陆与台湾闽南方言音系那样有一整套鼻化韵,因此其声母字“柳”、“蒙”、“语”只有一套读音“l、m、ŋ”;而闽南方言韵书《汇音妙悟》和《汇集雅俗通十五音》则不然,声母“柳、文、语”用于非鼻化韵之前的,读作“b、l、g”,用于鼻化韵之前的则读作“m、n、ŋ”。这是不同于《戚参军八音字义便览》之处。这里要说明的是,《增补汇音宝鉴》共有 19 个声母字,前 15 个声母字与福建传统十五音基本相同,后面还有 4 个声母字“查 ts、眸 m、拈 n、觎 ng”,“查 ts”与“曾 ch”实际上相同,鼻音声母“眸 m、拈 n、觎 ng”是用于鼻化韵之前的,是“门美 b、柳里 l、语语 g”的音位变体。竺家宁《台北

闽南方言音档》声母系统只有"十四音",即内[l/n]、飞[p]、姑[k]、课[kʻ]、蜘[t]、破[pʻ]、体[tʻ]、水[ts]、时[s]、有[∅]、母[b/m]、鹅[g/ŋ]、车[tsʻ]、府[h],少了"入"母字。

(二)台湾闽南方言诸韵书韵母系统比较

1.《台湾十五音字母详解》

台湾现存最早的方言韵书为台湾总督府民政局学务部编撰的《台湾十五音字母详解》出版于明治二十九年(1895),明治三十四年(1901)又出版了《订正台湾十五音字母详解》。其《绪言》是由日语写的。从该书"绪言"可知:①本书编制的确定是按照台湾十五音及字母进行更加详细的解释的;②此书各页的开头,写着一个标记固定读法的字母,共有四十四个字母,左边列着台湾十五音(有固定读法的辅音),在该字母旁标着相当各自八声的文字,供记音用;③附在各字母旁的文字,用一个个假名标上字音,而且同时记录八音符号;④对于有音无字者,就在圆圈旁附假名,表示字音,另外认为字音不存在时,只是画一个圆圈;⑤此书是由柯秋洁、陈兆鸾汇集和文字撰定。

现将本书与《汇音妙悟》和《汇集雅俗通十五音》的韵母系统列表比较如下:

汇音妙悟	¹春	²²轩	²⁹金	³飞	—	²⁸丹	¹¹东	³²乖	⁸卿	³¹川	⁷高	²朝	²¹西
	un	ian	im	ui	—	an	ɔŋ	uai	iŋ	uan	ɔ	iau	e
汇集雅俗通十五音	¹君	²坚	³金	⁴规	⁵嘉	⁶干	⁷公	⁸乖	⁹经	¹⁰观	¹¹沽	¹²娇	¹³稽
	un	ian	im	ui	ɛ	an	ɔŋ	uai	eŋ	uan	ou	iau	ei
台湾十五音字母详解	²¹温	¹⁷烟	¹¹音	²⁰威	—	⁶安	²⁷翁	²⁵歪	¹⁶鸢	³¹弯	²³乌	¹³妖	²²挨
	un	ien	im	ui	—	an	ɔŋ	uai	eŋ	uan	ɔ	iau	e
汇音妙悟	⁵香	³⁸刀	¹³开	¹⁷宾	¹⁰商	²³三	⁴花	²⁶江	³³兼	¹²郊	¹⁹嗟	⁹杯	⁴⁸式
	iɔŋ	o	ai	in	iaŋ	am	ua	aŋ	iam	au	ia	ue	ã
汇集雅俗通十五音	¹⁴恭	¹⁵高	¹⁶皆	¹⁷巾	¹⁸羌	¹⁹甘	²⁰瓜	²¹江	²²兼	²³交	²⁴迦	²⁵桧	²⁶监
	iɔŋ	o	ai	in	iaŋ	am	ua	aŋ	iam	au	ia	uei	ã
台湾十五音字母详解	¹⁸勇	²⁵苟	²哀	¹²因	¹⁴殃	⁵庵	²⁴倚	⁴翁	¹⁵淹	³瓯	⁸野	²⁶碨	³²哪
	iɔŋ	ou	ai	in	iaŋ	am	oa	aŋ	iam	au	ia	oe	ã
汇音妙悟	¹⁵珠	¹⁶嘉	³⁶基	²⁴秋	—	³⁴管	⁴⁵烧	⁴⁴青	⁴⁷箱	⁴¹京	⁶欢	⁴³毛	
	u	a	i	iu	—	uĩ	io	ĩ	iũ	iã	uã	ŋ	
汇集雅俗通十五音	²⁷艍	²⁸胶	²⁹居	³⁰丩	³¹更	³²裈	³³茄	³⁴栀	³⁵薑	³⁶惊	³⁷官	³⁸钢	³⁹伽
	u	a	i	iu	ẽ	uĩ	io	ĩ	iõ	iã	uã	ŋ	e
台湾十五音字母详解	¹⁹汗	¹鸦	⁷伊	⁹忧	⁴¹婴	⁴⁰软	¹⁰腰	³⁵染	³⁷两	³⁶领	⁴³烂		
	u	a	i	iu	ẽ	uĩ	io	ĩ	iũ	iã	uã		

续表

汇音妙悟	49 篌	—	40 梅	46 风	27 关	—	37 猫	25 箴	50 嘞	18 莪	—	14 居	20 恩
	aī		m	uaŋ	uaĩ		iãu	im	ãu	ɔ̃		ɯ	in
汇集雅俗通十五音	40 间	41 姑	42 姆	43 光	44 闩	45 糜	46 喽	47 箴	48 爻	49 扛	50 牛	—	—
	aī	oũ	m	uaŋ	uaĩ	uẽ	iãu	ɔm	ãu	ɔ̃	iũ		
台湾十五音字母详解	33 乃	—	39 姆	30 风	44 高	—	38 猫	28 箴	34 脑	42 奴	—	—	—
	aī		m	oaŋ	uaĩ		iãu	om	ãu	õ			

汇音妙悟	35 生	39 科	42 鸡	30 钩
	iŋ	ə	əe	əu
汇集雅俗通十五音	—	—	—	—
台湾十五音字母详解	—	—	—	—

由上表可见，《台湾十五音字母详解》四十四字母中无《汇音妙悟》五十字母中的 43 毛［ŋ］、14 居［ɯ］、20 恩［in］、35 生［iŋ］、39 科［ə］、42 鸡［əe］、30 钩［əu］7 韵，也无《汇集雅俗通十五音》中的 5 嘉［ɛ］、39 伽［e］、41 姑［oũ］、45 糜［uẽ］、50 牛［iũ］、38 钢［ŋ］6 韵。此书所反映的不可能是泉州腔，而应该偏漳腔。

2.《增补汇音宝鉴》

此书作者为台湾嘉义县梅山乡沈富进著，民国四十三年（1954）台湾文艺学社出版社初版，民国八十三年（1994）再版。这是一部在台湾最流行的十五音韵书。本书共分四个部分：前面部分有"原序"、"编例"、"八音反法"、"十五音之呼法"、"四十五字母音"；次有"汇音宝鉴检字表"；中有"汇音宝鉴"正文；最后有"常用简体化字表"。据其"原序"可知，《增补汇音宝鉴》是"将古代之十五音重新修改，以闽音为原则，而不合者删之，漏者补之"。"编例"亦云，编撰此书之目的是为了"利以知音则能知字，知字则能知音，又能解国音"。因此，"本书仿照前之十五音法，采用四十五字母音依顺序而排音"。书中还对漳州腔、闽省方音、泉州腔有不同的标法，凡是"四角围号字黑者为漳州腔口，白者为闽省方音，四角围号字□为泉州腔口"。作者还对"本书国语所用范围内之字附有国音之符号，使人能言则能解国语"。如"株"旁注音ㄓㄨ，还有注释。《增补汇音宝鉴》"四十五字母音"共 90 个韵母：其中阳声韵 15 个、阴声韵 16 个、鼻化韵 12 个、声化韵 2 个、入声韵 45 个（收 –t 尾 5 个、–k 尾 7 个、–p 尾 5 个、–h 尾 28 个）。此书更接近于《汇集雅俗通十五音》，如韵序、韵字、拟音等都是十分相近的。请看下表：

汇集雅俗通十五音	[1]君	[2]坚	[3]金	[4]规	[5]嘉	[6]干	[7]公	[8]乖	[9]经	[10]观	[11]沽	[12]娇	[13]稽
	un	ian	im	ui	ɛ	an	ɔŋ	uai	eŋ	uan	ou	iau	ei
增补汇音宝鉴	[1]君	[2]坚	[3]金	[4]规	[5]嘉	[6]干	[7]公	[8]乖	[9]经	[10]观	[11]沽	[12]娇	
	un	ian	im	ui	ɛ	an	ɔŋ	uai	eŋ	uan	o	iau	

汇集雅俗通十五音	[14]恭	[15]高	[16]皆	[17]巾	[18]羌	[19]甘	[20]瓜	[21]江	[22]兼	[23]交	[24]迦	[25]桧	[26]监
	ioŋ	o	ai	in	iaŋ	am	ua	aŋ	iam	au	ia	uei	ã
增补汇音宝鉴	[14]恭	[15]高	[16]皆	[17]巾	[18]姜	[19]甘	[20]瓜	[21]江	[22]兼	[23]交	[24]迦	[25]桧	[26]监
	ioŋ	o	ai	in	iaŋ	am	ua	aŋ	iam	au	ia	ue	ã

汇集雅俗通十五音	[27]艍	[28]胶	[29]居	[30]丩	[31]更	[32]裤	[33]茄	[34]栀	[35]薑	[36]惊	[37]官	[38]钢	[39]伽
	u	a	i	iu	ɛ̃	uĩ	io	ĩ	iɔ̃	iã	uã	ŋ	e
增补汇音宝鉴	[27]龟	[28]胶	[29]居	[30]丩	[31]更	[45]咲	[33]茄	[13]栀	[34]薑	[44]惊	[35]官	[32]裤	
	u	a	i	iu	ẽ	uĩ	io	ĩ	iũ	iã	uã	ŋ	

汇集雅俗通十五音	[40]间	[41]姑	[42]姆	[43]光	[44]闩	[45]糜	[46]噪	[47]箴	[48]爻	[49]扛	[50]牛
	aĩ	oũ	m	uaŋ	uaĩ	uẽi	iãu	ɔm	ãu	ɔ̃	iũ
增补汇音宝鉴	[40]间		[38]姆	[37]光		[39]糜	[41]噪	[47]箴	[43]爻	[36]姑	
	aĩ		m	uaŋ		uãi	iãu	om	ãu	õ	

　　《汇集雅俗通十五音》与《增补汇音宝鉴》在韵目排列次序上基本相同。不同之处是：⁵嘉［ɛ］/⁵嘉［e］、¹¹沽［ou］/¹¹沽［o］、¹³稽［ei］/○、¹⁸羌［iaŋ］/¹⁸姜［iaŋ］、²⁷艍［u］/²⁷龟［u］、³¹更［ɛ̃］/³¹更［ẽ］、³²裤［uĩ］/⁴⁵咲［uĩ］、³⁵薑［iɔ̃］/³⁴薑［iũ］、³⁸钢［ŋ］/³²裤［ŋ］、³⁹伽［e］/⁵嘉［e］、⁴¹姑［oũ］/³⁶姑［õ］、⁴⁴闩［uaĩ］/³⁹糜［uaĩ］、⁴⁵糜［uẽi］/³⁹糜［uãi］、⁴⁹扛［ɔ̃］/³⁶姑［õ］、⁵⁰牛［iũ］/³⁴薑［iũ］。此书作者沈富进为台湾嘉义县梅山乡人,嘉义梅山县属偏漳腔。因此,《增补汇音宝鉴》反映了偏漳腔。确切地说,此书"代表嘉义、云林东半部的口音"(洪惟仁:《台湾方言之旅》)。

　　3.《台湾十五音辞典》

　　此书斗六黄有实编著,台北南山堂出版社民国六十一年（1972）发行。"十五音字母"共四十六字母。书前有作者"读十五音小引",包括"吾人之言语"、"十五音呼法"、"八声呼法"、"八声变音"、"十五音字母说"、"辞典引法"、"十五音字母集表"、"附:字母八声其实七声总表"、"附:字典切音法"。

　　根据《台湾十五音辞典》"读十五音小引"所说,此书参考了张祯祥家藏之珍书《手抄十五音》、清光绪庚子年刊福省集新堂藏版《增注硃字十五音》和《增注黑字十五音》和嘉义县梅山乡沈富进著《增补汇音宝鉴》。现比较如下:

发　音	a	ã	ai	ãi	am	an	aŋ	au	ãu	e	ẽ	eŋ
本辞典分类字母	胶	监	皆	闲	甘	干	江	交	爻	家	庚	经
手抄十五音	巴	他	皆	乃	甘	干	江	交	爻	家鸡	庚	经
增注硃字十五音	胶	监	皆	闲	甘	干	江	交	爻	嘉稽伽	更	经
增注黑字十五音	葩	—	皆	—	甘	干	江	交	爻	家稽	—	京
增补汇音宝鉴	胶	监	皆	闲	甘	干	江	交	爻	嘉	更	经

发　音	i	ĩ	ia	iã	iam	ian	iaŋ	iau	iãu	im	in	io
本辞典分类字母	居	梔	迦	惊	兼	坚	姜	娇	噪	金	根	滔
手抄十五音	几	边	家	惊	兼	坚	姜	娇	猫	今	根	么
增注硃字十五音	居	梔	迦	惊	兼	坚	姜	娇	噪	金	巾	茄
增注黑字十五音	玑	—	伽	—	蒹	坚	姜	娇	—	金箴	根	—
增补汇音宝鉴	居	梔	迦	惊	兼	坚	姜	娇	噪	金	巾	茄

发　音	iõ	ioŋ	iu	iũ	o	ɔ	õ	ua	uã	uai	uãi	uan
本辞典分类字母	疆	宫	丩	董	高	姑	扛	瓜	官	乖	关	观
手抄十五音	—	宫	丩	鎗	高	姑	茵	瓜	山	乖	关	官
增注硃字十五音	—	恭	丩	董牛	高	沽	姑茵	瓜	官	乖	闩糜	观
增注黑字十五音	—	宫			高	姑		瓜		乖		官
增补汇音宝鉴	—	恭	丩	董	高	沽	姑	瓜	官	乖	糜	观

发　音	uaŋ	ue	oŋ	u	ui	uĩ	un	ŋ	m
本辞典分类字母	光		公	龟	规	咲	君	缸	姆
手抄十五音	—		光	龟	归		君	光	姆
增注硃字十五音	光	桧	公	躹	规	裈	君	钢	姆
增注黑字十五音	—		光	龟	归		君	—	—
增补汇音宝鉴	光	桧	公	龟	规	咲	君	裈	姆

　　通过比较,《台湾十五音辞典》与《增注硃字十五音》和《增补汇音宝鉴》基本上相同。不同之处是:家[e]/嘉[ε]稽[ei]伽[e]/嘉[e]、庚[ẽ]/更[ε̃]/更[ẽ]、根[in]/巾[in]/巾[in]、滔[io]/茄[io]/茄[io]、疆[iõ]/○/○、宫[ioŋ]/恭[ioŋ]/恭[ioŋ]、董[iũ]/董[iõ]牛[iũ]/董[iũ]、姑[ɔ]/沽[ou]/沽[o]、扛[õ]/姑[oũ]扛[ɔ̃]/姑[õ]、关[uãi]/闩[uãi]糜[ue]/糜[uãi]、桧[ue]/桧[uei]/桧[ue]、龟[u]/躹[u]/龟[u]、咲[uĩ]/○/咲[uĩ]、缸[ŋ]/裈[uĩ]钢[ŋ]/裈[ŋ]。《增注硃字十五音》音系与《汇集雅俗通十五音》是同一个音系,共有50个韵部,比《台湾十五音辞典》多4个韵部。《增补汇音宝鉴》45个韵部,比《台湾十五音辞典》仅仅少了一个"疆"韵,更接近一些。因此,《台湾十五音辞典》所反映的音系应该也属偏漳腔。

4.《台湾话音韵入门》

此韵书分韵部为"口音韵"、"鼻音韵"、"阳声韵"三大类46韵部。此书的韵目字与祖国大陆闽南方言韵书的传统韵目不一样,而是有22个韵目与《台湾十五音字母详解》相同。韵目字不同有24个,如:[27]翁[ɔŋ]/[36]汪[ɔŋ]、[16]莺[ien]/[39]英[iŋ]、[31]弯[uan]/[45]冤[uan]、[18]勇[iɔŋ]/[43]容[iɔŋ]、[25]苟[ou]/[5]呵[o]、[14]殃[iaŋ]/[42]双[iaŋ]、[24]倚[ua]/[13]哇[ua]、[15]淹[iam]/[40]阉[iam]、[8]野[ia]/[9]耶[ia]、[26]碾[ue]/[14]桠[ue]、[32]哪[ã]/[17]馅[ã]、[19]汙[u]/[6]迂[u]、[1]鸦[a]/[1]阿[a]、[35]染[ĩ]/[19]燕[ĩ]、[37]两[iũ]/[26]茑[iũ]、[36]领[iã]/[25]缨[iã]、[43]烂[uã]/[28]鞍[uã]、[40]软[uĩ]/[30]每[uĩ]、[30]□[uaŋ]/[46]嚾[uaŋ]、[44]高[uaĩ]/[31]关[uaĩ]、○/[29]糜[uẽ]、[28]□[om]/[35]簪[om]、[42]奴[õ]/[20]恶[õ]。

5.《台北闽南方言音档》

此韵书共有44个韵部,所用韵字与其他韵书基本上不一样。

现把台湾五种闽南方言韵书与漳州方言韵书《汇集雅俗通十五音》比较如下:

汇集雅俗通十五音	台湾十五音字母详解	增补汇音宝鉴	台湾十五音辞典	台湾话音韵入门	台北闽南方言音档	汇集雅俗通十五音	台湾十五音字母详解	增补汇音宝鉴	台湾十五音辞典	台湾话音韵入门	台北闽南方言音档
君un	温un	君un	君un	温un	本un	桧uei	碾ue	桧ue	ue	桠ue	杯ue
坚ian	烟ien	坚ian	坚ian	烟ian	电ian	监ã	哪ã	监ã	监ã	馅ã	骂ã
金im	音im	金im	金im	音im	沈im	艍u	汙u	龟u	龟u	迂u	武u
规ui	威ui	规ui	规ui	威ui	追ui	胶a	鸦a	胶a	胶a	阿a	早a
嘉ɛ	—	嘉e	家e	—	—	居i	伊i	居i	居i	伊i	米i
干an	安an	干an	干an	安an	班an	丩iu	忧iu	丩iu	丩iu	忧iu	抽iu
公ɔŋ	翁ɔŋ	公ɔŋ	公ɔŋ	汪ɔŋ	亡ɔŋ	更ẽ	婴ẽ	更ẽ	庚ẽ	婴ẽ	平ẽ
乖uai	歪uai	乖uai	乖uai	歪uai	乖uai	茄io	腰io	茄io	滔io	腰io	表io
经eŋ	莺eŋ	经eŋ	经eŋ	英iŋ	兵iŋ	栀ĩ	染ĩ	栀ĩ	栀ĩ	燕ĩ	鼻ĩ
观uan	弯uan	观uan	观uan	冤uan	全uan	薑iõ	两iũ	姜iũ	疆iõ	茑iũ	丈iũ
沾ou	乌ɔ	沾o	姑o	乌ɔ	布ɔ	惊iã	领iã	惊iã	惊iã	缨iã	明iã
娇iau	妖iau	娇iau	娇iau	妖iau	吊iau	官uã	烂uã	官uã	官uã	鞍uã	半uã
稽ei	挨e	—	家e	挨e	爸e	钢ŋ	—	裤ŋ	缸ŋ	秧ŋ	门ŋ
伽e	—	—	—	—	—	裤uĩ	软uĩ	咲uĩ	咲uĩ	每uĩ	梅uĩ
恭iɔŋ	勇iɔŋ	恭iɔŋ	宫iɔŋ	容iɔŋ	忠iɔŋ	闲aĩ	乃aĩ	闲aĩ	闲aĩ	乃aĩ	还aĩ
高o	苟ou	高o	高o	呵ɔ	婆o	姑oũ	—	—	—	—	—
皆ai	哀ai	皆ai	皆ai	哀ai	牌ai	姆m	姆m	姆m	姆m	姆m	□m

续表

汇集雅俗通十五音	台湾十五音字母详解	增补汇音宝鉴	台湾十五音辞典	台湾话音韵入门	台北闽南方言音档	汇集雅俗通十五音	台湾十五音字母详解	增补汇音宝鉴	台湾十五音辞典	台湾话音韵入门	台北闽南方言音档
巾 in	因 in	巾 in	根 in	因 in	民 in	光 uaŋ	风 uaŋ	光 uaŋ	光 uaŋ	嚁 uaŋ	—
羌 iaŋ	姎 iaŋ	姜 iaŋ	姜 iaŋ	双 iaŋ	凉 iaŋ	曰 uaĩ	高 uaĩ	糜 oaĩ	关 oaĩ	关 uaĩ	关 uaĩ
甘 am	庵 am	甘 am	甘 am	庵 am	贪 am	糜 uẽ	—	—	—	糜 uẽ	媒 uẽ
瓜 ua	倚 ua	瓜 ua	瓜 ua	哇 ua	大 ua	噪 iãu	猫 iãu	噪 iãu	噪 iãu	猫 iãu	尿 iãu
江 aŋ	翁 aŋ	江 aŋ	江 aŋ	翁 aŋ	蜂 ŋ	箴 ɔm	箴 om	箴 om	箴 om	簪 om	—
兼 iam	淹 iam	兼 iam	兼 iam	阉 iam	点 iam	爻 ãu	脑 ãu	爻 ãu	爻 ãu	脑 ãu	貌 ãu
交 au	瓯 au	交 au	交 au	瓯 u	老 au	扛 ɔ̃	奴 ɔ̃	姑 ɔ̃	扛 ɔ̃	恶 ɔ̃	摸 ɔ̃
迦 ia	野 ia	迦 ia	迦 ia	耶 ia	舍 ia	牛 iũ	—	—	姜 iũ		

泉州方言韵书《汇音妙悟》有反映泉州语音特色的 [ɯ]、[ə]、[əe]、[in]、[iŋ]、[əu] 等韵母,上面所举五种台湾闽南方言韵书中均无。

(三)大陆与台湾闽南方言韵书声调系统比较

泉州方言韵书《汇音妙悟》声调分为平上去入四类又各分清浊,计八个声调。《拍掌知音》声调分为平上去入四类又各分上下,计八个声调。漳州音无下上声(即阳上),《汇集雅俗通十五音》作者为了补足"八音",以"下上"来配"上上",所有"下上声"都是"空音",卷内注明"全韵与上上同",意思是说漳州音实际上只有七调,根本就没有下上声。

台湾诸种韵书,均只有七个声调,所反映的都是偏漳腔。《台湾十五音字母详解》韵图中虽设计了八音符号,上平声无符号,上上声和下上声的符号和例字则是一样的,可见本书的调类实际上是七个,与《汇集雅俗通十五音》相同。《增补汇音宝鉴》"八音反法",上列有第一至第八声,并标有八个调类,即分声调为平上去入四类又各分上下,计八个声调。但本书八音中第二声"上上"与第六声"下上"相同,实际上只有七个调类。《台湾十五音辞典》有"八声呼法","俗谓八声者,其实仅有七声而已,第二上上声与第六下上声同样。因练习上之便宜,上声乃加一声,合为八声者也。"与《增补汇音宝鉴》相同。《台湾话音韵入门》和《台北闽南方言音档》也均七个调类,即分声调为平去入四类又各分阴阳,只有阴上声,计七个声调。《台湾话音韵入门》在第二课"调类与调型"中记有福建传统的"八音"。书中有【八音调序】,说"调类"是声调抽象的分类,中古汉语有"四声",后来因声母清化,"四声"分裂为"八音",台湾闽南语阳上、阳去混同,实际上只有七声,仍称"八音"。《台北闽南方言音档》分声调为七调：阴平调、阳平调、上声调、阴去调、阳去调、阴入调、阳入调。

三、闽台闽南方言诸韵书的声韵调系统比较研究

（一）闽台闽南方言诸韵书声母系统比较

闽台闽南方言韵书的声母系统的标目均来源于明末清初的《戚林八音》中的"十五音"。大陆与台湾闽南方言韵书深受其影响,尤其是受《戚参军八音字义便览》的影响更深。现根据现代闽台闽南方言声母系统情况将闽台闽南方言韵书的声母及其拟音比较如下：

闽南方言韵书											台湾方言韵书				
汇音妙悟	拍掌知音	八音定诀	击掌知音	汇集雅俗通五音	福建方言字典	增补汇音	渡江书五音	潮声五音	击木知音	潮语五音	台湾五音字母详解	增补汇音宝鉴	台湾五音辞典	台湾话音韵入门	台北南言闽方音档
柳	柳	柳	柳	柳	柳	柳	柳	柳	柳	柳	柳	柳拈	柳	龄/	内
l/n	l/n	l/n	l/n	l/n	l/n	l/n	l/n	l/n	l/n	l/n	l/n	l/n	l/n	l/n	l/n
边	边	边	边	边	边	边	边	边	边	边	边	边	边	边	飞
p	p	p	p	p	p	p	p	p	p	p	p	p	p	p	p
求	求	求	求	求	求	求	求	求	求	求	求	求	求	求	姑
k	k	k	k	k	k	k	k	k	k	k	k	k	k	k	k
气	去	气	气	去	去	去	去	去	去	去	去	去	去	去	课
kʻ	kʻ	kʻ	kʻ	kʻ	kʻ	kʻ	kʻ	kʻ	kʻ	kʻ	kʻ	kʻ	kʻ	kʻ	kʻ
地	地	地	地	地	地	地	治	地	地	地	地	地	地	地	蜘
t	t	t	t	t	t	t	t	t	t	t	t	t	t	t	t
普	颇	颇	颇	颇	颇	颇	波	坡	坡	颇	波	颇	波	波	破
pʻ	pʻ	pʻ	pʻ	pʻ	pʻ	pʻ	pʻ	pʻ	pʻ	pʻ	pʻ	pʻ	pʻ	pʻ	pʻ
他	他	他	他	他	他	他	他	他	他	他	他	他	他	他	体
tʻ	tʻ	tʻ	tʻ	tʻ	tʻ	tʻ	tʻ	tʻ	tʻ	tʻ	tʻ	tʻ	tʻ	tʻ	tʻ
争	争	曾	争	曾	曾	曾	曾	增	增	贞	贞	曾查	曾	贞	水
ts	ts	ts	ts	ts	ts	ts	ts	ts	ts	ts	ts	ts	ts	ts	ts
入	入	入	入	入	入	入	入	入	入	入	入	入	入	入	
z	z	dz	dz	dz	dz	dz	dz	dz	dz	dz	j	j	j	j	

闽南方言韵书											台湾方言韵书				
汇音妙悟	拍掌知音	八音定诀	击掌知音	汇集雅俗通五音	福建方言字典	增补汇音	渡江书五音	潮声五音	击木知音	潮语五音	台湾五音字母详解	增补汇音宝鉴	台湾五音辞典	台湾话音韵入门	北南言音档台闽方言音
时	时	时	时	时	时	时	时	时	时	时	时	时	时	时	时
s	s	s	s	s	s	s	s	s	s	s	s	s	s	s	s
英	英	英	莺	英	英	莺	英	英	英	英	英	英	英	英	有
ø	ø	ø	ø	ø	ø	ø	ø	ø	ø	ø	ø	ø	ø	ø	ø
文	文	文	门	门	门	门	门	文	文	文	文	门眆	文	貌	母
b/m	b/m	b/m	b/m	b/m	b/m	b/m	b/m	b/m	b/m	b/m	b/m	b/m	b/m	b/m	b/m
语	语	语	语	语	语	语	语	语	语	语	语	语舰	语	艺	鹅
g/ŋ	g/ŋ	g/ŋ	g/ŋ	g/ŋ	g/ŋ	g/ŋ	g/ŋ	g/ŋ	g/ŋ	g/ŋ	g/ŋ	g/ŋ	g/ŋ	g/ŋ	g/ŋ
出	出	出	出	出	出	出	出	出	出	出	出	出	出	出	车
ts'	ts'	ts'	ts'	ts'	ts'	ts'	ts'	ts'	ts'	ts'	ts'	ts'	ts'	ts'	ts'
喜	喜	喜	喜	喜	喜	喜	喜	喜	喜	喜	喜	喜	喜	喜	府
h	h	h	h	h	h	h	h	h	h	h	h	h	h	h	h

　　闽台闽南方言韵书的声母系统均来源于明末清初的《戚林八音》中的"十五音"。其声母编成韵句:柳边求气低,波他曾日时。莺蒙语出喜,打掌与君知。其中前三句代表十五个声类。大陆与台湾闽南方言韵书深受其影响,尤其是受《戚参军八音字义便览》的影响更深。《戚参军八音字义便览》所代表的是福州方言音系,不像大陆与台湾闽南方言音系那样有一整套鼻化韵,因此其声母字"柳"、"蒙"、"语"只有一套读音"l、m、ŋ";而闽南方言韵书则不然,声母"柳、文、语"用于非鼻化韵之前的,读作"b、l、g",用于鼻化韵之前的则读作"m、n、ŋ"。这是不同于《戚参军八音字义便览》之处。这里要说明的是,《增补汇音宝鉴》共有19个声母字,前15个声母字与福建传统十五音基本相同,后面还有4个声母字"查 ts、眆 m、拈 n、觑 ng","查 ts"与"曾 ch"实际上相同,鼻音声母"眆 m、拈 n、觑 ng"是用于鼻化韵之前的,是"门美 b、柳里 l、语语 g"的音位变体。

（二）闽台闽南方言韵书韵母系统比较

　　现将大陆闽南方言的主要韵书的韵母比较如下:

闽南方言韵书											台湾方言韵书				
汇音妙悟	拍掌知音	八音定诀	击掌知音	汇集雅俗通十五音	福建方言字典	增补汇音	渡江书十五音	潮声十五音	击木知音	潮语十五音	台湾十五音字母详解	增补汇音宝鉴	台湾十五音辞典	台湾话音韵入门	台北闽南方言音档
[1]春 un	[8]仑 un	[1]春 un	[1]春 un	[1]君 un	[1]君 un	[1]君 un	[1]君 un	[1]君 un	君 un	[1]君 un	温 un	君 un	君 un	温 un	本 un
[22]轩 ian	[1]连 ian	[14]边 ian	[14]边 ian	[2]坚 ian	[2]坚 ian	[2]坚 ian	[2]坚 ian	[10]坚 ian	坚 ian	[2]坚 ian	烟 ien	坚 ian	坚 ian	烟 ian	电 ian
[29]金 im	[14]林 im	[16]深 im	[16]深 im	[3]金 im	[3]金 im	[3]金 im	[3]金 im	[4]金 im	金 im	[3]金 im	音 im	金 im	金 im	音 im	沈 im
[3]飞 ui	[22]雷 ui	[7]辉 ui	[7]飞 ui	[4]规 ui	[4]规 ui	[4]归 ui	[4]规 ui	[21]归 ui	规 ui	[4]归 ui	威 ui	规 ui	规 ui	威 ui	追 ui
—	—	—	—	[5]嘉 ɛ	[5]嘉 ɛ	[5]家 ɛ	—	[2]家 e	家 e	[23]家 e	—	嘉 e	家 e	—	—
[28]丹 an	[11]栏 an	[3]丹 an	[3]丹 an	[6]干 an	[6]干 an	[6]干 an	[6]干 an		干 an	[38]干 an	安 an	干 an	干 an	安 an	班 an
[11]东 ɔŋ	[7]郎 ɔŋ	[26]风 ɔŋ	[26]风 ɔŋ	[7]公 ɔŋ	[7]公 ɔŋ	[7]光 ɔŋ	[7]公 ɔŋ	[6]公 ɔŋ	公 ɔŋ	[7]公 ɔŋ	翁 ɔŋ	公 ɔŋ	公 ɔŋ	汪 ɔŋ	亡 ɔŋ
[32]乖 uai	[32]乖 uai	[28]歪 uai	[28]歪 uai	[8]乖 uai	[8]乖 uai	[8]乖 uai	[8]乖 uai	[30]乖 uai	乖 uai	[8]乖 uai	歪 uai	乖 uai	乖 uai	歪 uai	乖 uai
[8]卿 iŋ	[6]令 iŋ	[23]灯 iŋ	[23]灯 iŋ	[9]经 ɛŋ	[9]经 ɛŋ	[9]京 iŋ	[9]经 eŋ	[33]弓 eŋ	经 eŋ	[34]京 eŋ	莺 eŋ	经 eŋ	经 eŋ	英 iŋ	兵 iŋ
[31]川 uan	[2]卵 uan	[11]川 uan	[11]川 uan	[10]观 uan	[10]观 uan	[10]官 uan	[10]官 uan	[12]官 uan	关 uan	[39]关 uan	弯 uan	观 uan	观 uan	冤 uan	全 uan
[7]高 ɔ	[4]鲁 ɔ	[22]孤 ɔ	[22]孤 ɔ	[11]沽 ou	[11]沽 ou	[11]姑 ɔ	[11]姑 eu	[7]姑 ou	孤 ou	[7]孤 ou	乌 o	沽 o	姑 ɔ	乌 ɔ	布 ɔ
[2]朝 iau	[20]鸟 iau	[2]朝 iau	[2]朝 iau	[12]娇 iau	[12]娇 iau	[12]娇 iau	[12]娇 iau	[28]娇 iau	骄 iau	[12]骄 iau	妖 iau	娇 iau	娇 iau	妖 iau	吊 iau
[21]西 e	[17]礼 e	[12]西 e	[12]西 e	[13]稽 ei	[13]稽 ei	[13]稽 e	[13]鸡 e	[5]鸡 e	鸡 e	[13]鸡 e	挨 e	—	—	挨 e	爸 e
				[39]伽 e	[39]伽 e										—
[5]香 iɔŋ	[5]两 iɔŋ	[6]香 iɔŋ	[6]香 iɔŋ	[14]恭 iɔŋ	[14]恭 iɔŋ	[14]宫 iɔŋ	[14]恭 iɔŋ	[14]恭 iɔŋ	恭 iɔŋ	[14]恭 iɔŋ	勇 iɔŋ	恭 iɔŋ	宫 iɔŋ	容 iɔŋ	忠 iɔŋ
[38]刀 o	[18]劳 o	[19]多 o	[19]多 o	[15]高 o	[15]高 ɔ	[15]高 o	[15]高 ɔ	[3]高 o	高 o	[3]歌 o	苟 ou	高 o	高 o	呵 o	婆 o

续表

闽南方言韵书											台湾方言韵书				
汇音妙悟	拍掌知音	八音定诀	击掌知音	汇集雅俗通十五音	福建方言字典	增补汇音	渡江书十五音	潮声十五音	击木知音	潮语十五音	台湾十五音字母详解	增补汇音宝鉴	台湾十五音辞典	台湾话音韵入门	台北闽南方言音档
[13]开 ai	[16]来 ai	[5]开 ai	[5]开 ai	[16]皆 ai	[16]皆 ai	[16]皆 ai	[16]皆 ai	[13]皆 ai	皆 ai	[16]皆 ai	哀 ai	皆 ai	皆 ai	哀 ai	牌 ai
[17]宾 in	[10]吝 in	[9]宾 in	[9]宾 in	[17]巾 in	[17]巾 in	[17]根 in	[17]根 in	[15]君 in	斤 in	[17]君 in	因 in	巾 in	根 in	因 in	民 in
[10]商 iaŋ	—	—	—	[18]羌 iaŋ	[18]羌 iaŋ	[18]姜 iaŋ	[18]姜 iaŋ	—	姜 iaŋ	[40]姜 iaŋ	殃 iaŋ	姜 iaŋ	姜 iaŋ	双 iaŋ	凉 iaŋ
[23]三 am	[13]览 am	[20]湛 am	[20]堪 am	[19]甘 am	[19]甘 am	[19]甘 am	[19]甘 am	[38]甘 am	甘 am	[19]甘 am	庵 am	甘 am	甘 am	庵 am	贪 am
[4]花 ua	[30]瓜 ua	[4]花 ua	[4]花 ua	[20]瓜 ua	[20]瓜 ua	[20]瓜 ua	[20]瓜 ua	[18]歌 ua	柯 ua	[15]歌 ua	倚 ua	瓜 ua	瓜 ua	哇 ua	大 ua
[26]江 aŋ	[27]邦 aŋ	[13]江 aŋ	[13]江 aŋ	[21]江 aŋ	[21]江 aŋ	[21]江 aŋ	[21]江 aŋ	[25]江 an	江 an	[6]江 an	翁 aŋ	江 aŋ	江 aŋ	翁 aŋ	蜂 aŋ
[33]兼 iam	[12]廉 iam	[25]添 iam	[25]添 iam	[22]兼 iam	[22]兼 iam	[22]兼 iam	[22]兼 iam	[8]兼 iam	兼 iam	[21]兼 iam	淹 iam	兼 iam	兼 iam	阉 iam	点 iam
[12]郊 au	[26]挠 au	[27]敲 au	[27]敲 au	[23]交 au	[23]交 au	[23]交 au	[23]交 au	—	交 au	[22]交 au	瓯 au	交 au	交 au	瓯 au	老 au
[19]嗟 ia	[29]嗟 ia	[10]遮 ia	[10]遮 ia	[24]迦 ia	[24]迦 ia	[24]伽 ia	[24]迦 ia	[37]佳 ia	佳 ia	[5]佳 ia	野 ia	迦 ia	迦 ia	耶 ia	舍 ia
[9]杯 ue	[19]内 ue	[21]杯 ue	[21]杯 ue	[25]桧 uei	[25]桧 uei	[25] ue	[25] ue	[39]瓜 ue	瓜 ue	[24]瓜 ue	碾 ue	桧 ue	ue	桠 ue	杯 ue
[48]弍 ã	[35]拿 ã	[37]三 ã	[37]三 ã	[26]监 ã	[26]监 ã	—	[26]他 ã	[35]柑 ã	柑 ã	[32]柑 ã	哪 ã	监 ã	监 ã	韜 ã	骂 ã
[15]珠 u	[24]诛 u	[24]须 u	[24]须 u	[27]艍 u	[27]艍 u	[27]龟 u	[27]朱 u	[34]龟 u	龟 u	[26]龟 u	汙 u	龟 u	龟 u	迂 u	武 u
[16]嘉 a	[15]巴 a	[8]佳 a	[8]佳 a	[28]胶 a	[28]胶 a	[26]葩 a	[5]嘉 a	[26]胶 a	胶 a	[25]胶 a	鸦 a	胶 a	胶 a	阿 a	早 a
[36]基 i	[3]里 i	[17]诗 i	[17]诗 i	[29]居 i	[29]居 i	[29]玑 i	[29]几 i	[9]基 i	枝 i	[28]枝 i	伊 i	居 i	居 i	伊 i	米 i
[24]秋 iu	[25]钮 iu	[15]秋 iu	[15]秋 iu	[30]丩 iu	[30]丩 iu	[30] iu	[30]鸠 iu	[23]鸠 iu	鸠 iu	[29]鸠 iu	忧 iu	丩 iu	丩 iu	忧 iu	抽 iu
—	—	—	—	[31]更 ẽ	[31]更 ẽ	—	[39]雅 ẽ	[22]庚 ẽ	更 ẽ	[33]庚 ẽ	婴 ẽ	更 ẽ	庚 ẽ	婴 ẽ	平 ẽ

闽南方言韵书											台湾方言韵书				
汇音妙悟	拍掌知音	八音定诀	击掌知音	汇集雅俗通十五音	福建方言字典	增补汇音	渡江书十五音	潮声十五音	击木知音	潮语十五音	台湾十五音字母详解	增补汇音宝鉴	台湾十五音辞典	台湾话音韵入门	台北闽南方言音档
[45] 烧 io	[21] 娄 io	[35] 烧 io	[35] 烧 io	[33] 茄 io	[33] 茄 io	—	[42] 么 io	[44] 烧 io	蕉 io	[35] 蕉 io	腰 io	茄 io	溶 io	腰 io	表 io
[44] 青 ĩ	—	[40] 青 ĩ	[40] 青 ĩ	[34] 栀 ĩ	[34] 栀 ĩ	—	[33] 拈 ĩ	—	—	[36] 天 ĩ	染 ĩ	栀 ĩ	栀 ĩ	燕 ĩ	鼻 ĩ
[47] 箱 iũ	—	[39] 鎗 iũ	[39] 鎗 iũ	[35] 薑 iõ	[35] 薑 iõ	—	[28] 鎗 iũ	[40] 姜 iõ	姜 iõ	[18] 薑 iõ	两 iũ	姜 iũ	韁 iõ	鸯 iũ	丈 iũ
[41] 京 iã	—	[33] 京 iã	[33] 京 iã	[36] 惊 iã	[36] 惊 iã	—	[38] 且 iã	[11] 京 iã	京 iã	[34] 京 iã	领 iã	惊 iã	惊 iã	缨 iã	明 iã
[6] 欢 uã	—	[34] 山 uã	[34] 山 uã	[37] 官 uã	[37] 官 uã	—	[32] 官 uã	[24] 瓜 uã	官 uã	[30] 官 uã	烂 uã	官 uã	官 uã	鞍 uã	半 uã
[43] 毛 ŋ	—	[36] 庄 ŋ	[36] 庄 ŋ	[38] 钢 ŋ	[38] 钢 ŋ	—	[43] 缸 ŋ	[32] 扛 ŋ	扛 ŋ	[27] 扛 ŋ	—	裤 ŋ	缸 ŋ	秧 ŋ	门 ŋ
[34] 管 uĩ	—	[32] 裤 uĩ	[32] 裤 uĩ	—	—	—	—	—	—	—	软 uĩ	咲 uĩ	咲 uĩ	每 uĩ	梅 uĩ
[49] 㒸 aĩ	[36] 乃 aĩ	[38] 千 aĩ	[38] 千 aĩ	[40] 间 aĩ	[40] 间 aĩ	—	[36] 乃 aĩ	[31] 肩 aĩ	间 aĩ	[37] 肩 aĩ	乃 aĩ	闲 aĩ	闲 aĩ	乃 aĩ	还 aĩ
—	—	—	—	[41] 姑 õu	[41] 姑 õu	—	[40] 語 ẽũ	—	—	—	—	—	—	—	—
[40] 梅 m	[34] 枚 m	[29] 不 m	[29] 不 m	[42] 姆 m	[42] 姆 m	—	[42] 姆 m	—	—	—	姆 m	姆 m	姆 m	姆 m	□ m
[46] 风 uaŋ	—	—	—	[43] 光 uaŋ	[43] 光 uaŋ	—	—	[19] 光 uan	光 uan	[10] 光 uan	风 uaŋ	光 uaŋ	光 uaŋ	嚾 uaŋ	—
[27] 关 uaĩ	—	—	—	[44] 闩 uaĩ	[44] 闩 uaĩ	—	—	—	—	—	高 uaĩ	糜 uaĩ	关 uaĩ	关 uaĩ	关 uaĩ
—	—	—	—	[45] 糜 uẽ	[45] 糜 uẽ	—	—	—	—	—	—	—	—	糜 uẽ	媒 uẽ
[37] 猫 iãu	—	—	—	[46] 噪 iãu	[46] 噪 iãu	—	[37] 猫 iãu	—	—	—	猫 iãu	噪 iãu	噪 iãu	猫 iãu	尿 iãu
[25] 箴 im	[33] 针 im	—	—	[47] 箴 om	[47] 箴 om	[28] 箴 om	[31] 箴 om	—	—	—	箴 om	箴 om	箴 om	參 om	—
[50] 嘮 ãu	—	[31] 乐 ãu	[31] 乐 ãu	[48] 爻 ãu	[48] 爻 ãu	—	[35] 茅 ãu	—	—	—	脑 ãu	爻 ãu	爻 ãu	脑 ãu	貌 ãu

续表

闽南方言韵书											台湾方言韵书				
汇音妙悟	拍掌知音	八音定诀	击掌知音	汇集雅俗通十五音	福建方言字典	增补汇音	渡江书十五音	潮声十五音	击木知音	潮语十五音	台湾十五音字母详解	增补汇音宝鉴	台湾十五音辞典	台湾话音韵入门	台北闽南方言音音档
[18] 莪 ɔ̃	[31] 老 ɔ̃	[32] 毛 ɔ̃	[32] 毛 ɔ̃	[49] 扛 ɔ̃	[49] 扛 ɔ̃	—	[34] 儺 ɔ̃	—	—	—	奴 ɔ̃	姑 ɔ̃	扛 ɔ̃	恶 ɔ̃	摸 ɔ̃
—	—	—	—	[50] 牛 iũ	[50] 牛 iũ	—	—	—	—	—	—	—	—	姜 iũ	—
[14] 居 ɯ	[23] 女 ɯ	[18] 书 ɯ	[18] 书 ɯ	—	—	—	—	[17] 居 ɯ	车 ɯ	[31] 居 ɯ	—	—	—	—	—
[20] 恩 in	[28] 巾 in	—	—	—	—	—	—	[16] 钩 ɤŋ	—	—	—	—	—	—	—
[35] 生 iŋ	[9] 能 iŋ	—	—	—	—	—	—	—	—	—	—	—	—	—	—
[39] 科 ə	—	[41] 飞 ə	[41] 飞 ə	—	—	—	—	—	—	—	—	—	—	—	—
[42] 鸡 əe	—	[30] 梅 əe	[30] 梅 əe	—	—	—	—	—	—	—	—	—	—	—	—
[30] 钩 əu															

漳州方言韵书《汇集雅俗通十五音》和泉州方言韵书《汇音妙悟》对中国大陆与台湾闽南方言韵书的编撰产生较大的影响,尤其是《汇集雅俗通十五音》的影响更大。《汇集雅俗通十五音》50个韵部中有38个韵部在漳州、泉州、厦门、潮州以及台湾闽南韵书中是一致的。如:[1]君[un][2]坚[ian][3]金[im][4]规[ui][6]干[an][7]公[ɔŋ][8]乖[uai][10]观[uan][12]娇[iau][14]恭[iɔŋ][15]高[o][16]皆[ai][17]巾[in][19]甘[am][20]瓜[ua][21]江[aŋ][22]兼[iam][23]交[au][24]迦[ia][25]桧[uei][26]监[ã][27]艍[u][28]胶[a][29]居[i][30]丩[iu][33]茄[io][34]栀[ĩ][36]惊[iã][37]官[uã][38]钢[ŋ][40]间[aĩ][42]姆[m][43]光[uaŋ][45]糜[uẽ][46]噪[iãu][48]爻[ãu]。而有12个韵部则有分歧。现排比如下:①[5]嘉韵[ɛ]:漳州方言韵书《雅俗通》和《增补汇音》均读作前半低不圆唇元音[ɛ],泉州、厦门、潮州以及台湾方言韵书均读作前半高不圆唇元音[e]或前低不圆唇元音[a]。②[9]经韵[eŋ]:《雅俗通》读作[eŋ],《渡江书》、潮州、台湾方言韵书读作[eŋ],其余均读作[iŋ]。③[11]沾韵

［ou］：《雅俗通》读作［ou］，《渡江书》读作［eu］，潮州韵书读作［ou］，台湾方言韵书《台湾十五音字母详解》《增补汇音宝鉴》读作［o］，泉州、厦门、台湾方言韵书《台湾话音韵入门》、《台北闽南方言音档》读作［ɔ］。④ ¹⁸ 羌韵［iaŋ］：《雅俗通》¹⁸ 羌韵读作［iaŋ］，而有部分韵字在泉州、厦门、台湾部分韵书则读作［iɔŋ］。⑤ ¹³ 稽韵［ei］和 ³⁹ 伽韵［e］：《雅俗通》有 ¹³ 稽韵［ei］和 ³⁹ 伽韵［e］两韵的对立，反映了漳州市漳浦县的音韵特点，而其余闽南方言韵书均只有［e］韵，而无［ei］韵。⑥ ³¹ 更韵［ɛ̃］：《雅俗通》³¹ 更韵读作［ɛ̃］，《渡江书》、潮州、台湾韵书均读作［ẽ］，泉州、厦门韵书均读作［ĩ］。⑦ ³⁵ 薑韵［iɔ̃］：《雅俗通》³⁵ 薑韵［iɔ̃］和 ⁵⁰ 牛韵［iũ］的对立，《台湾十五音辞典》也有韁韵［iɔ̃］和姜［iɔ̃］的对立，其余均只有［iũ］韵，而无［iɔ̃］。⑧ ³² 裈韵［uĩ］：《雅俗通》³² 裈韵［uĩ］中的许多韵字在泉州、厦门、台湾韵书中读作［ŋ］。⑨ ⁴¹ 姑韵［ŏu］：《雅俗通》⁴¹ 姑韵读作［oũ］，反映漳州市漳浦县音的特色；《渡江书》读作［eũ］，反映了长泰县音的特色；其余韵书基本上读作［ɔ̃］。⑩ ⁴⁷ 箴韵［ɔm］：《雅俗通》⁴⁷ 箴韵读作［ɔm］，漳州、台湾韵书中亦读作［ɔm］，而泉州韵书则读作［im］，厦门韵书无此韵。

《汇音妙悟》也有 50 个韵部，但有 6 个韵部很特殊：即"居［ɯ］、恩［in］、生［iŋ］、科［ə］、鸡［əe］、钩［əu］"。泉州、厦门、潮州韵书均有［ɯ］韵，漳州、台湾韵书则无；泉州、厦门韵书均有［ə］韵和复元音［əe］，漳州、潮州、台湾韵书则无；泉州韵书有恩［in］、生［iŋ］、钩［əu］三韵，厦门、漳州、潮州、台湾韵书均无。

（三）大陆与台湾闽南方言韵书声调系统比较

泉州方言韵书《汇音妙悟》和《拍掌知音》声调分为平上去入四类又各分清浊，计八个声调。厦门方言韵书《八音定诀》声调分为平上去入四类又各分阴阳，计八个声调。阳上阳去严重相混，为凑足八个声调，偶尔会将阴上字列于阳上位置充数（如"散产"列于丹韵时母的阴上、阳上）；有些字阳上、阳去两见（如"地被箸傍状岸丈豆共限恨"等）；有个别字由于受泉州阴阳去相混的影响，误列于阴去或阳去（如"漱"列于孤韵时母阳去，本该读阴去调；"诤"与"贸"均列于阴去，本该读阳去调）。《击掌知音》与《八音定诀》同，声调亦分为平上去入四类又各分阴阳，计八个声调。漳州音无下上声（即阳上），《汇集雅俗通十五音》作者为了补足"八音"，以"下上"来配"上上"，所有"下上声"都是"空音"，卷内注明"全韵与上上同"，意思是说漳州音实际上只有七调，根本就没有下上声。《增补汇音》分声调为上平声、上上声、上去声、上入声、下平声、下上声、下入声；上去声与下去声同，实际上只有七调。《渡江书十五音》分声调为平上去入四类又各分上下，但无下上声，计七个声调。漳州三种十五音中，《雅俗通》和《渡江书》都没有下上声字而有下去声，唯独《增补汇音》有下上声，而下去声与上去声同，实际上只有七调。潮州方言韵书《潮声十五音》、《击木知音》和《潮语十五音》"八音分声法"分声调为平上去入四类又各分上下,计八个声调。

台湾诸种韵书,均只有七个声调,所反映的都是偏漳腔。《台湾十五音字母详解》韵图中虽设计了八音符号,上平声无符号,上上声和下上声的符号和例字则是一样的,可见本书的调类实际上是七个,与《汇集雅俗通十五音》相同。《增补汇音宝鉴》"八音反法",上列有第一至第八声,并标有八个调类,即分声调为平上去入四类又各分上下,计八个声调。但本书八音中第二声"上上"与第六声"下上"相同,实际上只有七个调类。《台湾十五音辞典》有"八声呼法","俗谓八声者,其实仅有七声而已,第二上上声与第六下上声同样。因练习上之便宜,上声乃加一声,合为八声者也。"与《增补汇音宝鉴》相同。《台湾话音韵入门》和《台北闽南方言音档》也均七个调类,即分声调为平去入四类又各分阴阳,只有阴上声,计七个声调。《台湾话音韵入门》在第二课"调类与调型"中记有福建传统的"八音"。书中有【八音调序】,说"调类"是声调抽象的分类,中古汉语有"四声",后来因声母清化,"四声"分裂为"八音",台湾闽南语阳上、阳去混同,实际上只有七声,仍称"八音"。《台北闽南方言音档》分声调为七调:阴平调、阳平调、上声调、阴去调、阳去调、阴入调、阳入调。台湾韵书的声调系统基本上与漳州方言韵书一样,无"阳上",只有七个调类。请看下表:

闽南方言韵书											台湾方言韵书				
汇音妙悟	拍掌知音	八音定诀	击掌知音	汇集雅俗通十五音	福建方言字典	增补汇音	渡江书十五音	潮声十五音	击木知音	潮语十五音	台湾十五音字母详解	增补汇音宝鉴	台湾十五音辞典	台湾话音韵入门	台北闽南方言音档
上平	上平	上平	上平	上平	上平	上平	上平	上平	上平	上平	上平	上平	上平	上平	阴平
上上	上上	上上	上上	上上	上上	上上	上上	上上	上上	上上	上上	上上	上上	上上	上声
上去	上去	上去	上去	上去	上去	上去	上去	上去	上去	上去	上去	上去	上去	上去	阴去
上入	上入	上入	上入	上入	上入	上入	上入	上入	上入	上入	上入	上入	上入	上入	阴入
下平	下平	下平	下平	下平	下平	下平	下平	下平	下平	下平	下平	下平	下平	下平	阳平

续表

闽南方言韵书											台湾方言韵书				
汇音妙悟	拍掌知音	八音定诀	击掌知音	汇集雅俗通十五音	福建方言字典	增补汇音	渡江书十五音	潮声十五音	击木知音	潮语十五音	台湾十五音字母详解	增补汇音宝鉴	台湾十五音辞典	台湾话音韵入门	台北闽南方言音档
下上	下上	下上	下上	—	—	下上	—	下上	下上	下上	—	—	—	—	—
下去	下去	下去	下去	下去	下去	—	下去	下去	下去	下去	下去	下去	下去	下去	阳去
下入	下入	下入	下入	下入	下入	下入	下入	下入	下入	下入	下入	下入	下入	下入	阳入

上表可见,闽台闽南方言韵书声调系统有一共同点,就是基本上均有上平、上上、上去、上入、下平、下去、下入;不同点在于泉州、厦门、潮汕韵书均有下上,漳州与台湾闽南韵书均无此声调。

综上所述,泉州方言韵书《汇音妙悟》和漳州方言韵书《汇集雅俗通十五音》对闽台南方言韵书的编撰影响很大。《汇集雅俗通十五音》对台湾闽南韵书,尤其是《增补汇音宝鉴》和《台湾十五音辞典》起着更为直接的影响。

第三节　闽台闽南方言音系与中古音系比较研究

中古音系就是《切韵》音系。它是在隋唐时代共同语的基础上吸收了南北方音和古音一些成分的一个音系。就像罗常培在《厦门音系》中所说的:"所以无论国内什么地方的方音都不能超越它的范围,同时也没有一个地方的方音能够跟它恰好相合。"闽台闽南方言是一种较为复杂的方言。如果拿它与中古音系相比较,声、韵、调三方面都有很大的差异。现分别比较如下:

一、闽台闽南方言声母系统与中古声母系统比较

(一)中古声母系统与闽台闽南方言声母系统比较

中古声母系统,即《广韵》的35声母,与唐宋三十六字母有以下几点不同:

①中古唇音只有一类,不分轻唇重唇,只有重唇"帮滂並明",而没有轻唇"非敷奉微"。但帮系的一二四等跟三等有分别,而三等的重唇轻唇没有分别。②中古的舌音声母和切上字分类以及三十六字母的分类基本相同,只有"泥"、"娘"合为一个声母。③中古正齿音的反切上字可以分为"庄初崇生"和"章昌神书禅"两类,而三十六字母则只有"照穿床审禅"一套。④中古喉音喻母分为三等云母和四等以母,云母归入匣母,以母是一个独立的声母;而三十六字母则将它们并为喻母,不分三等四等。我们现在拿中古和闽台闽南方言进行比较,特地把帮系三等合口字(非敷奉微)独立出来,三等云母也独立出来,以便更好地说明帮系一二四等与三等,云母与匣母的分别。现分别将闽台闽南方言声母系统与《广韵》声母系统比较如下:

1. 唇音

《广韵》帮母字闽台闽南方言读作[p],少数读作[pʻ];滂母闽台闽南方言读作[pʻ],少数读作[p];並並母平声字多数读送气[pʻ],少数读作[p],仄声多数读作不送气[p],少数读作[pʻ];唐宋三十六字母非敷奉闽台闽南方言文读音读作[h],白读音读作[p]或[pʻ];明(微)母在鼻化韵前读作[m],非鼻化韵前读作[b]。如下表:

中古	说明	闽南	例字	中古	说明	闽南	例字
帮	大多数	p	巴把饱霸坝靶豹晡	並	平声字不送气	p	婆枇棚坪牌匏裴赔
帮	少数	pʻ	波谱遍鄙篇碧	並	仄声字送气	pʻ	痞鼻稗被簿瀑曝雹
(非)	文读音	h	夫肤府俯斧甫脯赋	(奉)	文读音	h	腐肥裴帆饭佛代罚
(非)	白读音	p	夫莆脯傅富分类反	(奉)	白读音	p	妇肥范逢房饭缚佛
(非)	白读音	pʻ	藩贩斧否	(奉)	白读音	pʻ	扶浮芙负帆缝
滂	大多数	pʻ	葩脬怕铺普薄浦铺	明	非鼻化韵前	b	麻蟆马密牟母梅满
滂	少数	p	怖玻镖镑缤	(微)	非鼻化韵前	b	无未味诬武纹闻挽
(敷)	文读音	h	敷俘麦夫孵峰锋烽	明	鼻化韵前	m	妈麻马摸芒猛弥猫
(敷)	白读音	pʻ	敷泛芳捧覆麦夫	(微)	鼻化韵前	m	晚问物
(敷)	白读音	p	费绀	(微)	例外	∅	晚挽巫诬
並	平声读送气	pʻ	爬琶杷苹屏凭膨平	(微)	例外	h	纹
並	仄声读不送气	p	爸罢部敝鳔骠蚌棒				

2. 舌音

《广韵》端母闽台闽南方言读作［t］,少数读［tʻ］和［ts］的;透母闽台闽南方言读作［tʻ］,少数例读作［t］的,个别读作［l］;定母［d］,闽台闽南方言读同部位清音,平声字和仄声字多数读不送气的,也有读送气的,个别读作［l］;泥（娘）母,闽台闽南方言在非鼻化韵前读作［l］,在鼻化韵前才读作［n］;例外变化的有读作［dz］或［l］的;有读作［h］的。《广韵》来母,闽台闽南方言一般读作［l］,但在鼻化韵前则读作［n］。《广韵》知母闽台闽南方言读作［t］,少数读作［tʻ］,俗读作［ts］;彻母闽台闽南方言读作［tʻ］,俗读作［tsʻ］或［ts］;澄母闽台闽南方言平声字和仄声字多数读作不送气的［t］,也有读作送气的［tʻ］,少数例外字读作［ts］、［tsʻ］。具体情况如下表:

中古	说明	闽南	例字	中古	说明	闽南	例字
端	大多数	t	倒堤短诋戴答啄笃	来	非鼻化韵前	l	拉芦颅橹连涟禄簏
端	少数	tʻ	颠垫刁	来	鼻化韵前	n	林榄沦岭梁两澜健
端	例外	ts	鸟	知	大多数	t	罩猪致蛛昼昼胀啄
透	大多数	tʻ	偷吐讨椭套梯榻踏	知	少数	tʻ	冢窒展
透	少数	t	贷汰推跳踏贴	知	俗读	ts	诛知站桩祯注驻缀
透	例外	l	塌	彻	大多数	tʻ	耻超趁骋撑撤彻拆
定	平声读不送气	t	徒途图陀佗陶逃萄	彻	少数	tsʻ	瞠痴闯戳
定	平声读送气	tʻ	涂堤苔头潭覃田屯	彻	例外	ts	侦
定	仄声读不送气	t	杜度驮道盗弟沓渎	澄	平声读不送气	t	厨迟厨绸畴潮潮惩
定	仄声读送气	tʻ	待填读叠沓叠	澄	平声读送气	tʻ	治槌传橼虫呈程传
定	例外	l	条	澄	仄声读不送气	t	稚痔坠肇重仲值泽
泥 / 娘	非鼻化韵前	l	男拈难暖依闹钮碾	澄	仄声读送气	tʻ	蜇储坠柱篆杖丈澈
泥 / 娘	鼻化韵前	n	娜挪奴耐讷挠扭娘	澄	例外	ts	赚阵撞
泥 / 娘	漳州音	dz	尿	澄	例外	tsʻ	持橙茶虫锄
泥 / 娘	例外	h	诺				

3. 齿音

《广韵》齿头音精母闽台闽南方言读作［ts］,例外变化读作［s］、［l］、［ts'］;清母闽台闽南方言读作［ts'］,例外变化有读作［ts］、［s］;从母大多数读作［ts］,少数读作［ts'］、［s］、［dz］(漳州台北宜兰音);心母大多数读作［s］,少数读作［ts'］、［ts］、［h］;邪母闽台闽南方言读作［s］,少数读作［ts'］、［ts］,例外变化读作［h］。如下表:

中 古	说 明	闽 南	例 字	中 古	说 明	闽 南	例 字
精	大多数	ts	佐早组姐济则迹绩	从	漳州台北宜兰	dz	字
精	例外	s	躁	心	大多数	s	唆骚嫂娑犀先惺昔
精	例外	l	迹	心	例外	ts'	星碎臊
精	例外	ts'	挫	心	例外	ts	僧
清	大多数	ts'	错锉蛆刺清请舱簌	心	例外	h	岁
清	少数	ts	荃铨痊竣缉	邪	大多数	s	寺辞屿祀璇穗诵习
清	例外	s	搓	邪	部分	ts'	斜祀饲泗像橡像席
从	大多数	ts	坐剂坐磁前靖钱昨	邪	少数	ts	谢旋
从	少数	ts'	材裁酋惭残存墙贼	邪	例外	h	彗
从	例外	s	豺				

《广韵》正齿音二等声母庄母,闽台闽南方言读作［ts］,少数读作［ts'］、［s］、［dz］(漳州台北宜兰音);初母闽台闽南方言读作［ts'］,少数读作［t］、［t'］、［s］;崇母闽台闽南方言平声字读作［ts］或［ts'］,仄声字读作［ts］,少数读作［s］、［k］、［t］;生母闽台闽南方言读作［s］,少数读作［ts］、［ts'］。如下表:

中 古	说 明	闽 南	例 字	中 古	说 明	闽 南	例 字
庄	大多数	ts	邹渣壮妆筝妆净札	崇	平声读送气	ts'	柴查愁谗潺床雏岑
庄	少数	ts'	侧筝	崇	仄声读不送气	ts	助寨栈撰状铡闸锄
庄	例外	s	柿	崇	少数	s	豺士仕俟事镯床
庄	漳州台北宜兰	dz	爪	崇	例外	k'	柿
初	大多数	ts'	差吵楚厕钞窗闯策	崇	例外	t	锄

续表

中古	说明	闽南	例字	中古	说明	闽南	例字
初	例外	t	铛	生	大多数	s	数驶狮驶鲨爽牲色
初	例外	tʻ	窗钗	生	少数	ts	崽
初	例外	s	铲	生	少数	tsʻ	生囟
崇	平声读不送气	ts	查豺巢剿崇				

《广韵》正齿音三等章母闽台闽南方言读作［ts］，例外变化有读作［k］、［t］、［tsʻ］；昌母闽台闽南方言读作［tsʻ］，少数读作［t］、［tʻ］、［kʻ］；船母闽台闽南方言读作［s］或［ts］，少数读作［t］；书母闽台闽南方言读作［s］，少数读作［ts］、［tsʻ］、［l］、［h］；禅母闽台闽南方言读作［s］，少数读作［ts］、［tsʻ］。《广韵》日母闽台闽南方言读作［l］，漳州台北宜兰话读作［dz］，少数读作［n］、［h］。如下表：

中古	说明	闽南	例字	中古	说明	闽南	例字
章	大多数	ts	枝旨趾志朱钟樟执	书	少数	ts	守水婶舂
章	部分	k	獐支枝肢指痣	书	少数	tsʻ	试翅鼠手深伸拭
章	例外	t	置注振	书	例外	l	摄
章	例外	tsʻ	帚	书	例外	h	饷
昌	大多数	tsʻ	处吹唱吹川串春昌	禅	大多数	s	是豉竖侍酬禅熟
昌	例外	触		禅	部分	ts	谁成上石十拾什
昌	例外	tʻ	蠢	禅	少数	tsʻ	市树
昌	例外	kʻ	齿	日	大多数	l	乳饶扰芮苒冗蹂
船	多数	s	示射神剩绳食蚀赎	日	漳州台北宜兰	dz	乳饶扰芮苒茸揉
船	少数	ts	蛇船吮食	日	少数	n	尔软让
船	例外	t	唇盾	日	例外	h	耳
书	大多数	s	舒始势输鼠胜声室				

4. 牙音

《广韵》牙音见母闽台闽南方言读作［k］，部分读作［kʻ］，少数读作［h］、［g］、［Ø］、［ŋ］；溪母闽台闽南方言读作［kʻ］，少数读作［k］、［h］、［t］；群母闽台闽南方言平声字读不送气［k］，平声字读送气［kʻ］，仄声字读作［k］，仄声字读作［kʻ］，例外读作［h］；疑母闽闽台南话读作［g］，少数读作［ŋ］、［h］、［Ø］。如下表：

中古	说明	闽南	例字	中古	说明	闽南	例字
见	大多数	k	碱光广京洁菊骨抉	群	平声字不送气	k	奇祁其球逑茄乔权
见	部分	k'	荚柯阄昆鸟巩坩揭	群	平声读送气	k'	骑葵瘸橼黔琼钳圈
见	少数	h	系㑩醉侥骁枭	群	仄声读不送气	k	惧舅柜妗腱极屐竭
见	例外	g	揭	群	仄声读送气	k'	臼枢椅俭芡菌
见	例外	∅	娲锅个解	群	例外	h	裘
见	例外	ŋ	夹	疑	非鼻化韵前	g	讶鹅遨傲衙颜仰眼
溪	大多数	k'	库科考课腔糠确廓	疑	鼻化韵前	ŋ	雅梧五偶晤艾阮迎
溪	少数	k	杞跤口	疑	部分	h	鱼渔瓦蚁砚岸额
溪	少数	h	墟恢诙	疑	部分	∅	嗷熬呀瓦喑谚元艾
溪	例外	t	块				

5. 喉音

《广韵》晓母闽台闽南方言读作[h],少数读作[k']、[∅];匣（云）母闽台闽南方言读作[h],部分读作[∅],少数读作[k]、[k']、[l];影母闽台闽南方言读作[∅],少数读作[k]、[k']、[ts];喻母闽台闽南方言读作[∅],少数读作[s]、[dz]、[g]、[h]。如下表:

中古	说明	闽南	例字	中古	说明	闽南	例字
晓	大多数	h	虎伙唤昏勋洶乡蓄	影	大多数	∅	乌阿奥挨挖姻抑溢
晓	少数	k'	呼许蔻蟆憨吸迄瞎	影	例外	k	娟蛙
晓	例外	∅	枵薨	影	例外	k'	呕
匣/云	部分	h	户互候鹤/熊云雄园	影	例外	ts	一壹
匣/云	部分	∅	壶会丸盒/禹永院越	喻	大多数	∅	渝胰遗营盈液逸浴
匣	部分	k	糊侯县汗挟滑猾合	喻	例外	s	蝇液
匣	少数	k'	苛溃环虹	喻	漳州台北宜兰	dz	锐
匣	例外	l	舰	喻	例外	g	誉阎

（二）闽台闽南方言声母系统与中古声母系统比较

现将闽台闽南方言声母系统与中古声母系统比较情况如下：

1. 唇音比较表

闽南	中古	例字	闽南	中古	例字	闽南	中古	例字	闽南	中古	例字
p	帮	巴饱豹布褒	p	（敷）	费绀	p'	并	痞被部伴畔	m	明	妈码摸摩蘑
p	（非）	夫傅粪放飞	p'	滂	葩怕溥颇破	p'	（非）	藩贩斧否	m	（微）	晚问物
p	并	婆坪爬凭盘	p'	并	爬蒲婆脾袍	p'	（奉）	扶浮芙负帆			
p	（奉）	妇蜚缝房饭	p'	帮	波谱遍鄙篇	b	明	麻蟆密漠眸			
p	滂	怖玻镖镑缤	p'	（敷）	敷泛蜂捧	b	（微）	无味芜妩务			

中古唇音只有一类，不分轻唇重唇，只有重唇"帮滂并明"一类，而没有轻唇"非敷奉微"。闽台闽南方言亦不分重唇轻唇，只是唐宋三十六字母中的"非敷奉"，大部分转读作[h]，小部分读作[p]或[p']。中古次浊声母明（微）母字，闽台闽南方言除在鼻化韵前读作[m]外，均读作[b]。

2. 舌音比较表

闽南	中古	例字	闽南	中古	例字	闽南	中古	例字	闽南	中古	例字
t	端	倒邸戴底戴	t	章	置注振	t'	定	待填读叠沓	l	来	拉芦颅橹连
t	定	徒途驼佗桃	t	昌	触	t'	知	冢室展	l	日	孺桡绕染戎
t	定	杜度驮道盗	t	船	唇盾	t'	端	颠垫刁	l	透	塌
t	知	罩猪致蛛昼	t	溪	块	t'	初	窗钗	l	定	条
t	澄	厨迟厨绸畴	t'	透	偷兔讨唾梯	t'	昌	蠢	l	精	迹
t	澄	稚痔坠肇重	t'	定	涂堤苔头潭	n	泥/娘	娜挪奴乃袅	l	书	摄
t	透	贷汰推跳踏	t'	彻	耻超趁骋撑	n	来	林榄沦岭梁	l	匣	舰
t	初	铛	t'	澄	治植传椽虫	n	日	尔软让			
t	崇	锄	t'	澄	蜇储坠柱篆	l	泥/娘	男南念年嫩			

中古舌音分舌头音"端透定泥（娘）"和舌上音"知彻澄"；而闽台闽南方言则保留上古音，不分舌头舌上，舌上音一律读舌头音。泥（娘）、来母字，除在鼻化韵前读作[n]外，均读作[l]。

3. 齿音比较表

闽南	中古	例字	闽南	中古	例字	闽南	中古	例字	闽南	中古	例字
ts	精	佐早组姐济	ts	生	崽	ts'	邪	斜徐祀饲囚	s	精	躁
ts	从	坐剂坐磁前	ts	船	蛇船吮食	ts'	庄	侧筝	s	清	搓
ts	庄	诈诅臻装狰	ts	书	守水婶春	ts'	崇	柴查愁谗床	s	从	豺
ts	章	枝旨趾志朱	ts	禅	谁成上石十	ts'	生	生闩	s	庄	柵
ts	知	诛沾转贞注	ts	影	一壹	ts'	章	帚	s	初	铲
ts	崇	查豺巢剿崇	ts'	清	错锉脆取青	ts'	书	试翅鼠手深	s	崇	豺士仕俟事
ts	崇	助骤寨撰状	ts'	初	差吵楚厕疮	ts'	禅	市树	s	喻	蝇液
ts	端	鸟	ts'	昌	处吹硛川称	s	心	唆骚嫂娑犀	dz	日	乳扰冉苒冗
ts	彻	侦	ts'	彻	瞠痴闯戳	s	邪	辞嗣词饲旋	dz	泥/娘	尿
ts	澄	赚阵撞	ts'	澄	持橙茶虫锄	s	生	数驶师数衰	dz	从	字
ts	清	荃铨痊竣缉	ts'	精	挫	s	船	示麝剩乘蚀	dz	庄	爪
ts	心	僧	ts'	从	材惭残存墙	s	书	舒始势暑声	dz	喻	锐
ts	邪	谢旋	ts'	心	星碎臊	s	禅	是殊树售禅			

中古齿音有精组、庄组、章组三类；而闽台闽南方言则齿头和正齿不分，照系的二、三等也不分。中古床母二等崇母字，闽台闽南方言读作[ts]或[ts']，而床母三等船母则大部分读作[s]，只有小部分读作[ts]，与禅母有混同趋势。中古心与邪、书与禅均为清浊相对的，而闽台闽南方言则清浊无别，绝大部分读作[s]，只有极少数读作[ts]或[ts']。日母字绝大部分读作[l]，少数读作[n]，漳州、台北和宜兰读作[dz]。

4. 牙音比较表

闽南	中古	例字	闽南	中古	例字	闽南	中古	例字	闽南	中古	例字
k	见	碱光广京洁	k	影	娟蛙	k'	匣	奇溃环虹	g	喻	誉阎
k	群	奇祁其球求	k'	溪	库科考课腔	k'	影	眍	ŋ	疑	雅梧五偶雅
k	群	惧距呇轿件	k'	群	骑骑琴乾勤	k'	崇	柿	ŋ	见	夹
k	匣	糊侯县洽挟	k'	见	茭柯阄昆鸟	k'	昌	齿			
k	章	獐支枝肢指	k'	群	臼枢倚俭芡	g	疑	讶鹅遨傲芽			
k	溪	杞跤口	k'	晓	呼许蔻薅憨	g	见	揭			

疑母字除在鼻化韵前读作〔ŋ〕外,均读作〔g〕。

5. 喉音比较表

闽南	中古	例字	闽南	中古	例字	闽南	中古	例字	闽南	中古	例字
h	非	夫俯脯付辐	h	泥/娘	诺	h	溪	墟恢诙	∅	喻	渝胰贻已与
h	敷	敷夫赴肺匪	h	心	岁	h	群	裘	∅	微	晚挽巫诬
h	奉	腐翡吠繁凡	h	邪	彗	h	疑	鱼渔瓦蚁砚	∅	见	娲锅个解
h	晓	虎伙唤昏勋	h	书	饷	h	喻	与	∅	疑	嗷熬呀瓦喑
h	匣云	户峡核/熊	h	日	耳	∅	匣/云	匣盒/域越	∅	晓	枵荥
h	微	纹	h	见	系懈酵侥骁	∅	影	乌阿奥挨蛙			

中古中晓与匣,心与邪、书与禅三组,都是清与浊相对的;而闽台闽南方言则是清浊无别的。匣母中的喻母三等字,闽台闽南方言有读如 h 的,亦有读零声母的。这说明喻母三等字一部分归入匣母,一部分归入喻母四等字。喻母四等字闽台闽南方言绝大多数是读零声母的。中古晓匣二母有清浊之分,而闽台闽南方言则清浊无别大部分读作〔h〕。晓母字只有极少数读零声母,而匣母字则有相当一部分字读零声母,与喻母四等字相混同。

由上表可见,闽台闽南方言声母与中古声母有相同之处,也有不同之处。中古的 35 个声母中,全浊声母有 10 个,即“并、定、澄、从、邪、崇、船、禅、群、匣”,到闽台闽南方言中都变成了清声母,并其中"并(奉)定、澄、群、从、崇"诸声母变入全清的比变入次清的多,而且跟现在普通话平声变次清,仄声变全清的规律不相同。当然,闽台闽南方言白读音还出现一些离常轨较远的读音,我们只能认为是例外。这里就不再加以讨论了。

二、闽台闽南方言韵母系统与中古韵母系统比较

中古韵系主要是以《切韵》为代表。《切韵》是中国传统语言学中一部划时代的著作,也是中古音韵学的主要研究对象。此书原书已佚,今仅存序言一篇,所以清代以来的音韵学家都是通过《广韵》来研究它,平时人们所说的"切韵音系"大多数也是指"广韵音系"而言。《广韵》是中国历史上最为重要的一部韵书,也是《切韵》系韵书集大成的著作。在本节里,我们把《广韵》韵系与闽台闽南方言进行历史比较。

(一)中古韵母系统与闽台闽南方言韵母比较研究

《广韵》十六摄是以《方言调查字表》所列的十六摄为序的,即果摄、假摄、遇摄、蟹摄、止摄、效摄、流摄、咸摄、深摄、山摄、臻摄、宕摄、江摄、曾摄、梗摄、通摄。每摄所辖之韵,根据其等、呼的不同,逐一与闽台闽南方言韵系列表比较,以考察其异同点及其演变轨迹。因篇幅关系,以下列表说明时,台北简称"北",台南简称"南",宜兰简称"宜",鹿港简称"鹿",厦门简称"厦",泉州简称"泉",漳州简称"漳"。

1. 果摄

《广韵》有果开一歌韵,果合一戈韵,果开三戈韵,果合三戈韵,闽台闽南方言与其对应读音如下表:

中古	说明	闽南	例字	中古	说明	闽南	例字
歌	开一	o	他拖驮舵筹歌柯鹅	戈	合一	ɔ	魔磨
歌	开一(南)	ə	歌驼拖锣左鹅荷贺	戈	合一	ua	簸破磨惰
歌	开一	a	他阿	戈	合一(南宜漳)	ue	菠果裹课和伙裸过
歌	开一	ua	拖驮大舵筹歌柯我	戈	合一(北鹿厦泉)	e	果裸过火伙货和
歌	开一	ia	鹅	戈	合一	e	螺座涴
歌	开一	ai	大	戈	合一(北鹿厦泉)	ue	倭
歌	开一	ɔ̃	我	戈	合一	ui	蓑
歌	开一(泉宜)	ɔʔ	哦	戈	开三	io	茄
戈	合一	o	菠簸破惰螺座蓑果	戈	开三(南)	iə	茄

中古	说　明	闽南	例　字	中古	说　明	闽南	例　字
戈	合一（南）	ɔ	菠播破戈和薄妥唆	戈	合三	ue	瘸
戈	合一（泉）	ə	坐螺火垛胺挼果粿	戈	合三（泉）	ə	瘸
戈	合一（鹿）	ə	果	戈	合三	ia	靴

《广韵》果摄歌戈两韵闽台闽南方言文读大部分读成［o］,开合口无别,但果摄里有一部分白读作［a、ia、ua］;并且果摄与假摄的白读音都有朝着［e］韵转变的趋势,可见它们还是同源异流的。此外,果摄各韵在闽台闽南方言中还是有区别的。如一等歌韵字"歌哥多驼驼舵拖个罗锣啰搓左佐可鹅河何荷贺"、戈韵字"菠坡玻播破戈和薄妥唆锉锁琐锅过果科课"等,台南读作［ə］,鹿港话读"果皮"为［ə］;泉州话也有读作［ə］的,但韵字的来源不太一样:如"坐座螺火伙垛胺挼果粿过货祸锅窝莴倭科蜾诖和"属一等戈韵字,"瘸"属三等戈韵字等。而台北、宜兰、厦门和漳州话则没有［ə］韵。三等戈韵字"茄"等,台南读作［iə］,而台北、鹿港、宜兰、厦门、泉州和漳州话则无此读法。戈韵字"倭"等,台南、宜兰和漳州话读作［e］,台北、鹿港、厦门、泉州则读作［ue］。一等戈韵字"果粿过火伙货和"等,台南、宜兰、漳州均读作［ue］,而台北、鹿港、厦门、泉州话则读作［e］。

2. 假摄

《广韵》有假开二麻韵,假开三麻韵,假合二麻韵,闽台闽南方言与其对应读音如下表:

中古	说　明	闽南	例　字	中古	说　明	闽南	例　字
麻	开二	a	把帕爬榨查沙纱茶	麻	开二（泉）	ə	坝
麻	开二	ã	麻码拿雅	麻	开三	ia	姐些爹遮蔗扯蛇赦
麻	开二	ua	沙	麻	开三	a	遮也
麻	开二	uã	麻	麻	开三	ua	蛇
麻	开二	e	把帕爬码榨查纱茶	麻	开三	e	姐些扯
麻	开二（漳）	ɛ	把帕爬码榨查纱茶	麻	开三（漳）	ɛ	蔗赦
麻	开二（漳）	ɛ̃	雅骂	麻	合二	ua	瓦蛙
麻	开二（南宜）	ẽ	雅骂	麻	合二	ia	瓦
麻	开二（北鹿厦泉）	ĩ	雅骂	麻	合二	uai	蛙
麻	开二	ɔ̃	蟆				

《广韵》假摄各韵母闽台闽南方言大部分读作[a、ia、ua]，开合口跟二三等的分界很清晰。此外，假摄各韵在闽台闽南方言中还是有区别的。如二等麻韵字"坝"，泉州话读作[ɘ]。二等麻韵字"爬耙琶笆把靶爸帕马码玛茶渣楂喳查榨诈炸鹧蔗叉杈差纱婆洒家加袈枷嘉枷假贾架嫁价驾稼下牙芽衙虾霞下夏厦哑厦"等，只有漳州话读作[ɛ]，而台南、台北、鹿港、宜兰、厦门、泉州话则没有这种读法，却读作[e]。二等麻韵字"雅骂"等，台南、宜兰话读作[ẽ]，漳州话读作[ɛ̃]，而台北、鹿港、厦门和泉州话则读作[ĩ]。

3. 遇摄

《广韵》有遇合一模韵，遇合三鱼韵，遇合三虞韵，闽台闽南方言与其对应读音如下表：

中古	说明	闽南	例字	中古	说明	闽南	例字
模	合一	ɔ	部度吐厝措辂污坞	鱼	合三（漳）	ɛ	絮
模	合一	ɔ̃	模摸	虞	合三	u	夫傅敷扶无缕趣须
模	合一	o	部度措	虞	合三	ɔ	夫傅敷扶厨雨数
模	合一	ɔŋ	摸吐	虞	合三	o	无
模	合一	u	厝污坞	虞	合三（南）	ə	无
模	合一	ia	蜈	虞	合三	i	缕趣输拘区娱
鱼	合三（鹿）	ɨ	煮	虞	合三（南宜漳）	i	屡矩圩于
鱼	合三（南宜漳）	i	驴旅吕虑蛆居女徐	虞	合三（北鹿厦）	u	屡矩圩于
鱼	合三（北鹿厦）	u	驴旅吕滤蛆居女徐	虞	合三（泉）	ɯ	屡矩圩于
鱼	合三（泉）	ɯ	驴旅吕滤蛆居女徐	虞	合三	iu	须蛀树
鱼	合三	ɔ	庐许与初梳疏	虞	合三	iau	柱数
鱼	合三	e	锯贮黍初梳疏				

遇摄模韵闽台闽南方言今文读作[ɔ]，跟流摄侯韵的文读音混成一韵。而三等虞鱼两韵，闽台闽南方言文读音除受庄组声母影响而读成[ɔ]外，其他大部分文读作[u]韵，跟一等模韵不甚相应。此外，遇摄各韵在闽台闽南方言中还是有区别的。如三等鱼韵字如"车渠举拒距据锯倨具俱惧去语虚墟鱼渔淤馀御诸猪锄箸

煮鼠书",虞韵字"于"等,台南、宜兰和漳州话均读作[i],台北、鹿港、厦门、泉州话则读作[u]。三等虞韵字"无"等,台南读作[ə],鹿港话和泉州话也有读作[ə]的,但韵字的来源不太一样。而台北、宜兰、厦门和漳州话则没有[ə]韵。三等鱼韵字"驴旅吕侣铝虑滤蛆居裾锯据踞女徐蜍序叙车渠举巨拒距炬去语御虚嘘墟许於淤余予盂与予豫誉猪除锄躇著箸书伫苎储贮如茹汝诸蜍薯煮舒鼠处暑庶",虞韵字"屡矩圩于"等,只有泉州话读作[ɯ],台南、宜兰和漳州话多数读作[i],少数读作[u],而台北、鹿港、厦门话则多数读作[u],少数韵字如"鱼渔"读作[i]。三等虞韵字"絮"等,只有漳州话读作[ɛ],而台南、台北、鹿港、宜兰、厦门、泉州话则没有这种读法,却读作[e]。

4. 蟹摄

《广韵》有蟹开一咍韵,蟹合一灰韵,蟹开一泰韵,蟹合一泰韵,蟹开二皆韵,蟹合二皆韵,蟹开二佳韵,蟹合二佳韵,蟹开二夬韵,蟹合二夬韵,蟹开三祭韵,蟹合三祭韵,蟹开三废韵,蟹合三废韵,蟹开四齐韵,蟹合四齐韵,闽台闽南方言与其对应读音如下表:

中古	说　明	闽南	例　字	中古	说　明	闽南	例　字
咍	开一	ai	戴胎代灾改开埃	佳	开二	ãi	买卖奶
咍	开一	ãi	乃	佳	开二	a	罢柴
咍	开一（南宜漳）	e	戴胎代灾改开待	佳	开二（南宜漳）	e	稗买卖解矮街蟹鞋
咍	开一（北鹿厦泉）	ue	戴胎代灾改开	佳	开二（南宜漳）	ue	摆
咍	开一	i	戴	佳	开二（北鹿厦漳）	e	摆
咍	开一	ui	开	佳	开二（北鹿厦漳）	ue	稗买卖解矮街蟹鞋
咍	开一	ia	埃	佳	开二（漳）	ɛ	差佳
咍	开一（泉）	ə	袋代戴灾胎赛	佳	开二（漳）	ẽ	奶
灰	合一（南宜漳）	ue	梅妹内寻魁诙贿溃	佳	合二	uai	拐歪蛙
灰	合一北宜鹿厦泉	uĩ	梅媒煤每枚玫莓酶	佳	合二	ua	挂画蛙
灰	合一（漳）	uĩ	裸	佳	合二	ui	挂
灰	合一（北泉厦）	ŋ	裸	夬	开二	ai	败寨
灰	合一（南宜漳）	e	胚推晬坏退	夬	开二	ãi	迈
灰	合一（北鹿厦泉）	e	背焙灰	夬	开一（漳）	ɛ	寨

续表

中古	说明	闽南	例字	中古	说明	闽南	例字
灰	合一（北鹿厦泉）	ue	胚推晬坯退	夬	合二	uai	快
灰	合一（南宜鹿）	uẽ	梅媒煤每妹	夬	合二	ua	快话
灰	合一（北厦泉）	uĩ	梅媒煤每妹	祭	开三	e	蔽弊厉滞制艺餲
灰	合一	m	梅	祭	开三	i	蔽弊厉滞制世誓
灰	合一	ai	内	祭	开三	ua	世誓
灰	合一	ãi	妹	祭	开三（漳）	ε	艺
灰	合一	ui	堆推催瑰溃	祭	合三	ui	脆慧缀赘喙说芮鳜
灰	合一	u	堆	祭	合三	ue	岁缀赘说卫锐
灰	合一（泉）	ə	贿坏赔背妹焙配佩	祭	合三	ue	脆
泰	开一	ai	沛带泰赖蔡盖	祭	合三（北鹿厦泉）	e	岁税
泰	开一	ue	沛	祭	合三（泉）	ə	脆缀税岁
泰	开一	ãi	奈艾	废	开三	e	刈
泰	开一	e	带	废	合三	ui	废肺秽
泰	开一	ua	带泰赖蔡盖	废	合三	i	肺
泰	开一	iã	艾	废	合三	e	秽
泰	合一	ue	兑最会外会	废	合三（泉）	ə	秽
泰	合一	ui	兑	齐	开四（南宜漳）	e	迷底梯体啼凄西计
泰	合一	e	会	齐	开四（北鹿厦泉）	ue	批题替底犁齐细鸡
泰	合一	ua	外	齐	开四	i	迷谜底啼凄西计
泰	合一（泉）	ə	会	齐	开四	ui	梯
皆	开二	ai	拜湃斋豺界芥疥挨	齐	开四	ai	体脐西犀
皆	开二（南宜漳）	e	斋界疥挨芥	齐	开四	ĩ	泥
皆	开二（北鹿厦泉）	ue	斋界疥挨芥	齐	开四（泉）	ə	髻
皆	开二	ia	豺	齐	合四	ui	鲑桂奎慧
皆	开二	ua	芥	齐	合四	i	畦
皆	合二	uai	乖块怀坏	齐	合四	e	携
佳	开二	ai	稗差柴佳解矮				

蟹摄开口一等跟二等皆佳夬,闽台闽南方言文读均为[ai],看不出有什么显著区别。合口三等祭废四等齐跟止摄合口三等支脂微,闽台闽南方言文读音均为[ui],连蟹摄合口一等灰泰、二等佳的部分白读音也为[ui],有混淆的倾向。不过,泰佳皆夬等韵各有一部分白读音转到[a]韵或[ua]韵去。此外,蟹摄各韵在闽台闽南方言中还是有区别的。如一等灰韵字"贿坏赔倍背妹焙配佩胚推退罪灰回",一等哈韵字"袋代戴灾胎赛",一等泰韵字"会",三等祭韵字"脆缀税岁",三等废韵字"秽"属,四等齐韵字"髻"属,泉州话读作[ə]。四等齐韵字"批题替底犁齐细鸡溪洗"、二等佳韵字"买卖矮街蟹鞋"、皆韵字"挨界芥疥"、一等灰韵字"坏推退"、哈韵字"待"、泰韵字"绘"等,台南、宜兰和漳州话读作[e],台北、鹿港、厦门、泉州则读作[ue]。三等祭韵字"岁税"、二等佳韵字"摆"、一等灰韵字"背焙灰"、哈韵字"倍"、泰韵字"带"等,台南、宜兰、漳州均读作[ue],而台北、鹿港、厦门、泉州话则读作[e]。二等佳韵字"债佳蟹"、夬韵字"寨"等,只有漳州话读作[ɛ],而台南、台北、鹿港、宜兰、厦门、泉州话则没有这种读法,却读作[e]。一等灰韵字"梅媒煤每妹"等,台南、鹿港、宜兰话读作[uẽ]韵,而台北、厦门、泉州话则读作[uĩ]。一等灰韵字"梅媒煤每枚玫莓酶霉妹昧"等,台北、鹿港、宜兰、厦门和泉州话均读作[uĩ];漳州话也有[uĩ]韵,但所统韵字与台北、鹿港、宜兰、厦门、泉州话不同,台南话没有[uĩ]韵。一等灰韵字"妹昧"、微韵字"沬"等,漳州话读作[uẽʔ]韵。台南、台北和泉州话均无此韵。合一灰韵字"褪",台北、厦门和泉州话读作[ŋ],而漳州话则不读作[ŋ]韵而读作[uĩ]。

5.止摄

《广韵》有止开三支韵,止合三支韵,止开三脂韵,止合三脂韵,止开三之韵,止开三微韵,止合三微韵,闽台闽南方言与其对应读音如下表:

中古	说　明	闽南	例　字	中古	说　明	闽南	例　字
支	开三	i	碑披皮被璃紫知纸	脂	开三	ai	否眉梨利筛师指屎
支	开三(南宜漳)	i	紫雌疵此斯赐纸徙	脂	开三	ue	美
支	开三(北鹿厦)	u	紫雌疵此斯赐纸徙	脂	开三(北鹿厦泉)	ue	地
支	开三(泉)	ɯ	紫雌疵此斯赐纸徙	脂	开三	e	地梨
支	开三	ĩ	縻 mĩ⁵ ~烂	脂	开三	u	资次瓷肆师
支	开三(漳)	ɛ̃	企	脂	开三	ui	屁瓷几
支	开三(南宜)	ẽ	企	脂	开三(泉)	ə	美

中古	说　明	闽南	例　字	中古	说　明	闽南	例　字
支	开三（北鹿厦）	ĩ	企	脂	合三（泉）	ə	类偑葵
支	开三	ue	皮被	脂	合三	ui	类醉追锥龟葵
支	开三（北鹿厦泉）	e	被	脂	合三	ue	衰率葵
支	开三	ai	縻知	脂	合三	uai	摔率
支	开三	e	璃	脂	合三	u	龟
支	开三（南宜漳）	e	罥	之	开三	i	你子司饲治侍耳起
支	开三（北鹿厦泉）	ue	罥	之	开三（南宜漳）	i	兹慈子籽字思司辞
支	开三	u	斯徙	之	开三（北鹿厦）	i	痴柿
支	开三	ia	尔寄骑蚁	之	开三（北鹿厦）	u	词辞祀似饲嗣伺事
支	开三	ua	徙纸羁倚	之	开三（泉）	ɯ	兹辎孜慈子字思司
支	开三（泉）	ə	皮縻被	之	开三	u	滋子司似饲使
支	开三（鹿）	ə	皮	之	开三	ai	似治使侍
支	合三（泉）	ə	髓吹炊箠垂	之	开三（漳）	ɛ	起
支	合三	ui	累髓吹垂睡蕊规	微	开三	i	机气毅衣
支	合三	ue	髓揣吹睡	微	开三	ui	机气衣
支	合三（北鹿厦泉）	e	髓	微	开三	e	毅
支	合三（漳）	ɛ	垂	微	合三	ui	飞费微尾归
脂	开三	i	否屁眉美梨利二儿	微	合三	i	费微未
脂	开三（南宜漳）	i	资姿自次私死肆四泗	微	合三	ue	飞尾未
脂	开三（北鹿厦）	u	资姿自次私死肆四泗	微	合三（北鹿厦泉）	e	飞尾
脂	开三（泉）	ɯ	资姿自次私死肆四泗	微	合三（泉）	ə	飞尾微未

　　止摄开口三等支脂之三韵，闽台闽南方言文读音除受精、庄二系声母的影响的开口韵变入[u]韵外，其余大部分均读作[i]韵。不过，支韵中的从"奇"、"义"声符得声的字，闽台闽南方言白读音有变为[ia]韵，也有变为[ua]韵的。这点同上古音支歌互通相合。此外，本摄各韵在闽台闽南方言中还是有区别的。如三等支韵字"皮縻被髓吹炊箠垂"，三等脂韵字"美类偑葵"，三等微韵字"飞尾微未"，

泉州话读作[ə]。三等支韵字"晋"、脂韵字"地"等,台南、宜兰和漳州话读作[e],台北、鹿港、厦门、泉州则读作[ue]。三等支韵字"被髓"、微韵字"飞尾"等,台南、宜兰、漳州均读作[ue],而台北、鹿港、厦门、泉州话则读作[e]。三等支韵字"紫雌疵此斯赐纸徙"、脂韵字"资姿自次私死肆四泗驷师狮"、之韵字"兹淄辎孳慈磁子籽仔梓字思司祠词辞祀似姒饲嗣伺事士仕史使驶"等,只有泉州话读作[ɯ],台南、宜兰和漳州话多数读作[i],少数读作[u],而台北、鹿港、厦门话则多数读作[u],少数韵字如"痴柿"读作[i]。止摄三等支韵字"垂"、之韵字"起"等,只有漳州话读作[ɛ],而台南、台北、鹿港、宜兰、厦门、泉州话则没有这种读法,却读作[e]。三等支韵字"企"等,台南、宜兰话读作[ẽ],漳州话读作[ɛ̃],而台北、鹿港、厦门和泉州话则读作[ĩ]。三等脂韵字"糜",漳州话读作[uẽ]。

6. 效摄

《广韵》有效开一豪韵,效开二肴韵,效开三宵韵,效开四萧韵,闽台闽南方言与其对应读音如下表:

中古	说明	闽南	例字	中古	说明	闽南	例字
豪	开一	o	抱毛到老糟草骚高	肴	开二	m	茅
豪	开一	ɔ̃	毛	肴	开二	iau	抄搅巧
豪	开一	au	抱到老糟草骚高号	肴	开二	ã	酵
豪	开一（泉无此韵）	ãu	毛脑熬	宵	开三	iau	标瓢描椒俏宵小招
豪	开一（南）	ə	褒保堡报宝暴抱瀑	宵	开三	iãu	猫
肴	开二	au	饱抛匏罩抄捎教校	宵	开三（南无此韵）	io	标瓢描椒俏宵小招
肴	开二（泉无此韵）	ãu	茅闹	宵	开三（南）	iə	标表飘描秒潮兆赵
肴	开二	a	饱闹罩捎教校孝	萧	开四	iau	钓挑掉撩叫窍么
肴	开二	ua	抛抓	萧	开四	io	钓挑掉撩叫窍
肴	开二	u	匏	萧	开四（南）	iə	钓挑掉撩叫窍么

效摄开口三等宵、四等萧,闽台闽南方言文读音均作[iau]。至于一等豪,闽台闽南方言文读作[o],与果摄歌戈两韵混为一韵,而其白读音则读作[au],与二等肴[au]的文读音相同。而肴韵部分白读音则变为[a]韵或[ua]韵,可见豪韵和

肴韵是有区别的。至于[m]韵字,为数很少,只出现在效、蟹二摄里,并且多属于明母字。此外,本摄各韵在闽台闽南方言中还是有区别的。如一等豪韵字"褒保堡报宝暴抱瀑"等,台南读作[ə],鹿港话和泉州话也有读作[ə]的,但韵字的来源不太一样。而台北、宜兰、厦门和漳州话则没有[ə]韵。三等宵韵字"标表飘描秒潮兆赵招昭"等,台南读作[iə],而台北、鹿港、宜兰、厦门、泉州和漳州话则无此读法。

7. 流摄

《广韵》有流开一侯韵,流开三尤韵,流开三幽韵,闽台闽南方言与其对应读音如下表:

中古	说　明	闽南	例　字	中古	说　明	闽南	例　字
侯	开一	o	剖母	尤	开三	ãi	负
侯	开一（台南）	ə	剖母	尤	开三	iu	流昼稠洲柔九久丘
侯	开一	ɔ	某斗偷楼奏垢吼候	尤	开三	iũ	扭
侯	开一	u	母	尤	开三	au	流昼臭九
侯	开一	ɔ̃	贸偶	尤	开三	iau	稠犹
侯	开一	au	斗偷投楼奏垢叩吼	尤	开三	ɔ	搜飕
侯	开一（泉无此韵）	ãu	藕	尤	开三	o	搜
侯	开一（台南）	ə	母奏	尤	开三（台南）	ə	搜
侯	开一（台南）	iə	口叩	尤	开三（台南）	iə	谋秋
侯	开一（泉州宜兰）	ɔʔ	呕	幽	开三	iu	彪谬丢纠幼
尤	开三	u	浮负久丘舅牛有				

流摄一等侯韵,闽台闽南方言文读作[ɔ],与遇摄模韵相同;而其白读音为[au],与效摄豪韵白读音、肴韵的文读音相合。三等尤韵,闽台闽南方言文读音除受庄组声母影响读作[ɔ]外,大部分读作[iu],与四等幽韵无别。而尤韵白读音大部分读作[au]韵,与肴韵同。此外,本摄各韵在闽台闽南方言中还是有区别的。如一等侯韵字"母奏"等,台南读作[ə],鹿港话和泉州话也有读作[ə]的,但韵字的来源不太一样。而台北、宜兰、厦门和漳州话则没有[ə]韵。三等尤韵字"谋秋"、一等侯韵字"口叩"等,台南读作[iə],而台北、鹿港、宜兰、厦门、泉州和漳州话则无此读法。

8. 咸摄

《广韵》有咸开一覃韵,咸开一合韵,咸开一谈韵,咸开一盍韵,咸开二咸韵,咸开二洽韵,咸开二衔韵,咸开二狎韵,咸开三盐韵,咸开三叶韵,咸开三严韵,咸开三业韵,咸开四添韵,咸开四帖韵,咸合三凡韵,咸合三乏韵,闽台闽南方言与其对应读音如下表:

中古	说明	闽南	例字	中古	说明	闽南	例字
覃	开一	am	谭南参感勘含	狎	开二	aʔ	甲匣鸭压
覃	开一	ã	谭南参含	盐	开三	iam	镰沾闪染钳淹掩盐
覃	开一	an	蚕	盐	开三	ĩ	镰闪染钳盐
合	开一	ap	搭沓纳合盒	盐	开三	iaʔ	焰
合	开一（宜兰漳州）	ɔp	嚃	盐	开三	am	沾
合	开一	aʔ	搭沓纳跋合盒	盐	开三	im	淹
谈	开一	am	担淡蓝暂三敢喊	盐	开三（南宜漳）	ɔm	掩
谈	开一	an	毯橄喊	叶	开三	iap	蹑猎睫捷辄叶
谈	开一	ã	淡蓝榄三敢	叶	开三（漳）	ɛ̃ʔ	蹑
谈	开一	iam	暂喊	叶	开三（北南宜厦泉）	ẽʔ	蹑
盍	开一	ap	榻腊磕	叶	开三	aʔ	猎
盍	开一	aʔ	塔塌蜡腊	叶	开三（漳州）	ɛʔ	睫
咸	开二	am	站蘸陷	叶	开三（北南宜厦泉）	eʔ	睫
咸	开二	ã	蘸馅	叶	开三	iat	捷
咸	开二	an	占尴	叶	开三	iʔ	摺
咸	开二	uan	赚	严	开三	iam	严醃
咸	开二	iam	碱咸	业	开三	iap	劫业
咸	开二	ĩ	碱	添	开四	iam	垫添㮼拈谦
洽	开二	ap	插夹恰洽	添	开四	ĩ	颔添拈
洽	开二（宜兰漳州）	ɔp	唅	添	开四	un	垫
洽	开二	aʔ	插闸夹恰	添	开四	iã	忝
洽	开二	iap	夹狭	帖	开四	iap	蝶协
洽	开二（漳州）	ɛ̃ʔ	夹	帖	开四	iʔ	碟
洽	开二（北南宜厦泉）	ẽʔ	夹	帖	开四	iaʔ	蝶
洽	开二（漳南宜）	eʔ	狭	凡	合三	uan	泛帆范
洽	开二（北厦泉）	ueʔ	狭	凡	合三	aŋ	帆

续表

中古	说　明	闽南	例字	中古	说　明	闽南	例字
衔	开二	am	衫监衔	凡	合三	an	范
衔	开二	ã	衫监	凡	合三	am	泛
衔	开二	iam	岩	乏	合三	uat	法乏
衔	开二	uã	衔	乏	合三	at	乏
狎	开二	ap	甲压				

咸摄开口一等覃谈、二等咸衔,闽台闽南方言文读音大部分读作[am],小部分读作[an、uan];三等盐、四等添,闽台闽南方言文读音无别,大部分读作[iam]。至于合口三等凡韵,因受异化作用的影响变入[uan]韵。此外,本摄各韵在闽台闽南方言中还是有区别的。如开四帖韵字"挟",读作[ŋẽʔ],台南、台北、宜兰、厦门、泉州话均读作[ẽʔ]韵,而漳州话则无[ẽʔ]而有[ɛʔ],"挟"读作[ŋɛʔ]。二等洽韵字"夹挟",厦门话读作[uẽʔ]韵,而漳州话则读作[ẽʔ],台南、台北和泉州话均无此韵。开二狎韵字"压",漳州话读作[ɛʔ]韵字,而台南、台北、鹿港、宜兰、厦门、泉州则多数读作[eʔ]韵。开四帖韵字"茮",开二洽韵字"狭"等韵字,台南、宜兰、漳州话读作[eʔ],台北、鹿港、厦门、泉州话则读作[ueʔ]。开三业韵字"怯",漳州话读作[iak]。

9.深摄

《广韵》有深开三侵韵,深开三缉韵,闽台闽南方言与其对应读音如下表:

中古	说　明	闽南	例字	中古	说　明	闽南	例字
侵	开三	in	禀品今	侵	开三(台北厦门)	im	森参簪怎
侵	开三	ã	林	缉	开三	ip	立蛰十什
侵	开三	am	淋簪饮	缉	开三	iap	立把
侵	开三	iam	临凛锓寻砧沉渗阴	缉	开三	ap	十什
侵	开三	un	懔	缉	开三(南宜漳)	eʔ	笠
侵	开三	im	林淋临凛懔寻沉任	缉	开三(北鹿厦泉)	ueʔ	笠
侵	开三(漳州)	ɔm	簪参森怎	缉	开三	it	蛰
侵	开三(鹿港泉州)	əm	森参簪怎				

深摄侵韵,闽台闽南方言文读大部分读作[im]。不过通摄东部的"熊"字,曾摄蒸韵的"矜"字也读作[im]。从谐声偏旁看,"熊"从炎得声,"矜"字从今得声,读作[-m]尾恰跟上古音相合。此外,臻摄"欣"字也读作[im],这也许是受

"歁"字的类化的结果。此外,本摄各韵在闽台闽南方言中还是有区别的。如侵韵字"篸参森怎",漳州话读作[ɔm],台南、宜兰话也有[ɔm]韵,如[tɔm⁵]物落井之声,[ɔm¹]遮盖使之看不见。而侵韵字鹿港、泉州话则读作[əm]。台北和厦门话无[ɔm]或[əm]韵,以上韵字却读作[im]。开三缉韵字"笠",台南、宜兰、漳州话读作[eʔ],台北、鹿港、厦门、泉州话则读作[ueʔ]。开三缉"蛰",泉州话读作[iak]。

10. 山摄

《广韵》有山开一寒韵,山开一曷韵,山合一桓韵,山合一末韵,山开二山韵,山合二山韵,山开二黠韵,山合二黠韵,山开二删韵,山合二删韵,山开二辖韵,山合二辖韵,山开三元韵,山合三元韵,山开三月韵,山合三月韵,山开三仙韵,山合三仙韵,山开三薛韵,山合三薛韵,山开四先韵,山合四先韵,山开四屑韵,山合四屑韵,闽台闽南方言与其对应读音如下表:

[一二等韵比较表]

中古	说　明	闽南	例　字	中古	说　明	闽南	例　字
寒	开一	an	单坦懒灿散干看岸	山	合二	uan	鳏幻
寒	开一	ã	坦	辖	合二	uat	刷刮
寒	开一	uã	单懒灿散干看岸罕	辖	合二	uaʔ	刷刮
寒	开一（漳州）	uĩ	蛋	辖	合二（泉鹿）	uaʔ	刷
寒	开一（南宜厦漳）	uaĩ	杆	删	开二	an	坂讪晏
曷	开一	at	擦割喝	删	开二	uã	坂晏
曷	开一	uaʔ	獭辣擦撒割喝	删	开二	iŋ	闩
桓	合一	uan	搬判盘满团断卵钻	删	开二（宜兰）	iɔŋ	闩
桓	合一	uã	搬判盘满官欢腕	删	开二	uan	讪
桓	合一（漳州）	uĩ	团断卵钻算管贯钻	黠	开二	at	八拔扎轧
桓	合一（北厦泉）	ŋ	断团卵钻酸算管	黠	开二	uaʔ	拔
桓	合一	ĩ	丸	黠	开二（南宜漳）	eʔ	八拔
末	合一	uat	拔跋夺捋撮括活	黠	开二（北鹿厦泉）	ueʔ	八拔捌

续表

中古	说 明	闽南	例 字	中古	说 明	闽南	例 字
末	合一	uaʔ	跋沫夺捋括阔活	黠	开二	aʔ	扎轧
末	合一（南宜漳）	eʔ	拔	删	合二	uan	闩栓关还湾
末	合一（北鹿厦泉）	ueʔ	拔	删	合二（漳）	uĩ	栓弯
末	合一（泉鹿）	ɔʔ	豁夺	删	合二（北厦泉）	ŋ	栓
山	开二	an	办绽山间眼闲	删	合二（北鹿宜厦泉）	uĩ	惯
山	开二	ĩ	绖	删	合二	uã	关
山	开二	uã	盏山	删	合二（南宜厦漳）	uãi	关
山	开二	iŋ	间眼闲	删	合二（宜）	iəŋ	还
山	开二（宜兰）	iəŋ	间眼闲	删	合二	uãĩ	湾
镈	开二	at	铡瞎辖	黠	合二	uat	滑猾挖
镈	开二	aʔ	铡	黠	合二	ut	滑猾
镈	开二（南宜漳）	eʔ	瞎	黠	合二	ueʔ	挖
镈	开二（北鹿厦泉）	ueʔ	瞎				

［三四等韵比较表］

中古	说 明	闽南	例 字	中古	说 明	闽南	例 字
元	开三	ian	健献	仙	合三	un	船拳
元	开三	iã	健	仙	合三	ĩ	圆
元	开三	ĩ	献	薛	合三	uat	劣雪辍说悦
月	开三	iat	揭歇	薛	合三	eʔ	雪莛
月	开三	iaʔ	揭	薛	合三（南宜漳）	ueʔ	说啜郭廓要
月	开三（漳）	eʔ	歇	薛	合三（北厦）	eʔ	啜说
月	开三（漳无此读）	eʔ	歇	薛	合三（泉鹿）	ɔʔ	啜说绝雪
元	合三	uan	藩反贩晚阮援远	先	开四	ian	边扁片辫眠天年怜
元	合三	an	反	先	开四	ĩ	边扁片辫天年见砚
元	合三	uã	贩援	先	开四	un	扁
元	合三（漳）	uĩ	饭晚劝阮园远返	先	开四	in	眠怜
元	合三（北厦泉）	ŋ	饭晚园远劝	先	开四（宜）	iəŋ	千前
月	合三	uat	发伐月	先	开四	aŋ	肩
月	合三	uaʔ	伐	先	开四	an	牵

中古	说　明	闽南	例　字	中古	说　明	闽南	例　字
月	合三	uʔ	发	屑	开四	iat	撤节屑截结
月	合三（南宜漳）	ueʔ	袜月	屑	开四	iʔ	篾铁捏
月	合三（北厦）	eʔ	袜月	屑	开四	iaʔ	撤
月	合三（泉鹿）	əʔ	月垈袜	屑	开四	at	节结
月	合三	ut	掘	屑	开四（漳）	ɛʔ	屑
仙	开三	ian	编篇面碾煎浅钱鲜	屑	开四（南宜漳）	eʔ	节截锲楔切
仙	开三	un	碾颤蝉	屑	开四（北鹿厦泉）	ueʔ	节截锲楔切
仙	开三	uã	煎	屑	开四	ut	屑
仙	开三	ĩ	篇面浅钱鲜展缠扇	先	合四	uan	涓悬县
仙	开三	iã	燃团件	先	合四（南宜厦漳）	uãi	县
薛	开三	iat	别裂泄澈折热杰	先	合四	ian	悬眩炫
薛	开三	at	别	先	合四	in	眩
薛	开三	iʔ	鳖裂薛折舌	屑	合四	uat	缺
薛	开三	uaʔ	泄掣热	屑	合四	iat	血
薛	开三（漳）	ɛʔ	澈	屑	合四（北厦泉）	uiʔ	血
薛	开三（漳无此读）	eʔ	澈	屑	合四（南宜漳）	ueʔ	缺血
仙	合三	uan	恋泉转砖穿串软卷	屑	合四（北厦）	eʔ	缺
仙	合三	uã	泉串	屑	合四（泉鹿）	əʔ	缺
仙	合三（漳）	uĩ	馈转传穿呟软卷川	屑	合四	iʔ	缺
仙	合三（北厦泉）	ŋ	传软砖转转全穿川捲卷	屑	合四	ɯʔ	缺

　　山摄开口一等寒与二等山删,闽台闽南方言文读音均读作 [an],开口三等仙元与四等先,闽台闽南方言文读音均读作 [ian],没有区别。至于合口一二三四等各韵的文读音均读作 [uan],比开口的分界更为广泛。此外,本摄各韵在闽台闽南方言中还是有区别的。如二等删韵字"惯"等,台北、鹿港、宜兰、厦门和泉州话均读作 [uĩ];漳州话也有 [uĩ] 韵,但所统韵字与台北、鹿港、宜兰、厦门、泉州话不同,如一等寒韵字"蛋"、桓韵字"酸管贯钻算断卵团"、删韵字"栓弯"、元韵字"阮晚劝园远返饭"、三等仙韵字"砖川穿软转全传卷捲"。三等薛韵字"啜说绝雪"、月韵字"月垈袜"、四等屑韵字"缺"、一等末韵字"豁夺"、二等镐韵字"刷"等,泉州和鹿港话也读作 [əʔ]。开三薛韵字"澈憋",开四屑韵字"屑",漳州话读作 [ɛʔ]

韵字,而台南、台北、鹿港、宜兰、厦门、泉州则多数读作[eʔ]韵。开二黠韵字"八捌",开四屑韵字"节切楔锲"等韵字,台南、宜兰、漳州话读作[eʔ],台北、鹿港、厦门、泉州话则读作[ueʔ]。合三月韵字"袜月",合四屑韵字"缺",合三薛韵字"啜说"等韵字,台北、厦门、泉州话则读作[eʔ],台南、漳州话读作[ueʔ]。合四屑韵字"血",台北、厦门、泉州话均读作[uiʔ]韵,台南、宜兰和漳州话则读作[ueʔ]。唯独宜兰和漳州话无[uiʔ]韵。开四屑韵字"屑",漳州话读作[iak]。合一桓韵字"断团卵钻酸算管",合二删韵字"栓",合三元韵字"饭晚园远劝",合三仙韵字"传软砖转全穿川捲卷",台北、厦门和泉州话读作[ŋ],而漳州话则不读作[ŋ]韵而读作[uĩ]。

11. 臻摄

《广韵》有臻开一痕韵,臻合一魂韵,臻合一没韵,臻开三真韵,臻开三质韵,臻开二臻韵,臻二开迄韵,臻开三殷韵,臻三开迄韵,臻合三谆韵,臻合三术韵,臻合三文韵,臻合三物韵,闽台闽南方言与其对应读音如下表:

中古	说　明	闽南	例字	中古	说　明	闽南	例字
痕	开一（南宜漳）	in	根垦恨恩跟	臻	开二	in	臻榛
痕	开一（北鹿厦泉）	un	跟根恨恩	栉	开二	it	栉
痕	开一	un	吞痕	栉	开二	iat	栉虱
魂	合一	un	门顿损	殷	开三（南宜漳）	in	斤勤殷筋近芹
魂	合一（漳）	uĩ	门顿损孙村昏囷	殷	开三（北鹿厦泉）	un	斤筋近芹勤殷
魂	合一（北厦泉）	ŋ	门村损昏	殷	开三	im	欣
魂	合一	ŋ	损	殷	开三	ian	掀
没	合一	ut	没卒骨	迄	开三	it	讫乞迄
没	合一	uʔ	揆	迄	开三	ut	迄
真	开三	in	闽鳞亲趁陈尘衬伸	谆	合三	un	沦遵准闰润菌
真	开三（南宜漳）	in	巾银	谆	合三（漳）	uĩ	沦吮
真	开三（北鹿厦泉）	un	巾银	谆	合三（北厦泉）	ŋ	吮
真	开三	an	闽鳞趁陈衬	谆	合三	in	迅
真	开三（漳）	ɛ̃	亲	谆	合三（南宜漳）	in	均钧允
真	开三（北鹿厦泉）	ẽ	亲	谆	合三（北鹿厦泉）	un	均钧允
真	开三	un	尘伸蜱忍	术	合三	ut	律卒黜蟀出聿

续表

中古	说　明	闽南	例　字	中古	说　明	闽南	例　字
真	开三	ian	肾姻	术	合三	it	桔
真	开三	im	忍刃	文	合三	un	分问君
真	开三	aŋ	人	文	合三（漳）	uĩ	问
质	开三	it	密昵漆悉室实室日	文	合三（北厦泉）	ŋ	问
质	开三	at	密栗漆窒实	物	合三	ut	物屈郁
质	开三（泉无此韵）	ik	悉室逸	物	合三	ĩ	物
质	开三（泉）	iak	慄七柒悉溢逸	物	合三	iok	屈郁
质	开三	iat	秩吉				

臻摄开口一等痕、三等真臻殷三韵,闽台闽南方言文读音大部分读作[in],小部分读作合口[un]。合口一等魂、三等谆、文三韵,则文读音大部分读作[un],小部分读作[in]。此外,本摄各韵在闽台闽南方言中还是有区别的。如三等真韵字"巾银"、谆韵字"均钧允"、文韵字"韵"、殷韵字"斤筋近芹勤殷"、一等痕韵字"跟根恨恩"等,台南、宜兰和漳州话读作[in],而台北、鹿港、厦门和泉州话则读作[un]。一等魂韵字"孙村昏损顿囤门"、三等文韵字"问"、谆韵字"吮"等,漳州话读作[uĩ]。开三质韵字"慄七柒悉溢逸",泉州话读作[iak]。合一魂韵字"门村损昏",合三文韵字"问",合三谆韵字"吮",台北、厦门和泉州话读作[ŋ],而漳州话则不读作[ŋ]韵而读作[uĩ]。

12.宕摄

《广韵》有宕开一唐韵,宕开一铎韵,宕合一唐韵,宕合一铎韵,宕开三阳韵,宕开三药韵,宕合三阳韵,宕合三药韵,闽台闽南方言与其对应读音如下表(台湾宜兰话无[iaŋ]、[ioŋ]、[iak]、[iok]):

中古	说　明	闽南	例　字	中古	说　明	闽南	例　字
唐	开一	ɔŋ	榜滂傍茫当汤郎	阳	开三北鹿宜厦泉	iũ	张场长丈让章上唱厂
唐	开一	aŋ	帮滂茫当苍康行	阳	开三	ɔ̃	两
唐	开一	ŋ	榜傍汤郎仓脏丧康	阳	开三	iɔŋ	畅状

续表

中古	说明	闽南	例字	中古	说明	闽南	例字
铎	开一	ɔk	博泊膜莫托踱诺落	阳	开三	ɔŋ	装疮状爽
铎	开一	ɔʔ	博泊踱索阁	阳	开三	ŋ	长丈装疮央
铎	开一	ɔ̃ʔ	膜莫	阳	开三	iɔ	相
铎	开一	oʔ	作昨鹤薄粕落索各阁	阳	开三（北鹿无）	ŋʔ	呛
铎	开一（南）	ɔʔ	作昨鹤薄粕落索各阁	药	开三（漳）	iak	掠嚼削着若虐约灼
铎	开一	uʔ	托	药	开三	iaʔ	掠削勺
铎	开一	iɔʔ	诺	药	开三	ioʔ	着箸脚约药
铎	开一	ak	凿	药	开三（南）	iɔʔ	着
铎	开一	aʔ	昨	药	开三	iauʔ	嚼
唐	合一	ɔŋ	光广荒黄	阳	合三	ɔŋ	方放芳房望往
唐	合一	uaŋ	光广闯	阳	合三	ŋ	方
唐	合一（漳）	uĩ	光广荒黄癀	阳	合三（漳）	uĩ	方
铎	合一	ɔk	郭	阳	合三	aŋ	放芳房望
铎	合一（南宜漳）	ueʔ	郭	阳	开一（漳）	ɛ̃	芒铓
铎	合一（北厦泉）	eʔ	郭	阳	开一（南宜）	ẽ	芒铓
铎	合一（泉鹿）	əʔ	郭	阳	开一（北鹿厦泉）	ĩ	芒铓
铎	合一（泉）	ik	泊狱	阳	合三	iŋ	筐往
阳	开三	iaŋ	凉两枪相唱伤尚姜	阳	合三（宜）	iɔŋ	筐往
阳	开三（南漳）	iaŋ	张长丈漳掌	药	合三	ak	缚攫
阳	开三（北鹿厦泉）	iɔŋ	张长丈漳掌	药	合三（宜无此韵）	iɔk	攫
阳	开三（南漳）	iɔ̃	娘凉两浆枪相张长				

宕摄开口三等阳韵（庄组除外）闽台闽南方言文读作［ia］，通摄合口三等东韵和钟韵大部分文读作［iɔŋ］以外，宕、江、通三摄的闽台闽南方言大部分文读音亦为［ɔŋ］，趋向于混同。［ŋ］韵字为数不少，大多出现在宕摄、江摄里，臻摄也有一个字。此外，本摄各韵在闽台闽南方言中还是有区别的。如三等阳韵字"相"等，台南读作［iɔ］，而台北、鹿港、宜兰、厦门、泉州和漳州话则无此读法。三等阳韵字"张长丈漳掌"，台南和漳州话读作［iaŋ］，台北、厦门和泉州话均读作［iɔŋ］，唯

独宜兰话无[iaŋ]韵。开三阳部分韵字,台南、台北、鹿港、厦门、泉州、漳州话均读作[ioŋ],唯独宜兰话无此韵。三等阳韵字"芒铓"等,台南、宜兰话读作[ɛ̃],漳州话读作[ɜ̃],而台北、鹿港、厦门和泉州话则读作[ĩ]。三等阳韵字"张场长胀帐丈让章樟上唱厂伤赏蒋桨酱痒枪墙抢箱像匠疡想姜腔乡向羊洋烊杨养样"等,台南和漳州话读作[iɔ̃],而台北、鹿港、宜兰、厦门和泉州话则读作[iũ]。一等唐韵字"光荒黄癀"、三等阳韵字"方"等,漳州话读作[uĩ]。宕摄一等铎韵字"薄粕落作索各阁搁鹤"、三等药韵字"着"等,台南话读作[ɜʔ]。一等铎韵字"郭噁"等,泉州和鹿港话也读作[ɜʔ]。合一铎韵字"郭廓"等韵字,台北、厦门、泉州话则读作[eʔ],台南、漳州话则读作[ueʔ]。开一铎韵字"泊",合一铎韵字"获",泉州话读作[iak]。开三药韵字"灼酌斫铄绰著着若箬弱脚药钥却爵嚼削约鹊雀碏谑略掠跃爚篇鸙禴礿虐疟勺芍杓",合三药韵字"蹼",漳州话读作[iak]。

13. 江摄

《广韵》有江开二江韵,江开二觉韵[ɔk],闽台闽南方言与其对应读音如下表(台湾宜兰话无[iaŋ]、[iɔk]):

中古	说明	闽南	例字	中古	说明	闽南	例字
江	开二	aŋ	庞胖窗讲腔	觉	开二(漳)	ɛʔ	剥
江	开二	iã	庞	觉	开二(漳无此读)	eʔ	剥
江	开二	ɔŋ	胖撞窗双讲	觉	开二	oʔ	朴桌卓镯学
江	开二	ŋ	撞扛	觉	开二(南)	ɜʔ	朴桌卓镯学驳倬
江	开二	iaŋ	双腔	觉	开二	auʔ	雹
江	开二	iɔ̃	腔	觉	开二	iɔk	搦
江	开二	iŋ	虹	觉	开二	eʔ	啄
江	开二(宜)	iəŋ	虹	觉	开二(泉鹿)	ɜʔ	啄
觉	开二	ak	剥搦戳浊学	觉	开二	aũʔ	㑳
觉	开二	ɔk	朴雹啄卓浊捉	觉	开二(泉)	iak	擢

江摄各韵在闽台闽南方言中还是有区别的。如二等觉韵字"驳卓桌倬学"等,台南话读作[ɜʔ]。江摄二等觉韵字"啄"等,泉州和鹿港话也读作[ɜʔ]。江摄开二觉韵字"擢",泉州话读作[iak]。

14. 曾摄

《广韵》有曾开一登韵,曾开一德韵,曾合一登韵,曾合一德韵,曾开三蒸韵,曾开三职韵,曾合三职韵,闽台闽南方言与其对应读音如下表(宜兰话无[iak]):

中古	说　明	闽南	例　字	中古	说　明	闽南	例　字
登	开一	iŋ	崩等曾赠肯恒	德	合一（泉无此韵）	ik	或惑
登	开一（泉）	ŋ	崩朋等誊曾增憎层	蒸	开三	iŋ	凭陵橙称升凝应蝇
登	开一（宜）	iəŋ	崩等曾层赠肯恒	蒸	开三（宜）	iəŋ	凭陵橙称升凝应蝇
登	开一	an	曾层赠	蒸	开三	in	凭称升凝应蝇孕
登	开一（漳）	ɛ̃	棚腾	蒸	开三	iam	橙
登	开一（南宜）	ẽ	棚腾	蒸	开三	an	凝
登	开一（北鹿厦泉）	ĩ	棚腾	职	开三（泉无此韵）	ik	逼力息直值啬职食
德	开一（泉无此韵）	ik	默则贼塞克或惑墨	职	开三（泉）	iak	逼力即熄息媳极亿忆
德	开一（泉）	iak	或惑墨默德得特勒肋	职	开三（鹿宜无此韵）	iak	逼
德	开一	ak	北贼	职	开三	at	力值
德	开一（北鹿无）	mʔ	默	职	开三	it	息直职食蚀翼
德	开一	iaʔ	则	职	开三	iaʔ	抑
德	开一	at	塞克	职	开三	iʔ	蚀
登	合一	ɔŋ	肱薨弘	职	合三（泉无此韵）	ik	域
德	合一	ɔk	国				

　　曾、梗两摄的开口字,闽台闽南方言均文读作［iŋ］;除去梗摄合口二等庚韵的"矿"字,耕韵的"轰"字读作［ɔŋ］外,合口三等庚、清,四等青三韵也均文读作［iŋ］,看不出有什么区别。此外,本摄各韵在闽台闽南方言中还是有区别的。如蒸、登二韵字,台南、台北、鹿港、厦门、泉州、漳州话大多数读作［iŋ］,唯独宜兰话不读作［iŋ］而读作［iəŋ］韵。一等登韵字"棚腾"等,台南、宜兰话读作［ẽ］,漳州话读作［ɛ̃］,而台北、鹿港、厦门和泉州话则读作［ĩ］。开三职"仄",漳州话读作［ɛʔ］韵字,而台南、台北、鹿港、宜兰、厦门、泉州则多数读作［eʔ］韵。开三职"逼煏力即熄息媳极亿忆抑域测侧厕色穑识式拭饰",开一德韵字"或惑墨默德得特勒肋塞刻克贼黑",泉州话读作［iak］。开一登韵字"崩朋等誊腾曾增憎层僧",泉州话读作［ŋ］韵,这是比较特殊的语音现象。台南、台北、鹿港、厦门和漳州话均不读作［ŋ］而读作［iŋ］,宜兰话也不读作［ŋ］而读作［iəŋ］。

15. 梗摄

《广韵》有梗开二庚韵,梗开二陌韵,梗合二庚韵,梗合二陌韵,梗开三庚韵,梗开三陌韵,梗合三庚韵,梗开二耕韵,梗开二麦韵,梗合二耕韵,梗合二麦韵,梗开三清韵,梗开三昔韵,梗合三清韵,梗合三昔韵,梗开四青韵,梗开四锡韵,梗合四青韵,闽台闽南方言与其对应读音如下表(宜兰话无[iəŋ]):

中古	说　明	闽南	例字	中古	说　明	闽南	例字
庚	开二	iŋ	彭撑生牲省更庚坑	麦	开二（泉无此韵）	ik	擘麦摘册核厄
庚	开二（泉）	ŋ	亨哼烹膨生甥更庚羹	麦	开二（泉）	iak	檗擘摘责策册革
庚	开二（宜）	iəŋ	彭撑生牲省更庚坑	麦	开二	ɛʔ	擘麦册隔厄
庚	开二	aŋ	枋	麦	开二（泉鹿）	əʔ	呃
庚	开二	ɔŋ	盲	麦	开二（漳）	ɛ̃ʔ	脉
庚	开二（漳）	ɛ̃	彭盲撑生牲省更庚	麦	开二（南北宜厦泉）	ẽʔ	脉
庚	开二（南宜）	ẽ	彭掌撑生牲省更羹	麦	开二	iaʔ	摘
庚	开二（北鹿厦泉）	ĩ	彭掌撑生牲省更羹庚	麦	开二	ut	核
庚	开二	ã	打	麦	开二	at	核
庚	开二	an	枋	耕	合二	ɔŋ	轰宏
庚	开二	iã	行	耕	合二	iŋ	轰
陌	开二（泉无此韵）	ik	百拍白格客赫吓	麦	合二（泉无此韵）	ik	获
陌	开二（泉）	iak	迫伯柏魄百白拍泽择	麦	合二（泉）	iak	划
陌	开二（漳）	ɛʔ	百白宅格客	清	开三	iŋ	名岭精晶井晴姓程
陌	开二（漳无此读）	eʔ	百白宅格客	清	开三（宜）	iəŋ	名岭精晶井晴姓程
陌	开二（泉）	ɯʔ	喷	清	开三	iã	饼名岭精晴正
陌	开二（漳）	ɛ̃ʔ	脉	清	开三	ĩ	晶
陌	开二（南北宜厦泉）	ẽʔ	脉	清	开三（漳）	ɛ̃	井晴姓程郑婴清性
陌	开二	aʔ	拍	清	开三（南宜）	ẽ	晶井晴清姓性婴楹郑

中古	说　明	闽南	例　字	中古	说　明	闽南	例　字
陌	开二（南）	əʔ	魄	清	开三（北鹿厦泉）	ĩ	晶井晴清姓性婴楹郑
陌	开二	iaʔ	拆额赫	清	开三	an	蛏
陌	开二	iãʔ	吓	昔	开三（泉无此韵）	ik	辟迹席掷只赤尺石
庚	合二	ɔŋ	矿	昔	合三（泉）	iak	辟僻癖闢擗脊迹积惜
庚	合二	iŋ	横	昔	开三	iaʔ	辟迹只赤益
庚	合二（宜）	iəŋ	横	昔	开三	ioʔ	席尺石液
庚	合二	uã	横	昔	开三（南）	iəʔ	席尺石液
庚	合二（南宜厦漳）	uãi	横	清	合三	iŋ	倾琼营颖
庚	合二（北鹿宜厦泉）	uĩ	横	清	合三（宜）	iəŋ	倾琼营颖
陌	合二	ɔk	虢	清	合三	iã	营
庚	开三	iŋ	柄平病明惊迎影	昔	合三（泉无此韵）	ik	疫役
庚	开三（宜）	iəŋ	柄平病明惊迎影	昔	合三	iaʔ	役
庚	开三	iã	丙明惊迎影	青	开四	iŋ	暝鼎订听零青星径
庚	开三（漳）	ɛ̃	柄平病明坪惊紫	青	开四（宜）	iəŋ	暝鼎订听零青星经
庚	开三（南宜）	ẽ	平坪柄病明惊紫	青	开四（漳）	ɛ̃	暝靪青星经径冥腥
庚	开三（北鹿厦泉）	ĩ	平坪柄病明惊紫	青	开四（南宜）	ẽ	冥青星腥醒经径蜓
陌	开三（泉无此韵）	ik	剧	青	开四（北鹿厦泉）	ĩ	冥青星腥醒经径蜓
陌	开三（泉）	iak	碧隙屐逆剧	青	开四	iã	骿鼎订听
陌	开三（鹿宜无此韵）	iak	剧	青	开四	an	瓶零
陌	开三	iaʔ	屐	锡	开四（泉无此韵）	ik	壁觅踢寂
庚	合三	iŋ	永咏	锡	开四（泉）	iak	霹劈觅嫡敌狄笛踢剔
庚	合三（宜）	iəŋ	永咏	锡	开四	iaʔ	壁锡
庚	合三	iã	兄	锡	开四	aʔ	觅
庚	合三	iɔŋ	永咏	锡	开四	ioʔ	籴
耕	开二	iŋ	棚橙争筝诤	锡	开四（南）	iəʔ	籴

中古	说明	闽南	例字	中古	说明	闽南	例字
耕	开二	ŋ	硏抨争睁挣狰筝耕	锡	开四	iʔ	滴
耕	开二（宜）	iəŋ	棚橙争筝诤	锡	开四	iauʔ	寂
耕	开二（漳）	ɛ̃	棚争筝诤硬铮妎苧	锡	开四	eʔ	吃
耕	开二（南宜）	ẽ	硬争诤铮苧抨	锡	开四	at	踢
耕	开二（北鹿厦泉）	ĩ	硬争诤铮妎苧抨	青	合四	iŋ	萤迥
耕	开二	iam	橙	青	合四（宜）	iəŋ	萤迥

梗摄各韵在闽台闽南方言中是有区别的。如庚、耕、清、青四韵字,台南、台北、鹿港、厦门、泉州、漳州话大多数读作[iŋ],唯独宜兰话不读作[iŋ]而读作[iəŋ]韵。梗摄合三庚字,台南、台北、鹿港、厦门、泉州、漳州话均读作[iɔŋ],唯独宜兰话无此韵。梗摄二等庚韵字"彭掌撑生牲省更羹庚硬哽骾坑蜢猛盲瞠打"、三等庚韵字"平坪柄病明惊綮"、二等耕韵字"硬争诤铮妎苧抨"、三等清韵字"晶井晴清姓性婴楹郑捵静菁程"、四等青韵字"冥青星腥醒经径蜓"等,台南、宜兰话读作[ẽ],漳州话读作[ɛ̃],而台北、鹿港、厦门和泉州话则读作[ĩ]。梗摄二等庚韵字"横"等,台北、鹿港、宜兰、厦门和泉州话均读作[uĩ];漳州话也有[uĩ]韵,但所统韵字不同。梗摄二等陌韵字"魄"等,台南话读作[əʔ]。梗摄开二陌韵字"伯帛柏百白宅骼格客",开二麦韵字"擘麦隔膈阸厄轭册",漳州话读作[ɛʔ]韵字,而台南、台北、鹿港、宜兰、厦门、泉州则多数读作[eʔ]韵。梗摄二等麦韵字"呃"等,泉州和鹿港话也读作[əʔ]。梗摄开二陌"迫伯柏魄百白拍泽择格赫",开三陌韵字"隙屐逆剧",开二麦韵字"礐礘摘责策册革",合二麦韵字"划",开三昔韵字"碧辟僻癖阒擗脊迹积惜昔益译易亦液赤尺适石",合三昔韵字"役疫",开四锡韵字"霹劈觅嫡敌狄笛踢剔惕历寂戚锡析晳击激"的",泉州话读作[iak]。梗摄开二麦韵字"缴",开三陌韵字"剧",漳州话读作[iak]。梗摄开二庚韵字"亨哼烹膨生甥更庚羹哽梗坑",开二耕韵字"硏抨争睁挣狰筝耕",泉州话读作[ŋ]韵,这是比较特殊的语音现象。台南、台北、鹿港、厦门和漳州话均不读作[ŋ]而读作[iŋ],宜兰话也不读作[ŋ]而读作[iəŋ]。

16.通摄

《广韵》有通合一东韵,通合一屋韵,通合三东韵,通合三屋韵,通合一冬韵,通合一沃韵,通合三钟韵,通合三烛韵,闽台闽南方言与其对应读音如下表(宜兰话无

［iɔŋ］、［iɔk］）:

中古	说　明	闽南	例　字	中古	说　明	闽南	例　字
东	合一	ɔŋ	东同洞拢葱丛送公	屋	合三	iuʔ	搐
东	合一	aŋ	篷东同洞拢葱丛送	屋	合三	aʔ	肉
屋	合一	ɔk	卜曝木速谷	冬	合一	ɔŋ	冬统农宗松攻
屋	合一（南宜漳）	ueʔ	卜	冬	合一	aŋ	冬统农松
屋	合一（北厦）	eʔ	卜	沃	合一	ɔk	督毒沃
屋	合一（泉鹿）	əʔ	卜	沃	合一	auʔ	毒
屋	合一	ak	曝木速谷斛	沃	合一	ak	沃
东	合三	ɔŋ	丰梦隆	沃	合一（南）	əʔ	酷
东	合三	aŋ	丰冯梦	钟	合三	ɔŋ	蜂缝垄踪
东	合三	iɔŋ	嵩中绒弓穷雄熊	钟	合三	aŋ	蜂缝重共
东	合三	iŋ	嵩中铳弓穷雄	钟	合三	iɔŋ	龙松重钟冗共胸
东	合三（宜）	iəŋ	嵩中铳弓穷雄	钟	合三	iŋ	龙松重钟胸
东	合三（漳）	uĩ	枫风	钟	合三（宜）	iəŋ	龙松重钟胸
东	合三	im	熊	烛	合三（宜无此韵）	iɔk	录促粟俗烛触褥曲
屋	合三	ɔk	幅覆目	烛	合三（泉无此韵）	ik	录绿促粟烛曲局浴
屋	合三	ak	幅覆目六逐曲	烛	合三（泉）	iak	绿局曲玉烛粟促
屋	合三（宜无此韵）	iɔk	六宿逐轴熟肉菊曲	烛	合三	oʔ	俗
屋	合三（泉无此韵）	ik	宿轴熟菊	烛	合三（南）	əʔ	俗
屋	合三（泉）	iak	竹叔蹙宿熟轴肉	烛	合三	ak	触狱

　　通摄各韵在闽台闽南方言中是有区别的。如通摄合三东、合三钟韵字，台南、台北、鹿港、厦门、泉州、漳州话均读作［iɔŋ］，唯独宜兰话无此韵。通摄三等东韵字"枫风"等，漳州话读作［uĩ］。通摄一等沃韵字"酷"等，台南话读作［əʔ］。通摄一等屋韵字"卜"等，泉州和鹿港话也读作［əʔ］。通摄合三屋韵字"竹叔蹙宿熟轴肉"，合三烛韵字"绿局曲玉烛粟促"，泉州话读作［iak］。

（二）闽台闽南方言韵母系统与中古韵母系统比较

1. 阴声韵的比较

闽台闽南方言阴声韵有单元音 10 个，即 a、ɔ、o、e、ə、ɛ、i、i、u、ɯ；复元音 10 个，即 ai、au、iu、ui、io、iə、iau、ua、ue、uai。现分别将单元音、复元音与中古音《广韵》比较如下：

[单元音比较表]

闽南	中古	例字	闽南	中古	例字	闽南	中古	例字	闽南	中古	例字
a	歌	他阿	e	佳	稗买卖解矮	ə	支	皮糜被	i	支	紫雌疵此斯
a	麻	把帕爬榨查	e	佳	摆	ə	支	皮	i	脂	否屁眉美梨
a	麻	遮也	e	祭	蔽弊厉滞制	ə	支	髓吹炊箠垂	i	脂	资姿自次私
a	佳	罢柴	e	祭	岁税	ə	脂	美	i	之	你子司饲治
a	肴	饱闹罩捎教	e	废	刈	ə	脂	类偏葵	i	之	兹淄孜子驶
ɔ	模	部度吐厝措	e	废	秒	ə	微	飞尾微未	i	之	痴柿
ɔ	鱼	庐许与初梳	e	齐	迷谜底梯体	ə	豪	褒保堡报宝	i	微	机气毅衣
ɔ	虞	夫傅敷扶厨	e	齐	携	ə	侯	剖母	i	微	费微未
ɔ	侯	某斗偷楼奏	e	支	被	ə	侯	母奏	u	模	厝污坞
ɔ	尤	搜飕	e	支	璃	ə	尤	搜	u	鱼	驴旅吕虑蛆
o	歌	他拖驮舵笭	e	支	罾	ɛ	麻	把帕爬码榨	u	虞	夫傅敷扶无
o	戈	菠簸破惰螺	e	支	髓	ɛ	麻	蔗赦	u	虞	屡矩圩于
o	模	部度措	e	脂	地梨	ɛ	鱼	絮	u	灰	堆
o	虞	无	e	微	毅	ɛ	佳	差佳	u	支	紫此斯赐纸
o	豪	抱毛到老糟	e	微	飞尾	ɛ	夬	寨	u	支	斯徙
o	侯	剖母	ə	歌	歌哥多驼鸵	ɛ	祭	艺	u	脂	资自次私死
o	尤	搜	ə	戈	菠坡玻播破	ɛ	支	垂	u	脂	资次瓷肆师
e	戈	果粿过火伙	ə	戈	坐座螺火和	ɛ	之	起	u	脂	龟
e	戈	螺座涴	ə	戈	果	i	鱼	煮	u	之	兹孜子思司
e	麻	把帕爬码榨	ə	戈	瘸	i	鱼	驴旅吕暑庶	u	之	滋子司似饲
e	麻	姐些扯	ə	麻	坝	i	虞	缕趣输拘区	u	肴	匏
e	鱼	锯贮黍初梳	ə	虞	无	i	虞	屡矩圩于	u	侯	母
e	咍	戴胎代灾改	ə	咍	袋代戴灾胎	i	咍	戴	u	尤	浮负久丘舅
e	灰	胚推晬坏退	ə	灰	赌坏赔倍背	i	祭	蔽弊厉滞制	ɯ	鱼	驴旅吕虑蛆
e	灰	背焙灰	ə	泰	会	i	废	肺	ɯ	虞	屡矩圩于
e	泰	带	ə	祭	脆缀税岁	i	齐	迷谜底啼凄	ɯ	支	紫雌疵此斯
e	泰	会绘	ə	废	秒	i	齐	畦	ɯ	脂	资自次私师
e	皆	斋界疥挨芥	ə	齐	髻	i	支	碑披皮被璃	ɯ	之	兹淄孜磁子

［复元音比较表］

闽南	中古	例字	闽南	中古	例字	闽南	中古	例字	闽南	中古	例字
ai	歌	大	ui	废	废肺秒	iə	阳	相	ue	灰	胚推晬坏退
ai	咍	戴胎代灾改	ui	齐	梯	iau	虞	柱数	ue	泰	沛
ai	灰	内	ui	齐	鲑桂奎慧	iau	肴	抄搅巧	ue	泰	兑最会外会
ai	泰	沛带泰赖蔡	ui	支	累髓吹垂睡	iau	宵	标瓢描椒霄	ue	皆	斋界疥挨芥
ai	皆	拜湃斋豺界	ui	脂	屁瓷几	iau	萧	钓挑掉撩叫	ue	佳	摆
ai	佳	稗差柴佳解	ui	脂	类醉追锥龟	iau	尤	稠犹	ue	佳	稗买卖解矮
ai	夬	败寨	ui	微	机气衣	ua	歌	拖大舵箩歌	ue	祭	岁赘说卫锐
ai	齐	体脐西犀	ui	微	飞费微尾归	ua	戈	簸破磨惰	ue	祭	脆
ai	支	縻知	ia	歌	鹅	ua	麻	沙	ue	齐	批题替底型
ai	脂	否眉梨利筛	ia	戈	靴	ua	麻	蛇	ue	支	皮被
ai	之	似治使侍	ia	麻	姐些爹遮蔗	ua	麻	瓦蛙	ue	支	罥
au	豪	抱到老糟草	ia	麻	瓦	ua	泰	带泰赖蔡盖	ue	支	髓揣吹睡
au	肴	饱抛匏罩抄	ia	模	蜈	ua	泰	外	ue	脂	美
au	侯	斗偷投楼奏	ia	咍	埃	ua	皆	芥	ue	脂	地
au	尤	流昼臭九	ia	皆	豺	ua	佳	挂画蛙	ue	脂	衰率葵
iu	虞	须蛀树	ia	支	尔寄骑蚁	ua	夬	快话	ue	微	飞尾未
iu	尤	流昼稠洲柔	io	戈	茄	ua	祭	世誓	uai	麻	蛙
iu	幽	彪谬丢纠幼	io	宵	标瓢描椒摇	ua	支	徙纸羁倚	uai	皆	乖块怀坏
ui	戈	蓑	io	萧	钓挑掉撩叫	ua	肴	抛抓	uai	佳	拐歪蛙
ui	咍	开	iə	戈	茄	ue	戈	菠果裹课和	uai	夬	快
ui	灰	堆推催瑰溃	iə	萧	钓挑掉撩叫	ue	戈	倭	uai	脂	摔率
ui	泰	兑	iə	宵	标表飘描秒	ue	戈	瘸			
ui	佳	挂	iə	侯	口叩	ue	咍	戴胎代灾改			
ui	祭	脆慧缀赘喙	iə	尤	谋秋	ue	灰	梅妹内寻魁			

由上表可见,闽台闽南方言阴声韵韵母系统的来源是多渠道的:①台闽南方言［a］韵,主要来源于《广韵》果摄歌韵、假摄麻韵、蟹摄佳韵和效摄肴韵;②闽台闽南方言［ɔ］韵,主要来源于《广韵》遇摄模、虞、鱼三韵和流摄尤韵;③闽台闽南方言［o］韵,主要来源于《广韵》果摄歌、戈二韵,遇摄模、虞二韵,效摄豪韵和流摄尤韵;④闽台闽南方言［e］韵,主要来源于《广韵》果摄戈韵,假摄麻韵,遇摄鱼韵,蟹摄咍、灰、泰、皆、佳、祭、废、齐八韵和止摄支、脂、微三韵;⑤闽台闽南方言［ə］韵,主要来源于《广韵》果摄歌、戈二韵,假摄麻韵,遇摄虞韵,蟹摄咍、灰、泰、祭、废、齐六韵,止摄支、脂、微,效摄豪韵和流摄侯、尤二韵;⑥闽台闽南方言

[ε]韵,主要来源于《广韵》假摄麻韵,遇摄鱼韵,蟹摄佳、夬、祭三韵和止摄支、之二韵;⑦台湾鹿港闽南方言[ɨ]韵,主要来源于《广韵》遇摄鱼韵;⑧闽台闽南方言[i]韵,主要来源于《广韵》遇摄鱼、虞二韵,蟹摄咍、祭、废、齐四韵,止摄支、脂、之、微四韵;⑨闽台闽南方言[u]韵,主要来源于《广韵》遇摄模、鱼、虞三韵,蟹摄灰韵,止摄支、脂、之三韵,效摄肴韵和流摄侯、尤二韵;⑩闽台闽南方言[ɯ]韵,主要来源于《广韵》遇摄鱼、虞二韵和止摄支、脂、之三韵;⑪闽台闽南方言[ai]韵,主要来源于《广韵》果摄歌韵,蟹摄咍、灰、泰、皆、佳、夬、齐七韵和止摄支、脂、之三韵;⑫闽台闽南方言[au]韵,主要来源于《广韵》效摄豪、肴二韵和流摄侯、尤二韵;⑬闽台闽南方言[iu]韵,主要来源于《广韵》遇摄虞韵和流摄尤、幽二韵;⑭闽台闽南方言[ui]韵,主要来源于《广韵》果摄戈韵,蟹摄咍、灰、泰、佳、祭、废、齐七韵,止摄支、脂、微三韵;⑮闽台闽南方言[ia]韵,主要来源于《广韵》果摄歌、戈二韵,假摄麻韵,遇摄模韵,蟹摄咍、皆二韵和止摄支韵;⑯闽台闽南方言[io]韵,主要来源于《广韵》果摄戈韵和效摄宵、萧二韵;⑰闽台闽南方言[iə]韵,主要来源于《广韵》果摄戈韵和效摄宵、萧二韵流摄侯、尤二韵和宕摄阳韵;⑱闽台闽南方言[iau]韵,主要来源于《广韵》遇摄虞韵,效摄肴、宵、萧三韵和流摄尤韵;⑲闽台闽南方言[ua]韵,主要来源于《广韵》果摄歌、戈二韵,假摄麻韵,蟹摄泰、皆、佳、夬、祭五韵,止摄支韵和效摄肴韵;⑳闽台闽南方言[ue]韵,主要来源于《广韵》果摄戈韵,蟹摄咍、灰、泰、皆、佳、祭、齐七韵,止摄支、脂、微三韵;㉑闽台闽南方言[uai]韵,主要来源于《广韵》假摄麻韵,蟹摄皆、夬二韵和止摄脂韵。

2. 阳声韵的比较

闽台闽南方言阳声韵韵母有三类:第一类是收 -m 尾阳声韵,有 6 个,即 am、ɔm、əm、im、iam、m;第二类是收 -n 尾阳声韵,有 5 个,即 an、in、ian、un、uan;第三类是收 -ŋ 尾阳声韵,有 8 个,即 aŋ、ɔŋ、iŋ、iəŋ、iaŋ、iɔŋ、uaŋ、ŋ。现分别与中古音比较如下:

[收 -m 尾阳声韵比较表]

闽南	中古	例字	闽南	中古	例字	闽南	中古	例字	闽南	中古	例字
am	覃	谭南参感勘	ɔm	盐	掩	im	殷	欣	iam	添	垫添忝拈谦
am	谈	担淡蓝暂三	ɔm	侵	森参篸参森	im	东	熊	iam	侵	临凛锓寻砧
am	咸	站蘸陷	əm	侵	森参篸怎	iam	谈	暂喊	iam	蒸	橙
am	衔	衫监衔	im	盐	淹	iam	咸	碱咸	m	灰	梅
am	盐	沾	im	侵	林临凛寻沉	iam	衔	岩	m	肴	茅

续表

闽南	中古	例字	闽南	中古	例字	闽南	中古	例字	闽南	中古	例字
am	凡	泛	im	侵	森参篸怎	iam	盐	镰沾闪染钳			
am	侵	淋簪饮	im	真	忍刃	iam	严	严酽			

[收 –n 尾阳声韵比较表]

闽南	中古	例字	闽南	中古	例字	闽南	中古	例字	闽南	中古	例字
an	覃	蚕	an	清	蛏	ian	先	边扁片辫眠	un	殷	斤筋近勤殷
an	谈	毯橄喊	in	侵	禀品今	ian	先	悬眩炫	un	谆	沦遵准囤润
an	咸	占尴	in	先	眠怜	ian	真	肾姻	un	谆	均钧允
an	凡	范	in	先	眩	ian	殷	掀	un	文	分问君
an	寒	单坦懒灿散	in	痕	根垦恨恩跟	un	添	垫	uan	咸	赚
an	山	办绽山间眼	in	真	闽鳞亲趁陈	un	侵	憛	uan	凡	泛帆范
an	删	坂讪晏	in	真	巾银	un	仙	碾颤蝉	uan	桓	搬判盘满团
an	元	反	in	臻	臻榛	un	仙	船拳	uan	山	鳏幻
an	先	牵	in	殷	斤勤殷筋近	un	先	扁	uan	删	讪
an	真	闽鳞趁陈衬	in	谆	迅	un	痕	跟根恨恩	uan	删	闩栓关还湾
an	登	曾层赠	in	谆	均钧允	un	痕	吞痕	uan	元	藩反贩晚阮
an	蒸	凝	in	蒸	凭称升凝应	un	魂	门顿损	uan	仙	恋泉转传穿
an	庚	枋	ian	元	健献	un	真	巾银	uan	先	涓悬县
an	青	瓶零	ian	仙	编篇面碾煎	un	真	尘伸衅忍			

[收 –ŋ 尾阳声韵比较表]

闽南	中古	例字	闽南	中古	例字	闽南	中古	例字	闽南	中古	例字
aŋ	凡	帆	ɔŋ	东	丰梦隆	iɔŋ	删	爿	iɔŋ	阳	畅状
aŋ	先	肩	ɔŋ	冬	冬统农宗松	iɔŋ	删	还	iɔŋ	庚	永咏
aŋ	真	人	ɔŋ	钟	蜂缝垄踪	iɔŋ	先	千前	iɔŋ	东	嵩中绒弓穷
aŋ	唐	帮滂茫当苍	iŋ	山	间眼闲	iɔŋ	阳	筐往	iɔŋ	钟	龙松重钟共
aŋ	阳	放芳房望	iŋ	删	爿	iɔŋ	江	虹	uaŋ	唐	光广闶
aŋ	江	庞胖窗讲腔	iŋ	阳	筐往	iɔŋ	登	崩等曾层赠	ŋ	灰	裰
aŋ	庚	枋	iŋ	江	虹	iɔŋ	蒸	凭陵橙称升	ŋ	桓	断团卵钻酸
aŋ	东	篷东同洞拢	iŋ	登	崩等曾层赠	iɔŋ	庚	彭撑生牲省	ŋ	删	栓
aŋ	东	丰冯梦	iŋ	蒸	凭陵橙称升	iɔŋ	庚	横	ŋ	仙	传软砖全穿

闽南	中古	例字	闽南	中古	例字	闽南	中古	例字	闽南	中古	例字
aŋ	冬	冬统农松	iŋ	庚	彭撑生省更	iəŋ	庚	柄平病明惊	ŋ	元	饭晚园远劝
aŋ	钟	蜂缝重共	iŋ	庚	横	iəŋ	庚	永咏	ŋ	魂	门村损昏
ɔŋ	模	摸吐	iŋ	庚	柄平病明惊	iəŋ	耕	棚橙争等净	ŋ	魂	损
ɔŋ	唐	榜茫当汤郎	iŋ	庚	永咏	iəŋ	清	名岭精晶井	ŋ	谆	吮
ɔŋ	唐	光广荒黄	iŋ	耕	棚橙争等净	iəŋ	清	倾琼营颖	ŋ	文	问
ɔŋ	阳	装疮状爽	iŋ	耕	轰	iəŋ	青	暝鼎订听零	ŋ	唐	榜傍汤郎仓
ɔŋ	阳	方放芳房望	iŋ	清	名岭精晶井	iəŋ	青	萤迥	ŋ	阳	长丈装疮央
ɔŋ	江	胖撞窗双讲	iŋ	清	倾琼营颖	iəŋ	东	嵩中铳弓穷	ŋ	阳	方
ɔŋ	登	肱薨弘	iŋ	青	暝鼎订听零	iəŋ	钟	龙松钟胸	ŋ	江	撞扛
ɔŋ	庚	盲	iŋ	青	萤迥	iaŋ	阳	凉两枪相唱	ŋ	登	崩朋等誊腾
ɔŋ	庚	矿	iŋ	东	嵩中铳弓穷	iaŋ	阳	张长丈漳掌	ŋ	庚	亨膨生甥更
ɔŋ	耕	轰宏	iŋ	钟	龙松重钟胸	iaŋ	江	双腔	ŋ	耕	砰抨争等耕
ɔŋ	东	东同拢葱丛	iəŋ	山	间眼闲	iɔŋ	阳	张长丈漳掌			

由上表可见,闽台闽南方言阳声韵韵母系统的来源是多渠道的:①闽台闽南方言[am]韵,主要来源于《广韵》咸摄覃、谈、咸、衔、盐、凡和深摄侵韵;②闽台闽南方言[ɔm]韵,主要来源于《广韵》咸摄盐韵和深摄侵韵;③闽台闽南方言[əm]韵,主要来源于《广韵》深摄侵韵;④闽台闽南方言[an]韵,主要来源于《广韵》咸摄覃、谈、咸、凡四韵,山摄寒、山、删、元、先五韵,臻摄真韵,曾摄登、蒸二韵,梗摄庚、青、清三韵;⑤闽台闽南方言[aŋ]韵,主要来源于《广韵》咸摄凡韵,山摄先韵,臻摄真韵,宕摄唐、阳二韵,江摄江韵,梗摄庚韵,通摄东、冬、钟三韵;⑥闽台闽南方言[ɔŋ]韵,主要来源于《广韵》遇摄模韵,宕摄唐、阳二韵,江摄江韵,曾摄登韵,梗摄庚、耕二韵,通摄东、冬钟三韵;⑦闽台闽南方言[im]韵,主要来源于《广韵》咸摄盐韵,深摄侵韵,臻摄真、殷二韵和通摄东韵;⑧闽台闽南方言[in]韵,主要来源于《广韵》深摄侵韵,山摄先韵,臻摄痕、真、臻、殷、谆五韵和曾摄蒸韵;⑨闽台闽南方言[iŋ]韵,主要来源于《广韵》山摄山、删二韵,宕摄阳韵,江摄江韵,曾摄登、蒸二韵,梗摄庚、耕、清、青四韵,通摄东、钟二韵;⑩闽台闽南方言[iəŋ]韵,主要来源于《广韵》山摄山、删、先三韵,宕摄阳韵,江摄江韵,曾摄登、蒸二韵,梗摄庚、耕、清、青四韵,通摄东、钟二韵;⑪闽台闽南方言[iam]韵,主要来源于《广韵》咸摄谈、咸、衔、盐、严、添六韵,深摄侵韵,曾摄蒸韵和梗摄耕韵;⑫闽台闽南方言[ian]韵,主要来源于《广韵》山摄元、仙、先三韵和臻摄真、

殷二韵；⑬闽台闽南方言［iaŋ］韵,主要来源于《广韵》宕摄阳韵和江摄江韵；⑭闽台闽南方言［ioŋ］韵,主要来源于《广韵》宕摄阳韵,梗摄庚韵和通摄东、钟二韵；⑮闽台闽南方言［un］韵,主要来源于《广韵》咸摄添韵,深摄侵韵,山摄仙、先二韵,臻摄痕、魂、真、殷、谆、文六韵；⑯闽台闽南方言［uan］韵,主要来源于《广韵》咸摄咸、凡二韵,山摄桓、山、删、元、仙、先六韵；⑰闽台闽南方言［uaŋ］韵,主要来源于《广韵》宕摄唐韵；⑱闽台闽南方言［m］韵,主要来源于《广韵》蟹摄灰韵和效摄肴韵；⑲闽台闽南方言［ŋ］韵,主要来源于《广韵》蟹摄灰韵,山摄桓、删、仙、元四韵,臻摄魂、谆、文三韵,宕摄唐、阳二韵,江摄江韵,曾摄登韵和梗摄庚、耕二韵。

3. 鼻化韵的比较

闽台闽南方言的鼻化韵可分为两类:一是单元音鼻化韵,一是复元音鼻化韵。单元音鼻化韵有 5 个,即 ã、ɔ̃、ẽ、ɛ̃、ĩ;复元音鼻化韵 10 个,即 aĩ、aũ、iũ、iɔ̃、uĩ、iã、iaũ、uã、uẽ、uaĩ。现分别与中古音比较如下:

［单元音鼻化韵比较表］

闽南	中古	例字	闽南	中古	例字	闽南	中古	例字	闽南	中古	例字
ã	麻	麻码拿雅	ɔ̃	阳	两	ẽ	阳	芒铓	ĩ	山	纰
ã	肴	酵	ẽ	麻	雅骂	ẽ	登	棚腾	ĩ	元	献
ã	覃	谭南参含	ẽ	支	企	ẽ	庚	彭盲撑生省	ĩ	仙	篇面浅钱鲜
ã	谈	淡蓝榄三敢	ẽ	真	亲	ẽ	庚	柄平病明惊	ĩ	仙	圆院
ã	咸	蘸馅	ẽ	阳	芒铓	ẽ	耕	棚争等硬抨	ĩ	先	边扁片辫天
ã	衔	衫监	ẽ	登	棚腾	ẽ	清	井姓程郑婴	ĩ	阳	芒铓
ã	侵	林	ẽ	庚	彭撑生省更	ẽ	青	暝钌青星经	ĩ	登	棚腾
ã	寒	坦	ẽ	庚	平坪柄明惊	ĩ	麻	雅骂	ĩ	庚	彭生省更夔
ã	庚	打	ẽ	耕	硬争妒苧抨	ĩ	齐	泥	ĩ	庚	平柄病明惊
ɔ̃	歌	我	ẽ	清	晶井清姓性	ĩ	支	糜	ĩ	耕	硬争净苧抨
ɔ̃	戈	魔磨	ẽ	青	冥青醒经蜓	ĩ	支	企	ĩ	清	晶
ɔ̃	麻	蟆	ẽ	麻	雅骂	ĩ	咸	碱	ĩ	清	晶井姓性婴
ɔ̃	模	模摸	ẽ	佳	奶	ĩ	盐	镰闪染钳盐	ĩ	青	冥青星经蜓
ɔ̃	豪	毛	ẽ	支	企	ĩ	添	颔添拈			
ɔ̃	侯	贸偶	ẽ	真	亲	ĩ	桓	丸			

［复元音鼻化韵比较表］

闽南	中古	例字	闽南	中古	例字	闽南	中古	例字	闽南	中古	例字
ãi	哈	乃	uĩ	灰	梅媒煤每妹	iã	盐	焰	uã	桓	搬判盘满官
ãi	夬	迈	uĩ	寒	蛋	iã	添	忝	uã	山	盏山
ãi	泰	奈艾	uĩ	桓	团断卵钻算	iã	元	健	uã	删	坂晏
ãi	佳	买卖奶	uĩ	删	栓弯	iã	仙	燃团件	uã	删	关
ãi	灰	妹	uĩ	删	惯	iã	江	庞	uã	元	贩援
ãi	尤	负	uĩ	元	饭晚劝阮园	iã	庚	行	uã	仙	煎
ãu	豪	毛脑熬	uĩ	仙	馔转传穿软	iã	庚	丙明惊迎影	uã	仙	泉串
ãu	肴	茅闹	uĩ	魂	门顿损孙村	iã	庚	兄	uã	庚	横
ãu	侯	藕	uĩ	谆	沧吮	iã	清	饼名岭精正	uẽ	灰	梅媒煤每妹
iũ	尤	扭	uĩ	文	问	iã	清	营	uãi	寒	杆
iũ	阳	张场长丈让	uĩ	唐	光广荒黄癀	iã	青	馎鼎订听	uãi	删	关
iɔ̃	阳	娘凉两浆枪	uĩ	阳	方	iãu	宵	猫	uãi	删	湾
iɔ̃	江	腔	uĩ	庚	横	uã	麻	麻	uãi	先	县
uĩ	灰	梅媒每玫霉	uĩ	东	枫风	uã	衔	衔	uãi	庚	横
uĩ	灰	禖	iã	泰	艾	uã	寒	单懒灿散干			

　　由上表可见，闽台闽南方言鼻化韵韵母系统的来源是多渠道的：①闽台闽南方言[ã]韵，主要来源于《广韵》假摄麻韵，效摄肴韵，咸摄覃、谈、咸、衔四韵，深摄侵韵，山摄寒韵和梗摄庚韵；②闽台闽南方言[ɔ̃]韵，主要来源于《广韵》果摄歌、戈二韵，假摄麻韵，遇摄模韵，效摄豪韵，流摄侯韵和宕摄阳韵；③闽台闽南方言[ẽ]韵，主要来源于《广韵》假摄麻韵，止摄支韵，臻摄真韵，宕摄阳韵，曾摄登韵，梗摄庚、耕、清、青四韵；④闽台闽南方言[ɛ̃]韵，主要来源于《广韵》假摄麻韵，蟹摄佳韵，止摄支韵，臻摄真韵，宕摄阳韵，曾摄登韵，梗摄庚、耕、清、青四韵；⑤闽台闽南方言[ĩ]韵，主要来源于《广韵》假摄麻韵，蟹摄齐韵，止摄支韵，咸摄咸、盐、添三韵，山摄桓、山、元、仙、先五韵，宕摄阳韵，曾摄登韵，梗摄庚、耕、清、青四韵；⑥闽台闽南方言[ãi]韵，主要来源于《广韵》蟹摄哈、夬、泰、佳、灰五韵和流摄尤韵；⑦闽台闽南方言[iãu]韵，主要来源于《广韵》效摄豪、肴二韵和流摄侯韵；⑧闽台闽南方言[iũ]韵，主要来源于《广韵》流摄尤韵和宕摄阳韵；⑨闽台闽南方言[iɔ̃]韵，主要来源于《广韵》宕摄阳韵和江摄江韵；⑩闽台闽南方言[uĩ]韵，主要来源于《广韵》蟹摄灰韵，山摄寒、桓、删、元、仙五韵，臻摄魂、谆、文三韵，宕摄唐、阳二韵，梗摄庚韵和通摄东韵；⑪闽台闽南方言[iã]韵，主要来源

于《广韵》蟹摄泰韵,咸摄盐、添二韵,山摄元、仙二韵,江摄江韵和梗摄庚、清、青三韵;⑫闽台闽南方言[iãu]韵,主要来源于《广韵》效摄宵韵;⑬闽台闽南方言[uã]韵,主要来源于《广韵》假摄麻韵,咸摄衔韵,山摄寒、桓、山、删、元、仙六韵和梗摄庚韵;⑭闽台闽南方言[uẽ]韵,主要来源于《广韵》蟹摄灰韵;⑮闽台闽南方言[uãi]韵,主要来源于《广韵》山摄寒、删、先三韵和梗摄庚韵。

4. 入声韵的比较

闽台闽南方言的入声韵可分为四类:第一,收 -p 尾入声韵母 4 个,即 ap、ɔp、ip、iap;第二,收 -t 尾入声韵母 5 个,即 at、it、iat、ut、uat;第三,收 -k 尾入声韵母 5 个,即 ak、ɔk、ik、iak、iɔk;第四,收 -ʔ 尾入声韵母 27 个,即 aʔ、oʔ、ɔʔ、eʔ、ɛʔ、ɔʔ、iʔ、uʔ、ɯʔ、iaʔ、ioʔ、auʔ、iɔʔ、iəʔ、iuʔ、iauʔ、uaʔ、ueʔ、uiʔ、ɔ̃ʔ、ẽʔ、ɛ̃ʔ、ĩʔ、aũʔ、iã̃ʔ、ŋ̍ʔ、m̩ʔ。现分别与中古音比较如下:

[收 -p 尾入声韵比较表]

闽南	中古	例字	闽南	中古	例字	闽南	中古	例字	闽南	中古	例字
ap	合	搭沓纳合盒	ap	缉	十什	iap	洽	夹狭	iap	缉	立挹
ap	盍	榻腊磕	ɔp	合	嚃	iap	叶	躐猎睫捷叶			
ap	洽	插夹恰洽	ɔp	洽	嗑	iap	业	劫业			
ap	狎	甲压	ip	缉	立蛰十什	iap	帖	蝶协			

[收 -t 尾入声韵比较表]

闽南	中古	例字	闽南	中古	例字	闽南	中古	例字	闽南	中古	例字
at	乏	乏	at	锡	踢	iat	屑	撇节屑截结	ut	物	物屈郁
at	曷	擦割喝	it	缉	蛰	iat	屑	血	ut	麦	核
at	薛	别	it	栉	栉	iat	质	秩吉	uat	乏	法乏
at	镨	铡瞎辖	it	质	密昵漆悉实	iat	栉	栉虱	uat	末	拔跋夺捋撮
at	黠	八拔扎轧	it	迄	讫乞迄	ut	黠	滑猾	uat	黠	滑猾挖
at	屑	节结	it	术	桔	ut	屑	屑	uat	镨	刷刮
at	质	密栗漆窒实	it	职	息直职食蚀	ut	月	掘	uat	月	发伐月
at	德	塞克	iat	叶	捷	ut	没	没卒骨	uat	薛	劣雪辍说悦
at	职	力值	iat	月	揭歇	ut	迄	迄	uat	屑	缺
at	麦	核	iat	薛	别裂折热杰	ut	术	律卒黜蟀出			

[收 –k 尾入声韵比较表]

闽南	中古	例字	闽南	中古	例字	闽南	中古	例字	闽南	中古	例字
ak	铎	凿	ɔk	屋	卜曝木速谷	ik	昔	辟迹席掷只	iak	麦	檗摘策册革
ak	药	缚攫	ɔk	屋	幅覆目	ik	昔	疫役	iak	麦	划
ak	觉	剥搦戳浊学	ɔk	沃	督毒沃	ik	锡	壁觅踢寂	iak	昔	辟脊迹积惜
ak	德	北贼	ik	质	悉室逸	ik	屋	宿轴熟菊	iak	锡	霹劈觅嫡敌
ak	屋	曝木速谷斛	ik	铎	泊获	ik	烛	录绿促粟烛	iak	屋	竹叔蹙宿熟
ak	屋	幅覆目六逐	ik	德	默则贼塞克	iak	质	慄七柒悉溢	iak	烛	绿局曲玉烛
ak	沃	沃	ik	德	或惑	iak	药	掠嚼削约弱	iɔk	物	屈郁
ak	烛	触狱	ik	职	逼力息直值	iak	觉	攫	iɔk	药	攫
ɔk	铎	博泊膜莫托	ik	职	域	iak	德	或惑墨默德	iɔk	觉	搦
ɔk	铎	郭	ik	陌	百拍白格客	iak	职	逼煏力即熄	iɔk	屋	六宿逐轴熟
ɔk	觉	朴雹啄卓浊	ik	陌	剧	iak	陌	迫伯魄百白	iɔk	烛	录促粟俗烛
ɔk	德	国	ik	麦	擘麦摘册核	iak	陌	碧隙屐逆剧			
ɔk	陌	虢	ik	麦	获	iak	陌	剧			

[收 –ʔ 尾入声韵比较表]

闽南	中古	例字	闽南	中古	例字	闽南	中古	例字	闽南	中古	例字	闽南	中古	例字
aʔ	合	搭纳合	ɜʔ	沃	酷	ɛʔ	觉	剥	iaʔ	陌	屐	ueʔ	缉	笠
aʔ	盍	塔塌蜡	ɜʔ	烛	俗	ɛʔ	陌	百白客	iaʔ	麦	摘	ueʔ	末	拔
aʔ	洽	插闸夹	eʔ	洽	狭	ɛʔ	麦	擘麦厄	iaʔ	昔	辟迹益	ueʔ	薛	说郭廓
aʔ	狎	甲匣压	eʔ	叶	睫	ɛʔ	歌	哦	iaʔ	昔	役	ueʔ	黠	八拔捌
aʔ	叶	猎	eʔ	缉	笠	ɔʔ	侯	呕	iaʔ	锡	壁锡	ueʔ	黠	挖
aʔ	黠	扎轧	eʔ	末	拔	ɔʔ	铎	博泊阁	ioʔ	药	着箸药	ueʔ	镨	瞎
aʔ	镨	铡	eʔ	黠	八拔捌	iʔ	叶	摺	ioʔ	昔	席尺液	ueʔ	月	袜月
aʔ	铎	昨	eʔ	镨	瞎	iʔ	帖	碟	ioʔ	锡	籴	ueʔ	屑	节截切
aʔ	陌	拍	eʔ	月	袜月	iʔ	薛	鳖裂舌	auʔ	觉	雹	ueʔ	屑	缺血
aʔ	锡	觅	eʔ	月	歇	iʔ	屑	篾铁捏	auʔ	沃	毒	ueʔ	铎	郭
aʔ	屋	肉	eʔ	薛	澈	iʔ	屑	缺	ɔʔ	铎	诺	ueʔ	屋	卜
oʔ	铎	作昨鹤	eʔ	薛	雪蹩	iʔ	职	蚀	ɔʔ	药	着	uiʔ	屑	血
oʔ	觉	朴桌卓	eʔ	薛	啜说	iʔ	锡	滴	iəʔ	昔	席尺液	ŋʔ	铎	膜莫
oʔ	烛	俗	eʔ	屑	节截切	uʔ	月	发	iəʔ	锡	籴	ŋʔ	洽	夹
ɜʔ	末	豁夺	eʔ	屑	缺	uʔ	月	没揬	iuʔ	屋	搔	ŋʔ	叶	蹑
ɜʔ	月	月垡袜	eʔ	铎	郭	uʔ	铎	托	iauʔ	药	嚼	ŋʔ	陌	脉
ɜʔ	薛	啜说绝	eʔ	觉	剥	ɯʔ	屑	缺	iauʔ	锡	寂	ŋʔ	麦	脉

续表

闽南	中古	例字	闽南	中古	例字	闽南	中古	例字	闽南	中古	例字	闽南	中古	例字
ɔʔ	屑	缺	eʔ	觉	啄	ɯʔ	陌	啧	uaʔ	曷	獭辣喝	ɔ̃ʔ	洽	夹
ɔʔ	铎	作昨鹤	eʔ	陌	百白客	iaʔ	帖	蝶	uaʔ	末	跋沫活	ɔ̃	叶	躁
ɔʔ	铎	郭	eʔ	锡	吃	iaʔ	月	揭	uaʔ	黠	拔	ɔ̃	陌	脉
ɔʔ	觉	朴桌卓	eʔ	屋	卜	iaʔ	屑	撤	uaʔ	镯	刷刮	ĩʔ	物	物
ɔʔ	觉	啄	ɛʔ	叶	睫	iaʔ	职	抑	uaʔ	镯	刷	ãuʔ	觉	荣
ɔʔ	陌	魄	ɛʔ	月	歇	iaʔ	德	则	uaʔ	月	伐	iãʔ	陌	吓
ɔʔ	麦	呃	ɛʔ	薛	撤	iaʔ	药	掠削勺	uaʔ	薛	泄揳热	m̩ʔ	德	默
ɔʔ	屋	卜	ɛʔ	屑	屑	iaʔ	陌	拆额赫	ueʔ	洽	狭	ŋʔ	阳	呛

由上表可见,闽台闽南方言入声韵韵母系统的来源是多渠道的:①闽台闽南方言[ap]韵,主要来源于《广韵》咸摄合、盍、洽、狎四韵和深摄缉韵;②闽台闽南方言[ɔp]韵,主要来源于《广韵》咸摄合、洽二韵;③闽台闽南方言[at]韵,主要来源于《广韵》咸摄乏韵,山摄曷、薛、镯、黠、屑五韵,臻摄质韵,曾摄德、职二韵和梗摄麦、锡二韵;④闽台闽南方言[ak]韵,主要来源于《广韵》宕摄铎、药二韵,江摄觉韵,曾摄德韵和通摄屋、沃、烛三韵;⑤闽台闽南方言[ɔk]韵,主要来源于《广韵》宕摄铎韵,江摄觉韵,曾摄德韵,梗摄陌韵和通摄屋、沃二韵;⑥闽台闽南方言[ip]韵,主要来源于《广韵》深摄缉韵;⑦闽台闽南方言[it]韵,主要来源于《广韵》深摄缉韵,臻摄栉、质、迄、术四韵曾摄职韵;⑧闽台闽南方言[ik]韵,主要来源于《广韵》臻摄质韵,宕摄铎韵,曾摄德、职二韵,梗摄陌、麦、昔、锡四韵和通摄屋、烛二韵;⑨闽台闽南方言[iap]韵,主要来源于《广韵》咸摄洽、叶、业、帖和深摄缉韵;⑩闽台闽南方言[iat]韵,主要来源于《广韵》咸摄叶韵,山摄月、薛、屑三韵和臻摄质、栉二韵;⑪闽台闽南方言[iak]韵,主要来源于《广韵》臻摄质韵,宕摄药韵,江摄觉韵,曾摄德、职二韵,梗摄陌、麦、昔、锡四韵和通摄屋、烛二韵;⑫闽台闽南方言[iɔk]韵,主要来源于《广韵》臻摄物韵,宕摄药韵,江摄觉韵和通摄屋、烛二韵;⑬闽台闽南方言[ut]韵,主要来源于《广韵》山摄黠、屑、月三韵,臻摄没、迄、术、物四韵和梗摄麦韵;⑭闽台闽南方言[uat]韵,主要来源于《广韵》咸摄乏韵和山摄末、黠、镯、月、薛、屑六韵;⑮闽台闽南方言[aʔ]韵,主要来源于《广韵》咸摄合、盍、洽、狎、叶五韵,山摄黠、镯二韵,宕摄铎韵,梗摄陌、锡二韵和通摄屋韵;⑯闽台闽南方言[oʔ]韵,主要来源于《广韵》宕摄铎韵,江摄觉韵和通摄烛韵;⑰闽台闽南方言[ɔʔ]韵,主要来源于《广韵》山摄末、月、薛、屑四韵,宕摄铎韵,江摄觉韵,梗摄陌、麦二韵和通摄屋、沃、烛三韵;⑱闽台闽南方言[eʔ]韵,主要来源于《广韵》咸摄洽、叶二韵,深摄缉韵,山摄末、黠、镯、月、薛、屑

六韵,宕摄铎韵,江摄觉韵,梗摄陌、锡二韵和通摄屋韵;⑲闽台闽南方言[ɛʔ]韵,主要来源于《广韵》咸摄叶韵,山摄月、薛、屑三韵,江摄觉韵和梗摄陌、麦二韵;⑳闽台闽南方言[ɔʔ]韵,主要来源于《广韵》果摄歌韵,流摄侯韵和宕摄铎韵;㉑闽台闽南方言[iʔ]韵,主要来源于《广韵》咸摄叶、帖二韵,山摄薛、屑二韵,曾摄职韵和梗摄锡韵;㉒闽台闽南方言[uʔ]韵,主要来源于《广韵》山摄月韵,臻摄没韵和宕摄铎韵;㉓闽台闽南方言[ɯʔ]韵,主要来源于《广韵》山摄屑韵和梗摄陌韵;㉔闽台闽南方言[iaʔ]韵,主要来源于《广韵》咸摄帖韵,山摄月、屑二韵,曾摄职、德二韵,宕摄药韵和梗摄陌、麦、昔、锡四韵;㉕闽台闽南方言[ioʔ]韵,主要来源于《广韵》宕摄药韵和梗摄昔、锡二韵;㉖闽台闽南方言[auʔ]韵,主要来源于《广韵》江摄觉韵和通摄沃韵;㉗闽台闽南方言[ɔʔ]韵,主要来源于《广韵》宕摄铎韵;㉘闽台闽南方言[iɔʔ]韵,主要来源于《广韵》宕摄药韵和梗摄昔、锡二韵;㉙闽台闽南方言[iuʔ]韵,主要来源于《广韵》通摄屋韵;㉚闽台闽南方言[iauʔ]韵,主要来源于《广韵》宕摄药韵和梗摄锡韵;㉛闽台闽南方言[uaʔ]韵,主要来源于《广韵》山摄曷、末、黠、镑、月、薛六韵;㉜闽台闽南方言[ueʔ]韵,主要来源于《广韵》咸摄洽韵,深摄缉韵,山摄末、薛、黠、镑、月、屑六韵,宕摄铎韵和通摄屋韵;㉝闽台闽南方言[uiʔ]韵,主要来源于《广韵》山摄屑韵;㉞闽台闽南方言[ɔ̃ʔ]韵,主要来源于《广韵》宕摄铎韵;㉟闽台闽南方言[ɛ̃ʔ]韵,主要来源于《广韵》咸摄洽、叶二韵和梗摄陌、麦二韵;㊱闽台闽南方言[ɛ̃ʔ]韵,主要来源于《广韵》咸摄洽、叶二韵和梗摄陌、麦二韵;㊲闽台闽南方言[ĩʔ]韵,主要来源于《广韵》臻摄物韵;㊳闽台闽南方言[ãuʔ]韵,主要来源于《广韵》江摄觉韵;㊴闽台闽南方言[iãʔ]韵,主要来源于《广韵》梗摄陌韵;㊵闽台闽南方言[mʔ]韵,主要来源于《广韵》曾摄德韵;㊶闽台闽南方言[ŋʔ]韵,主要来源于《广韵》宕摄阳韵。

三、闽台闽南声调系统与中古声调系统比较

闽台闽南方言各有七个声调,但若与《广韵》四声相比则不完全相同:①《广韵》平上去入四大调类,台北、台南、宜兰、厦门和漳州话读七个调类:阴平、阳平,上声、阴去、阳去、阴入、阳入。平去入各分阴阳,除鹿港和泉州话上声分阴上和阳上外,其余上声自成一调;除鹿港和泉州话去声只有一调外,其余去声各分阴阳两调。②《广韵》有清浊声母的对立,闽台闽南方言已不存在,全浊声母全部读清音。但《广韵》清浊声母对立的痕迹仍可在闽台闽南方言声调中看出。凡《广韵》清声母字者,闽台闽南方言读阴调;凡《广韵》浊声母字者,闽台闽南方言读阳调。③《广韵》全浊上声字,除鹿港和泉州读作阳上外,其余一律读阳去调;次浊上声字和清上

声字,仍读上声。④《广韵》清声母入声字,闽台闽南方言读阴入;浊声母入声字,闽台闽南方言则读阳入。现将闽台闽南方言声调与中古声调比较列表如下:

中古	清浊	声调	台北	台南	鹿港	宜兰	厦门	泉州	漳州	例字
平	清	阴平	44	44	33	44	55	33	44	卑猪胶爹拖抓 沙歌夸花波
	浊	阳平	24	24	24	24	35	24	12	才驼罗婆和爬 茶蛇爷脯湖除
上	清	阴上	53	53	55	53	53	55	53	古左可朵果把 马姐且补普阻
	浊	阳上	—	—	33		22			断后近是坐 抱厚社父
去	清	阴去	21	21	31	21	21	41	21	对做个破唾坝 霸借蔗布故著
	浊	阳去	33	33	—	33	11		22	共大饿贺夏射 步怒助裕代碍
入	清	阴入	32	32	55	22	32	5	32	发扎结割压八 督桌鞠鸽滴织
	浊	阳入	44	44	35	55	5	24	121	末沫莫木沐律 密蜜立入粒墨

第四节 闽台闽南方言与普通话音系比较研究

闽台闽南方言源远流长,与普通话存有相同之处,也有不同之点。在本节里,我们选择台湾的台南、台北、鹿港、宜兰和福建的厦门、泉州、漳州共 7 个闽南方言代表点,与普通话音系进行比较。

根据台湾学者董忠司《台南市、台北市、鹿港、宜兰等四个方言音系的整理与比较》、张振兴《台湾闽南方言记略》、周长楫《厦门方言研究》、林连通《泉州方言志》和马重奇《漳州方言研究》,现将台南市、台北市、鹿港、宜兰、厦门、漳州、泉州 7 个方言音系的异同情况比较如下。

一、闽台闽南方言与普通话声母系统比较

闽台闽南方言声母均来源于"十五音",大同小异。据统计,台南话有 17 个声母、台北话有 18 个声母、鹿港话有 17 个声母、宜兰话有 18 个声母、厦门话有 17 个声母、泉州话有 17 个声母、漳州话有 18 个声母(包括零声母),北京话有 22 个声母(包括零声母)。北京话的 f、j、q、x、zh、ch、sh、r 八个声母,闽台闽南方言却没有;

闽台闽南方言有［b］、［dz］、［ŋ］、［g］4个声母,北京话则没有。

(一)闽台闽南方言声母和北京话声母对比

　　根据《汇集雅俗通十五音》"十五音",现将闽台闽南方言代表点厦门、泉州、漳州、台北、台南、宜兰、鹿港的声母系统以及《汉语拼音方案》声母系统分别对应如下(表中所列对应关系是就其规律而言,个别字有例外):

十五音	台南鹿港厦门泉州	台北宜兰漳州	普通话	例字	十五音	台南鹿港厦门泉州	台北宜兰漳州	普通话	例字	十五音	台南鹿港厦门泉州	台北宜兰漳州	普通话	例字
柳	n		n	奈娘	普	p'		p'	普破	英	∅		ç	学鞋
			l	领篮				p	波遍	文	b		m	美磨
			m	猫				f	蜂帆				∅	武望
			ʐ	让染	他	t'		t'	拖啼		m		m	明骂
			∅	岩尔				t	沓读				∅	问物
柳	l		l	吕来				tʂ	琛趁	语	ŋ		∅	雅吴
			n	宁农				tʂ	杖柱				n	扭
			ʐ	汝蕊	争	ts		ts	扎杂		g		∅	牙五
			∅	鱿				tʂ	渣炸				n	倪霓
边	p		p	芭布				ts'	才曹	出	ts'		ts'	猜采
			p'	婆培				tʂ'	豺巢				tʂ'	初察
			f	飞冯				tɕ	精积				tɕ'	戚秋
			m	秘				tɕ'	泉秦				s	碎粹
求	k		k	姑股				ʂ	十拾				ʂ	试深
			tɕ	家教				∅	痒				ç	纤西
			k'	狂葵	入	l	dz	ʐ					∅	杨
			tɕ'	其奇				∅	而儿	喜	h		x	灰海
			x	糊划				n	尿				f	府风
			ç	行县				tʂ	植				ç	喜孝
去	k'		k'	卡可	时	s		s	腮三				∅	蚁域
			tɕ'	起去				ʂ	纱杉				ʐ	燃
			k	箍溉				ç	写消				ʂ	厦
			tɕ	俭忌				tʂ'	仇臣					
			ç	溪许				tɕ'	囚泗					
			x	呼环				∅	蝇液					
地	t		t	对党					瑞					
			t'	田弹				∅	阿蛙					
			tʂ	张中				x	胡话					
			tʂ'	缠陈				ʐ	荣					

（二）普通话声母与闽台闽南方言声母对比

普通话	台南鹿港厦门泉州	台北宜兰漳州	十五音	例字	普通话	台南鹿港厦门泉州	台北宜兰漳州	十五音	例字	普通话	台南鹿港厦门泉州	台北宜兰漳州	十五音	例字
p	p	p	边	芭布	tʂ	t'	t'	他	杖柱	ç	ts'	ts'	出	纤西
p	p'	p'	普	波遍	tʂ	ts	ts	争	渣炸	ç	k	k	求	行县
p'	p'	p'	普	普破	tʂ	s	s	时	植	ç	k'	k'	去	溪许
p'	p	p	边	婆培	tʂ	t'	t'	他	琛趁	ç	Ø	Ø	英	学鞋
m	b	b	文	美磨	tʂ	t	t	地	缠陈	k	k	k	求	姑股
m	m	m	文	明骂	tʂ	ts	ts	争	豺巢	k	k'	k'	去	箍溉
m	p	p	边	秘	tʂ	ts'	ts'	出	初察	k'	k'	k'	去	卡可
m	n	n	柳	猫	tʂ	s	s	时	仇臣	k'	k	k	求	狂葵
f	p	p	边	飞冯	ʂ	s	s	时	纱杉	x	h	h	喜	灰海
f	p'	p'	普	蜂帆	ʂ	ts	ts	争	十拾	x	k	k	求	糊划
f	h	h	喜	府风	ʂ	ts'	ts'	出	试深	x	k'	k'	去	呼环
t	t	t	地	对党	ʂ	h	h	喜	厦	x	Ø	Ø	英	胡湖
t	t'	t'	他	沓读	ʐ	l	dz	入	如热	Ø	Ø	Ø	英	阿蛙
t'	t'	t'	他	拖啼	ʐ	n	n	柳	让染	Ø	ŋ	ŋ	语	雅吴
t'	t	t	地	田弹	ʐ	l	l	柳	汝蕊	Ø	g	g	语	牙五
n	n	n	柳	奈娘	ʐ	s	s	时	瑞	Ø	h	h	喜	蚁蜮
n	l	l	柳	宁农	ʐ	Ø	Ø	英	荣	Ø	b	b	文	武望
n	g	g	语	倪霓	ʐ	h	h	喜	燃	Ø	m	m	文	问物
n	ŋ	ŋ	柳	扭	tɕ	ts	ts	争	精积	Ø	n	n	柳	岩尔
n	l	dz	入	尿	tɕ	k	k	求	家教	Ø	l	l	柳	鱿
l	n	n	柳	领篮	tɕ	k'	k'	去	俭忌	Ø	ts	ts	争	痒
l	l	l	柳	吕来	tɕ	ts'	ts'	出	戚秋	Ø	ts'	ts'	出	杨
ts	ts	ts	争	扎杂	tɕ	k'	ʜ'	去	起去	Ø	s	s	时	蝇液
ts'	ts'	ts'	出	猜采	tɕ	ts'	ts	争	泉秦	Ø	l	dz	入	而儿
ts'	ts	ts	争	才材	tɕ'	k	k	求	其奇					
s	s	s	时	腮三	tɕ'	s	s	时	囚泅					
s	ts'	ts'	出	碎粹	ç	s	s	时	写消					
tʂ	t	t	地	张中	ç	h	h	喜	喜孝					

从上表可见,闽南方言声母与普通话声母比较有以下 4 个特点:① 台南、台北、鹿港、宜兰、厦门、泉州、漳州 7 个方言点与普通话共同具有的声母有 14 个,即:[p]、[pʻ]、[m]、[t]、[tʻ]、[n]、[l]、[ts]、[tsʻ]、[s]、[k]、[kʻ]、[x]、[ø]。闽台闽南方言点有而普通话没有的有 4 个,即:3 个浊音声母 b、g、dz 和 1 个鼻音声母[ŋ]。普通话有而闽南方言点没有的有 8 个,即:[f]、[tʂ]、[tʂʻ]、[ʂ]、[ʐ]、[tɕ]、[tɕʻ]、[ɕ]。② 闽南方言虽有 14 个声母与普通话共有的,但所包含的字却不太一致。如:十五音中的"求"母[k]却包含普通话[k]、[tɕ]、[kʻ]、[tɕʻ]、[x]、[ɕ] 6 个声母;而普通话中的[ø]却包含闽台闽南方言的[ø]、[ŋ]、[g]、[h]、[b]、[m]、[n]、[l]、[ts]、[tsʻ]、[s]、[dz] 12 个声母。③ 闽台闽南方言 3 个浊音声母[b]、[g]、[dz] 和 1 个鼻音声母[ŋ]字,在普通话里的归属也不一样。[b]母字一部分归[m]母,一部分归[ø]母;[g]母字一部分归[ø]母,一部分归[n]母;[dz]母字基本上都归[z]母;[ŋ]母字多数归[ø]母,少数归[n]母。④ 普通话[f]、[tʂ]、[tʂʻ]、[ʂ]、[ʐ]、[tɕ]、[tɕʻ]、[ɕ] 8 个声母,在闽台闽南方言里归属也不一样。如[f]母归入闽南方言的[p]、[pʻ]、[h] 3 个声母;[tʂ]母归入闽南方言的[t]、[tʻ]、[ts]、[s] 4 个声母;[tʂʻ]母归入闽南方言的[tʻ]、[t]、[ts]、[tsʻ]、[s] 5 个声母;[ʂ]母归入闽南方言的[s]、[ts]、[tsʻ]、[h] 4 个声母;[ʐ]母归入闽南方言的[l]、[dz]、[n]、[s]、[ø]、[h] 6 个声母;[tɕ]母归入闽南方言的[ts]、[k]、[kʻ] 3 个声母;[tɕʻ]母归入闽南方言的[tsʻ]、[kʻ]、[ts]、[k]、[s] 5 个声母;[ɕ]母归入闽南方言的[s]、[h]、[tsʻ]、[k]、[kʻ]、[ø]个声母。

二、闽台闽南方言与普通话韵母系统比较

台南市 80 个韵母、台北市 72 个韵母、鹿港 75 个韵母、宜兰 81 个韵母、厦门市 82 个韵母、泉州市 87 个韵母、漳州市 84 个韵母。闽台闽南方言的韵母系统比普通话韵母系统复杂得多,数量也多得多。普通话只有 39 个韵母,其中:单韵母 10 个,即 -i[ɿ]、-i[ʅ]、i[i]、u[u]、ü[y]、a[A]、o[o]、e[ɤ]、ê[ɛ]、er[ɚ];复韵母 13 个,即 ia[iA]、ua[uA]、uo[uo]、ie[iɛ]、üe[yɛ]、ai[ai]、uai[uai]、ei[ei]、uei[uei]、ao[au]、iao[iau]、ou[ou]、iou[iou];鼻韵母有 16 个,即 an[an]、ian[iɛn]、uan[uan]、üan[yɛn]、en[ən]、in[in]、uen[uən]、ün[yn]、ang[aŋ]、iang[iaŋ]、uang[uaŋ]、eng[əŋ]、ing[iŋ]、ueng[uəŋ]、ong[uŋ]、iong[yŋ]。普通话没有闽南方言的鼻化韵母、入声韵母和声化韵母。

（一）闽台闽南方言开尾韵母和 –i、–u 尾韵韵母与普通话韵母的对应

[闽南方言单元音表一]

闽 台	普通话	闽 台	普通话	闽 台	普通话	闽 台	普通话	闽 台	普通话
i脾	i[i]	u久	iou[iou]	o歌	e[ɤ]	ɔ瘌	üe[yɛ]	ɯ事	i[ʅ]
i眉	ei[ei]	u堆	uei[uei]	o保	ao[au]	e马	a[ʌ]	ɯ驴	ü[y]
i未	uei[uei]	a巴	a[ʌ]	o无	u[u]	e假	ia[iʌ]	ɯ猪	u[u]
i籽	i[ʅ]	a家	ia[iʌ]	o奏	ou[ou]	e坏	i[i]	ɯ待	ai[ai]
i持	i[ʅ]	a猫	ao[au]	ɔ菠	o[o]	e姊	i[ʅ]	ɯ徙	i[i]
i二	er[ɚ]	a交	iao[iau]	ɔ多	uo[uo]	e制	i[ʅ]	ε爬	a[ʌ]
i吕	ü[y]	a柴	ai[ai]	ɔ歌	e[ɤ]	e飞	ei[ei]	ε债	ai[ai]
i戴	ai[ai]	ɔ夫	u[u]	ɔ保	ao[au]	e推	uei[uei]	ε鸥	e[ɤ]
i猪	u[u]	ɔ某	ou[ou]	ɔ无	u[u]	e买	ai[ai]	ε垂	uei[uei]
ɨ煮	u[u]	ɔ茂	ao[au]	ɔ奏	ou[ou]	e坐	uo[uo]	ε絮	ü[y]
ɨ鱼	ü[y]	ɔ许	ü[y]	ɔ皮	i[i]	e科	e[ɤ]	ε家	ia[iʌ]
u妇	u[u]	ɔ模	o[o]	ɔ坝	a[ʌ]	e街	ie[iɛ]	ε起	i[i]
u姿	i[ʅ]	ɔ所	uo[uo]	ɔ袋	ai[ai]	e瘌	üe[yɛ]	ε蟹	ie[iɛ]
u之	i[ʅ]	o菠	o[o]	ɔ飞	ei[ei]	e许	ü[y]		
u誉	ü[y]	o多	uo[uo]	ɔ脆	uei[uei]	ɯ资	i[ʅ]		

[闽南方言复元音表二]

闽 台	普通话	闽 台	普通话	闽 台	普通话	闽 台	普通话	闽 台	普通话
ia惹	e[ɤ]	ua娶	ü[y]	ue摆	ai[ai]	iu鬏	ü[y]	ai婿	ü[y]
ia姐	ie[iɛ]	ua外	uai[uai]	ue衰	uai[uai]	ui堆	uei[uei]	ai崖	ia[iʌ]
ia寄	i[i]	io标	iao[iau]	ue皮	i[i]	ui肥	ei[ei]	uai乖	uai[uai]
ia瓦	ua[uʌ]	io潮	ao[au]	ue尾	uei[uei]	ui屁	i[i]	au报	ao[au]
ia靴	üe[yɛ]	io谋	ou[ou]	ue蔬	u[u]	ui揣	uai[uai]	au郊	iao[iau]
ua抓	ua[uʌ]	io相	iang[iaŋ]	ue花	ua[uʌ]	ui蓑	uo[uo]	au斗	ou[ou]

续表

闽台	普通话	闽台	普通话	闽台	普通话	闽台	普通话	闽台	普通话
ua破	o[o]	io茄	ie[iɛ]	ue街	ie[iɛ]	ui开	ai[ai]	au留	iou[iou]
ua拖	uo[uo]	iə标	iao[iau]	ue果	uo[uo]	ui瓷	i[ɿ]	au哭	u[u]
ua泰	ai[ai]	iə潮	ao[au]	ue和	e[ɤ]	ai排	ai[ai]	iau表	iao[iau]
ua大	a[A]	iə谋	ou[ou]	ue瘸	üe[yɛ]	ai芥	ie[iɛ]	iau召	ao[au]
ua倚	i[i]	iə秋	iou[iou]	iu丢	iou[iou]	ai夷	i[i]	iau柱	u[u]
ua纸	i[ɿ]	iə相	iang[iaŋ]	iu绸	ou[ou]	ai似	i[ɿ]	iau搜	ou[ou]
ua蛇	e[ɤ]	iə茄	ie[iɛ]	iu珠	u[u]	ai事	i[ɿ]	iau九	iou[iou]
ua驻	u[u]	ue飞	ei[ei]	iu彪	iao[iau]	ai眉	ei[ei]		

　　由上表可见,闽台闽南方言开尾和－i、－u尾韵韵母共21个,均与普通话韵母有对应关系。其中韵母少则只与1个普通话韵母对应,如闽台闽南方言[uai]韵母,只与普通话[uai]韵母对应;多则与12个普通话韵母对应,如闽台闽南方言[ə]韵母,就可与普通话[o][uo][ɤ][au][u][ou][i][a][ai][ei][uei][ye]等韵母对应。从闽台闽南方言韵母而言,台南、台北、鹿港、宜兰、厦门、泉州和漳州话有十四个韵是共有的,即[i]、[u]、[a]、[ia]、[ua]、[ɔ]、[e]、[ue]、[iu]、[ui]、[ai]、[uai]、[au]、[iau]。但是,台南、台北、厦门、泉州、漳州话还是有区别的。主要表现在:①遇摄三等鱼韵字如"车渠举拒距据锯倨具俱惧去语虚墟鱼渔淤徐御诸猪锄箸煮鼠书"、虞韵字"于"等,台南、宜兰和漳州话均读作[i],台北、鹿港、厦门、泉州话则读作[u]。②只有鹿港话有[ɯ],其余地区并无此ɯ韵。③果摄一等歌韵字"歌哥多驼舵舻拖个罗锣啰搓左佐可鹅河何荷贺"、戈韵字"菠坡玻播破戈和薄妥唆锉锁琐锅过果科课"、效摄一等豪韵字"褒保堡报宝暴抱瀑"、遇摄三等虞韵字"无"、流摄一等侯韵字"母奏"等,台南读作[ə],鹿港话读"果皮"为[ə];泉州话也有读作[ə]的,但韵字的来源不太一样:如"坐座螺火伙垛胭捼果粿过货祸锅窝芮倭科蜾讹和"属果摄一等戈韵字,"瘸"属三等戈韵字,"皮糜被髓吹炊箠垂"属止摄三等支韵字,"美类偏葵"属脂韵字,"飞尾微未"属微韵字,"赔坏赔倍背妹焙配佩胚推退罪灰回"属蟹摄一等灰韵字,"袋代戴灾胎赛"属咍韵字,"会"属泰韵字,"脆缀税岁"属三等祭韵字,"秽"属废韵字,"髻"属四等齐韵字,

"坝"属假摄二等麻韵字等。而台北、宜兰、厦门和漳州话则没有［ə］韵。④效摄三等宵韵字"标表飘描秒潮兆赵招昭"、流摄三等尤韵字"谋秋"、一等侯韵字"口叩"、宕摄三等阳韵字"相"、果摄三等戈韵字"茄"等，台南读作［iə］，而台北、鹿港、宜兰、厦门、泉州和漳州话则没有［iə］韵。⑤蟹摄四等齐韵字"批题替底犁齐细鸡溪洗"、二等佳韵字"买卖矮街蟹鞋"、皆韵字"挨界芥疥"、一等灰韵字"坯推退"、咍韵字"待"、泰韵字"绘"、止摄三等支韵字"晋"、脂韵字"地"、果摄戈韵字"倭"等，台南、宜兰和漳州话读作［e］，台北、鹿港、厦门、泉州则读作［ue］。⑥止摄三等支韵字"被髓"、微韵字"飞尾"、蟹摄三等祭韵字"岁税"、二等佳韵字"摆"、一等灰韵字"背焙灰"、咍韵字"倍"、泰韵字"带"、果摄一等戈韵字"果课过火伙货和"等，台南、宜兰、漳州均读作［ue］，而台北、鹿港、厦门、泉州话则读作［e］。⑦止摄三等支韵字"紫雌疵此斯赐纸徙"、脂韵字"资姿自次私死肆四泗驷师狮"、之韵字"兹淄辎孜慈磁子籽仔梓字思司祠词辞姒饲嗣伺事士仕史使驶"，遇摄三等鱼韵字"驴旅吕侣铝虑滤蛆居裾锯据踞女徐蜍序叙车渠举巨拒距炬去语御虚嘘墟许於淤余于盂与予豫誉猪除锄躇著箸书伫苎储贮如茹汝诸蜍薯煮舒鼠处暑庶"、虞韵字"屡矩圩于"等，只有泉州话读作［ɯ］，台南、宜兰和漳州话多数读作［i］，少数读作［u］，而台北、鹿港、厦门话则多数读作［u］，少数韵字如"痴柿鱼渔"读作［i］。⑧假摄二等麻韵字"爬耙琶筢把靶爸帕马码玛茶渣楂喳查榨诈炸鹧蔗叉权差纱婆洒家加袈枷嘉枷假贾架嫁价驾稼下牙芽衙虾霞下夏厦哑厦"、蟹摄二等佳韵字"债佳蟹"、夬韵字"寨"、遇摄三等虞韵字"絮"、止摄三等支韵字"垂"、之韵字"起"等，只有漳州话读作［ε］，而台南、台北、鹿港、宜兰、厦门、泉州话则没有这种读法。

（二）闽台闽南方言鼻尾韵韵母与普通话韵母的对应

闽 台	普通话	闽 台	普通话	闽 台	普通话	闽 台	普通话	闽 台	普通话
im 林	in［in］	əm 欣	in［in］	an 万	uan［uan］	iŋ 研	ian［iɛn］	ɔŋ 榜	ɑng［ɑŋ］
im 椹	en［ən］	in 斤	in［in］	an 瓶	ing［iŋ］	iəŋ 停	ing［iŋ］	ɔŋ 蒙	eng［əŋ］
im 寻	un［un］	in 跟	en［ən］	an 陈	en［ən］	aŋ 帮	ɑng［ɑŋ］	ɔŋ 亡	uang［uaŋ］
im 熊	iong［iɔŋ］	in 面	ian［iɛn］	an 闽	in［in］	aŋ 东	ong［uŋ］	ɔŋ 东	ong［uŋ］
am 谈	ɑn［an］	in 均	ün［yn］	an 等	eng［əŋ］	iaŋ 江	iang［iaŋ］	ɔŋ 讲	iang［iaŋ］
am 鉴	ian［iɛn］	in 藤	eng［əŋ］	ian 编	ian［iɛn］	aŋ 网	uang［uaŋ］	ɔŋ 翁	ueng［uəŋ］

续表

闽台	普通话	闽台	普通话	闽台	普通话	闽台	普通话	闽台	普通话
am 饮	in［in］	in 轻	ing［iŋ］	ian 展	ɑn［an］	ɑŋ 崩	eng［əŋ］	ɔŋ 墓	u［u］
am 针	en［ən］	in 眩	üan［yɛn］	ian 圈	üan［yɛn］	ɑŋ 翁	ueng［uəŋ］	ɔŋ 摸	o［o］
iam 点	ian［iɛn］	un 分	en［ən］	ian 肾	en［ən］	iaŋ 凉	iang［iaŋ］	iɔŋ 中	ong［uŋ］
iam 闪	ɑn［an］	un 敦	un［un］	uan 阮	uan［uan］	iaŋ 漳	ang［aŋ］	iɔŋ 畅	ang［aŋ］
iam 针	en［ɛn］	un 前	ian［iɛn］	uan 叛	ɑn［an］	iaŋ 双	uang［uaŋ］	iɔŋ 状	uang［uaŋ］
iam 橙	eng［əŋ］	un 船	uan［uan］	uan 袁	üan［yɛn］	iaŋ 砰	eng［əŋ］	iɔŋ 仰	iang［iaŋ］
ɔm 参	en［ən］	un 俊	ün［yn］	iŋ 生	eng［əŋ］	iaŋ 苹	ing［iŋ］	iɔŋ 凶	ong［yŋ］
ɔm 掩	ian［iɛn］	un 颤	ɑn［an］	iŋ 冰	ing［iŋ］	uaŋ 闯	uang［uaŋ］		
ɔm 簪	ɑn［an］	un 斤	in［in］	iŋ 荣	ong［uŋ］	uaŋ 放	ang［aŋ］		
ɔm 康	ɑng［aŋ］	an 安	ɑn［an］	iŋ 永	iong［yŋ］	uaŋ 风	eng［əŋ］		
əm 森	en［ən］	an 严	ian［iɛn］	iŋ 筐	uang［uaŋ］	uaŋ 曛	uan［uan］		

由上表可见，闽台闽南方言鼻尾韵韵母共 17 个，均与普通话有着对应关系。其韵母少则只与 1 个普通话韵母对应，如闽台闽南方言［iəŋ］韵母，只与普通话［iŋ］韵母对应；多则与 7 个普通话韵母对应，如闽台闽南方言［in］韵母，就可与普通话［in］［ən］［ian］［yn］［əŋ］［iŋ］［yɛn］等韵母对应。在鼻尾韵中，闽台闽南方言有十个韵母是共有的，即［im］、［am］、［iam］、［in］、［un］、［an］、［ian］、［uan］、［aŋ］、［ɔŋ］。但是，台南、台北、厦门、泉州、漳州话还是有所区别的：①台南、宜兰话有［ɔm］韵，如［tɔm^5］物落井之声。［ɔm^1］遮盖使之看不见。漳州话也有［ɔm］韵，如"箴参森怎"，而鹿港、泉州话则读作［əm］。台北和厦门话无［ɔm］或［əm］韵，以上韵字却读作［im］。②臻摄三等真韵字"巾银"、谆韵字"均钧允"、文韵字"韵"、殷韵字"斤筋近芹勤殷"、一等痕韵字"跟根恨恩"等，台南、宜兰和漳州话读作［in］，而台北、鹿港、厦门和泉州话则读作［un］。③［an］、［ian］、［uan］三个韵的韵字在闽台闽南方言中的读音基本上是相同的。只有个别

字的读音有别,如:"严"字,台南话读作［gan］韵,台北、鹿港、厦门、泉州和漳州话则均读作［giam］韵。"圈"字,台南话读作［kʻian］韵,台北、鹿港、厦门、泉州和漳州话则均读作［kʻuan］韵。"袁员元园阮玩"字,台南和漳州话读作［guan］韵,而台北、鹿港话则均读作［uan］韵;厦门话读"元阮玩"为［guan］韵,读"袁员园玩"为［uan］韵;泉州话读"员元阮"为［guan］韵,读"袁园玩"为［uan］韵。④台南、台北、鹿港、厦门、泉州、漳州话均有［iŋ］,唯独宜兰话无［iŋ］韵而有［iɔŋ］韵。⑤宕摄三等阳韵字"张长丈漳掌",台南和漳州话读作［iaŋ］,台北、厦门和泉州话均读作［iɔŋ］,唯独宜兰话无［iaŋ］韵。⑥台南、台北、鹿港、厦门、泉州、漳州话均有［iɔŋ］,唯独宜兰话无［iɔŋ］韵。

（三）闽台闽南方言鼻化韵韵母与普通话韵母对应

［闽南方言单元音鼻化韵表一］

闽台	普通话	闽台	普通话	闽台	普通话	闽台	普通话	闽台	普通话
ĩ边	ian[iɛn]	ɛ̃盲	ang[aŋ]	ẽ泥	i[i]	ã怕	a[A]	ɔ̃怒	u[u]
ĩ扇	an[an]	ɛ̃打	a[A]	ẽ棚	eng[əŋ]	ã醉	iao[iau]	ɔ̃挪	uo[uo]
ĩ精	ing[iŋ]	ɛ̃台	ai[ai]	ẽ平	ing[iŋ]	ã咙	ong[uŋ]	ɔ̃毛	ao[au]
ĩ棚	eng[əŋ]	ɛ̃機	ie iɛ	ẽ奶	ai[ai]	ã林	in[in]	ɔ̃衔	ia[iA]
ĩ院	üan[yɛn]	ɛ̃拼	in[in]	ẽ捏	ie[iɛ]	ã雅	ia[iA]	ɔ̃偶	ou[ou]
ĩ尔	er[ɚ]	ɛ̃盲	ang[aŋ]	ẽ偏	ian[iɛn]	ã掟	ing[iŋ]	ɔ̃那	a[A]
ĩ鼻	i[i]	ɛ̃雅	ia[iA]	ẽ盲	ang[aŋ]	ã整	eng[əŋ]	ɔ̃讹	e[ɣ]
ĩ舐	i[ɿ]	ɛ̃妳	er[ɚ]	ẽ缘	üan[yɛn]	ã甚	en[ən]	ɔ̃二	er[ɚ]
ĩ盲	ang[aŋ]	ɛ̃企	i[i]	ẽ妳	er[ɚ]	ã剼	uan[uan]		
ɛ̃平	ing[iŋ]	ɛ̃妹	ei[ei]	ã担	an[an]	ã粑	i[i]		
ɛ̃棚	eng[əŋ]	ɛ̃骂	a[A]	ã岩	ian[iɛn]	ɔ̃模	o[o]		

[闽南方言复元音鼻化韵表二]

闽台	普通话	闽台	普通话	闽台	普通话	闽台	普通话	闽台	普通话
uẽ 梅	ei[ei]	iã 子	i[ʅ]	iɔ̃ 俭	ian[iɛn]	uĩ 柚	iou[iou]	uãi 横	eng[əŋ]
uẽ 縻	i[i]	uã 般	an[an]	iɔ̃ 汲	i[i]	uĩ 门	en[ən]	uãi 茎	ing[iŋ]
iã 丙	ing[iŋ]	uã 官	uan[uan]	uĩ 梅	ei[ei]	uĩ 龙	ong[uŋ]	uãi 县	ian[iɛn]
iã 正	eng[əŋ]	uã 线	ian[iɛn]	uĩ 偎	uei[uei]	uĩ 指	i[ʅ]	uãi 悬	üan[yɛn]
iã 娘	iang[iaŋ]	uã 麻	a[A]	uĩ 关	uan[uan]	uĩ 荔	i[i]	uãi 拐	uai[uai]
iã 惶	uang[uaŋ]	uã 泉	üan[yɛn]	uĩ 横	eng[əŋ]	ãi 耐	ai[ai]	uãi 稈	an[an]
iã 艾	ai[ai]	iũ 张	ang[aŋ]	uĩ 清	ing[iŋ]	ãi 痞	i[i]	uãi 樣	iang[iaŋ]
iã 且	ie[iɛ]	iũ 娘	iang[iaŋ]	uĩ 快	uai[uai]	ãi 跛	o[o]	ãu 茅	ao[au]
iã 倩	ian[iɛn]	iũ 荆	ing[iŋ]	uĩ 悬	üan[yɛn]	ãi 还	uan[uan]	ãu 藕	ou[ou]
iã 痛	ong[uŋ]	iũ 肘	ou[ou]	uĩ 县	ian[iɛn]	ãi 指	i[ʅ]	iãu 猫	ao[au]
iã 啥	a[A]	iũ 谬	iu[iu]	uĩ 桿	an[an]	ãi 背	ei[ei]	iãu 鸟	iao[iau]
iã 兄	iong[yŋ]	iɔ̃ 张	ang[aŋ]	uĩ 樣	iang[iaŋ]	ãi 怎	en[ən]		
iã 燃	an[an]	iɔ̃ 娘	iang[iaŋ]	uĩ 方	ang[aŋ]	ãi 哼	eng[əŋ]		
iã 尔	er[ɚ]	iɔ̃ 酱	iao[iau]	uĩ 光	uang[uaŋ]	ãi 前	ian[iɛn]		
iã 馨	in[in]	iɔ̃ 镕	ong[uŋ]	uĩ 孙	un[un]	uãi 关	uan[uan]		

由上表可见,闽台闽南方言鼻化韵韵母共 15 个,均与普通话有着对应关系。其韵母少则只与 2 个普通话韵母对应,如闽台闽南方言[uẽ]韵母,只与普通话[ei]、[i]韵母对应;多则与 17 个普通话韵母对应,如闽台闽南方言[uĩ]韵母,就可与普通话[ei]、[ui]、[uan]、[əŋ]、[iŋ]、[uai]、[yɛn]、[iɛn]、[an]、[iɛn]、[aŋ]、[uaŋ]、[uən]、[iou]、[ən]、[uŋ]、[i]等韵母对应。在鼻化韵中,闽台闽南方言有七个韵是共有的,即[ĩ]、[ã]、[iã]、[uã]、[ɔ̃]、[ãi]、[iãu]。但是,闽台闽南方言的鼻化韵还有以下异同点:①梗摄二等庚韵字"彭掌撑生牲省更羹庚硬哽骾坑蜢猛盲瞠打"、

三等庚韵字"平坪柄病明惊萦"、二等耕韵字"硬争净铮嫈苧抨"、三等清韵字"晶井晴清姓性婴楹郑摒静菁程"、四等青韵字"冥青星腥醒经径蜓"、一等登韵字"棚腾"、宕摄三等阳韵字"芒铓"、止摄三等支韵字"企"和假摄二等麻韵字"雅骂"等,台南、宜兰话读作[ẽ],漳州话读作[ɛ̃],而台北、鹿港、厦门和泉州话则读作[ĩ]。②蟹摄一等灰韵字"梅媒煤每妹"等,台南、鹿港、宜兰话读作[uẽ]韵,而台北、厦门、泉州话则读作[uĩ];漳州话也有[uẽ]韵,如止摄三等脂韵字"縻"就是这种读法。③宕摄三等阳韵字"张场长胀帐丈让章樟上唱厂伤赏娘量两浆蒋桨酱痒枪墙抢箱像匠疡想姜腔乡向羊洋烊杨养样"等,台南和漳州话读作[iɔ̃],而台北、鹿港、宜兰、厦门和泉州话则读作[iũ]。④蟹摄一等灰韵字"梅媒煤每枚玫莓酶霉妹昧"、山摄二等删韵字"惯"、梗摄二等庚韵字"横"等,台北、鹿港、宜兰、厦门和泉州话均读作[uĩ];漳州话也有[uĩ]韵,但所统韵字与台北、鹿港、宜兰、厦门、泉州话不同,如:山摄一等寒韵字"蛋"、桓韵字"酸管贯钻算断卵团"、删韵字"栓弯"、元韵字"阮晚劝园远返饭"、三等仙韵字"砖川穿软转全传卷捲"、宕摄一等唐韵字"光荒黄癀"、三等阳韵字"方"、通摄三等东韵字"枫风"、臻摄一等魂韵字"孙村昏损顿圆门"、三等文韵字"问"、谆韵字"吮"等;台南话没有[uĩ]韵。⑤台南、宜兰、厦门和漳州话均有[uaĩ]韵,而台北、鹿港和泉州话则没有此韵。⑥台南、台北、鹿港、宜兰、厦门和漳州话均有[aũ]韵,而泉州话则没有此韵。

（四）闽台闽南方言鼻化喉塞尾韵韵母与普通话韵母的对应

闽台	普通话	闽台	普通话	闽台	普通话	闽台	普通话	闽台	普通话
ã? 凹	ao[au]	ãi? 嗜	ɑi[ai]	ẽ? 夹	iɑ[iA]	ẽ? 夹	iɑ[iA]	ĩ? 嘤	ing[iŋ]
ã? 闸	ɑ[A]	uãi? 辖	iɑ[iA]	ẽ? 嚇	e[ɤ]	ẽ? 脉	ɑi[ai]	iũ? 懹	iang[iaŋ]
ã? 合	e[ɤ]	ɔ̃? 膜	o[o]	uẽ? 夹	iɑ[iA]	ĩ? 物	u[u]	uĩ? 蜢	eng[əŋ]
ã? 爁	ɑn[an]	ɔ̃? 麼	e[ɤ]	uẽ? 妹	ei[ei]	ĩ? 蹐	ie[iɛ]	ãu? 米	ao[au]
iã? 嚇	e[ɤ]	ẽ? 脉	ɑi[ai]	ẽ? 喀	e[ɤ]	ĩ? 猛	eng[əŋ]	ãu? 咬	iao[iau]
iã? 赢	ing[iŋ]	ẽ? 挾	ie[iɛ]	ẽ? 咩	ie[iɛ]	ĩ? 闪	an[an]	iãu? 爪	ao[au]

由上表可见,闽台闽南方言鼻化喉塞尾韵韵母共13个,均与普通话有着对应关系。其韵母少则只与1个普通话韵母对应,如闽台闽南方言[iũ?]韵母,只与普通话[iaŋ]韵母对应;多则与5个普通话韵母对应,如闽台闽南方言[ĩ?]韵母,就可与普通话[u]、[iɛ]、[əŋ]、[an]、[iŋ]等韵母对应。由上表可见,闽台闽南方言中的鼻化韵收喉塞尾[-?]韵有以下特点:①[ã?]、[ɔ̃?]、[ĩ?]3个韵,是台南、台北、鹿港、宜兰、厦门、泉州和漳州话均有的韵。②[iã?]韵是台南、台北、

宜兰、厦门、泉州和漳州话均有的韵,唯独鹿港话无此韵。③只有宜兰和泉州话有[ãiʔ]韵,台南、台北、鹿港、厦门和漳州话均无此韵。④台南、鹿港、宜兰和漳州话均有[uãiʔ]韵,而台北、厦门和泉州话无此韵。⑤台南、台北、宜兰、厦门、泉州话均有[ẽʔ]韵,如"脉"读作[mẽʔ],"挟"读作[ŋẽʔ];而漳州话则无[ẽʔ]而有[ɛ̃ʔ],"脉"读作[mɛ̃ʔ],"挟"读作[ŋɛ̃ʔ]。鹿港话也无此韵[ẽʔ]。⑥只有厦门和漳州话有[uẽʔ]韵,但韵字的来源不一样。如:咸摄二等洽韵字"夹挟",厦门话读作[uẽʔ]韵,而漳州话则读作[ɛ̃ʔ],而蟹摄一等灰韵字"妹昧"、微韵字"沫"等,漳州话才读作[uẽʔ]韵。台南、台北和泉州话均无此韵。⑦只有泉州话有[iũʔ]和[uĩʔ]韵,而台南、台北、鹿港、宜兰、厦门和漳州话则均无此二韵。⑧台南、宜兰、厦门、泉州话和漳州话均有[ãuʔ]韵,只有台北和鹿港话无此二韵。⑨台南、鹿港、宜兰、厦门、泉州话和漳州话均有[iãuʔ]韵,只有台北话无此韵。

（五）闽台闽南方言收 -ʔ 尾韵入声韵母与普通话韵母的对应

[闽南方言单元音收 -ʔ 尾韵母表一]

闽台	普通话	闽台	普通话	闽台	普通话	闽台	普通话	闽台	普通话
iʔ鳖	ie[iɛ]	uʔ熙	i[i]	aʔ抑	i[i]	əʔ袜	ua[uA]	eʔ要	iao[iau]
iʔ避	i[i]	uʔ焠	uei[uei]	ɔʔ呕	ou[ou]	əʔ撇	i[i]	eʔ切	ie[iɛ]
iʔ摺	e[ɤ]	ɯʔ啧	e[ɤ]	oʔ薄	o[o]	eʔ伯	o[o]	eʔ秒	uei[uei]
iʔ薛	üe[yɛ]	ɯʔ锯	ü[y]	oʔ卓	uo[uo]	eʔ八	a[A]	ɛʔ霹	i[i]
iʔ蚀	i[ʅ]	ɯʔ缺	üe[yɛ]	oʔ各	e[ɤ]	eʔ白	ai[ai]	ɛʔ暗	in[in]
iʔ筑	u[u]	aʔ答	a[A]	oʔ酷	u[u]	eʔ卜	u[u]	ɛʔ伯	o[o]
iʔ颤	an[an]	aʔ百	ai[ai]	oʔ学	üe[yɛ]	eʔ袜	ua[uA]	ɛʔ叭	a[A]
iʔ廿	ian[ien]	aʔ肉	ou[ou]	əʔ驳	o[o]	eʔ笠	i[i]	ɛʔ柏	ai[ai]
uʔ发	a[A]	aʔ猎	ie[iɛ]	əʔ卓	uo[uo]	eʔ雪	üe[yɛ]	ɛʔ骼	e[ɤ]
uʔ浡	o[o]	aʔ昨	uo[uo]	əʔ各	e[ɤ]	eʔ厕	e[ɤ]	ɛʔ鹊	üe[yɛ]
uʔ挨	u[u]	aʔ甲	ia[iA]	əʔ酷	u[u]	eʔ唷	ü[y]	ɛʔ贴	ie[iɛ]
uʔ托	uo[uo]	aʔ教	iao[iau]	əʔ学	üe[yɛ]	eʔ啜	uo[uo]	ɛʔ讶	ia[iA]
uʔ趋	ü[y]	aʔ合	e[ɤ]	əʔ堡	a[A]	eʔ荚	ia[iA]	ɛʔ啄	uo[uo]

[闽南方言复元音收 -ʔ 尾韵母表二]

闽台	普通话	闽台	普通话	闽台	普通话	闽台	普通话	闽台	普通话
iaʔ壁	i[i]	uaʔ跋	ɑ[ʌ]	ioʔ蓆	i[i]	iəʔ芍	ɑo[au]	ueʔ要	iɑo[iau]
iaʔ摘	ai[ai]	uaʔ热	e[ɤ]	ioʔ芍	ɑo[au]	iəʔ脚	iɑo[iau]	ueʔ月	üe[ye]
iaʔ掠	üe[ye]	uaʔ擸	ai[ai]	ioʔ脚	iɑo[iau]	iəʔ歇	ie[iɛ]	ueʔ唷	ü[y]
iaʔ睫	ie[iɛ]	uaʔ刷	uɑ[uʌ]	ioʔ歇	ie[iɛ]	ueʔ八	a[ʌ]	ueʔ沫	o[o]
iaʔ只	i[ʅ]	uaʔ括	uo[uo]	ioʔ俗	u[u]	ueʔ画	uɑ[uʌ]	ueʔ桲	uɑi[uai]
iaʔ择	e[ɤ]	uaʔ屈	i[i]	iəʔ着	uo[uo]	ueʔ镘	ie[iɛ]	uiʔ血	ie[iɛ]
iaʔ刺	i[ʅ]	uaʔ泄	ie[iɛ]	iəʔ略	üe[ye]	ueʔ郭	uo[uo]	uiʔ拔	ɑ[ʌ]
iaʔ勺	ɑo[au]	ioʔ着	uo[uo]	iəʔ石	i[ʅ]	ueʔ客	e[ɤ]	uiʔ挖	uɑ[uʌ]
iaʔ耀	iɑo[iau]	ioʔ略	üe[ye]	iəʔ玉	ü[y]	ueʔ茣	iɑ[iʌ]	uiʔ呸	ei[ei]
uɑʔ拨	o[o]	ioʔ石	i[ʅ]	iəʔ蓆	i[i]	ueʔ笠	i[i]		

　　上表可见,闽台闽南方言与开尾和 -i、-u 尾韵相配的喉塞尾韵母共 15 个,均与普通话有着对应关系。其韵母少则只与 1 个普通话韵母对应,如闽台闽南方言 [ɔʔ] 韵母,只与普通话 [ou] 韵母对应;多则与 14 个普通话韵母对应,如闽台闽南方言 [eʔ] 韵母,就可与普通话 [o]、[a]、[ai]、[u]、[ua]、[i]、[ye]、[ɤ]、[y]、[uo]、[ia]、[iau]、[ie]、[ui] 等韵母对应。在与开尾和 -i、-u 尾韵相配的喉塞尾韵中,[iʔ]、[uʔ]、[aʔ]、[iaʔ]、[uaʔ]、[eʔ]、[ueʔ] 7 个韵是闽台闽南方言所共有的。但是,台南、台北、鹿港、宜兰、厦门、泉州、漳州话却有以下异同点:①只有泉州话有 [ɯʔ] 韵,而台南、台北、鹿港、宜兰、厦门、漳州话则均无此韵。②只有泉州、宜兰话有 [ɔʔ] 韵,而台南、台北、鹿港、厦门、漳州话则均无此韵。③台北、鹿港、宜兰、厦门、泉州、漳州话均有 [oʔ] 韵,唯独台南话没有,凡是台北话读作 [oʔ] 韵的,台南话则读作 [əʔ] 韵。④台南、鹿港和泉州话均有 [əʔ] 韵,但是它们的韵字来源则不同。如江摄二等觉韵字"驳卓桌倬学"、宕摄一等铎韵字"薄粕落作索各阁搁鹤"、三等药韵字"着"、梗摄二等陌韵字"魄"、通摄一等沃韵字"酷"等,台南话读作 [əʔ];如山摄三等薛韵字"啜说绝雪"、月韵字"月垡袜"、四等屑韵字"缺"、一等末韵字"豁夺"、二等镈韵字"刷"、宕摄一等铎韵字"郭噁"、梗摄二等麦韵字"呃"、通摄一等屋韵字"卜"、江摄二等觉韵字"啄"等,泉州和鹿港话也读作 [əʔ]。⑤台北、鹿港、宜兰、厦门、泉州、漳州话有 [ioʔ] 韵,而台南话则无 [ioʔ] 韵而有 [iəʔ] 韵。⑥漳州话有 [ɛʔ] 韵,而台南、台北、鹿港、宜兰、厦门、泉州则无此韵。如"伯帛擘帕柏百白宅麦骼隔膈格客仄阨厄轭册溅憋屑压啄"等韵字,漳州话读作 [ɛʔ] 韵字,而台南、台北、鹿港、宜兰、厦门、泉州则多数读作 [eʔ] 韵。⑦闽台闽南方言均有 [eʔ] 韵和 [ueʔ] 韵,但台南、宜兰、漳州和台北、鹿港、厦门、

泉州在某些字的读法上则并不相同。如："八捌笠节切楔锲荚挤狭"等韵字，台南、宜兰、漳州话读作［eʔ］，台北、鹿港、厦门、泉州话则读作［ueʔ］；如"袜缺月啜说郭廓要"等韵字，台北、厦门、泉州话则读作［eʔ］，台南、漳州话则读作［ueʔ］。⑧台南、台北、鹿港、厦门、泉州话均有［uiʔ］韵，但韵字很少，所收韵字也不一。如"血"字，台北、厦门、泉州话均读作［uiʔ］韵，台南、宜兰和漳州话则读作［ueʔ］。唯独宜兰和漳州话无［uiʔ］韵。

（六）闽台闽南方言收 –p、–t、–k 塞尾韵韵母与普通话韵母的对应

[闽南方言单元音收 –p、–t、–k 塞尾韵韵母表一]

闽台	普通话	闽台	普通话	闽台	普通话	闽台	普通话	闽台	普通话
ip入	u[u]	it毕	i[i]	ut掘	üe[yɛ]	ik得	e[ɤ]	ak若	uo[uo]
ip立	i[i]	it鳖	ie[iɛ]	at八	a[ʌ]	ik轴	ou[ou]	ak凿	ɑo[au]
ip执	i[ʅ]	it哲	e[ɤ]	at别	ie[iɛ]	ik绿	ü[y]	ak觉	üe[yɛ]
ip涩	e[ɤ]	it值	i[ʅ]	at密	i[i]	ik液	ie[iɛ]	ak角	iɑo[iau]
ap答	a[ʌ]	it薛	üe[yɛ]	at值	i[ʅ]	ik赤	i[ʅ]	ak麹	ü[y]
ap十	i[ʅ]	it或	uo[uo]	at塞	e[ɤ]	ik雀	üe[yɛ]	ak壳	e[ɤ]
ap合	e[ɤ]	ut拨	o[o]	at贼	ei[ei]	ik黑	ei[ei]	ɔk驳	o[o]
ap屑	ie[iɛ]	ut弗	u[u]	at雪	üe[yɛ]	ik或	ei[ei]	ɔk北	ei[ei]
ap压	iɑ[iʌ]	ut脱	uo[uo]	at辖	iɑ[iʌ]	ak北	ei[ei]	ɔk卜	u[u]
ɔp潘	en[ən]	ut律	ü[y]	ik百	ai[ai]	ak腹	u[u]	ɔk啄	uo[uo]
ɔp喃	ɑ[ʌ]	ut蜂	uɑi[uai]	ik伯	o[o]	ak剥	o[o]	ɔk乐	e[ɤ]
ɔp嚼	ɑn[an]	ut糊	ie[iɛ]	ik敌	i[i]	ak落	uo[uo]	ɔk暴	ɑo[au]
ɔp喽	uo[uo]	ut滑	uɑ[uʌ]	ik竹	u[u]	ak六	iou[iou]		

[闽南方言复元音收 –p、–t、–k 塞尾韵韵母表二]

闽台	普通话	闽台	普通话	闽台	普通话	闽台	普通话	闽台	普通话
iap蝶	ie[iɛ]	iat吉	i[i]	uat刷	uɑ[uʌ]	iak竹	u[u]	iak勺	ɑo[au]
iap摄	e[ɤ]	iat橘	ü[y]	uat率	uɑi[uai]	iak轴	ou[ou]	iɔk陆	u[u]
iap粒	i[i]	iat秩	i[ʅ]	iak铄	uo[uo]	iak借	ie[iɛ]	iɔk轴	ou[ou]
iap汁	i[ʅ]	uat钵	o[o]	iak摔	uɑi[uai]	iak贼	ei[ei]	iɔk略	üe[yɛ]
iap夹	iɑ[iʌ]	uat跋	uɑt[ʌ]	iak逼	i[i]	iak赤	i[ʅ]	iɔk捉	uo[uo]
iat别	ie[iɛ]	uat撒	ie[iɛ]	iak剧	ü[y]	iak咯	ɑ[ʌ]	iɔk绿	ü[y]
iat白	ɑi[ai]	uat夺	uo[uo]	iak迫	o[o]	iak划	uɑ[uʌ]	iɔk六	iou[iou]
iat设	e[ɤ]	uat绝	üe[yɛ]	iak百	ai[ai]	iak脚	iɑo[iau]	iɔk寂	i[i]
iat薛	üe[yɛ]	uat戌	ü[y]	iak德	e[ɤ]	iak却	üe[yɛ]		

由上表可见,闽台闽南方言收 –p、–t、–k 塞尾韵韵母共 14 个,均与普通话有着对应关系。其韵母少则与 4 个普通话韵母对应,如闽台闽南方言〔ɔp〕韵母,与普通话〔ən〕、〔a〕、〔an〕、〔uo〕4 个韵母对应;多则与 17 个普通话韵母对应,如闽台闽南方言〔iak〕韵母,就可与普通话〔uo〕、〔uai〕、〔i〕、〔y〕、〔o〕、〔ai〕、〔ɤ〕、〔u〕、〔ou〕、〔iɛ〕、〔ei〕、〔ʅ〕、〔ʌ〕、〔uʌ〕、〔iau〕、〔yɛ〕、〔au〕等韵母对应。闽台闽南方言中所共有的韵母 10 个,即〔ip〕、〔ap〕、〔iap〕、〔it〕、〔ut〕、〔at〕、〔iat〕、〔uat〕、〔ak〕、〔ɔk〕。但他们还有以下异同点:①唯独宜兰和漳州话有〔ɔp〕韵,台南、台北、鹿港、厦门和泉州话均无此韵。②台南、台北、鹿港、宜兰、厦门和漳州话均有〔ik〕韵,唯独泉州话无此韵。③台南、台北、厦门、泉州和漳州话均有〔iak〕韵,唯独鹿港和宜兰话无此韵。此韵在泉州和漳州话中的韵字较多,但是他们的来源不一样。如 "逼煏力即熄息媳极亿忆抑域测侧厕色穑识式拭饰"(职)、"或惑墨默德得特勒肋塞刻克贼黑"(德)、"碧隙屐逆剧迫伯柏魄百白拍泽择格赫"(陌)、"檗擘摘责策册革划"(麦)、"辟僻癖闢擗脊迹积惜昔益译易役疫亦液赤尺适石"(昔)、"霹劈觅嫡敌狄笛踢剔惕历寂戚锡析晳击激的"(锡)、"竹叔蹙宿熟轴肉"(屋)、"绿局曲玉烛粟促"(烛)、"攉"(觉)、"获泊"(铎)、"慄七柒悉溢逸"(质)、"蛰"(缉)等,泉州话读作〔iak〕韵;又如 "灼酌斫铄绰著着若箬弱脚药钥却躍爵嚼削约鹊雀碏谑略掠跃龠籥瀹禴礿虐疟勺芍杓"(药)、"缴"(麦)、"剧"(陌)、"怯"(业)、"屑"(屑)等,漳州话读〔iak〕。④台南、台北、鹿港、厦门、泉州和漳州话均有〔iɔk〕韵,唯独宜兰话无此韵。

（七）闽台闽南方言声化韵及其收 –ʔ尾韵韵母与普通话韵母的对应

闽台	普通话	闽台	普通话	闽台	普通话	闽台	普通话	闽台	普通话
m梅	ei〔ei〕	ŋ黄	uang〔uaŋ〕	ŋ毛	ao〔au〕	ŋ褪	uei〔uei〕	ŋʔ物	u〔u〕
m茅	ao〔au〕	ŋ两	iang〔iaŋ〕	ŋ问	uen〔uən〕	ŋ影	ing〔iŋ〕	ŋʔ团	uan〔uan〕
m姆	u〔u〕	ŋ枫	eng〔əŋ〕	ŋ物	u〔u〕	mʔ默	o〔o〕	ŋʔ旋	üan〔yɛn〕
m怀	i〔i〕	ŋ饭	an〔an〕	ŋ卵	uan〔uan〕	mʔ嘸	u〔u〕	ŋʔ蹭	eng〔əŋ〕
ŋ方	ang〔aŋ〕	ŋ门	en〔ən〕	ŋ捲	üan〔yɛn〕	ŋʔ呛	iang〔iaŋ〕	ŋʔ嗯	en〔ən〕

由上表可见,闽台闽南方言声化韵及其收 –ʔ尾韵韵母共 4 个,均与普通话有着对应关系。其韵母少则与 2 个普通话韵母对应,如闽台闽南方言〔mʔ〕韵母,与普通话〔o〕、〔u〕韵母对应;多则与 13 个普通话韵母对应,如闽台闽南方言〔ŋ〕韵母,就可与普通话〔aŋ〕、〔uaŋ〕、〔iaŋ〕、〔əŋ〕、〔an〕、〔ne〕、〔au〕、〔uən〕、〔u〕、

［uan］、［yɛn］、［uei］、［iŋ］等韵母对应。［m］、［ŋ］是闽台闽南方言均有的两个韵,此外,他们还有以下异同点:①［ŋ］韵主要来源于中古宕摄的唐、阳二韵,这是闽台闽南方言的共同特点。但是,台北、厦门和泉州话有些臻摄和山摄的韵字,如:"饭晚园远劝"(元)、"门村损昏"(魂)、"问"(文)、"呒"(谆)、"断团卵钻酸算管"(桓)、"传软砖转全穿川捲卷"(仙)、"栓"(删)、"褪"(灰)等韵字,台北、厦门和泉州话读作［ŋ］,而漳州话则不读作［ŋ］韵而读作［uĩ］。②泉州话读作［ŋ］的韵字中,有些梗摄、曾摄的韵字,如"亨哼烹膨生甥更庚羹哽梗坑"(庚)、"砰抨争睁挣狰筝耕"(耕)、"崩朋等誊腾曾增憎层僧"(登)等,泉州话读作［ŋ］韵,这是比较特殊的语音现象。台南、台北、鹿港、厦门和漳州话均不读作［ŋ］而读作［iŋ］,宜兰话也不读作［ŋ］而读作［iəŋ］。③只有台北和鹿港话无［mʔ］、［ŋʔ］二韵,而台南、宜兰、厦门、泉州和漳州话均有此二韵。

综上所述,闽台闽南方言韵母比普通话韵母更多、更复杂。单韵母10个,即［i］、［ɨ］、［u］、［a］、［ɔ］、［o］、［ə］、［e］、［ɯ］、［ɛ］,复韵母11个,即［ia］、［ua］、［io］、［iə］、［ue］、［iu］、［ui］、［ai］、［uai］、［au］、［iau］;鼻音韵尾韵母17个,即［im］、［am］、［iam］、［ɔm］、［əm］、［in］、［un］、［an］、［ian］、［uan］、［iŋ］、［iəŋ］、［aŋ］、［iaŋ］、［uaŋ］、［ɔŋ］、［iɔŋ］;单元音鼻化韵5个,即［ĩ］、［ɛ̃］、［ẽ］、［ã］、［ɔ̃］,复元音鼻化韵10个,即［uẽ］、［iã］、［uã］、［iũ］、［iɔ̃］、［uĩ］、［ãi］、［uãi］、［ãu］、［iãu］;鼻化喉塞尾韵母13个,即［ãʔ］、［iãʔ］、［ãiʔ］、［uãiʔ］、［ɔ̃ʔ］、［ẽʔ］、［uẽʔ］、［ɛ̃ʔ］、［ĩʔ］、［iũʔ］、［uĩʔ］、［ãuʔ］、［iãuʔ］;单元音收 -ʔ 尾韵母9个,即［iʔ］、［uʔ］、［ɯʔ］、［aʔ］、［ɔʔ］、［oʔ］、［əʔ］、［eʔ］、［ɛʔ］,复元音收 -ʔ 尾韵母6个,即［iaʔ］、［uaʔ］、［ioʔ］、［iəʔ］、［ueʔ］、［uiʔ］;单元音收 -p、-t、-k 塞尾韵韵母9个,即［ip］、［ap］、［ɔp］、［it］、［ut］、［at］、［ik］、［ak］、［ɔk］,复元音收 -p、-t、-k 塞尾韵韵母5个,即［iap］、［iat］、［uat］、［iak］、［iɔk］;声化韵及其收 -ʔ 尾韵韵母4个,即［m］、［ŋ］、［mʔ］、［ŋʔ］。其中鼻化韵、促声韵、声化韵是普通话所没有的,单元音［ɨ］、［ɔ］、［ɯ］、［ɛ］,复韵母［io］、［iə］、［ue］,鼻音韵尾韵母17个,即［im］、［am］、［iam］、［ɔm］、［əm］、［iəŋ］也是普通话所没有的。

普通话有单韵母10个,即 -i［ɹ］、-i［ʅ］、i［i］、u［u］、ü［y］、a［A］、o［o］、e［ɤ］、ê［ɛ］、er［ɚ］。其中 -i［ɹ］、-i［ʅ］、ü［y］、ê［ɛ］、er［ɚ］5个韵母是闽台闽南方言所没有的。普通话有复韵母13个,即 ia［iA］、ua［uA］、uo［uo］、ie［iɛ］、üe［yɛ］、ai［ai］、uai［uai］、ei［ei］、uei［uei］、ao［au］、iao［iau］、ou［ou］、iou［iou］。其中 uo［uo］、ie［iɛ］、üe［yɛ］、ei［ei］、ou［ou］5个韵母是闽台闽南方言所没有的。普通话的鼻韵母有16个,即 an［an］、ian［iɛn］、uan［uan］、üan［yɛn］、en［ən］、in［in］、uen［uən］、ün［yn］、ang［aŋ］、iang［iaŋ］、uang［uaŋ］、eng［əŋ］、ing［iŋ］、ueng［uəŋ］、 ong[uŋ]、iong[yŋ]。其中 üan[yɛn]、en[ən]、ün[yn]、eng[əŋ]、ueng[uəŋ]5个韵母是闽台闽南方言所没有的。

三、闽台闽南方言与普通话声调系统比较

（一）闽南方言声调与普通话声调的对应

声调	台北	台南	鹿港	宜兰	厦门	泉州	漳州	声调	北京	例字
阴平	44	44	33	44	55	33	44	阴平	55	卑猪胶爹拖抓沙歌夸花波
阳平	24	24	24	24	35	24	12	阳平	35	才驼罗婆和爬茶蛇爷脯湖除
阴上	53	53	53	53	53	55	53	上声	214	古左可朵果把马姐且补普阻
阳上	—	5-	333	—	—	22	—			断后近是坐抱厚社父
阴去	21	21	31	21	21	41	21	去声	51	对做个破唾坝霸借蔗布故著
阳去	33	33		33	11		22			共大饿贺夏射步怒助裕代碍
阴入	32	32	55	22	32	5	32	阴平	55	发扎结割压八督桌鞠鸽滴织
								阳平	35	啄菊竹竺筑福幅辐烛觉芍酌
								上声	214	笔曲匹尺铁
								去声	51	切克仄祝亿迫式宿
阳入	44	44	35	55	5	24	121	阴平	55	磕
								阳平	35	直值滑猾闸膜学石佛佾薄伐
								上声	214	辱蜀属
								去声	51	末沫莫木沐律密蜜立入粒墨

（二）普通话声调与闽台闽南方言声调的对应

声调	北京	声调	台北	台南	鹿港	宜兰	厦门	泉州	漳州	例字
阴平	55	阴平	44	44	33	44	55	33	44	卑猪胶爹拖抓沙歌夸花波
		阴入	32	32	55	22	32	5	32	发扎结割压八督桌鞠鸽滴织
		阳入	44	44	35	55	5	24	121	磕

续表

声调	北京	声调	台北	台南	鹿港	宜兰	厦门	泉州	漳州	例字
阳平	35	阳平	24	24	24	24	35	24	12	才驼罗婆和爬 茶蛇爷脯湖除
		阴入	32	32	55	22	32	5	32	啄菊竹竺筑福 幅辐烛觉芍酌
		阳入	44	44	35	55	5	24	121	直值滑猾闸膜 学石佛侄薄伐
上声	214	阴上	53	53	55	53	53	55	53	古左可朵果把 马姐且补普阻
		阴入	32	32	55	22	32	5	32	笔曲匹尺铁
		阳入	44	44	35	55	5	24	121	辱蜀属
去声	51	阳上	—	—	33			22		断后近是坐 抱厚社父
		阴去	21	21	31	21	21	41	21	对做个破唾坝霸 借蔗布故著
		阳去	33	33	—	33	11		22	共大饿贺夏射步 怒助裕代碍
		阴入	32	32	55	22	32	5	32	切克仄祝 亿迫式宿
		阳入	44	44	35	55	5	24	121	末沫莫木沐律密 蜜立人粒墨

（三）闽台闽南方言与普通话本调、变调的比较

声调	台北		台南		鹿港		宜兰		厦门		泉州		漳州		北京	
	本调	变调	本调	变调	本调	变调	本调	变调	本调	变调	本调	变调	本调	变调	本调	变调
阴平	44	33	44	33	33	33	44	33	55	11	33	—	44	22	55	—
阳平	24	11	24	33	24	22	24	33	35	11	24	22	12	22	35	—
阴上	53	55	53	55	55	35	53				55	24	53	44	214	
阳上	—	—	—	—	33	22					22				51	
阴去	21	53	21	53	31	53	21	53	21	53	41	55	21	53	51	
阳去	33	11	33	11	—	—	33	21	11	21	—	—	22	22	51	
阴入	32	44	32	44	55	55	22	55	32	53	5	24	32	53		
-ʔ	32	53	32	53	55	53	22	53								
阳入	44	11	44	11	35	22	55	22	5	21	24	22	121	21		

王福堂《汉语方言语音的演变和层次》① 中指出，根据早期历史性语音演变情况制定的早期历史性语音标准主要有：古浊声母的音值、轻唇音的音值、舌上音的

---

① 　王福堂：《汉语方言语音的演变和层次》，语文出版社 1999 年版，第 47～48 页。

音值。根据晚期历史性语音演变情况制定的晚期历史性语音标准主要有：照二组照三组声母的音值、见组晓组声母的音值、阴声韵韵尾的演变、阳声韵韵尾的演变、入声韵韵尾的演变、调类的分合、入声调的分派。

从闽台闽南方言声母而言，清钱大昕考证的"古无轻唇音"和"古无舌上音"是闽台闽南方言的一个重要特点；精、庄、章三组合流，读作舌尖前音［ts-、ts'-、s-］，无舌尖后音［tʂ-、tʂ'-、ʂ-］的读法；见组晓组仅读作舌根音［k-、k'-、h-］，而无舌面前音［tɕ-、tɕ'-、ɕ-］的读法。从韵母而言，闽台闽南方言保留鼻音［m］、［n］、［ŋ］三种韵尾和清辅音［p］、［t］、［k］三种韵尾，而且阳声韵与入声韵配得很整齐。从声调而言，闽台闽南方言根据古声母清浊的不同，把声调分为阴平、阳平、上声（泉州有阴上、阳上）、阴去、阳去（泉州只有去声）、阴入、阳入八种声调。这些特点正说明闽台闽南方言仍保留着早期历史性语音标准。而普通话没有以上特点，显然保留着晚期历史性的语音标准，它远离《切韵》音系，是从《中原音韵》演变而来的。

第三章　闽台闽南方言语法篇

第一节　闽台闽南方言构词法

一、逆序词：用特殊的排列方式构词

语素顺序与普通话相反的名词，通常称之为"逆序词"，或称作"倒序词"。这类词在闽南方言中是屡见不鲜的。通常说来，普通话的偏正结构的语素顺序是"修饰成分 + 被修饰成分"。但在闽南方言中，一些词的语素顺序恰恰与此相反。

（一）大名套小名的特殊偏正式复合词

这类词主要是用以表示有性别之分的动物名称。表示这类事物大类别的语素在前，表示这类事物大类别中的分属小类的语素在后，这种顺序与普通话是相反的。

台湾话：鸡翁（公鸡）、鸡母（母鸡）、鸡角仔（小公鸡）、鸡嫩仔（小母鸡）、猪哥（公猪，种猪）、猪母（母猪）。

漳州话：鸡母（母鸡）、鸡角（公鸡）马母（母马）、牛母（母牛）、牛公（公牛）、猪哥（公猪）、猫公（雄猫）、鸭角（公鸭）。

泉州话：鸡母（母鸡）、鸡角（公鸡）、鸡姯（小母鸡）、鸭角（公鸭）、兔角（公兔）、兔母（母兔）、猪公（公猪）、猪哥（公猪）、猪母（母猪）、牛母（母牛）、牛犅（公牛）、狗母（母狗）、狗公（公狗）。以下是永春话例：（老）牛嫲（母牛）、牛种仔（小母牛）。

厦门话：鸡母（母鸡）、鸡角（公鸡）、鸭角（公鸭）、鸭哥（公鸭）、鸭母（母鸭）、牛母（母牛）、羊母（母羊）、羊哥（公羊）、狗公（公狗）、狗母（母狗）、猫公（公猫）、猫母（母猫）。

漳平话：鸡翁（大公鸡）、鸡角仔（未阉之小雄鸡）、鸡母（母鸡）、鸡倸（小母鸡）、鸭公（公鸭）、鸭母（母鸭）、牛牯（公牛）、牛讲（公牛）、犣仔（小公牛）、牛种仔（小母牛）、牛母（母牛）、狗公（公狗）、狗牯（公狗）、狗母（母狗）、猫公（郎猫，公猫）、猫母（母猫）、猪牯（公猪）、猪哥（种猪）、猪母（母猪）。

　　龙岩话：鸡嫲（母鸡）、鸡公（公鸡）、鸡母（母鸡）、鸡偆（小母鸡）、猪牯（公猪）、猪哥（种猪）、猪嫲（母猪）、猪囊（未阉的小母猪）、牛牯仔（小公牛）。

　　潮汕话：鸡翁（公鸡）、鸡娜（一般指未产过蛋的母鸡）、鸡母（母鸡）、牛牯（公牛）、牛母（母牛）、马牯（公马）、马母（母马）、驴牯（公驴）、驴母（母驴）、猪哥（公猪）、狗牯（公狗）、狗母（母狗）、猫牯（郎猫）、猫娘（女猫）、猫母（母猫）、鹅雄（公鹅）、鹅母（母鹅）、鸭雄（公鸭）、鸭母（母鸭）。

　　从所列的情况来看，用"公"、"母"放在动物名称之后表示雌雄之别在闽南方言中是绝大多数的。如鸡母、猪母、马母、牛母、狗母、鸭母、牛公、猪公、狗公、猫公等。表示阴阳性的后缀成分在闽南方言中是相当丰富多彩的。龙岩话是用"嫲"放在动物名称之后，表示雌性的动物，如鸡嫲、猪嫲。同时龙岩话的"嫲"可以表示小物的性态，如羊嫲、虱嫲、贼嫲、笠嫲、无用嫲（笨蛋）等。潮汕话的"猫娘"指"女猫"。除了用"公"之外，闽南方言还可用"翁、角、哥、牯"等表示雄性的动物。如台湾话、漳平话和潮汕话里的"鸡翁"指的是"公鸡"。台湾话有"鸡角仔"，漳州话有"鸭角"，泉州话还有"兔角"的称法等都是以"角"作为雄性动物的标志。"哥"或"牯"主要是放在家畜类的动物名称之后，如猪哥、羊哥、狗牯、猫牯、牛牯。"牯"亦可以表示人的性态，如龙岩话中的"矮牯"、"叔牯（叔叔）"等说法。潮汕话有"鹅雄""鸭雄"的说法，也是比较特殊的。在漳平话的话例中，"小公牛"是说成"犅仔"，"犅"见于《集韵》上声的梗韵："吴人谓犊曰犅，于杏切。"今绍兴话仍称牛犊为"犅"，武汉话也有"牛犅子"一词，可见漳平话的"犅仔"是比较特殊的，也可以为吴语和闽语的关系比较提供一个证据。

　　闽南方言里关于动物雌雄性别的区别相当精细。普通话中，"母鸡"和"小母鸡"是有区别的。闽南方言"母鸡"可以称"鸡母"亦可有他称，如潮汕各地的"鸡娜"也指"母鸡"，同时没有下过蛋的则称"鸡娜仔"，生过多次蛋的则称"老鸡娜"或"老鸡母"，足见其分类之细。普通话"小母鸡"所指的是没有下过蛋的母鸡，台湾话作"鸡嫩仔"，泉州话作"鸡姩"，漳平话作"鸡倷"，龙岩话作"鸡偆"，它们是代表方音相近的不同方言字。泉州话"猪公""猪哥"都指"公猪"，但是前者表示的只是猪在性别上是雄性的，后者则限指用来配种的种猪（未被阉过）。与此相类似的，漳平话里，"牛牯"和"牛讲"以及"狗公"和"狗牯"都是有差别的。龙岩话用"猪囊"表示未阉的小母猪。

（二）他类倒序词

　　除了有性别之分的动物名称之外，闽南方言还有一些倒序词，且定为他类倒序词。

　　台湾话：浅拖（拖鞋）、头前（前头）、面线（线面）、菜蔬（蔬菜）、菜花（花菜）、侬客（顾客,也指一般的客人）、气力（力气）、往来（来往）、闹热（热闹）、利便（便利）。

漳州话:人客（客人）、鞋拖（拖鞋）、风台（台风）、历日（日历）、头前（前头）、闹热（热闹）、欢喜（喜欢）、康健（健康）、久长（长久）、利便（便利）、解劝（劝解）。

泉州话:人客（客人）、历日（日历）、鞋拖（拖鞋）、头前（前头）、联对（对联）、业产（产业）、节季（季节）、菜蔬（蔬菜）、千秋（秋千）、面线（线面）、闹热（热闹）、久长（长久）、利便（便利）、解劝（劝解）。以下是永春话例:臭酸（酸臭）、洗刷（刷洗）、头额（额头）、跷蹊（蹊跷）、墙围（围墙）、水泉（泉水）、面汤（汤面）。

厦门话:人客（客人）、历日（日历）、鞋拖（拖鞋）、头前（前头）、联对（对联）、业产（产业）、节季（季节）、菜花（花菜）、脚手（手脚）、闹热（热闹）。

漳平话:间房（房间）、鞋拖（拖鞋）、面线（线面）、菜蔬（蔬菜,青菜）、头前（前头）、对反（反对）、欢喜（喜欢）、闹热（热闹）。

龙岩话:菜花（花菜）、鞋拖（拖鞋）、面线（线面）、闹热（热闹）。

潮汕话:人客（客人）、历日（日历）、风台（台风）、鞋拖（拖鞋）、裙围（围裙）、闹热（热闹）、康健（健壮）。

从所列情况来看,他类倒序词主要有这么两类:一类是把附加成分放在主要成分之后,构成特殊的偏正式合成词,如人（侬）客、鞋拖、头前、面线等。一类是与普通话语素正好相反的由意义相同或相反的语素构成的复音词,如闹热、利便、欢喜,等等。

二、用特殊的词缀（尤其是词尾）构词

（一）"仔"字构成的新词

"仔"是闽南方言常用的一个名词性词缀,凡是带"仔"字的词基本上是名词,通常称之为"仔字词",闽南方言里,"仔"字词相当丰富。林伦伦（1991）文章中是将"仔"作"囝",且说到唐朝顾况《囝》诗云:"囝生闽方,闽吏得之。"自注云:"闽俗呼子为囝。"潮汕话"囝"今可以泛指子女。实际上经过逐步虚化,"囝"成了普通话的"子",广州话的"仔"相当相近的后缀。李永明（1959）书中则作"仔",故为了统一起见,各地闽南方言皆作"仔"字,当然各方音有［kiã］、［iã］、［ã］之别,且不论之,重在讲述"仔"所表示的附加意义和语法意义。

1.名词词尾

一组:

台湾话:囝仔（小孩子）、桌仔（小桌子）、猫仔（小猫崽）。

漳州话:囡仔（小孩儿）、溪仔（小溪）、橱仔（小柜子）。

泉州话：厝仔（小房子）、马仔（小马铆）、老公仔（小老头子）。

厦门话：椅仔（小椅子）、杯仔（小杯子）、鸡仔（小鸡儿）。

漳平话：碟仔（小碟子）、末仔（小蚊虫）、犅仔（小公牛）。

龙岩话：圳沟仔（小水沟）、银角仔（银毫）、鸡角仔（小公鸡）。

潮汕话：牛仔（小牛）、鼎仔（小铁锅）、菜圆仔（菜园）。

二组：

台湾话：死狗仔（日本鬼子）、看命仔（相面先生）、罗汉脚仔（单身汉）。

漳州话：戏仔（演戏的）、北仔（北方人）、兵仔（兵卒）。

泉州话：戏仔（演员）、北仔（北方人）、鳖仔（吝啬鬼）。

厦门话：乞食仔（乞丐）、讨海仔（渔民）、作田仔（农民）。

漳平话：看命先生、演员、单身仔（单身汉，菁城话）。

龙岩话：外江仔（外地人）、游泗仔（流氓）、涂水仔（泥水匠）、望牛仔（看牛娃）。

潮汕话：腰龟仔（驼背）、破家仔（败家仔）、美国仔（美国人）。

三组：

台湾话：细姑仔（夫之妹）、孙仔（侄子）、姨仔（小姨）、美贞仔（人名之后）。

漳州话：亲堂仔（堂亲）、孙仔（侄儿）、舅仔（小舅子）、玲仔（人名之后）。

泉州话：孙仔（侄儿）、姨仔（小姨）、晓仔（人名之后）。

厦门话：孙仔（侄子）、阿姊仔（姐姐）、宝玉仔（人名之后）。

漳平话：老弟仔（弟弟）、叔伯老弟仔（堂弟）、新妇仔（童养媳）。

龙岩话：妗婆仔（舅母）、姆仔（叔婆）、婆仔（叔婆）。

潮汕话：叔孙仔（叔侄）、翁姐仔（夫妻）、姑嫂仔（姑嫂）。

四组：

台湾话：这阵仔（此刻）、彼阵仔（那时）、恰停仔（等一会儿）、几日仔（才几天）。

漳州话：一刻仔（一会儿）、卜暗仔或暗头仔（傍晚）、后日仔（以后）。

泉州话：一下仔、一阵仔、一丝仔久（一阵子）、今仔（今日）、明仔（明日）。

厦门话：目𥍉仔（这会儿）、即站仔或即阵仔或即久仔（这会儿）、赫久仔（那会儿）。

漳平话：下年仔（明年）、前年仔（前年）、后过仔（后来）、昧暗仔（傍晚）。

龙岩话：即刻仔（刚才）、一（直）下仔（一下子）、一刻仔久（一会儿）、各时仔（过去）、逐年仔、各年仔、旧年仔（去年）。

潮汕话：一下仔（一下子）、一困仔（一小会儿）、渣眠仔（昨晚）。

五组：

台湾话：这塔仔（这附近）、彼塔仔（那一带）、彼位仔（就在那里）。

泉州话：即迹仔（这儿）(永春话)、或迹仔（那儿）。

厦门话：即位仔（这么点儿地方）、迄带仔（那么点儿地方）。

漳平话：上方仔（上面）、下方仔（下面）、里方仔（里面）。

各地闽南方言例中一组的"仔字词"是在一般名词之后加上"仔"，表示"小"义或"单称"之义，相当于普通话的"子"和"儿"；二组"仔字词"是将"仔"字放在职业身份之后表示卑称或厌恶，其中部分"仔"在普通话中可以用"的"，如"看命仔"、"作田仔"、"涂水仔"。在漳平话里，"看命先生"并不用"看命仔"，"演员"也不用"戏仔"，而是用"看命先生"和"演员"，比较接近于普通话书面语，这是受普通话影响的结果。三组"仔字词"是亲属名词之后加"仔"以表示辈分差异的作用，有时亦可以表示亲昵的意思，同时表示爱称的词在闽南方言里可以在人名（通常是最后一字或是单名）之后加上"仔"，如"美贞仔、玲仔、晓仔、宝玉仔"等。四组"仔字词"作时间、处所名词的词尾，表示时间或地点接近，有时只表示某一时间或地点词。处所词加上"仔"尾带有那地方距离不远或范围不大的意思。这类词在龙岩话里经常出现"合音"现象，如"各时仔"、"旧年仔"、"逐年仔"、"各年仔"。

2. 数量词词尾

"仔"表示"少"。台湾话"一屑仔（一点儿）"、"几滴仔（雨）"、"几匙仔"、"七八枝仔（薰）"、"一撮仔（一小撮）"、"一两匙仔（一两羹匙东西）"、"一仙仔（一分钱）"、"一角仔（一小角）"等说法在厦漳泉一些地方中也出现过，数词"一、两、三"已经表示数量之少了，量词"屑、滴、匙、撮、仙、角"也是表示很少的量，再加上词尾"仔"，言其数量之少，少得可怜。还有，有时"仔"虽然不是量词词尾而却能表示少，如台湾话"淡薄仔"、"小可仔（一些）"，永春话的"略略仔"，厦门话"零星仔"等。

3. 动词词尾

此时"仔"在简单动词之后往往表示动词的行为工具，此时"仔"起着变换词性的作用。如：

台湾话：钻仔、拭仔、称仔、锯仔。

漳州话：夹仔（卡仔）、拓仔（铲子）、排仔（筷子）。

泉州话：夹仔（夹子）、锄仔（一种锄草工具）、剪仔（剪刀）、秤仔（秤）。

厦门话：捋仔（梳子）、凿仔（一种铲土的农具）、剪仔（剪刀）。

漳平话:栽仔(种植的幼苗)、约仔(谜语)、箬仔(小筛子)。

龙岩话:掘仔(山锄)、贬仔(小贩)、出约仔(谜语)。

潮汕话:凿仔(凿子)、钻仔(锥子)、杀仔(扒手)。

台湾话中"行行仔(缓步而行,随便走走)"、"看睱仔(随意看看,并无事先目的)"、"歇睏仔(略微休息一会儿)"、"拍算仔(稍微打算打算,合计一下)"中,"仔"也是动词的词尾,是表示该动词所指的只是一种轻微的随便的动作,这也是指小或指少功能的演化。而且应该注意的是,单音节动词不好用"仔"作词尾,此时动词必得重叠为双音节,如"行行仔"以及"拍拍仔(轻轻拍打)"、"坐坐仔(略坐一会儿)"、"看看仔(随意看看)"等。也可以这样说,单音节动词重叠之后,必得跟着"仔"这一词尾,方能使词义更加明确清楚。"歇睏仔"、"想想仔(稍微想一想)"在永春话中也是经常使用的。注意的是,单音节动词叠用,第二个动词加了"仔"也变为抽象名词,后头通常带着语气助词"着"表示稍微试一下(黄丁华,1958)。

4. 可当副词或形容词的"仔"字词

"仔"放在形容词或单音节形容词、名词、动词和量词的重叠式之后。如台湾话中"缓仔行"(慢走)、"崭然仔水"(非常漂亮)、"安心仔睏"(安心睡觉)、"小可仔痛"(微痛)、"暗暗仔作"(暗地里做)、"皮皮仔讲"(稍微一提)、"续续仔洗"(一个换着一个洗)。漳州话中"匀匀仔"(慢慢地)、"温温仔"(不冷不热)、"妞妞仔"(很小)、"滴滴仔"(一点儿)。"仔字词"多形成重叠式形容词。永春话中"黄黄仔"(黄黄的)、"核核仔"(指稀饭不够烂的)。

5. "仔"充当词中缀(infix)

词中缀又作"词嵌入",指造词方法里被插入两个词的中间的非独立要素(许极燉,1990)。如台湾话中"空仔缝"、"翁仔某(姥)"、"簿仔纸"、"纸仔笔"、"柑仔笔"、"角仔鸟"等,其功能主要有二:

一是由列举而泛称,指称范围扩大。"公妈"指祖父和祖父,"公仔妈"泛指祖先;"翁某(姥)"义为夫和妻,"翁仔某(姥)"泛指夫妻关系;"父(母)囝"指父(母)亲和儿子,"父(母)仔囝"则泛指父(母)子关系;"簿纸"一词则很少见,"簿仔纸"泛指各种本子和纸张。"衫裤"专指衫和裤,"衫仔裤"泛指衣服类;"年节"义同过年和过节,"年仔节"泛指各种节目。这其实是闽南方言的一大特色,当然这种形式限制条件严格,首先此类名词是同类对称,如"公仔妈"不能说成"公仔母";"年仔节"不能说成"年仔日",其次它的顺序也是约定俗成的,不可任意调整,如"猪仔狗"泛指畜牲,此时不能说成"狗仔猪",更不能说成"鸡仔狗"。

二是当修饰词用。如台湾话中"番仔火"(火柴)、"鲫仔鱼"、"番仔薑"(表椒)、"枝仔冰"、"蚵仔煎"、"歌仔戏"、"囝仔兄"(小朋友)诸词语中"仔"不可省略,否则词义不能成立。而诸如"桌仔顶"、"椅仔脚"、"刀仔柄"、"鬼仔面"、"青仔丛"等词中的"仔"相当于普通话的"的"之义,有时"仔"亦隐含着"小、少"之义。而像"明(今)仔日""明仔日早起(明天早上)"的说法,嵌入"仔"之后,能够使语调显得柔和曳宕,引人回味,跟没有"仔"的那种生硬味道是大不相同的,显示了方言特有的口语风格。台湾话中"猪仔囝"则专用于骂人的,是"猪崽子"的意思。"词嵌入"现象在闽南方言中相当普遍。兹简列几例如下:

漳州话:猪仔胚(猪崽儿)、溪仔边(小河旁)、绞螺仔风(旋风)、冢仔地(坟地)、尾仔指(小拇指)、椅仔顶(椅子上)、三层仔肉(肥瘦儿)、衫仔橱(衣柜)、衫仔裙(衣摆)。

泉州话:蓝仔佛(番石榴)、琼仔树(乌桕)、蟟仔艾(艾草)、番仔火(火柴)、稳仔米(晚米)、花仔布(花布)、一丝仔久(一下子)。

厦门话:卷螺仔风(旋风)、明仔日(明天)、番仔正(元旦)、钉仔锤(锤子)、一辄仔久(一会儿)、父仔囝(父子)、北仔饼(烧饼)、贼仔货(赃物)、番仔拨(番石榴)。

漳平话:番仔芋仔(马铃薯)、番仔柿(西红柿)、后生仔侬(年轻人)、纽仔空、纽仔根(扣鼻儿)、沟仔底(沟底)、缸仔里(缸的里面)、灶仔壁、树仔根、桃仔仁、油灯仔火、桌橱仔顶、猪仔巷(市场上交易生猪的场所)、门仔头(房子两厢的房门)、钮仔空仔(小洞眼儿)、翁仔姊仔(夫妻)、水桶仔钩、笔仔尾。

龙岩话:天仔头(早上)、番仔砚(肥皂)、角仔菜(菠菜)、诸母仔侬(姑娘)、丈夫仔侬(男人)、桷仔枋(桷条)、扁豆仔船(小木船)、梨仔缚(番石榴)。

潮汕话:鸟仔豆(藤蔓植物,豆可以做菜)、滴仔物(这一点点东西)、撮仔物(这么一小点)、段仔物(这么一小段);尾仔孥(最小的小儿子)、蚊仔孥(很小很小的蚊子)、碗仔孥(很小的小碗子)。

潮汕话例前一组词中的"仔"实际上是量词之后缀,数量结构(数词通常省略不说)与高度抽象且有限定作用的名词性词素"物"结合,构成量名结构的名词词组。后一组词中的"孥"是不能直接附于名词词根之后,而必须附于词尾"仔"的后头表示"极小"(比"仔"还要小)的意思。

(二)常见的几个词尾(后缀)

1. 人(或侬)

闽南方言中"人或侬"作为词缀是相当普遍的,大体可以分为两类:一类是接在名词之后,表示某种身份或职业;一类是接在动或形容词后构成复合动词或形容词。

台湾话:趁食人(做工或做小生意的人)、食头路人(薪水阶级)、序大人(父母）、妇人人（妇女）、禾寿侬（缺德鬼）、囝仔人（小孩子）、庄脚人（乡下人）、知人（苏醒）、在人（因人而异）、热人（"人"为轻声,意为夏天）、寒人（"人"亦作轻声,冬天义）、做人（"人"作轻声,意为女子婚配、许配,发本调则是"为人",与人相处之意）。

漳州话:红花侬（光棍汉）、黄花侬（老处女）、守寡侬（寡妇）、城内侬（城里人）、乡社侬（乡下人）、外位侬（外地人）、家己侬（自己人）、一世侬（一辈子）、设侬（骗人）。

泉州话:查某侬（女人）、诸娘侬（女人）、丈夫侬（男人）、序大侬（大人,指父母这一辈人）、出门侬（外出的人）、高裕侬（富人）。以下是永春话例:在侬、做侬、寒侬、热侬。

厦门话:（或作"人"或作"侬"）老大人（老人家）、查某侬（女人家）、百姓侬（老百姓）、兄嫂侬（嫂子）、白身侬（布衣）、赤囝侬（穷人）、否囝侬（二流子）、厝内侬（老婆）、月内侬（产妇）、出门侬（游子;外出者）、官侬（官）。

漳平话:少年侬/后生仔侬（年轻人）、乡下侬（乡下人,方言作"山里侬"、"林里鹞"、"山庸"）、外地侬（外地人）、做工侬（工人）、生理侬（经商的）、教册侬（老师）、单身侬（单身汉）、看侬（相亲）、有身侬（孕妇）。

龙岩话:诸母仔侬（[tsip⁸a laŋ⁵],姑娘）、诸母侬（[tsiu²laŋ¹],女人）、丈夫仔侬[tio¹paŋ⁶]（男人）、婴仔侬（小孩）、囝仔侬（小男孩,方言又作"丈夫婴仔"）、后生侬（年轻人）、自家侬（自己人）、生份侬（陌生人）、先人（先妻）、佚侬（骗人）、做工侬（工人）。

龙岩话里以"侬"作词尾的词出现了"合音"现象是有其特殊之处。另外应该特别注意的是厦门话例中"名词+仔侬"结构含有不同程度的自薄或轻蔑,如:囝仔侬会晓浦物（小孩子能懂什么呢）? 另外如厦门话中的"工仔侬（做工的）、作田仔侬（种田的）、生理仔侬（做生意的）"等就是对职业的一种卑称或蔑称。还有诸如台湾话以及永春话中的"在人（侬）"等一类词是接在动词或形容词之后构成复合动词或形容词,这也是比较特殊的用法。此外"侬"在闽南方言里的代词使用中扮演着重要角色,如"你们、我们、他们"在漳平话和龙岩话中分别作"你侬、我侬、伊侬"、"女侬、侬侬、伊侬",而且"阮"也极可能是由"我"和"侬"合音而成的。关于这一点将在"词类特点"的"代词"部分展开论述。

2.仙

"仙"可以表示职业或行业、行为的名词之后的后缀词素,用以表示对人的某种职业的称呼。

台湾话:歪哥仙（贪污之徒）、烧酒仙（嗜酒的人）、爱睏仙（贪睡的人）、鸡管仙（吹牛大王）、看命仙（占卜相命的人）、风水仙（堪舆师）、博徼仙（嗜赌的人）。

漳州话：数柜仙（账房先生）、草药仙（土医生）、酒仙（酒鬼）、茶仙（茶馆）、拳头仙（拳头师）、鸦片仙（鸦片鬼）、风水仙（阴阳先生）、跋九仙（赌徒，赌棍）。

泉州话：风水仙（地理先生）、讲古仙（聊大天的人）、佚佗仙（好吃懒做的人）、鸦片仙（鸦片鬼）。

厦门话：弦管仙（民间乐师）、乐畅仙（游手好闲的人）、看命仙（相命先生）、剃头仙（理发师）、数柜仙（掌柜的，账房先生）、跋九仙（赌徒）、佚佗仙（浪儿）、食酒仙（酒鬼）。

3. 头

"头"可以表示时间、方位或者情状。

台湾话：顶头（上面）、下头（下面）、角头（角落）、店头（店的前面部分）、路头（路程）、庄头（村落，村子）、症头（症状）、称头（称子，斤两）、裤头（裤子的上端）、担头（责任）。

漳州话：东头（东边）、顶头（上面）、下头（下面）、外头（外面）、内头（里面）、角头（角落）、年头（年初）、寒头（初冬）、月头（月初）、大粒头（大人物）、土匪头（匪首）、囝仔头（孩子头）、婊仔头（老鸨）、珍头（甜头）、空头（名堂）、标头（商标）、挡头（耐力）、斧头（斧子）、日头（太阳）、灶头（炉台）。

泉州话：顶头（上面）、下头（下面）、内头（里面）、角头（角落）、东头（东边）、月头（月初）、暗头（入夜）、年头（年初）、树头（树墩子）、椅头（方凳）、车头（汽车火车的驾驶室）、店头（商店）、灶头（灶台）、布头（碎布）、心肝头（胸口）、傢俬头（工具）、灰头（灰渣）、番薯头（甘薯渣）。

厦门话：树头（树墩子）、椅头（方凳）、柴头（短的木头）、砖头（方块的砖）、号头（尺码）、胸头（胸脯）、岁头（岁数）、症头（病症）、灰头（灰渣）、豆头（豆渣）、番薯头（甘薯渣）。

漳平话：边头（旁边）、皮头（面上）、前头（前面）、年头、昼时头、日头（太阳）、火头（火种）、市头（多指中等城市）、路头（刚开始的一段路）、菜头（萝卜）、树头（树根在泥土上面的部分）、纸头（纸媒子）、老公头（老头子）、伙头（厨子）、心肝头（心口）、还头（过一会儿）、捧头（自封为头头，比喻自讨苦吃）、偏头（占便宜）。

龙岩话：皮头（表面）、舷头（边上）、角头（角落）、面前头（面前）、天仔头（早上）、冥许头（晚上）、暗头（夜晚）、日昼头（白天）、新正年头（正月初一）、手指头（拇指）、屈头（低头）、轻骨头（轻浮）、日头（太阳）、活头（灵活、圆滑）、势头（情势）。

潮汕话：后头（特指居民屋后的一小块地方）、灶头（锅台）、角头（角落）、鼻头（鼻尖儿）、东司头（厕所）、地粪头、眠起早头（清晨）、早头（刚才）、日昼头（中午）、暝昏头（傍晚）、下旰头（下午）、椅头（凳子）、家伙头（家伙，工具）、历日头（黄历）、豆头（豆腐渣）、薯头（用红薯作淀粉剩下来的渣）、好食头（软弱可欺者）。

从所列材料来看，"头"或者表示方位和时间；或者表示"首"的意思，加在人物的名词之后；或者放在形容词或动词之后，变为名词；或者无附加意义，只是放在一般名词之后，有时是表示东西是下等货。泉州话和厦门话中的"傢俬"泛指一切器具、家具和工具，而"傢俬头"则专指工具，所指的东西范围缩小。这是"～头"形式中的一个重要功能。"捧头"、"偏头"是漳平话中自有的词汇，"活头"一词在龙岩话中作形容词，表示"灵活，圆滑"也是很有特色的。

4. 水

"水"加在名词或形容词之后，表示数量、性质和状态。

台湾话：啐水（嘴皮子）、色水（色泽）、饱水（饱满的样子）。

漳州话：喙水（嘴皮子）、面水（面貌）、钱水（财力）、色水（色泽）、硬水（艰巨）、软水（软弱）。

泉州话：钱水（钱数）、喙水（口才）、面水（面貌）、色水（色泽）、硬水（艰巨）、软水（轻松）。

厦门话：目水（眼力）、钱水（钱数）、色水（色泽）、面水（面貌）、宿水（成熟，老练）。

5. 动词词尾"着"和"去"

"着"发轻声，用以表示动词的结果，表示达到的状态。如台湾话里，"气着（生了气）"、"寒着（着了凉）"、"感着（感冒了）"、"忆着（受到别人的青睐或评价）"、"力着（劳累过度）"、"落着（脱臼）"、"煞着（犯了鬼邪）"等便是这种用法，永春话中也常有"忆着"和"眩着（着迷于某物或某人）"的说法。

"去"发轻声，用以表示动词的结果，表示消失之意。如台湾话多此种类型的词：了去（亏掉了）、走去（走掉了）、死去（死掉）、无去（不见，消失）、歹去（坏掉了）、断去（断掉了）、食去（吃掉）。"了去、走去、无去、歹去"等在永春话中也常出现。

6. 其他词尾

中国内地闽南方言中还有其他一些词尾，比如漳州话有"鬼、师、声、路、气、草、神"，泉州话有"鬼、声、神、路、气、草、哥"，厦门话有"狗、神、鸟、精、路、草、声、气"。潮汕话有"伙、鬼、公、婆、母"，等等。下面简单举出几个话例（以漳泉厦三地为代表）。

漳州话：钱鬼（守财奴）、涂水师（泥水匠）、岁声（岁数）、级声（级别）、头路（职业)、手路（手艺）、硬气（繁重）、料草（菜肴作料的状况）、大面神（厚颜之徒）、目神（目光）。

泉州话：枵鬼（饿鬼）、双面刀鬼（搬弄是非者）、钱声（钱数）、猪哥神（好色之徒）、对路（正确）、紧气（快速的）、重气（份量重的）、市草（行情的状态）、洽哥（啰唆）。

厦门话：心肝狗（宝贝儿子）、乖狗（乖孩子）、泛狗（荒诞、浮夸之人）、乌狗（流氓）、风车神（好吹牛的人）、猫神（吝啬）、冲鸟（爱出风头的人）、金鸟（善于察言观色而随机应变的人）、老鸟（老油子，处世经验多而油滑的人）、头目鸟（机灵鬼）、宿精（聪明鬼，带有贬义）、龟精（过分机灵，善于随机应变的人）、食路（食品）、低路（低级趣味的事情）、巧路（聪明）、幼路（精致）、力草（力气的状况）、料草（菜肴作料的状况，也比喻文章和讲话的内容）、尺声（尺数）、折声（成数）、水气（漂亮的状态）、差气（差劲）、好气（好的景况）。

"鬼"、"神"放在名词或形容词之后表示对某一类人的称呼，往往含有贬义成分；"师"则作为对各行各业劳动人民的尊称，即为"师傅"的意思；"声"放在实语素之后可以表示数量和程度；"路"置于名词或形容词之后构成新词表示事物门类或事物达到一定的程度；"气"可以构成表示性质、程度或状态的形容词；"草"附加于名词素之后构成名词，表示估量的情况，意义更加抽象概括；"哥"放在形容词素之后构成形容词表示性质，且含有贬义；"狗"是比喻性词尾，称呼所憎恶的一类人，有时则表示亲昵的意思。"鸟"、"精"皆是指称某种人，而且多含有贬义。

三、用重叠方式构词

闽南方言的重叠现象相当丰富，用重叠方式派生的新词所表现的词汇意义和语法意义都大大超出普通话已有的范围，现代汉语里，重叠指的是像"妈妈、看看、个个、清清楚楚"一类词的构造方式；普通话中，重叠词从词类来看，主要包括名词的重叠、量词的重叠、动词的重叠、形容词的重叠、副词的重叠，等等。可以说，普通话重叠词只是词形的变化，而闽南方言重叠词则有词义甚至于词性的变化，主要类型如下：

（一）名词的重叠

这类词的词义、词性发生了变化，往往变成形容词。

台湾话：天天（漫不经心的样子）、在在（镇定不动摇，呆立不动）、乾乾（眼巴巴地）、向向（不稳定）。

漳州话：鼻鼻（形容东西粘糊的样子）、雾雾（朦胧、迷糊）、猴猴（形容人瘦小难看）、盐盐（形容东西像盐一样细小）、粉粉（形容东西又细又末）、瓜瓜（形容瓜菜很老）。

泉州话：水水（形容东西像水一样的状态）、涂涂（形容食品有土腥味）、天天（形容人漫不经心，对人对事若无其事）、沙沙（形容食品中有细沙的状态）、猴猴（形容人瘦小、像猴子一样）、冰冰（形容食物凉的状态）、胶胶（形容食物粘手的状态）。以下是永春话例：汁汁（有点汤）、汤汤（多汤的）、豹豹（长相很厉害的）、壶壶（弧状形）、布布（像吃布一样）、糊糊（像吃浆糊一样）。

厦门话：水水（像水一样稀）、汁汁（像浓汁液那样浑浊不清）、皮皮（像表皮那样或只是表面的）、柴柴（像木头那样呆滞不灵活）、猴猴（像猴子那样干瘪难看）、沙沙（像含有沙子一样）、布布（像布一样柔韧）、雾雾（像雾笼罩着一样朦胧不清）、天天（不认真、漫不经心的样子）、仙仙（像神仙一样闲散）、糊糊（像糊一样粘稠）、汤汤（很稀）、边边（极端边缘处）、头头（前面的地方）、尾尾（最底层处）、中中（最正中处）；团团孙孙、潭潭窟窟、箱箱笼笼、风风涌涌（风浪）、空空隙隙（孔洞）、骹骹手手（下面的人手）。

潮汕话：铁铁（像铁一样硬的）、布布（指植物过老，纤维质过多的样子）、母母（老实、慈祥的样子）、雾雾（像雾一样朦胧不清的）、汁汁（湿得很）、猫猫（垂头丧气的样子）、柴头柴头（呆头呆脑的样子）、阿舍阿舍（像公子哥儿一样游手好闲）、孥囝弟孥囝弟（像少年一样年轻的）、农民客农民客（土里土气的）。

闽南方言中有一部分名词本来就兼有形容词性质，重叠之后更显出具有形容词性质状态的特点。此类重叠词在句中作谓语、补语、修饰语，大多是由所叠名词的比喻义引申而来的，修辞色彩很强，通常是译作"像……的样子"或"像……一样＋形容词"。有时同一个词重叠之后可以有多种不同意义（陈荣岚、李熙泰，1999）。如厦门话例中"皮皮"除了表示粗浅、不深入的意思，还可以指"厚着脸皮的样子"，如"皮皮仔卜"（不害臊地硬着要）。

厦门话例中"水、汁、柴、猴"除了用重叠（二叠）外，还可以用三叠形式，此时所强调的程度相当高，有"非常"义，即三叠式形容的程度更甚于二叠式。厦门话也可以出现四叠、五叠之类的多叠情况。这类形式重叠词的名词之前若加上副词的话，就显示出它的形容词特点，如"真柴（或在）"、"真猴"、"真水"。

潮汕话例"阿舍阿舍"、"孥囝弟孥囝弟"、"农民客农民客"等也是比较特殊的。总之这些名词多数是物质名词和个体名词，重叠后所产生的词义都是从这些词所代表的人或事物的某种特性或状态引申而来的（林伦伦，1991）。

方位名词重叠后表示物体、方位的极处，如厦门话例中"边边、头头、尾尾、中中"表示极边缘处、最末端处。厦门话里"团团孙孙"之类是表示事物的数量众多。

（二）量词的重叠

这类词在闽南方言中只有少数几个，但是很有方言特色的，通常是变成了表示性状的形容词。如：漳州话中的"粒粒"是形容谷物未煮熟；泉州话里的"粒粒"形容东西不光滑，有疙瘩状，"核核"形容豆、米一类食物没有煮烂的状态。

（三）动词的重叠

闽南方言里动词的重叠用法是相当普遍的。主要有如下情况：

1. 单音节动词重叠为形容词

这种情况也是很有方言特色的，通常动词素前后不会变声或变调。

台湾话：开开开（完全打开）、清清清（彻底清理好）、烧烧烧（统统烧掉）。

漳州话：放放（心不在焉）、烙烙（形容热度微微的）、眠眠（形容似醒非醒的状态）、泛泛（随便、马虎）。

泉州话：开开（形容门敞着的状态）、倒倒（形容物体欲倒的状态）、疴疴（形容人或物体的驼背状）、笑笑（形容人笑的状态）。下是永春话例：落落（很容易）、眍眍（不精明）。

厦门话：开开（门开着的样子）、积积（东西积存很多的样子）。

潮汕话：变变（翻了脸的样子）、哭哭（哭丧着脸的样子）、飞飞（形容不专心听的样子）、咬咬（食物粘牙、不很熟的样子）、愿愿（甘心情愿的样子）、好好（愿意的样子、同意）、爱爱（很想要的样子）。

这类可以重叠的单音节动词可以包括情态动词，如潮汕话例中的"愿愿"便是，"愿愿"在永春话中也存在着，是暗含心服口服的意思，如"拍甲汝愿愿"即表示"打得你心服口服"。不过能愿动词重叠之后不能再用于动词之前表示情态，如潮汕话中只能说"愿去"、"好写字"，不能说"愿愿去"、"好好写字"。还有这类词动词素之间不能插入"一"、"了"等表示不同的情态，这是区别于普通话的地方。台湾话里动词三叠式则表示语气最强，这种用法毕竟少数，不过很有意思的。这类词一样具有普通话形容词的语法特点，在句中可以充当谓语、定语（修饰语）、补语成分。

2. 单音节动词重叠在一起

仍为动词，即为所谓的 AA 式动词。此时它可以表示动作轻微或轻快，可以表示周遍性行为，或短暂而随意性的行为，均有强调意味。而且如果 AA 式动词在句中充当谓语，其后往往带有后附成分。

台湾话：看看（我去看看随转来）、啉啉（啉啉酒）、扫扫（土脚扫扫咧，"土脚"即"地面"）、拭拭（桌仔拭拭咧）。

漳州话：敷敷（抚摩一下）、讲讲（讲一讲）、记记（记一记）、食食（吃一吃）、拾拾（一点一滴都拾取）、跳跳（打蹦儿）。

泉州话：想想（好好地想一下）、赶赶（赶赶出去,指全部赶出来）、漏漏（水漏漏落来,指水不断地流下来）。

厦门话：食食（食食落去,指都吃掉、吃光）、用用（钱用用去咯,指钱都用光了）、赶赶（赶赶出去外口）、踢踢（踢踢落去土脚,指踢到地上去）、关关（店门关关去,指店门都关了）、摒摒（逐项摒摒过去,指什么东西都扔过去）、吞吞（药圆吞吞落去,指把药丸全部吞下去）、揉揉（将人揉揉开,指把人推开）、割割（一条一条割断,指一条条地割断）。

漳平话：食食（食食酒,指喝一喝酒）、配配（配配菜）、买买（买买入来,指买进来）、卖卖（卖卖出去）。

潮汕话：踢踢（踢踢掉）、食食（食食了）、写写（写写好）、卖卖（卖卖掉）。

AA 式动词后面的后附成分往往就是"咧、来、去"或者宾语。台湾话"咧"放在 AA 式动词之后有轻微命令、请求之意;而"来、去"之类则表示动作行为的目的和结果,或者表示一种趋向性补语;漳平话"食食酒"则是 AA 式动词带宾语的情况。

3. 双音节动词后头的一个音节重叠一次

即为所谓的 ABB 式,末尾常常加一个"咧"。这种形式也是普通话所没有的。

台湾话：迌迌迌（咧）、散步步（咧）、开讲讲（咧）。

漳州话：A. 吵闹闹、哭呻呻、嘀突突、指突突；B. 清理理、整理理、修理理、处理理、解决决、收拾拾；C. 看见见、看出出（看破）、看捅捅（看透）、猜出出（料及）、约出出（猜得准确）、排满满（摆得很满）、补够够（补足）。

泉州话：吵闹闹、排满满、补够够、吃便便。

厦门话：看便便、修理理（修一修）、吃便便。

闽南方言 ABB 式动词相当丰富,有的表意功能与 AABB 式动词相同,如 A 类词（以漳州话为例,下同）;有的表意功能同 ABAB 式,如 B 类词;有的是 AB 本身无法变成 AABB 式或 ABAB 式,如 C 类词,不管是哪一类词,闽南方言的 ABB 式动词所表示的语法意义皆含有动作短暂、反复之义,而类似漳州话 C 类词的 ABB 式还有描述动作状态之义。

（四）形容词的重叠

形容词的重叠使用方法在闽南方言中是相当普遍的,普通话里形容词的重叠用法也有,但闽南方言的形容词自有其方言特色。前文所讲的由名词、动词重叠而成的"形容词"就很有意思。另外具体使用情况如下：

1. AA 式

AA 式是由两个单音节的形容词重叠起来。普通话虽然亦有这种用法,毕竟不能与闽南方言相比。

台湾话:烧烧（普通程度的热）、冷冷（天气冷冷,义近"天气小可冷冷"）、新新（衫仔裤新新）、水水（面貌水水）、定定、软软。

漳州话:金金（形容眼睛亮堂堂）、开开、破破（破旧）、平平（平坦、均等）、罕罕（隐约）、虬虬（形容物体不舒展）。

泉州话:糊糊（粘乎乎）、红红（红色的）、破破（破烂的样子）、烧烧（热的）。

厦门话:漖漖（稀稀）、臊臊（腥味）、酱酱（糊状）、神神（失神的）、影影（恍惚的）、文文（斯文的）、兴兴（有兴趣的）、尔尔（而已而已）、妍妍（机智的）、实实（实在的）、罕罕（少见的）、胆胆（胆怯的）。

漳平话:花花（花色鲜艳）、饱饱、宽宽（迟缓）。

龙岩话:溜溜去（无阻拦地前去）、直直行（一直走）、吰吰吼（续地大声叫）。

潮汕话:腹腹（瘦骨嶙峋）、[buk⁴buk⁴]（笑嘻嘻地）、[toʔ⁴ toʔ⁵]（迟钝、笨重）、[ŋo⁴ ŋo⁵]（呆住,全神贯注）、彭彭（散乱）、渌渌（湿透,稀烂）、[tsʻo⁴ tsʻo⁴]叫（慌里慌张）、啼啼飞（翩翩飞）、趈趈跳（喻生气的样子）、[kʻoʔ⁷ kʻoʔ⁷]冻（发抖）。

龙岩话、潮汕话里的 AAB 式的形容词是 AA 式加上一个动词构成的。实际上漳州话中 AA 仔式、AA 叫（吼）式、AA 滚式、A 拄 A 式诸种形容词重叠用法不妨看成是 AA 式的一种延伸。AA 仔式:由单音的形容词、名词、动词、量词等与助词"仔"字结合而成,如慢慢仔、皮皮仔、吻吻仔、寸寸仔。AA 叫（吼、滚）式中比较特殊的,其中实语素 A 大都能单用,而 AA 不能单用的,只有与"叫"之类的动词连用才能表示整个重叠式形容词的语法意义。这三个动词的描写功能相当强。如好好叫（应诺貌）、冲冲叫（爱出风头貌）、哀哀吼（哀号）、嘈嘈滚（闹哄哄）、哗哗滚（闹嚷嚷）。A 拄 A 式是由两个单音节形容词之间嵌入动词"拄"（抵）字构成的。无"拄"字,则变成 AA 式,亦可以表示 A 拄 A 式所表示的语法意义。如:直拄直（直截了当）,真拄真（真正;真实）,实拄实（实实在在）。

2. AAA 式

AAA 式称为单音节形容词三次重叠,语气比 AA 式强,亦比单纯的 A 强。闽南方言里三重叠形容词用得非常普遍,由于音节连用,这种形式的形容词出现"连音变调"的现象。至于"连音变调"属于"语音"范畴,在此不作赘述。

台湾话:芳芳芳、高高高、深深深。

漳州话:白白白、蓝蓝蓝、鼻鼻鼻（非常粘糊）、柴柴柴（非常呆滞）。

泉州话：红红红、青青青、白白白、黄黄黄。

厦门话：新新新、满满满、厚厚厚、甜甜甜、悬悬悬（值得注意的是，厦门话里AA式有"嵌音"现象，如：酸ŋ酸酸，平ĩ平平、甜ĩ甜甜、甘m甘甘、光ŋ光光，构成A*AA式。这是一种特殊用法）。

漳平话：金金金（亮亮的）、白白白、乌乌乌、臭臭臭、光光光（光亮极了）。

ΛΛΛ式与ΛΛ式一样，都表示对程度的强调，而AAA式所强调的程度要比AA式更甚，已是达到"非常"的程度。

3. AABB式

AABB式是由两种不同的形容词A和B各二重奏一次而成的。其实它是复音节形容词的分解结合，即AABB式是AB式的分解结合。AABB式形容词的语气比单奏的复音节AB式来得强。这与A式和AA式不同，AA式比A式来得弱。

台湾话：老老实实、白白贼贼、狂狂憨憨、爽爽快快、假假仙仙、稀稀罕罕、踟踟蹰蹰（说话含糊不清）。

漳州话：惊惊惶惶（非常恐惧）、清清采采（非常马虎）、嘻嘻哗哗（闹哄哄）、空空窟窟（坑坑洼洼）。

泉州话：清清楚楚、老老实实、白白贼贼、长长短短。

厦门话：干干脆脆、客客气气、累累碎碎（琐碎）、勾勾狭狭（扭扭捏捏）、四四正正（端端正正）、紧紧狂狂（急急忙忙）、青青惨惨（凄凄惨惨）、弯弯斡斡（弯弯曲曲）。

龙岩话：烂烂破破（破破烂烂）、离离世世（乱糟糟）、趱趱跳跳（蹦蹦跳跳）、快快活活。

潮汕话：漾漾浆浆（喻泥泞满地）、溎溎汇汇（追逐热闹）、滴滴沓沓（啰里啰嗦）。

就重叠方式而言，与普通话没什么不同，只是有些形容词是普通话所没有的。如："白白贼贼"、"狂狂憨憨"、"假假仙仙"，"清清采采（秤秤彩彩）"、"紧紧狂狂"、"弯弯斡斡"、"离离世世"、"趱趱跳跳"、"漾漾浆浆"等。

4. ABAB式

ABAB式是一个两音节的形容词"二重奏"一次的形式。ABAB式的语气是不如单纯的AB式形容词那么强。

台湾话：老实老实、清楚清楚、白贼白贼、假仙假仙、稳当稳当（确实可靠）、平坦平坦、（天气）烧热烧热（还算暖和，属于暖和）、假仙假仙（假惺惺）。

漳州话：乌金乌金（非常乌亮）、沤脓沤脓（臭烘烘）、凋燥凋燥（非常干烧）、乌阴乌阴（阴沉沉）。

　　泉州话:清气清气（很干净）、老实老实（很老实）、哭气哭气（很费事）。

　　厦门话:明白明白、清楚清楚、矮肥矮肥、乌瘦乌瘦、爽快爽快。

　　潮汕话:漾浆漾浆（稀烂,像糯糊状）、渌沢渌沢（稀烂）、乌渌乌渌（深黑,指含有水分的）、乌斗乌斗（深黑,指一般颜色）、乌蚊乌蚊（浅黑）、小生小生（象小生一样秀气的）、臭酸臭酸（又馊又臭的）、乌暗乌暗（黑森森的）、酸痛酸痛（又酸又痛的）。

　　5. ABAC 式

　　这是一个两音节形容词（AB）跟另一个两音节形容词（AC）的结合,注意的是两个两音节形容词本身的头一个音节必须是共同的音节,即 AB+AC → ABAC,而不是 BA+AC 或 AB+CA。其中第二个两音节词的尾音节往往作为修饰成分,属于象声词。

　　台湾话:白贼白［kuat］（此话例从许极燉一书不注声调,下同。强调说谎不实）、无大无细（无尊长观念）、无死无活（没生机）、无啐无水（木讷,不善言词）、无［tap］无［sap］（乏味）、无气无力或无气无脉（形容精疲力尽）、无骨无［t'ut］（瘦削不堪）、绵死绵烂（有耐性）、糊里糊涂。

　　台湾话 ABAC 式十分丰富,"糊里糊涂"相当于普通话"糊里糊涂"。而其他九个例子应该说是台湾话所特有的。不过部分形容词如"无大无细"在泉州话（永春话）出现,而"无啐水"省去第二个"无"字,语法意义亦同台湾话。

　　6. AB 式

　　这是由一个单音节形容词（A）跟一个两音节的复音词或不太具独立词素的拟声词修饰成分结合而成的。这种形式的形容词语气最强烈,这种用法在闽南方言里也是极为普遍。AB 式的"B"不仅使词语生动形象,而且还有增强语气和加深程度的作用。

　　台湾话:白皙皙、白葱葱、白茫茫、红记记（红极了）、红怕怕（极其兴旺）、烧烫烫、烧滚滚（水、汤等热得很）、滚车车、厚笃笃、在笃笃（安然自在若无其事）、薄丝丝、涝笃笃（水浑极了）、平蒲蒲（水平如镜）、重渗渗（沉重得很）、圆莘莘（非常圆）、臭薮薮（臭极了）。

　　漳州话:静清清（寂静）、臭奇奇（臭烘烘）、花猫猫（混杂不纯）、乌牙牙（贫嘴薄舌）、死丁丁（死板）、活龙龙（活生生）、红支支（红彤彤）、白皙皙（白花花）、乌脞脞（黑乎乎）、青茏茏（很青）、暗嗦嗦（很暗）、枵虎虎（很饿）、软糊糊（很软）、烧滚滚（很热）、咸笃笃（很咸）、薄稀稀（很薄）、轻濛濛（很轻）、肥落落（很肥）。

　　泉州话:芳冲冲（香喷喷）、红支支/红汞汞/红忽忽（红彤彤）、白皙皙（白花花）、乌脞脞（黑乎乎）、青茏茏（青幽幽）、暗摸摸（黑压压）、恒笃笃（紧绷绷）、枵瘼瘼（饿极了）、水文文（漂亮极了）、静切切、软糊糊（软绵绵）、烧滚滚 / 烧乎乎（热乎乎）、教落落（很稀）、青卑卑（凉冰冰）、光焱焱（光闪闪）、散掀掀（酥松松）、洽勒勒（啰里啰唆）、珍勿勿（甜滋滋）、咸笃笃（咸乎乎）、酸拈拈（酸溜溜）、茹佀佀（乱乎乎）、畅勿勿（兴高采烈）、肥渍渍（胖乎乎）、轻濛濛（轻飘飘）、幼濛濛（很细）、粗粑粑（粗乎乎）、僆毂毂 / 落落（很累）。

厦门话：苦笃笃（非常基）、赤爬爬（形容女人泼辣凶悍）、矮凿凿（非常矮）、红贡贡（透红透红）、青损损（脸色青得很）、冷薛薛（凉飕飕的）、光刾刾（亮闪闪的）、光哥哥（光溜溜）、老壳壳（老得很）、幼面面（非常细嫩）、雄介介（非常凶狠）、密周周（十分密实）、芳滚滚（香喷喷）、乌暗暗（黑漆漆）、咸涩涩（又咸又涩）、红支支（红彤彤）、水冬冬（美极了）、臭签签（臭气冲天）、青白白（气色惨白）、平正正（平平正正）、重锤锤（沉甸甸）、熊介介（凶狠狠）。

漳平话：悬倚倚（高挑个儿）、矮顿顿（矮矮墩墩的）、白烁烁（白白的）。

龙岩话：硬搭搭（硬邦邦）、软囡囡（软绵绵）、肥落落（胖墩墩）、园筒筒、笑眯眯。

潮汕话：硬方方（态度强硬，不能宛转）、目瞪瞪（眼睛呆滞直视）、目眽眽（眼睛半开半闭）、四正正、凄惨惨、艰苦苦（辛苦）、客气气（客客气气）、光滑滑（又光又滑）、欢喜喜（高高兴兴）、四直直（直截了当）。

（五）文白异读重叠

由文白异读"重叠"而成，这类词不同于前三者的重叠式，本不可以和重叠式并列为一类，不过鉴于它们相同词素重叠这一点，且归在重叠式里，以避其类目纷繁。这种用法在闽南方言中是大量存在的，兹举出话例加以说明。台湾话例从许极燉之书未标声调，故为统一之见，祖国大陆闽南方言里"文白异读"的这种重叠式使用情况亦仅仅列出声母和韵母。

台湾话：乾乾［kan ta］（微少、仅有）、向向［siaŋ hiã］（四脚朝天）、抵抵［ti tu］（刚好，加强语气）、劝劝［kʻuan kʻŋ］（劝慰、劝谕）、接接［tsʻih tʃiap］（接待、迎接）、食食［tsiahsit］（饮食）、使使［sai su］（差使、差遣、使役）、指指［ki ts ãi］（食指或手指头）。

漳州话：变变［pian pĩ］（变更、变易）、担担［tam tã］（担当、承当）、摸摸［boŋ mɔ］（干家务活）、跳跳［tio tʻiau］（打蹦儿）、拾拾［kʻioʔ tsip］（一点一滴都拾取）、接接［tsi tsip］（接洽、接受）、缺缺［kʻi kʻuat］（短缺）。

泉州话：接接［tsiʔ tsiap］（迎接、接待）、食食［tsia sit］（吃的）、盐盐［sĩ iam］（用盐腌东西）、实实［tsat sit］（踏实）、倚倚［i ua］（依靠）。

厦门话：贩贩［pʻua huan］（买卖的小商贩）、劝劝［kuan kʻŋ］（劝说、解劝）、忍忍［lim lun］（耐心、控制）、结结［kiat kat］（心里解不开的疑团）、盐盐［iam sĩ］（汗碱）、扁扁［piam pi］（扁平的形体、扁平状）、胆胆［tam ta］（胆小、胆怯）、冗冗［lioŋ liŋ］（充裕、充足有余）、延延［ian tsʻan］（拖拉、迟缓）、倚倚［i ua］（依靠、倚赖）、斩斩［tsam tsã］（斩截、截断）、敢敢［kam kã］（岂敢、哪敢）、里里［lai li］（夹衣里的内层）、接接［tsiʔ tsiap］（接触、应接）、使使［sai su］（唆使、使唤）、斥斥［tʻak tik］（斥责、数落）、石石［ʃia tsio］（大理石一类的石板）、食食［tsia sit］（食物、饭餐）、指［ki tsai］（食指）、落落［lak loʔ］（掉落、遗失、丢失）、含含［ham kã］（与别人的孩子合在一起照看）、尔尔［na nia］（语气词，而已）、分分［pun hun］（平分、数分）、加加［ke ka］（多加点儿）。

漳平话：（永福方言词汇）贩贩［pʻua huan］（小商贩）、恶恶［au u］（满脸不高兴状）、倚倚［i ua］（依靠、依赖）、里里［lai li］（里面）、扶扶［hu pʻou］（扶持）、接接［tsi tsiap］（恭候、迎接）、实实［tsat sit］（心里踏实）、担担［tam tã］（承担责任）、吵吵［tsʻau tsʻa］（吵闹、搅乱）、结结［kiat kat］（心里解不开）。

第二节　闽台闽南方言词类特点

一、代词

普通话代词可以分为人称代词、指示代词和疑问代词三种类型。兹分别就此三种类型论述闽南方言的代词用法如下，为统一论述闽南方言的代词特点，各地的代词中若是有音无字者，一般只列出它的声母和韵母，加以讨论。

（一）人称代词

人称代词是一种体词性代词，语法功能和名词相似，能作主语、宾语、定语，不能作谓语、状语，不受副词修饰，等等。人称代词和名词的区别是名词前边可以有修饰语，人称代词前边一般不能有修饰语。闽南方言人称代词使用情况如下：

台湾话：我／汝／伊／阮或侬／恁或恁／個／家己／别侬／大家。

漳州话：我／汝／伊／阮／恁／個／家己／别侬／逐家。

泉州话：我／汝／伊／阮／恁／個／家己／别侬／逐个。

厦门话：我／汝／伊／阮／恁／個／家己／别侬／浊家。

漳平话：我／你／伊／我侬／你侬／伊侬／己家／别侬或侬伊／大家。

龙岩话：我／你／伊／侬侬／女侬／伊侬／植家／各侬／逐个。

潮汕话：我／你／伊／阮／恁／伊人／家己／人。

普通话的"我、你、他（她）"在台湾话和大陆闽南方言中分别作"我、汝（你或女）、伊"，"我"常常写作"吾"，"他"或"她"在闽南方言中只用"伊"。此三个人称代词对应的复数形式分别为"阮（伬）、恁（或㳪）、個（或怹）"，"阮"在台湾话里保存［guan］和［gun］两种读音，［guan］为漳腔，［gun］为泉腔，大陆的漳州话"阮"实际上也可以读作［gun］的，许极燉认为，［guan］可能是由"我"+"侬"变成"我侬"合音而成的，即［gua lan-guan］。同样，"恁（或㳪）"可能由 li+n 变成，或由 li+laŋ 变成 lin，"（個或怹）"则可能由 i+n 变成 in，或由 i+laŋ 变成 in。这种合音在祖国大陆闽南方言可以找到佐证。普通话"我们、你们、他们"在漳平话里为"我侬、你侬、伊侬"，在龙岩话里作"侬侬、女侬、伊侬"。潮汕话里，"我"、"你"跟"伊"一样都是可以加"人"而表示复数形式的。加"人"的复数形式还可能就是由"我人"、"你人"和"伊人"合音而成的。用有无鼻音韵尾的变化来区分人称代词的单复数，可以说是闽南方言的一个特色。李如龙（1999）说，闽东方言普遍用"我各侬、汝各侬、伊各侬"作人称代词复数式，有时"他们"就说成"伊侬"，也许闽南方言的"我侬、汝侬、伊侬"就正是从"我各侬、汝各侬、伊各侬"省略而来的。

第一人称代词"我们"在闽南方言里有"排除式"和"包括式"的分别，前文的"阮（伬）"属于"排除式"，"包括式"的代词台湾话作"咱"，漳州话也作"咱"，泉州话是"伯"，泉州地区的永春话则也作"咱"，厦门话是作"伯"，漳平话是作"［lan］侬"，潮汕话则是作"俺"。张振兴（1983）说到，我们可以推想，闽南方言里表示包括式的"咱（或伯等）"是"你我侬"三合一而成的，先是"你我"合音为［la］，最后加上"侬"合音为［laŋ］。李如龙（1999）则说，吕叔湘论证过，"咱"是"自家"合音而成的，闽南方言的"咱"则是"侬家"合音而成的，福州话"咱们"正是说"侬家侬"的，可以作为旁证。

"阮（伬）、恁（或㳪）、個（或怹）"在闽南方言里虽为人称代词的复数形式，有时却是用于单数。如泉州话的"伬兄明日去永春"所表示的是"我哥哥明天去永春"。可以说，复数代词用来表示单数意义的地方总是包含着亲切而自豪的意味。

"伊"作人称代词是不分性别的，此外闽南方言中的"伊"还有一种用法比较特殊，那就是，"伊"常常用在表示处置式的句子中，充当介词宾语，起着复指作用，可以说这是"伊"的虚化用法。如：酒啉互伊凋（把酒喝干）。/ 菜食互伊了（把菜吃完）。

"自己"和"别人"在各地闽南方言中大同小异，"自己"在台漳（州）泉厦潮诸地皆作"家己"，漳平话为"己家"，龙岩话为"槙家"。"别人"在台、漳（州）泉漳（平）是为"别侬"，此外，漳平话也是作"侬伊"或"伊侬"，龙岩话为"各侬"。

"大家"在方言中或作"逐（浊）家"，或作"逐个"。李如龙（1999）说，应该说明的是闽南方言的"逐个"和普通话的"逐个"含义不同。如果是"逐个检查"，在闽南方言要说"随蜀个检查"，方言里说"逐个"一定是"每一个"、"大家"的意思。这是一个很特殊而且容易引起误会的方言词。

值得注意的是，闽台闽南方言的"人（侬）"读轻声，"可以单独作主语的成分，这是一个特点；普通话的任何一个轻声字都没有这种用法"（黄丁华，1959）。比如在潮汕话中，"人爱待人爱，你爱就好（人家要是人家的事，你不要就行了）"。这个句子中"人"用作他称代词，指别人，要读轻声，而且不能停顿。

（二）指示代词

指示代词除了有替代作用之外，还有指称作用，近指用"这"，远指用"那"，"这"、"那"可以单用，也可以由"这"、"那"造成一些词，如"这些"、"这里"、"那里"、"这么"、"那么"。闽台闽南方言的指示代词可以和普通话相对应，今排列分析如下：

普通话	这	那	这些	这里	那里	这么	那么
台湾话	这	或		这今、这位、这仔、这所在、这带、这搭	或位、或仔、或所在、或带、或搭		郝
漳州话	即	迄	迹[e]	遮	遐	安尼	
泉州话	即	迄		即搭	迄搭	[tsua]	[hua]
厦门话	即	迄	庶兮	遮	遐	迹、则	赫
漳平话	许	[hm]		[hi tai]安[hio]	安[mau]		
龙岩话	许哼	许多		许兜	哼兜		
潮汕话	只	许		只块	许块		

普通话中是用"这"和"那"表示近指和远指，而闽南方言是用声母变化来表示近指和远指的，[ts-]表示近指，[h-]表示远指。漳平和龙岩两地的闽南方言则是用[hi]和[hm]表示近指和远指。潮汕话中，[ts-]表示近指，有[tsi]及其变体[tsia]（者）和[tsio]；[hi]表示远指，亦有相应的变体[hia]和[hio]。（林伦伦，1991）同样，台湾话和其他地区的闽南方言也是如此。台湾话，近指有[tʃit]及[tʃia]和[tʃiah]；远指有[hit]及[hia]和[hiah]。厦门话近指的代词主要有"即"、"遮"、"迹或则"；远指有"迄"、"遐"、"赫"。李如龙（1999）说，闽南各地的近指代词"者、只、即"等说法就像近代汉语的"这、遮、者"和"么、摩、末、没"等写法那样，应是不同时地的差异。

漳（州）厦的"遮"和"遐"这一组指示代词所指的是方位，比较虚，而在泉州方言里，"即搭"（或作"即迹"）和"迄搭"则指比较实在的方位和处所。同样的在台湾话例中表示处所的代词也是有区别的,"这（或）仔"表示处所更有强调意味,例如:这仔是你兮,或仔是我兮（这里是你的,那里是我的）。而"这（或）所在"所指范围比较大,一般是指地理位置,如村镇和城市等。"这（或）带"通常只指眼前一片地方,处所范围相对要小得多。而"这（或）搭"所指处所方位则有近在咫尺的意思。

指称程度、情态和方式的代词在闽南方言中也是别具一格的。普通话的"这么、那么",台湾话用［tʃiah］和［hiah］（一般是分别写作"即"和"郝"）,泉州话说［tsua］和［hua］,厦门话是作"迹（或则）"和"赫"。漳州话是用"安尼"表示"这么"的意思（黄丁华,1961）。还应该注意的是,为避免和指称人、事和物多数的［tsia］、［hia］相混,还可以在两词后面带上词尾"尔",或带上"敢",说"即敢"、"赫敢"。漳州话中也存在相类似的指示代词,"安尼"便是。在黄丁华的文章中,"安尼"是写作"焉尔",同时"焉尔"［an nẽ］,在泉州话中已经失去辅音［n］,读作［ãĩ］。如:焉尔写则着（这样写才对）。

正如黄丁华所讲,"一般说来,在指称含义和语法功能方面,闽南方言的指示代词分工较细而且各有专司,普通话的指示代词比较笼统些。"台湾话的指示代词与漳泉厦地区的闽南方言更为接近。漳平、龙岩、潮汕三地则差别较大,从所列的情况表可以看出。在潮汕方言里,指示代词近指和远指的区别更为细致,"远指"中又分出了"较远"和"更远"来,是通过声调的变化来表示的。比如潮汕话表示"那儿"之义的"许块"可以读为［hɯ₂₄⁵³ ko²¹³］和［hɯ⁵³ ko］两种方音,分别表示"较远指"和"更远指"。这种现象是很特别的。所以潮汕话的指示代词既可以通过声母的变化来表示,又可以通过声调的变化来表示,也就是说,同其他地区的闽南方言一样,潮汕话的指示代词不少是通过词语内部的语音变化来表示语法意义,即是所谓的"语音屈折",而李如龙（1999）认为,"其实这只是说明各地使用的是同样的根词。在经常使用的过程中,由于轻声、变调和合音等语音的变化,韵母和声调多变,而声母则保持稳定"。

（三）疑问代词

闽南方言的疑问代词相当丰富,或问人,或问物,或问方位、处所,或问时间,或问性状、情态、方式、行动,或问数量和程度。普通话的一个疑问代词在各地闽南方言中呈现出大同小异的现象。分别说明如下:

1. 问人

普通话只有一个"谁",不同地区的闽南方言使用"问人"的疑问代词有相通之处,也有不同的地方。例如:

台湾话:啥人、［ʃia mih laŋ］、［ʃiã］、是谁、［tʃia］。

漳州话：是谁。

泉州话：[siã laŋ]（或[siaŋ]，合音）、[sim bi laŋ]、[tiaŋ]（底依的合音）。

厦门话：[siaŋ]、是谁、渖物人、哪一位。

漳平话：[tsui]、底依。

龙岩话：底依。

潮汕话：[tiaŋ]（侥）、咤侥。

从中我们可以发现，闽南方言问人的疑问代词多用"合音"形式，[siaŋ]、[tiaŋ]是"啥依"和"底依"的合音，"啥依"在台湾话和泉厦闽南方言中皆存在。漳平话（菁城）和龙岩话均用[tiaŋ]问人，永春话也是用[tiaŋ]问人的。漳州话的"[tsua]"是"谁仔"的合音。台湾话还用[tʃia]。

厦门话的疑问代词兼有漳州话和泉州话的说法，"是谁"沿用漳州话的说法，是判断性询问，"渖物人"同泉州话，是说明性询问，"那一位"则是选择问句，"位"表敬称。不同场合用法不一样。"是谁"的"是"字绝不能省略，"是"字复见，闽南方言的"是谁"是一个合成词，"'是'字本义已消失。"（黄丁华，1963）普通话也有"是谁"的说法，不过它是词组，"是"仍是判断词，只是它的判断义也已经有弱化的倾向。潮汕话也用合音[tiaŋ]问人，此外[tiaŋ]还衍音为[ti tiaŋ]，即"咤侥"。故潮汕话的"谁"有两种说法。

2. 问物

普通话"什么（东西）"在闽南方言中也是有所不同的。

台湾话：啥、[ʃiã mih]、[ʃiã hue]。

漳州话：甚乜。

泉州话：啥乜。

厦门话：渖物。

漳平话：[sŋ]个、甚么。

龙岩话：[siē]。

潮汕话：乜个。

内地和台湾地区的戏唱本的"什么"大都作"乜"，当然亦可以借用"物"，"乜"极少单用，一般与名词和量词连用即"乜*"，如："乜代"表示"什么事情"；还可以带上"仔"，"仔"表示频繁，"乜仔"强调任指，如"乜仔人"。闽南方言一般通用"啥乜"，如台湾话和泉州话及漳平的菁城话等。漳州话作"甚乜"，厦门话作"渖物"是一样的。实际上，"啥"指称含义和句法功能跟"啥乜"几乎完全相同。龙岩话的"什么"方音作[siē]，台湾话用"啥"，音作[siã]，[a]和[e]发音部位（舌头）都在前，只是高低不同而已，故两地闽南方言用法十分相似。漳平话除了用"甚么"之外,还用"[sŋ] 个",潮汕话用"乜个",两地都有一个"个"字,永春话中的"啥个"一样可以用来表示问物。

3. 问处所、方位

普通话的"哪里"在闽南方言中有所不同。

台湾话:何[tə]、[tə ui]、[tə tʃit ta]。

漳州话:底落仔。

泉州话:哪落[to loʔ]、[to tsit ui/liaʔ]/[to lo a]－[tuã](合音,永春话)。

厦门话:揲落[to lo]。

漳平话:[to]落、[to]位(菁城话)。

龙岩话:底兜、底搭。

潮汕话:哋块。

台湾话的"哪里"有多种说法,[tə ui] 同漳平菁城话,也近于永春话的"[to tsit ui]";"[tə tʃit ta]"的[tə ta] 近于龙岩话的"[tie ta](底搭)"。此外,指称事物的疑问代词也可以组成词组询问处所,如"啥所在"、"啥乜所在"相当于普通话的"什么地方"。潮汕话用"哋块"问处所。泉厦漳(平)三地则可以用"[to lo]"来询问方位和处所。

4. 问时间

普通话问时间的"几时"在闽南方言里一般通用"底时"或"底当时"。台湾话中的"[ʃiã mih ʃi tsun]"在漳(州)厦及永春话也出现,即"啥乜时阵",而泉州话又常用"啥时节[siã si tsue]",它们相当于普通话的"什么时候"。潮汕话"珍时"表示问时间。

5. 问性状、情态、方式和行动

普通话的"怎样"在闽南方言里作"安怎"、"怎仔兮"。台湾话为"安怎"或"怎样",漳泉话皆作"安怎"。厦门话用"怎仔"和"怎仔兮"。"怎"在现在的闽南口语里也较少用,按其指称用途,可以并入"安怎"来谈(黄丁华,1963)。(原文"安怎"作"焉剗",为行文前后统一之便,故用"安怎"。)比较起来,青少年常用"怎样","安怎"更为老年壮年使用。泉州话有"安怎",也有合音的"怎样"即"怎生兮"、"怎生仔",实际上接近于厦门话的"怎仔(兮)"。"生"在唐宋间常常作为"怎"的词尾,如欧阳修词《瑞鹊仙·春情》:"问因循过了青春,怎生意稳。"柳永词《临江仙》:"还经岁,问怎生禁得如许无聊。"

6. 问数量、程度

台湾话用"喏"表示"如何",询问程度。而漳泉厦等亦用"几"。

从前文排列分析来看,疑问词是有所分工的。问人问事问物时泛指是用"啥",

特指用"底";问时间、处所及数量时泛指用"底、偌",特指则用"几"。

二、介词

介词通常是跟名词或代词结合而成为动词或形容词的修饰成分。介词是由动词发达而来的,大部分的介词有着和它们同形态的动词。闽南方言里有相当一部分介词是与普通话一样的,如:从、自、由、向、当、对和为了等,但是也自有一套颇具方言特色的介词。

普通话的介词从形式和意义方面来讲,或者表示时间,或者表示空间,或者表示对象,或者表示其他方面。闽南方言的介词大体上也可以依此分类。兹分别稍作描述如下:

(一)表示空间的介词

这类介词是用以引进处所和方向的介词。

台湾话:①对或抵(从):对屏东去。②到:来到贵地。③合:向……方向。

漳州话:①对:我对漳州来。②伫(在):在学堂(学校)。③顺(沿):顺溪堤行(沿河堤走)。

泉州话:①对(从):伊对泉州来(他从泉州来)。②待或跕或驻:伊待泉州读册(他在泉州读书)。③向(从):伊向厦门来(他从厦门来)。④告(到):告泉州犹偌远(到泉州还多远)。⑤顺(沿着):汝顺着公路行。

厦门话:①对(从,向):汽车对大桥开去。②伫(在):我伫厦门徛(住也)十年略。③到:伊家己一个行到海口(他自己一个人走到海边)。④待:我待公司食下昼(我在公司吃午饭)。

漳平话:①对(顺着):对许条路行(顺着这条路走)。②待(在):待庴里(在家里)。③告(到):告城里去。

潮汕话:①对(朝,向):伊对我个心肝头生捅(他用拳朝我的胸口猛打)。/ 伊行对公园入去(他朝公园走了进去)。/ 你行对外马路直直就着(你朝外马路一直走过去就对了)。②[taŋ⁵]、[pin⁷](从,自):我[taŋ⁵]澄海行来到汕头(我从澄海走到汕头)。/ 撮书叠[pin⁷]个窗许块(那些书刊号累到窗户那里为止)。

这些介词是用以表示动作行为发生和通过的处所,有些是表示动作行为本身所涉及的目标,其作用相当于普通话的"朝,向";有些是表示动作行为所经过的途径和方向,其作用相当于普通话的"朝着,顺着,沿着";有些是表示动作行为结束的处所,其作用相当于普通话的"到"。而且,从所列例子来看,闽南方言里同一个介词可以兼表数义,用法比较宽。同时表示普通话同一个意义的介词在闽南方言里可以有多种说法,泉州话表示"在"义的介词有"待、跕、驻"多种称法;潮汕话表示"自;从"义的介词有[taŋ⁵]、[piŋ⁷],其二者可以互相替换,但是潮汕各地使用频率各有不同,这两个介词是很有方言特色的。

（二）表示时间的介词

这类介词用以引进表示时间的名词。

台湾话:①到:到这阵。②自:自幼起（从小时候起）。③从:从旧年就破病啦。

漳州话:①从:从此以后。

泉州话:①从:伊从小就无爸母（他从小就没有父母）。②自从:自从旧年伊变骨力（勤快）。（永春）

厦门话:①到:食到老,学到老。②从:伊从细着徛仁厦门（他从小就住在厦门）。③仁:阮学堂是仁改革开放的初期办起来的。④对:伊对早起做到下昏（他从早做到晚）。

漳平话:①从。②自:自幼、自细（从小）。

潮汕话:①[taŋ⁵]、[piŋ⁷]（从、自）:我[taŋ⁵]五岁就来上海喽（我从五岁就来上海了）。/[piŋ⁷]年头到此在,落无两粒雨（从年初到现在,几乎没有下雨）。

闽南方言这类介词和普通话很多是一样的,如"到、自、从"等,它们在闽南方言和普通话里的用法和意义基本上是一致的,用来表示动作或状态在起始的时间。厦门话"对"、潮汕话"[taŋ⁵]、[piŋ⁷]"诸介词与普通话的差别是比较大的。

（三）表示对象的介词

这类介词用以引进与动作行为相关的对象,用法比较复杂。

台湾话:①对:对伊好。②合:合汝讲（跟你说）。③按:按添福仔算起。④互:互先生骂。⑤将:将……准做（把……当作）。

漳州话:①共:伊共人拍一下（他把人家打了一下）。②将:你将伊掠去（你把他抓走）。③互:伊互人拍死（他被人打死）。

泉州话:①对:对事不对侬。②共:伊共我说过（他对我说过）。/我共伊洗衫裤（我给人洗衣服）。/共伊掠起来（把他抓起来）。③将:汝着将书读好（你应该把书读好）。④与或乞:伊与（乞）侬拍（他被人打）。

厦门话:①对:小王对人真热情。②合:即项代志合你无关系（这件事跟你没关系）。（"合"也常用作"甲"）③共:我共伊回批咯（我给他回信了）。④将:伊将我的册拿去。④互:伊的钱互贼仔偷了了（他的钱被小偷偷光了）。

漳平话:①对:对我说。②合:你合伊好,伊就合你好（你对他好,他就对你好）。/合伊讲一句（向他说一句）。③将:将门关咧（把门关上）。④与:茶杯与伊攻破了（茶杯被他打破了）。

潮汕话:① 对:伊对只猪个伊掠去卖（他把猪给卖了）。② [kai⁵]:我早就 [kai⁵] 你咀过（我早就跟你说过）。/ 伊生来 [kai⁵] 你平平样（他长得跟你一模一样）。③ 互:伊偷食互人看见（他偷吃被人看见了）。④ 合:是伊合你咀个,你就去问伊（是他同你讲的,你就去问他好了）。/ 我合伊平大。⑤ 分:伊分人拍死去（他被人打死了）。⑥ 乞:我乞伊骂到无滴团好（我被他骂得无是处）。⑦ 过:我重过伊。⑧ 掠:伊掠人看作敌人（他把我们看作敌人）。⑨ [ts'ak⁴]:伊 [ts'ak⁴] 人去广州做生理（他同别人去广州做生意）。

　　闽南方言里表示对象的介词相当丰富,有些是引进行为动作的对象或关系者,其作用相当于普通话的"对",此时闽南方言常常用"对",另外泉州话"共"也可以表示这种语法意义;有些是表示动作行为所协同的对象,其作用相当于普通话的"和,跟,同",对象双方共同参与行动,台湾话作"合",漳州话作"甲",泉州话作"合",厦门话或作"合"或作"甲",漳平话、潮汕话均作"合"。"合"、"甲"是只是不同方言资料所用的表示相近方音的方言代表字。潮汕话里表示"和,同,跟",除了用"合",还可以用"[kai⁵]"和"[ts'ak⁴]"。[kai⁵] 有多种意义,"和,跟,同"是其中之一。至于"[ts'ak⁴]",方言里作为实词,意思是"结交"、"交往";作为虚词,意义近于普通话"跟,和,同"。很明显,虚词的义项是从实词虚化而来的（林伦伦,1992）。

　　表示对象的介词除了前文所讲的两种语法意义之外,还可以用来表示动作行为的施（受）事者,其作用相当于普通话的"被、叫"和"把"。台漳厦以及潮汕话"互",泉州话漳平话"与"均表示被动,"互"、"与"是代表相同（近）方音的不同代表字,用法和意义是相同的。除了用"互（与）"之外,泉州话还用"乞"表示被动,引进动作行为的施动者,潮汕话也用"乞",还用"分"。"互"、"乞"、"分"三词意义完全相同,但使用区域有所不同,大致是这样的:汕头市多用"分",澄海、潮州多用"乞",而饶平则多用"互"。它们原来都是动词,词义是"给"、"送给"。"分"、"乞"作送给解,是古代汉语保留下来的词义。《左传·昭公十年》:"分贫振穷。"晋杜预注:"分,与也。"《史记·李将军列传》:"广廉,得赏赐辄分其麾下,饮食与士共之。"《玉篇·八部》:"分,施也……与也。"又《汉书·朱买臣传》:"妻自经死,买臣乞其夫钱令葬。"《正字通·乙部》:"凡与人物亦曰乞。""乞"在潮汕话里有"送给"之义,又有"乞讨"义,两义项恰恰相反。今用作介词表示被动,是从"送给"虚化而来的。近代汉语中,《清平山堂话本·错认尸》:"周氏不敢言,乞这大娘骂了三四月。"

　　闽南方言"共"、"将"用来表示处置义,其作用相当于普通话的"把"。此两介词在方言里使用得相当广泛。潮州话"对"亦可以用来表示处置对象,此外

"掠"作实词,是"抓、捕"的意思,作为虚词,也可以表示"把"的意义,当然"掠"作为虚词,有着不同的语法意义,下文将加以介绍。

表示处置对象的介词有些是指出行为动作服务的对象或动作的接受对象,其作用相当于普通话的"为"、"替"、"给"。"共"在闽南方言里的使用频繁相当高。

（四）其他类型的介词

这类介词主要是指如普通话"用"、"将"之类的工具性介词和表示依从某种标准的介词以及排除意义的介词等。

台湾话:①用:用手提。②照:按照。③除起（或以外）:除……以外。

漳州话:①除去:除了。

泉州话:①用:用刀夷侬（用刀杀人）。②据（在）:据在伊说,我就是咛去（任凭他说,我就是不去）。③以外（或除起或除）:除本钱外,犹偆一百元银（除本钱外,还剩一百元钱）。

厦门话:①用:用我的名义写一张批互伊（以我的名义写张信给他）。②照:照大细汉排队（按高矮个排队）。/照我看,伊较 势你（依我看,他比你能干些）。

潮汕话:① 掠:（或挈或挽或擎）:伊掠枝槌对我生拌（他用棍子朝我猛打）。/伊挈撮港币去银行换作人民币（他用港币去银行换人民币）。②合:合你只生呾,我么着来去一下（照你这样说,我真得去一下）（此处的"合"在方言中也说成"按"或"照"）。

闽南方言"用"、"照"、"除起（除去）"和普通话的用法和意义基本上是一致的。泉州话"据在"以及潮汕话的"合"、"掠"、"挈"、"擎"等均是颇有方言特色。"据在"相当于普通话的"任凭",而潮汕话"合"可以表示依据的对象,作用与"照,根据"相同。"掠"当虚词用的时候,除了表示处置对象,还可表示动作行为所凭借的工具或条件,与普通话的"用"和"拿"相近。此时潮汕话还可用"挈"（或作"挽"）、"擎"来代替。

三、连词

连词是用来连接词、词组或句子,表示某种结构关系或逻辑关系的虚词。闽南方言里的连词有些跟普通话的连词相同,但同时也有其特有的连词。连词通常可以按其所表示的关系分成这么几种:并列连词、递进连词、选择连词、因果连词、转折连词、假设连词、让步连词、条件连词等等。兹分类论述如下:

（一）并列连词、递进连词

这类连词的作用相当于普通话里的"和"、"跟"、"并且"、"而且"等。闽南方言的这类连词使用情况排列分析如下:

台湾话：①共：台南共台北。②及：汝及伊（你和他）。（或作"和"，方言中还用"参"表示"和"的意义）③兼：校长兼摃钟。④和：鱼和虾。⑤亦有：亦有日本人亦有台湾人。⑥又……又：又俗又好。⑦又佫：老实又佫骨力（不但老实而且勤快）。⑧［nã］……［nã］……：［nã］讲［nã］哮（哭）。

漳州话：①甲：伊甲我（他和我）。

泉州话：①甲：我甲伊去上海（我和他去上海）。②啀若……佫……：旧年啀若水灾，佫起大风，五谷则失收（去年不但闹水灾，而且刮大风，所以粮食欠收）。

厦门话：①合（甲）：我合伊拢是你的学生（我和他都是你的学生）。②佫：伊对人恭敬佫热情。③怀但……野：怀但着表扬你，野要提拔你。④怀但……佫：伊怀但家己无要来，佫叫别人也怀通来（他不但自己不来，还叫别人也别来了）。

龙岩话：①甲：和，同。

潮汕话：①合：只次来三人：老李、阿杰合我（这次来了三个人：老李、阿杰和我）。②共：如遇天灾共人祸（潮剧《吕叔寻宝》）。③头……头：伊头行头哮（他边走边哭）。④唔单（唔清，唔肯）……还：伊唔单会钢琴，还会吉他。

普通话的连词"和"、"跟"在闽南方言里，台湾话有"共、及（或合或参）、兼、和"等等，其中的"共"和"合"（有的作同音字"甲"）在方言使用得比较多。"共"在古代汉语中也常用作连词，如宋·辛弃疾《鹧鸪天·黄沙道中即事》词："松共竹，翠成堆。"金·董解元《西厢记诸宫调》卷二："到此怎惜我贞共孝，多被贼人控持了。""共"、"合"若为连词，主要是连接词和短语。"共""合"也可用作介词，"介词"部分已论说，在此不赘述。

普通话"一边……一边……"，在台湾话里是用"nã……nã……"的连词；潮汕话则常用"头……头……"，这是从近代汉语的"一头……一头……"演变而来的。元·萧天瑞《杀狗劝夫》第三折："待我一头开门，一头念讨你听咱。"《古今小说·陈从善梅岭失浑家》："巡检一头行，一头哭。"

普通话里的"不但……而且……"在闽南方言里也被使用，此外，如台湾话"又佫"厦门话"佫"均有"而且"的意思，一般是用以连接谓词或谓词性短语。如果是连接分句的话，泉州话"啀若……佫……"、厦门话"怀但……佫……"、"怀但……野……"、潮汕话"唔单……还……"等都是表示前后分句存在递进关系。"啀若""不但"其实是代表普通话"不但"所使用的代表相近方音的不同方言字。潮汕话"唔单"有些地方讲成"唔清"或"唔肯"，分句句末还可加上助词"定"来表示强调。这些都是很有地方特色的。

（二）选择连词

这类连词相当于普通话的"……还是（或是）……"。闽南方言里选择连词

是比较单一的,使用情况如下:

台湾话:①毋是……就是……:我想毋是汝就是伊。②是……抑是……:是台中抑是彰化?③毋是……便是……:毋是日本人便是台湾人。④抑:有抑无。⑤……若无(或毋)……:汝来若无我来去。

漳州话:①抑(是):是伊来,抑是我去(是他来,还是我去)?

泉州话:①犹(犹是):买桃,犹买李,计会做咧(是买桃还是买李,都可以)。

厦门话:①抑(是):是你抑我(是你或者是我)?

潮汕话:①你有书呀无(你有书没有)?/你物好呀未(你搞好没有)?②唔哩:唔哩去广州,唔哩去上海,在你选(或者去广州,或者去上海,由你挑)。

闽南方言的选择连词有些是借用普通话的,如台湾话例中"毋是……就(便)是……"相当于普通话的"不是……就是……"。从所列例子来看,否定副词在是非选择的句子中起着举足轻重的作用。"抑"用在正反疑问中,连接表示正反或肯定否定两方面的词或词组在闽南方言里是相当普遍的。泉州话是作"犹",潮汕话是用"呀",不论使用形式如何,各支闽南方言用来表示选择关系的连词发音时都有主要元音[a],也就是说,方音相近。"抑"在普通话书面语中可以用作表示抉择的连词,相当于"或者""还是",带有古代汉语遗留性质。如:岂得之难而失之易欤?抑本其成败之迹,而皆自于人欤?(欧阳修《五代史伶官传序》)。潮汕话"唔哩"相当于普通话的"或者",据笔者所知,泉州话也有类似的连词,作"唔哩"。

（三）因果连词

这类连词在闽南方言里更多是借用普通话的"因为……所以……"、"因此"之类的表示因果关系的连词。部分连词自具方言特色。

台湾话:①……所致即……:政令不修所致即互人怨嗟(政令不加整治致使从埋怨)。②……毋即……:腹肚饫毋即会无力(肚子饿才没力气)。

厦门话:①既然……赫就(着)……:既然伊不肯来,赫就不免佫为难伊咯(既然他不肯来,那就不必再为难他了)。③着是……则会……:伊着是不听话,则会变否(他就是不听话,才会变坏)。

闽南方言的因果连词侧重于表示逻辑上的因果关系,台湾话、厦门话所提供的例证可以作为代表。台湾话的"毋即"在泉州话中是作"唔则","则"在普通话里作连词用的时候,可以表示因果或情理的联系,如"欲速则不达""物体热则胀,冷则缩"等说法。

（四）转折连词

这类连词的作用相当于普通话的"虽然……但是……""却""反而",等

等。闽南方言的这类连词还是比较有特色的,使用情况如下:

台湾话:①虽然……毋拘……:虽然春天毋拘犹足寒。②就是……亦……:我就是无钱亦会合伊借。③却:伊厝里散赤(穷)却真幸福。④ A 阁 A 不拘……:伊好额阁好额不拘足龟精(吝啬)。

泉州话:①(虽然)……嗬拘……:伊(虽然)做依诚好,嗬拘无能力(他虽然为人很好,但是没有能力)。

厦门话:①怀过:我想要去你遐,怀过最近真无闲(我想去你那儿,不过最近很忙)。

潮汕话:①合:你家已试还考唔及格,合来只块笑别人(你自己考试都没及格,却在这儿笑别人)。②哩:恨哩恨孬死,惜哩惜唔起(恨他的,没死掉;疼他的,却没成人)。/ 有哩是有,就是唔乞你(有虽然有,就是不给你)。③(虽)是……是咀……:伊有钱虽是有钱,是咀咸涩死(他虽然有钱,但吝啬得很)。/ 我本来爱去,是咀唔闲(我本来想去,但没空儿)。④倒转、颠倒:只个下个倒转(颠倒)跳悬过许个悬个(那个矮的反而比那个高的跳得高)。

从台泉厦三地闽南方言话例来看,它们的因果连词基本上是接近于普通话。台湾话“嗬(不)拘”,泉州话“嗬拘”厦门话“怀过”只是各自使用的代表字不同而已,方音上基本相近,语法意义相当于普通话的“不过”。台湾话“A 阁 A 不拘”是先正面肯定然后从反面加以否定,带有一种让步的味道。

相比之下,潮汕话的转折连词与众不同。常用作介词和并列连词的“合”用在复句的后一分句中,表示转折意义,与普通话“反而”、“却”作用相近。“哩”有“虽然”的意义,也有“却”的意义,有着丰富的表意功能。据笔者所知,泉州话口语中也经常用“哩”来表示转折关系。“虽是……是咀……”作用同“虽然……但是……”,在实际表达中,“虽”可以省略,只说“是……是咀……”,“是咀”也可以单用。还有,“倒转、颠倒”作用与普通话“反而”、“却”一样。它们是由实词虚化而来的,在近代白话中有转折的意义,如元·王实甫《西厢记》三本二折:“几曾见寄书的颠倒瞒着鱼雁。”《清平山堂话本·快嘴李翠莲记》:“分付你少则声,颠倒说出一篇来。”《好逑传》第四回:“过公子无奈,只得拜谢了回家,倒转用好言安慰香姑……”。

(五)假设连词

这类连词的作用相当于普通话的“如果……(就)……”、“即使……也……”、“否则”,等等。闽南方言的假设连词还是比较有方言特色的。

台湾话:①若……着……:若有合意着来。② ……安呢……伊毋来安呢汝拍算卜(要)怎样?③[kah⁴]是……就……:[kah⁴]是破病就歇睏。④卜是……就……:明仔再卜是落雨就爱（不要）去。

泉州话:①若:若有侬来,汝就叫我一声（如果有人来,你就叫我一声）。②若（是）……就……:明日若（是）好天,我就去安溪（明天如果是晴天,我就去安溪）。

厦门话:①若是……着……:若是落大雨,阮着无要去（如果下大雨,我们就不去）。②设使……着……:设使伯有才调通起厝,伯也要合伊缚条件（即使我们有本事盖房子,我们也要跟他讲好条件）。③敢若……就（着）……:敢若讲好势,就煞煞去（如果谈不拢就拉倒算了）。④准讲……吗着……:准讲无钱通还,吗着合伯讲一声（即便没钱还,也得告诉我们一声）。⑤（也）无:无饭通食,也无食糜吗好（没饭吃,要不吃稀饭也可以）。

龙岩话:①苟:苟伊怀去,我亦无法（他如果不去,我也没办法）。②设使（或纵使或纵然）。

潮汕话:①哩:做生理哩唔识字,读书哩赚无钱（如果去做生意,将学不到文化;去念书么,又赚不到钱）。② a^7（是）、$nã^7$（是）:你 a^7 是唔听话,我就唔乞你去（你如果不听话,我就不让你走）。③做:做你家已去,你就知惨（假如你自己去了,你就知道厉害）。④ a^7 唔、a^7 无:你着落力读书,a^7 无就考唔上大学（你要努力读书,否则就考不上大学）。

闽南方言里,"若"用来表示假设关系是比较常见的。"若"后往往可以带上"是",再与"就"连用,"若"带有古代汉语遗留性质,如惯用表达:人若犯我,我必犯人。台泉厦诸闽南方言用"若"这一连词是较普遍的,当然口语中也常借用普通话"如果……就……"这一连词。此外,台湾话"安呢"、"卜（或［kah⁴]）是……就……"和厦门话"设使……着……"、"敢若……就（着)……"。"准讲……吗着……"等都是很有方言特色的。"着"与"就"可以替换使用,"着"含有"必须"的意味。

龙岩话"苟"用来表示假设关系,这是古代汉语词汇的遗留。《孟子·梁惠王上》:"苟为后义而先利,不夺不厌。"龙岩话除"苟"单用外,有时还与"若"连用表示假设。如同《左传·昭公四年》:"君若苟无四方之虞,则顾假宠以请于诸侯。"与厦门话一样,龙岩话也用"设使"表示假设关系,此外还有"纵使""纵然"均作为表假设关系的连词活跃于龙岩话中,这些也是古代汉语词汇。《公羊传·定公元年》何休解诂:"设使定哀习其经而诵读之。"曹操《让县自明本志令》"设使国家无孤,不知当几人称帝,几人称王。"《颜氏家训·书证》:"纵使相如天才鄙拙,强为此语,则……不得云牺也。"

潮汕话里的假设连词中,"na⁷是"应该是相当于其他各闽南方言的"若是",

因为它们方音是相近的。"a⁷唔（无）"则是借助否定词"无"来表示假设关系，这与厦门话"（也）无"有同样的表达效果，意即如果没有 A 的情况下，就采用 B 的措施，相当于普通话的"否则"、"不然的话"。"哩"在句中有一种舒缓停顿的意味，据笔者所知，泉州话里也有这一个特殊连词。而"做"这一连词意同"如若"、"如果"，是相当有特色的方言词。

四、副词

普通话的副词通常包括程度副词、范围副词，时间副词和否定副词等。闽南方言的副词与普通话相比，是很有其方言特色的，显示出与众不同的特点。兹分别论述如下：

（一）程度副词

程度副词的语法功能是修饰形容词及少数动词和述宾结构。"很、挺、怪、更、最、太、忒、好、真、较、比较、非常、十分、特别、尤其、稍微、不大"等是普通话常见的程度副词。闽南方言的程度使用情况排列分析如下：

台湾话：①足：今仔日足热（天气之热有安定感）。②真：伊真水（很漂亮）。③成（诚）：成爽（很痛快、很过瘾）。④上：上悬（最高）。⑤伤：伊车驶伤紧（太快了）。⑥搁恰：搁恰水（更加漂亮）。⑦小可仔：小可仔痛（微痛）。⑧皮皮仔：皮皮讲（稍微一提）。⑨淡薄仔：有较水淡薄仔（有漂亮一点儿）。⑩不止仔：伊不止仔乖（他乖一些）。⑪一屑仔：今仔日俗一屑仔（今天俗一点儿）。⑫少寡仔：紧少寡仔（紧一点儿）。⑬崭新仔：崭新仔水（非常漂亮）。⑭抵好：抵好大（尺寸刚好）。⑮界：老章的界（很）可恶。⑯上界：老 K 上界专制（老 K 十分专制）。⑰险险：险险赡记得（差点儿忘记）。

漳州话：①真：真欢喜（很喜欢、很高兴，程度相当高）。②设汰：设汰亲像（非常相像，程度最高）。③甲偌：无甲偌好（不太好，一般只用于否定式）。④各恰：天各恰乌（更加黑）。⑤略略仔：稍微（数量不多或程度不深）。/ 小可仔：稍微。

泉州话：①足：即个侬足好（这个人实在好）。②真：伊真欢喜（很高兴）。③诚：伊诚好（相当好）。④野：伊野好（相当好）。⑤崭然：伊崭然好（相当好）。⑥伤：阮伤早食暗（我们太早吃晚饭）。⑦较：伊分病较好啦（他的病稍微好了一些）。⑧小可：小可削一丝仔去（稍微削去一点儿）。⑨淡泊（仔）：伊淡泊仔发烧（他有一点儿发烧，表示"微薄，少许"）。⑩险（险）：伊险（险）考入大学（差一点儿）。⑪足界：伊足界可恶（他这么可恶）。⑫过：伊过否（他很坏）。⑬伤过：食伤过饱（吃太饱了）。⑭皮皮仔：稍微。

厦门话：①促：即婴仔促小（实在小）。②真：真紧（很快）。③成（诚）：成壮（确实非常壮）。④野：行一日路,人野癏（走一天的路,人挺累的）。/［iau¹］:伊走甲［iau¹］紧（他跑得挺快）。⑤上：上矮（最矮）。⑥一：一否（极坏、最坏）。⑦设汰：设汰慢（非常慢、十分慢）。⑧伤：伤红（太红）。⑨较：较省钱（比较省钱）。较去兮（离得更远一些）。⑩［a⁷ku¹］:［a⁷ku¹］勢（还能干）。⑪佫较（野较）:伊行佫较紧（走得更快）。⑫加真：加真水（原先就美,这回更美了）。⑬崭然（仔）:崭然紧（相当快、颇快）。⑭不只（仔）:不只（仔）勢（相当能干）。⑮普普仔（普略仔）:普普仔酸（微酸）。⑯小可仔:稍微。⑰险险:差点儿。

漳平话:①尽:许布花花尽水（这布花色鲜艳很好看）。②野:许婴仔尽野变（这孩子非常顽皮）。③盖（啊咧）:盖（啊咧）,许顿饭食盖饱啊咧（这顿饭吃得太饱了）。④恰:许领衫恰水（比较漂亮）。⑤不止:漳平属热地,热天不止热（漳平是亚带热的地方,夏天相当热）。⑥小可:有合伊小可讲讲来,无几详细（跟他稍微说过,不太详细）。⑦（无）几:无几详细。⑧有滴仔:有滴仔寒（有点儿冷）。⑨差一仔:差一点儿。

龙岩话:①愈:愈寒（很冷）。②顶好:顶好最伙去（顶好即最好）。③堵:刚刚。

潮汕话:①真:只本书真好。②上:只件物上好（最好）。③上顶:只撮柑是上顶好个（最好的）。④过:伊过强（他很强）。/狼戾:伊狼戾聪明（他很聪明）。⑤死:只本书好死（很好）。/绝:只本书好绝（好极了）。/死绝:只本书好到死绝（好到极点）。⑥死父:肥到死父（相当胖）。/无父:肥到无父（挺胖、相当胖）。/哭父:伊二人好到哭父（好得要命）。⑦爱死:伊二人好到爱死（好得要命）。/棺材:衰到棺材（倒霉得要命）。

从前文排列情况我们可以发现,普通话的程度副词"很、更、十分、特别、尤其、稍微"等是各地闽南方言所没有的。不过诸如"最、太、非常"等在闽南方言中经常为人们所使用,用法也基本一致。但是闽南方言自有其一套程度副词。

程度副词的程度差别很难用具体的数值加以界定,程度的高和低只是相对而言。普通话"很、挺、怪、颇、相当、最、太、忒、好、真、非常、十分、特别、尤其"所表示的程度高,不妨定为 A 类词。普通话"比较、较、稍微、差一点儿"等所表示的程度则相对比较低,且定为 B 类词。还有,普通话"刚刚好,恰好,正好"用在形容词前,表示大小、长短等正合适,它们亦可以用在动词和数量词之前,它们所表示的程度是正好合适,且定为 C 类词。闽南方言程度副词亦可以依此划分为 A、B、C 三类对应词。兹分别论述如下:

1. A 类对应词

台湾话"足、真、成（诚）、上、伤、搁各、界、上界",漳州话"真、设汰、各恰",泉州话"足、真、诚、野、崭然（仔）、伤、足界、各较、过、伤过"，厦门话"促、真、成（诚）、野、上、一、设汰、伤、各较、加真、崭然（仔）、不止仔"，漳平话"尽、野、尽野、盖（啊咧）、恰、不止"，龙岩话"恙、顶"等等，皆属于 A 类词，它们的用法基本上是放在形容词之前。不同的程度副词表示的程度是有区别的。比如漳州话中，"真"表示相当高的程度，"设汰"则表示程度最高。《福建省汉语方言概况》中"厦门话常用虚词举例"说，"设太（汰）是"实在太"的合音。"台湾话"上界"比"界"的程度更甚，永春话"伤过"比单用"伤"或"过"程度来得强，厦门话"加真"与"真"相比，强调程度更进一步。泉州话"成万"的程度也是更甚于"成"。

程度副词和语气助词结合使用更加具有强调色彩。漳平话"盖"之后带上"啊咧"组成"盖啊咧"一词，此时使用者含有强调和夸张的语气，而且要以单独构成感叹句，或者"盖"放在形容词之前，然后带上"啊咧"和"也"等语气词。漳平话"盖"与永春话"足界"、台湾话"（上）界"所表示的意义相近。

厦门话"野"有［ia¹］和［iau¹］两种读音，同样，漳平境内的"野"亦有两种读音。漳平话的"几"用来询问之外，也可用于表示程度，不过通常必须在它的前面加上"无"，这与漳州话的"甲偌"、永春话的"较偌"一般只用在否定句中是一样的道理。

同其他支闽南方言相比，潮汕话的程度副词显示出与众不同的特点。潮汕话也用普通话所具有的程度副词"真"。还有，潮汕话与台湾话、厦门话、龙岩话一样，用"上"表示最高程度。此外，潮汕话"上"还可加上"顶"，即成"上顶"一词，也表示最高程度，相当于普通话的"最"。而龙岩话只用"顶"就可以表示"最"的意思。普通话"很"在潮汕话中是用"过"和"狼戾"二词，这也是比较特殊的。其中。永春话也有"过"，永春话、漳平话还用"伤过"强调程度之高。还有，潮汕话常用一些"较粗鲁的说法"来修饰说明事物性状的程度，如：死、绝、死绝、死人、死父、无父、哭父、爱死、棺材。这种说法是普通话所没有的。在词序方面也有所不同：它们是附在被修饰语之后，单音节的"死"和"绝"直接附在其后，双音节的"死绝"等词必须用"到"引入，此时这些副词性词语在句中充当补语成分。

2. B 类词

台湾话"较、小可仔、淡薄仔、一屑仔、少寡仔、皮皮仔、险险"，漳州话"略略仔、小可仔、"，泉州话"较、小可（仔）、淡泊（仔）、险（险）（仔）、皮皮仔"，厦门话"普普仔（普略仔）、小可仔、险（险）"，漳平话"小可、一趐仔、有滴仔"，都是 B 类词，表示程度只是"稍微，一点儿"，主要是以"仔"作标志的一类词，一般情况下这类词可以放在形容词或者动词之前作状语，也可以放在形容词之后作补语。其中台湾话"一屑仔"和漳平话"一趐仔"所指相同，方音也一样。"较"放在形容词之前的用法和普通话基本一致。但是"较"在闽南方言中可以放在动词之前,表示祈使和命令的语气,如台湾话和永春话的"较去咧",厦门话"较去兮"。

3. C 类词

普通话表示"刚刚(好),正好,恰好",台湾话可用"抵好",实际上,这种说法与永春话"拄好(仔)"或"拄仔好"以及漳平话"堵(堵)好"等是大同小异,皆属于 C 类词。它们放在形容词或数量词之前表示大、小、长短等正好合适,这种用法比较普遍,若放在动词之前更多是表示时间,在此就不展开。

潮汕话与漳平话、龙岩话都可以用"堵堵"表示"刚刚,恰好",形容程度恰到好处正合适,此外潮汕话还用"啱啱"、"恰恰"二词。据林伦伦(1991)一文之说,"啱啱"可能是壮侗语词,客、粤方言都有这个词,"恰恰"则是潮汕话所特有的。

从排列分析情况来看,闽台闽南方言程度副词的用法基本一致,当然不同地区之间存在部分差异,潮汕话与其他支闽南方言相比的确有其殊异之处。但是共同点的存在又不容置疑,同时印证台湾闽南方言和祖国大陆闽南方言的历史渊源关系。

闽南方言程度副词还保留了不少今天普通话已经不说的古汉语词,如:足、伤等等。唐·韩愈《重云李观疾赠之》诗:"此志诚足贵非职所当"。前蜀·韦庄《思帝乡》:"春日游,杏花吹满头,陌上谁年少,足风流。"此诗文"足"就是"很、非常、十分"之意。唐·杜甫《曲江》诗之二"且看欲尽花经眼,莫厌伤多酒入唇。""伤"是唐朝口语词语,作为副词,解释成"甚、太",还有,如宋司马光《与王乐道书》:"饮食不惟禁止生冷,亦不可伤饱,亦不可伤饥 …… 衣服不可过薄,亦不可伤厚。"显然,"伤"解释为"过、甚、太"是合情合理的。

(二)范围副词

普通话范围副词就表示意义来讲,一类是表示包举,如:都、也;一类是表示限制即排除,如:光、就、单、只。表示排除的范围副词可以直接出现在名词前头。如:光(是)北京就有两千人参加。表面上副词好像可以修饰名词,实际上这种句应该看成是省略了"是"的紧缩形式。同普通话相对应的闽南方言范围副词亦有其特殊之处。具体分析如下:

台湾话:①拢:伊拢输了了(全部输光光)。②拢总:我拢总知影(全都知道)。③剩剩:我剩剩知影。④通通:我通通知影(我都知道)。⑤归或规:整个。⑥干焦:干焦食饭无啉酒(只有,仅仅)。⑦独独:独独伊无来(只有他没来)。⑧怀尔:怀尔两款事志(不只两件事)。

漳州话:①拢:碗拢破去(碗都破了)。②拢共:拢共斤半(总共一斤半)。

③干澌：伊干澌会哭（他只会哭）。

泉州话：①拢总：拢总覕起来（他们全部躲藏起来）。②拢总：伊拢总瘦（他瘦得可怜,加强瘦的语意）。③拢总：拢总（是）十六格（总共十六格）。④计：恁计来（你们都来）。⑤乾澌：乾澌说唔去做,有啥路用（只说不做有什么用处）。

厦门话：①拢：我讲的侬拢听无（我说的他们都不清楚或都听不懂）。②拢总：加起来拢总着千二铢（加起来总共要一千二百元）。③禠：人禠来咯（人全部来了）。规笼禠无一粒臭粒的（整笼全没臭的,或整笼都有是好的）。④干但：干但我一个知影（仅仅我一个人知道）。干焦：伊干焦会晓英文（只懂得英文）。⑤孤：孤伊知着好（只有他知道就好）。⑥做一下：做一下来去迌迌（一起去玩）。⑦同齐：同齐食（一道吃饭）。⑧相合：相合读册（一块儿读书）。

漳平话：①统共或拢共：一共。②［kʻatˀtʻia⁴］：［kʻatˀtʻias⁴］食米,无食面（净吃米,不吃面）。

龙岩话：①笼总：笼总才犁两亩（总共才耕两亩田）。②通通：通通加起来才一百箍（所有加起来只有一百元）。

潮汕话：①拢总：天拢总是乌云。②［nã］：我［nã］食一碗定（我只吃一碗）。

就排列分析的情况来看,闽南方言范围副词有如下特点（以台湾话作为参照）：

台湾话"拢、拢总、剿剿、通通"皆相当于普通话的"都"。漳州话厦门话亦有"拢",用法也相同。"拢总"或作"拢总",或作"笼总",皆表示包举之义,表示"全部、都"的意思。而泉州话"伊拢总瘦"的"拢总"起加强语意的作用,带有程度副词的性质。台湾话有"剿剿",厦门话有"禠",用法基本相同,前者用重叠形式,暗含强调之义。台湾话、龙岩话的"通通"不应视之为方言特有的成分,把它看成是方言与普通话共有的成分,恐怕更为妥当。

台湾话的"归或规"表示"整个",这是郑良伟（1990）一书中"台湾常用虚词用字表"所收录的,其表无具体例子,暂不能举出台湾话的例子。不过笔者家乡话永春话中有类似台湾话"归或规"的表达法。比如：因归兮计去（他们全部都去）。"兮"起结构助词的作用,且语句中还用"计"表示"都"的意思。但是厦门话例解中,"规"用在名词之前,带有形容词的性质。故不妨这么认为,"规或归"具有兼词性质。

台湾话"干焦、独独、怀尔"三词表示排除之义。"独独"亦是方言和普通话共有的成分。"怀尔"在永春话中也是存在的。台湾话用"干焦"一词,漳州话作"干澌",泉州话作"乾澌",厦门话作"干但（干焦）",漳平话作"［kʻatˀtʻia⁴］"。它们在读音上有所不同,厦门话"干但"音为［kanˀnãˀ］,有时只有一个［nãˀ］音;漳平话音为[kʻatʰ⁸tʰia⁴]。其余为[kan ta](调值因地而异)。

相比之下,厦门话范围副词多出"做一下,同齐,相合"等词,它们可以说是厦门话所具有的词,但不是厦话所特有的。永春话(泉州)也有类似的副词。不过所依之书《泉州市方言志》的"副词表"没有列入。《厦门方言研究》是后起的方言著作,在语法方面下较多工夫,分析比较深入精当。这说明人们已经愈来愈重视方言语法材料的挖掘和研究。

(三)时间副词

闽南方言表示时间的副词含有方言特有的成分。诸如"刚(刚)、常(常)、曾经、仍旧"等普通话书面语几乎不在方言口语中使用。如果口语表达夹杂着这些书面语成分,就显得生硬而不自然,带有学生腔。闽南方言的时间副词排列分析如下:

台湾话:①抵或拄:伊拄破病(在生病)。[tu tu a teh]:[tu tu a teh]洗衫(正在洗衣服)。②抵好或抵着:刚好。/拄者:才,刚才。/拄仔者或拄仔或头拄仔:刚才。③捌:我捌滞过台南(我曾经在台南呆过)。④定定:阮定定去(常常)。⑤捷捷:按阮大门口行来行去捷捷巡(在我家大门口走来走去不停地巡逻)。

漳州话:①拄仁咧:伊拄仁咧食饭(正在吃饭)。/正咧:伊正咧睏(正在睡)。②八:伊八来遮(他曾经来过这里)。③定定:伊定定去(他常常去)。

泉州话:①咧或当或嘿:伊咧读册(他正在读书)。②拄(拄)或拄即或寝(寝):阮拄拄食早起(我们刚刚吃早饭)。③捌:我捌去(过)北京(我曾经去过北京)。④定定:伊定定擘腹(他常常焦虑不安)。

厦门话:①当咧或仁咧或当仁咧或咧:因仁咧睏(他们正在睡觉)。②拄撞:拄撞落雨(碰巧下雨)。③拄(拄)仔:伊拄(拄)仔来(他刚来)。④拄仔则:即支笔我拄仔则买的(这把笔我刚才买的)。⑤八:我八看即出戏(我曾看过这场戏)。⑥定定:定定艰苦(常常生病)。/三不五时:伊三不五时来吵(他不时/常常来吵)。⑦随:我随来(我就走)。/现:我现去(我马上去)。/临边:我临边拿互汝(我立刻拿给你)。/翻身:车翻身要开咯(车马上就要开了)。⑧得要:天得要落雨(天快要下雨)。⑨倒转:我倒转就来(我回头就来)。⑩在本或自本或自底:遮在本是一片海(这里原先是一片海)。/自早或较早:伊较早着想要去读大学(他原先就想去读大学)。⑪野久:伊野久无来咯(他很久没来了)。⑫犹原:伊犹原做班长(他还是当班长)。⑬见:见请见来(每次邀请都来)。见射见着(每射一次都射中)。

漳平话:①堵凑或凑堵坎仔:堵凑看落伊(刚好见到他)。②[nã⁵]:我[nã⁵]

来无几久（我才来没多久）。③堵堵：伊侬堵堵相骂（他们正好在吵架）。

　　龙岩话：①堵堵：我堵堵讨去路街。②捷捷：我捷捷去苏溪头。/ <u>旦旦</u>：伊旦旦去买糜馇（零食）食（常常去买零食吃）。③逐：逐日写一张小楷（每日写一张小楷）。

　　潮汕话：①堵堵：伊堵堵出去（他刚刚出去）。②佮佮：我去到伊佮佮无在（他刚好不在）。③啱啱：我啱啱食好（我刚刚吃完）。④堵堵啰：伊堵堵啰写信（他刚刚在写信）。⑤识：伊识去过上海（他曾经去过上海）。⑥啰：伊啰看你（他正在看着你）。/ 我啰想啰想就［ŋʔ⁵］去（我想着想着就睡着了）。

　　闽南方言时间副词是颇具方言特色的：

　　表示进行式的时间副词。台湾话的"抵或拄"或"［tu tu a teh］"等表示某种动作和行为正在进行。漳州话用"拄仔咧"和"正咧"，泉州话用"当"或"咧"或"嗹"，皆表示"正在"的意思。厦门话也有这类副词，即为"当咧"或"仔咧"或"当仔咧"或"咧"，相当丰富，厦门话的"拄撞"也指动作正在发生。漳平话"堵堵"表示正好发生的动作行为。潮汕话"啰"和"堵堵啰"也用以表示在进行的动作。

　　从比较来看，闽南方言进行式时间副词丰富多彩，别具一格。普通话"正在"一词在闽南方言中有如此之多的对应词是颇具特色的。又比如泉州话"咧或嗹"和潮汕话"啰"皆有普通话"着"的意思。不同之处在于它们是前加的修饰语，放在动词之前，有"（正在）+ 动作 + 着"的意思，而普通话"着"作为进行体词尾，是放在动词之后。

　　表示过去式的时间副词。对应普通话的"曾经"，台湾话用"捌［bat］"，漳州话用"捌或［bat］"泉州话用"捌［pat］"，厦门话用"八［pat］或［bat］"，潮汕话用"识［pak］"。各地闽南方言方音不同并不能排除所指的是同一个词。笔者以为，用"捌"或"八"作代表字比用"识"更为妥当。

　　"曾经"表示动作行为较早发生，而"刚刚"或"刚才"则表示不久之前所发生的事，有时暗含持续到现在的意思。台湾话有"拄者或拄仔者或拄仔或头拄仔"，泉州话有"拄（拄）或拄即或寝（寝）"，厦门话有"拄（拄）仔或拄仔则"，漳平话有"［nã⁵］"，龙岩话用"堵堵"。潮汕话除了"堵堵"可以表示"刚刚，恰好"，还有两个比较特殊的词："佮佮"和"啱啱"，其中"啱啱"方音为［ŋam¹ŋam¹］，客粤方言皆有此词，它极可能是壮侗语词。潮汕话"堵堵"、"佮佮"和"啱啱"等词皆相当于普通话的"刚刚"，都是用在动词之前，但动词通常必须带有完成性补语，或者带有趋向补语，或者动词本身带有趋向性的。龙岩话的"堵堵"之后也出现趋向性补语。

普通话"常（常）、时常、时时"表示某一动作行为频繁发生。闽南方言中此类副词的对应词也是比较特别的。台漳（州）泉厦用"定定"表示"常常"的意思；龙岩话用"捷捷"，"旦旦"表示"经常，常常"，其中"捷捷"也存在永春话中，"旦旦"音同"定定"。

（四）否定副词

普通话口语里常用的否定词只有"不"是真正的副词，其他如"没、没有、别、甭"等等都是动词。

闽南方言表示否定的主要副词有："不"、"獪"、"未"、"无"。这些副词在各地闽南方言中的具体使用存在一些细微的差别，不过用法基本一致。兹分述如下：

1. 不

普通话"不"加在表示动作的动词或词组之前往往是否定某种意愿。即有"不愿意，不肯，不想"的意思。如：他不考大学。"不"有时表示没有某种习惯或癖好，如：我不吃辣的。"不"还可以表示假设，如：不看见不死心。"不"口语中可以单用，如：您同意吧？——不，我不同意。

闽南方言表示意欲的否定，方言作［m］，各地调值有所不同。"就语音上说，比较可能的是上古汉语'毋'演变而来的。但均乏确证，姑记以存疑。'不得不''不明不白'等，闽南方言用读书音，是［put-tik-put］，［put-biŋ put-pik］。"（黄丁华，1958）因为［m］的意义用法与普通话"不"大抵相当，一般也径直写作"不"。

普通话"不"，台湾话或用［m］代替或用"毋"；漳州话泉州话作"唔"；厦门话、漳平话、龙岩话则用"不"；潮汕话的"唔"略等于"不"。例解：

台湾话：界石仔讲毋爱民主。

　　　　伊讲毋来（"毋"有时用［m］代替）。

漳州话：伊唔去（他不去）。

潮汕话：我唔食。

　　　　我唔去。

值得说明的是一个合音词［mãi］，即"不爱"的合音。黄丁华指出，漳州、厦门和台湾有"爱"和"不爱"——合成"獴"［mãi］（跟双音的［m-ai］异用），跟普通话表必要的"要""不要（别）"相当。（黄丁华，1958）同时，黄丁华在注释中言："泉州话没有这种表必要的'爱''獴'；只否定式的有个'莫幹［bo-kan］'跟'獴'差略相当。"（黄丁华，1958）。

实际上，泉州个别县区也有"獴"的说法。比如永春话中，"你獴烦好"意指"你不必要烦恼、焦虑"。依前文说法用"獴"，"獴"还可以写作"嬡"。

漳平话"怀媛"或"怀望"也用以表示"不要"之义,"媛"已有否定义,加上"怀"依然表示否定,是一种主观上的"不必要"。这是比较特殊的用法。与此相类似,泉州话"唔通"表示"不能,不可能",合音为[baŋ³³],方言字作"甭",若再加上"唔"构成"唔甭",其义与漳平话"怀望"相同,仍表示否定意义。这是很特殊的说法。

潮汕话合音词情况亦多。"唔"能和动词或形容词结合成一个音节,构成单音节否定动词或形容词。例解:

[m⁶ai³](唔爱)——[mai³](不要)

[m⁶oi⁶](唔会)——[boi⁶](不会、不肯)

[m⁶ho²](唔好)——[mo²](不好、不能)

[m⁶ui³](唔畏)——[mui³](不怕)

[m⁶si⁶](唔是)——[mi⁶](不是)

在是非问句中,常由肯定句与这种合音否定词构成疑问句。如:"会抑[boi⁶]"(会不会)、"畏抑[mui³]"(怕不怕)。潮汕话这种合音否定词是很有方言特色的。潮汕话用"唔畏",而在永春话中有"唔畏"的说法,表示"没什么"。不同的是,永春话是分开读的,且用法意义不甚相同。

2.袂

黄丁华(1958)认为,"从读音、意义看,[bue]是'不会'合成的,但现在已不能分说[m ue],所以咱们给它造个新字'桧'。""袂"是解放后厦门文艺工作者所造之字。

"袂"表示不可能。台泉厦读作[bue]音,漳州读作[be]音。读音有异,用法上却是基本一致,台湾话可以用"袂"否定未然形,如:伊敢死(他应该不会死)。漳州话用"袂"表示不可能发生,如:阮袂来(我们不会来的)。

闽南方言"袂"与动词连用比较普遍。它可以直接加于形容词之前,既有表会的意思,又含有不够的意思。如:迄矸墨水袂红(那瓶墨水不够红)。

"袂"可以跟助词"得"[tit](阴入)结合着用。如:会得来,袂得参加(能够来,不能参加)。

"袂"与"用"或"做"或"使"连用表示"不可以,不能",是对"许可"之否定。如:即笔钱使用来买册(书)。

厦门话"袂"插在动补之间,表示可能补语的否定式。如:食袂了(吃不饱)、去袂成(去不成)。其他支闽南方言亦有这种用法。

3.未

闽南方言中的"未"相当于普通话的"还没有"。

台湾话：半世纪前选的老国代犹未改选。

漳州话：伊未来（他还没有来）。

泉州话：伊犹未食（他还没有吃）。

潮汕话：我未食。

台湾话、泉州话皆有"未"和"犹未"的说法，"犹未"相当于普通话的"未曾，还没有"。漳平话、永春话的"未曾未"表示"未曾"之义，有强调的成分，潮汕话直接用"未曾"，这些带有书面语成分。

闽南方言"未"能用以表示禁阻，合成的"未是"和"未者"表示"没到时候，还不能这么做"的意思，相当于普通话的"慢着"，"慢点"，这是普通话所没有的。如：纸未焦，未者写（纸还没有干，慢点儿写）。

4.无

在闽南方言里"无"是对存在或实现的否定，表示"没有这回事儿"。"无"和"没有"用法相当。不过闽南方言用于形容词和描写性动词的"无"，普通话用"不"更常见。如：花无红。/ 猜无着。/ 切了无断。

诸例"无"，普通话是用"不"，而闽南方言因为所指都是客观事实，不带意欲性，所以不用"不"。"猜无着"与"猜不着"在闽南方言中表示不同意义：前者为"没中"，后者是"不对"。

另外，任何行为、活动和变化，如果不在于指意欲的，而是否定事实，也是用"无"。如："参加革命是无讲价钱兮"的"无"在普通话中可以使用"不"和"没有"。李如龙（1986）一文的注释部分提到，"无"实际上是训读字。按中古和闽南音的对应规律，方言 bo 应来自豪韵而不可能来自虞韵，它可能是"毛"的白读。《后汉书·冯衍传》："饥者毛食，寒者裸跣"，李善注："毛字作无，今俗语犹然也。"可见"毛"古来就可作"无"解。"无、毛"在上古音均属明母平声，语音也是相近的。

第三节　闽台闽南方言句式特点

一、比较句

普通话的比较句可以是相等式，也可以是不等式。相等式的比较句可以称之为平比句或等比句，它用以比较事物、性状的异同。不等式的比较句则可以称之为差比句，它是用以比较事物、性状在性质和程度上的差别。闽南方言的比较句和普通话基本上是一致的，不过也有着闽南方言本身的特色。与普通话相对应，闽南方言的比较句亦主要分为两种类型：

（一）平比句（或等比句）

普通话平比句的结构方式是"甲＋连词＋乙＋性状词"，如：他和我哥哥一样高。闽南方言也有这种句式，形式更为灵活。

台湾话：美国及苏联平（平）强（美国和苏联一样强大）。

　　　　佣两人平平大汉（他们两个人身高完全一样）。

漳州话：你甲伊平平重（你和他同样重）。

　　　　即两领衫平平大（这两件衣服一样大）。

泉州话：我甲伊平平悬（我和他一样高）。

　　　　这两包糖平平重（这两包糖同样重）。

厦门话：即块布合迄块布平（平）阔（这块布跟那块布一样宽）。

　　　　读册合做工褐款着骨力（读书和做工同样得勤劳）。

　　　　小王合小朋平平无爱运动（小王跟小朋一样不喜欢运动）。

闽南方言平比句式可以归纳为"甲＋及（或作甲或作合）＋乙＋平（平）（或作款或作相褐）＋形容词（动词）＋（宾语）"。句中"及"、"甲"、"合"皆相当于普通话中的"和"、"跟"，此三者皆是入声韵字，"及"是许极燉一书所使用的，在张振兴书中是作"合"，音为［kaʔ］、［kap］，漳州话"甲"音为［kaʔ］，可以说，它们是代表相近（同）方音的不同代字，用法是相同的，连接着比较和被比较的双方。"平（平）"、"褐款""相褐"起着修饰和限定的作用，相当于普通话的"一样"、"同样"。两种同种性质的事物进行比较时，是采用"两＋量词＋名词＋平（平）＋形容词（动词）＋（宾语）"的句式。可以说，闽南方言平比句有"平（平）"之类的词作标记。

闽南方言平比句还有这种句式，在比较甲、乙两种事物时，以乙事物为标准，甲事物亦有，即甲事物已经达到了乙事物那种程度了。此类句子"有"是主要标志。厦门话中"甲＋有＋乙＋迄尔（赫尔）＋形容词（动词）＋（宾语）"就是这种句式，句中"迄尔（赫尔）"相当于普通话中的"这么"、"那么"。例如：

　　　　我有伊赫水咯。（我有她那么漂亮了。）

　　　　伊迄个团仔也有我即个团仔跡赘讲话咯。（他那个孩子也有我这个孩子那么会说话了。）

结构上这类句型和普通话是相同的，不同的是"这么"、"那么"在方言里有多种说法：迄、迄尔、赫、赫尔。若用闽南方言常用否定词"无"代替"有"的话，肯定句变成否定句，同时语义上平比句变成差比句。例如：

　　　　伊无你赫尔赘（他不比你能干）。

上海无北京迹尔寒（北京比上海冷）。

（二）差比句

普通话的差比句常用句式是："甲 + 比 + 乙 + 形容词"，例如"小李比小王能干"。而在闽南方言中，差比句式相当丰富。兹分别举例如下：

台湾话：今仔日比昨昏较热（"较"也可作"恰"）。

伊比我较拍拼。

台南较细台北（台南比台北小）。

我较大伊三岁（我比他大三岁）。

伊较水（她比较漂亮）。

漳州话：伊无比我较水（她没有比我漂亮）。

我较肥你（我比你胖）。

你无大我一岁（你没比我大一岁）。

泉州话：今仔日比昨日较热（今天比昨天热）。

我比伊较肥（我比他胖）。

伬兄较勢我（我哥哥比我本事大）。

伊无较水（她不会比较漂亮）。

厦门话：伊比我较悬淡薄（他比我高一点儿）。

伊今年比旧年老真多（他今年比去年老多了）。

遮比遐多一百倍（这些比那些多一百倍）。

個小弟比個兄野较会食苦（他弟弟比他弟弟还能吃苦）。

我勇伊野多（我比他强健多了）。

周的较加张的两岁（老周比老张多两岁）。

柑仔较无柠檬赫尔贵（比起来，柑没有柠檬那么贵）。

汝做较无伊赫好势（你没有做得他那么好）。

马走赢过牛（马跑得牛快）。

漳平话：寒天永福比漳平恰寒（冬天永福比漳平冷）。

坐落食比徛落食有恰好（坐着吃比站着吃好些）。

坐落食比徛落食有好淡薄啊（意义同上，此系菁城话）。

许布比［ma²］布恰水尽［tsei⁵］（这布比那布漂亮多了）。

许［tai¹］庸无［hm²tai¹］好（这些房子不如那些房子好）。

我讲艙过伊（我说不过他）。

龙岩话：我比伊勿过（我比不上他。适中话）。

我怀当伊（我比不上他）。

潮汕话:铅重过铁（铅比铁重）。

　　　　轻过鸡毛（比鸡毛还轻）。

　　　　伊读书力过你（他读书比你用功）。

　　　　伊人世间感情好过乜哩个（他们的感情比什么都好）。

　　　　投降输过死（投降不如死,在潮州话中也存在比此句更为文雅的说法）。

从所列的语法材料来看,我们可以对闽南方言差比句稍作归纳。

各支闽南方言多数有"甲＋比＋乙＋形容词"句式,这跟普通话是一样的。在这种句式中,有的形容词后面可以加上副词或者数量词作补语。如厦门话中的"淡薄"、"真多"、"一百倍"在句子里充当补语成分,可以表示程度上的差别。结构上此种句式和普通话是相同的。形式上形容词之前往往可以带上程度副词"较","较"亦可作"恰",可以说这是显示比较的标志之一,语义上又起着加重语气的作用。

"甲＋（无）＋（较）＋形容词＋乙＋（数量词或情态补语）"的句式是为普通话所没有的。台湾话"台南较细台北"、"我较大伊三岁",漳州话"我较肥你"、"你无大我一岁",泉州话"伬兄较势我",厦门话"我勇伊野多"、"周的较加张的两岁"皆属于这种句式。被比较的对象放在形容词谓语之后,这是颇具有闽南方言的口语风格。实际上这种用"形容词＋'宾语'"表示比较意义的特点是古代汉语一种比较句式的继承和发展。古代汉语将由介词"于"组成的介宾结构放在形容词后面成为比较句,"于"起着引进比较对象的作用。如:

季氏富于周公。(《论语·季氏富于周公》)

王如知此,则无民之多于邻国也。(《孟子·寡人之于国也》)

句中的"于"相当于现代汉语普通话中的"比",闽南方言中的"形容词＋'宾语'"可以说是古代汉语的一种句型的遗留,只是介词已经被省略了。

闽南方言常用的否定词之一"无"在差比句中有着重要的作用,前文"平比句"部分讲到厦门话例。类似的句子在其他地方的闽南方言中也是存在的,如漳平话中"许［tai¹］康无［hm²tai¹］好"就是。"无"是对一种事实的描述,客观上它造成两种事物在某种属性上面进行比较。所以"甲＋无＋乙＋形容词"这一句式也是差比句。

除了进行程度上的比较,有一种比较句是比较两者行为的输赢,口语中运用不多,例如厦门话"马走赢过牛"便是这种句式,类似说法如:

伊讲输汝（他说不过你）。

汝拍输我（你打不过我）。

还有,漳平话"我讲赡过伊"也是这种类型的句子。"赡"是闽南方言中经常出现的否定副词。表达普通话"我比不上他"这一意义时,龙岩话用"我怀当伊"

的说法,适中（龙岩地区）话用"我比伊赡过",可见龙岩话在语法方面存在内差异。

潮汕话的差比句是比较特殊的,其中"甲 + 形容词 + 过 + 乙"这一句式是普通话所没有的,被比较的对象也是放在形容词之后,与前文"甲 + 形容词 + 乙"句式有所不同的是它多了"过","过"与古代汉语比较句里的"于"作用相同,亦是引进被比较对象。

各支闽南方言的比较句呈现出来的是大同小异的情况。相比之下,台漳泉厦以及漳平的比较句有较多的一致性,而潮汕话则相对特殊。不过通过分析我们可以探寻闽南方言比较句内在所具有的方言特色。

二、有无句

在闽南方言里,"有"、"无"是经常使用而又比较特殊的语法成分。由"有"、"无"所构成的一类句子,通常称为"有无"句。"有"、"无"可以带名词作宾语,在这一点上,闽南方言和普通话是相同的。不同的是闽南方言的一些"有无"句句式是普通话所没有的。下面将谈谈有无句的具体结合情况。

（一）"有"、"无"和动词的结合

1. "有"、"无"放在动词之前

此时,"有"和"无"在句子中的作用有两种。

第一种:"有"、"无"在句中作谓语,其宾语可能就是它后面的动词或动宾结构词组构成"有（或无）+ 动词 +（名词）"的句式。例如:

台湾话:早昏伊有来（昨天晚上他来了）。

　　　　这几仔日无闲,我无去（这几天没时间。我没去）。

　　　　前日我有看电影（前天我曾经看了电影）。

　　　　今仔日我无去泅水（今天我没去游泳）。

　　　　有［teʔ］（有的作"待"）写作业（确实正在写作业）。

　　　　伊无待读册（他没有在读书）。

漳州话:有（无）去西安。

　　　　车有（无）开。

泉州话:伊有来（他来了）。/ 我最近无去（我最近没去了）。

　　　　伊无［te］咧读册（目前他没有在用功读书）。

厦门话:有买（买了）。/ 无买（没有买）。

　　　　有看医生（看了医生）。

漳平话:有（无）来。

有去看戏。/ 无去食饭。

龙岩话：我有（无）瞴（我看戏了 / 我没有看戏）。

潮汕话：我有睇戏（我看了戏）。/ 伊有去学堂（他去了学校）。

从例子来看，"有"和"无"放在动词之后，这在闽南方言中相当普遍的。当然普通话中"有吃有穿"、"有说有笑"、"有来有往"、"有去无回"等说法也属于"有（无）+ 动词"的格式，不过这只是少数的固定格式。普通话的"有"、"无"通常不能跟动词结合，如果结合使用，动词之后往往带上"的"，比如"有吃有穿"诸例若拆开单用就必须变更说法，说成"有吃的、有穿的"等。而闽南方言"有（无）+ 动词"句式的大量存在则是很有方言特色的。

"有"和"无"在这种句式中起着表示时态的作用，一种是表示某种动作和行为曾经发生过了，"有"含有"完成体"的意义在里面，而"无"则表示否定动作，即指没有发生某种行为。例如台湾话中"前日我有看电影"表示"前天我曾经看了电影"也就是一种过去式的行为和动作；"今仔日我无去泅水"表示对游泳这一动作的否定，即"没有去游泳（过）"。同样漳州话等其他支闽南方言的此种句式也都隐含着类似的时态成分，翻译成普通话时，"有字句"大致都得在动词后面加"了"来表示；"无字句"则在动词前面加"没有"表示否定，注意的是，"无 + 动词"表示否定动作之事实，是"没有某种动作"的意思，并不是"不进行某种动作"，比如"无来"和"不来"是不相等同的。

一种是表示正在进行的某种动作，"有"、"无"之后通常带上"［teʔ］"（台湾话作"待"字），此有强调的意味，比如台湾话"伊无待读册"、泉州话"伊无［teʔ］咧读册"都是属于这种情况。为突出强调意味，将这类句式翻译成普通话的时候，我们通常在动词之前加上"确实正在"，起加深语意的作用。

第二种："有"和"无"在句中充当状语成分，说明事物的性质和状态，故在它们之前往往又可以带上程度副词，共同起着修饰限制的作用。例如：

台湾话：原子笔足有写。/ 毛笔上界无写。

　　　　日本车实在有驶。/ 布鞋成（诚）无穿。

漳州话：铁观音真有泡（铁观音茶很禁泡）。

　　　　夹克衫真有穿（夹克衣服很耐穿）。/ 夹克衫设汏有穿（夹克衣服极为耐穿）。

泉州话：即橬布诚有颂（这块布很耐穿）。

　　　　迄种袜足无颂（那种袜子实在不耐穿）。

2. "有"和"无"放在动词之后

此时"有"和"无"可以在句中直接作补语，亦可以跟动词结合在一起作补语,或跟名词组成动宾词组充当补语成分,即构成"动词＋有（无）＋动词（名词）"的句式。

　　台湾话：买有（买到了）。／买无（去买了,可是没有买到）。

　　　　　　看有听有。／读有写无。

　　　　　　针穿有过去。／钻有落去。／举无起来。

　　　　　　食无?／汝去无(你去不去)?／来无(来不来)?（'无'读者轻声。）

　　漳州话：伊食有,穿有（他吃得好,穿得好）。

　　　　　　伊看我无（他瞧不起我）。

　　　　　　听有声,看无影（听得到声音见不到影子）。

　　泉州话：我听有（我听到了,或我听明白了）。

　　　　　　伊看无（他看不见,或他看不明白）。

　　　　　　去无?（"无"亦读轻声。）

　　　　　　听有声看无影。

　　漳平话：桌球仔买有,篮球买无（乒乓球买到了,但篮球没有买到）。

　　龙岩话：讲无。

　　　　　　去无?／女睏有啊无?（"无"作轻声。）

　　潮汕话：我买无戏票（我买不到戏票。意思是：戏票已经卖光了,没得买）。

　　[对比]：我买唔着戏票（我买不到戏票。意思是：还有戏票,只是买不到而已）。

　　普通话有"有"和"没有"不能附于动词之后作补语。但是从闽南方言所列列子来看,我们发现,闽南方言的"有"和"无"可以作为动词的补语,直接附于动词之后,而且"有"和"无"可以单用,也可以和动词连用,或者和名词组成动宾词组。台湾话"读有写无"、漳州话"伊食有,穿有"、泉州话"我听有"、漳平话"桌球仔买有,篮球买无"、龙岩话"讲无"等,这些说法中"有"和"无"是单独充当补语成分。台湾话"钻有落去"、"举无起来"这两个别句子的"有"和"无"是和动词连用充当补语成分,而且这是一种带有趋向性的动词。漳州话、泉州话"听有声,看无影,"一句中的"有"和"无"是和名词组成动宾词组,在句中作"听"和"看"的补语。潮州话"我买无戏票"一句中,"无戏票"就是动宾词组,作"买"的补语。例解中已指出,此句子与"我买唔着戏票"意义有别,前者强调客观原因,而后者则强调主观原因。

　　从例子来看,我们发现,"有"之前不能带有趋向动词,比如各闽南方言中没有诸如"去有"、"来有","去有买"的说法。但是"无"之前则可以跟趋向动词。不过,此时"无"一定发轻声,句子也成为疑问句,这里的"无"是作语气词,表示"是不是"的意思。

在台湾话和泉州话里，"无"经常放在句首用以表示语意的转折和禁止，亦可以视之为语气词。例如：

　　　　无，汝来一下（要不然，你来一下）。

　　　　无，汝去（要不，你不要去）。

　　　　无，咱毋通（既然如此，咱们不干了）。

上述例二的"无"之前常常可以带上"阿"或"啊"，有强调的意味。而例三的"无"之前可以[nã]连用，亦有加强的作用。

（二）"有"、"无"和形容词的结合

1. "有"和"无"放在形容词之前

也就是"有（无）＋形容词"的句式。闽台闽南方言都有这种为普通话所没有的特殊句式。

台湾话：有够水（漂亮）。

　　　　伊有好额（富有）。

　　　　无大无细（没大没小）。

　　　　无寒。

漳州话：鸭仔肉无臭（鸭肉没有臭掉）。

　　　　鱼仔有鲜（鱼还新鲜）。

　　　　汤有够咸（汤够咸）。

泉州话：饭犹未有烧（饭还热乎）。

　　　　菜无咸（菜无咸）。

厦门话：有（无）水。

　　　　有（无）熟。

漳平话：许领衫无水，[hm³]领衫有恰水滴仔（这件衣服不漂亮，那件比较漂亮）。

　　　　有滴仔厚。

　　　　有（无）饱。

普通话"有"、"无"不能直接和形容词发生关系，而必须有其他中介成分的联系，如说"有十米高"，是插入数量词；用"没有这么大"或"不这么大"，极少用"无这么大"，而且用表示程度的指示代词插入其中；"有点冷"，是插入名词性的量词"点"。但是闽台闽南方言中，"有"、"无"在句子里可以和形容词一起，作合成谓语，表示对性质状态情形存在的肯定或否定。

"有"与形容词连用表示一种性质状态的存在，同时隐含着表示一种已然的时

间状态。"有"字的这类用法在古代汉语里是常见的,例如:

> 黾勉同心,不宜有怒。(《诗经·谷风》)
>
> 子兴视夜,明星有烂。(《诗经·女曰鸡鸣》)
>
> 彤管有炜,说怿女美。(《诗经·静女》)
>
> 不我以归,忧心有忡。(《诗经·邶风》)
>
> 有洸有溃。(《诗经·邶风》)

这里的"有怒"(怒气冲冲)、"有烂"(星光灿烂)、"有炜"(色泽鲜明)、"有忡"(忐忑不安)、"有洸有溃"(洸洸溃溃,用以形容水激怒的样子)都是属于"有+形容词"的形式。所以闽南方言"有+形容词"的句式说成是古代汉语的遗留未尝不可。

从前面所列例子来看,"有"、"无"和形容词的结合在句子中主要是充当谓语成分。实际上"有(无)+形容词"的关系还可以在句子中作补语。比如台湾话、泉州话中所说的"看有远"、"写有水"、"听有清楚"等等便是一种动补结构。

2. "无"放在形容词之后

也就是"形容词+无"的句式,此处的"无"与"来无"、"去无"的"无"相似,它在句子中一定读轻声,这个句子也一定是疑问句。闽台闽南方言多此种用法。

台湾话:好无(好不好?好吗)?

　　　　这水无? / 甜无? / 烧无?

漳州话:伊水无?

　　　　查某婴仔水无(小女孩漂亮吗)?

泉州话:迄蕊花芳无(那朵花香不香)?

厦门话:衫裤清气无(衣服干净吗)?

漳平话:许领衫有水无?

(三)"有"、"无"和动(介)宾结构的结合

闽台闽南方言口语中经常有如下的特殊说法:

> 有(无)叫伊来。
>
> 有(无)请伊食饭。
>
> 有(无)对汝表示。
>
> 有(无)对小明讲。

上述例子中,"有(无)叫伊来"、"有(无)请伊食饭"的句式就是"有(无)+动+宾语(代词或名词)+动词";"有(无)对汝表示"、"有(无)对小明讲"组的句式就是"有(无)+介词+宾语(代词或名词)+动词"。其中"对汝"有人认为动宾结构,笔者以为把它当成介宾结构更妥当。介宾结构有的是称作次动宾结构,于是将次动宾结构和动宾结构合为一类,即动宾结构。实际上它们是有差别的,还是分开为好。此处"对"介词性质更强,表示"主语"发出动作的对象,而且"表示"、"讲"这两个动作是"主语"所发出的。而"有(无)叫伊来"、"有(无)请伊食饭"的例句中"叫"、"请"是主语发出的动作,"伊"是主语动作的受事者,同时句中第二个动词表示的动作则是宾语"伊"所发出的。显然前两组和后两组的句式是不同的两种类型。这四组例子中,若在"有叫伊来"、"有请伊食饭"、"有对汝表示"、"有对小明讲"等句子之末尾加上"无",且"无"作轻声,这些句子就成为疑问句,"有"可以省略,不过此时句子的疑问语气略弱。可以说"有"、"无"构成的疑问句在闽南方言中是很普遍的很有特色的。值得注意的是,"无"经常可以替换成"毋"或"未"。比如"汝欲去无?"等价于"汝欲去毋?"表示"你要去吗?";"汝看了无?"相当于"汝看了未?"表示"你看完了吗?""毋",漳州话写作"呣"。

"有"、"无"与动词、形容词以及动宾结构(介宾结构)结合使用,构成具有闽南方言特色的有无句。这里还要特别指出,在台湾话中,"有"、"无"常常跟"通"结合在一起,在句子里形成"有(无)通"、"有(无)……通……"的格式。例如:

> 有通食有通用(有吃的有用的)。
>
> 无通借我看一下(不肯借给我看一下)。
>
> 解放后我有饭通食,有衫通穿;解放前我无饭通食,无衫通穿(解放后我有饭吃有衣穿;解放前我没饭吃没衣穿)。

从所列的例子来看,"有……通……"、"有通"表示"有可能","无……通……"、"无通"则表示"不可能",且它们有时是含有"愿不愿意"的语义,例二的"无通"就含有"不愿意,不肯"的成分。还有,"有通食"和"有饭通食"相比,前者只是泛泛而谈,没有把"有什么"中的"什么"说出来。这显示了"有(无)通"和"有(无)……通……"两种格式之间的内在表义差别。在泉州话里,此种格式的"通"是写作"嗵",比如,表示"有吃有穿"之义是作"有嗵食有嗵穿"。

三、疑问句

普通话中,疑问句主要是分成是非问句、特指问句、选择问句三类。我们可以把这三类问句都看成是由陈述句转换出来的句式。是非问句是把相应的陈述句的语调换成疑问语调,它可以有语气词"啊、吧、吗",不能有语气词"呢"。特指问句是在相应的陈述句里代入疑问语词,加上疑问句调就变成了特指问句,特指问句一般可以有语气词"呢、啊",不能有"吗"。选择问句是并列几个项目,让回答的人选其中的一种,把陈述句的谓语部分换成并列的几项,再加上疑问句调,就变成了选择问句,它后头可以有语气词"呢、啊",不能有"吗",选择问句里有一种特殊的类型,就是把谓语的肯定形式和否定形式并列在一起作为选择问句,我们通常可以称这一类选择为反复问句。

（一）**特指问句**

闽南方言中,特指问句也就是使用疑问代词构成的疑问句,或问人或问物或问处所或问数量或问原因、方式和性状。句法上与普通话是大旨相似,只是各地闽南方言所用的疑问代词与普通话有所不同,彼此间也存在大同小异。诸闽南方言的疑问代词请参见"代词"部分的"疑问代词"。

用疑问代词来提问所需要了解的成分,这种形式的特指问在闽南方言中是比较普遍的。厦门话中还有一种特指问,是在一个词或短语后加上语气助词"呢"来提问的。例如：

　　　你的册呢（你的书呢？这是问书在哪儿）？

　　　伊怀赞成呢（他不赞成呢？意即如果他不赞成,该怎么办）？

疑问代词只是疑问词的一种。台湾话有特殊的两个疑问词：岂、敢。例如：伊岂（敢）无钱？潮汕话也有特殊的疑问词：岂。例如：伊岂知你来北京（他知道你来北京吗）？

（二）**选择问句**

闽南方言的选择问句与普通话差别较大。各地闽南方言的选择问句使用情况如下：

　台湾话：这是汝的抑是伊的（这是你的还是他的）？

　　　　　汝到底有去抑无（去）（你到底去了,还是没去）？

　　　　　葡萄酒会醉抑袂？

　　　　　远抑近（是远还是近）？

　漳州话：是伊来,抑是我去（是他来还是我去）？

　　　　　是你讲,抑是伊讲（是你讲还是他讲）？

　泉州话：买桃,犹买李。

　　　　　汝来犹是我去？

　厦门话：你是（要）看戏抑是（要）迌迌（你是要看戏或者是要玩）？

　　　　　伊是（要）啉可乐野是要啉矿泉水（他想喝可乐还是想喝矿泉水）？

　　　　　看有阿无？

　　　　　会行阿袂（能走还是不能走）？

龙岩话：女睇有啊无（你看有还是没有呢）？

潮汕话：你爱去广州阿唔（你上广州还是不上广州去）？

你有阿兄阿无（你有哥哥还是没有呢）？

你会呾俄文阿桧（不会的合音)?（你会说俄语吗）？

普通话里的"还是"表示选择，而在闽南方言中，台湾话用"抑"，漳州话用"抑是"。泉州话用"犹是"，厦门话用"阿"、"抑（野）是"，龙岩话用"啊"，潮汕话用"阿"，其实它们是方音相近的不同代表字。这些例子说明诸闽南方言之间的选择问句大同小异。用表示普通话"还是，或者"之义的方言词构成选择问句是主要的。而像普通话里的反复问句，闽南方言也有这种特殊形式的选择问句。例如：

台湾话：来去好毋好（好不好）？

这领衫有水无？

伊卜来毋（他来不来）？

这互汝卜抑毋？

漳泉厦等地也有类似说法，只是"毋"，漳泉作"嗨"，潮汕话作"唔"，厦门、漳平、龙岩作"怀"。这种反复问句将肯定语气的词和表示否定的词并列，又可称之为正反问。总之闽南方言的选择问句与普通话的表示形式基本相似。

选择问句例子中，台湾话"汝到底有去抑无？"；厦门话"看有阿无？""会行阿嬒"；龙岩话"女睇有啊无？"；潮汕话"你有阿兄阿无？"；其中的"抑"、"阿"、"啊"、"阿"均可省略，这样句子就成为是非问句，闽南方言的这种是非问句是颇具方言特色的，是在句末加上"毋（嗨或怀）"、"无"、"未"、"嬒"，它们相当于普通话句末有"阿、吧、吗"的是非问句。此种表达法在"有无句"部分中也曾讨论，"有"、"无"构成疑问句是很有特色的。

四、处置句

普通话有一种"把"字句，以"把"之出现作为标志，"把"字有引出受事的作用。跟"把"字句关系最密切的是受事主语句，受事主语句的"主语"相当于"把"字的宾语。闽南方言中也有类似"把"字句的句式，"把"字是用介词"共"和"将"，即一般的"主＋谓＋宾"句子变成"主＋共（将）＋宾＋谓"的句式，通常称这类句子为处置句。

闽南方言的处置句从结构上看，谓语动词是不带宾语的，然而从意念上看，这种句子结构里介词的宾语跟句中谓语动词存在着动宾关系。这里讨论一下闽南方言处置句的基本句式：

（一）"甲 + 共（将）+ 乙 + 谓词性短语"

台湾话：劳力你,（将）或本掅（拿）我看睇（看一下）。（劳驾您,请把那本书
　　　　拿给我看看。）

　　　　叫伊（将）婴仔抱去（叫她把孩子抱走）。

　　　　（将）或碗饭掅我食咧（把那碗饭拿给我吃吧)!

漳州话：你将伊掠去（你把他抓走）。

　　　　伊将我拍半死（他把我打得半死）。

　　　　伊共人拍一下（他把人家打了一下）。

　　　　你共人赶出去（你把人家赶了出去）。

泉州话：汝将册掅来（你把书拿来）。

　　　　汝共伊园待哪落（你把他藏在什么地方）?

厦门话：伊无细腻将茶杯拚拚破（他不小心把牙杯都打破了）。

　　　　紧将门关好势（快把门关好）。

　　　　我共伊掠起来（我把他抓起来）。

　　　　小王共小明骂甲半死（小王把小明骂得半死）。

漳平话：将门关上（把门关上）。

　　　　将［hm³］一项物件掅与我（把那个东西拿给我）。

　　　　有个所在将太阳吼做日头（有的地方把太阳叫日头）。

潮汕话：伊将我个碗扣破喽（他把我的碗打破了）。

　　　　你对伊支笔物害去（你把他的笔弄坏了）。

　　　　伊将个碗甲伊扣破喽（他把一个碗打破了）。

　　这种句式里,"将"的使用频率相当高,台湾话和漳州、泉州、厦门、漳平、潮汕
诸地闽南方言中不乏这类句子。"将"也可用"共"代替,不过"共"比"将"受
到更大限制,一般说来,介词宾语用于指人的居多。

　　这种处置句中的谓语一般不能是孤零零的一个动词,尤其是不能只是一个单
音节动词,即使是单音节动词,动词后面往往也要有语气助词,如厦门话中,"伊将
门关咯"、"小王将钱还咯"。从例句来看,谓语通常是用述补结构的短语。也有少
数处置句的谓语是动宾结构,例如漳州话例"伊将我拍半死"、"伊共人拍一下"便
是,通常情况下,这种"动宾结构"的动词多是给予或取得类的动词。

　　潮汕话的处置句除了用"将"把宾语提前到动词前面,也可以用"对",用法
一样,"将"、"对"两词地位和普通话中的"把"完全相当。例"伊将个碗甲伊扣
破喽"中,"甲伊"和"将"（也可以用"对"）并用在一个句子里,作用跟一般处置
式一样的。

（二）"（甲）＋乙＋共（合、甲）＋代词＋谓语"或"乙＋（甲）＋共（合、甲）＋代词＋谓语"

台湾话：门合伊关起来（把门关起来）。

　　　　饭归碗合伊食落去（把整碗饭都吃下去吧）。

　　　　骹合侬踏着啰（把人家脚踩了）。

　　　　门合我开开（请把门打开）。

　　　　饭归碗合我食食落去（请把整碗饭都吃下去）。

漳州话：门共伊踢开（把门踢开）。

　　　　狗共伊放出去（把狗放出去）。

　　　　即碗饭我共伊食去啊（我把这碗饭吃了）。

　　　　迄桶水你共伊倒献（你把那桶水倒掉）!

泉州话：旧厝共伊拆拆捒去（把旧房子都拆掉）。

　　　　迄碗鸡肉共伊食落去（把那碗鸡肉吃下去）。

　　　　迄碗鸡肉我共伊食落去（我把那碗鸡肉吃下去了）。

　　　　迄本册我共伊烧鸡捒去咯（我把那本书烧掉了）。

厦门话：（你）门共伊关起来（你把门关起来）。

　　　　糜共伊食了了（把稀饭吃光）。

　　　　牛紧（共我）共伊牵出去犁田（快把牛给拉出去犁田）。

　　　　门共我共伊关起来（把门给关起来）。

潮汕话：撮饭甲伊食了（把这些饭吃光）。

　　　　本书甲伊收起（把这本书收起来）。

这种处置句里，"共＋代词"是此类句子的主要标志。"共"台湾话作"合"，潮汕话作"甲"，而"代词"使用第三人称代词"伊"的情况居多，也在某些场合里用第一、第二人称代词或者不定人称代词"侬"。

"（甲）＋乙＋共（合、甲）＋代词＋谓语"或"乙＋（合、甲）＋代词＋谓语"的句式中，乙是形式主语，代词是"共（合、甲）"的宾语，形式主语和宾语之间的关系比较复杂，比如在台湾话"门合伊关起来"、"饭归碗合伊食落去"里，"伊"分别是复指"门"和"饭"。"骹合侬踏着啰""骹"是"侬（人家）"的，"物件"是"你"的，即表示"宾语"是形式主语所指事物的所有者。"门合我开开"、"饭归碗合我食食落去"里，"我"和形式主语"门"、"饭"毫无关系。在这种处置句里，乙是形式主语，但从施受意义上讲，甲是发出动作的行为者，是表示"主语"，而乙此时往往被视作前置宾语，比如漳州话例中，"即碗饭我共伊食去啊"、"迄桶水你共伊倒献"里，"主语"是放在前置宾语和"共伊"之间。泉州话"迄碗鸡肉我共伊食落去"、"迄本册我共伊烧鸡拣去咯"也是这种情况。厦门话"（你）门共伊关起来"则是把动作发出者（主语）放在句首，然后带上"乙＋共伊＋谓语"，其中"乙"是谓语所表示的动作的处置对象，即受事者；"伊"复指受事者，以示强调。

从例子来看，这种处置句多数是祈使句，带有命令或要求别人处理某件事情的语气。因此主语（甲）常常是隐去不提。

第四节　闽台闽南方言语法的一致性

前面三节是对闽台闽南方言的语法特征进行梳理。从排列分析的情况我们不难发现，闽台地区闽南方言的语法是小异中见大同，它们的一致性是更为突出的。这是传统文化的继承，是悠久历史的沉淀；同祖同根是不容置疑的。

一、构词法的一致性

闽南方言中有些方言词的语序和普通话是颠倒过来的，就是所谓的"逆序词（倒序词）"。闽南方言的这些逆序词在闽方言的其他次方言和粤、客、吴、湘、赣诸方言中都不同程度地存在着。对此种现象，林伦伦（1992）一文讲道："我们认为，第一类逆序词是受南方少数民族语言影响而保留下来的，而第二类逆序词可能是从古汉语中直接保留下来的。古汉语在单音节词复合成双音节词的过程中，曾有过一个语素顺序不固定的过渡阶段。"第一类逆序词就是指"人（侬）客"、"面线"之类的词，第二类逆序词就是指"闹热"、"康健"这一类由意义相同或相反的语素构成的词。这种解释不无道理，傣语把"红花"说成"花红"，把"我父亲"说成"父亲我"，把"猪肉"说成"肉猪"，把"屋外"说成"外屋"，苗语把"布鞋"说成"鞋布"，作为比较古老的语言，闽南方言受百越语的影响是可能存在的。

"仔"字在闽南方言当中扮演着十分重要的角色，它们的附加意义和语法意义是很相似的。"仔"或是充当名词词尾，或是充当数量词词尾，或是充当动词词尾，或是充当词中缀，有些"仔"字词还可以作副词或形容词等。

闽南方言的词尾相当丰富，用"仙"、"头"、"水"等构成的词凝固下来，成为闽南方言共同的特色词，如"讲古仙"、"傀俍头"、"色水"、"钱水"等。

普通话的重叠词只是词形变化，但是有的闽南方言的重叠词会出现词性和词义的变化。比如名词的"天"重叠成"天天"，"天天"就成形容词，它的意义出现变化，表示漫不经心的样子。"猴猴"取"猴"瘦小的特点，表示具有像猴子一样瘦的性质,词性带有形容词的成分。闽南方言的重叠有二叠,也有三叠,像厦门话还有四叠和五叠的情况,它们的程度又是呈现变化的。跟普通话比较起来,闽南方言的重叠式是相当丰富的,而且有它的方言特色,有些问题也值得进一步探讨,比如不管是动词重叠而成的还是名词重叠而成的,一般情况下这些形容词都具有普通话形容词的特点。目前更有待研究的是:什么样的动词和名词才能重叠为形容词? 为什么在同类动词和名词中有的可以重叠为形容词,有的不行?(林伦伦,1990)

　　闽南方言存在文白异读,而且有些文白异读的字可以"重叠"在一起,如前文第一章第三节所列举的"接接"、"使使"、"食食"等。这是非常有方言特色的。

二、词类特点的一致性

　　人称代词是通过语音的"内部屈折"而加以区别,各支闽南方言除了方言用字不同外,实际所代表的方音是相近的甚至说是相同的。对于这种语音差别,有的学者则用其他方言作为旁证来解释,认为是一种合音现象。这种解释不无道理,因为"合音"现象在闽南方言中是存在的,比如"出来"在口语中经常合音为[ts'uai],"来"字的声母[l]则丢失了。第一章的第二节讲到"仔字词",龙岩话有一些词便是"合音",还有,疑问代词的[siaŋ]、[tiaŋ]就是"啥侬"和"底侬"的合音等。指示代词是通过声母的变化来体现的,这在各支闽南方言都是一致的。

　　李如龙(1999)曾讲到,进行方言间的语法比较,追寻其语源是相当重要的,同一个方言区的各方言点之间同源的语词是很多的,有时则由于读音的变异或书写习惯的不同,会使得某些同源词难以辨认。比如"底"在闽南方言里是一个重要词根。从所列事实来看,问人时,"谁"在泉州话、漳平(菁城)话、龙岩话以及潮汕话里均用合音[tiaŋ]。闽东话"谁"也说"底侬";问处所,闽南方言说[tə lo]、[to lo]、[tə ui]、[to tsit ui/lia]等,方音各异,实出同源,即皆源于"底",早期闽南戏文也用得很广:(有时写作"值")底处、底位等。"底"作"何"解,常见于南北朝至唐宋间的诗文之中。例如《乐府诗集·子夜歌·秋歌十八首》:"寒衣尚未了,郎唤侬底为?《读曲歌》:"月没星不亮,持底明侬绪。"寒山诗:"不报父母恩,方寸底模样。"东坡词:"人生底事来往如梭。"可见"底"产生于中古时期,并曾经广泛流传过。

　　闽南方言的部分介词和普通话差别不是很大,如"到"、"自"、"从"在方言中经常使用,"到"有的调查材料则依据方音写成"告"。"合"、"甲"、"共"也是闽南方言的常用介词,这些是表示对象的介词。

　　闽南方言的时间副词、范围副词和否定副词的用法是基本一致的,这里要说一下程度副词"野"。闽南方言里表示程度很深的副词很多地区是用"野"(前文皆从所依据的调查材料而写作"野"),笔者以为,用"野"是一个训读字,它的本字应该是"雅",《汉语大字典》中讲到,"雅"可以当作副词,表示程度很甚,相当于"很"、"极"。清·刘淇《助字辨略》卷二:"雅,犹云极也。"南朝·范晔《后汉书·宝皇后纪》:"及见,雅以为美。"南朝·刘勰《文心雕龙·时序》:"观其时文,雅好慷慨。"宋·苏轼《卢山五咏·饮酒台》:"博士雅好饮,空山谁与娱。"其实"雅"在中古文献经常可以见到的。闽南方言的很多调查材料皆依据传统把方音为[ia]的字写作"野";或者只是记音而不考本字,窃以为用"雅"更为妥当。

三、句法特点的一致性

特殊的比较方式。闽南方言的等式比较,常用形容词"平"的重叠来表示"一样;相同",如"我共伊平平悬(我跟他一样高)"。有的是用"相款"、"相恔"来表示甲和乙两者具有相同的情况;还有,"有"在平比式的比较也是一个很重要的成分。闽南方言的差式比较多用"甲+较+形容词+乙"表示,如厦门话"伊较悬(高)我",台北话"高雄较大新竹"。与平比式相对应,"无"在差比式的比较也是不容忽视的。闽南方言也有简单一点的表达方式:"甲+形容词+乙。"

动词"有"的特殊用法。闽南方言动词"有"的用法很多,或者放在动词之前,或者放在动词之后,或者放在形容词之前,或者和介宾结构相搭配。"有"的这种用法在闽语区也是非常普遍的。"有"和"无"除了在比较句中起着很重要的作用,在疑问句中与"未"都是很有特色的。

"把"字句的表达方式,也就是处置句的表达方式。闽南方言是把宾语提到最前面,后面跟一个"甲伊(把它)"即:"宾语+共(将、甲)伊+动词",各支闽南方言普遍通行这种说法。"来去"句在闽南方言也是用得非常普通的。如"来去上街"、"来去旅游"等等说法都是"来"和"去"连着使用的。

第五节 闽台闽南方言语法的差异性

跟语音和词汇相比较,方言语法方面的差异是比较隐蔽的。就总体而言,闽台闽南方言的语法大同中还存在着小异。

一、构词法的主要差异

漳平话把"小公牛"说成"犊仔",与绍兴话的"牛犊子"相近。

潮汕话中的"挈"放在词尾"仔"的后头表示"极小"的意思,它的程度是比"仔"还要小。各支闽南方言都有一些共同的词缀,表示的含义也十分相近,差别也是有的,如"仔",各地闽南方言都可以作为"词中缀",但在具体的词汇组合,就不太一样。龙岩话"活头"、台湾话、永春话的"忆着"和"眩着"都是很有方言特色的。

用重叠方式构词在闽南方言中表现突出,基本特点是相同,各地存在着一些细微的差别。潮汕话例"阿舍阿舍"、"挈团弟挈团弟"、"农民客农民客"等一类词,多数是由物质名词和个体名词重叠构成,它们所产生的词义都是从这些词所代表的人或事物的某种特性或状态引申而来的。(林伦伦,1991)

这里值得一提的是潮汕话"A_XA_X"式和"$A_{XY}A_{XY}$"式。它们是由单音节形容词(A)加上不定后缀 X 或 XY 构成的。如:

红[hoŋ⁵]红[hoŋ⁵](浅红色)、红[me⁵]红[me⁵](灰红色)、肥[nĩ³]肥[nĩ³](胖墩墩的)、肥[luk⁴]肥[luk](胖胖的)、甜[nĩ⁵]甜[nĩ⁵](甜丝丝的)、臭[ha¹la³]臭[ha¹la³](臭乎乎的)。

这类形容词的作用在于表示同一形容词的细微差别。如上举第一例的"红"带上两个不同的后缀再重叠之后,便表示不同的两种颜色了。在结构上,它们有如下的特点:

第一,A_X 和 A_{XY} 通常不能单独运用,不能说"张纸红[me⁵]"或"间内阔[loŋ²toŋ²]"。因为 A_X 不同于 AB,A_{XY} 不同于 ABC,它们不是双音节或三音节形容词。

第二,X 和 XY 没有类化作用,哪些形容词带哪些 X 或 XY 是约定俗成的,并无规律可循。就是在潮汕方言区域内,各县区的 X 和 XY 一致性也很弱。

第三,X 或 XY 离开形容词 A,多数便没有实际意义,不能独立自由运用。严格地说,这些形容词不能算是形容词的重叠式,但是其语法功能却跟其他重叠式一致。

另外,潮汕话的动词重叠式中除了和其他支闽南方言有着相同的用法,它还有自己的一些特点,那就是单音节动词带上"掉、死、破"等补语成分,用以表示动作行为的目的和结果,为了表示对这种动词短语的强调,单音节动词除了重叠之外,亦可以在短语前面加上一个特殊音节,这个音节的结构是这样的:

动词的声母·声调 +ing/ 动词为非入声者或 ik/ 动词为入声者

例如潮汕话例"踢踢掉、食食了、写写好、卖卖掉"可以这么说:踢[t'ak⁴]—[t'ik⁴]踢掉;食[tsiaʔ⁸]—[tsik⁸]食了;写[sia²]—[siŋ²]写好;卖[boi⁷]—[biŋ⁷]卖掉。这是很有方言特色的。

二、词类特点的主要差异

指示代词在各支闽南方言的用法基本是一致的,就是在搭配使用的时候有一些不同,如潮汕话的指示代词(不论是近指或远指),如果连用着量词和名词,均可省略不说。如:本书恬挈在块。(把书老拿着。)/本书好睇。(这本书好看。)这种句型里省略的指示代词与近指或远指无关,但其所指都必须是听说双方都已经知道的事物。研究粤方言的专家都提到过在粤方言的量名结构前的指示代词亦可以省略。故李如龙(1999)认为,潮汕地区以及雷州地区的这一现象是受粤方言影响的结果。

介词和连词方面,潮州话或其他支闽南方言也是有一些的不同,详见第二章的第二节和第三节。闽台闽南方言的否定副词在具体使用过程中有些小别,这在第二章的第四节已经讲过,至于程度副词也是"大同"中呈现一些"小异",关于这方面的具体材料可参见李春晓《闽台地区闽南方言程度副词比较研究》(《福州大学学报(哲学社会科学版)》2001年第2期),潮汕话的差别大一些。

三、句式特点的主要差异

闽台闽南方言的句式差异是比较细微的,很多用法是通用,极个别地区自有一些特别之处,如潮汕话比较的方式略有不同,是用"甲+形容词+过+乙"的结构形式。如:"牛大过猪。"龙岩话有"我伓当伊"的说法。

四、结语

各地区自造一些方言俗字,对于有音无字者,有时取其义,将释义合成一个字,如取"相同"上下搭配成"㾴",表示相同的意义,方音为[saŋ],取"不(勿)会"合成"獪",表示没有某种可能,或者没有具有某种性质或状态。取"勿爱"合成"嫒",这些俗字是十分形象的,很能体现一种智慧。各地在一些方言俗字的选择使用上有一些不同,比如,在"代词"部分,"我们"或作"阮",或作"侁"、"你(您)们"或作"恁",或作"您""他(她)们"或作"個",或作"怹",咱们或作"咱",或作"倌"。实际上,它们所代表的方音是相同或相近的。总体而言,闽南方言的语法差异是比较小的,不过仔细比较起来还是有一些不同。

第四章　闽台闽南方言词汇篇

第一节　闽台闽南方言词汇比较考源

闽台闽南方言词汇极为丰富,并富有地方色彩。在本章里,笔者根据意义的不同,把闽台闽南话词汇分为 17 大类。现罗列如下:

一、天文地理（15）;　　　二、时间方位（9）;

三、房屋建筑（9）;　　　四、日常用品（17）;

五、饮食衣着（15）;　　　六、植物（11）;

七、动物（12）;　　　八、称谓（17）;

九、身体（15）;　　　十、婚丧疾病（14）;

十一、人品（10）;　　　十二、工商农作（8）;

十三、动词（23）;　　　十四、形容词（9）;

十五、代词（12）;　　　十六、副词、介词（18）;

十七、量词（9）。

每类词先列普通话词条,后将台湾闽南方言、祖国大陆闽南方言代表点漳州、泉州、厦门、龙岩、漳平、潮汕对应词条分别列出,并标出读音。所注调类用数字表示:1 阴平,2 阴上,3 阴去,4 阴入,5 阳平,6 阳上,7 阳去,8 阳入。按语部分主要是考证这些闽南词条的语源。考证语源时,先考本义,后注《广韵》反切、古韵部;不同词义一一注明,并有古文献书证。凡标有"□"者,表示有音无字。

一、天文地理

天文地理部分的词条计 15 条,即太阳、月亮、冬天（冷天）、冷之极、天气凉爽、雷阵雨、闪电、打雷、乡村、中国大陆、田地、田埂、泥土、水渠、河。现分别考证如下:

（一）太阳

台湾闽南方言:日头［lit⁸tau⁵］‖ 福建闽南方言:［漳州］日［dzit⁸］,日头［dzit⁸ t'au⁵］［泉州］日［lit⁸］,日头［lit⁸ t'au⁵］［厦门］日头［lit⁸ t'au⁵］［龙岩］日头［lit⁸ t'au^5]｜［漳平］日头［lit^8 t'au^5],日头公［lit^8 t'au^5 koŋ^1]｜［潮汕］日头［dzik^8 t'au^5]。

［按］日,指太阳。《说文·日部》:"日,实也,太阳之精不亏。"《广韵》入质切,入质日,质部。《诗·卫风·伯兮》:"其雨其雨,杲杲出日。"汉·王充《论衡·感虚》:"日之行也,行天星度。"唐·李白《古风五十九首》之二十八:"草绿霜已白,日西月复东。"日头指太阳,出现稍后。北周·庾信《对酒》诗:"牵马向渭桥,日落山头晡。"唐·张鹭《朝野佥载》卷四:"暗去也没雨,明来也没云。日头赫赤赤,地上丝氲氲。"宋·杨万里《山村》:"歇处何妨更歇些,宿头来到日头斜。""太阳"二字连在一起是汉代的事,指旺盛的阳气,如《尚书大传》卷五:"遂人以火纪;火,太阳也。"到东汉时,太阳已用来表示日了。《汉书·元帝纪》:"是以氛邪岁增,侵犯太阳,正气湛掩,日久夺光。"颜师古注:"太阳,日也。"《世说新语·宠礼》:"使太阳与万物同辉。"《红楼梦》:"翠缕听了道:'难怪有人管日头叫太阳呢……'"在闽台闽南方言中保留了"日"这一古代词话,并且广泛地用来创造新词。如今仔日（今天）,日时（白天）。

（二）月亮

台湾闽南方言:月娘［geʔ^8 liũ^5]‖福建闽南方言:［漳州］月［gueʔ^8],月娘娘［gueʔ^{8}niõ^{5}niõ^5],月公公［gueʔ^8 koŋ^1]｜［泉州］月［gəʔ^8],月娘［gəʔ^8 liũ^5]｜［厦门］月娘［ŋeʔ^8 liũ^5]｜［龙岩］月［gue^8]｜［漳平］月［gie^8]。

［按］月,《说文·月部》:"月,阙也,大阴之精,象形。"徐灏注笺:"古文、钟鼎文象上下弦之形,日象环形,故月象其阙也。"《广韵》鱼厥切,入月疑。月部。《诗·小雅·十月之交》:"彼月而食,则维其常。"《马王堆汉墓帛书·经法·四度》:"日月星辰之期,四时之度,（动静）之立,外内之处,天之稽也。"清·姚士陛《月夜泊慈水》:"岸虫秋老急,江月夜深高。"至于"月亮"的称呼,最早见于唐代。李益《奉酬崔员外副使携琴宿使院见示》:"庭木已衰空月亮,城砧自急对霜繁。"清·李光庭《乡言解颐·月》:"月者,太阴之精,然举世乡言无谓太阳者,通谓之月亮。"《官场现形记》第十二回:"不如等到下半夜月亮上来,潮水来的时候。"闽台闽南方言多称"月",有时又把它形象化,称"月娘"。

（三）冬天,冷天

台湾闽南方言:寒天［kuã^5 t'ĩ^1]‖福建闽南方言:［漳州］寒天［kuã^5 t'ĩ^1]｜［泉州］寒天［kuã^5 t'ĩ^1]｜［厦门］寒天［kuã^5 t'ĩ^1]｜［龙岩］寒天［kuã^5 t'ĩ^1]｜［漳平］寒天［kuã^5 t'ĩ^1]｜［潮汕］寒天［kuã^5 t'ĩ^1]。

［按］寒,指冷。《说文·宀部》:"寒,冻也。"《玉篇》:"寒,冬时也。"《广韵》胡安切,平寒匣,元部。《荀子·荣辱》:"饥而欲食,寒而欲暖。"《史记·刺客列传》:"风萧萧兮易水寒。"唐·韩愈《琴操·履霜操》:"儿寒何衣?儿饥何食?"寒天

则指冷天。唐·白居易《华城西北岁暮独游怅然成咏》:"况是寒天客,楼空无主人。"《醒世恒言·李玉英狱中讼冤》:"有甚紧事,凭般寒天冷月,随个家人行走,还要哪里去?"王厚选《古城青史》第二十回:"初春的雨夜,并不亚于数九寒天。"在闽台闽南方言中用"寒"组成的词还有很多,如台湾话"寒着"(着凉)"歇寒"(寒假);漳州"寒热仔"(疟疾);漳平"发寒"(发冷)等。

(四)冷之极

台湾闽南方言:冻[taŋ³]‖福建闽南方言:[漳州]寒[kuã⁵],冻[taŋ³]|[泉州]寒[kuã⁵]|[厦门]冻[taŋ],寒[kuã⁵]|[龙岩]冰[pan¹]|[潮汕]冻[toŋ³]。

[按]冻,原指厚冰。《说文·仌部》:"冻,仌也。从仌,东声。"段玉裁注:"初凝曰仌,仌壮曰冻。"《广韵·东韵》:"冻,冻凌。"多贡切,去送端;又端红切,东部。《管子·五行》:"然则冰解而冻释,草木区萌。"唐·韩愈《人日城南登高》:"霭霭野浮阳,晖晖水披冻。"《西游记》第四十八回:"且再住几日,待天明化冻,办船而过。"后来"冻"由厚冰,引申为冷之极,在某些闽南方言中与"寒"的意义相当。在台湾闽南方言中描写冷的形容词有"清,凉,冷,寒,冻,冰"。这几个字所代表的意义在层次上各不相同。所以可以用摄氏温度表示:19℃～15℃清或凉,14℃～10℃冷,9℃～5℃寒,4℃～0℃冻,0℃以下冰。在福建闽南方言中,用"寒"表示冷之极,且"冻"、"冰"的用法和"寒"是平行的,没有明显的程度上的差别。

(五)天气凉爽

台湾闽南方言:秋清[tsʰiu¹ tsʰin³]‖福建闽南方言:[漳州]秋清[tsʰiu¹ tsʰin³]|[泉州]秋清[tsʰiu¹ tsʰin³]|[厦门]秋清[tsʰiu¹ tsʰin³]|[龙岩]秋清[tsʰiu¹ tsʰin³]|[漳平]秋清[tsʰiu¹ tsʰin³]|[潮汕]清[tsʰiŋ³]。

[按]清,凉、冷也。《说文·冫部》:"清,寒也。"《说文·水部》:"瀞,冷寒也。"段玉裁注:"冷寒者,冷之寒,同寒而有别也。"《方言》:"楚人谓冷曰清。"《释文》:"字宜从冫,从氵者,假借也。清,凉也。"《广韵》七政切,去劲清,耕部。《庄子·人世间》:"吾食也执粗而不臧,爨无欲清之人。"《礼记·曲礼》:"凡为人子之礼,冬温而夏清,昏定而晨省。"陆德明释文:"七性反。字从冫。冰,冷也。本或作水旁,非也。"宋·王安石《洪范传》:"水言炎,则水冽,土蒸,木温,金清,皆可知也。""清"在现代汉语中已经不存在了,可以说已成为历史词,但是在闽南方言中,它却仍然为人们的交际服务,成为纯粹的方言词。

(六)雷阵雨

台湾闽南方言:西北雨[sai¹ pak⁴ hɔ⁷]‖福建闽南方言:[漳州]西北雨[sai¹ pak⁴ hɔ⁷],方时雨[pui¹ si⁵ hɔ⁷]|[泉州]西北雨[sai¹ pak⁴ hɔ⁷],走山掖[tsau² suã¹ ia⁷]｜［厦门］西北雨［sai¹ pak⁴ hɔ⁷］｜［龙岩］时雨［si⁵hu⁷］｜［漳平］落时雨［lo⁷ si⁵ hou⁷］｜［潮汕］雷响。

［按］西北雨指雷阵雨。这是我国东南沿海,由于受热带性海洋气候团影响而形成的午后有雷阵雨的典型气候形态。这个名字的来源众说纷纭,有人认为它来自曹植《吁嗟篇》:"卒遇回风起,吹我入云间,自谓终天路,忽然下沉泉,惊飙接我出,故归彼中田,当南而更北,谓东而反西。"而研究民俗的邱清泉却有如此解说:"西北雨是在下午太阳西斜降落的,这里'西'代表出处,'北'代表水(北方壬癸水),并无方向的意思。'西北雨'就是太阳西斜后降的雨。台湾民间常把'西北雨'中'雨'字省略,简称'西北',因为'西北'之中包含水了"。至于"时雨",指应时的雨水。《书·洪范》:"日肃,时雨若。"晋·陶潜《五月旦作和戴主簿》:"神萍写时雨,晨色奏景风。"有些方言则称"时雨"为雷阵雨。

(七)闪电

台湾闽南方言:闪爁［sĩ² ɪã³］‖ 福建闽南方言:［漳州］闪爁［sĩ² na³］｜［泉州］叱爁［tsʔɪ⁴ lã⁴］,叱妈［tsʔɪ⁴ bã²］｜［厦门］闪爁［siɪ⁴ ɪã³］｜［龙岩］雷燎刀［lui⁵ liã¹ tuo¹］,膳鱼聂［sian⁵ hi⁵ nã⁷］｜［漳平］闪林刀［siam² nã⁵ to¹］。

［按］闪,古有闪电之意。《汉书·司马相如传下》"贯列缺之倒景兮"。颜师古注引汉服虔曰:"列缺,天闪也。"吕剧《李二嫂改嫁》第二场:"眼看着大雨就要来到,又是霹雳又是闪。"爁,是焚烧。《玉篇·火部》:"爁,火炎行。"《集韵》:"爁,火焚也。"《广韵》卢瞰切,去阚来。又卢敢切,力验切。《淮南子·览冥》:"火爁炎而不灭,水浩洋而不息。"元·贾仲名《萧淑兰》第二折:"将韩王殿忽然火爁,蓝桥驿平空水滂。""闪"、"爁"合在一起表示闪电,更加形象。"叱"本是大声呵斥之意,《说文·口部》:"叱,诃也。"《玉篇·口部》:"叱,呵也。"这里引申为象声词。泉州话中:"叱爁",把雷鸣闪电刻画得惟妙惟肖。龙岩话中"燎",指火光。《集韵·青韵》:"燎,火光也。或从零。"《字汇·火部》:"燎,光貌。""雷燎刀,膳鱼聂",漳平话中"闪林刀"不但从声音,而且从视觉上给闪电以逼真、形象的描绘。

(八)打雷

台湾闽南方言:陈雷［tan⁵ lui⁵］‖ 福建闽南方言:［漳州］弹雷［tan⁵ lui⁵］｜［泉州］弹雷［tan⁵ lui⁵］｜［厦门］弹雷［tan⁵ lui⁵］｜［龙岩］雷公响［lui⁵ kɔŋ¹ hiaŋ²］｜［漳平］雷公吼［lui⁵ kɔŋ¹ hau²］,响雷［hiaŋ² lui⁵］。

［按］陈,有呈现,出现之意。《广韵》直珍切,平直澄,真部。《国语·齐语》:"相示以巧,相陈以功。"韦昭注:"陈亦示也。"汉·王褒《四子讲德论》:"文学曰:'陈恩诚于本朝之上,行话谈于公卿之门。'"宋·苏轼《赐太师文彦博乞致仕不许批答》:"卿之在朝,如玉在山,如珠在渊,光景不陈。"在台湾话中使用"陈雷"表

示打雷。弹,《说文·弓部》:"弹,行丸也。"桂馥《说文解字义证》:"行丸也者,《开元文字》引云:'弹之,谓行丸者也。'《御览》引《字林》:'弹,行丸者。'"《广韵》徒案切,去翰定。元部。这里"弹"有发射,弹射之意。《广韵·寒韵》:"弹,射也。"《左传·宣公二年》:"从台上弹人而观其避丸也。"《文选·陆机〈文赋〉》:"抱暑者咸叩,怀乡者弹。"清·蒲松龄《聊斋志异·画壁》:"以指弹壁而呼。"漳州话中"弹雷",形象地说明了打雷时的情形。闽台闽南方言均用"雷公"表示雷,这在古书中就有记载。《楚辞·远游》:"左雨师使径侍兮,右雷公以为卫。"汉·王充《论衡·雷虚》:"又图一人,若力士之客,谓之雷公。"唐·韩愈《陆浑山火一首和皇甫湜用其韵》:"雷公擘山海水翻,齿牙嚼齧舌齶反。"因为人们以为自然界的一切均由天上的神控制着,所以便臆造出"雷公"等一系列神话人物,于是打雷便是雷公的事,这便有了"雷公响"、"雷公吼"。

(九)乡村

台湾闽南方言:草地[ts'au² tue⁷],庄脚[tsŋ¹ k'a¹]‖福建闽南方言:[漳州]乡社[hio¹ sia⁷]│[泉州]乡里[hi¹ li²]│[厦门]乡里[hiũ¹ li²],乡社[hiũ¹ sia⁷]│[漳平]乡里[hiŋ¹ li²],乡下[hiŋ¹ ia⁷],乡里头[hiŋ¹ li² tau⁵]│[潮汕]乡里[hi¹li²]。

[按]乡里,乡下,乡社都指乡村。《周礼·地官·遗人》:"掌邦之委积以待惠施,乡里之委积以恤民之喜陁。"郑玄注:"乡里,乡所居也。"《吴子·治兵》:"乡里相比,什伍相保。"《晋书·隐逸传·陶潜》:"吾不能为五斗米折腰,拳拳事乡里小人邪!"乡下产生稍后。元·高文秀《黑旋风》第三折:"俺那时节因纳税当差,曾离乡下,来到城内。"《儒林外史》第一回:"这就是门生治下一个乡下农民,叫做王冕。"至于乡社亦指乡村。宋·张先《沁园春·寄都城赵阅道》词:"暂武林分间,东南外翰,锦衣乡社,未满瓜时。"金·元好问《聚仙台夜饮》:"乡社情亲旧,仙台姓字新。"清·蒲松龄《重阳前一日作》:"腊底春前当何似?于今乡社已流离。"在台湾闽南方言中,乡村另有其特殊称呼曰:草地,庄脚。清初巡台御史秦之秦本道:"台湾全属沙壤,地气长升不降,所有平原,总名草地。"因此"草地"在台湾概指平原,多草的农地而言,至于有人住的地方叫"庄脚"。今"草地、庄脚"泛指乡村。

(十)中国大陆

台湾闽南方言:唐山[toŋ⁵ san¹]‖福建闽南方言:[漳州]唐山[tŋ⁵ suã¹]│[泉州]唐山[toŋ⁵ suã¹]│[厦门]唐山[toŋ⁵ suã¹]│[龙岩]唐山[t'aŋ⁵ suã¹]│[漳平]唐山[t'aŋ⁵ suã¹]│[潮汕]唐山[toŋ⁵ san¹]。

[按]唐山是华侨对祖国的习称。许地山《商人妇》:"我想你瞧我的装束像印度妇女,所以猜疑我不是唐山人。"秦牧《黄金岸·五十年的沧桑》:"南军北军总

在打仗,唐山总没有个安宁的日子。"《台湾外记》:"诸流寓于台者,称唐人……称大陆统名唐山。"过去在海外各地的中国人都称祖国为唐山,而自称唐人,这是因我国唐代国势强盛,声威远播海外,自此后,凡到海外华侨,都如此称呼。一是因为这是汉唐子孙的荣耀,二是表示不忘本,居远尚思源的意思。台湾虽是中国的一省,但因孤悬于海外,加上有一段被外族窃据的历史,所以"唐山""唐山客"称呼,在光复前十分普遍。

（十一）田地

台湾闽南方言:塍[ts'an⁵]‖福建闽南方言:[漳州]塍园[ts'an⁵ huī⁵]|[泉州]塍园[ts'an⁵ hŋ⁵]|[厦门]睉园[ts'an⁵ hŋ⁵]|[龙岩]塍[ts'an⁵]|[漳平]塍[ts'an⁵]|[潮汕]塍[ts'an⁵]。

[按]塍。原指田埂。《说文·土部》:"塍,稻中畦也。"清·王筠《句读》据《尔雅》释文及《韵会》引文订作:"塍,稻田中畦垎也。"《广韵》食陵切,平蒸船,蒸部。汉·班固《西都赋》:"下有郑白之沃,衣食之源,提封五万,疆场绮分,沟塍刻镂,原湿龙鳞。"北魏·贾思勰《齐民要术·水稻》:"始种,稻欲温。温者,缺其塍,令水道相直。"清·阮元《小沧浪笔谈》卷二:"两岫同秋,千塍共绿。"厦门话中"睉"即"塍"也。因为"塍"本义是"畦垎",即田埂,因此在漳、泉、厦三地方言中在其后加一"园"字表示田地。在闽南方言中与田地有关的事物一般都用到"塍"。如:"塍涂""水塍""作塍"等。

（十二）田埂

台湾闽南方言:塍埠[ts'an⁵ huã⁷]‖福建闽南方言:[漳州]塍岸[ts'an⁵ huã⁷]|[泉州]塍岸[ts'an⁵ huã⁷]|[厦门]睉岸[ts'an⁵ huã⁷]|[龙岩]塍[ts'an⁵]|[漳平]塍岸[ts'an⁵ huã⁷]|[潮汕]塍埠[ts'an⁵ huã⁷]。

[按]埠,小堤。《广韵·翰韵》:"埠,小堤。"侯旰切,去翰匣。宋·苏轼《奏浙西灾伤第一状》:"此数州不独淫雨为害,又多大风,驾起潮浪,堤、堰、圩、埠,率皆破损。"宋·叶适《华文阁侍制和庐州钱公墓志铭》:"公极谏括田扰事,不速集;但择故荒圩美田百七顷。沟、埠、牛、犁,逾月皆具,兵亟就屯,民不知役。"这里"埠"同"岸"。《正字通·土部》:"埠,俗字。《六书本义》:'岸,俗作埠。'"岸,《说文·屵部》:"岸,水厓而高者。"《诗·卫风·氓》:"淇则有岸,隰则有泮。"《荀子·宥坐》:"三尺之岸,而虚车不能登也。"杨倞注:"岸,崖也。"宋·李弥远《渡横溪》:"百尺沧浪两岸沙,肩与徒涉步欹斜。"在闽台闽南方言中,大多用"塍埠"或"塍岸"表示田埂。

（十三）泥土

台湾闽南方言:塗[t'ɔ⁵]‖福建闽南方言:[漳州]涂[t'ɔ⁵]|[泉州]涂[t'ɔ⁵]

|［厦门］涂［tʰɔ⁵］|［龙岩］涂［tu⁵］|［漳平］涂［tʰou⁵］|［潮汕］塗［tʰou⁵］。

［按］涂，即塗的简化字。《说文新附》："塗，泥也。"郑珍《新附考》："古塗，途字并止作涂。"《广雅·释诂三》："塗，泥也。"《广韵》同都切，平模定。又宅加切，鱼部。《易·睽》："睽孤见豕负塗，载鬼一车。"高亨注："塗，泥也。负塗，背上有泥。"《汉书·叙传上》："振拔洿塗，跨腾风云。"颜师古注："塗，泥也。"刘大白《丁宁·在湖滨公园看人放轻气泡儿》："一转瞬凭空压下，就难免堕落泥涂，万劫不复。"在闽台闽南方言中，塗（涂）字广泛地用来创造新词，如塗粉（灰尘），塗糜（烂泥）等。

（十四）水渠

台湾闽南方言：甽［tsun³］‖ 福建闽南方言：［漳州］水圳［tsui² tsun³］|［泉州］水圳［tsui² tsun³］|［厦门］水沟［tsui² kau¹］|［龙岩］圳沟仔［tsin³ kau¹ a²］。

［按］甽，同畎。《说文·〈部》："甽，古文〈，从田从川。畎，篆文〈，从田犬声。"《字汇·田部》："甽，与畎同。"《集韵》古泫切，上铣见。元部。《荀子·成相》："举舜甽畝，任之天下身休息。"杨倞注："甽，与畎同。"《汉书·刘向传》："欲终不言，念忠臣虽在甽畝，犹不忘君，惓惓之义也。"明·徐光启《农政全书·水利·徐贞明〈西北水利议〉》："古昔盛时，列国分布，画井而田，甽达于沟，沟达于洫，洫达于浍，浍达于川，纵横因地地势，以取利于水。"圳，亦指水渠，同甽。《六书故·地理二》："甽，今作圳。田间沟畎也。"《朱子语类·论语五》："如一大圳水，分敷小圳去，无不流通。"《清史稿·循吏传·曹瑾》："由九曲塘穿池以引溪水，筑坤导圳。凡掘圳四万余丈，灌田三万亩。"清·钮琇《觚賸·粤觚》："粤中语少正音，书多俗字……通水道为圳。"可见"甽"与"圳"本是同义，都可用来指水渠，水沟。

（十五）河

台湾闽南方言：溪［kʰue¹］‖ 福建闽南方言：［漳州］溪［kʰe¹］|［泉州］溪［kʰue¹］|［厦门］溪［kʰue¹］|［龙岩］溪［kʰie¹］|［漳平］溪［kʰei¹］。

［按］溪，指山间小河沟。《玉篇·水部》"溪，溪涧。"《集韵·齐韵》："谿，《说文》：'山渎无所通也。'或从水。"《广韵》苦奚切，平齐溪。《左传·隐公三年》："涧，溪，沼，沚之毛……可荐于鬼神，可羞于王公。"汉·司马相如《上林赋》："振溪通谷，蹇产沟渎。"《红楼梦》："但见朱栏玉砌，绿树清溪，真是人迹不逢，飞尘罕到。"在闽台闽南方言中，多用"溪"而少用"河"。如"溪仔"指小河，"大溪"指大河。"河岸"漳州说"溪堤"；厦门话说"溪墘"，龙岩话说"溪岸"，漳平话说"溪磋"；台湾话说"溪岸"。

二、时间方位

时间方位部分的词条计 9 条，即一年、下午、晚上、早晨、通宵、昨天、前边、上面、到处。现分别考证如下：

（一）一年

台湾闽南方言：一冬［it^8 taŋ^1］‖ 福建闽南方言：［漳州］一年［tsit^8 ni^5］｜［泉州］一年［tsit^8 lĩ^5］｜［厦门］一年［tsit^8 lĩ^5］｜［龙岩］一年［tsit^8 nĩ^5］｜［漳平］一年［it^8 lĩ^5］｜［潮汕］一年［tsek^8 nĩ^5］。

［按］冬，原指一年之末。《说文·夂部》："冬，四时尽也。" 段玉裁注："冬之言终也。"《广韵》都宗切，平冬端，冬部。《书·尧典》："日短星昴，以正仲冬。"《前汉书·律历志》："冬，终也。" 明·何景明《胡人猎图歌》："冬寒猎傍长城窟，城下平原日将没。" 在龙岩市方言中也保留着 "冬" 的说法。如上冬（上半年），下冬（下半年）。现在普通话与福建闽南方言都称 "年"。《说文·禾部》："年，谷熟也。"《广韵》奴颠切，平先泥，真部。《诗·豳风·东山》："自我不见，于今三年。" 晋·左思《咏史》："百年信荏苒，何用苦心魂？"《聊斋志异》："既而僧云游，去十余年复归。" 因此 "年底" 在台湾闽南方言中称 "冬尾"，在福建闽南方言中称 "年尾"。但是闽台闽南方言均用 "年冬" 表示 "年景"，"好年冬" 即 "好年景"。

（二）下午

台湾闽南方言：下晡［e^7 po^1］‖ 福建闽南方言：［漳州］下晡［ɛ^7 pɔ^1］｜［泉州］下晡［e^6 po^1］｜［厦门］下晡［e^7 po^1］｜［龙岩］下昼［ɛ^7 tau^3］｜［漳平］下昼［ia^7 tau^3］｜［潮州］下昼［e^{7}tau^3］。

［按］晡，本指下午三到五时。《玉篇》："晡，申时也。"《广韵》："晡，申时。" 博孤切，平模帮。《汉书·昌邑哀王刘髆传》："其日中，贺发，晡时定陶，行百三十五里。" 北周·庾信《对酒》："牵马向渭桥，日落山头晡。"《西游记》第一回："申时晡而日落酉，戌黄昏而人定亥。" 下晡泛指下午，但在古书中则指申后五刻。《素问·标本病传论》："夏下晡。" 王冰注："下晡，谓日下于晡时，申之后五刻也。"《汉书·天文志》："汉魏鲜集腊明正月旦决八风……跌至晡，为黍，晡至下晡，为叔；下晡至日入，为麻。" 清·恽敬《东路记》："二十七日下晡发。行六十里，至茌港。" 昼，指白天。《说文》："昼，日之出入，与夜为界。" 徐灏注笺："自日出至日入，通谓之昼，故云日之出入，与夜为界也。"《广韵》徒救切，去宥知，侯部。《易·系辞上》："刚柔者，昼夜之象也。"《宋史·苏颂传》："夜囚昼系，虽死无以偿。"《初刻拍案惊奇》卷六："不曾办得早饭，办不及了，怎么处？把昼斋早些罢。" 既然昼是白天，那么下昼即下午。《初刻拍案惊奇》卷十一："下昼时节，是有一个湖州姓吕的客人叫

我的船过渡。"《西游补》第十一回："今日下昼,陈先生在我饮虹台上搬戏饮酒。"

（三）晚上

台湾闽南方言:冥时[bĩ⁵ si⁵],暗时[am² si⁵]‖福建闽南方言:[漳州]暗时[am² si⁵],冥时[mẽ⁵ sio],冥间[mẽ⁵ kan¹]|[泉州]暗冥[am³ bĩ⁵],冥时[bĩ⁵ si⁵]|[厦门]冥时[bĩ⁵ si⁵]|[龙岩]冥许头[miẽ⁵ hŋ² tau⁵]|[漳平]瞑时[mĩ⁵ si⁵],暗时[am³ si⁵]|[潮汕]瞑时[mĩ⁵ si⁵]。

[按]冥,晚上。《说文·冥部》:"冥,幽也。"《广雅·释训》:"冥,暗也。"《广韵》:莫经切,平青明,耕部。《诗·小雅·斯干》:"哙哙其正,哕哕其冥。"郑笺:"冥,夜也。"《玉台新咏·古诗为焦仲卿妻作》:"晻晻日欲暝,愁思出门啼。"《新唐书·窦建德传》:"会大雾昼冥,跬不可视。"这里冥同暝。"暗"的用法也有案可查。《说文·日部》:"暗,日无光也。"段玉裁注:"《集韵》、《类篇》皆以晻、暗为一字,依许则义各殊,明之反当为晻,暗主谓日无光。"《玉篇·日部》:"暗,不明也。"《广韵》乌绀切,去勘影,侵部。《晋书·职官志》:"车驾逼暗乃还,漏已尽。"唐·韩愈《咏雪赠张籍》:"误鸡宵呃喔,惊雀暗徘徊。"宋·姜夔《齐天乐》:"西窗又吹暗雨,为谁频断续,相和砧杵?""暗"和"冥"组合起来用,最初表示昏暗不明。汉·扬雄《羽猎赋》:"汉女水潜,怪物暗冥,不可殚形。"《隋书·天文志上》:"阴气暗冥,掩日之光。"在泉州话中,它已用来表示晚上。

（四）早晨

台湾闽南方言:早起[tsa² kʰi²]‖福建闽南方言:[漳州]早起[tsa² kʰi²],透早[tʰau³ tsa²]|[泉州]早起[tsa² kʰi²]|[厦门]早起[tsa² kʰi²]|[龙岩]天仔头[tʰĩ a tau⁵]|[漳平]天早[tʰĩ¹ tsa²]|[潮汕]眠起早[muŋ⁵ ki² tsa²]。

[按]早,早晨《说文·日部》:"早,晨也,从日在甲上。"段玉裁注:"甲象人头,在其上,则早之意也。"《广韵》子皓切,上皓精,幽部。《韩非子·外储说左上》:"故人至暮不来,吴起至暮不食而待之。明日,早令人求故人,故人来,方与之食。"唐·白居易《履道西门二首》:"行灶朝香炊早饭,小园香暖掇新蔬。"清·袁枚《随园诗话·补遗》卷六:"余园中种芭蕉三十余株,每早,操花百朵,吸其露,甘鲜可爱。"早起,最初的意思是很早起床。《韩非子·忠孝》:"某子之亲,夜寝早起,强力生财,以养子孙臣妾。"唐·李白《白云歌送友人》:"水上女萝衣白云,早卧早行君早起。"后来引申为早晨。元·秦简夫《东堂老》第一折:"俺等了一早起,没有吃饭哩。"《红楼梦》第一一九回:"我早起在太太跟前说的这样好,如今怎样呢?"茅盾《谈月亮》:"早起还落雨,偏偏晚上是好月亮,一片云也没有。"在漳州话中还有"透早"的说法。"透"指达到充分的程度。宋·叶适《题潘刑曹郎帖》:"而明辨果决,识情伪,议论常透底里。"《西游记》第二五回:"师父,油锅滚透了。""透早"

则指很早,即早晨。

（五）通宵

台湾闽南方言：透暗［tʻau³ am³］,透冥［tʻau³ bĩ⁵］‖福建闽南方言：［漳州］透暝［tʻau³ mɛ⁵］｜［泉州］归暗［［kui¹ am³］,归暗冥［kui¹ am³ bi⁵］｜［厦门］归暝［kui¹ bĩ⁵］｜［龙岩］透冥［tʻau³ miẽ⁵］｜［漳平］透冥［tʻau³ mĩ⁵］,透暗［tʻau³ am³］,归暗［kui¹ am³］。

［按］透,通过,穿过。《说文新附·辵部》:"透,跳也,过也。"《增韵·候韵》:"透,通也。"《广韵》他候切,去候透,侯部。唐·韩愈《题木居士》:"火透波穿不计春,根如头面干如身。"宋·苏轼《少年游润州代人寄远》:"对酒邀明月,风露透窗纱。"《红楼梦》第八十七回:"停了一回儿,又透过一阵清香来。""暗、冥"指夜晚,自然"透冥、透暗"就指整个夜晚。"归",本义是女子出嫁,后又有会集、合并之意。《金瓶梅词话》第五十一回:"那五六儿连忙归到壶里,交锦儿泡热了,倾在盏内,双手筛与来保。"《儿女英雄传》第十七回:"这日清早起来便把那点薄薄家私归了三个箱子。"所以"归暗,归冥"亦有整个夜晚之意。

（六）昨天

台湾闽南方言：早日［tsa² lit⁸］‖福建闽南方言：［漳州］昨日［tsa⁵ dzit⁸］｜［泉州］昨日［tsoʔ⁵ lit⁸］｜［厦门］昨日［tsa¹ lit⁸］｜［龙岩］冥日［miẽ⁵ lit⁸］｜［漳平］寻日［tsim⁵ lit⁸］｜［潮汕］渣日［tsa¹zik⁸］。

［按］早,除了表早晨外,还有比一定时间靠前之意。《字汇·日部》:"早,先也。"《易·坤》:"由辩之不早辩也。"《左传·宣公二年》:"(赵盾)盛服将朝,尚早,坐而假寐。"唐·李白《白云歌送刘十六归山》:"湘水上,女萝衣,白云堪卧君早归。""早日"也有以前之意。唐·韩愈《送李六协律归荆南》:"早日羁游所,春风送客归。"在台湾闽南方言中,早日就引申为昨天。"昨日"的说法出现也很早。《吕氏春秋·察微》:"昨日之事,子为制;今日之事,我为制。"晋·潘岳《悼亡诗》之三:"念此如昨日,谁知已卒岁。"《儒林外史》第十七回:"昨日安民的官下来,百姓散了。"

（七）前边

台湾闽南方言：头前［tʻau⁵ tsiŋ⁵］‖福建闽南方言：［漳州］前面［tsian⁵ bin⁷］｜［泉州］头前［tʻau⁵ tsuĩ⁵］｜［厦门］头前［tʻau⁵ tsiŋ⁵］｜［龙岩］头前［tʻau⁵ tsĩ⁵］｜［漳平］头前［tʻau⁵ tsẽi⁵］,前头［tsẽi⁵ tʻau⁵］,头先［tʻau⁵ sẽi¹］｜［潮汕］头前［tʻau⁵ tsoĩ⁵］。

［按］"头前"一词产生较晚,指空间、位置靠前的部分。杨朔《雪花飘在满州》:"日本宪兵走在头前,眼睛仿佛两道电光,四下搜寻着。"贺敬之《放歌集·又回南泥湾》:"昨天开荒多少亩?——革命头前万里路。"冯仲云《祁老虎》二:"头

前打探的任务当然又是孙继虎。""头先"也指前面。《水浒传》第二十八回："看看天色晚来,只见头先那个人,又顶一个盒子入来。"《金瓶梅词话》第五十回："头先,爹在屋里来,向床背阁抽屉内翻了一回去了。"

（八）上面

台湾闽南方言：顶面［tiŋ² bin⁷］‖福建闽南方言：［漳州］顶爿［tiŋ² piŋ⁵］｜［泉州］顶面［tiŋ² bin⁷］,顶骹［tiŋ² ka¹］｜［厦门］顶面［tiŋ² bin⁷］｜［龙岩］上爿［tsoŋ⁶ pĩ⁵］,上裹［tsoŋ⁶ kue²］｜［漳平］上爿［tsoŋ⁷ p̃i⁵］,上裹［tsoŋ⁷ lei²］,上方［tsoŋ⁷ hŋ¹］｜［潮汕］顶畔［teŋ² põi⁷］。

［按］顶,上部。《说文·页部》："顶,颠也。"《广韵》都挺切,上迥端。耕部。《淮南子·修务训》："今不称九天之顶,则言黄泉之底,是两末之端议,何以可以公论乎!"《方言》卷六："顶,上也。"唐·杜甫《西枝村寻置草堂地夜宿赞公土室》："晨光稍朦胧,更越西南顶。""爿",《说文·木部》："床,安身之几坐也。从木,爿声。"段玉裁注："爿,反片为爿,读若墙。"作为一个量词,它可用于整体的部分,相当于"边"、"段儿"等。《说岳全传》第三十五回："走上前一斧,将荷香砍成两半爿。"胡云翘《沪谚外编·山歌》："外婆桥上,买一头鱼来烧。头爿未熟尾巴焦,盛来碗里发虎跳。"因此"顶面"、"顶爿"即上边之义。

（九）到处

台湾闽南方言：四界［si³ kue³］‖福建闽南方言：［漳州］归世界［kui¹ si³ ke³］,一世界［tsit⁸ si³ ke³］｜［泉州］四界［si³ kue³］｜［厦门］四界［si³ kue³］｜［龙岩］四界［si³ kai³］。

［按］界,边界。《说文·田部》："畍,竟也。"段玉裁注："乐曲尽为竟,引申为凡边竟之称。"《尔雅·释诂下》："界,垂也。"邢昺疏："谓四垂也。"《广韵》古拜切,去怪见,月部。《诗·周颂·思文》："无此疆尔界,陈常于时夏。"《史记·周本记》："入界,耕者皆让畔,民俗皆让长。"宋·文天祥《渔舟》："二十八日乘风行入通州海门界,午,抛泊避潮。""界"有边界之义,"四界"则泛指到处。"世界"本是佛教用话,后可泛指人活动的某一范围。前蜀·杜光庭《虬髯客传》："(道士)既出,谓虬髯曰:'此世界非公世界,他方可也。'"元·张可以《寨儿令·收心》："偏游春世界,交付锦排场。"漳州话中"一世界,归世界"则指到处。《荡寇志》第七十五回："走进房来,只见丽卿已齁齁的睡着,东西丢了一世界。"

三、房屋建筑

房屋建筑部分的词条计 9 条,即房子、草屋、墙壁、天井、门前开阔地、房檐、椽木、灶房、门槛。现分别考证如下：

（一）房子

台湾闽南方言：厝［ts'u³］‖福建闽南方言：［漳州］厝［ts'u³］｜［泉州］厝［ts'u³］｜［厦门］厝［ts'u³］｜［龙岩］箈［ts'i³］｜［漳平］箈［ts'i³］｜［潮汕］厝［ts'u³］。

［按］厝，《说文·厂部》："厝，厉石也。《诗》曰：'他山之石，可以为厝。'"朱骏声《说文通训定声·豫部》："厝，叚借为措。"《广韵·暮韵》："厝，置也。"《广韵》仓故切，去暮清。《列子·汤问》："命夸娥氏二子负二山，一厝朔东，一厝雍南。"《晋书·王羲之传》："对之丧气，罔之所厝。"清·顾炎武《日知录》卷十三："抱愧俛仰，靡所自厝。""厝"为安置之义，又可引申为置身之所，即房屋。《宋书·范晔传》："抚心搤哽，不知何地可以厝身？"注："厝即置身之所也。"清·黄叔敬《台湾使槎录·赋饷》："瓦厝，草厝共征银一千二百四两零。"《中国歌谣资料·蓝尾星》："厝内空空，菜园栽葱。"《红旗飘飘·海陆丰农民运动的领导者彭湃》："田公着厝吃白米，田仔耕田耕到死。"闽台闽南方言中以"厝"为词根造的词很多。"厝脊"（屋脊），"草厝"（草房），"厝顶"（房顶），"厝瓦"（房瓦）。"厝边"（邻居）。箈，也指房子。《广雅·释宫》："箈，舍也。"《字汇·广部》："箈，偏屋也。"《广韵》："箈，偏箈，舍也。"七赐切，去寘清。宋·李诚《营造法式·总释上·宫》："偏舍谓之箈。"

（二）草屋

台湾闽南方言：草寮［ts'au² liau⁵］‖福建闽南方言：［漳州］草寮［ts'au² liau⁵］｜［泉州］草寮［ts'au² liau⁵］｜［厦门］草厝［ts'au² ts'u³］｜［漳平］草寮［ts'au² liau⁵］｜［潮州］草寮［ts'au² liau⁵］。

［按］寮，僧舍。《广韵》落萧切，平萧来，宵部。宋·道诚《释氏要览·住持》："言寮者，《唐韵》云：'同官曰寮。'今禅居意取多人同居，共司一务，故称寮也。"宋·陆游《贫居》："囊空如客路，屋窄似僧寮。"后指小屋。金·董解元《西厢记诸宫调》卷一："几间寮舍，半亚朱扉。"清·纪昀《阅微草堂笔记·如是我闻二》："诸城滨海处，有结寮捕鱼者。"清·沈复《浮生六记·浪游记快》："招小艇渡至邵船，但见各帮灯火相对如长廊，寮适无客……"，"寮"作小屋解，用于口语是在更早的年代，这与历史上移民有关。移民每到一地，因为是寄居一方，不可能大兴土木，姑且就地取材盖一个简易的小屋，通常是草木等搭成的草寮，用以暂且安身，往后连临时搭的工棚、作坊也称"寮"。

（三）墙壁

台湾闽南方言：壁堵［pia?⁴ tɔ²］‖福建闽南方言：［漳州］壁［pia³］｜［泉州］壁堵［pia³ tɔ²］｜［厦门］壁［pia³］｜［龙岩］墙壁［ts'iõ⁵ pia³］｜［漳平］墙壁［ts'iõ⁵ pia³］。

［按］壁，墙壁。《说文·土部》："壁，垣也。"段玉裁注："壁，自其直立言之。"《释名·释宫室》："壁，辟也，所以辟御风寒也。"《广韵》北激切，入锡帮，锡部。《仪礼·特牲馈食礼》："馈黍在西壁。"郑玄注："西壁，堂之西墙下。"唐·杜甫《绝句》之五："舍下笋穿壁，庭中藤刺檐。"《红楼梦》第二十七回："青灯照壁人初睡，冷雨敲窗被未温。"墙，《说文·啬部》："墙，垣蔽也。"《释名·释宫室》："墙，障也。所以自障蔽也。"《广韵》在良切，平阳从，阳部。《诗·郑风·将仲子》："将仲子兮，无逾我墙。"毛传："墙，垣也。"宋·叶绍翁《游园不值》："春色满园关不住，一枝红杏出墙来。"清·凤韶《凤氏经说·塘墙》："古者屋下柱间墙曰塘，屋外四周墙曰垣，垣即所谓宫墙也。"堵，也有墙壁之义。《说文·土部》："堵，垣也。"王筠《说文句读》卷二十六："堵，《礼记·儒行》曰：'环堵之室，'注云：'面一堵也'。则是一室四堵也。然堵亦遂为垣之别名。"《广韵》当古切，上姥端，又章也切，鱼部。《庄子·盗跖》："为欲富就利，故满若堵耳。"成玄英疏："堵，墙也。"晋·张载《七哀诗》："园寝化为墟，周塘无遗堵。"清·魏源《岱谷徂徕》："行行无所向，山势围成堵。"以上可知，"壁、墙、堵"，都指墙壁，只是有些方言用其中一个字，而有些方言中则用它们组成复音词。

（四）天井

台湾闽南方言：深井［ts'im¹ tsĩ²］‖ 福建闽南方言：［漳州］埕仔［tiã⁵ a²］，深井［ts'im¹ tsɛ̃²］｜［泉州］深井［ts'im¹ tsĩ²］｜［厦门］埕［tiã⁵］｜［龙岩］水井［tsui² tsĩ²］｜［漳平］水斗［tsui² tau²］。

［按］埕，原指酒坛。《通雅·器用》："罂，大瓮。今俗曰坛，曰埕。"元·李文蔚《燕青博鱼》第二折："隔壁三家醉，开埕十里香。"清·艾衲居士《豆棚闲话·空青石蔚子开盲》："看得埕口甚小，将头近埕一望，只见埕内尚自宽大。""埕"，后来借指一种建筑景观，是庭院前或四周有房屋的场地。"井"本指水井，后来也可用来指形似水井的东西。所以漳、泉地区也用"深井"指天井。"水斗"是盛水或汲水的用具。《礼记·丧大记》："虞人出木角。"郑玄注："角，以为水斗。"明·沈榜《宛署杂记·经费上》："水斗七个，赁脚价一分五厘。"龙岩话也借其形似，用以指天井。

（五）门前开阔地

台湾闽南方言：埕［tsiã⁵］‖ 福建闽南方言：［漳州］大埕［tua⁷ tiã⁵］｜［泉州］门口埕［bŋ⁵ kau² tiã⁵］｜［厦门］门口埕［bŋ⁵ kau² tiã⁵］｜［龙岩］禾埕［gue⁵ tiã⁵］｜［漳平］禾庭［gue⁵ tiã⁵］，门口庭［muĩ⁵ k'au² tiã⁵］。

［按］埕，可以指沿海一带晒盐的田。清·顾炎武《天下郡国利病书·福建三·盐法》："土人以力尽盐地为埕，漉海水注之，经烈日晒即成盐。"清·黄

叔璥《台海使槎录·物产》："各省盐或煎或晒,台地止于海岸晒盐。府盐埕二千七百四十三格,台邑盐埕一千四百二十一格。"所以埕后来也泛指开阔地。"庭",堂前地,院子。《仪礼·燕礼》:"宾入及庭,公降一等揖之。"唐·白居易《晚秋闲居》:"秋庭不扫携藤杖,闲踏梧桐黄叶行。"宋·徐伸《转调二郎神》:"门闭一庭劳景。"于是在漳平话中使用禾庭、门口庭。

（六）房檐

台湾闽南方言:帘簷[li⁵ tsĩ⁵]‖福建闽南方言:[漳州]滴水[ti?⁴ tsui²]|[泉州]滴水[ti?² tsui²]|[厦门]帘簷[li⁵ tsĩ⁵]|[龙岩]簷头[giam⁵ t'au⁵]|[漳平]滴水[ti⁴ tsui²]|[潮汕]外埕[gua⁷ tĩã⁵]。

[按]簷,即檐也。《玉篇·竹部》:"簷,与檐同。"《释名·释宫室》:"簷,檐也。"《广韵》余廉切,平盐以。晋·陶渊明《归田园居》:"榆柳荫后簷,桃李罗堂前。"唐·白居易《与元微之书》:"流水周于舍下,飞泉落于簷间。"清·东轩主人《述异说·笔录不虔之报》:"陈遂登屋至簷,举步乘之。"帘是簾的简体,本指遮蔽门窗的用具。《说文·竹部》:"簾,堂簾也。"朱骏声《说文通训定声》:"《声类》:'簾,户蔽也。'按,缕竹为之,施于堂户,所以隔风日而通明者也。"《广韵》力盐切,平盐来,谈部。《汉书·外戚传下》:"严持箧书,置饰室簾南去。"颜师古注:"簾,户簾也。"南朝齐·谢朓《和王主簿怨情》:"花丛乱数蝶,风簾入双燕。"清·王士禛《赵北口》:"夜火蟹簾多。"众所周知,一般的瓦房前都有一段伸出墙外的房檐,其作用是遮风雨,似簷。所以簷与簾搭配在一起表示房檐。"滴水"亦指房檐。《儒林外史》第四十九回:"高翰林拱手立在厅前滴水下,叫管家请轿。"

（七）椽木

台湾闽南方言:桷仔[kak⁴ ga²]‖福建闽南方言:[漳州]桷仔[kak⁴ a²]|[泉州]桷枝[kak⁴ ki¹]|[厦门]桷支[kak⁴ ki¹]|[龙岩]桷仔枋[kak⁴ a² paŋ¹]|[漳平]桷仔[kak⁴ a²]|[潮汕]桷[kak⁴]。

[按]桷,方形椽。《说文·木部》:"桷,榱也,椽方曰桷。"段玉裁注:"桷之言棱角也,椽方曰桷,则知桷圜曰椽矣。"《尔雅·释宫》:"桷谓之榱。"陆德明释文引《字林》云:"周人名椽曰榱,齐鲁名榱曰桷。"《广韵》古岳切,入觉见,屋部。《诗·鲁颂·閟宫》:"松桷有舄,路寝孔硕。"高亨注:"桷,方的椽子。"三国魏·嵇康《与山巨源绝交书》:"足下见直木必不可以为轮,曲者不可以为桷,盖不欲枉其才,令得其所也。"宋·王安石《寄赠胡先生》诗:"先收先生作梁柱,以次构架桷与榱。""支"、"枝"均有枝条、茎干之义,其作用相当于"柳条"中的"条"。"枋"是两柱间起联系作用的长方形木材。北魏·郦道元《水经注·沁水》:"夹岩累石结以为门,用伐木门枋。"明·宋应星《天工开物·种忌》:"凡蚕纸用竹木四条为

方架,高悬透风避日梁枋之上。"《农政全书·蚕桑·蚕事图谱》:"以细枋四茎竖之,高可八九尺。"枋作用似椽,所以龙岩话中把它们联在一起。

(八)灶房

台湾闽南方言:灶骹[tsau³ kʻaˡ]‖福建闽南方言:[漳州]灶骹[tsau³ kʻaˡ]|[泉州]灶骹[tsau³ kʻaˡ]|[厦门]灶骹[tsau³ kʻaˡ]|[龙岩]灶下[tsau³ ɛ⁷]|[漳平]灶下[tsau³ iaˡ⁷]|[潮汕]灶下[tsau³ e⁷]。

[按]灶(竈),《说文·穴部》:"竈,炊竈也。"段玉裁注:"炊爨之处也。"《左传·成公十六年》:"塞井夷灶,陈于军中,而疏行首。"汉·王充《论衡·无形》:"如使成器入灶更火,牢坚不可复变。"清·刘书年《刘贵阳说经残稿·室中有灶》说:"炊爨之灶,为上穿以置釜,为旁穿以纳火。"因为古时在灶台做饭被认为是下人之事,因此灶爨又称灶下,厨工称灶下养。《后汉书·刘玄传》:"长安为之语曰:'灶下养,中郎将;烂羊胃,骑都尉。'"清·顾炎武《将去关中别中尉存杠于慈恩寺塔下》:"低头从灶养,脱迹混林僧。"清·龚自珍《与吴虹生书》之十二:"小女灶下婢所生,人固不论其所自生也。""骹"同"脚","灶骹"同"灶下",都指灶台。

(九)门槛

台湾闽南方言:户埕[hɔ⁷ tiŋ⁷],户奠[hɔ⁷ tiŋ⁷]‖福建闽南方言:[漳州]户模[hɔ⁷ tiŋ⁷]|[泉州]门模[bŋ⁵ tuĩ⁷]|[厦门]户模[hɔ⁷ tiŋ⁷]|[漳平]门埕[muĩ⁵ tẽiˡ⁷]。

[按]奠,奠基。《玉篇·丌部》:"奠,定也。"《广韵》堂练切,去霰定,真部。《书·禹贡》:"随山刊木,奠高山大川。"孔传:"奠,定也。"北周·庾信《终南山义谷铭》:"疏川奠谷,落实摧柯。"清·顾炎武《日知录·武王伐纣》:"武王克商,天下大定,裂土奠国,乃不以其故都封周之臣,而仍以封武庚。"户,即指门。《说文·户部》:"户,护也,半门曰户。"《玉篇·户部》:"户,所以出入也。一扉曰户,两扉曰门。"《广韵》侯古切,上姥匣,鱼部。《诗·小雅·斯干》:"筑室百堵,西南其户。"《晋书·光逸传》:"逸将排户入,守者不听。"清·张岱《陶庵梦忆·愚公谷》:"礓石为垣,编柴为户。""门槛"是门扇下挨地面的横木或长石,其作用是固定门框或门扇,所以"户模、户奠、户埕"从其作用入手,代指门槛。

四、日常用品

日常用品部分的词条计17条,即茶壶、茶杯、锅、筷子、勺子、案板、床、长凳、垃圾簸箕、枪、日历、瓶子、剪刀、鸡毛掸、肥皂、书本、信。现分别考证如下:

(一)茶壶

台湾闽南方言:茶钴[te⁵ kɔ²]‖福建闽南方言:[漳州]茶罐[te⁵ kuan³]|[泉

州〕茶钴［te⁵kɔ²］｜〔厦门〕茶钴［te⁵kɔ²］｜〔龙岩〕茶筭仔［tie⁵bi⁷a］｜〔漳平〕茶罐［tia⁵kuan³］。

〔按〕钴，古代宗庙里的礼器。《广韵》公户切，上姥见。罐，用陶或金属制成的盛物，没水的圆形器物。《说文新附·缶部》："罐，器也。"《玉篇·缶部》："罐，瓶罐。"《类篇·缶部》："罐，汲器。"《广韵》古元切，去换见，元部。南朝·刘义庆《世说新语·尤悔》："既中毒，太后索水救之。帝预敕左右毁瓶罐。"北魏·杨衒之《洛阳伽蓝记·景乐寺》："下有甘井一所，石槽铁罐，供给行人，饮水庇荫，多有憩者。"《红楼梦》第六十五回："人家是辣罐子，他是醋缸，醋翁！"筭，《说文·竹部》："筭，蔽也。"《玉篇·竹部》："筭，甑筭也。"《广韵》博计切，去霁帮，支部。《淮南子·说山》："弊筭甑瓴，在衲茵之上，虽贪者不搏。"北周·庾信《哀江南赋》："敝筭不能救盐池之咸，阿胶不能止黄河之浊。"南朝·刘义庆《世说新语·夙惠》："炊忘箸筭，饭落釜中。"茶钴、茶罐指茶壶容易理解。筭仔指一种隔物的器具，茶筭仔也许原是茶壶中隔茶的东西，后用来指茶壶。

（二）茶杯

台湾闽南方言：茶瓯［te⁵au¹］‖ 福建闽南方言：〔漳州〕茶瓯［te⁵au¹］｜〔泉州〕茶瓯［te⁵au¹］｜〔厦门〕茶瓯［te⁵au¹］｜〔龙岩〕瓯仔［au¹a］｜〔漳平〕茶瓯［tia⁵au¹］｜〔潮汕〕瓯［au¹］。

〔按〕瓯，指小碗，小杯。《说文·瓦部》："瓯，小盆也。"《玉篇·瓦部》："瓯，碗小者。"《广韵》乌侯切，平侯影，侯部。南唐·李煜《渔父》："花满渚，酒满瓯。"元·康进之《李逵负荆》第一折："我则待乘兴饮两三瓯。"清·吴兰《采茶行》："担向侯门不值钱，一瓯春雪千山叶。"茶瓯即茶杯。"瓯"在闽南方言中还经常与其他词组合成复音词。"饭瓯"（饭碗）"酒瓯"（酒杯）。

（三）锅

台湾闽南方言：鼎［tiã²］‖ 福建闽南方言：〔漳州〕鼎［tiã²］｜〔泉州〕鼎［tiã²］｜〔厦门〕鼎［tiã²］｜〔龙岩〕鼎［tiã²］｜〔漳平〕鼎［tiã²］｜〔潮汕〕鼎［tiã²］。

〔按〕鼎，古代炊器。《说文·鼎部》："鼎，三足两耳，和五味之宝器也。"《玉篇·鼎部》："鼎，器也，所以熟食者。"《广韵》都挺切，上迥端，耕部。《易·鼎》："鼎折足，覆公餗，其形渥。"唐·白居易《咏史》："秦磨利剑斩李斯，齐烧沸鼎烹郦其。"《红楼梦》第三回："大紫檀雕螭案上，设着三尺来高青绿古铜鼎。"可见"鼎"在古代是三足两耳的炊具，后世去其足留捉耳，变成一只深底大口的圆锅，作为煮饭烧菜的炊具——锅。

（四）筷子

台湾闽南方言：箸［ti⁷］‖ 福建闽南方言：〔漳州〕箸［ti⁷］｜〔泉州〕箸［tɯ⁷］｜

［厦门］箸［ti⁷］｜［龙岩］箸双［ti⁷ saŋ¹］｜［漳平］箸双［ti⁷ saŋ¹］｜［潮汕］箸［ti⁷］。

［按］箸,筷子。《说文·竹部》:"箸,饭攲也。"王筠句读:"攲,持去也。《通俗文》:'以箸取物曰攲。'"《玉篇·竹部》:"箸,筴也。饭具也。"《广韵》迟倨切,去御澄,鱼部。《韩非子·喻老》:"者者纣为象箸而箕子怖。"《史记·留侯世家》:"张良对曰:'臣请藉前箸为大王筹之。'"《红楼梦》第七十六回:"众媳妇另行擦桌整果,更杯洗箸,陈设一番。"箸改称筷子,据记载是为了避讳,明·陆容《菽园杂记》:"吴俗行舟讳言住,箸与住同音,故谓箸为筷儿。"因筷子都成双,所以龙岩、漳平话称"箸双"。

（五）勺子

台湾闽南方言:匙［si⁵］,挑羹［tʰio¹ kŋ¹］‖福建闽南方言:［漳州］调羹［tʰau⁵ kioŋ¹］,汤匙［tʰŋ si⁵］｜［泉州］汤匙［tʰŋ si⁵］｜［厦门］汤匙［tʰŋ¹ si⁵］｜［龙岩］匙仔［si⁵ a²］｜［漳平］调仔［tʰiau⁵ a²］,调羹［tʰiau⁵ kin¹］｜［潮汕］汤匙［tʰŋ¹ si⁵］。

［按］匙,取物小勺。《说文·匕部》:"匙,匕也。"朱骏声《说文通训定声》:"苏俗所谓茶匙、汤匙、调羹、饭操者也。"《广韵》是支切,平支禅。支部。《太平御览》卷七百六十引王隐《晋书·瑞异记》:"石勒时有谣云:'一杯食,有两匙;石勒死,人不知。'"唐·杜甫《佐还出后寄》:"老人他日爱,正想滑流匙。"《儿女英雄传》:"浇了一匙汤,要了双筷子,便自己端到玉凤姑娘跟前。""汤匙",舀汤的小勺。《二十年目睹之怪现状》第五十一回:"早有当差的送上一份汤匙刀叉。"碧野《没有花的春天》第九章:"阿划倒了一碗温开水,拌了盐端来,用把断汤匙喂他母亲喝水。""调羹",也指小勺。清·吴振臣《宁古塔纪略》:"大小人家做黄齑汤,每饭用调羹,不用箸。调羹曰差非,又曰匙子。"《二十年目睹之怪现状》第八十七回:"小鸦头来禀命开饭,荀太太点点头;一会儿先端出杯、筷、调羹、小碟之类。"用而复《上海的早晨》第四部:"他一口气讲了这么多,感到有点累了,低下头去,用调羹舀了几勺乳油鸡蓉汤喝。""挑"有舀取的意思。《红楼梦》第三十四回:"一碗水里,只用挑上一茶匙,就香的不得了呢!""挑羹"与"调羹"一样,由动词引申为名词,表示小勺。

（六）案板

台湾闽南方言:砧［tiam¹］‖福建闽南方言:［漳州］砧［tiam¹］｜［泉州］砧［tiam¹］｜［厦门］砧［tiam¹］｜［龙岩］砧［tiam¹］｜［漳平］砧［tiam¹］。

［按］砧,切物用的垫板。《说文新附·石部》:"砧,石柎也。"《广韵》知林切,平侵知。侵部。唐·李商隐《杂纂·失本体》:"不阑腰,不持刀砧,失厨子体。"元·关汉卿《望江亭》第三折:"可将砧板、刀子来,我切鲙哩。"《水浒全传》第二十九回:"一壁厢肉案、砧头,操刀的家生,一壁厢蒸作馒头烧柴的厨灶。"现在闽

南方言中，"砧"往往和"菜"、"肉"，组合在一起，表示案板。

（七）床

台湾闽南方言：眠床［bin⁵ tsʼŋ⁵］‖福建闽南方言：［漳州］眠床［bin⁵ tsʼŋ⁵］｜［泉州］眠床［bin⁵ tsʼŋ⁵］｜［厦门］眠床［bin⁵ tsʼŋ⁵］｜［龙岩］眠床［bin⁵ tsʼŋ⁵］｜［漳平］眠床［bin⁵ tsʼŋ⁵］｜［潮汕］眠床［bin⁵ tsʼɘŋ⁵］。

［按］眠，睡觉。《玉篇·目部》："眠"，同"瞑"。《篇海类编·身体类·目部》："眠，寐也。"《字汇·目部》："眠，翕目也。"《正字通·目部》："眠，寐息也，俗谓之睡。"《广韵》莫贤切，平先明。《列子·周穆王》："其民不食不衣而多眠。"唐·李白《寻雍尊师隐居》："花暖青牛卧，松高白鹤眠。"元·仇远《怀古》："吹杀青灯炯不眠，满襟怀古恨绵绵。""床"是供人坐卧的器具。《释名·释床帐》："人所坐卧曰床。"《说文·木部》："床，安身之坐者。"《广韵》土庄切，平阳崇。阳部。《诗·小雅·斯干》："万生男子，载寝之床。"《水经注·湘水》："（井）旁有一脚石床，才容一人坐……"清·全祖望《墨云董丈墓志铭》："太恭人患足疾，卧床数载。"因为床在古时兼指坐具和卧具，所以给"床"前加一"眠"，专指睡觉的器具。南朝梁·陶弘景《冥通记》卷四："持之南行，取己所住户十二步，乃置眠床头按上。"《明成化说唱词丛刊·包龙图公案断歪乌盆传》："潘成已得天明了，急忙便下眠床。"鲁迅《彷徨·弟兄》："他便在书桌旁坐下，正对着眠床；看靖甫的脸，已没有昨天那样通红了。"

（八）长凳

台湾闽南方言：椅条［i² liau⁵］‖福建闽南方言：［漳州］椅条［i² tiau⁵］｜［泉州］椅条［i² liau⁵］｜［厦门］椅条［i² liau⁵］｜［龙岩］椅条［i² tiau⁵］，长条椅［tõ⁵ tiau⁵ i²］｜［漳平］椅条［i² tiau⁵］｜［潮汕］椅条［i² tiau⁵］。

［按］椅，本指一种树名。《说文·木部》："椅，梓也。"后来椅专指有靠背的坐具。《正字通·木部》："椅，坐具后有倚者，今俗呼椅子。"《广韵》於绮切，上纸影。《新五代史·晋臣传·景延广》："延广所进器服鞍马，茶床椅榻，皆裹金银，饰以龙凤。"宋·王铚《默记》："徐引椅稍偏，乃敢坐。"《三国演义》第一回："只见一条大青蛇从梁上飞将下来，蟠于椅上。""条"是量词，它跟在"椅"后，组成复音词，类似现代汉语中的"枪枝"。

（九）垃圾簸箕

台湾闽南方言：粪斗［pun³ tau²］‖福建闽南方言：［漳州］粪斗［pun³ tau²］｜［泉州］粪斗［pun³ tau²］｜［厦门］粪斗［pun³ tau²］｜［龙岩］粪斗［pun³ tau²］｜［漳平］粪斗［pun³ tau²］。

［按］粪，扫除之义。《说文·華部》："粪，弃除也。"段玉裁注："古谓除秽曰

粪,今人直谓秽曰粪,此古义今义之别也。"《广雅·释诂三》:"粪,除也。"《广韵》方问切,去问非。谆部。《礼记·曲礼上》:"凡为长者粪之礼,必加帚于箕上。"宋·陆游《智者寺兴造记》:"方是时,事废不举,地芜不粪,栋桡柱腐,垣断甃缺,若不可复为者。"清·张岱《陶庵梦忆·范与兰》:"花谢,粪之满箕,余不忍弃。"斗,本是古代酒器。《说文·斗部》:"斗,十升也。象形,有柄。"段玉裁注:"上象斗形,下象其柄也。"后来引申为象斗的器物。《淮南子·齐俗》:"炮烙生乎热斗。"《晋书·韩伯传》:"母方为作襦,令伯捉熨斗。"因此在闽南方言中,用来装废弃之物的东西叫"粪斗"。

(十)枪

台湾闽南方言:铳[ts'iŋ³]‖福建闽南方言:[漳州]铳[ts'iŋ³]|[泉州]铳[ts'iŋ³]|[厦门]铳[ts'iŋ³]|[龙岩]铳[ts'oŋ³]|[漳平]铳[ts'iŋ³]|[潮汕]铳[tseŋ³]。

[按]铳,一种火器。《篇海类编·珍宝类·金部》:"铳,火铳。"《五方元音》:"铳,火器。"《元史·达理麻识理传》:"纠集丁壮苗军,火铳什五相联。"明·邱濬《大学衍义补》卷一二二:"近世以火药实铜铁器中,亦谓之炮,又谓之铳。"《清会典》卷五十二:"凡火器之小者;曰铳,曰火砖,曰火毯,曰火箭,曰喷筒,曰火罐。"在闽台闽南方言中,与"铳"有关的词还有:长铳、开铳、拍铳、铳子等。

(十一)日历

台湾闽南方言:历日[lit⁸ lit⁸]‖福建闽南方言:[漳州]历日[lit⁸ lit⁸]|[泉州]历日[lit⁸ lit⁸]|[厦门]历日[lit⁸ lit⁸]|[龙岩]历日[lit⁸ lit⁸]|[漳平]历日[lit⁸ lit⁸]|[潮汕]历日[le⁸ dzik⁸]。

[按]历日,即日历。《周礼·春宫·冯相氏》:"以会天位。"郑玄注:"会天位者,合此岁明星辰宿五者,以为时事之侯,若今历日太岁在某月某日某甲某朔直某也。"《梁书·傅昭传》:"(傅昭)随外祖母于朱雀航卖历日。"《水浒传》二十四回:"王婆道:'娘子家里有历日么?借与老身看一看,要选个裁衣日。'"在闽台闽南方言中,词序与普通话不同的词有很多,如:闹热、鞋拖、头前、人客等等。

(十二)瓶子

台湾闽南方言:矸[kan¹]‖福建闽南方言:[漳州]矸[kan¹]|[泉州]矸[kan¹]|[厦门]矸[kan¹]|[龙岩]矸仔[kan¹a²]|[漳平]瓶仔[pan⁵a²]|[潮汕]樽[tsuŋ¹]。

[按]矸,本指山石白净貌。《广韵》:"矸,石净。"古案切,去翰见。《史记·鲁仲连邹阳列传》:"宁戚饭牛车下,而桓公任之以国。"南朝宋·裴骃《集解》引应劭曰:"齐桓公夜出迎客,而宁戚疾击其牛角商歌曰:'南山矸,白石烂。'"司马贞《索

隐》:"矸者,白净貌也。"元·庾天锡《雁儿落过得胜令》:"从他绿鬓斑,欹枕白石栏,回头红日晚,满目青山矸。"在闽台闽南方言中,矸已不指山石白净,而引申为指瓶子,如白净山石一样的玻璃瓶子。"瓶",本指一种汲水容器。《说文·缶部》:"缾,甖。或从瓦作瓶。"《方言》卷五:"缶谓之瓿甊,其小者谓之瓶。"《广韵》薄经切,平青并,耕部。《易·井》:"汔至,亦未繘井,羸其瓶。"南朝梁·沈约《二月三日率尔成篇》:"象筵鸣宝瑟,金瓶汎羽卮。"宋·苏轼《瓶笙并引》:"徐而察之,则出于双瓶,水火相得,自然吟啸。""瓶子"产生也不晚。南唐·刘崇远《金华子杂编》卷下:"(其人)因取所藏之瓶子,祝而投于海中。"宋·杨万里《梅花数枝篸两小瓷瓶雪寒一夜瓶冻裂》:"玉人割取到人间,琢出瓶子和梅看。"《二十年目睹之怪现状》第五十五回:"原来那瓶子里,全是一瓶一瓶清水。"

(十三)剪刀

台湾闽南方言:铰刀[ka¹ to¹]‖福建闽南方言:[漳州]铰剪[kau¹ tsian²]|[泉州]铰剪[ka¹ tsian²]|[厦门]铰刀[ka¹ to¹]|[龙岩]铰刀[ka¹ to¹]|[漳平]铰刀[ka¹ to¹],铰剪[ka¹ tsan²]|[潮汕]铰刀[ka¹ to¹]。

[按]铰,剪刀。《广韵》:"铰,铰刀。"古巧切,上巧见。又古肴切,古孝切。《六书故·地理一》:"铰,交刃刀也,利以剪。"《正字通·金部》:"铰,即今妇功缝人所用者,俗呼剪刀。"后来一般把"铰"、"刀"连用。唐·曹唐《病马》:"欲将髻鬣重裁剪,乞借新成利铰刀。"唐·李贺《五粒小松歌》:"绿波浸叶满浓光,细束龙髯铰刀翦。"王琦汇解:"铰,交刃刀也,利以剪,盖全之翦刀也。""剪"本指用剪刀剪。《玉篇》"翦,俗作剪。"《尔雅·释言》:"翦,齐也。"《广韵》即浅切,上狝精。《墨子·公孟》:"昔者越王勾践,剪发文身,以治其国。"唐·温庭筠《菩萨蛮》:"藕丝秋色浅,人胜参差剪。"《红楼梦》第三十二回:"林姑娘也犯不上生气,他既会剪,就叫他做。"后来与"刀"在一起指一种用具。唐·杜甫《戏题王宰画山水图歌》:"焉得并州快剪刀,翦取吴松半江水。"曹禺《北京人》第二幕:"陈奶妈坐在那里,正拿着一把剪刀,为坐在小凳上的小柱儿剪指甲。"在闽南某些方言中"铰""剪"合用,用来指剪刀。

(十四)鸡毛掸

台湾闽南方言:鸡毛筅[kue¹ bŋ⁵ tsiŋ²]‖福建闽南方言:[漳州]鸡毛筅[ke¹ mɔ̃⁵ tsʰiŋ²]|[泉州]鸡毛筅[kue¹ bŋ⁵ tsʰui²]|[厦门]鸡毛筅[kue¹ bŋ⁵ tsʰiŋ²]|[龙岩]鸡毛扫[kie¹ bo⁵ sau⁶]|[漳平]鸡毛扫[kie¹ bo⁵ sau²]。

[按]筅,筅帚。《广雅·释器》:"籫谓之筅。"王念孙疏证:"籫,即今之刷锅帚也。……《玉篇》:'筅,筅帚也。'《广韵》作'筅',云:'筅帚,饭具,或作筅。'是筅与筅异名而同实。"宋·吴自牧《梦粱录·诸色杂买》:"其巷陌街市,常有使漆

修旧人……并挑担卖油,卖油苕,扫帚,竹帚,笕帚。"清·李斗《扬州画舫录·虹桥录下》:"……举凡水媂笕帚。"《儿女英雄传》第二十九回:"当中放着连三抽屉桌,被格上面安着镜台,妆奁,以至茶宪,漱盂许多零星器具。""鸡毛笕"便是用鸡毛做成的清理工具,即现在的鸡毛掸。"扫"用扫帚除污秽。《玉篇·手部》:"扫,除也。《礼记》曰:'汛扫曰掃'作埽同。"《正字通》:"扫,除秽也。"《诗·唐风·山有枢》:"子有廷内,弗洒弗扫。"《新五代史·死事传·姚洪》:"昔为李七郎奴,扫马粪。"鲁迅《彷徨·祝福》:"(她)默默的跑街、扫地、洗菜、淘米。"在漳平、龙岩话中,"鸡毛扫"即鸡毛掸,这里从其功用而命名。

(十五)肥皂

台湾闽南方言:雪文[sap⁴ bun⁵]‖福建闽南方言:[漳州]雪文[siap⁴ bun⁵]|[泉州]雪文[siap⁴ bun⁵]|[厦门]雪文[siap⁴ bun⁵]|[龙岩]番仔砚[huan¹ a² kĩ⁷]|[漳平]腊[la⁷],洗衫腊[sei² sã¹ la⁷]。

[按]肥皂本是一种树,从前把它的菜果捣烂搓成丸子,用来洗脸,洗澡,洗衣服,现在用的肥皂是油脂和碱制成,与树无关,它是从南洋输入的。"雪文"是印尼——马来西亚语的借词。因中国首先和马来人贸易,以厦门或其他闽南人为多,双方经济文化往来给各自语言带来了新的东西。早期参与开发南洋的华侨也以这个地方人为多,他们学会了一些外语,并随同家乡亲人来往将一些外语词渗入到自己的家乡话中去。因此这些外来词不仅不见于其他汉语方言,甚至其中有的也不见于闽南方言区某些方言。如漳平话称肥皂为"腊",应写作"蜡",是动物、矿物或植物所产生的某些油质。《广韵·盍韵》:"蜡,蜜蜡。"《篇海类编·鳞介类·虫部》:"蜡,蜜滓也。"唐·赵元一《奉天禄》二:"(包)佶使使飞表于蜡丸中,论少游收财事。"明·刘基《郁离子·灵丘丈人》:"灵丘之丈人,善养蜂,岁收蜜数百斛,蜡称之。"《老残游记》第二十回:"(吴二)就到炕里边取出个小皮箱来,开了锁,拿出个磁瓶子来,口上用蜡封好了。"做好的肥皂光洁润滑如蜡,所以漳平话称之"蜡"。

(十六)书本

台湾闽南方言:册[tsʻeʔ⁴]‖福建闽南方言:[漳州]册[tsʻɛʔ⁴]|[泉州]册[tsʻeʔ⁴]|[厦门]册[tseʔ⁴]|[龙岩]字册[tsi¹ tsʻiɛʔ⁴]|[漳平]册[tsʻiaʔ⁴]|[潮汕]册。

[按]册,书简。清·徐灏《说文解字注笺·册部》:"凡简书皆谓之册。"《广韵》楚革切,入麦切。锡部。《书·多士》:"惟尔知惟殷先人,有册有典。"孔传:"言汝所亲知殷先世有册书、典籍。"唐玄宗《命张说修国史诏》:"肇有书契,是兴简册。"清·李兆洛《游浮山记》:"寺有《浮山志》,挟册按图,令寺僧导行。""册"

即“简”,同样是一个广泛地用在闽南方言中的古语词,由它组词有“读册”、“册包”、“册店”等。

（十七）信

台湾闽南方言：批［pʻue¹］‖福建闽南方言：［漳州］批［pʻe¹］｜［泉州］批［pʻue¹］｜［厦门］批［pʻue¹］｜［龙岩］信［sin¹］｜［漳平］批信［pʻei¹ sin³］。

［按］批,批示。《广韵》“批,示也。”匹迷切,平齐滂。脂部。唐·黄滔《寄献梓橦山侯侍御》诗：“赐衣僧脱去,奏表主批还。”宋·周辉《清波别志》卷下：“圣人出口为敕,批出,谁敢韦。”《二十年目睹之怪现状》第七回：“那些钱庄帮得了这个批,犹如唤起他的睡梦一般。”批表示信的意义概由此引申,漳平话中“批信”加强了它的意义。并且在闽台闽南方言中,信纸叫“批纸”,信封叫“批壳”,可见“批”这一词的生命力。

五、饮食衣着

饮食衣着部分的词条计 15 条,即稀饭、米汁、锅巴、米制糕点总称、馄饨、鸡蛋、味精、冰糖、开水、热水、香烟、衣裳、西装、棉衣、衣袖。现分别考证如下：

（一）稀饭

台湾闽南方言：糜［be⁵］饮糜仔［am² be⁵ a²］‖福建闽南方言：［漳州］糜［mãi⁵］,饮糜［am² mãi⁵］｜［泉州］糜［bə⁵］,饮糜［am² bə⁵］｜［厦门］糜［bẽ⁵］｜［龙岩］鬻糜［io² buĩ⁵］｜［漳平］（饮）糜仔［(am²) muẽ⁵ a²］｜［潮汕］糜［muẽ⁵］。

［按］糜,粥。《说文·米部》：“糜,糁也。”段玉裁注：“以米和羹调之糁,专用米粒为之谓之糁糜,亦谓之鬻。”《释名·释饮食》：“糜,煮米使糜烂也。”《广韵》靡为切,平支明。歌部。《礼记·月令》：“（仲秋之月）是月也,养衰老,授几杖,行糜粥饮食。”三国魏·曹操《苦寒行》：“担囊行取薪,斧冰持作糜。”《水浒全传》第四十七回：“那老人节下两碗白酒,盛一碗糕糜,叫石秀吃了。”“鬻糜”即“粥糜”。清·刘大櫆《蝠巢翁传》：“康熙甲午岁大祲,乡先生奉观察之命,来溪上为粥糜以赈。”又《天道上》：“为粥糜以食饿者,而已且啼饥。”清·黄燮清《吴江姬》：“大男被拘系,无由馈粥糜。”“饮”在“饮糜”中是名词,是饮料之义。《古今韵会举要·寝韵》：“饮,凡可饮者亦谓之饮。”《广韵》於锦切,上寝影。侵部。《周礼·天宫·酒正》：“辨四饮之物。一曰清,二曰医,三曰浆,四曰驰。”北魏·贾思勰《齐民要术》：“折米白煮,取汁为饮。”《礼记·玉藻》“君未覆手,不敢飱。”孔疏：“飱谓用饮浇饭于器中也。”“饮糜”即指米汤、稀饭。

（二）米汁

台湾闽南方言：潘［pʻun¹］‖福建闽南方言：［漳州］（米）潘［(bi²) pʻun¹］｜

［泉州］（米）潘［（bi²）pʻun¹］‖［厦门］潘［pʻun¹］‖［龙岩］潘［pʻun¹］‖［漳平］潘［pʻun¹］‖［潮汕］潘［pʻuŋ¹］。

［按］潘,淘米水。《说文·水部》:"潘,淅米汁也。"《广雅·释器》:"潘。澜也。"《广韵》普官切,平桓滂。元部。《礼记·内则》:"面垢,燂潘请靧。"郑玄注:"潘,米澜也。"陆德明释文:"潘,芳烦反,淅米汁。"《齐民要术·种襄荷芹蓼》:"尤忌潘泔及咸水。"唐·玄应《一切经音义》卷十五:"《字林》:淅米汁也。江南名潘,关中名泔也。"在福建闽南方言中,潘水即泔水,指生米汁。在台湾闽南方言中,生米汁称潘,熟米汁为泔。

（三）锅巴

台湾闽南方言:饭疕［pŋ⁷ pʻi²］‖福建闽南方言:［漳州］鼎疕［tiã² pʻi²］‖［泉州］鼎疕［tiã² pʻi²］,饭疕［pŋ⁷ pʻi²］‖［厦门］鼎疕［tiã² pʻi²］‖［龙岩］鼎疕［tiã² pʻi²］‖［漳平］鼎疕［tiã² pʻi²］,饭疕［puĩ⁷ pʻi²］。

［按］疕,本指头疮。《说文·疒部》:"疕,头疡也。"后可指疮上结的薄壳。《广雅·释言》:"疕,痂也。"《集韵》:"疕,普弥切,痂也。"《广韵》卑履切,上旨帮。又匹鄙切,匹婢切。脂部。《急就篇》第四章:"痂疕疥疠癃聋盲。"颜师古注:"痂,疮上甲也;疕谓薄者也。"《本草纲目·谷部·绿豆》:"痘疮湿烂不结痂疕者,干扑之良。""疕"原指伤好后所结的痂。闽台闽南方言根据它的特点,引申为鼎疕,即锅巴。

（四）米制糕点总称

台湾闽南方言:餜［ke²］‖福建闽南方言:［漳州］餜［kue²］‖［泉州］餜［kə²］‖［厦门］餜［ke²］‖［龙岩］餜［kue²］‖［漳平］餜［kue²］‖［潮汕］餜［kue²］。

［按］餜,糕点类食品。《玉篇·食部》:"餜,饼子也。"《集韵》古火切,上果见。清·翁辉东《潮汕方言·释食》:"俗重祭祀,妇女多制餜品,中裹荳米调饵,曰餜馅。"在闽南一带,人们主食以米为主,各种糕点多用米制成,于是带"餜"的食品名很多。如"甜餜"、"经龟餜"、"发餜"、"白餜"等。

（五）馄饨

台湾闽南方言:扁食［pian² sit⁸］‖福建闽南方言:［漳州］扁食［pian² sit⁸］‖［泉州］扁食［pian² sit⁸］‖［厦门］扁食［pian² sit⁸］‖［龙岩］扁食［pian² sit⁸］‖［漳平］扁食［pian² sit⁸］。

［按］扁食,方言,水饺,锅贴之类的面食。清·王誉昌《崇祯宫词注》:"翊坤宫近侍刘某,善治扁食,进御者必其手造。"清·潘荣陛《帝京岁时纪胜·皇都品汇》:"孙胡子,扁食包细馅;司马远,糯米滚元宵。"《陕北民歌选·信天游》:"吃了一碗扁食没喝一口汤,没打定主意上了人家的当。"

（六）鸡蛋

台湾闽南方言：鸡卵［kue¹ lŋ⁷］‖ 福建闽南方言：［漳州］鸡卵［ke¹ nuĩ⁷］｜［泉州］鸡卵［kue¹ lan⁷］｜［厦门］鸡卵［kue¹ lŋ⁷］｜［龙岩］鸡卵［kie¹ lĩ⁷］｜［漳平］鸡卵［kei¹ loŋ⁷］｜［潮汕］鸡卵。

［按］卵，蛋。《说文·卵部》："卵，凡物无乳者卵生。"《广韵》卢管切，上缓来。又郎果切，元部。《国语·鲁语上》："兽长麛麇，鸟翼鷇卵。"韦昭注："未孚曰卵。"晋·木华《海赋》："毛翼产鷇，剖卵成禽。"清·周士彬《营巢燕》："巢成抱卵意辛苦，忍饥终日伏巢里。""鸡卵"即"鸡蛋"。闽南方言中与"蛋"有关的词大多用"卵"。如"卵清"（蛋清）、"卵仁"（蛋黄）。

（七）味精

台湾闽南方言：味素［bi⁷ sɔ³］‖ 福建闽南方言：［漳州］味素［bi⁷ sɔ³］｜［泉州］味素［bi⁷ sɔ³］｜［厦门］味素粉［bi⁷ sɔ³ hun²］｜［龙岩］味素［bi⁷ sŋ³］｜［漳平］味素［bi⁷ sou³］。

［按］味素，即味精，一种调味品。一般用小麦、黄豆、玉米或甜菜制成。多为白色粉末状或结晶状。放在菜或汤里使增加鲜美味道。端木蕻良《被撞破了的脸孔》："喂，再来一瓶味之素吧，一个揞作到底，我半年没吃味之素了。"

（八）冰糖

台湾闽南方言：糖霜［t'ŋ⁵ sŋ¹］‖ 福建闽南方言：［漳州］糖霜［t'ŋ⁵ sŋ¹］｜［泉州］糖霜［t'ŋ⁵ sŋ¹］｜［厦门］糖霜［t'ŋ⁵ sŋ¹］｜［漳平］冰糖［piŋ¹ t'ŋ⁵］。

［按］霜，是在地面空气降到摄氏零度以下时，所含水汽的一部分附着在地面或靠近地面的物体上，凝结成白色晶体。《说文·雨部》："霜，丧也，成物者。"《玉篇·雨部》："霜，露凝也。"《诗·秦风·蒹葭》："蒹葭苍苍，白露为霜。"毛传："白露凝戾为霜，然后岁事成。"唐·李白《秋下荆门》："霜落荆门江树空，布帆无恙挂秋风。"鲁迅·《呐喊·自序》："冬天的芦根，经霜三年的甘蔗。"在闽南一带，气温一般不会降至零下，所以很难见到冰，人们一般称"霜"为"冰"。"冰糖"则称"糖霜"。宋·苏轼《次韵正辅同游白水山》："糖霜不待蜀客寄，荔支莫信闽人夸。"又《送金山乡僧归蜀开堂》："冰盘荐琥珀，何似糖霜美。"

（九）开水

台湾闽南方言：滚水［kun² tsui²］‖ 福建闽南方言：［漳州］滚水［kun² tsui²］｜［泉州］滚水［kun² tsui²］｜［厦门］滚水［kun² tsui²］｜［龙岩］滚水［kun² tsui²］｜［漳平］滚水［kun² tsui²］｜［潮汕］滚水［kuŋ² tsui²］。

［按］滚，液体温度达到沸点以上而翻腾。《集韵》古本切，上混见。宋·庞元英《谈薮》："俗以汤之未滚者为盲眼，初滚曰蟹眼，渐大曰鱼眼。"《朱子语类》卷十：

"譬之煎药,须是以大火煮滚,然后以慢火养之。"《红楼梦》第四十一回:"妙玉自向风炉上煽滚了水,另泡了一壶茶。""滚水"就是开水。元·马致远《寿阳曲》:"一锅滚水冷定也,再撺红几时得热?"《金瓶梅词话》第五十四回:"李瓶儿契了叫苦,迎春就拿滚水来,过了口。"《红楼梦》:"一个老婆子提着一壶滚水走来。"

(十)热水

台湾闽南方言:烧水［sio¹ tsui²］‖ 福建闽南方言:［漳州］烧水［sio¹ tsui²］|［泉州］烧水［sio¹ tsui²］|［厦门］烧水［sio¹ tsui²］|［龙岩］烧水［sio¹ tsui²］|［漳平］烧水［sio¹ tsui²］|［潮汕］烧水。

［按］烧,烫,热。《说文·火部》:"烧,爇也。"《玉篇·火部》:"烧,爇也,燔也。"《广韵》式招切,平宵书,宵部。《法苑珠林》卷八三:"地有热沙,走行其上,烧烂人脚。"唐·白居易《与沈杨二舍人阁老同食救赐樱桃玩物感恩因成十四韵》:"如珠未穿孔,似火不烧人。"朱家胜《飘动的篝火》:"一个火星子落在我的脚上,猛一烧,我醒来了。"于是在闽南方言中,"烧水"便指热水。

(十一)香烟

台湾闽南方言:熏［hun¹］‖ 福建闽南方言:［漳州］薰［hun¹］|［泉州］熏［hun¹］|［厦门］熏［hun¹］|［龙岩］薰［hun¹］|［漳平］薰［hun¹］|［潮汕］薰［nuŋ¹］。

［按］熏同薰,香草。《说文·艸部》:"薰,香艸也。"《广雅·释草》:"薰草,蕙草也。"《广韵》许云切,平文晓。又许运切。谆部。《左传·僖公四年》:"一薰一莸,十年尚犹有臭。"《汉书·龚胜传》:"薰以香自烧,膏以明自销。"宋·苏轼《浣溪沙》:"日暖桑麻光似泼,风来艾蒿气如薰。"烟草吸之而有香气,所以也被叫做薰。"抽烟"则是"食薰"。

(十二)衣裳

台湾闽南方言:衫裤［sã¹ kʼɔ³］‖ 福建闽南方言:［漳州］衫裤［sã¹ kʼɔ³］|［泉州］衫裤［sã¹ kʼɔ³］|［厦门］衫裤［sã¹ kʼɔ³］|［龙岩］衫裤［sã¹ kʼu³］|［漳平］衫裤［sã¹ kʼou³］。

［按］衫,古指单衣。《说文新附·衣部》:"衫,衣也。"《广韵·衔韵》:"衫,衫衣。"所衔切,平衔生,侵部。《方言》:"或谓之禅襦。"晋·郭璞注:"今或呼衫为禅襦。"唐·陈子良《新成安乐宫》:"衫薄偏憎日,裙轻更畏风。"清·学秋氏《续都门竹枝词》:"形同傀儡懒登场,检点衣衫叹客囊。"现在闽南方言中,"衫"指上衣,"外衫"是外衣,"内(里)衫"为内衣。"裤"同"袴"。《广韵》苦故切,入暮溪。《汉书·外戚传上·孝昭上官皇后》"穷绔"颜师古注:"绔,古袴字也。穷绔即今之绲裆袴也。"张萱《疑耀》卷二:"褌即袴也。古人褌皆无裆。女人所用。皆有裆

者,其制起自汉昭帝时。"清·魏源《圣武记》卷一:"男妇皆不裤,以鱼皮为衣,柔软可染。""衫裤"合在一起则是稍后的事。《敦煌变文集·不知名变文》:"初定之时无衫裤,大归娘子无沿房。"

（十三）西装

台湾闽南方言:西米落,洋装［iɔ̃⁵ tsɔŋ¹］‖福建闽南方言:［漳州］洋装［iɔ̃⁵ tsɔŋ¹］｜［泉州］洋装［iũ⁵ tsɔŋ¹］｜［厦门］洋装［iũ⁵ tsɔŋ¹］｜［龙岩］西装［tsei¹ tsuaŋ¹］｜［漳平］西装［sei¹ tsuaŋ¹］,掀领［hian¹ niã²］。

［按］洋,以前我国对来自外国的事物一般都要在前面加个"洋"字,如"洋火"、"洋钉"、"洋车"等,对于来自国外的服装式样也不例外。丁玲《韦护》第二章:"丽嘉并没有注意,转过脸去,拿眼在韦护的新洋装了。"台湾闽南方言中,西装又称"西米落",此系原日日语。台湾被日统治五十年,在语言上难免受其影响,尤其是在外来事物上更显而易见。如"看板"(招牌)、"甲板"(船顶)、"制本"(装订)、"万年笔"(钢笔)、"新闻纸"(报纸)等。

（十四）棉衣

台湾闽南方言:棉裘［bĩ⁵ hiu⁵］‖福建闽南方言:［漳州］棉裘［mĩ⁵ hiu⁵］｜［泉州］裘［hiu⁵］｜［厦门］棉裘［bĩ⁵ hiu⁵］｜［漳平］棉袄［mĩ⁵ o²］。

［按］裘,皮衣。《说文·裘部》:"裘,皮衣也。"《广韵》巨鸠切,平尤群,幽部。《诗·豳风·七月》:"一之日于貉,取彼狐狸,为公子裘。"《初学记》卷二六引汉·班固《白虎通》:"古者缁衣羔裘,黄衣狐裘,禽兽众多,独以狐羔,取其轻暖。"清·沈复《浮生六记·坎坷记愁》:"隆冬无裘,挺身而过。"在闽南方言中,"棉裘"并不一定就是皮衣,它可泛指一切棉衣。"棉袄",《儿女英雄传》第十四回:"庄门开处,走出一个人来,约有四十八岁年纪,头戴窄沿秋帽,穿一件元青绉绸棉袄。"洪深《香稻米》第一幕:"今年我也想和荷香的娘,一人添一件新棉袄。"

（十五）衣袖

台湾闽南方言:手椀［ts'iu² ŋ²］‖福建闽南方言:［漳州］手椀［ts'iu² uĩ²］｜［泉州］手椀［ts'iu² ŋ²］｜［厦门］手椀［ts'iu² ŋ²］｜［龙岩］手椀［ts'iu² huĩ²］｜［漳平］手椀［ts'iu² huĩ²］｜［潮汕］椀［uĩ²］。

［按］椀,袖管。《集韵·阮韵》:"椀,袖耑屈。"《广韵》於阮切,上阮影。《方言》卷四:"褠褗谓之袖。"晋·郭璞注:"衣褾,江东呼椀。"钱绎笺疏:"衣褾谓之椀,犹袴襱谓之褊,今人犹谓袖管袜管矣。"衣袖离手很近,因此又称"手椀"。

六、植物

植物部分的词条计 11 条,即糯米、稻谷、黑豆、老姜、菠菜、空心菜、甘薯、葫瓜、柿子、荔枝、芒果。现分别考证如下：

（一）糯米

台湾闽南方言：秫米［tsut⁸ bi²］‖ 福建闽南方言：［漳州］秫米［tsut⁸ bi²］｜［泉州］秫米［tsut⁸ bi²］｜［厦门］秫米［tsut⁸ bi²］｜［龙岩］糯米［lo⁵ bi²］｜［漳平］糯米［lo⁵ bi²］｜［潮汕］秫米［tsuk⁸ bi²］。

［按］秫，谷物之粘者。《说文·禾部》："秫，稷之粘者。"段玉裁注："秫为粘稷，而不粘者亦通呼为秫。"《广雅·释草》："秫，稷也。"王念孙疏证："秫为粘稷，稷为粘稻。"《广韵》食聿切，入术船，术部。《礼记·内则》："饘、酏、酒、醴、芼、羹、菽、麦、蕡、稻、黍、粱、秫，唯所欲。"孙希旦集解："秫，粘粟也；然凡黍稻之黏者，皆谓之秫，不独粟也。"晋·陶潜《和郭主簿》："春秫作美酒，酒熟吾自斟。"《本草纲目·谷部·秫》："秫即粱米、粟米之黏者，有赤白黄三色，皆可酿酒熬糖作餈糕食之。"可见古时"秫"是有粘性的谷物通称，而闽南方言中它专指糯米。

（二）稻谷

台湾闽南方言：粟［ts'ik⁴］‖ 福建闽南方言：［漳州］粟［ts'ik⁴］｜［泉州］粟［siɔk⁴］｜［厦门］粟［ts'ik⁴］｜［龙岩］粟［ts'ok⁴］｜［漳平］粟［ts'ok⁴］｜［潮汕］粟。

［按］粟，古泛指谷类，现北方称去皮的小米，南方亦指稻谷。《说文·卤部》："𥻆（粟），嘉谷实也。"段玉裁注："古者民食莫重于禾黍，故谓之嘉谷。谷者，百谷之总名。"《广韵》相玉切，入烛心，屋部。《书·武成》："散鹿台之财，发钜桥之粟。"唐·韩愈《赴江陵途中寄赠王李李三学士》："特男易斗粟，掉臂莫肯酬。"清·谭嗣同《仁学》："宁使粟红贯朽，珍异腐败，终不以分于人。"

（三）黑豆

台湾闽南方言：乌豆［ɔ¹ tau⁷］‖ 福建闽南方言：［漳州］青仁豆［ts'ɛ̃¹ dzin⁵ tau⁷］｜［泉州］乌豆［ɔ¹ tau⁷］｜［厦门］乌豆［ɔ¹ tau⁷］｜［龙岩］青云豆［ts'in¹ in⁵ tau⁷］｜［漳平］乌豆仔［ou¹ tau¹ a²］｜［潮汕］乌仔豆。

［按］乌，黑色。乌本指一种黑色的孝鸟，后引申为黑色。《说文·乌部》："乌，孝鸟也。"段玉裁注："'鸟'字点睛，'乌'则不，以纯黑故不见其睛也。"《古今韵会举要·虞部》："乌，黑色曰乌。"《广韵》哀都切，平模影，鱼部。《史记·匈奴列传》："北方尽乌骊马，南方尽骍马。"《儒林外史》："马二先生身子又长，戴一顶高方巾，一幅乌黑的脸。"《本草纲目·草部·鳢肠》："汁涂眉发，生速而繁。乌髭发，益肾阴。""青"，亦指黑色。《书·禹贡》："厥土青黎，厥田惟下上。"孔传："色青黑而沃壤。"孔颖达疏引王肃曰："青，黑色。"唐·李白《将进酒》："君不见高堂明镜悲白发，朝如青丝暮成雪。"明·冯梦龙《山歌·比》："凭你春山弗比得姐个青，凭你秋波弗比得姐个明。"因为"乌""青"皆有黑色之义，因此"黑豆"又被称为"乌

豆"、"青云豆"等。

（四）老姜

台湾闽南方言:姜母［kiũ¹ bu²］‖ 福建闽南方言:［漳州］姜母［kiõ¹ bo²］|［泉州］薑母［kiũ¹ bu²］|［厦门］姜母［kiũ¹ bu²］|［龙岩］姜母［kiŋ¹ bo²］|［漳平］姜母［kiŋ¹ bo²］。

［按］母,母亲,又引申指物中能产它物者。汉·焦赣《易林·履三姤》:"重伯黄宝,宜以我市,嫁娶有息,利得过母。"《聊斋志异·雨钱》:"此大易事,但须得十数钱作母。"梁启超《生计学学说沿革小史》第九章:"生利之功,一养之后,岁岁无穷,母转为货,货复转母,一国生利之民皆将赖之。"老姜,可作为姜的种子,因此称它为姜母。"薑"即"姜"。

（五）菠菜

台湾闽南方言:菠薐菜［pe¹ liŋ⁵ tsʻai³］‖ 福建闽南方言:［漳州］菠薐菜［pue¹ liŋ⁵ tsʻai³］|［泉州］菠轮菜［po¹ lun⁵ tsʻai³］|［厦门］菠薐菜［pe¹ liŋ⁵ tsʻai³］|［龙岩］角仔菜［kak⁴ a² tsʻai³］|［漳平］角仔菜［kak⁴ a² tsʻai³］|［潮汕］菠薐［pue¹ leŋ⁵］。

［按］波薐菜即菠菜。《玉篇》:"菠薐,菜名。"唐·韦绚《刘宾客嘉话录》:"菜之菠棱,本西国中有僧将其子来,如苜蓿,蒲陶,因张骞而至也。绚曰'岂非颇薐国将来,而语讹为菠薐耶?'"《新唐书·西域传》:"(贞观)二十一年,遣使入献波薐,酢菜,浑提葱。"《本草纲目》注:"刘禹锡《嘉话录》云:菠薐种自西国,有僧将子来,云是波薐国之种,语讹为菠薐耳。"由此可见,菠菜源非中国土产,而是从国外引进的,只是它的名称已被汉化,由菠薐变为菠菜。

（六）空心菜

台湾闽南方言:蕹菜［iŋ³ tsʻai³］‖ 福建闽南方言:［漳州］蕹菜［iŋ³ tsʻai³］|［泉州］蕹菜［iŋ³ tsʻai³］|［厦门］蕹菜［iŋ³ tsʻai³］|［龙岩］蕹菜［ioŋ³ tsai³］|［漳平］蕹菜［gioŋ³ tsʻai³］|［潮汕］蕹菜［eŋ³ tsʻai³］。

［按］空心菜产自异国,其最早并非叫"空心菜",这是它汉化后的名称。它最早应叫"蕹菜"。晋·嵇含《南方草木状》:"蕹叶如落葵而小,性冷味甘,南方之奇蔬也。"《逐斋闲览》:"本生东夷古伦国,番舶以瓮盛三国,故又名蕹菜。"《本草纲目·菜部·蕹菜》:"时珍曰:蕹与瓮同。此菜惟以瓮成,故谓之瓮。"

（七）甘薯

台湾闽南方言:番薯［han¹ tsu⁵］‖ 福建闽南方言:［漳州］番薯［huan¹ tsi⁵］|［泉州］番薯［han¹ tsɯ⁵］|［厦门］番薯［huan¹ tsu⁵］|［龙岩］番薯［huan¹ tsi⁵］|［漳平］番薯［huan¹ tsi⁵］|［潮汕］番薯［huaŋ¹ tsɯ⁵］。

［按］薯,是薯类作物统称。番薯,指甘薯。明·徐光启《甘薯疏》:"闽广薯

有两种：……一名番薯，有人自海外得此种。"清·俞樾《茶香室三钞·番蓣》："明李日华《紫桃轩又缀》云，蜀僧无边，贻余一种，如萝卜，而色紫，煮食，味甚甘，云此普陀岩下番蓣也……按，此盖即所谓番薯也。蓣与薯，一声之转耳。"吴震云《岭南杂记》下："番薯有数种……皮有红白二种，香甘可代饭。"在闽南方言中，外来事物一般都在其名称前加一"番"字。"番"即少数民族或外国。宋·陆游《军中杂人歌八首》之七："如今便死知无恨，不属番农属汉家。"元·周达观《真腊风土记·异事》："余乡人薛氏，居番三十五年矣。"《天工开物·乃服·褐毡》："兰绒，番语谓之孤古绒。"在闽南方言中词前加"番"现象很多，如："番客"、"番油"、"番麦"。厦门话还有"番仔番薯"的说法。

（八）葫瓜

台湾闽南方言：匏［pu⁵］‖福建闽南方言：［漳州］匏仔［pu⁵ a²］｜［泉州］匏［pu⁵］｜［厦门］匏［pu⁵］｜［龙岩］白瓠［pie⁸ pu⁵］｜［漳平］白瓠仔［pia⁸ pu⁵ a²］。

［按］匏，即瓠，是葫芦的一种。《说文·勹部》："匏，瓠也。"王筠句读："今人以细长者为瓠，圆而大者为壶卢，古无此别也。"《广韵》薄交切，平爻并，幽部。《诗·邶风·匏有苦叶》："匏有苦叶，济有深涉。"晋·潘岳《笙赋》："河汾之宝，有曲沃之悬匏焉。"清·陶窳《秋望》："入水苦匏思共济，望秋蒲柳感先零。"瓠，即匏。《说文·瓜部》："瓠，匏也。"《广韵》胡误切，去暮匣。又户无切。鱼部。《诗·小雅·南有嘉鱼》："南有樛木，甘瓠累之。"北魏·贾思勰《齐民要术·种瓜》："冬瓜、越瓜、瓠子，十月区种。"元·虞集《题渔村图》："已烹其瓠当晨餐，更撷寒蔬共荐席。""匏瓜"的叫法出现也很早。《论语·阳货》："吾岂匏瓜也哉！焉能系而不食？"汉·王粲《登楼赋》："惧匏瓜之徒悬兮，畏井渫之莫食。"明·沈鲸《双珠记·辕门遇友》："孙兄乃间世之英，非匏瓜之类，自能见机而作，不必挂怀。"又因此种瓜果实皮色泛白，所以漳平话、龙岩话又称之"白瓠"、"白瓠仔"。

（九）柿子

台湾闽南方言：柿［ki⁷］‖福建闽南方言：［漳州］红柿［aŋ⁵ ki⁷］｜［泉州］红柿［aŋ⁵ ki⁶］｜［厦门］红柿［aŋ⁵ ki⁷］｜［龙岩］糜柿［mi⁵ ki⁷］｜［漳平］柿［ki⁷］，棉柿［mĩ⁵ ki⁷］，水柿［tsui² ki⁷］。

［按］柿，一种橙黄色的水果。《说文·木部》："枾，赤实果。""枾"古同"柿"。《龙龛手鉴》音士。《礼记·内则》："枣栗榛柿。"唐·韩愈《送张道士》："霜天熟柿栗，收拾不可迟。"宋·欧阳修《归田录》："今唐邓间多大柿，其初生涩，坚实如石。凡百十柿以一楸植置其中，则红熟烂如泥而可食。"熟透了的柿子色泽红亮，俗称"红柿"。在台湾，商人喜用红柿当祭品，盖取"红市"之义。柿子盛出时可做成"柿粿"即"柿饼"。龙岩话、漳平话中"糜柿"、"水柿"多从熟透了的软柿

取义而命名之。

（十）荔枝

台湾闽南方言：荔枝［le⁷ tsi¹］,释迦［sik⁸ kia¹］‖福建闽南方言：［漳州］荔枝［le⁷ tsi¹］｜［泉州］荔枝［lian⁷ tsi¹］｜［厦门］荔枝［lian⁷ tsi¹］｜［龙岩］荔枝［lei⁷ tsi¹］｜［漳平］荔枝［lei⁷ tsi¹］。

［按］荔枝,一种水果。《东观汉记·匈奴南单于》:"南单于来朝,赐御食及橙橘龙眼荔枝。"晋·嵇含《南方草木状》卷下:"荔枝树,高五六丈余,如桂树,绿叶蓬蓬,冬夏荣茂,青华朱实,实大如鸡子,核黄黑如熟莲,实白如肪,甘而多汁,似安石榴。"宋·陆游《老学庵笔记》卷三:"宣和中,保和殿下种荔枝成实,徽庙手摘以赐燕师王安中。"在台湾,荔枝还有一名叫释迦。主要是因为其形状酷似释迦牟尼佛像的头。在台湾还有一些水果如"南无、菩提、波罗蜜、宾婆"等,它们的名称可能是佛教传入中国时,俱以汉唐古音翻译之故。

（十一）芒果

台湾闽南方言：檨仔［suĩ⁷ a²］‖福建闽南方言：［漳州］檨仔［suãi⁷ la²］｜［泉州］旋仔［suan⁵ ã²］｜［厦门］檨仔［suãi⁷ a²］｜［龙岩］芒果［baŋ⁵ kue²］｜［漳平］芒果［baŋ⁵ kue²］｜［潮汕］檨仔［suãi⁷］。

［按］檨,芒果。《雅言》:"黄檨盛出时,食之过多,则胃起痉挛之症,所谓'檨仔痧'。"《清一统志·台湾府·土产》:"红毛从日本移来之种,实如猪腰,五六月成熟,有香檨,木檨,肉檨三种。"清·黄叔璥《台海使槎录》:"不是哀梨不是楂,酸香滋味似甜瓜。枇杷不见黄金果,香檨何劳向客夸。"芒果是从国外传入,"檨仔"是根据原住民语音创造的。龙岩、漳平不产芒果,所以没有"檨仔"的说法。

七、动物

动物部分的词条计 12 条,即野猪、母鸡、公鸡、青蛙、鱿鱼、牡蛎、乌贼、海蜇、一种大蟹、蚊子、跳蚤、臭虫。现分别考证如下:

（一）野猪

台湾闽南方言：山猪［suã¹ tu¹］‖福建闽南方言：［漳州］山猪［suã¹ ti¹］｜［泉州］山猪［suã¹ tɯ¹］｜［厦门］山猪［suã¹ ti¹］｜［漳平］山猪［suã¹ ti¹］。

［按］山猪即野猪。"山"是地面上由土石构成的隆起部分。《说文·山部》:"山,有石而高。"王筠句读:"无石曰丘,有石曰山。"《广韵》所闲切,平山生,元部。《书·旅獒》:"为山九仞,功亏一篑。"南朝宋·刘铄《拟明月何皎皎》:"河广川无梁,山高路难越。"毛泽东《沁园春·雪》:"山舞银蛇,原驰蜡象。"后来引申为"山里的",用在动物身上,一般表示这种动物非家畜而是野生动物。宋·范成大《桂

海虞衡志·志兽》："山猪即豪猪,身有棘刺,能振发以射人。二三百以为群,以害禾稼,州洞中甚苦之。"清·周亮工《书影》卷三："懒妇如山猪而小,喜食田禾。"

（二）母鸡

台湾闽南方言:鸡母［kue¹ bu²］‖福建闽南方言:［漳州］鸡母［ke¹ bo²］|［泉州］鸡母［kue¹ bu²］|［厦门］鸡母［kue¹ bu²］|［龙岩］鸡嫲［ki¹ ba⁵］|［漳平］鸡母［kei¹ bo²］|［潮汕］鸡母［koi¹ bo²］。

［按］鸡,是一种家禽,鸡母即母鸡。北魏·张丘建《算经·百鸡趣》："鸡翁一,值钱五;鸡母二,值钱三。"北宋·李觏《惜鸡》："吾家有鸡母,乘春数子生。"这种大名冠小名,或小名贯大名的不同,体现了古汉语与现代汉语构词法上的差异。

（三）公鸡

台湾闽南方言:鸡翁［kue¹ aŋ¹］,鸡角［kue¹ kak⁴］‖福建闽南方言:［漳州］鸡角［ke¹ kak⁴］|［泉州］鸡角［kue¹ kak⁴］|［厦门］鸡角［kue¹ kak⁴］|［龙岩］鸡公［kie¹ kaŋ¹］,鸡角仔［kie¹ kak⁴ a］|［漳平］鸡翁［kei¹ aŋ¹］,鸡角仔［kei¹ kak⁴ a²］|［潮汕］鸡翁［koi¹ aŋ¹］。

［按］鸡翁的叫法出现较早。北魏·张丘建《算经·百鸡趣》："鸡翁一,值钱五。"明·汤显祖《鸡》："玉粒几年高栈里,今朝求问视鸡翁。"按,翁者,公也。鸡翁即鸡公。周立波《下放的一夜》:"(蜈蚣)最怕鸡公。"角,原指牛、羊、鹿等兽类头顶或吻前突出的坚硬骨状物,一般细长弯曲,上端较尖,有防御进攻等作用。《说文·角部》:"角,兽角也。"《玉篇·角部》:"角,兽头上骨出外也。"《广韵》古岳切,入觉见,屋部。《易·大壮》:"羝羊解藩,赢其角。"《史记·孝武本纪》:"其明年,郊雍,获一角兽,若鹿然。"宋·黄庭坚《题竹石牧牛》:"石吾甚爱之,勿遣牛砺角。"后来引申为动物头上像角的东西。《庄子·则阳》:"有国于蜗之左角者,曰触氏。"唐·杜甫《姜楚公画角鹰歌》:"楚公画鹰鹰带角,杀气森森到幽朔。"仇兆鳌注:《埤雅》:'鹰鹘顶有毛角微起,今通谓之角鹰。'胡厦客曰:'曾见角鹰,头上有羽直竖如角。'"公鸡在被激愤时,头上的羽毛竖起,其形状如角,所以在闽南方言中用"鸡角"来代指公鸡。

（四）青蛙

台湾闽南方言:水鸡［sui² kue¹］‖福建闽南方言:［漳州］塍哈仔［tsʻan⁵ kap⁴ a²］|［泉州］水鸡［sui² kue¹］|［厦门］田哈仔［tsʻan⁵ kap⁴ a²］|［龙岩］哈仔［kap⁴ a²］|［漳平］水鸡［tsui² kei¹］|［潮汕］水鸡［tsui² koi¹］。

［按］"水鸡"就是青蛙。宋·赵令时《侯鲭录》卷三："水鸡,蛙也,水族中厥味可存者鸡。"元·高文秀《黑旋风》第二折:"今日造化低,惹场大是非。不如关了店,只去吊水鸡。"明·李时珍《本草纲目·虫四·蛙》《集解》引苏颂曰:"所谓

蛤子，即今水鸡是也。时珍曰：田鸡、水鸡、土鸭，形虽稍异，功用则也，四月食之最美，五月渐老，可采入药。""哈"是一个象声词，其在"塍哈仔"、"田哈仔"中用来代指青蛙的叫声。

（五）鱿鱼

台湾闽南方言：柔鱼［dziu⁵ hu⁵］，流鱼［liu⁵ hu⁵］‖福建闽南方言：［漳州］柔鱼［dziu⁵ hi⁵］｜［泉州］流鱼［liu⁵ hu⁵］｜［厦门］流鱼［liu⁵ hi⁵］｜［龙岩］鱿鱼［giu⁵ hi⁵］｜［漳平］鱿鱼［gui⁵ hi⁵］｜［潮汕］鰇鱼［dziu⁵ huɯ⁵］。

［按］柔，最初指木质软和。《说文·木部》："柔，木曲直也。"段玉裁注："凡木曲者可直，直者可曲曰柔。"后引申为软、弱。《广雅·释诂一》："柔，弱也。"《广韵》耳由切，平尤日，幽部。《易·说卦》："立地之道，曰柔与刚。"唐·韦应物《拟古诗》之七："折柔将有赠，延意千里客。"清·魏源《吴农备荒议上》："又谓晚稻肉柔以肥，良于早收粒刚之利稻。"因鱿鱼身体绵软，因此又叫柔鱼。"鰇"也是鱿鱼的鱼称。《广韵》："鰇，鱼名。"耳由切，平尤日。在实际运用中，"柔鱼"与"鰇鱼"经常不分。宋·吴自牧《梦粱录·分茶酒店》："酒肆中歌叫买卖者，如……鱼、虾茸。"明·屠本畯《闽中海错疏·鳞下》："柔鱼，似乌鲗而长，色紫，一名锁管。""流鱼"，这里"流"同"沈"，指水底的鱼。《荀子·劝学》："昔者瓠巴鼓瑟而流鱼出听。"王先谦集解："《大戴礼记》作'沈鱼'是也……作'流'者，借字耳。"在部分闽南方言中，它则用来指沉在水底的软体动物"鱿鱼"了。

（六）牡蛎

台湾闽南方言：蚵仔［o⁵ a²］‖福建闽南方言：［漳州］蚝［o⁵］｜［泉州］蚝仔［o⁵ a²］｜［厦门］蠔［o⁵］｜［龙岩］｜［漳平］｜［潮汕］蚝［o⁵］。

［按］蚵，牡蛎。《广韵》胡歌切，平歌匣。张玺《牡蛎·引言》："牡蛎在广东称蠔，福建名蚵，浙江叫蛎黄，山东以北沿海诸省通称海蛎子。"蚝，读 hao，作蠔，指牡蛎。蠔，《篇海类编·鳞介类·虫部》："蠔，蚌属。"胡刀切。唐·韩愈《初南食贻元十八协律》："蠔相黏为山，百十各自生。"宋·徐照《寿昌道中》："圆万蠔黏满，平途鹭立寒。"唐·刘恂《岭表录异》卷下："蠔，即牡蛎也，其初生海岛边，如拳石，四面渐长，有高一二丈者，巉岩如山。"

（七）乌贼

台湾闽南方言：墨贼［bat⁸ tsat⁴］‖福建闽南方言：［漳州］墨贼仔［bat⁸ tsat⁸ a²］｜［泉州］墨鱼［bak⁸ hu⁵］｜［龙岩］墨仔［bak⁸ a²］｜［漳平］墨节［bak⁸ tsat⁴］。

［按］墨，指黑色。《广雅·释器》："墨，黑也。"《广韵》莫北切，入德明，职部。《左传·僖公三十三年》："遂墨以葬文公，晋于是始墨。"《文选·孔稚珪〈北山移文〉》："纽金章绾墨绶，跨属城之雄，冠百里之首。"《西游补》第四回："一只粉琉璃

桌子,桌上一把墨琉璃茶壶。"称乌贼为墨鱼并非它是黑色的,而是因它在遇到危险时会吐墨汁,趁机逃掉。宋·周密《癸辛杂识续集·乌贼得名》:"世号墨鱼为乌贼,何为独得贼名?盖其腹中之墨,可写为契券,宛然如新,过半年则宛然如无字,故狡者专以此为骗诈之谋,故谥曰贼云。"

(八)海蜇

台湾闽南方言:蛇[tʻe⁷],海蛇[hai² tʻe⁷]‖福建闽南方言:[漳州]蛇[tʻɛ⁷]|[泉州]蛇[tʻe⁷],海蛇[hai² tʻe⁷]|[厦门]蛇[tʻe⁷]|[龙岩]蛇|[漳平]蛇|[潮汕]蛇[tʻe⁷]。

[按]蛇,海蜇,水母。《玉篇·虫部》:"蛇,形如覆笠,常浮随水。"《广韵·祃韵》:"蛇,水母也。一名蝑,形如羊胃,无目,以虾为目。"《广韵》除驾切,去祃澄。《太平御览》卷九四三引沈怀远《南越志》:"海岸间育水母,东海谓之蛇。"唐·刘恂《岭表录异》卷下:"水母,广州谓之水母,闽谓之蛇。"李时珍《本草纲目·鳞四·海蛇》集解引陈藏器曰:"蛇生东海。状如血蛇,大者如床,小者如斗。无眼目腹胃,以虾为目,虾动蛇沉,故曰水母目虾。""蛇,作、宅二音,南人讹为海折,或作蜡、鲊者,并非。"

(九)一种大蟹

台湾闽南方言:蟳[tsim⁵]‖福建闽南方言:[漳州]蟳[tsim⁵]|[泉州]蟳[tsim⁵]|[厦门]蟳[tsim⁵]|[龙岩]蟳[tsim⁵]|[漳平]蟳[tsim⁵]。

[按]蟳,海蟹的一种。《埤雅》:"蟳,似蟹而大,壳黄,色青。"《正字通》:"蟳,徐盈切,音寻。"《六书故·虫部》:"蟳,青蟳也。敖侣蟹,壳青,海滨谓之蟳蛑。"宋·洪迈《容斋随笔·四笔》卷六:"予家楚,宦游二浙、闽、广,所识蟹属多矣,亦不悉与前说同,而所谓黄甲、白蟹、蟳、虾诸种,吕图不载。"明·谢肇淛《五杂组》卷九九:"闽中蚱蛑,大者如斗,俗名曰蟳。其螯至强,能杀人。"因为南方海边海产较多,蟹的种类也很多,有些在北方方言以至普通话中都很少遇到。

(十)蚊子

台湾闽南方言:蠓仔[baŋ² ã²]‖福建闽南方言:[漳州]蠓仔[baŋ² a²]|[泉州]蠓仔[baŋ² ã²]|[厦门]蠓仔[baŋ² a²]|[龙岩]蠓[baŋ²]|[漳平]蠓[baŋ²]|[潮汕]蠓[maŋ²]。

[按]蠓,一种小飞虫,雌虫吸人畜的血。《尔雅·释虫》:"蠓,蠛蠓。"郭璞注:"小虫似蚋喜乱飞。"《说文·虫部》:"蠓,蠛蠓也。"《广韵》莫孔切,上董明。又莫红切,东部。《列子·汤问》:"春夏之月有蠓蚋者,因雨而生,见阳而死。"杨柏峻集释:"谓蠛蠓,蚊蚋也。二者小飞虫也。"宋玉《小言赋》:"凭蚋眥以顾盼,附蠛蠓而遨游。"罗惇曧《文学源流》:"冥灵大椿之寿,朝菌蠛蚋之夭,鲲鹏之大等喻,《列

子·汤问篇》语,《庄子·逍遥游》引之。"可见蠓最初并不指小蚊子,因其经常和蚋在一起用,后来闽南人也用它来指蚊子。

（十一）跳蚤

台湾闽南方言:虼蚤[ka¹ tsau²]‖福建闽南方言:[漳州]虼蚤[ka¹ tsau²]|[泉州]虼蚤[ka¹ tsau²]|[厦门]家蚤[ka¹ tsau²]|[龙岩]虼蚤[ka¹ tsau²]|[漳平]虼蚤[ka¹ tsau²]|[潮汕]虼蚤[ka¹ tsau²]。

[按]蚤,跳蚤。《说文·蚰部》:"蚤,蟁或从虫。啮人跳虫也。"《玉篇·虫部》:"蚤,啮人跳虫也。"《广韵》子皓切,上皓精。幽部。《庄子·秋水》:"鸱鹋夜撮蚤,察毫末。"汉·焦赣《易林·坤之渐》:"探怀得蚤,所愿失道。"明·彭大翼《山堂肆考·昆虫三·蚤》:"蚤,啮人虫也。黑色善跳。俗云:虱生汗垢,蚤生积灰。""虼蚤"亦指跳蚤,产生稍晚。元·无名氏《盆儿鬼》第三折:"这羊皮襖上不知是虱子也是虼蚤。"《西游记》第四十二回:"他会变苍蝇、蚊子、虼蚤。"《二十年目睹之怪现状》第九十一回:"到了我佛慧眼里头,无论是人,是鸡,是狗,是龟,是鱼,是蛇虫鼠蚁,是虱子虼蚤,总是一律平等。"因跳蚤寄生在人畜身上,所以厦门话又说"家蚤"。

（十二）臭虫

台湾闽南方言:木虱[bat⁸ sat⁴]‖福建闽南方言:[漳州]木虱[bak⁸ sap⁴]|[泉州]木虱[bat⁸ sat²]|[厦门]木虱[bak⁸ sap⁴]|[龙岩]虱嫲[sap⁴ ba⁵]|[漳平]木虱[bak⁸ sap⁴]|[潮汕]木虱。

[按]虱,虱子,同蝨。《说文·蚰部》:"蝨,啮人虫。"《广韵》所栉切,入栉生。质部。《字汇·虫部》:"虱,同蝨。"《韩非子·说林下》:"三虱相与讼,一虱过之,曰:'讼者奚说?'"汉·焦赣《易林·萃之大过》:"乱头多忧,搔虱生愁。"清·俞樾《茶香室丛钞·赵仲让》:"冬月坐庭中,向日,解衣裘捕虱。"闽南方言用"木虱"指臭虫,也许是为了与虱子相区别。

八、称谓

称谓部分的词条计17条,即男人、女人、公公、婆婆、岳父、岳母、祖父、祖母、父亲、母亲、丈夫、妻子、媳妇、姨太太、儿子、孙子、亲戚。现分别考证如下:

（一）男人

台湾闽南方言:查甫[tsa¹ bo¹]‖福建闽南方言:[漳州]丈夫[tsa¹ pɔ¹]|[泉州]丈夫[ta¹ pɔ¹]|[厦门]丈夫[ta¹ pɔ¹]|[龙岩]丈夫仔侬[tiõ¹ paŋ⁶]|[漳平]田夫侬[tʰiam⁵ pou¹ laŋ⁵]|[潮汕]丈夫[ta³ pou¹]。

[按]甫,古代对男子的美称。《说文·用部》:"甫,男子美称也。"《广韵》方

矩切,上虞非。鱼部。《仪礼·士冠礼》:"伯某甫,仲叔季,唯其所当。"郑玄注:"甫,是丈夫之美称。"北齐·颜之推《颜氏家训·音辞》:"甫者,男子美称,古书多假借为父字。"宋·陆游《尤延之尚书哀辞》:"孰抗衣而复公兮,呼伯延甫于长空。""查",(查部)是旧时官吏的俗称。《广韵·佳韵》:"查,查郎。"《字汇补·木部》:《类说》:唐明皇呼人为查,言士大夫如仙查随流变,升天入地能处清浊也。"台湾闽南方言中称男人为"查甫",盖取此义。"丈夫"指男子。《穀梁传·文公十二年》:"男子二十而冠,冠而列丈夫。"唐·无名氏《补江总白猿传》:"少选,有美髯丈夫长六尺余,白衣曳杖,拥诸妇人而出。"清·鲁一同《关忠节公家传》:"已而叹曰:'丈夫受国恩,有急,死耳。终不为妻子计。'""侬"泛指一切人,在闽南方言中,它一般用于称谓之后,无意义。《六书故·人一》:"侬,吴人谓人侬。按:此即人声之转。"《乐府诗集·清商曲辞一·子夜四时歌夏歌十六》:"赫赫盛阳月,无侬不握扇。"唐·韩愈《泷吏》:"比闻此州囚,亦有生还侬。"明·汤显祖《牡丹亭·闹殇》:"为著谁侬,俏样子等闲抛送。"因为古时男人是田中主要劳动力,所以漳平话称男人为"田夫侬"。

(二)女人

台湾闽南方言:查某[tsa¹ bɔ²]‖福建闽南方言:[漳州]查某[tsa¹ bɔ²]|[泉州]媎姥[tsa¹ bɔ²]|[厦门]查某[tsa¹ bɔ²]|[龙岩]诸母侬[tsiu² bo² laŋ¹]|[漳平]媎母侬[tsa¹ bo² laŋ⁵]|[潮汕]珠娘[tsɣ¹nie⁶]。

[按]某,指不明说的人名。《玉篇·木部》:"不知名者云某。"《广韵》莫厚切,上厚明,之部。《书·金縢》:"惟尔元孙某,遘厉虐疾。"孔传:"元孙,武王。某,名。臣讳君,故曰某。"清·俞樾《春在堂随笔》附《小浮梅闲话》:"故两人交好,为赵某所忌。"《台湾语典》:"女子曰查某,女子有氏而无名,故曰某。"可见这一称呼包含着古人对妇女的歧视。姥,老妇的通称。《广韵》莫补切,上姥明。南朝宋·刘义庆《世说新语·假谲》:"阴察军形势。未至十余里,有一客姥,居店卖食。"唐·玄应《一切经音义》卷十三:"姥,今以女老者为姥也。"清·黄宗羲《吴处士墓碣铭》:"世悲陈国父所志,不过逸民里姥。"母,对妇女的敬称。《广韵》莫厚切,上厚明,之部。《史记·廉颇蔺相如列传》:"及括将行,其母上书言于王曰:'括不可使将……'王曰:'母置之,吾已决矣。'"《东观汉记·朱晖传》:"(贼)欲裸夺妇女衣服,昆弟宾客皆惶迫,伏地莫敢动,晖拔剑前曰:'财物皆可取,诸母衣不可得。'"王国维《观堂集林·女字说》:"男子曰某父,女子曰某母,盖男子之美称莫过于父,女子之美称莫过于母。"从以上可知,古时"某、姥、母"的读音是相近的,在闽南各地区采用不同的字,也许有同音混用的原因。至于"珠娘"是南方一种俗称。南朝梁·任昉《述异记》:"越俗以珠为上宝,生女谓之珠娘,生男谓之珠

儿。"宋·周亮《闽小记·珠娘》:"福州呼妇人曰珠娘。"

（三）公公

台湾闽南方言:大官［ta⁷ kuã¹］‖福建闽南方言:［漳州］大官［tua⁷ kuã¹］|［泉州］大官［ta⁷ kuã¹］|［厦门］大倌［ta⁷ kuã¹］|［龙岩］大官［tua⁷ kuã¹］|［漳平］大官［tua⁷ kuã¹］|［潮汕］大官［ta⁷ kuã¹］。

［按］官。《说文·自部》:"官,吏,事君也。"《广韵·桓韵》:"官,官宦。"古丸切,平桓见,元部。《易·系辞下》:"百官以治,万民以察。"唐·李贺《感讽五首》之一:"县官骑马来,狞色虬紫须。"清·顾炎武《日知录》:"官愈多而民愈扰。"可见古代"官"指官吏,官员。对百姓来说,当官的地位当然很高。"大官"则指地位更高的官。《汉书·张欧传》:"子孙咸至大官。"李淮《黄河东流去》第二十七章:"要杀要宰都由你,反正你是大官。"在百姓人家媳妇心目中,公公便是一家的"大官",所以逐渐比拟引用,成为媳妇对公公的尊称。

（四）婆婆

台湾闽南方言:大家［ta⁷ ke¹］‖福建闽南方言:［漳州］大家［tua⁷ kɛ¹］|［泉州］大家［ta⁷ ke¹］|［厦门］大家［ta⁷ ke¹］|［龙岩］大家［tua⁷ kiɛ¹］|［漳平］大家［tua⁷ kia¹］|［潮仙］大家［tã⁷ ke¹］。

［按］大家,是媳妇对婆婆的敬称。《晋书·列女传·孟昶妻周氏》:"君父母在堂,欲建非常之谋,岂妇人所建! 事之不成,当于奚官中奉养大家,义无归志也。"唐·赵璘《因话录》卷三:"大家昨夜小不安适,使人往候。"《太平广记》卷一百二十二:"大家见之,即不忘媳妇。"在普通话中,大家已成为一个表泛指的代词,而在闽南方言中它却依旧保留着"婆婆"之义。

（五）岳父

台湾闽南方言:丈侬［tiũ⁷ laŋ⁵］‖福建闽南方言:［漳州］丈侬［tiɔ⁷ laŋ⁵］|［泉州］丈侬［tiũ⁶ laŋ⁵］|［厦门］丈人［tiũ⁷ laŋ⁵］|［龙岩］丈翁老［tiok⁴ aŋ¹ luo²］|［漳平］丈侬［tiŋ⁷ laŋ⁵］|［潮汕］丈人［tiɔ⁶ nəŋ⁵］。

［按］丈,是对长辈的尊称。《广韵》直两切,上养澄,阳部。《大戴礼记·本命》:"丈者,长也。"唐·杜甫《奉赠李八丈判官》:"我丈时英特,宗枝神尧后。"清·姚衡《寒秀草堂笔记》卷一:"家大人与严丈铁桥,共造《说文长编》。"丈人,指岳父。《三国志·蜀志·先主传》:"献帝舅车骑将军董承辞受帝衣带中密诏。"南朝宋·裴松之注:"董承,汉灵帝母董太后之侄,于献帝为丈人。盖古无丈人之名,故谓之舅也。"《水浒传》第四回:"只见杨雄的丈人潘公,带领了五七个人,直寻到酒店里来。"清·李渔《风筝误·释疑》:"你们两个女婿都不曾拜丈人,两个媳女都不曾拜公公。"丈侬亦等于丈人。"父",是对年老男子的尊称。《左传·哀公

十三年》:"旨酒一盛兮,余与褐之父睨之。"晋·潘岳《秋兴赋》:"偃息不过茅屋茂林之下,谈话不过农夫田父之客。"宋·苏辙《酿重阳酒诗》:"谁来共佳节,但约邻人父。"父、翁都是对男子的尊称,因此"丈父"、"丈翁"称岳父,其中含有敬意。

(六)岳母

台湾闽南方言:丈姆[tiũ⁷ m²]‖福建闽南方言:[漳州]丈姆[tiõ⁷m²]|[泉州]丈姆[tiũ¹ m²]|[厦门]丈姆[tiũ⁷ m²]|[龙岩]丈姆姐[tim³ tsia³]|[漳平]妗姐[kim⁷ tsia³]|[潮汕]丈母[tĩõ⁶ m²]。

[按]姆,本指古代以妇道教人的女教师。《玉篇·女部》:"姆,女师也。"《广韵》莫补切,上姥明。又莫候切。之部。《仪礼·士昏礼》:"姆纚笄宵衣在其右。"郑玄注:"姆,妇人年五十无子,出而不复嫁,能以妇道教人者。"《左传·襄公三十年》:"宋伯姬卒,待姆也。"杜预注:"姆,女师。"《宋书·后妃传·孝武文穆王皇后》:"姆争媚,相劝以严;妮媪竞前,相滔以急。"丈,是对长辈的尊称,所以"丈姆"用来指岳母。"丈母"则是古时已有的称呼。《颜氏家训·风操篇》:"谓中外丈人之妇猥俗呼为丈母,是六朝时已有此称。"宋·朱翌《猗觉寮杂记》卷下:"《尔雅》:妻之父为外舅,母为外姑。今无此称,皆曰丈人、丈母。"鲁迅《花边文学·推己及人》:"幸喜今年正月,我的丈母要见她的女儿了,她们三个就都回到乡下去。"因为古时对岳父有"外舅"之称,因此,称其妻则曰"妗"、"妗姐",有尊称之意。

(七)祖父

台湾闽南方言:阿公[a¹ koŋ¹]‖福建闽南方言:[漳州]影公[ŋ² koŋ¹]|[泉州]阿公[a¹ koŋ¹],引公[in² koŋ¹]|[厦门]安公[an¹ koŋ¹]|[龙岩]安公[an¹ koŋ¹]|[漳平]安公[an¹ koŋ¹]|[潮汕]阿公[a¹ koŋ¹]。

[按]阿公即祖父。《南史·颜延之传》:"尝与何偃同从上南郊,偃于路中遥呼延之曰:'颜公!'延之以其轻脱,怪之,答曰:'身非三公之公,又非田舍之公,又非君家阿公,何以见呼为公?'"元·无名氏《争报恩》楔子:"[正旦云]:'你不是歹人,正是贼的阿公哩。'"清·赵翼《陔馀丛考·公》:"祖之称公,其来最古……今江南人犹称祖为公公。'"阿"《广韵》乌何切,平歌,影。"安",《广韵》乌寒切,平寒,影。古时"阿"与"安"读音相近,因此后来又称"阿公"为"安公"。其实在古代,只用一个"公"字来称祖父。《吕氏春秋·异用》:"孔子之弟子从远方来者,孔子荷杖而问之曰:'子之公不有恙乎?'次及父母,次及兄弟妻子。"《史记·外戚世家》:"(窦后)乃厚赐田宅金钱,封公昆弟,家于长安。"司马贞索隐:"公亦祖也,谓皇后同祖之昆弟。"清·翟灏《通俗编·称谓》:"此所谓公者,祖也。今浙东犹称祖曰'公公'。"因此"影"、"引"性质同"阿"、"安"一样,都只是一个前缀,它们与"公"组合在一起亦指"祖父"。

（八）祖母

台湾闽南方言：阿妈［am¹ bã²］‖ 福建闽南方言：［漳州］影妈［ŋ² mã²］｜［泉州］阿妈［a¹ bã²］，引妈［in² bã²］｜［厦门］安妈［an¹ bã²］｜［龙岩］安妈［an¹ ma²］｜［漳平］安妈［an¹ mã¹］｜［潮汕］阿妈［a¹ ma²］。

［按］"妈"，称长一辈，或年长的已婚妇女。《广韵》莫补切，上姥明。《古今小说·穷马周遭际卖馎媪》："年级虽然三十有余，兀自丰艳胜人，京师顺口都唤她做'卖馎媪'。北方的'媪'字，即如南方的'妈'字一般。""阿妈"是对老年妇女的敬称。《警世通言·吕大郎还金完骨肉》："那和尚见了员外回家，不敢就坐，已无心吃饼了。见丫环送出来，知是阿妈美意，也不好虚得。"邹韬奋《职业妇女的苦痛》："如保姆请不起，是否可以物色到比较聪明清洁的阿妈，代为照顾。"在闽南方言中，"阿妈"、"影妈"、"安妈"等都成了对祖母的称呼。

（九）父亲

台湾闽南方言：阿爸［a¹ pa⁷］‖ 福建闽南方言：［漳州］阿爸［a¹ pa⁷］，阿爹［a¹ tia¹］｜［泉州］阿爹［a¹ tia¹］，爸［pa⁷］｜［厦门］老父［lau⁷ be⁷］｜［龙岩］爹［tie¹］，老畓［luo¹ sie⁵］｜［漳平］安爹［an¹ tia¹］｜［潮汕］阿爸。

［按］爸，父亲。《广雅·释亲》："爸，父也。"王念孙疏证："爸者，父声之转。"《集韵·祃韵》："爸，吴人呼父曰爸。"《广韵》捕可切，上果帮。章炳麟《新方言·释亲属》："今通谓父为爸。古无轻唇，鱼模转麻，故父为爸。"因为"爸"产生较迟，因此"阿爸"之称到了近代才产生。吴组缃《山洪》四："奶奶少不得还要说些当年阿爸在日的风光，近和多年人心的败坏，地方上的景况的衰落相比较。""爹"称父亲，产生较早。《广雅·释亲》："爹，父也。"《广韵·麻韵》："爹，羌人呼父也。"陟邪切，平麻知。又徒可切。《南史·梁宗室传下·始兴王儋》："诏徵以本号还朝。人歌曰：'始兴王，人之爹，赴人急，如水火，何时复来哺乳我？'"明·高明《琵琶记·高堂称寿》："娘子，酒席完备了未？请爹妈出来。"《儒林外史》第十六回："匡超人走到跟前，叫一声：'爹，儿子回来了！'""阿爹"的称呼汉代已有。汉·戴良《失父零丁》："今月七日失阿爹，念此酷毒可痛伤。"唐·韩愈《祭女挐女文》："维年月日，阿爹阿八，使汝姊以清酒时果庶羞之奠，祭于第四小娘子挐子之灵。"《水浒传》第二回："（太公）便教那后生来拜师父，那后生那里肯拜，心中越怒道：'阿爹，休听这厮胡说。'"父亲最早是称"父"。《说文·又部》："父，矩也，家长率教者。"《释名·释亲属》："父，甫也，始生己也。"《广韵》扶雨切，上虞奉，鱼部。《诗·小雅·蓼莪》："无父何怙？无母何恃？"南朝宋·鲍照《松柏篇》："孝子抚坟号，父兮知来不？"唐·白居易《长恨歌》："遂令天下父母心，不重生男重生女。"由此可见，"父"虽产生最早，但到了中古后，"爸、爹"之称增多，而"父"

则出现很少,近代,它一般只有跟别的语素结合在一起时才出现,已成为书面语。

（十）母亲

台湾闽南方言:阿妈［a¹ bu²］,阿母［a¹ bu²］‖福建闽南方言:［漳州］阿姐［a¹ tsia²］,阿妈［a¹ ma²］｜［泉州］阿母［a¹ bu²］｜［厦门］老母［lau⁷ bu²］｜［龙岩］老母［luo⁷ bo²］｜［漳平］安妈［an¹ mã¹］,安尔［am¹ nẽi²］｜［潮汕］姨［ai⁵］,阿尔［a¹ ni²］。

［按］母。《广韵·厚韵》:"母,父母。"莫厚切,上厚明。之部。《诗·邶风·日月》:"父兮母兮,畜我不卒。"晋·李密《陈情事表》:"行年四岁,舅夺母志。"清·刘大櫆《钱节妇传》:"吴中兵起,孝则之母及弟妹皆赴震泽以死。""阿母"之称古时亦有:《玉台新咏·古诗为焦仲卿妻作》:"府吏得闻之,堂上启阿母。"《晋书·潘岳传》:"岳将诣市,与母别曰:'负阿母!'"元·揭傒斯《临川女》:"阿母送我出,阿兄抱我行。""妈"产生较迟。宋·赵彦卫《云麓漫钞》卷三:"韩退之《祭女挐文》自称曰阿爹,阿八,岂唐人又称母为阿八?今人则曰妈。"《二十年目睹之怪现状》第六回:"忽然一个小孩走进来,对着他道:'爸爸快回去罢,妈要起来了。'"老舍《月牙儿》八:"爸死时那个月牙,妈轿子前面那个月牙,我永远忘不了。""阿妈"则更迟才出现。清·方以智《通雅·称谓》:"齐人呼母为婆,李贺称母为阿弥,江南曰阿妈,或作姥。"吴组缃《山洪》一:"今年春上才娶了亲,和他的阿妈,和他的哥哥大官、二官分了锅灶,单独成家立业。""姐"是母亲的别称。《说文·女部》:"姐,蜀谓母曰姐。"《广雅·释亲》:"姐,母也。"《广韵·马韵》:"姐,羌人呼母。""弥",同样指母亲。《广雅·释亲》:"弥,母也。"《广韵·荠韵》:"弥,楚人称母。"可见,"姐、弥"指称母亲,是由外族而来,纯系方言词汇。至于"老母"的称呼则又可追溯到战国时期。《战国策·齐策四》:"孟尝君问:'冯公有亲乎?'对曰:'有老母。'"宋·曾巩《福州上执政书》:"老母寓食京师,而巩守闽越。"

（十一）丈夫

台湾闽南方言:翁［aŋ¹］‖福建闽南方言:［漳州］翁［aŋ¹］,丈夫侬［tsa¹ pɔ¹ laŋ⁵］｜［泉州］翁［aŋ¹］｜［厦门］翁［aŋ¹］｜［龙岩］男人侬［lam⁵ tsŋ² laŋ⁵］｜［漳平］翁［aŋ¹］,田夫［tʻam⁵ pou¹］｜［潮汕］翁［aŋ¹］。

［按］翁,是对男性的敬称。《广韵》乌红切,平东影,东部。唐·杜甫《自京赴奉先咏怀五百字》:"取笑同学翁,浩歌弥激烈。"《老残游记》。第六回:"补翁是几时来的。"鲁迅《彷徨·高老夫子》:"础翁也可以光降光降罢。"男人指丈夫自明代沿用至今。《二十年目睹之怪现状》第三十四回:"昨天我听见说他的男人死了。"鲁迅《彷徨·祝福》:"她的男人是坚实人,谁知道年纪青青,就会断送在伤寒上。"田夫本指农夫,后来引申为丈夫。《礼记·郊特牲》:"黄衣黄冠而祭,息田

夫也。"唐·王驾《夏雨》:"又作丰年望,田夫笑向人。"苏曼殊《与高天梅论文学书》:"旧病新瘥,于田亩间尽日与田夫闲话。"今天普通话中的"丈夫"由来亦久。《太平广记》卷三〇六《河东记·卢佩》:"母曰:'老妇将死之骨为天师再生,未知何阶上答全德?'……'佩犹愿以身为天师奴,今反得丈夫有何不可。'"《水浒传》第十七回:"只见老婆问道:'丈夫,你如何今日这般嘴脸?'"杨朔《潼关之夜》:"她的丈夫几次激励她说:'勇敢点吧,你该作大众的母亲,不要作一个小孩的母亲。'"

(十二)妻子

台湾闽南方言:厝内[tsʻu³ lai⁷]、牵手[kʻan¹ tsʻiu²]‖福建闽南方言:[漳州]妇人侬[hu³ dain⁵ laŋ⁵],某[bo²]|[泉州]厝内侬[tsʻu³ lai⁶ laŋ⁵],姥[bo²]|[厦门]厝内[tsu³ lai⁷],某[bo²]|[漳平]姆[bou²],老妈[lau² mã²]|[龙岩]查某[tsa¹ bo²]|[潮汕]母[bou²]。

[按]前面讲到女人时解释"某"不知姓名者,是古代对妇女的歧视造成的,今在漳、厦、龙岩话中又就此引申来指妻子。"母,姥,姆"则是对年老妇女的尊称,因他们音近义同,所以在有些闽南各方言中分别引申指妻子。"厝"指房屋。因为自古女子嫁为人妻后大多操持家务,大门不出,二门不迈,因此在闽南方言中以"厝内"指妻子。"牵手"是台湾特有的叫法,来源于台湾早年番俗。清·邓传安《番俗近古说》:"番俗娶妇曰牵手,去妻曰放手。"清·寓台诗人杨二酉诗:"牵手葭笙细,嚼花春酒香;但知能耕凿,真可拟羲皇。"台番俗求婚,男方追求者须挑明月之夜,到中意的少女屋前去吹奏嘴琴,如蒙垂爱,少女即会开户相迎。等女方怀孕,则相谐牵手拜见女方父母,请求正式承认婚姻关系。这种方式的牵手,是夫妻同心携手,建立美满家庭之意。

(十三)媳妇

台湾闽南方言:新妇[sim¹ pu⁷]‖福建闽南方言:[漳州]新妇[sin¹ pu⁷]|[泉州]新妇[sin¹ pu⁶]|[厦门]新妇[sin¹ pu⁷]|[龙岩]新妇[sin¹ pu⁶]|[漳平]新妇[sin¹ pua⁷]|[潮汕]新妇[siŋ¹ pu⁶]。

[按]新妇即指媳妇,最早可追溯至前秦时代。《战国策·卫策》:"卫人迎新妇。"《后汉书·何进传》:"张让子妇,太后妹也,让向子妇叩头曰:'老臣得罪,当与新妇俱为私门。'"《为焦仲卿妻作》:"新妇初来时,小姑始扶床。今日被驱遣,小姑如我长。"宋·洪迈《夷坚甲志·张屠父》:"新妇来,我乃阿翁也。"今天在闽台闽南方言中,依旧用新妇指媳妇。

(十四)姨太太

台湾闽南方言:细姬[sue³ i⁵]‖福建闽南方言:[漳州]细姨[se³ i⁵]|[泉州]

细姨[sui³ i⁵]｜[厦门] 细姨[sui³ i⁵]｜[龙岩] 细姐[sie³ tsia²]｜[漳平] 细姐[sie³ tsia²]。

[按] 姬,妾。《广韵》居之切,平之见,之部。《史记·秦始皇本纪》:"庄襄王为秦质子于赵,见吕不韦姬,悦而取之,生始皇。" 晋·张华《女史箴》:"女史司箴,敢告庶姬。"《红楼梦》第十一回:"尤氏率同众姬妾并家人媳妇们送出来。" 姨,是妾另称称呼。《广韵》以脂切,平脂以,脂部。《南史·衡阳元王道度传附萧钧》:"钧字宣礼,年五岁,所生区贵人病……曰:'须侍姨差。'"清·翟灏《通俗编·称谓》:"其父之侧庶,亦称姨者。姨,本姊妹俱事一夫之称,后世无从媵之礼,而侧庶实与媵也,故虽非母姊妹,而得借此称之。""姐",在古代指母亲。《说文·女部》:"蜀谓母曰姐。"《广雅·释亲》:"姐,母也。"《广韵·姐韵》:"姐,羌人呼母。"因为"细"有小的意思,因此"细姐"在闽南方言中指称妾。

（十五）儿子

台湾闽南方言:后生[hau⁷ sĩ¹]‖福建闽南方言:[漳州] 囝[kiã²],后生[hau⁷ sẽ¹]｜[泉州] 囝[kã²]｜[厦门] 囝[kiã²]｜[龙岩] 后生[hau⁵ siẽ¹]｜[漳平] 囝[kiã³],后生[hau⁷ sĩ¹]｜[潮汕] 逗仔[tau¹ kiã²]。

[按] 囝,儿子。《集韵·狝韵》:"囝,闽人呼儿曰囝。"九件切,上狝见。唐·顾况《囝》:"果获是苦,囝别郎罢。"自注:"囝,音蹇,闽俗呼子为囝,父为郎罢。"宋·陆游《戏遣老怀》:"阿囝略如郎罢老,穉孙能伴老翁嬉。""后生"指后嗣,子孙。《诗·商颂·殷武》:"寿考且宁,以保我后生。"郑玄笺:"王乃寿考且安,以此全守我子孙。"在闽台闽南方言中,后生则专指儿子。

（十六）孙子

台湾闽南方言:孙仔[sun¹ lã²]‖福建闽南方言:[漳州] 孙[sun¹]｜[泉州] 孙[sun¹]｜[厦门] 孙[sun¹]｜[龙岩] 孙仔[sun¹ a²]｜[漳平] 孙仔[sun¹ a²]。

[按] 孙,《说文·系部》:"孙,子之子曰孙。"《尔雅·释亲》:"子之子为孙。"《广韵》思浑切,平魂心。谆部。《诗·鲁颂·閟宫》:"后稷之孙,实维大王。"晋·李密《陈情表》:"臣无祖母,无以至今日,祖母无臣,无以终余年。母孙二人更相为命。"《红楼梦》第二回:"只眼前现有二子一孙。"在台湾闽南方言中,孙子、侄子、外甥都叫"孙仔",并且"孙仔"多半用来指侄子或外甥,因此为了便于分别起见,有时孙子称"孙"。

（十七）亲戚

台湾闽南方言:亲情[tsʻin¹ tsiã⁵]‖福建闽南方言:[漳州] 亲情间[tsʻin¹ tsiã⁵ kan¹],亲情五月[tsʻin¹ tsiã⁵ gɔ⁷ gue?⁸]｜[泉州] 亲情[tsʻin¹ tsiã⁵]｜[厦门] 亲成[tsʻin¹ tsiã⁵]｜[龙岩] 康边[tsʻi³ pĩ¹]｜[漳平] 亲情[tsʻin¹ tsiã⁵],亲戚[tsʻin¹ tsʻit⁴]｜

［潮汕］亲情［ts'iŋ¹ ts'ĩã⁵］。

［按］亲情指亲戚。北魏·郦道元《水经注·浙江水》："质去家已数十年,亲情凋落,无复向时比矣。"唐·白居易《新乐府·井底引银瓶》："岂无父母在高堂,亦有亲情满故乡。"《三国演义》第五十六回："肃曰:'今奉吴侯钧命,专为荆州一事来,皇叔已借住多时,未蒙见还。今既两家结亲,当看亲情面上,早早交付'。"因为在上古时期,"亲"就有亲戚之意。《周礼·秋宫·掌戮》："凡杀其亲者,焚之,杀王亲者辜之。"郑玄注:"亲,缌服以内也。"唐·杜甫《送高司直寻封阆州》："兴子姻娅间,既亲亦有故。"《镜花缘》第十五回："喜相逢师生谈故旧,巧遇合宾主结新亲。""亲情,亲成,亲情间,亲情五月"皆由此派生出来,用以指亲戚。在龙岩话中庸内指亲戚,实际也增加了血缘关系的亲近成分。

九、身体

身体部分的词条计15条,即身体、头发、眼睛、眉毛、眼睫毛、脸、嘴、下巴、脖子、胡子、肩膀、胸部、肚子、臀部、脚。现分别考证如下:

(一)身体

台湾闽南方言:身躯［siŋ¹ k'u¹］‖福建闽南方言:［漳州］身躯［sin¹ k'u¹］|［泉州］身躯［sin¹ k'u¹］|［厦门］身躯［sin¹ k'u¹］|［龙岩］围身［gui⁵ sin¹］|［漳平］围身［gui⁵ sin¹］|［潮汕］身［siŋ¹］。

［按］身,人的躯体。《说文·身部》："身,象人之身。"《字汇·身部》："身,躯也。"《广韵》失人切,平真书,真部。《诗·小雅·何人斯》："我闻其声,不见其身。"《三国演义》第一回："玄德回视其人:身长八尺,豹头环眼,燕颔虎须。"清·王引之《经义述闻·通说上》"身":"人自顶以下踵以上,总谓之身。"躯,身体。《说文·身部》："躯,体也。"徐锴系传:"泛言曰身,举四体曰躯,躯犹区域也。"段玉裁注:"体者,十二属之总名也,可区而别之,故曰躯。"《广韵》岂俱切,平虞溪,侯部。《荀子·劝学》："口耳之间则四寸耳,曷足以美七尺之躯哉!"唐·陈子昂《感遇》："亭堠何摧兀,暴骨无全躯。"《镜花缘》第十三回："人生同一血肉之躯,他人既能执谙水性,将身入海,我亦人身,何以不能?""身躯"犹身体。汉·王褒《洞箫赋》："托身躯于后土兮,经万载而不迁。"《水浒传》第三十八回:"(李逵)扑翻身躯便拜。"叶圣陶《夜》:"(大男)突然哭起来了。小身躯死命挣扎,泪水淌得满脸。""围"原是包围之义,后来可指四周。《周礼·考工记·凫氏》："以其钲之长为甬长,以其甬长为之围,参分其围,去一以为衡围。"宋·陆游《建宁府尊胜院佛殿记》："石痕村之杉,修柏有三十尺,围十有五尺。"《徐霞客游记·粤西游日记二》:"道旁有空树一圆,出地五尺,围大五尺,中贮水一泓。"在龙岩话、漳平话中,"围

身"则泛指身体。

（二）头发

台湾闽南方言：头毛［tʻau⁵ bŋ⁵］‖福建闽南方言：［漳州］头鬃［tʻau⁵ tsaŋ¹］｜［泉州］头毛［tʻau⁵ bŋ⁵］｜［厦门］头毛［tʻau⁵ bŋ⁵］｜［龙岩］头毛［tʻau⁵ mo⁵］｜［漳平］头毛［tʻau⁵ mua⁵］｜［潮汕］头毛［tʻau⁵ mo⁵］。

［按］毛，《说文·毛部》："毛，眉发之属及兽毛也。"《广韵》莫袍切，平豪明，宵部。后来毛特指须发。《礼记·檀弓下》："古之侵伐者，不斩祀，不杀厉，不获二毛。"郑玄注："二毛，鬓发斑白。"《汉书·东方朔传》："口无毛，声謷謷。"《百喻经·以梨打破头喻》："昔有愚人，头上无毛。"由于毛也可指动物身上的毛，为了区分，在指头发时用"头毛"。《太平广记》卷二四八引隋侯白《启颜录·李荣》："身长三尺半，头毛犹未生。"元·郝经《听角行》："汉家有客北海北，节毛落尽头毛白。"萧军《五月的矿山》第六章："这犹如在一个人因了疾病而光秃了的头皮上，偶尔留下的几根头毛。"

（三）眼睛

台湾闽南方言：目睭［bat⁸ tsiu¹］、目珠［bak⁸ tsiu¹］‖福建闽南方言：［漳州］目珠［bak⁸ tsiu¹］｜［泉州］目珠［bak⁸ tsiu¹］｜［厦门］目睭［bak⁸ tsiu¹］｜［龙岩］目珠［bak⁸ tsiu¹］｜［漳平］目珠［bat⁸ tsiu¹］｜［潮汕］目［mak⁸］。

［按］目，《说文·目部》："目，人眼。"《广韵》莫六切，入屋明，沃部。《易·鼎》："巽而耳目聪明。"北齐·颜之推《颜氏家训·养生》："庾肩吾常服槐宝，年七十余，目看细字，须发犹黑。"明·高启《梦松轩记》："目接其光辉，身承其教训。"目珠，目睭皆指眼睛。《医宗金鉴·刺灸心法要诀·周身各位骨度》："目珠。"注："目珠者，目睛之俗名也。"江乐观《老渔翁歼敌记》："中间有一个满面胡须，生得尖嘴缩肋老鼠耳，右手抓一把手枪，为先跳上渔船，横眉怪眼，两粒目睭同贼一样东张西望。"

（四）眉毛

台湾闽南方言：目眉（毛）［bak⁸ bai⁵（bŋ⁵）］‖福建闽南方言：［漳州］目眉（毛）［bak⁸ bai⁵（mo⁵）］｜［泉州］目眉［bak⁸ bai⁵］｜［厦门］目眉［bak⁸ bai⁵］｜［龙岩］目毛［bak⁸ mo⁵］｜［漳平］目眉毛［bak⁸ bai⁵ muã⁵］｜［潮汕］目眉［mak⁸ bai⁵］。

［按］眉，《说文·眉部》："眉，目上毛也。"《广韵》武悲切，平脂明，脂部。《庄子·渔父》："有渔父者，下船而来，须眉交白。"唐·秦韬玉《贫女》："敢将十指夸纤巧，不把双眉斗画长。"《聊斋志异·画皮》："共视人皮，眉目手足无不具备。""眉"本来就有眉毛之义，只是在普通话中它与"毛"结合在一起，而在闽台闽南方言中

大多与"目"结合在一起构成合成词。在台湾、漳州和漳平等地的闽南话中有时用"目眉毛"指"眉毛"。

（五）眼睫毛

台湾闽南方言：目睞毛［bak^8 kiap^4 bŋ^5］‖福建闽南方言：［漳州］目睫毛［bak^8 tsɛʔ^4 mɔ̃^{5}］｜［泉州］目睫毛［bak^8 tsiaʔ^4 bŋ^5］｜［厦门］目睫毛［bak^8 tsiaʔ^5 bŋ^5］｜［龙岩］睫毛［tsʻiap^4 mɔ̃^{5}］｜［漳平］目珠毛［bak^8 tsiu^1 muã^5］｜［潮汕］目眥毛［mak^8 tsʻi^2 mɔ̃^{5}］。

［按］睫，眼睑边的细毛。《释名·释形体》："睫，插也，接也，插手眼匡而相接也。"毕沅疏证："此'睫'字当作'睞'。《说文》云：睞，目旁毛也。"《广韵·叶韵》："睫，目睫。"即叶切，入叶精。《庄子·庚桑楚》："向吾见若眉睫之间，吾因以得汝矣，今汝又言而信之。"唐·杜牧《登池州九峰楼寄张祜》："睫在眼前长不见，道非身外更何求。"毛泽东《关于国际新形势对（新华日报）记者的谈话》："为了争夺对殖民地人民统治权的帝国主义大战，是迫在眉睫了。""睞"同"睫"。《说文·目部》："睞，目旁毛也。"《广韵·叶韵》："'睞'同'睫'。"即叶切，入叶精，盍部。《史记·扁鹊仓公列传》："言未卒，因嘘唏服臆，魂精泄横，流涕长潸，忽忽承睞。"司马贞索隐："睞，音接。睞即睫也。承睞，言泪恒垂以承于睫也。""眥"指眼眶。《说文·目部》："眥，目匡也。"《广韵》疾智切，去置从。《列子·汤问》："离朱、子羽方昼拭眥，扬眉而望之，弗见其形。"唐·高彦休《唐阙史·崔碣》："可久双眥流血，两目枯焉。"宋·张君房《云笈七籤》卷三十二："次又以指按目四眥，令人目明。""目眥毛"即睫毛。

（六）脸

台湾闽南方言：面［bin^7］‖福建闽南方言：［漳州］面［mi^7］｜［泉州］面［bin^7］｜［厦门］面［bin^7］｜［龙岩］面颊［bin^7 kie^7］｜［漳平］面［bin^7］｜［潮汕］面［miŋ^7］。

［按］面，脸。《说文·面部》："面，颜前也。"段玉裁注："颜者，两眉之中间也。颜前者，谓自此而前则为目、为鼻、为目下，为颊之间，乃正乡人者。"《广韵》弥箭切，去线明，元部。《易·革》："上六，君子豹变，小人革面。"唐·王翰《饮马长城窟行》："胡沙猎猎吹人面，汉虏相逢不相见。"鲁迅《彷徨·伤逝》："况且她又这样地终日汗流满面，短发都粘在脑额上。""颊"指脸两侧从眼到下颌的部分。《急就篇》第三章："颊颐颈项肩臂肘。"颜师古注："面两旁曰颊。"《说文·页部》："颊，面旁也。"《广韵》古协切，入帖见，盍部。《易·咸》："咸其辅、颊、舌。"唐·戎昱《闺情》："未能开笑颊，先欲换愁魂。"清·汤春生《夏闰晚景琐说》："丽人薄醉未醒，颊晕微赪。"在龙岩话中"面颊"泛指脸。

（七）嘴

台湾闽南方言：喙［ts'ui³］‖ 福建闽南方言：［漳州］喙［ts'ui³］｜［泉州］喙［ts'ui³］｜［厦门］喙［ts'ui³］｜［龙岩］喙佬［ts'ui³ lo²］｜［漳平］喙［ts'ui³］｜［潮汕］咀［ts'ui³］。

［按］喙，《说文·口部》：“喙，口也。”《集韵》：“喙，口也。”《广韵》许秽切，去废晓，月部。《庄子·秋水》：“今吾无所开吾喙，敢问四方。”《南史·鲍泉传》：“面如冠玉，还疑木偶；须似蝟毛，徒劳绕喙。”清·叶燮《原诗内篇》：“于是百喙争鸣，互相标榜。”“咀”是咀嚼之义。《仓颉篇·口部》：“咀，噍也。”《释名·饮食》：“咀，藉也，以藉齿牙也。”《广韵》慈吕切，上语从。又子语切，鱼部。《管子·水地》：“（人）三月如咀。”尹知章注：“咀咀，口和嚼之，谓三月之胚浑初凝，类口所爵食也。”晋·潘岳《西征赋》：“樊抗愤以扼酒，咀扼肩以激扬。”明·张三光《蒋石原先生传》：“先生自奉菲薄，咀牟噉菽，晏如也。”“咀”在潮汕话中转为名词，用来指嘴。

（八）下巴

台湾闽南方言：下颏［e⁷ huai⁵］‖ 福建闽南方言：［漳州］下斗［ε⁷ tau²］｜［泉州］下斗［e⁷ tau²］｜［厦门］下额［e⁷ huai⁵］｜［龙岩］下桥腮［ε⁶ kio⁵ sua⁶］｜［漳平］下□［ε⁶ ham¹］｜［潮汕］下颏［e⁶ hai⁵］。

［按］颏，下巴。《玉篇·页部》：“颏，颐下。”《广韵》：户来切，平咍匣。又古亥切。唐·韩愈《记梦》：“石坛坡陀可坐卧，我手承颏肘拄座。”元·无名氏《冤家债主》第一折：“铅华触眼，酒肉堆颏。”清·吴谦《医宗金鉴·正骨心法要旨·头面部》：“地阁骨，即两牙车相交之骨，又名颏，俗名下巴骨，上载齿牙。”“下”也有下巴之义。《左传·文公元年》：“谷也丰下，必有后于鲁国。”杨伯峻注：“丰下，颐颔丰满也。”明·徐渭《赠陈君》：“哲颜口若海，丰下而长身。”清·王晫《今世说·德行》：“方颐丰下，目光如电。”因此“下颏”仍指下巴。“额”本指额头。《广韵·陌韵》：“额，《说文》作额，颡也。”五陌切，入陌疑。汉·张衡《西京赋》：“修额短项，大口折鼻，诡类殊种。”《北齐书·平秦王归彦传》：“文宣尝见之，怒，使以马鞭击其额。”清·沈彤《释骨》：“头之骨曰颅，其横在发际前者曰额颅，亦曰额。”在厦门话中，用“下额”称下巴。“斗”本是古代的一种酒器，后来引申为形状像斗的东西。在漳州话中，“下斗”指下巴，也是因其形似。

（九）脖子

台湾闽南方言：颔颈［am⁷ kun⁷］‖ 福建闽南方言：［漳州］颔仔［am⁷ a²］，颔管［am⁷ kuĩ²］｜［泉州］颔胵［am⁷ kui¹］｜［厦门］颔管［am⁷ kun²］｜［龙岩］头胪颈仔［t'au⁵ lu⁵ kin⁷ a²］｜［漳平］颔颈［niã² kin⁷］｜［潮汕］颔［am⁶］。

［按］颔,下巴。《方言》:"颔、颐,颔也。南楚谓之颔,秦晋谓之颔,颐,其通语也。"《广韵》胡感切,上感匣。又胡男切,平覃匣。《公羊传·宣公六年》:"弥明逆而踆之,绝其颔。"何休注:"颔,口。"《后汉书·班超传》:"生燕颔虎颈,飞而食肉,此万里侯相也。"唐·白居易《东南行》:"相逢应不识,满颔白髭须。"可见颔本无脖子之义,而在闽南方言中,漳、泉、厦、潮汕和台湾话都用颔指称脖子,这也是一种词义的转移。"颈"指脖子。《说文·页部》:"颈,头茎也。"《庄子·马蹄》:"(夫马)喜则交颈相靡,怒则分背相踶。"《汉书·高帝纪》:"秦王子婴素车白马,系颈以组。"唐·韩愈《送穷文》:"毛发尽竖,竦肩缩颈。""领",也是脖子。《说文·页部》:"领,项也。"《广韵》郎郢切,上静来,耕部。《诗·卫风·硕人》:"领如蝤蛴,齿如瓠犀。"毛传:"领,颈也。"后蜀·阎选《虞美人》:"楚腰蛴领团香玉,鬓叠深深绿。"宋·玉禹升《杜伏威传赞》:"断首领,膏椹鑕。"在漳平话中"颈""领"合在一起指脖子。

（十）胡子

台湾闽南方言:喙鬚［ts'ui³ ts'iu¹］‖福建闽南方言:［漳州］喙鬚［ts'ui³ ts'iu¹］|［泉州］喙鬚［ts'ui³ ts'iu¹］|［厦门］喙鬚［ts'ui³ ts'iu¹］|［龙岩］喙鬆［tsui³ ts'iu¹］|［漳平］喙鬚［ts'ui³ ts'iu¹］|潮汕］鬚［ts'ui¹］。

［按］鬚,是须的繁体,《说文·须部》:"须,面毛也。"段玉裁注:"俗假须为需,别制鬓鬚字。"《释名·释形体》:"颐下曰鬚。"《广韵》相俞切,平虞心,侯部。《左传·昭公二十六年》:"有君子白皙鬒鬚眉,甚口。"《乐府诗集·相和歌辞三·陌上桑》:"为人洁白皙,鬑鬑颇有鬚。"宋·苏轼《浣溪沙》:"雨脚半收檐断线,雪林初下瓦跳珠。归来冰颗乱黏鬚。"人面上长须之处不是惟一的,因此在闽南方言中大多用"喙鬚"称胡子。"鬆"指头发盘成的髻。元·关汉卿《调风月》第二折:"见我般气丝丝偏斜了鬆髻。"明·史磐《鹣钗记》:"何又喜,偶然在菊花枝上取将来簪上奴鬆,敢请夫人明说知。"周立波《暴风骤雨》:"这些在旗的妇女,盘在头顶的疙疸鬆儿给铰了,气得直哭。"在龙岩话中,鬆却指胡子,而不是脑后的发髻。

（十一）肩膀

台湾闽南方言:肩胛头［kiŋ¹ kaʔ⁴ t'au⁵］‖福建闽南方言:［漳州］肩头［kan¹ t'au⁵］,肩脊头［kan¹ tsiaʔ⁴ t'au⁵］|［泉州］肩胛头［kuĩ¹ kaʔ⁴ t'au⁵］|［厦门］肩头［kiŋ¹ t'au⁵］|［龙岩］肩头［kian¹ t'au⁵］|［漳平］肩胛［kẽi¹ kaʔ⁴］|［潮汕］肩胛［koĩ¹ kaʔ⁴］。

［按］肩。《说文·肉部》:"肩,髆也……俗肩从户。"《玉篇·肉部》:"肩,肩髆也。"《广韵·先韵》:"肩,项下。"古贤切,平先见,元部。《孟子·滕文公下》:"胁肩谄笑,病于夏畦。"三国魏·曹植《洛神赋》:"肩若削成,腰如约素。"《儿女英雄

传》第三十八回："没男没女，挨肩擦背，拥挤在一起。"胛亦指肩膀。《玉篇·肉部》："胛，背胛。"《集韵·狎韵》："胛，阖也，与胸胁相会合也。"《正字通·肉部》："胛，俗谓肩胛。"《广韵》古狎切，入狎见。《后汉书·张宗传》："宗夜将锐士入城，袭赤眉，中矛贯胛。"李贤注："胛，背上两膊间。"《晋书·谢鲲传》："便于窗中度手牵之，胛断，视之，鹿也。"《新唐书·回鹘传下》："日入亨羊胛，熟，东方已明，盖近日出处也。""肩胛"又写作"肩甲"也指肩膀。《素问·藏气法时论》："心病者……膺背肩甲间痛。"《灵枢经·经筋》："手太阳之筋……其支者，后走腋后廉，上绕肩胛，循颈出走太阳之前，结于耳后完骨。"元·无名氏《盆儿鬼》第一折："猛见个掀拄肩胛，叫道休杀。"有的方言中又在后面加一"头"字，其实只是一个词缀。

（十二）胸部

台湾闽南方言：胸坎［hiŋ¹ kʻam²］‖ 福建闽南方言：［漳州］胸坎［hiŋ¹ kʻam²］｜［泉州］胸坎［hiŋ¹ kʻam²］｜［厦门］胸坎［hiŋ¹ kʻam²］｜［龙岩］胸坎［hiŋ¹ kʻam²］｜［漳平］胸坎［hiŋ¹ kʻam²］。

［按］胸，人体颈腹间的部分。《周礼·考工记·梓人》："以胸鸣者。"唐·温庭筠《南歌子》："手里金鹦鹉，胸前绣凤凰。"明·戴元礼《秘传证治要诀》卷二："胸膈痞塞。"坎，有条状突起之义。《广韵》苦感切，上感溪，谈部。北魏·贾思勰《齐民要术·柳》："至春冻释，于山坡河坎之旁，刈取箕柳，三寸截之，浸散，即劳。"明·邝璠《便民图纂》卷十四："（猫）口中三坎者捉一季，五坎者捉二季，七坎捉三季，九坎捉四季。"杨朔《秘密列车》："开到两站地，只剩八寸水，又开一站，剩的只有三寸了，偏偏又要上坎。""胸坎"指胸部也借其形似。现在普通话中多指心坎。

（十三）肚子

台湾闽南方言：腹肚［pat⁸ tɔ²］‖ 福建闽南方言：［漳州］腹肚［pat⁸ tɔ²］｜［泉州］腹肚［pat⁸ tɔ²］｜［厦门］腹肚［pat⁸ tɔ²］｜［龙岩］屎肚［si² tu⁷］｜［漳平］腹肚［pat⁸ tou²］。

［按］腹，肚子。《玉篇·肉部》："腹，腹肚也。"《广韵》方六切，入屋非，沃部。《易·说卦》："乾为首，坤为腹。"唐·韩愈《孟东野失子》："鱼子满母腹，一一欲谁怜。"清·袁枚《秋夜杂诗》："书堆至万卷，岂无三千斤。如何藏之腹，重与凡人均。"肚，肚子，腹部。《玉篇·肉部》："肚，腹肚。"《广韵》徒古切，上姥定。《初学记》卷十九引汉·刘向《列女传·齐钟离春》："凹头深目，长肚大节。"宋·苏轼《石鼓歌》："细观初以指画肚，欲读嗟如箝在口。"《儒林外史》第二十三回："肚里响了一阵，痾出一抛大屎，登时就好了。""腹"与"肚"合在一起仍指肚子。

（十四）臀部

台湾闽南方言：尻川（脾）[kʻa¹ tsʻŋ¹]‖福建闽南方言：[漳州]尻川脾[kʻa¹ tsʻuĩ¹ pʻe²][泉州]尻川屄[kʻa¹ tsʻŋ¹ puĩ⁵][厦门]尻川脾[kʻa¹ tsʻŋ¹ pʻue²][龙岩]尻川[kʻa¹ tsĩ¹]|[漳平]尻川[kʻa¹ tsʻuĩ¹][潮汕]脚仓板[kʻa¹ tsʻŋ¹ poĩ²]。

[按]尻，臀部。《说文·尸部》："尻，脾也。"段玉裁注："今俗云沟子是也。脾，今俗云屁股是也。"《广雅·释亲》："尻，臀也。"《广韵》苦刀切，平豪溪，幽部。《庄子·达生》："藉白茅，加汝肩尻乎雕俎之上，则汝为之乎？"宋·洪迈《夷坚乙志·人化犬》："（五氏）年四十岁时，赘生于尻，日以痛楚，用膏药傅之，愈益大。"清·姚鼐《九月八日登千佛山顶》："势尽尻益高，堑断无陂麓。"脾，大腿。《说文·骨部》："脾，股也。"段玉裁注："各本无'外'，今依《尔雅音义》、《文选·七命》注，玄应书、《太平御览》补。股外曰脾，脾上曰髋。《肉部》曰：'股，脾也'，浑言之；此曰：'脾，股外也，'析言之，其义相足。"《广韵》傍礼切，上荠并。又并弭切，卑履切。支部。《礼记·深衣》："带，下毋压脾，上毋压胁，当无骨者。"《文选·李斯〈上书秦始皇〉》："夫击瓮扣缶，弹筝搏脾而歌呜呜快耳者，真秦之声也。"清·和邦额《夜谭随录·春秋楼》："将军拊脾曰：'非偶然也！'""尻川"指臀部，借其形似。"脾"虽与"尻"接近，但是在"尻川脾"中，它的意义已消失，无大腿之义。

（十五）脚

台湾闽南方言：骹[kʻa¹]‖福建闽南方言：[漳州]骹[kʻa¹]|[泉州]骹[kʻa¹]|[厦门]骹骨[kʻa¹ kut⁴]|[龙岩]骹[kʻa¹]|[漳平]骹[kʻa¹]|[潮汕]骹[kʻa¹]。

[按]骹，本义指小腿。《说文·骨部》："骹，胫也。"段玉裁注："胫，䏨下也。凡物之胫皆曰骹。"《尔雅·释畜》："四骹皆曰骹。"郭璞注："骹，䏨下也。"《广韵》口交切，平肴溪。宵部。《文选·潘岳〈射雉赋〉》："奋劲骹以角槎，瞵悍目以旁睐。"徐爰注："骹，胫也。"宋·金盈之《新编醉翁谈录》卷六："因礼拜顿悟伸骹，悔和尚变成弹指。"清·陈奂《王石臞先生遗文编次序》："先生时有骹瘀之疾，侍有扶以行。"在闽南方言中，骹的意义发生转移，用来专指"脚"。并且"脚"所能出现的场合，包括它的一些引申义，都由"骹"来承担。如："涂骹"（地板）、"楼骹"（楼下）等。

十、婚丧疾病

婚丧疾病部分的词条计14条，即娶老婆、嫁人、媒人、死、棺材、怀孕、过周岁、耳聋、眼瞎、疟疾、霍乱、痨病、麻风病、得病。现分别考证如下：

（一）娶老婆

台湾闽南方言：娶母［tsʻua⁷ bɔ²］‖福建闽南方言：［漳州］娶某［tsʻua⁷ bɔ²］｜［泉州］娶姥［tsʻua⁷ bo²］，乞姥［kʻit⁴ bo²］｜［厦门］拽某［tsʻua⁷ bɔ²］｜［漳平］娶嬷母［tsʻua⁷ tsa¹ bou²］｜［潮汕］孛嬷［tsʻua⁷ tsa¹ bou²］。

［按］娶，男子迎女子过门成亲。《说文·女部》："娶，取妇也。"段玉裁注："取彼之女，为我之妇也。"《广韵》七句切，去遇清，侯部。《书·益稷》："娶于涂山。"《世说新语·文学》："羊孚弟娶王永言女。"《红楼梦》第七十九回："香菱道：'为你哥哥娶嫂子的事，所以要紧。'"乞，有取之义。《集韵·迄韵》："乞，取也。"《广韵》去讫切，入迄溪。术部。南朝陈·徐陵《出自蓟北门行》："乞土泥函谷，接绳缚凉州。"在泉州话中"娶"也用"乞"。拽，拖，拉之义。《字汇·手部》："拽，同曳。"《集韵·祭韵》："拽，拖也。"《广韵》羊列切，入薛以。又余世切。汉·张衡《思玄赋》："拽云旗之离离兮，鸣玉鸾之譻譻。"唐·李商隐《韩碑》："长绳百尺拽碑倒，尘沙大石相磨治。"《醒世恒言·钱秀才错占凤凰俦》："尤辰作谢下船。次早顺风，拽起饱帆，不勾大半日就到了吴江。"在厦门话中"拽"引申为"娶"，足以看出古时妇女地位的低下。

（二）嫁人

台湾闽南方言：嫁翁［ke³ aŋ¹］‖福建闽南方言：［漳州］嫁翁（侬）［kɛ³ aŋ¹］（laŋ），做客［tso³ kʻɛʔ⁴］｜［泉州］嫁嬷姥仔［ke³ tsa¹ bɔ² a²］｜［厦门］嫁侬［ke³ laŋ⁵］｜［龙岩］嫁侬［kiɛ³ laŋ⁵］｜［漳平］送嫁［saŋ³ kia³］｜［潮汕］嫁侬［ke³ laŋ⁵］。

［按］嫁，女子结婚，出嫁。《说文·女部》："嫁，女适人也。"《广韵》古讶切，去祃见，鱼部。《诗·大雅·大明》："自彼殷商，来嫁于周。"《汉书·西域传·乌孙国》："吾家嫁我兮天一方，远托异国兮乌孙王。"唐·元稹《遣悲怀》："谢公最小偏怜女，自嫁黔娄百事乖。"送，有送亲之义。《说文·辵部》："送，遣也。"《广韵》苏弄切，去送心，东部。《荀子·富国》："男女之合，夫妇之分，婚姻娉内送逆无礼；如是，则人有争色之祸矣。"杨倞注："送，致女；逆，亲迎也。"章诗同注："送，送女，送嫁；逆，亲迎，迎娶。"《春秋·庄公元年》："夏，单伯送王姬。"杜预注："王将嫁女于齐，既命鲁为主，故单伯送女不称使也。"送嫁犹送亲。《广陵潮》第六回："接亲的接亲，送嫁的送嫁，好不高兴。"《中国歌谣资料·送嫁姑娘》："送嫁姑娘情义长，送伴送到新郎房。"漳州话"嫁人"又说"做客"，即当客人。这也有暗示妇女没把夫家当作自己家的意思，与古时"嫁"的意义相反。

（三）媒人

台湾闽南方言：媒侬婆［hm⁵ laŋ⁵ po⁵］‖福建闽南方言：［漳州］媒侬婆［bun⁵

laŋ⁵ po⁵]｜[泉州]媒侬[m⁵ laŋ⁵]｜[厦门]媒人婆［bun⁵ laŋ⁵ po⁵]｜[龙岩]媒侬[gue² laŋ⁵]｜[漳平]媒侬[bie⁵ laŋ²]。

　　[按]媒,说合婚姻的人。《说文·女部》:"媒,谋也,谋合二姓。"段玉裁注:《周礼》'媒氏'注曰:媒之言谋也,谋合异类使和成者。"《广韵》莫怀切,平灰明,之部。《诗·卫风·氓》:"匪我愆期,子无良媒。"《淮南子·说山训》:"因媒而嫁,而不因媒而成。"《儒林外史》第十九回:"这一席子酒就算你请媒的了。"婆,是对年老妇人的称呼。《广韵·戈韵》:"婆,老母称也。"薄波切,平戈并。歌部。《集韵·戈韵》:"婆,女老称。"后来指某些职业妇女。明·陶宗仪《辍耕录·三姑六婆》:"六婆者,牙婆、媒婆、师婆、虔婆、药婆、稳婆也。""媒婆"多合起来用,指媒婆。台湾话、漳州话的"媒侬婆",其中间的"侬"意义已虚化。"媒侬婆"即"媒婆"。

（四）死

　　台湾闽南方言:死[si²],过世[ke³ si³],过身[ke³ sin¹],行去[kiã⁵ ki³],翘倒[kʻiau³ to²],翘去[kʻiau³ kʻi³],‖福建闽南方言:[漳州]死[si²],过身[kue³ sin¹]｜[泉州]死[si²],过身[kə³ sin¹]｜[厦门]过身[kə³ sin¹]｜[龙岩]过身[kue¹ sin¹],过世[kue¹ si³],老去[luo² ki¹]｜[漳平]过身[kue³ sin¹],过世[kue³ si³],过往[kue³ guaŋ²]｜[潮汕]过世[kue³ si³]。

　　[按]死,《说文·死部》:"死,澌也,人所离也。"段玉裁注:《方言》:'澌,索也,尽也。'是澌为凡尽之称,人尽曰死。"《释名·释丧制》:"人始气绝曰死。死,澌也,就消澌也。"《广韵》息姊切,上旨心,脂部。《书·康诰》:"瞖不畏死,罔弗憝。"唐·李商隐《无题》诗:"春蚕到死丝方尽,蜡炬成灰泪始干。"宋·文天祥《过零丁洋》:"人生自古谁无死,留取丹心照汗青。""过"是"死"的婉辞。三国魏·曹植《赠白马王彪》:"存者忽复过,云没身自衰。"《二十年目睹之怪现状》第二十三回:"又问道:'不知伯父伯母是几时过的?'"丁玲《母亲》二:"现在妈过了,家里也冷清,事情又多。"过身,也是死的婉辞。《二十年目睹之怪现状》:第十回:"自从你祖老太爷过身之后,你母亲就跟着你老人家运灵柩回家乡去。"欧阳山《金牛和笑女》:"自从邝凌两家的老人都过身之后,金牛仍然在乡下为佃户。"过世亦指"死"。《晋书·符登载记》:"……陛下虽过世为神,岂假手于符坚而图臣?"《醒世恒言·徐老仆义愤成家》:"公公乃过世的人了,他的话哪里作得准。"姜滇《阿鸽与船》:"自从阿鸽妈过世之后,老石匠也习惯于只身独处。"往,有死,死者之意。《左传·僖公九年》:"送往事居。"杜预注:"往,死者。居,生者。"晋·郭璞《元皇帝哀策文》:"痛圣躬之遐往,长论景于太阳。"宋·王安石《答韶州张殿丞书》:"往者不能讼当否,生者不得论曲直。"漳平话中"过"、"往"合起来,是"死"的讳称。老,死的婉辞。唐·子兰《城上吟》:"古冢密于草,新坟侵官道。城外无闲地,

城古人又老。"元·萨都剌《如梦曲·哀燕将军》:"鞭蓉花,为谁好,洞房昨夜将军老。"《红楼梦》第十五回:"以备京中老了人口,在此停灵。"现在很多方言中都用此作"死"的婉辞。"翘倒,翘去"是台湾话中对死的贬称,是当地方言词语。

(五)棺材

台湾闽南方言:寿枋[siu⁷ paŋ¹],寿木[siu⁷ bɔk⁸],寿板[siu⁷ pan²],棺柴[kuã¹ tsʻa⁵]‖福建闽南方言:[漳州]寿板[siu⁷ pan²],棺柴[kuã¹ tsʻa⁵]|[泉州]棺材[kuã¹ tsʻa⁵]|[厦门]寿板[siu⁷ pan²]|[龙岩]寿板[siu⁶ pan²]|[漳平]棺柴[kuã¹ tsʻa⁵],寿停[siu⁷ tʻin⁵],板仔[pan² a²]。

[按]棺,《说文·木部》:"棺,关也,所以掩尸。"《广韵》古丸切,平桓见,元部。《仪礼·聘礼》:"士介死,为之棺敛之。"唐·韩愈《祭河南张员外文》:"哭不凭棺,亲不舁。"清·纪昀《阅微草堂笔记·如是我闻二》:"棺中之骨,攒聚于一角,如积薪然。"棺材,与现在普通话同。北魏·贾思勰《齐民要术·种槐柳楸梓梧柞》:"以为棺材,胜于松柏。"《儒林外史》第二十一回:"当下同到卜老相熟的店里赊了一具棺材,又拿了许多的布,叫裁缝赶着做起衣裳来,当晚入殓。"曹禺《北京人》:"他们说,漆棺材的时候,老太爷挑那个,选这个,非漆上三五十道不可。""材"《广韵》昨哉切,平咍从,之部。"柴"《广韵》士佳切,平佳崇,支部。"材"与"柴"读音相近,因此有些方言中又写作"棺柴"。"寿",装殓死人的东西,寿木等。《红楼梦》第六十三回:"寿木早年已经备下,寄在此庙的,甚是便宜。"清·陆以恬《冷庐杂识·题棺》:"萧山汪龙庄大令治寿木,题前和曰:'汪龙庄归室。'"谌容《白雪》:"西歧奶奶把儿子给她打的寿木都献出来了。""寿板"、"寿枋"等都指棺材。

(六)怀孕

台湾闽南方言:病囝[pĩ⁷ kiã²],有身[u⁷ sin¹]‖福建闽南方言:[漳州]大腹肚[tua⁷ pak⁴ tɔ²],病囝[pẽ⁷ kiã²]|[泉州]大腹肚[tua⁷ pak⁴ tɔ²]|[厦门]病囝[pĩ⁷ kiã²],有娠[u⁷ sin¹]|[龙岩]病婴仔[biẽ⁷ gĩ¹ a²],裹婴仔[kue² gĩ¹ a²]|[漳平]有身侬[u⁷ sin¹ laŋ⁵][潮汕]大肚[tua⁷ tou⁷],有身份[u⁷ siŋ¹ʻhuŋ⁷]。

[按]身,身孕,胎。《说文·身部》:"身,象人之身。"《正字通·身部》:"身,女怀妊曰身。"《广韵》失人切,平真书,真部。《诗·大雅·大明》:"大任有身,生此文王。"毛传:"身,重也。"郑玄笺:"重,谓怀孕也。"孔颖达疏:"以身中复有一身,故言重。"《汉书·长沙定王刘发传》:"上醉,不知,以为程姬而幸之,遂有身。"《金瓶梅》第四十回:"一脚蹍滑了,把个六七个月身扭吊了,至今再谁见什么孩子来。"有身,也是怀孕。《史记·高祖本记》:"是时雷电晦冥,太公往视,则见蛟龙于其上。已而有身,遂产高祖。"宋·洪迈《夷坚甲志·董化祷罗汉》:"是月,妾

有身……凡十有二月而生一子。"清·薛福成《庸盦笔记·幽怪一·汉宫老婢》："史言张皇后,佯为有身,取后宫美人子名之而杀其母。"娠,怀孕。《说文·女部》："娠,女妊身动也。"段玉裁注："妊而身动曰娠。"唐·玄应《一切经音义》卷一："怀胎为娠。"《左传·哀公元年》："后缗方娠,逃出自窦,归于有仍,生少康焉。"杜预注："娠,怀身也。"晋·葛洪《抱朴子·寒难》："夫生我者,父也;娠我者,母也。"清·和邦额《夜谭随录·玉公子》："秦亦有娠,尝谓章曰:'生男则已,苟生女,当为嫂家娠。'"大腹肚,即大肚子,指怀孕。一般妇女在怀孕2~3个月会出现孕吐现象,因此有的方言称"病囝(婴)"。

(七)过周岁

台湾闽南方言:度晬[tio³ tse³] ‖ 福建闽南方言:[漳州]度晬[tio³ tse³] | [泉州]度晬[tio³ tsə³] | [厦门]度晬[to³ tse³] | [龙岩]度晬[tio³ tse³]。

[按]晬,周年。《说文新附·日部》："晬,周年也。"郑珍新附考:"《尔雅》:'卒,尽也。'四时周则岁尽,故《诗》曰:'何以卒岁?'俗加日为周年之称,至《广韵》始训为周年子,今皆名子周岁为晬,盖非古矣。"《集韵·队韵》："晬,子生一岁也。"《广韵》子对切,去队精,微部。唐·韩愈《中大夫陕府左司马李公墓志铭》："岌为蜀州晋原尉,生公,未晬以卒。"《辽史·太祖纪上》："三月能行,晬而能言。"《清史稿·列女传二·李氏女》："李嫁生子,方晬,而丧失。"度晬即过周岁。

(八)耳聋

台湾闽南方言:聋耳[saŋ² hi¹],臭耳[tsʻau³ hi⁷] ‖ 福建闽南方言:[漳州]臭耳[tsʻau³ hi⁷] | [泉州]臭聋[tsʻau³ laŋ⁵],臭耳聋[tsʻau³ hi⁶ laŋ⁵] | [厦门]臭耳兮[tsʻau³ hi⁷ e³] | [漳平]聋耳[laŋ⁵ nĩ⁷]。

[按]聋,耳聋。《说文》："聋,生而聋曰聋。"朱骏声《说文通训定声》："聋,字亦作聋。"《方言》卷六："聋,聋也……生而聋。陈、楚、江、淮之间谓之聋。"郭璞注:"言无所闻常聋耳也。"《广韵》息拱切,上肿心,东部。汉·焦赣《易林·家人之咸》："心狂老悖,视听聋类。"汉·马融《广成颂》："子野听聋,离朱目眩。"臭,有坏,不好之义,因此闽南方言又称耳聋为"臭耳"。聋,听觉失灵。《说文·耳部》："聋,无闻也。"《释名·释疾病》："聋,笼也。如在蒙笼之内,听不察也。"《广雅·释训》："聋,聩,疾也。"王念孙疏证:"聋,聩,皆不能听之疾。"《广韵》卢红切,平东来。东部。《韩非子·解老》："耳不能清浊之声则谓之聋。"《文心雕龙·夸饰》："信可发蕴而飞滞,披瞽而骇聋矣。"《儿女英雄传》第十一回:"原来他只得母女二人,他那母亲又且既聋且病的。"

(九)眼瞎

台湾闽南方言:青盲[tsʻĩ¹ bĩ⁵] ‖ 福建闽南方言:[漳州]青暝[tsʻĩ³ bẽ⁵] | [泉

州］青盲［tsʔĩ¹ bĩ⁵］｜［厦门］青盲［tsʔĩ¹ bĩ⁵］｜［龙岩］青暝［tsʼiẽ¹ biẽ⁵］｜［漳平］青冥［tsʼim⁵ mĩ⁵］｜［潮汕］青盲［tsʼẽ¹ mẽ⁵］。

　　［按］盲，失明。《说文·目部》："盲，目无牟子。"《释名·释疾病》："盲，茫也。"《广韵》武庚切，平庚明，阳部。《庄子·逍遥游》："岂唯形骸有聋盲哉？"唐·柳宗元《答韩愈论史官书》："左丘明以疾盲，出于不幸。"《豆棚闲话·空青石蔚子开盲》："你在前世，两只眼睛早已盲矣。""青盲，俗称青光眼，视力逐渐减退，渐至失明。"《后汉书·独行传·李业》："公孙述连徵命，待以高位，皆托青盲以避世难。"《诗·大雅·灵台》"矇瞍秦公"唐孔颖达疏："有眸子而无见曰矇，即今之青盲者也。"《医宗金鉴·外障总名歌·小儿青盲歌》："小儿青盲胎受风，瞳子端然视物蒙。""暝"同"冥"，《广韵》莫经切，平青明，耕部。《说文·冥部》："冥，幽也。"《广雅·释训》："冥，暗也。""暝、冥"与"盲"音近，意义也有相似之处，因此有些方言又有"青暝"、"青冥"的叫法。

（十）疟疾

　　台湾闽南方言：寒热仔［kuã⁵ liat⁸ a²］‖福建闽南方言：［漳州］寒热仔［kuã⁵ dziat⁸ a²］｜［泉州］寒热［kuã⁵ liat⁸］｜［厦门］拍寒拍热［pʼaʔ⁴ kuã⁵ pʼaʔ⁴ liat⁸］｜［龙岩］拍摆仔［pʼat⁴ pai² a²］｜［漳平］发寒［piet⁴ kuã⁵］｜［潮汕］着北寒［tieʔ⁸ pak⁷ kũã⁵］。

　　［按］寒热，中医指怕冷发热的症状。《史记·扁鹊仓公列传》："济北王侍者韩女病要背痛，寒热。"宋·孙光宪《北梦琐言》卷十六："元戎张筵，托以寒热，召之不至，乃与营妓曲宴。"清·沈复《浮生六记·闺房记乐》："剔灯入帐，芸已寒热大作，余亦继之，困顿两旬。""拍"，《广韵》普伯切，入陌滂。铎部。"怕"《广韵》普驾切，去祃滂。"怕"与"拍"读音相同，因此厦门话中"拍寒拍热"实为"怕寒怕热"，既中医上的疟疾。"发寒"即"发冷"，也是疟疾的一种症状，漳平话以此指"疟疾"。

（十一）霍乱

　　台湾闽南方言：落吐症［lau³ tʼɔ³ tsiŋ³］‖福建闽南方言：［漳州］吐泻［tʼɔ³ sia³］｜［泉州］吐泻［tʼɔ³ sia³］［厦门］漏吐症［lau³ tʼɔ³ tsiŋ³］｜［龙岩］吐泻［tʼu³ sia³］｜［漳平］吐泻［tʼou³ sia³］｜［潮汕］泻肚［sia³ tou⁷］。

　　［按］霍乱，中医泛指具有剧烈吐泻，腹痛等症状的肠胃疾病。《素问·六元正纪大论》："太阴所至，为中满，霍乱吐下。"《汉书·严助传》："夏月暑时，欧泄霍乱之病相随属也。"霍乱最明显的特征是吐泻。明·郎瑛《七修类稿·事物·王孔多寿》："御史金灿尝暑天与之饮食，见其食之无节，遂至吐泻。"明·李时珍《本草纲目·百病主治药·霍乱》："桑白皮，止霍乱吐泻。"《医宗金鉴·张仲景〈伤寒论·霍

乱〉》:"呕吐而利,此名霍乱。"集注:"轻者只曰吐泻,重者挥霍撩乱,故曰霍乱。"在闽南方言中,大多方言用霍乱的病症特征"吐泻"来指霍乱。

(十二)痨病

台湾闽南方言:肺痨[hi³ lo⁵]‖福建闽南方言:[漳州]细病[se³ pɛ̃⁷],肺痨[hi³ lo⁷]|[泉州]肺痨[hui³ lɔ⁵]|[厦门]肺痨[hui³ lɔ⁵]|[龙岩]成火[tsã⁵ hue²]|[漳平]成火[tsã⁵ hue²](男),成损[tsã⁵ sun²]。

[按]痨,结核病的病称。《广韵》郎到切,去号来,宵部。唐·段成式《异疾志》:"河南刘崇远有妹为尼,尝有一客尼寓宿,病痨,瘦甚且死。"《红楼梦》第七十八回:"宝玉屋里有个晴雯,前日又病倒了十几天,叫大夫瞧,说是女儿痨。"鲁迅《呐喊·药》:"华大妈听到'痨病'这两个字,变了一点脸色。"因为"痨病"多指肺结核,所以又称"肺痨"。"火"是中医学术语,指病因六淫之一。"损"也是中医学术语,一种脉象。"成火""成损"皆是痨病一种症状。龙岩、漳平话以此指痨病。

(十三)麻风病

台湾闽南方言:癞癗症[tʻai¹ ko¹ tsiŋ³]‖福建闽南方言:[漳州]癞哥[tʻai¹ ko¹]|[泉州]癞癗[tʻai² ko¹]|[厦门]癞哥[tʻai² ko¹]|[龙岩]生癞[siɛ̃¹ tʻai²]|[潮汕]癞癗[tʻai² ko¹]。

[按]癞,麻风病。《集韵》:"疠,《说文》:'恶疾也'。或从赖。"《广韵》落盖切,去泰来,《淮南子·精神训》:"夫癞者趋不变,狂者形不亏。"高诱注:"言病癞者形生神在,故趋不变也。"北齐·颜之推《颜氏家训·归心》:"(县令)稍醒而觉体痒,爬搔隐疹,因而成癞,十许年死。"《醒世恒言·陈多寿生死夫妻》:"何期运限不佳,忽然得了个恶症,叫做癞。"

(十四)得病

台湾闽南方言:破病[pʻua³ pĩ⁷],着病[tioʔ⁴ pĩ⁷]‖福建闽南方言:[漳州]破病[pʻua³ pɛ̃⁷]|[泉州]破病[pʻua³ pĩ⁷],唔好[m̩⁷ ho²]|[厦门]破病[pʻua³ pĩ⁷]|[漳平]破病[pʻua³ pĩ⁷],倒眠床[to² biŋ⁵ tsʻŋ⁵],无堵好[bo⁵ tu² ho²]|[潮汕]人孬[naŋ⁵ mo³]。

[按]破,破碎,不完整。《说文·石部》:"破,石碎也。"段玉裁注:"引申为碎之称。"《玉篇·石部》:"破,解离也,碎也。"《广韵》普过切,去过滂,歌部。《诗·小雅·车攻》:"不失其驰,舍矢如破。"唐·李贺《李凭箜篌引》:"女娲炼石补天处,石破天惊逗秋雨。"《西游记》第十九回:"你破人亲事如杀父。"可见破最初是破碎,不完整之意,后来在闽南方言中引申为损害人类健康之意,因此"破病",就指生病。着,有遭受,遇上之意。《百喻经·人效王眼喻》:"汝为病邪,为着风耶,何以

眼瞯？"宋·杨万里《北风》："如何急滩水，更着打头风。"《儒林外史》第四十三回："这别庄燕同冯君瑞着了这一吓，两只脚好像钉钉住了的。""着"在台湾闽南方言中引申为"患上"、"得上"。

十一、人品

人品部分的词条计 10 条，即本性、老实、丢丑、我行我素、笨拙（愚笨）、不讲理、傲慢、随便、生气、女子举止不端庄。现分别考证如下：

（一）本性

台湾闽南方言：性地［sin^3 tue^7］‖ 福建闽南方言：［漳州］性地［sin^3 te^7］｜［泉州］性地［sin^3 te^7］｜［厦门］性地［sin^3 te^7］｜［龙岩］性地［sin^3 ti^7］。

［按］性，人的本性。《说文·心部》："性，人之阳气性善者也。"《广韵》息正切，去劲心。耕部。《易·系辞上》："一阴一阳之谓道。继之者善也，成之者性也。"孔颖达疏："若能成就此道者，是人之本性。"唐·韩愈《原性》："性也者，与生俱生也。"清·恽敬《〈大云山房又稿二集〉叙录》："其高下、远近、华质，又是在乎人之所性焉。"地，本指大地。《说文·土部》："地，元气初分，轻清易为天，重浊阴为地，万物所陈列也。"《广韵》徒四切，去至定。歌部。后引申为心意活动的领域。《宋史·儒林传八·何基》："干告以必须有真实心地，刻苦工夫而后可，基悚惕受命。"性地，则指人的本性。

（二）老实

台湾闽南方言：古意［ko^2 i^3］‖ 福建闽南方言：［漳州］古意［ko^2 i^3］｜［泉州］古意［ko^2 i^3］｜［厦门］古意［ko^2 i^3］｜［龙岩］老实［lau^2 sit^8］。

［按］古，本是古老，与今相对。《说文·古部》："古，故也。"《尔雅·释诂下》："古，故也。"《字汇·口部》："古，远代也。"《广韵》公户切，上姥见，鱼部。后来引申为古朴之意。唐·韩愈《与汝州卢郎中论荐侯喜状》："进士侯喜，右其人，为文甚古，立志甚坚。"宋·陆游《老学庵笔记》卷五："有老道人状貌甚古，铜冠绯氅。"茅盾《清明前后》："这就叫做人心不古！唉，这年头儿，老实人也会贪污。"古意，原指古人的意趣或风范。宋·苏轼《次韵子由所居》："幽居有古意，义井分西墙。"明·胡应麟《诗薮·古体上》："汉乐府中如《王子乔》及'仙人骑白鹿'等，虽间作丽语，然古意浓郁其间。"清·王士禛《池北偶谈·谈异五·端肃拜》："近见元人题跋，末亦有书'端肃拜'者，犹有古意。"在闽南方言中"古意"已引申为"老实"。

（三）丢丑

台湾闽南方言：见笑［$kian^3$ $ts'io^3$］，落气［lau^3 $k'ui^3$］‖ 福建闽南方言：［漳州］

见笑［kian³ siau³］，漏气气［lau³ k'ui³ k'ui³］｜［泉州］见笑［kian³ ts'io³］｜［厦门］落气［lauʔ⁸ k'ui³］｜［龙岩］漏气［lau³ k'ui³］｜［漳平］见笑［kian³siau³］，漏愧［lau³ k'ui³］。

〔按〕见笑，被人笑话，即丢丑。《庄子·秋水》："吾长见笑于大方之家。"注："谓知识浅近，为有道者见而笑也。"《三国志·武帝纪》："六月，以军师华歆为御史大夫。"裴松之注引《魏书》："韩信陈平负污辱之名，有见笑之耻。"清·屈大均《途中遇雨作》："野花休见笑，吾道本艰难。"漏，泄漏。《广雅·释诂二》："漏，泄也。"《广韵》卢候切，去候来，侯部。《诗·大雅·抑》："相在尔室，尚不愧于屋漏。"毛传："西北隅谓之漏。"郑笺："屋，小帐也。漏，隐也。"《正义》："屋漏者，室内外所名，可以施小帐而漏隐之处，正谓西北隅也。"由此，"屋漏"乃古时室内西北角落设置小帐的地方。"不愧屋漏"即不在暗处做坏事，于心无愧。因此，凡做丢人的事为落气，漏愧。

（四）我行我素

台湾闽南方言：蛮皮［buã⁵ p'i⁵］‖福建闽南方言：［漳州］蛮［buã⁵］｜［泉州］蛮［buã⁵］｜［厦门］拗蛮［au² buã⁵］｜［龙岩］拗蛮［au² buã⁵］｜［漳平］拗［au²］｜［潮汕］□［huaŋ¹］。

〔按〕蛮，粗野，不讲理。《广韵》莫还切，平删明，元部。《水浒全传》第三十二回："也不曾见你这个出家人，恁地蛮法。"《醒世恒言·徐老仆义愤成家》："他须是身登黄甲，位列朝班，读破万卷，明理的才人，难道恁般不知好歹，一味蛮打，没一点仁慈改悔之念不成？"章炳麟《新方言·释言》："凡专擅自恣者通谓之蛮。"皮，厚颜，讨嫌。《广韵》符羁切，平支并，歌部。《金瓶梅》第三十七回："夜晚些，等老身慢慢皮着脸对他说。"茅盾《右第二章》一："嗳！人家着急，你们说皮话！""蛮"与"皮"组成合成词，仍表此意。明·唐顺之《与胡梅林总督书》之七："苏松府县有司素蛮皮，一时提缀他不动。"《西游记》第十八回："太公骂到：'你那蛮皮，怎么不去寻人，又回来做甚？'"拗，固执，倔强。《集韵·爻韵》："拗，戾也。"於交切，平爻影。宋·赵叔向《肯綮录·俚俗字义》："狠强曰拗。"元·乔孟符《金钱记》第四折："不是这韩飞卿性格拗。"《警世通言·拗相公饮恨半山堂》："因他性子执拗，主意一定，活菩萨也劝他不转。"可见蛮、皮、拗三个词意义相近，都有我行我素、固执之意。

（五）笨拙，愚笨

台湾闽南方言：戆［goŋ⁷］，獃［tai¹］‖福建闽南方言：［漳州］戆仔［goŋ⁷ a²］｜［泉州］闇［əm³］，戆神［goŋ⁷sin⁵］｜［厦门］戆神［goŋ⁷sin⁵］｜［漳平］戆［goŋ⁷］｜［潮汕］柴戆［ts'a⁵ goŋ⁷］。

［按］戆，愚，傻。《说文·心部》："戆，愚也。"《正字通·心部》："戆，急直也。"《广韵》陟降切，去绛知。又呼贡切，东部。《荀子·儒效》："狂惑戆陋之人，乃始率其群徒，辨其谈说。"杨倞注："戆，愚也。"沙汀《丁跛公》："于是他只好戆笑着，把自己的运气向他们承认了下来。"獃，痴呆。《集韵·哈韵》："獃，癡也。"《广韵·哈韵》："獃，獃癡，象犬小时未有分别。"五来切，平咍疑。《朱子语类》卷三十九："或问：'子路死于孔悝之难，死得是否？'曰：'非是，自是死得獃。'"《儒林外史》第三十二回："你又獃了！我是有子有孙的人，一生出门在外，今日自然要死在家里。"《红楼梦》第三十五回："他自己烫了手，倒问别人疼不疼，这可不是獃了吗？"泉州话中用"闇"也可查。《广韵》乌绀切，去勘影，侵部。《荀子·天论》："上闇而政险，则是虽无一至者，无益也。"《三国志·蜀志·法正传》："愚闇，策薄，精诚不感，以致于此耳。"清·林佶《栖鹊巢记》："予虽闇劣，然年来奉教君子，颇知立志向学之方。"现代汉语中几乎已不使用这些词，它们已成为方言词保留于某些方言中。

（六）不讲理

台湾闽南方言：潘汰［huan¹ tʻai²］‖福建闽南方言：［漳州］潘汰汰［huan¹ tʻai² tʻai²］｜［泉州］番汰［huan¹ tʻai²］｜［厦门］潘汰［huan¹ tʻai²］｜漳平］狂戆［kʻoŋ⁵ goŋ⁷］。

［按］番，最初意义是兽足，《说文·釆部》："番，兽足谓之番。"《玉篇·釆部》："番，兽足也。"《广韵》附袁切，平元奉。又补过切，元部。后来用作对西方边境各少数民族和外国的称呼。宋·陆游《军中杂歌八首》之七："如今便死知无恨，不属番家属汉家。"元·周达观《真腊风土记·异事》："余乡人薛氏，居番三十五年矣。"《天工开物·乃服·褐毡》："兰绒，番语谓之孤古绒。"在中原地区人的眼里，少数民族和外国人都是强悍、粗野的，因此引申"番"为不讲理之意。"汰"在这里并无实在意义，相当于语气词。

（七）傲慢

台湾闽南方言：科头［kʻoˈ tʻau⁵］‖福建闽南方言：［漳州］科头［kʻoˈ tʻau⁵］｜［泉州］科头［kʻoˈ tʻau⁵］｜［厦门］傲［au³］｜［龙岩］科头［kʻoˈ tʻau⁵］｜［漳平］科头［kʻoˈ tau⁵¹］。

［按］科头，本指不戴冠帽，裸露头髻。《战国策·韩策一》："秦带甲百余万，车千乘，骑万匹，虎挚之士，跿跔科头，贯颐奋战者，不可胜计也。"晋·葛洪《抱朴子·刺骄》："或乱项科头，或裸袒蹲夷……此盖左衽之所为，非诸夏之快事也。"《老残游记》第九回："着了一件深蓝布百衲大棉袄，科头，不束带，亦不着马褂。"古代"科头"是大不敬的表现。现在，凡摆出高傲姿态或倨傲不群者，尤其有钱人见偏

雇者或贫穷人家常摆出一副不可一世的样子,均称之为"科头"。

（八）随便

台湾闽南方言:清採[tsʻin³ tsʻai²]‖福建闽南方言:[漳州]清采[tsʻin³ tsʻai²]|[泉州]清采[tsʻin³ tsʻai²]|[厦门]清采[tsʻin³ tsʻai²]|[龙岩]清采[tsʻin³ tsʻai²]|[漳平]清彩[tsʻin³ tsʻai²]。

[按]清,冷,凉。《说文·冫部》:"清,寒也。"《玉篇·冫部》:"清,冷也。"《广韵》七政切,去劲清,耕部。《礼记·曲礼上》:"凡为人子之礼,冬温而夏清,昏定而晨省。"陆德明释文:"七性反,字从冫。冰,冷也。"宋·王安石《洪范传》:"水言炎,则水冽,木温,金清,皆可知也。"章炳麟《新方言·释天》:"福州谓寒为清,若通语言冷矣。"清,有冷、凉之意,引申到用来表示人的心理,则有冷淡的意思,即对事情不关心。采,本是采摘,后引申为选取。《说文·木部》:"捋取也。"段玉裁注:"《大雅》曰:'捋采其刘。'《周南·芣苢》传曰:'采,取也。'又曰:'捋,取也。'是采、捋同训也。"《广韵》仓宰切,上海清,之部。《仪礼·士昏礼》:"纳采用雁。"郑玄注:"使人纳其采择之礼。"《史记·秦始皇本纪》:"采上古'帝'位号,号曰'皇帝'。"清·刘献廷《广阳杂记》:"诸省志书,多有纪其地之时事者,皆当采出以备参政。"採同采,也有采取之意。《后汉书·孔融传》:"融闻人之善,若出诸己,言有可採,必演而成之。"北齐·颜之推《颜氏家训》:"十条之中,一不足採。"《儒林外史》第十八回:"看那卫先生、随先生的诗,'且夫''尝谓'都写在内,其余也就是文章批语上採下来的几个字眼。"对各种选择不关心,则是随便。"清采"就是随便。

（九）生气

台湾闽南方言:受气[siu⁷ kiʼ³]‖福建闽南方言:[漳州]受气[siu⁷ kiʼ³]|[泉州]受气[siu⁶ kʻi³]|[厦门]使性[saiʼ² siŋ³]|[龙岩]气[kʻui³]|[漳平]气[kiʼ³]|[潮汕]冲性[tsʻeŋ³ sẽ³]。

[按]气,《广韵》许既切,去未晓。有生气之意。《释名·释天》:"气,忾也。然有声而无形也。"章炳麟《新方言·释言》:"忾,亦训怒,今人谓怒为气(忾),实当为忾。"《战国策·赵策四》:"太后盛气而揖之。"唐·韩愈《刘统军碑》:"德宗之始,为曲环起;奋笔为檄,强寇气死。"《红楼梦》:第三十一回:"宝玉已经气的黄了脸。"受气,原是受欺侮,压迫。《水浒传》第三十四回:"何不听我言语,也去山寨入伙,免受那文官的气。"《二十年目睹之怪现状》第六十九回:"这位媳妇受气不过,便回娘家去住几天。"老舍《女店员》第一幕:"不管什么营的吧,反正我不再里里外外受气。"在台湾话和漳泉方言中,"受气"则是生气的意思。性,是性情,脾气的意思。《国语·周语上》:"先王之于民也,懋正其德,而厚其性。"韦昭注:"性,情性也。"晋·陶潜《归园田居》:"少无适俗韵,性本爱丘山。"《初刻拍案惊

奇》卷十二："女子性定,王生问他备细。"使性就是发脾气。明·贾仲明《对玉梳》第一折："俺娘见他没东西了,日日撺他去,他一口气成病,使性儿出去了。"《水浒传》第五十四回："李逵惧怕罗真人法术,十分小心伏侍公孙胜,那里敢使性。"《金瓶梅词话》第四十一回："李桂姐听了,一声儿没言语,一日只和吴银儿使性子,两个不说话。"冲,有猛烈的意思。浩然《艳阳天》第十三章："他们背后闹得挺冲。"冲性指脾气大,即生气。

（十）女子举止不端庄

台湾闽南方言:嬲[hiau⁵] ‖ 福建闽南方言:[漳州] 娆[hiau⁵] | [泉州] 娆[hiau⁵] | [厦门] 娆[hiau⁵] | [龙岩] 发蹩[pue³ iet⁸]。

[按] 嬲,曲肩行貌。《说文·女部》:"嬲,曲肩行兒。"也有美好的意思。《广韵·宵韵》:"嬲,美好。"余昭切,平宵以,宵部。唐·张鷟《游仙窟》:"数个袍袴,异种妖嬲;姿质天生有,风流本性饶。"可见"嬲"本是褒义词,后在台湾闽南方言中却是贬义词,这属于词汇色彩意义的转化。娆,妍媚。《广韵》女教切,去效娘。《晋书·索靖传》:"窈娆廉苦,随体散布。"金元好问《古意》:"桃李弄娇娆,梨花澹丰容。"元·王实甫《西厢记》第一本第四折:"妖娆,满面儿扑堆著俏。"在漳泉方言中,"娆"色彩义也发生了变化,成为贬义词。

十二、工商农作

工商农作部分的词条计 8 条,即事、生意、职业、老板、赚钱、买米、耕田、除草。现分别考证如下:

（一）事

台湾闽南方言:载志[tsai³ tsi³],事志[tai⁷ tsi³] ‖ 福建闽南方言:[漳州] 代志[tai⁷ tsi³] | [泉州] 事志[tai⁷ tsi³] | [厦门] 代志[tai⁷ tsi³] | [龙岩] 事[tsi⁷] | [漳平] 事[tsi⁷]。

[按] 载,事。《小尔雅·广诂一》:"载,事也。"《广韵》作代切,去代精。又昨代切,之部。《书·舜典》:"咨四岳有能奋庸熙帝之载。"孔传:"载,事也。"孔颖达疏:"群臣之内,有能起发其功,广大帝尧之事者,我欲使之居百揆之官。"《文选·张衡〈西京赋〉》:"雅好博古,学乎旧史氏,是以多识前代之载。"李善注引《小雅》曰:"载,事也。"章太炎《新方言》:"诗书皆以载为事,事载体一声之转,今福州犹谓事为载,读如戴,古音载,本如戴也。"由章太炎这一段话可知,漳、厦方言中"代"字与"载"本是一音,其意义应是"载"即"事"。志,《广雅·释诂二》:"志,识也。"王念孙疏证:"郑注云:志,古文识。识,记也。"《字汇·心部》:"志,记也。"《广韵》职吏切,去志章。之部。因此它有记载之义。《庄子·逍遥游》:"《齐谐》

才,志怪者也。"陆德明释文:"志,记也。"唐·韩愈《王公神道碑铭》:"维德维绩,志于斯石,日远弥高。"《醒世恒言·灌园叟晚逢仙女》:"就是张华的《博物志》,也不过志其一二。"在闽南方言中,"志"引申为"事",与"载"、"事"组合成合成词,指事情。

（二）生意

台湾闽南方言:生理［siŋ¹ li²］‖福建闽南方言:［漳州］生理［siŋ¹ li²］|［泉州］生理［siŋ¹ li²］|［厦门］生理［siŋ¹ li²］|［龙岩］生理［siŋ¹ li²］|［漳平］生理［siŋ¹ li²］|［潮汕］生理［siŋ¹ li²］。

［按］生理,生意,买卖。宋·龚明之《中吴纪闻·朱氏盛衰》:"朱冲微时以常卖为业,后其家稍温,易为药肆,生理日益进。"《醒世恒言·卖油郎独占花魁》:"今见朱小官在店,谁家不来作成。所以生理比前越盛。"《"五四"爱国运动资料·罢市之实状》:"小本生理之各小贩,集众滋事,击毁一区二分所警局。"清·昭梿《啸亭杂录·郭刘二疏》:"苏、松、淮、扬、王鸿绪等与之合伙生理,又不下百余万。"生理自古到今有许多种义项,但在普通话中只有"生物的生命活动和身体内各器官的机能"这一义项沿用下来。在闽南方言中又保留了"生意"这一义项,但它已成为方言词。

（三）职业

台湾闽南方言:头路［tʻau⁵ lɔ⁷］‖福建闽南方言:［漳州］头路［tʻau⁵ lɔ⁷］|［泉州］头路［tʻau⁵ lɔ⁷］|［厦门］头路［tʻau⁵ lɔ⁷］|［龙岩］食头路［tsa⁶ tʻau⁵ lɔ⁷］|［漳平］头路［tʻau⁵ lou⁷］。

［按］头路,本指能达到个人目的的途径。《醒世恒言》三十五曰:"你何不也别了他,另寻头路?"《西游记》第四十回:"趁早散了,各寻头路,多少是好。"《二刻拍案惊奇》卷二二:"公子不揣,各处央人寻头路。"鲁迅《书信集·致宫竹心》:"现在的学校只有减人,毫不能说到荐人的事,所以已没有什么头路。"在闽南方言中,它引申为职业。

（四）老板

台湾闽南方言:头家［tʻau⁵ ka¹］‖福建闽南方言:［漳州］头家［tʻau⁵ kɛ¹］|［泉州］头家［tʻau⁵ ke¹］|［厦门］头家［tʻau⁵ ke¹］|［龙岩］头家［tʻau⁵ kie¹］|［漳平］头家［tʻau⁵ kia¹］|［潮汕］头家［tʻau⁵ ke¹］。

［按］头家指店主,老板。《淡水厅志》载,雍正初年福建海防同知吴廷华《社寮杂诗》注云:"承番饷者谓之社商,又曰头家。督番射鹿,计脚易以尺布。"康熙五十四年,台湾北路参将阮蔡文《后垅港》诗云:"少妇家中藏美酒,共夫对酌夜炉围。得鱼胜得獍与鹿,遭遭送去头家屋。"许地山《缀网劳蛛·商人妇》:"头家今

天没出来,我领你到住家去罢。"可见"头家"一词自古出现在福建沿海,是个纯方言词。

（五）赚钱

台湾闽南方言:趁钱[tʻan³ tsĩ⁵]‖福建闽南方言:[漳州]趁钱[tʻan³ tsĩ⁵]|[泉州]趁钱[tʻan³ tsĩ⁵]|[厦门]趁钱[tʻan³ tsĩ⁵]|[龙岩]趁钱[tʻan³ tsĩ⁵]|[漳平]趁钱(仔)[tʻan³ tsĩ⁵]。

[按]趁,有挣、赚之意。《广韵》知邻切,平真知。谆部。元·李有《古杭杂记》:"宝庆丙戌,袁樵尹京于西湖三贤堂卖酒。"有人题壁曰:"和靖东坡白乐天,三人秋菊荐寒泉。而今满面生尘土,却与袁樵趁酒钱。"明·邵璨《香囊记·问卜》:"这般趁得钱来,家里并无积蓄。"清·洪棟园《后南柯·甲陈》:"看来此事不妙,这多金是趁不成了。"趁钱就是赚钱。《水浒传》第三十一回:"为是他有一座酒肉店,在城东快活林内,甚是趁钱。"《古今小说》卷二十六:"我今左右老了,又无用处,又不看见,又没趁钱。"清·李渔《巧团圆·买父》:"从今以后,孩儿只管趁钱,爹爹只管使用。"

（六）买米

台湾闽南方言:籴米[tiaʔ⁸ bi²]‖福建闽南方言:[漳州]籴米[tiaʔ⁸ bi²]|[泉州]籴米[tiaʔ⁸ bi²]|[厦门]籴米[tiaʔ⁸ bi²]|[龙岩]籴米[tia⁶ bi²]|[漳平]糴米[tiaʔ⁸ bi²]|[潮汕]籴米[tiaʔ⁸ bi²]。

[按]籴,买入谷物,周糴。《集韵·锡韵》:"糴,市谷米。籴,俗。"《广韵》徒历切,入锡定。《公羊传·庄公二十八年》:"臧孙辰告籴于齐。"何休注:"买谷曰籴。"北齐·颜之推《颜氏家训·治家》:"遣婢籴米,因尔逃窜。"《儒林外史》第十一回:"不多时,老妪籴米回,往厨下烧饭去了。"籴米即买米。

（七）耕田

台湾闽南方言:作塍[tso³ tsʻan⁵]‖福建闽南方言:[漳州]作塍[tsoʔ⁴ tsʻan⁵]|[泉州]作塍[tsoʔ⁴ tsʻan⁵]|[厦门]作畦[tsuoʔ⁴ tsʻan⁵]|[龙岩]作塍[tso³ tsʻan⁵]|[漳平]作塍[tso³ tsʻan⁵]|[潮汕]作田[tso³ tsʻan⁵]。

[按]作,有耕作的意思。《广韵》则落切,入铎精。又则个切,臧祚切。铎部。《书·尧典》:"平秩东作。"孔传:"岁起于东,而始就耕,谓之东作。"晋·陶潜《丙辰岁八月中于下田舍获》:"不言春作苦,常恐负所怀。"唐·李白《宿五松下荀媪家》:"田家秋作苦,邻里夜春寒。""塍"(塍)即"田","作塍"即"耕田"。

（八）除草

台湾闽南方言:薅草[kʻau¹ tsʻau²]‖福建闽南方言:[漳州]薅草[kʻau¹ tsʻau²]|[泉州]薅草[kʻau¹ tsʻau²]|[厦门]薅草[kʻau¹ tsʻau²]|[龙岩]薅草[hau¹ tsʻau²]

|［漳平］薅草［kʻau¹ tsʻau²］|［潮汕］薅草［kʻau¹ tsʻau²］。

　　［按］薅，除去杂草。《说文·艸部》：“薅，拔去田艸也。”《广韵》呼毛切，平豪晓。幽部。《诗·周颂·良耜》：“其镈斯赵，以薅荼蓼。”朱熹传：“薅，去也。”北魏·贾思勰《齐民要术·水稻》：“稻苗渐长，复须薅；拔草曰薅。”柳青《创业史》第二十六章：“生禄把手里薅下的一把杂草使劲塞到秧田的污泥里头。”薅草同样是除草。明·谢肇淛《五杂组·地部一》：“水田自犁地而浸种，而插秧，而薅草，而车戽，从夏讫秋，无一暇逸，而其收获亦倍。”章炳麟《新方言·释言》：“《说文》：薅，拔去田草也。今山西、淮西、淮南，皆谓刈草为薅草。”草明《乘风破浪》六：“地里有一群人在薅草。不知他们在乐什么，不时传来格格的笑声。”

十三、动词

　　动词部分的词条计 23 条，即吃、饮、嚼、舔、啃、吸、走、跑、徒步、跌倒、搬迁、跟随、转，绕、折、打、拾、捡、追捕、捂、掩住、藏、浇、淋、捆、绑、晒、喂养。现分别考证如下：

（一）吃

　　台湾闽南方言：食［tsiaʔ⁸］‖ 福建闽南方言：［漳州］食［tsiaʔ⁸］|［泉州］食［tsiaʔ⁸］|［厦门］食［tsiaʔ⁸］|［龙岩］食［tsa⁸］|［漳平］食［tsa⁸］|［潮汕］食［tsiaʔ⁸］。

　　［按］食，本是名词，饭食。《说文·食部》：“食，一米也。”《玉篇·食部》：“食，饭食。”同时它也可以作动词，表示吃。《古今韵会举要·职韵》引《增韵》：“食，茹也，啖也。”《诗·魏风·硕鼠》：“硕鼠硕鼠，无食我黍。”南朝·梁·刘勰《文心雕龙·神思》：“阮瑀据案而制书，祢衡当食而草奏。”清·逸窝退士《笑笑录·来日吃蒸饼》：“黄鲁直、刘莘老同在馆中，庖人请食。”在闽南方言中，“食”不但有“吃”之意，也可用来表示“喝”，这在古书中也有记载。《古今韵会举要·职韵》：“饮尽曰食。”《正字通》：“饮酒亦曰食。”《庄子·德充符》：“适见㹠子食于其死母者。”郭象注：“食，乳也。”唐·陆羽《茶经·煮》：“其沸如鱼目微有声为一沸，……已上，水老不可食也。”清·梁绍壬《两般秋雨盦随笔·食酒》：“有阛阓子作日记册云：‘某日买烧酒四两食之。’则酒之言食，其来有自。”

（二）饮

　　台湾闽南方言：啉［lim⁵］‖ 福建闽南方言：［漳州］啉［lim¹］|［泉州］啉［lim¹］|［厦门］啉［lim¹］|［龙岩］食［tsa⁸］|［漳平］食［tsa⁸］|［潮汕］啉［nim¹］。

　　［按］啉，古时行酒一巡为啉。《广韵·覃韵》：“啉，酒行匝曰啉。出《酒律》。”

卢含切,平覃来。《集韵·覃韵》:"啉,一说饮毕曰啉。"可见"啉"本指饮一巡酒,闽南方言引申为"饮",并且它经常与"酒"结合成词。

(三)哺

台湾闽南方言:哺[pɔ⁷]‖福建闽南方言:[漳州]哺[pɔ⁷]|[泉州]哺[pɔ⁷]|[厦门]哺[pɔ⁷]|[龙岩]嚼[tsio⁵]|[潮平]嚼[tsio⁵]|[潮汕]哺[pou⁷]。

[按]哺,咀嚼。《说文·口部》:"哺,哺咀也。"段玉裁注:"释玄应引许《淮南子》注曰'哺,口中嚼食也'。"《广韵》薄故切,去暮并。鱼部。《后汉书·赵孝传》:"天下乱,人相食……弟季,出遇赤眉,将为所哺,琳自缚,请先季死。"李贤注:"哺,食之也。"唐·刘禹锡《武夫词》:"昔为编户人,秉耒甘哺糖。"明·张居正《答福建巡抚耿楚侗言致理安民》:"哺糟拾余,无裨实用。"嚼,咀嚼。《说文·口部》:"噍,啮也。""嚼,噍或从爵。"《玉篇·口部》:"嚼,噬嚼也。"《广韵》在爵切,入药从。药部。《淮南子·说林训》:"嚼而无味者,弗能内于喉。"三国魏·曹操《与吴季重书》:"过屠门而大嚼,虽不得肉,贵且快意。"宋·陆游《杂书》:"世味渐兰如嚼蜡,惟诗直恐死方休。"在普通话中,"嚼"依然为人们交际服务,而"哺"则已成为历史词,只有在历史文献中才出现。

(四)舐

台湾闽南方言:舐[tsĩ⁷]‖福建闽南方言:[漳州]舐[tsi⁷]|[泉州]舐[tsi⁶]|[厦门]舐[tsi⁷]|[龙岩]舐[sie⁷]|[漳平]舐[tsʻi³]|[潮汕]舐[tsi⁶]。

[按]舐,以舌舐物。《玉篇·舌部》:"䑛,《说文》云:'以舌取物也。'舐,同䑛。"《广韵》神帋切,上纸船。支部。《庄子·列御寇》:"秦王有病召医,破痈痤者得车一乘,舐痔者得车五乘。"《晋书·石季龙载记下》:"(石季龙)取害示韬刀箭舐其血,哀号震动宫殿。"清·王士禛《待封徵仕郎文学陆先生墓志铭》:"公日夕舐之,目复明。""舐"在普通话中一般只能作一个构词语素,而不能作为一个单独出现。

(五)啮

台湾闽南方言:齾[ka⁷]‖福建闽南方言:[漳州]喫[kʻeʔ⁴]|[泉州]喫[kʻue³]|[厦门]喫[kueʔ⁴]|[龙岩]咬[ka⁷]|[漳平]咬[ka⁷]。

[按]喫,咬,啮。《说文·齿部》:"齾,噬也。"段玉裁注:"《释名》曰:'鸟曰啄,兽曰齾。'"《广韵》五结切,入屑疑。月部。《礼记·曲礼上》:"侍食于长者……毋齾骨;毋反鱼肉。"唐·杜甫《哀江头》:"辇前才人带弓箭,白马嚼齾黄金勒。"《花月痕》第四十九回:"不想民间苧根齾完,草根掘尽。"吃,把食物咀嚼咽下。汉·贾谊《新书·耳痹》:"越王之穷,至乎吃山草。"一本作"喫"。南朝宋·刘义庆《世说新语·任诞》:"友闻白羊肉美,一生未曾得喫,故冒求前耳,无事

可咨。"《红楼梦》第六十二回："（宝玉）遂吃了一个卷酥，又命春燕也拨了半碗饭，泡汤一吃，十分香甜可口。"可见古时"吃"本作"喫"，都是泛指吃食物。在漳州和厦门话中，它专指啃。咬，指用牙相对压碎或夹住东西。《玉篇·口部》："咬，俗为齩字。"《广韵》五巧切，上巧疑。唐·杜甫《彭衙行》："痴女饥咬我，啼畏虎狼闻。"前蜀·贯休《江边词》："精灵应醉社日酒，白龟咬断菖蒲根。"清·张泰来《江西诗社宗派图录·汪草》："汪草尝谓：'人能咬得菜根断，则百事可做。'"咬在龙岩、漳平话中则专指啃，词义发生转移。

（六）吸

台湾闽南方言：欶［suʔ^{4}］‖ 福建闽南方言：［漳州］嗍［soʔ^{4}］|［泉州］嗍［soʔ^{4}］|［厦门］嗍［suʔ^{4}］|［龙岩］嗍［so^{7}］|［漳平］嗍［so^{7}］|［潮汕］嘬［tsuʔ^{4}］。

［按］欶，同漱，吮吸。《说文·欠部》："漱，吮也。"《集韵·觉韵》："漱，《说文》：'吮也。'或作嗽，嗍。"色角切，入觉生。唐·韩愈、孟郊《纳凉联句》："东马获同驱，酒醪欣共漱。"黄侃《蕲春语》："今语以口内吸曰漱。"嗍，也是吮及之义。《正字通·口部》："嗍，俗嗽字。"《说文》："嗍，吮也。"《集韵》："输玉切，音束，吸也，吮也。"北魏·杨衒之《洛阳伽蓝记·景宁寺》："呷啜蓴羹，唼嗍蟹黄。"唐·张鷟《游仙窟》："十娘忽见鸭头铛子，因咏曰：'嘴长作为嗍，项曲不由攀。'"清·邵长蘅《重赋》："刮膏嗍民髓，国亦僵。"嘬，最初为叮、咬之义。《正字通·口部》："嘬，啮也。"《孟子·滕文公上》："狐狸食之，蝇蚋姑嘬之。"赵岐注："嘬，攒共食之也。"宋·陆游《晚岁幽兴》："眼暗观书如棘涩，齿疏嘬饭似牛呞。"清·孙枝蔚《蛟叹》："惟有豹脚蚊，夜夜恣嘬菇。"在潮汕话中，它已引申为吮吸之义。

（七）走

台湾闽南方言：行［kiã^{5}］‖ 福建闽南方言：［漳州］行［kiã^{5}］|［泉州］行［kiã^{5}］|［厦门］行［kiã^{5}］|［龙岩］行［kiã^{5}］|［漳平］行［kiã^{5}］|［潮汕］行［kiã^{5}］。

［按］行，行走。《说文·行部》："行，人之步趋也。"《释名·释姿容》："两足进曰行。行，抗也，抗足而行也。"《广韵》户庚切，平庚匣。阳部。《诗·唐风·杕杜》："独行踽踽，岂无他人？"唐·杜甫《无家别》："久行见空巷，日瘦气惨凄。"清·毛先舒《八月十六夜纪游》："夜已渐深，行三四里，寂无一人。""行"在普通话中还存在着，但是它却不能作为一个词单独出现，一般要与其他词组成一种固定形式。在闽南方言中，"行"却保留了它的古代用法。

（八）跑

台湾闽南方言：走［tsau^{2}］‖ 福建闽南方言：［漳州］走［tsau^{2}］|［泉州］走

［tsau²］｜［厦门］走［tsau²］｜［龙岩］走［tsau²］｜［漳平］走［tsau²］｜［潮汕］走［tsau²］。

　　［按］走，古代是跑，疾趋的意思。《说文·走部》：“走，趋也。”《玉篇·走部》：“走，奔也。”《释名·释姿容》：“徐步曰步，疾行曰趋，疾趋曰走。”《广韵》子苟切，上厚精。《尚书·多士》：“攸服奔走，臣我多逊。”孔传：“所当服行奔走，臣我多为顺事。”晋·左思《吴都赋》：“笼鸟兔于明，穷飞走之棲宿。”明·汪廷讷《广陵月》第五出：“见如今干戈临牧野，眼见的麋鹿走苏台。”普通话中“跑”是个后起字，它本义是指兽的前蹄挖地。《广韵》：“跑，足跑地也。”后引申为“奔跑”义。普通话以“跑”代替了“走”，“走”代替了“行”，走的本义只见于“走马观花”一类的固定形式里。

（九）徒步

　　台湾闽南方言：步辇［pɔ⁷ lian²］‖ 福建闽南方言：［漳州］步辇［pɔ⁷ lian²］｜［泉州］步辇［pɔ⁷ lian²］｜［厦门］步辇［pɔ⁷ lian²］｜［龙岩］步行［pu⁶ hin⁵］｜［潮汕］□［huaʔ⁸］。

　　［按］辇，是挽或推的车。《说文·车部》：“辇，挽车也……在车前引之。”《六书故·工事三》：“辇，车用人挽者也。”《诗·小雅·黍苗》：“我任我辇，我车我牛。”《周礼·地官·乡师》：“大军旅，会同，正治其徒役，与其捍辇辇。”郑玄注：“辇，人挽行，所以载任器也。”《汉书·货殖传》：“秦破赵，迁卓氏之蜀，夫妻推辇行。”颜师古注：“步车曰辇。”步辇，也是一种用人抬的代步工具。晋·陆翽《邺中记》：“作猎辇，二十人担之，如今之步辇。”五代·王仁裕《开元天宝遗事·步辇召学士》：“明皇在便殿，甚思姚元崇论时务……上令侍御者抬步辇召学士来。”宋·王谠《唐语林·补遗三》：“乃以步辇随而遗之。”在闽南方言中，“步辇”则引申为徒步，成为纯粹的方言词。趑，行走。《玉篇·走部》：“趑，力的切；趑趑，行貌。”《广韵》入声锡韵：“趑，行貌。”《集韵》锡韵：“趑，行貌。”

（十）跌倒

　　台湾闽南方言：跋倒［puaʔ⁴ to²］‖ 福建闽南方言：［漳州］摔倒［siak⁴ to³］｜［泉州］跋倒［puaʔ⁴ to²］｜［厦门］跋倒［puaʔ⁴ to²］｜［龙岩］跋倒［pua⁶ to²］｜［漳平］跋倒［pua⁸ to²］｜［潮汕］跋倒［puaʔ⁸ to²］。

　　［按］跋，仆倒。《说文·足部》：“跋，颠跋也。”段玉裁注：“跋，经传多假借沛字为之。《大雅》《论语》颠沛皆即颠跋也。”《广韵》蒲拔切，入末并。月部。倒，仆，倒下。《说文新附·人部》：“倒，仆也。”汉·司马相如《上林赋》：“弓虚发，应声而倒。”《晋书·文苑传·赵至》：“蹴昆仑使西倒，蹋太山令东覆。”《三国演义》第四十八回：“瑜猛然想起一事在心，大叫一声，往后便倒。”在闽南方言中，有时人

们在"跋倒"之间加上量词,"跋一倒",就如普通话中"摔跤","摔一跤"。摔,也是跌倒之义。《儿女英雄传》第三回:"谁知道哇!他摔了一个筋斗就没了气儿了么!"曹禺《雷雨》第三幕:"二少爷,您没摔着么?"

(十一)搬迁

台湾闽南方言:徙[sua²]‖福建闽南方言:[漳州]徙[sua²]|[泉州]徙[sua²]|[厦门]徙[sua²]|[龙岩]徙[sua²]|[漳平]徙[sua²]。

[按]徙,迁移。《广雅·释言》:"徙,移也。"《玉篇·彳部》:"徙,迁也。"《尔雅·释诂》:"迁运,徙也。"《广韵》斯氏切,上纸心。支部。《周礼·地官·比长》:"徙于国中及郊,顺从而授之。"郑玄注:"或国中之民出徙郊,或郊民入徙国中。"唐·韩愈《顺宗实录三》:"徙临汉县于古城,曰邓城县。"清·龚自珍《己亥杂诗》之一二八:"黄河女直徙南东,我道神功胜禹功。"现代汉语中,"徙"一般不在口语中出现,而是具有书面语的性质的,在闽南方言中它则作为方言词,在口语中频频出现。

(十二)跟随

台湾闽南方言:缀[tue³]‖福建闽南方言:[漳州]缀[tue³]|[泉州]缀[te³]|[厦门]缀[te³]|[龙岩]缀[tue³]|[漳平]跟[kin¹]|[潮汕]缀[tue³]。

[按]缀,本是联结的意思。《博雅》:"缀,连也。"《玉篇》:"缀,缉也。"《广雅·释诂四》:"缀,连也。"《广韵·祭韵》:"缀,连缀。"陟卫切,去祭知。月部。《国语·齐语》:"式权以相应,比缀以度。"高诱注:"缀,连也。"《文选·张衡〈西京赋〉》:"左有崤函重险,桃林之塞,缀以二华。"李善注引贾逵《〈国语〉注》:"缀,连也。"宋·沈括《梦溪笔谈·杂志一》:"其法取新纩中独茧缕,以芥子许蜡缀于针腰,无风处悬之,则针常指南。"后来"缀"又引申为跟随。《聊斋志异·狼》:"途中两狼,缀行甚远。"《儿女英雄传》第二十一回:"你从大路缀下他去,看他落哪座店。"跟,追随。《正字通·足部》:"跟,俗谓随行曰跟。"宋·吴自牧《梦粱录·顾觅人力》:"如有逃舍,将带东西,有元地脚保识人前去跟寻。"《醒世恒言·张廷秀逃生救父》:"他日下虽穷,后来只怕你还跟他脚跟不上哩。"李季《五月端阳》:"那时候风传着闹红军,败兴的财主不敢再跟。"可见"跟"原是一个俗字,后来它渐渐取代"缀",而成为普通话中的一员。

(十三)转,绕

台湾闽南方言:踅[seʔ⁸]‖福建闽南方言:[漳州]踅[seʔ⁸]|[泉州]踅[səʔ⁸]|[厦门]踅[seʔ⁸]|[潮汕]斡[uak⁴]。

[按]踅,回转。《集韵》似绝切,入薛邪。《水浒传》第二十四回:"约莫未及两个时辰,又踅将来王婆店门帘边坐地。"《三国演义》第六回:"操带简明逃命,

趑过山坡。"茅盾《林家铺子》:"先前那个警察忽然又趑过来。"斡,转了。《广雅·释诂四》:"斡,转也。"清·段玉裁《说文解字注·斗部》:"斡,引申之凡执柄枢转运,皆谓之斡。"《广韵》:"斡,转也。"乌括切,入未影。月部。《楚辞·天问》:"斡维焉系?"王逸注:"斡,转也。"南朝宋·谢惠连《七月七日夜泳牛女》:"倾河易迴斡,款颜难久惊。"元·王恽《玉堂嘉话》卷一:"易阴阳之恒数,斡造化之亢机。"

（十四）折

台湾闽南方言:拐[gut⁴]‖福建闽南方言:[漳州]拗[au²],遏[at⁴]|[泉州]拗[au²],遏[at⁴]|[厦门]拗[au²],遏[at⁴]|[龙岩]遏[at⁴]|[漳平]遏[at⁴]|[潮汕]拗[a²],擉[tsʻoʔ⁴]。

[按] 拗,折,折断。《说文新附·手部》:"拗,手拉也。"《玉篇·手部》:"拗,拗折也。"《广韵》于绞切,上切影。幽部。《尉缭子·制谈》:"将已鼓,而士卒相嚣,拗矢,折矛,拖戟,利后发,战有此数者,内自败也。"南朝梁·民歌《折杨柳歌》:"上马不捉鞭,反拗杨柳枝。"唐·温庭筠《达摩支曲》:"捣麝成尘香不灭,拗莲作寸丝难绝。"拐,折。《说文·手部》:"拐,折也。"王筠释例:"吾乡谓两手执艸木拐而折之曰拐。"章炳麟《新方言·释言》:"今人谓以手折物曰拐。"《广韵》鱼厥切,入月疑。月部。汉·扬雄《太玄·羡》:"车轴折,其冲拐。"《晋语》:"其为本也,固矣,故不可拐也。"表示折断的意义,闽南方言中一般用"遏"。遏,本是阻止之义。《说文·辵部》:"遏,微止也。"《尔雅·释诂下》:"遏,止也。"《广韵》乌葛切,入曷影。月部。后引申为断绝。《书·武成》:"敢祗承上帝,以遏乱略。"孔传:"言诛讨敬承天意,以绝乱路。"《楚辞·天问》:"永遏在羽山,夫何三年不施?"王逸注:"遏,绝也。"晋·潘岳《西征赋》:"武皇忽其升遐,八音遏于四海。"在福建闽南方言中,它又引申为"折断"。

（十五）打

台湾闽南方言:拍[pʻaʔ⁴]‖福建闽南方言:[漳州]拍[pʻaʔ⁴]|[泉州]拍[pʻaʔ⁴]|[厦门]拍[pʻaʔ⁴]|[龙岩]拍[pʻat⁴]|[漳平]拍[pʻat⁴]|[潮汕]打[teŋ³]。

[按] 扑,打,击。《集韵》:"扑,小击,打也。"《广雅》:"扑,击也。"《广韵》:"扑,打也。"普木切,入屋滂。屋部。《战国策·楚策一》:"吾将深入吴军,若扑一人,若挬一人。"北魏·郦道元《水经注·清水》:"瀑布乘岩,县河注壑,二十余丈,雷扑之声,震动山谷。"梁启超《敬告我同业诸君》:"其有过失者,则扑责之。"拍,击,打。《释名·释姿容》:"拍,搏也,以手搏其上也。"《广雅·释诂三》:"拍,击也。"《玉篇·手部》:"拍,拊也。"《广韵》普伯切,入陌滂。铎部。《韩非子·功

名》："一手独拍,虽疫无声。"南朝·梁元帝《金楼子·说蕃》："后主怒云：'琥珀者,欲使虎来拍我也。'"宋·苏轼《念奴娇·赤壁怀古》："乱石拍空,惊涛拍岸,卷起千堆雪。"打,在古时也存在。《说文新附·手部》："打,击也。"《广雅·释言》："打,棓也。"《广韵》德冷切,上梗端。汉·王延寿《梦赋》："捎魑魅,拂诸渠,撞纵目,打三颅。"北魏·贾思勰《齐民要术·种李》："腊月间,以杖微打歧间；正月晦日,复打之。"清·王士祯《带经堂集》卷六引僧元济《王子千副使焦麓剔铭图》："雷轰浪打日剥蚀,鱼龙触莓苔腥。""打架"在台湾话中用"相扑",在福建闽南方言中则用"相拍"。

（十六）拾,捡

台湾闽南方言：抾［kʰioʔ⁴］‖福建闽南方言：［漳州］抾［kʰioʔ⁴］｜［泉州］抾［kʰioʔ⁴］｜［厦门］掬［kʰioʔ⁴］｜［龙岩］掬［kiok⁴］｜［漳平］抾［kiok⁴］｜［潮汕］择起来［toʔ⁸ kʰiʔ² lai⁵］。

［按］抾,原指捕捉。《广韵》去其切,平之溪。又去劫切,《集韵》丘于切。《文选·扬雄〈羽猎赋〉》："据黿鼍,抾灵蠵。"一本作"祛"。刘良注："据,祛,皆捉貌。"汉·马融《广成颂》："狱豤熊,抾封狶。"在闽南方言中它的意义发生转移,表示拾,捡。掬,双手相合捧物。《玉篇·手部》："掬,撮也。"《集韵·屋韵》："匊,《说文》：'在手曰匊。'或从手。"《广韵》居六切,入屋见。《礼记·曲礼上》："受珠玉者以掬。"郑玄注："掬,手中。"唐·于良史《春山主夜月》："掬水月在手,弄花香满衣。"何大愚《喂·诗人》："掬起一捧凛冽的泉水,它将会冲去淤泥污诟。"厦门龙岩话中,用"掬"表示捡。

（十七）追捕

台湾闽南方言：掠［liaʔ⁸］‖福建闽南方言：［漳州］掠［liaʔ⁸］｜［泉州］掠［liaʔ⁸］｜［厦门］掠［liaʔ⁸］｜［龙岩］掠［niẽ⁶］｜［漳平］掠［lia⁸］｜［潮汕］掠［liaʔ⁸］。

［按］掠,本是夺取,抢夺。《说文新附·手部》："掠,夺取也。"《玉篇·手部》："掠,掠劫财物。"《广韵·药韵》："掠,抄掠,劫人财物。"离灼切,入药来。又力让切,铎部。《左传·襄公十一年》："纳斥侯,禁侵掠。"《世说新语·雅量》："乱兵相剥掠。"清·黄宗羲《兵部左侍郎巷水张公墓志铭》："顷之,再入长江,掠瓜仪,抵燕子矶,南都震动。""掠"从古汉的"掠夺"到今天闽南方言中"追捕",词的感情色彩发生了变化,由贬义变成中性义。

（十八）捂,掩住

台湾闽南方言：揞［am³］‖福建闽南方言：［漳州］揞［am³］｜［泉州］揞［am³］｜［厦门］揞［am³］｜［龙岩］揞［am³］｜［漳平］揞［am³］｜［潮汕］揞

［am³］。

［按］揞，掩藏。《方言》卷六："揞，藏也。荆楚曰揞。"《广雅·释诂四》："揞，藏也。"王念孙疏证："揞，犹揜也。方俗语有侈敛耳。《广韵》：'揞，手覆也。'覆亦藏也，今俗语犹谓手覆物为揞矣。"《广韵》乌感切，上感影。唐·卢全《月蚀诗》："传闻古老说，蚀月虾蟆精。……恐是眶睫间，揞塞所化成。"元·乔吉《南吕一枝花·私情》："偺科，斗喊，风声儿惹起何揞。"

（十九）藏

台湾闽南方言：匿［kʻŋ³］‖ 福建闽南方言：［漳州］囥［kʻŋ³］｜［泉州］囥［kʻŋ³］｜［厦门］囥［kʻŋ³］｜［龙岩］囥［kʻŋ³］｜［漳平］囥［kʻŋ³］｜［潮汕］囥［kʻəŋ³］。

［按］囥，藏。《集韵·宕韵》："囥，藏也。"口浪切，去宕溪。《中国歌谣资料沪谣外编·山歌》："小姑嫌少心不愿，爷娘面前说长短，说的嫂嫂私底里囥一碗，厨里不见一只红花碗。"匿也是藏的意思。《广雅·释诂四》："匿，藏也。又隐也。"《广韵》女力切，入职娘。《国语·周语中》："武不可觌，文不可匿。"韦昭注："匿，藏也。"《汉书·灌夫传》："（窦婴）乃匿其家。"颜师古注："匿，避也。"洪深《冯大少爷》："王方匿王胖于室，事破，胖遁。"在现代汉语中，"囥"已成为纯粹方言词，匿也只在一些固定形式中才出现。

（二十）浇，淋

台湾闽南方言：渥［ak⁴］（渥［ak⁴］）‖ 福建闽南方言：［漳州］沃［ak⁴］｜［泉州］沃［ak⁴］｜［厦门］沃［ak⁴］｜［龙岩］渥［ak⁴］｜［漳平］沃［ak⁴］｜［潮汕］沃［ak⁴］。

［按］沃，浇灌。《说文·水部》："渥"，段玉裁注："自上浇下曰沃。"《玉篇·水部》："沃，同渥，浇灌也。"《广韵》乌酷切，入沃影，药部。《周礼·夏官·小臣》："大祭祀，朝觐，沃王盥。"贾公彦疏："小臣为王沃水盥手也。"北魏·郦道元《水经注·淇水》："淇水又东出，分为二水。水会立石堰，遏水以沃白沟。"清·纪昀《阅微草堂笔记·滦阳消夏录四》："（屠者）以壶注沸汤沃驴身，使毛脱肉熟。"在台湾闽南方言中也写作"渥"，其实应为"沃"，只因其读音相近。

（二十一）捆，绑

台湾闽南方言：缚［pak⁸］‖ 福建闽南方言：［漳州］缚［pak⁸］｜［泉州］缚［pak⁸］｜［厦门］缚［pak⁸］｜［龙岩］绑［paŋ²］｜［漳平］绑［paŋ²］｜［潮汕］缄［ham⁵］。

［按］缚，束，捆绑。《说文·系部》："缚，束也。"《玉篇·系部》："缚，束缚也。"《广韵·药韵》："缚，系也。"符钁切，入药奉。又符卧切。铎部。《左传·文公二年》："晋襄公缚秦囚，使莱驹以戈斩之。"唐·杜甫《缚鸡行》："小奴缚鸡向市

卖,鸡被缚急相喧争。"《水浒传》第八回:"薛霸道:'那里信得你说? 要我们心稳,须得缚一缚。'"绑,出现较迟,但是却在现代汉语中基本取代了缚。《正字通·系部》:"绑,俗作绑缚字。"《字汇》音榜。元·王实甫《西厢记》第二本第二折:"将军引卒子骑竹马调阵,拿绑下。"《西游记》第十三回:"魔王喝令绑了,众妖一齐将三人用绳索绑缚。"杜鹏程《保卫延安》第二章:"他正在恨上天无路的时候,忽然发现他面前站着的几个人头上绑着白手巾。"缄,本义是绳索。《说文·系部》:"缄,所吕束箧也。"后引申为捆扎。《墨子·节葬下》:"榖木之棺,葛以缄之。"南朝宋·谢惠连《代古诗》:"贮以相思箧,缄以同心绳。"宋·赵汝适《诸蕃志·苏吉丹》:"饮食不用器皿,缄树叶以从事,食已则弃之。"

(二十二) 晒

台湾闽南方言:曝[pʻak⁸] ‖ 福建闽南方言:[漳州] 曝[pʻak⁸] | [泉州] 曝[pʻak⁸] | [厦门] 曝[pʻak⁸] | [龙岩] 曝[pʻak⁸] | [漳平] 曝[pʻak⁸] | [潮汕] 曝[pʻak⁸]。

[按] 曝,晒。《玉篇·日部》:"暴,晒也,晞也。暴,同暴。曝,俗。"《广韵·屋韵》:"暴,日干也。曝,俗。"浦木切,入屋并。药部。《列子·杨朱》:"昔者宋国有田夫,常衣缊黂,仅以过冬,暨春东作,自曝于日。"北魏·贾思勰《齐民要术·种枣》:"切枣曝之,干如脯也。"杨朔《滇池边上的报春花》:"庄稼闹虫灾,战士们帮着打虫子,天天雨淋日晒,脊梁曝了层皮。"普通话中,曝一般只以一个语素的身份,出现在"一曝十寒"等固定形式中。

(二十三) 喂养

台湾闽南方言:饲[tsʻi⁷] ‖ 福建闽南方言:[漳州] 饲[tsʻi⁷] | [泉州] 饲[tsʻi⁷] | [厦门] 饲[tsʻi⁷] | [龙岩] 饲[tsʻi³] | [漳平] 饲[tsʻi³]。

[按] 饲,给人或畜吃。清·段玉裁《说文解字注·食部》:"飤,以食食人、物,其字本作食,俗作飤,或作饲。"《玉篇·食部》:"饲,同飤"。"飤,食也。"《广韵》祥吏切,去志邪。《书·禹贡》:"百里赋纳总。"孔传:"禾稿曰总,人之供饲国马。"唐·慧琳《一切经音义》卷七九引《考声》:"饲,与畜食也。"清·黄燮清《灾民叹五首》之四:"一死固寻常,谁来饲阿母。"饲,在古时,既可指喂动物,也可指喂人。在现代汉语中,饲则专用来指饲养动物。而在闽南方言中它还可以用来指喂养人。

十四、形容词

形容词部分的词条计9条,即漂亮、丑、幸运、干净、热闹、贫穷、浑浊、模糊、多。现分别考证如下:

（一）漂亮

台湾闽南方言：水［sui²］‖ 福建闽南方言：［漳州］水［tsui²］｜［泉州］水［sui²］｜［厦门］水［sui²］｜［龙岩］好形仔［ho² hin⁵ a²］｜［漳平］水［sui²］。

［按］水，在《说文》和《释名》中，都说："准也。"《说文》段玉裁注："水平谓之准，因之制平物之器，亦谓之准。"所以凡合乎水准的人和物，都是美好的，即有水准，所以借"水"作为美称。又因水性阴柔，它只用来形容女性之美。我国自古以来，以水形容女性之美，是不胜枚举的。唐·段成式《诺皋记》："明光曰：'君何得以水神美而欲轻我！吾我，何愁不为水神！'"《水浒传》第十回："这阎婆惜水也似后生，况兼十八九岁，正是妙龄之际，因此宋江不中那婆娘意。"《拍案惊奇》第二十卷："假如一个老苍男子，娶了水也似一个娇嫩妇人……"《方言》卷二："娃、嫣，美也。南楚之外曰嫣。"《说文·女部》："嫣，南楚之外谓好曰嫣。"有的以为"嫣"才是闽南方言表示漂亮义的"水"的本字。好，本义即美。《说文·女部》："好，美也。"段玉裁注："好，本谓女子，引申为凡美之称。"《方言》卷二："自关而西，秦晋之间，凡美色或谓之好。"《广韵》呼皓切，上皓晓。幽部。《战国策·赵策三》："鬼侯有子而好，故入之于纣。"汉·王褒《四子讲德论》："故毛嫱、西施，善毁者蔽其好，嫫母、倭傀，善誉者不能掩其丑。"元·石德玉《秋胡戏妻》第二折："他有一个女儿唤作梅英，侭生得十分好，嫁与秋胡为妻。"龙岩话中用"好形仔"来指漂亮。

（二）丑

台湾闽南方言：穤［bai²］‖ 福建闽南方言：［漳州］否材［p'ai² tsai⁵］，怯势［k'iap⁴ si³］｜［泉州］否［p'ai²］｜［厦门］怯［kiap⁴］｜［龙岩］歪形［uai¹ hin⁵］｜［漳平］穤［bai²］。

［按］穤，庄稼淋后长的黑斑。《广韵·队韵》："穤，禾伤雨则生黑斑也。"莫亥切，上海明。又莫代切，莫佩切。《列子·黄帝》："肌色奸黪。"唐·殷敬顺释文："黪，《埤苍》作穤，谓禾伤雨而生黑斑也。"清·蒲松龄《日用俗字·庄农章》："幸少乌穤秕桃谷。"在台湾话中，"穤"由此被引申为"丑"。否，本义表示否定。《说文·不部》："否，不也。"后引申为恶。《广韵》并鄙切，上旨並。之部。《易·鼎》："鼎颠趾，利出否。"陆德明释文："否，恶也。"三国蜀·诸葛亮《出师表》："宫中府中，俱为一体，陟罚臧否，不宜异同。"清·王夫之《宋论·仁宗》："至于既简在位，或贤或否，则以功而明试之。"否由此而引申出"不好"之义。材，指资质。《礼记·中庸》："故天之生物，必因其材而笃焉。"郑玄注："材，谓其质性也。"唐·韩愈《杂说四》："策之不以其道，食之不能尽其材，鸣之不能通其竟。"《宋史·岳飞传》："此其受大而不苟取，力裕而不求逞，致远之材也。""否材"则指资

质不好。在漳州话中其意义较窄,专指外貌而言,即指"丑"。怯,本义是胆小,也有"土气"之义。明·汤显祖《紫钗记·回求俅马》:"客装寒怯,实难壮观。"《儿女英雄传》第十四回:"小妇人是个乡间女子,不会京城规矩,行个怯礼儿罢。"老舍《四世同堂》四十九:"只有他怯头怯脑的象个乡下佬儿。""土气"则不好看,所以厦门话中"怯"指"丑"。歪,不正。《说文·立部》:"𡿦,不正也。"段玉裁注:"俗字作歪。"人的外形不正,自然是"丑"。龙言方言中的"丑"用"歪形"表示。

(三)幸运

台湾闽南方言:嘉哉[ka¹ tsai³]‖福建闽南方言:[漳州]该哉[kai¹ tsai³]|[泉州]好得[ho² tie⁴]|[厦门]该载,(佳哉)[kai¹ tsai³]|[龙岩]好得[ho² tie³]|[漳平]该哉[kai¹ tsai³]。

[按]嘉,美好,善。《广韵》古牙切,平麻见。《诗·豳风·东山》:"其新孔嘉,其旧知之何?"晋·葛洪《抱朴子·嘉遯》:"藜藿嘉于八珍,寒泉旨于醴醑。"宋·陆游《数日秋气已深清坐无酒戏题长句》:"渐近重阳天气嘉,数椽茅竹淡生涯。"佳,美好。《说文·人部》:"佳,善也。"《广雅·释诂二》:"佳,好也。"《类篇·人部》:"佳,美也。"《广韵》古膎切,平佳见。支部。南朝宋·刘义庆《世说新语·文学》:"谢公因子弟集聚,问《毛诗》何句最佳?"清·和邦额《夜谭随录·碧碧》:"(孙)乃再拜而请曰:'再生之德,未易仓卒图报,幸小住为佳。"该,《广韵》古哀切,平咍见,之部。其读音与"嘉""佳"相近,因此有些方言写为"该",根据其意义演变历史,当写为"嘉"或"佳"更妥。

(四)干净

台湾闽南方言:清气[tsʻiŋ¹ kʻui³]‖福建闽南方言:[漳州]清气[tsʻiŋ¹ kʻi³]|[泉州]清气[tsʻin¹ kʻi³]|[厦门]清气[tsʻin¹ kʻi³]|[龙岩]清气[tsʻin¹ kʻi³]|[漳平]清气[tsʻin¹ kʻi³]。

[按]清,本义专指水纯净。《说文·水部》:"清,朖也,澂水之皃。"段玉裁注:"朖者,明也。澂而后明。"《玉篇·水部》:"清,澄也,洁也。"后泛指洁净。《楚辞·渔父》:"举世皆浊我独清,众人皆醉我独醒。"王逸注:"我独清,志洁已也。"南朝梁·刘勰《文心雕龙》:"一则情深而不诡,二则风清而不杂。"李劼人《死水微澜》:"不感觉福地之好的,就是乡下的天多宽,地多大,树木多茂,草多长,气息多清。"清气,天空中清明之气。《楚辞·九歌·大司命》:"高飞兮安翔,乘清气兮御阴阳。"宋·董弅《闲燕常谈》:"天下清气,无南北之异。"《负曝闲谈》第十四回:"看那林木青翠,清气扑人,轮声历碌,鸟语繁碎,别有一番光景。"闽南方言则依"清"有清洁之义,把"清气"引申出来,指干净。

（五）热闹

台湾闽南方言：闹热［lau⁷ luaʔ⁸］‖福建闽南方言：［漳州］闹热［lau⁷dziat⁸］｜［泉州］闹热［lau⁷ liat⁸］｜［厦门］闹热［lau⁷ luaʔ⁸］｜［龙岩］闹热［lau⁷ giɛt⁸］｜［漳平］闹热［lau⁷ giat⁸］｜［潮汕］闹热［lau⁷ dziak⁸］。

［按］闹热即热闹。唐·白居易《雪中晏起偶咏所怀》："红尘闹热白云冷，好于冷热中间安置身。"《醒世恒言·钱秀才错占凤凰俦》："船头俱挂了杂彩，鼓乐振天，好生闹热。""闹热"同"历日"一样，都是汉语词汇复音化的过程中出现的一种词序不稳定的现象，而在闽南方言中却将它们保留下来，对我们研究汉语词汇的发展有着非常重要的作用。

（六）贫穷

台湾闽南方言：散赤［san³ tsʻiaʔ⁸］‖福建闽南方言：［漳州］否康［bai³ kʻaŋ¹］｜［泉州］艰苦［kan¹ kʻu²］｜［厦门］否康［bai² kʻaŋ¹］｜［龙岩］艰苦［kan¹ kʻu²］｜［漳平］艰难［kan¹ lan⁵］。

［按］散，零散，不集中。《广韵》苏旰切，去翰心。又苏旱切。晋·张翰《杂诗》："青条若总翠，黄华若散金。"鲁迅《而已集·再谈香港》："内有角子一包十元，散的四五元，铜子数十枚。"赤，空、尽、一无所有。《广韵》昌石切，入昔昌。铎部。《韩非子·十过》："晋国大旱，赤也三年。"陈奇猷集释："焦竑曰：古人谓空尽无物曰赤。"《南齐书·萧坦之传》："检家赤贫，唯有质钱帖子数百。"宋·苏轼《送范纯粹守庆州》："当年老使君，赤手降於菟。"在台湾话中，"散""赤"这一对意义相近的词组合在一起，表示贫穷。康，富裕。《正字通·广部》："康，岁稔也。"《广韵》苦冈切，平唐溪。阳部。《诗·周颂·臣工》："明昭上帝，迄用康年。"高亨注："康年，即丰年。"唐·白居易《和三月三十日十韵》："杭土丽且康，苏民富而庶。"《儒林外史》第十五回："先生得这'银母'，家道自此也可小康了。"否，表示否定。否康即指不富裕，也就是贫穷。艰苦，指艰难困苦。《汉书·淮南厉王刘长传》："大王不思先帝之艰苦，日夜怵惕，修身正行……而欲属国为布衣，甚过。"《资治通鉴·后周太祖广顺元年》："帝谓王峻曰：'朕起于寒微，备尝艰苦。'"清·曾国藩《金陵楚军水师昭忠祠记》："君子之存心也，不敢造次忘艰苦之境。"如果贫穷，日子就会过得很艰苦，因此泉州、龙岩话中，艰苦即贫穷。

（七）浑浊

台湾闽南方言：淖［lo⁵］‖福建闽南方言：［漳州］醪［lo⁵］｜［泉州］醪［lo⁵］｜［厦门］醪［lo⁵］｜［龙岩］浑［gun⁵］｜［漳平］浑［gun⁵］｜［潮汕］醪［lo⁵］。

［按］淖，烂泥。《说文·水部》："淖，泥也。"唐·玄应《一切经音义》："淖，深泥也。"《广韵》奴教切，去效娘，宵部。《左传·成公十六年》："有淖于前，乃皆

左右相违于淖。"杜预注:"淖,泥也。"汉·董仲舒《春秋繁露·天地阴阳》:"今投地死伤而不腾相助,投淖相动而近,投水相动而逾远。"《红楼梦》第二十七回:"质本洁来还洁去,不教污淖陷渠沟。"在台湾话中,"淖"由"烂泥",引申为"浑浊"。醪,本指汁渣混合的酒,又称浊酒。《说文·酉部》:"醪,汁滓酒也。"徐灏注笺:"醪与醴皆汁滓相将,醴一宿孰,味已薄。"《直音篇·酉部》:"醪,浊酒。"《广韵》鲁刀切,平豪来。幽部。《庄子·盗跖》:"耳营钟鼓管钥之声,口嗛于刍豢醪醴之味。"南朝梁·江淹《恨赋》:"浊醪夕引,素琴晨张。"清·阮葵生《茶余客话》卷二十:"醪,浑汁酒也。"在厦门、潮汕话中,"醪"意义范围扩大,泛指浑浊。浑,浑浊。《说文·水部》:"浑,一曰洿下儿。"桂馥《说文解字义证》:"谓浑浊也。"《篇海类编·地理类·水部》:"浑,浊也。"《广韵》户昆切,平魂匣。谆部。《老子》第十五章:"旷兮其若谷,浑兮其若浊。"唐·杜甫《示从孙济》:"淘米少汲水,汲多井水浑。"《高玉宝》第五章:"走到小河跟前,小河的水又黄又浑,也看不见底了。"

（八）模糊

台湾闽南方言:普普[pʰɔ²pʰɔ²]‖福建闽南方言:[漳州]雾[bu⁷]|[泉州]雾[bu⁷]|[厦门]雾[bu⁷]|[龙岩]雾[bu⁶]。

[按]普,日无色。《说文·日部》:"普,日无色也。"日无色则色泽不清朗,即模糊。雾,雾气。空气中所含的水蒸气凝结而浮在接近地面的空气中,使人的视野模糊不清。《尔雅·释天》:"地气发,天不应曰雾;雾谓之晦。"郭璞注:"言晦冥。"《广韵》亡遇切,去遇微。幽部。《庄子·大宗师》:"孰能登天游雾,挠挑无极。"南朝梁·丘迟《旦发渔浦潭》:"渔潭雾未开,赤宁风已飐。"茅盾《雾》:"雾遮没了正对着后窗的一带山峰。"由此,福建闽南方言用"雾"表示模糊。

（九）多

台湾闽南方言:济[tsue⁷]‖福建闽南方言:[漳州]侪[tse⁷]|[泉州]穧[tse³]|[厦门]穧（侪）[tsue⁷]|[龙岩]秭[tsie⁷]|[漳平]□盛[tsei⁷]。

[按]济,有充足之义。唐·白居易《论行营状》:"实恐军用不济,更须百计诛求。"元·关汉卿《五侯妻》第三折:"某姓葛名从周是也,乃濮州鄄城人氏,幼而颇习先生典教,后看韬略遁甲之书,学成文武兼济,智谋过人。"清·宋永岳《志异续编·袁弹子》:"今观其徒,其属不济。"台湾话中"济"则引申为"多"。侪,本义是同类的人。《说文·人部》:"侪,等辈也。"《玉篇·人部》:"侪,类也。"《广韵》士皆切,平皆崇《左传·僖公二十三年》:"晋郑同侪,其过子弟固将礼焉,况王之所启乎。"杜预注:"侪,等也。"晋·嵇康《与山巨源绝交书》:"为侪类见宽,不攻其过。"宋·叶适《题二义文集后》:"然百余年间,绪言遗论,稍已坠失,而吾侪浅陋,不及识知者多矣。"侪是指同辈的人,所以必定是很多人,因此又可引申出"多"

之义。稽,收割后的禾数。《说文·禾部》:"稽撮也。"段玉裁注:"撮者,四圭也。"朱骏声《说文通训定声》:"稽谓量名,圭撮之撮。"《广韵·霁韵》:"稽,刈禾把数。"在诣切,去霁从,又子例切,子计切。《诗·小雅·大田》:"彼有不获稚,此有不敛稽。"孔颖达疏:"稽者,禾之铺而未束者。"宋·鱼应龙《闲窗括异志》:"嘉泰辛酉岁,种早禾八十亩,悉以成熟收割,囤谷于柴稽之侧。"稽,在泉州、厦门话中引申为"多"。

十五、代词

代词部分的词条计 12 条,即你、他、自己、你们、这个、那个、这儿、那儿、哪里、什么、谁、这样。现分别考证如下:

(一) 你

台湾闽南方言:你［li²］‖ 福建闽南方言:［漳州］汝［li²］｜［泉州］汝［li²］｜［厦门］女［li²］｜［龙岩］女［li²］｜［漳平］你［li²］｜［潮汕］你［lɤ²］。

［按］汝,是第二人称代词。《正字通·水部》:"汝,本水名,借为尔汝字。"《广韵·语韵》:"汝,尔也。"人渚切,上语日。鱼部。《书·舜典》:"汝陟帝位。"《晋略·国传六·后秦姚氏》:"七种性狷直,人无贵贱皆汝之。"《水浒传》第五十三回:"我有片言,汝当记取。"女通汝。《集韵·语韵》:"女,尔也。通作汝。"忍与切,上语日。鱼部。《诗·魏风·硕鼠》:"三岁贯女,莫我肯顾。"唐·韩愈《孟东野失子》:"吾不女之罪,知非女由因。"《红楼梦》第五十一回:"名利何曾伴女身,无端被诏出凡尘。"汝、女作为第二人称代词在普通话中已消失,而在闽南大部分方言区仍沿用此词。

(二) 他

台湾闽南方言:伊［i¹］‖ 福建闽南方言:［漳州］伊［i¹］｜［泉州］伊［i¹］｜［厦门］伊［i¹］｜［龙岩］伊［i¹］｜［漳平］伊［i⁵］｜［潮汕］伊［i¹］。

［按］伊,第三人称代词。《字汇·人部》:"伊,又彼也。"《广韵》于脂切,平脂影。脂部。《世说新语·品藻》:"蓝田曰:'勿学汝兄,汝兄自不如伊。'"《南史·陈庆之传》:"吾见张时,伊已六十。"元·佚名《马陵道》第三折:"我这里吐胆倾心说与伊,难道你不解其中意。"伊与汝一样,在普通话中几乎消失,只存在个别方言中。

(三) 自己

台湾闽南方言:家己［kak¹ ki⁷］‖ 福建闽南方言:［漳州］家己［ka¹ ki⁷］｜［泉州］家己［ka¹ ki⁷］｜［厦门］家己［ka¹ ki⁷］｜［龙岩］植家［tse⁶ kia¹］｜［漳平］己家［ki²kia¹］｜［潮汕］胶己［ka¹ ki⁷］。

〔按〕家，有谦称的意思。《颜氏家训·风操》：“昔侯霸之子孙称其祖父曰家公；陈思王称其父曰家父，母为家母；潘尼称其祖曰家祖。”唐·王勃《滕王阁序》：“家君作宰，路出名区。”清·梁绍壬《两般秋雨盦随笔·家弟家孙》：“今人于尊者言家，于卑者不言家。晋戴逮呼戴逯曰家弟。”己，第一人称代词，自己。《玉篇·己部》：“己，己身也。”《广韵·止韵》：“己，身己。”居理切，上止见。之部。《书·大禹谟》：“稽于众，舍己从人。”《孙子·谋攻》：“知己知彼，百战不殆。”明·何景明《法行篇》：“夫为人君者，法不可以有己；为人臣者，法不可以有己。”因中国人凡涉及自己时候，大多都用谦词，因此在闽南方言中，用“家己”指自己，也是一种谦称。

（四）你们

台湾闽南方言：恁［lin²］‖福建闽南方言：［漳州］恁［lin²］｜［泉州］恁［lin²］｜［厦门］恁［lin²］｜［龙岩］女侬［li² laŋ⁵］｜［漳平］你侬［li² laŋ⁵］｜［潮汕］恁［liŋ²］。

〔按〕恁，你，您。《七国春秋平话后集》卷上：“俺于秦国为上将，恁仗孙子之势，为七国之长。今孙子已死，可将七国印来还俺者。”元·王实甫《西厢记》第二本楔子：“我从来斩钉截铁常尾一，不以恁惹草拈花没揣三。”清·李渔《奈何天·误相》：“恁要在画中求爱宠，叫俺在影里做情郎。”恁本是单数第二人称代词，而在台湾话和福建漳、泉、厦方言中，它却是复数的第二人称代词。侬，也表示第二人称，相当于你。元·杨维桢《西湖竹枝词》：“劝郎莫上南高峰，劝侬莫上北高峰。”在龙岩、漳平话中“侬”与“女”“你”等第二人称代词用在一起，表示“你们”，这时它意义已虚化，只是表示复数意义。

（五）这个

台湾闽南方言：此［tsʻu²］‖福建闽南方言：［漳州］即个［tsit⁴ kɔ²］｜［泉州］即个［tsʻit⁴ ge⁵］｜［厦门］即［tsit⁴］｜［龙岩］许个［hi² kie⁵］｜［漳平］许个［hi² kai³］｜［潮汕］者者［tsia² tsia²］。

〔按〕此，相当于这。《尔雅·释诂下》：“兹，此也。”邢昺疏：“此者，对称之称。言近在是也。”吕叔湘《文言虚字·附录》：“此，这个。指人、指物、指地、指时、指事。”《广韵》雌氏切，上纸清。支部。《诗·周颂·振鹭》：“在彼无恶，在此无数。”唐·韩愈《黄家贼事宜状》：“此两人者，本无远虑深谋，意在邀功求赏。”毛泽东《菩萨蛮·大柏地》：“装点此关山，今朝更好看。”即，有当时之义。《玉篇·画部》：“即，今也。”清·王引之《经传释词》卷八：“即，犹今人言即今也。”《广韵》子力切，入职精。质部。《左传·僖公二十四年》：“蒲城之役，君命一宿，女即至。”杜预注：“即日至。”《汉书·高帝纪》：“项伯许诺，即夜复去。”《儒林外史》第十九回：

"考期在即,要寻一个替身。"即有今之义,即当前,目前。可引申出眼前这个。许,有这样,这般之义。《乐府诗集·清商曲辞一·子夜歌三十》:"重帘持自郹,谁知许厚薄。"唐·杜甫《野人送朱缨》:"数回细写愁仍破,万颗匀圆讶许同。"《红楼梦》第五十一回:"六朝梁栋多如许,小照空悬壁上题。"龙岩、漳平话由"许"的这个意义引申出近指,表示"这个"。

（六）那个

台湾闽南方言:彼[pi²]‖福建闽南方言:[漳州]迄个[hit⁴ kɔ²],迄[hit⁴]|[泉州]迄个[hit² ge⁵]|[厦门]迄[hit⁴]|[龙岩]哼个[hm¹ kie⁵]|[漳平]□个[hm² dai³]|[潮汕]□□[hia² hia²]。

[按]彼,表远指,那。《玉篇·个部》:"彼,对此之称。"《广韵》甫委切,上纸帮。歌部。《易·小过》:"公弋取彼在穴。"南朝梁·刘勰《文心雕龙·风骨》:"蔚彼风力,严此骨鲠。"《二刻拍案惊奇》卷十一:"我知那临海前官尚未离任,你到彼之期还可从容。"迄,本是到的意思。《尔雅·释诂上》:"迄,至也。"《广韵》许迄切,入迄晓。术部。《诗·大雅·生民》:"后稷肇祀,庶无罪悔,以迄于今。"毛传:"迄,至也。"三国魏·曹植《王仲宣诔》:"发轸北魏,远迄南淮。"宋·赵彦卫《云麓漫钞》卷一:"自渡江后,方乘轿,迄今不改。""迄"既可表示到这儿,也可表示到那儿。在福建闽南的漳、泉、厦方言中取其远指之义,并用量词"个"与之组合成词,表示"那个"。

（七）这儿

台湾闽南方言:兹[tsu¹]‖福建闽南方言:[漳州]即迹[tsit⁴ tsiaʔ⁴]|[泉州]即迹[tsit⁴ liaʔ⁴],即搭[tsit⁴ taʔ⁴]|[厦门]偌[tsia⁵]|[龙岩]许兜[hi² kie⁵]|[漳平]安□[an⁵ hio²]。

[按]兹,相当于此,这里。《尔雅·释诂下》:"兹,此也。"《广韵》子之切,平之精。之部。《诗·大雅·泂酌》:"挹彼在兹。"《论语·子罕》:"文王既没,文不在兹乎?"汉·王粲《登楼赋》:"登兹楼以四望兮。"迹,本义是脚印。《说文·辵部》:"迹,步处也。"《广韵》资昔切,入昔精。锡部。即由"今"引申出表近指的意思,因此"即迹"表示这里,与"即个"表示这个区分。这里"迹"的意义已虚化。泉州话中"搭"的意义亦已虚化。

（八）那儿

台湾闽南方言:遐[ha⁵]‖福建闽南方言:[漳州]迄迹[hit⁴ tsiaʔ⁴]|[泉州]迄迹[hit⁴ liaʔ⁴],迄搭[hit⁴ taʔ⁴]|[厦门]遐[hia⁵]|[龙岩]哼兜[hm¹ tau²]|[漳平]安□[an¹ mau⁵]。

[按]遐,远。《说文新附·辵部》:"遐,远也。"徐铉等注:"遐,或通用假

字。"《尔雅·释诂上》:"遐,远也。"《书·太甲下》:"若升高,必自下;若涉遐,必自迩。"晋·陶渊明《归去来辞》:"策扶老以流憩,时矫首而遐观?"宋·范祖禹《资州路东津诗》:"地遐怪物聚,寺古深殿存。""遐"由此可引申为远指,即"那儿"。迄,在漳、泉方言中引申出远指之义,而"迹,搭"意义虚化,它们合在一起指"那儿"。

(九)哪里

台湾闽南方言:何[ho⁵],何位[ho⁵ ui⁷] ‖ 福建闽南方言:[漳州]底搭落仔[ti⁷ ta⁷ lo⁸ a²] | [泉州]哪落[to² loʔ⁸] | [厦门]到落[to³ lo²] | [龙岩]底搭[tie² ta³] | [漳平]□落[to⁵ lo⁷]。

[按]何,疑问代词,它的意义很广。《字汇·人部》:"何,曷也,奚也,胡也,恶也,乌也,焉也,安也,那也,孰也,谁出。"所以它可表示"哪儿"。《史记·张仪列传》:"轸不之楚何归乎?"《孔丛子·记问》:"天下如一,欲何之?"唐·王勃《滕王阁序》:"阁中帝子今何在?槛外长江空自流。""何"又可表示"什么"。《书·皋陶谟》:"禹曰:'何?'"唐·韩愈《归彭城》:"天兵又动,太平竟何时?"宋·欧阳修《秋声赋》:"余谓童子:'此何声也?汝出视之。'"位,是方位的意思。《书·召诰》:"越三日庚戌,太保乃以庶殷攻位于洛汭。"孔传:"以众殷之民治都邑之位于洛水化。"《左传·成公十七年》:"(长鱼)矫以戈杀驹伯、苦成叔于其位。"杜预注:"位,所坐处也。"唐·韩愈《贺庆云表》:"西北方者,京师所在。土为国家之德,祥见京师之位,既征于古,又验于今。""何位"即"哪儿"。底,疑问代词"什么"。《乐府诗集·清商曲辞一·子夜四时歌秋》:"寒衣尚未了,郎唤侬底为?"《北史·艺术传·徐之才》:"之才谓坐者曰:'个人讳底?'"唐·杜牧《春末题池州弄水亭》:"为吏非循吏,论书读底书?"落,居处。《广雅·释诂上》:"落,居也。"《广韵》卢各切,入铎来,铎部。《后汉书·循吏传·仇览》:"庐落整顿,耕耘以时。"李贤注:"案,今人谓院为落也。"南朝梁·沈约《齐故安陆昭王碑》:"由是倾巢举落,望德如归。"唐·杜甫《兵车行》:"千村万落生荆杞,纵有健妇把锄犁。"

(十)什么

台湾闽南方言:啥[siã²] ‖ 福建闽南方言:[漳州]甚乜[sim² mĩ⁴] | [泉州]啥乜[siã² bĩʔ⁴] | [厦门]沩物[sim² bĩʔ⁴] | [漳平]□个[sŋ⁴ kai³] | [潮汕]乜[mĩʔ⁴]。

[按]啥,表示疑问,相当于"什么"。章炳麟《新方言·释词》:"今通言曰甚么,舍之切音也,川楚之间曰舍子,江南曰舍,俗亦作啥,本余字也。"《二十年目睹之怪现状》第九十一回:"伯芬道:'是格啥底样格八?'"《老残游记》第十四回:"要这些船干啥?"周立波《暴风骤雨》第一部一:"不怕,不怕,我老孙头怕啥?

我是有啥说啥的。"甚,疑问代词,相当于"什么"。《敦煌曲子词·失调名八》:"蝉鬓因何乱,金钗为甚分。"宋·欧阳修《摸鱼儿》:"那堪更趁凉景,追寻甚处垂杨曲。"《儒林外史》第三十五回:"你有甚么心事?"乜,方言。什么。清·招子庸《粤讴·弔秋喜》:"只望等到秋来还有喜意,做乜才过冬至后就被雪霜欺?"《太平天国文选·太平天日》:"爷爷生尔是乜名。"《革命民歌集·有乜心事这快话》:"姑娘请你告诉我,有乜心事这快活?"漳、泉方言中"甚乜"、"啥乜"两个疑问词合在一起,表示"什么"。

(十一)谁

台湾闽南方言:佋‖福建闽南方言:[漳州]是谁[tsi⁷ tsua⁵]|[泉州]□[siaŋ⁵]|[厦门]沛物人[sim² bĩ²⁴ laŋ⁵]|[龙岩]底侬[tiaŋ³]|[漳平]佋。

[按]佋,通啥。什么。《文明小史》第五回:"等到性子发作,任是佋都不怕。"《海上花列传》第一回:"小佺也勿懂佋事体。"因"佋"是单人旁,最初也许与人有关,于是台湾话中,"佋"指谁,"啥"则泛指"什么"。谁,本义是"什么"。《说文·言部》:"谁,何也。"《广韵》视佳切,平脂禅。微部。也用来专指人。《论语·子罕》:"吾谁欺?欺天乎!"南朝梁·刘勰《文心雕龙·知音》:"形器易徵,谬乃若是,文情难鉴,谁曰易分?"《水浒传》第十二回:"这个是俺的兄弟豹子头林冲。青面汉,你却是谁?"漳州话中"谁"用"是谁"表示,其中"是"意义已虚化。

(十二)这样

台湾闽南方言:安呢[an¹ li⁵]‖福建闽南方言:[漳州]安尼[an¹ ne¹]|[泉州]|[厦门]安尔[an¹ li¹]|[漳平]□呢[hin³ nĩ]。

[按]安,于是,相当于"这样才"。清·王引之《经传释词》卷二:"安,犹于是也,乃也,则也。"《管子·大匡》:"桓公乃告诸侯,必足三年之食,安以其余修兵革。"王念孙杂志:"安,语辞,犹乃也。"《荀子·王霸》:"巨用之者,先义而后利,安不恤亲疏,不恤贵贱,唯成能之求,夫是之谓巨用之。"《吕氏春秋·执一》:"今日置质为臣,其主安重;今日释玺辞官,其主安轻。"在闽南方言中,"安"引申为"这样"。"呢"、"尼"、"尔"之类词义已虚化,与"安"组成词,仍表"这样"。

十六、副词、介词

副词、介词部分的词条计18条,即没有、全部、不、仍、还、很、不要、不会、不能、赶快、太、一定、原来、反正、会、从、被、对,向、沿着。现分别考证如下:

(一)没有

台湾闽南方言:无[bo⁵]‖福建闽南方言:[漳州]毛[bo⁵]|[泉州]毛[bo⁵]|[厦门]毛[bo⁵]|[龙岩]毛[bo⁵]|[漳平]毛[bo⁵]。

　　［按］无，没有。《玉篇·亡部》："无，不有也。"《广韵·虞韵》："无，有无也。"
武夫切，平虞明。《诗·小雅·车攻》："之子于征，有闻无声。"毛传："有善闻而无
渲诈之声。"唐·孟浩然《夏日南亭怀辛大》："欲取鸣琴弹，恨无知音赏。"元·关
汉卿《蝴蝶梦》第一折："福无重受日，祸有并来时。"毛，本义是毛发。《说文·毛
部》："毛，眉发之属及兽毛也。"徐灏注笺："人、兽曰毛，鸟曰羽，浑言通曰毛。"《广
韵》莫袍切，平豪明，宵部。《汉书·功臣侯表序》："靡有子遗秏矣。"注："孟康
曰：'秏，音毛。'"师古曰："今俗语犹谓'无'为'秏'。"大昕案："今江西、湖南方
音读'无'如'冒'，即'毛'之去声。"《后汉书·冯衍传》："饥者毛食，寒者裸跣。"
注："臣贤案：衍集'毛'示作'无'，今俗语犹然者，或古亦通乎！"

（二）全部

　　台湾闽南方言：笼［loŋ²］，（拢）［loŋ²］‖福建闽南方言：［漳州］拢［loŋ²］，拢总
［loŋ² tsoŋ²］｜［泉州］拢总［loŋ² tsoŋ²］｜［厦门］拢总［loŋ² tsoŋ²］｜［龙岩］笼总［loŋ²
tsoŋ²］｜［漳平］拢共［loŋ² kioŋ⁷］，统共［tʰioŋ² kioŋ⁷］，一共［it⁴ kioŋ⁷］。

　　［按］拢，总合。《广韵》力董切，去问见，谆部。宋·李诫《营造法式·小木作
制度四·佛道帐》："造佛道帐之制，自坐龟脚至鸱尾，共高二丈九尺，内外拢深一丈
二尺五寸。"拢共，即总共。张天翼《儿女们》："把你亲家的门栅捐拨到你身上，
你只要拢共缴清这五十块。"京剧《沙家浜》第四场："想当初老子的队伍才开张，
拢共才有十几个人，七八条枪。"拢总，也是总共之义。老舍《四世同堂》二十一：
"干脆这么说吧，一共拢总，二十五元，去就去，不去拉倒！""拢"、"拢共"、"拢总"
都是"总共"之义，闽南方言中由此引申出"全部"之义。笼，统，包罗。《字
汇·竹部》："笼，包举也。"《广韵》卢红切，平东来。东部。《史记·酷吏列传》：
"笼天下盐铁，排富商大贾，出告缗令。"晋·葛洪《抱朴子·君道》："遗私情以标
至公，拟宇宙以笼万殊。"《续资治通鉴·宋徽宗宣和六年》："上自金玉，下及蔬菇，
无不笼取。"统，全部。鲁迅《书信集·致程琪英》："先生出国已久，大约这里的
事情统不知道了。"毛泽东《在省市自治区党委会议上的讲话》："北面统是高山，
人口又很少，我们那个时候提出要千方百计克服困难。"汉语中表示"全部"的词
很多，闽南方言中各个方言点对它们有不同的继承，这也说明了语言发展的不平
衡性。

（三）不

　　台湾闽南方言：母［m⁷］‖福建闽南方言：［漳州］唔［m⁷］｜［泉州］唔［m⁷］｜
［厦门］怀［m⁷］｜［龙岩］怀［m¹］｜［漳平］怀［m⁵］。

　　［按］母，古"毋"字，不。《殷契粹编》三二九片："贞母又。"郭沫若考释：
"母字读为'毋'，古本一字，后乃分化。"马王堆汉墓帛书甲本《老子·德经》："母

闸其所居。"《墨子·备穴》："又盆母少四斗。"于省吾《双剑誃诸子新证·墨子》："全文'毋'字匀作'母',此犹存古字。"福建闽南方言中漳、泉、龙岩三地采用"姆"字,其实应为"母"。怀,用同"不"。《中国近代反帝反封建历史歌谣选·浙江云和畲族·长毛歌》："咸丰皇帝心怀通,出来理事人怀容。"

(四)仍,还

台湾闽南方言:犹［iau⁵］‖ 福建闽南方言:［漳州］犹［iau⁵］|［泉州］犹原［iu⁵ guan⁵］|［厦门］犹原［iu⁵ guan⁵］|［龙岩］犹［giu⁵］|［漳平］犹［giu⁵］。

［按］犹,表示某种情况持续不变。相当于"仍"。《广韵》以周切,平尤以。又余救切,居祐切。幽部。《仪礼·大射》："司射犹挟一个,去扑,与司马交于阶前。"郑玄注："犹,守故之辞。"唐·杜牧《泊秦淮》："商女不知亡国恨,隔江犹唱《后庭花》。"元·关汉卿《窦娥冤》第二折："坟头上脉犹湿,架儿上又换新衣。"原,仍旧。《广韵》愚袁切,平元疑。元部。《西游补》第十四回:"沙僧道:'如今又不做丞相了;另从一个师父,原到西方。'"《水浒续集》第二十九回:"朱仝道:这里恐不稳便,原到我家去吧。"《海上花列传》第十四回:"心想陆秀宝如此无情,倒不如原和王阿二混混,未始不妙。""犹""原"结合在一起,意义不变。

(五)很

台湾闽南方言:真［tsin¹］‖ 福建闽南方言:［漳州］真［tsin¹］|［泉州］诚［tsiã⁵］,野［ia²］,足［tsiok⁴］|［厦门］野［ia²］|［龙岩］犏［bãi⁷］|［漳平］。

［按］真,实在,的确。《广韵》职邻切,平真章。真部。《荀子·非十二子》："此真先君子之言也。"唐·韩愈《杂说》之四："呜呼!其真无马邪?其真不知马也!"《警世通言·宋小官团圆破毡笠》："听子所言,真忠厚之士也。""实在"、"的确"有加强意义的作用,由此可引申出"很","够",表示达到某种程度。茅盾《子夜》十四:"大家和气过日子,够多么好呢!"张天翼《大林和小林》第四章:"四喜子说:'五万够便宜的事,奶奶!'"因此它也可引申出"很"之义。野,方言。很;非常。《海上花列传》第二回:"小村冷笑道:'清倌人只许吃酒勿许吵,倒凶得野哚!'"《九尾龟》第一百六十四回:"利钱重得野笃。"诚,相当于确实;真。《广韵·清韵》:"诚,审也。"是征切,平清禅。耕部。杨树达《词诠》卷五:"诚,表态副词。《广韵》云:'诚,审也,信也。'按:与今语'真'同。"《孟子·梁惠王上》:"挟太山以超北海,语人曰,'我不能',是诚不能也。"三国蜀·诸葛亮《前出师表》:"今天下三分,益州疲敝,此诚危急存亡之秋也。"明·陈子龙《猛虎行》:"当今贵人诚险巇,食禄受爵忘恩私。"足,很;非常。唐·韩愈《重云李观疾赠之》诗:"此志诚足贵,惧非职所当。"前蜀·韦庄《思帝乡》:"春日游,杏花吹满头。陌

上谁家年少,足风流。"元·萨都剌《题紫薇观冯道士房》:"云护烧丹灶,泉香洗药池。道人足高兴,未许俗人知。"

(六)不要

台湾闽南方言:嬡[mai³]‖福建闽南方言:[漳州]嬡[baŋ¹],嬡[bãi³]|[泉州]免[bian²]|[厦门]嬡[bãi³]|[龙岩]免[bian²]|[漳平]怀嬡[m⁵mãi³],怀望[m⁵baŋ⁵]。

[按]嬡,是方言合音词,是两个词合成一个读音的,这在古书里找不到可以书写的字,只好采用合体的办法自造汉字。嬡由否定词"勿"和表示喜欢的"爱"合成,其书面意义可以是"不喜欢",然后引申出"不要"之义。免,本义为脱去。《广雅·释诂四》:"免,脱也。"《广韵》亡辨切,上狝明。元部。由此引申出"不;不要"义。唐·韩愈《贺张十八得裴司空马》:"旦夕公归伸拜谢,免劳骑去逐双旌。"在现代汉语中"免"还经常为人们使用着,如"免谈"、"闲人免进"等。不要,表示禁止和劝阻。唐·杜甫《八哀诗·故秘书少监武功苏公源明》:"不要悬黄金,胡为投乳赟?"《红楼梦》第七回:"你千万看着我不要理他。"杜鹏程《在和平的日子里》第二章:"你不要穷催,要我没日没夜地卖命办不到。"望,盼望;期待。《说文·亡部》:"望,出亡在外,望其还也。"《孟子·梁惠王上》:"王知如此,则无望民之多于邻国也。"晋·潘岳《西征赋》:"弘大体以高贵,非所望于萧传。"明·宋濂《送和赞善北归养母诗序》:"传曰:求忠臣者必于孝子之门。予盖于希文望之。"在漳平话中,"怀望"中"怀"表否定,"怀望"即不希望,其可引申为不要之义。

(七)不会

台湾闽南方言:袂[bue⁷]‖福建闽南方言:[漳州]袂[be⁷]|[泉州]袂[bue⁶]|[厦门]袂[bue⁷]|[龙岩]袂[bie⁶]|[漳平]袂[bue³]。

[按]袂,也是一个方言合音词,是由"勿"和"会"合成一个读音的。它也是因为在古书里找不到可以书写的字,便用合体的办法造出来的。它的意义相当于"不会"。《中国谚语资料·一般谚语》:"蟳无脚,袂走路。"

(八)不能

台湾闽南方言:毋通[m³tʻaŋ¹]‖福建闽南方言:[漳州]毋通[m³tʻaŋ¹]|[泉州]毋通[m³tʻaŋ¹]|[厦门]毋通[m³tʻaŋ¹]。

[按]通,到达;通到。指无阻碍。《说文·辵部》:"通,达也。"《广韵》他红切,平东透。东部。《国语·晋语二》:"道远难通,望大难走。"韦昭注:"通,至也。"晋·陶潜《桃花源记》:"初极狭,才通人;复行数十步,豁然开朗。"苏曼殊《断鸿零雁记》第八章:"方跂望间,忽遥见松阴来道中,有小桥通一板屋,隐然背山面海。"母,毋,怀在闽南方言中都有否定的意味,"不通"即不能达到,可引申为行不

通,即不能。

（九）赶快

台湾闽南方言:赶紧[kuã² kin²]‖福建闽南方言:[漳州]赶紧[kuã² kin²],恰紧[kʻaʔ⁴ kin²],恰猛[kʻaʔ⁴ mẽ²]|[泉州]赶紧[kuã² kin²],较紧[kʻaʔ⁴ kin²]|[厦门]恰紧[kʻaʔ⁴ kin²]|[龙岩]赶紧[ka² kin²]。

[按]赶,如快行动,不误时间。《三国演义》第一回:"快斟酒来吃,我得赶入城去投军。"《警世通言·拗相公饮恨半山堂》:"月明如昼,还宜赶路。"《儒林外史》第四十八回:"二先生帮着赶造文书,连夜详了出去。"紧,本义是缠丝急也。《说文·叞部》:"紧,缠丝急也。"后引申为急迫。《广韵》居忍切,上轸见。真部。《二刻拍案惊奇》卷二十:"承局打扮的道:'要商量,快去商量!府中跟紧,我还要到别处去。'"茅盾《蚀·幻灭·二》:"牌声时而缓和一阵,时而紧一阵。"老舍《茶馆》第二幕:"仗打得不紧,怎能够有这么多难民呢?""赶""紧"合在一起,即是赶快。恰,才;刚刚之义。《广韵》苦洽切,入洽溪。缉部。《宣如遗事》:"恰去的那个人,也不是制置并安抚,也不是御史与平章,那人眉势较大。"元·李好古《张生煮海》第一折:"恰离了澄澄碧海,遥望那耿耿长空。"《水浒全传》第七回:"张三恰侍走,智深左脚早起。"恰,指时间短促,所以和"紧"在一起表示赶快。

（十）太

台湾闽南方言:伤[siũ¹]‖福建闽南方言:[漳州]伤[sʻiɔ̃¹]|[泉州]伤[siũ¹],太[tʻai³]|[厦门]伤[siũ¹]|[龙岩]□[hok⁴]|[漳平]太[tʻai³]。

[按]伤,本义是创伤。《说文·人部》:"伤,创也。"《广韵》式羊切,平阳书。又式亮切。阳部。太,有过火之义。凡事过火就容易受挫,受创伤,因此"伤"又引申为"太"。唐·杜甫《曲江》诗之一:"且看欲尽花经眼,莫厌伤多酒入唇。"唐·李商隐《徘谐》:"柳讶眉伤浅,桃猜粉太轻。"宋·司马光《与王乐道书》:"饮食不惟禁止生冷,亦不可伤饱,亦不可伤饥……衣服不可过薄,亦不可过厚。"太,表示程度过分。《广韵·泰韵》:"太,甚也。"他盖切,去泰透。月部。《论语·雍也》:"居简而行简,无乃太简乎?"唐·杜甫《新婚别》:"暮婚晨告别,无乃太匆忙。"《水浒传》第五十三回:"这个太莽了些,望乞恕罪。""太"在普通话中是基本词汇,而"伤"则已成为方言词保留在方言中。

（十一）一定

台湾闽南方言:定规[tiŋ⁷ kui¹],定着[tiã⁷ tioʔ⁸]‖福建闽南方言:[漳州]定着[tiã⁷ tioʔ⁸]|[泉州]必定[pit⁴ tiŋ⁷],必然[pit⁴ lian⁵]|[厦门]定着[tiã⁷ tioʔ⁸]|[龙岩]定着[tiã⁷ tio⁶]|[漳平]定规[tiŋ⁷ kui¹]。

[按]定,必定;一定。《史记·高祖本纪》:"闻陈王定死,因立楚后怀王孙心

为楚王。"唐·杜甫《送张十二参军赴蜀州因呈杨五侍御》："皇华吾善处,于汝定无嫌。"《水浒传》第四十四回："你若回去时,定吃官司。" 定规,本指成规,后引申为一定。巴金《窗下》："我侈要晓得你还常常来,他定规要想办法对付你。"沙汀《淘金记》十二："他认为事情是定规会失败的。" 定着,是确定的打算和主意。《警世通言·杜十娘怒沉百宝箱》:"十娘对公子道:'吾等此去,何处安身?郎君亦曾计议有定着否?'"《说唐》第四十五回:"叔宝道:'小弟在此打搅不当,所以要往别处去,尚未有定着。'" 在闽南方言中,"定着"引申为"一定"。必定,必然,都是一定的意思。宋·周邦彦《倒犯·新月》:"料异日宵征,必定还相照,奈何人自衰老!"《水浒传》第一百一十五回:"石宝刀法,不在关胜之下,虽然回马,必定有计。"《韩非子·显学》:"故有术之君,不随适然之善,而行必然之道。"晋·袁宏《后汉纪·光武帝纪三》:"睹存亡之符效,见废兴之必然,故能成功于一时,垂业于万世。"《水浒传》第五十六回:"倘成点名不到,官司必然见责。"

（十二）原来

台湾闽南方言:原本[guan⁵ pun²],本底[pun² tue²]‖福建闽南方言:[漳州]旧底[ku⁷ te²]|[泉州]旧底[ku⁷ tue²]|[厦门]旧底[ku⁷ tue²]。

［按］原本,本来;原来。《儿女英雄传》第十四回:"那道小河子北边的一带大瓦房,那叫小邓家庄儿,原本是二十八颗红柳树邓老爷的房子。"洪深《戏剧导演的初步知识》下篇四:"所可假定的,是某一种情绪存在时的生活状态,原本应当由实际生活引起的。"本底,原指根底,素质。在台湾话中它又引申为原来。《歧路灯》第九十六回:"原来盛希侨是本底不坏的人。少年公子性儿……也就吃亏祖有厚贻,缺少调教。"旧,原来;本来。《陈书·长沙王叔坚传》:"叔陵旧多力,须臾,自奋得脱。"宋·王谠《唐语林·补遗四》:"蜀土旧无兔鸽。隋开皇中荀秀镇益州,命左右赍兔鸽而往。"清·纳兰性德《浣溪沙·古北口》:"杨柳千条送马蹄,北来征雁旧南飞。"底,用在"本"、"旧"后面,其意义已经虚化,只是辅助它们的成词。

（十三）反正

台湾闽南方言:横直[huĩ⁵ tit⁸]‖福建闽南方言:[漳州]生成[sẽ¹ tsiã⁵]|[泉州]横直[huĩ⁵ tit⁸]|[厦门]横直[huãi⁵ tit⁸]|[漳平]横直[huĩ⁵ tit⁸]。

［按］横直,犹反正,横竖。毛泽东《在中国共产党第八届中央委员会第二次全体会议上的讲话》:"横直我们是和平共处五项原则,互不干涉内政,互不侵犯。"茅盾《故乡杂记·内河小火轮》:"上海北头,横直是烧光末,要打就在北头打!"生成,有必定的意思。《天雨花》第二十一回:"请姑爷过去坐床……这是规矩,生成要坐坐的。"漳州话从这个意义引申出"反正"之义。

（十四）会

台湾闽南方言：会晓 ‖ 福建闽南方言：［漳州］会晓［e⁷ hiau²］｜［泉州］会晓［e⁷ hiau²］｜［厦门］会晓［e⁷ hiau²］｜［龙岩］会晓［e⁶ hiau²］。

［按］会，能；表示有能力。唐·沈麟《送道士曾昭莹》："南北东西事，人间会也无？"《镜花缘》第二十六回："那知并不值钱之物，倒会治病。"《西游记》第二回："前日老师父附耳低言，传与你的躲三灾变化之法，可都会么？"晓，知道；理解。《列子·仲尼》："公子牟曰：'智者之言，固非愚者之所晓。'"北齐·颜之推《颜氏家训·风操》："视听之所不晓，故聊记录以传示子孙。"明·李贽《藏书·儒臣传·荀卿》："不晓当时何以独抑荀而扬孟轲也。"会晓，在闽南方言中是"会，能够"的意思。它们是两个近义词合成的一个复合词。

（十五）从

台湾闽南方言：对［tui³］‖ 福建闽南方言：［漳州］对［tui³］｜［泉州］对［tui³］｜［厦门］拄［tu²］｜［龙岩］从［tsaŋ⁵］｜［漳平］从［ts'ioŋ⁵］。

［按］对，有朝向，面对之义。《广雅·释诂四》："对，向也。"《广韵》都队切，去队端。微部。《仪礼·士民礼》："设对酱于东。"胡培翚正义引盛世佐云："此为妇设也，夫西妇东，故云对。"唐·韩愈《感春》之三："归来欢笑对妻子，衣食自给宁羞贫。"陈毅《赣南游击词》："天放晴，对月设野营。"对，因为带有一定的方位意义，因此引申为介词时，便表示"从（某一地点）"之义。从，产生很早。《尔雅·释诂上》："从，自也。"《广韵》疾容切，平钟从。东部。《诗·小雅·何人斯》："伊谁云从。"郑玄笺："潜我者，是言从谁生乎？"南朝宋·刘义庆《世说新语·赏誉》："桓大司马病。谢公往省病，从东门入。"宋·陈鹄《耆旧续闻》卷一："有一士人从贵宦幕外遇，见其女乐甚都。"

（十六）被

台湾闽南方言：伻［ho⁷］‖ 福建闽南方言：［漳州］互［ho⁷］｜［泉州］与［t'ɔ³］｜［厦门］伍［ho⁷］｜［龙言］□［k'un⁷］｜［漳平］与［ho⁵］。

［按］闽南方言中，台湾话、漳州话、厦门话中表示被动的介词写为"伻，互，伍"，这是一种根据方言的读音而造出来的字，它们一般在古书中无法查到。与，表示被动，引进动作的主动者。《战国策·西周策》："秦与天下俱疲，则令不横行周矣。"王引之《经传释词》卷一："言秦为天下所疲也。"《徐霞客游记·粤西游日记四》："登其岭，四望无与障者。"《红楼梦》六十九回："众人虽素昔惧怕凤姐，然想二姐儿实在温和怜下，如今死去，谁不伤心落泪？只不敢与凤姐看见。"

（十七）对，向

台湾闽南方言：着［tui³］‖ 福建闽南方言：［漳州］对［tui³］｜［泉州］对［tui³］

| [厦门] 共 [kioŋ⁷] | [龙岩] 着 [tio⁶] | [漳平] 对 [tui³]。

[按] 对,介词,犹"向"。《汉书·游侠传·原涉》:"还至主人,对宾客叹息曰……"三国魏·曹丕《与朝歌令吴质书》:"间者历览诸子之文,对之抆泪。"明·李贽《焚书·书答·与弱侯》:"客生曾对我言。"着,作为介词,相当于"向"。唐·陈师道《戏元弼》:"山头落日着窗明,花里来禽起笑声。"宋·陈亮《最高楼·咏梅》:"花不向沉香亭上看,树不着唐昌宫里观。"吴文英《解蹀躞·夷则商》:"倦蜂刚着梨花惹游荡。"

(十八) 沿着

台湾闽南方言:顺 [sun⁷] ‖ 福建闽南方言:[漳州] 顺 [sun⁷] | [泉州] 顺 [sun⁷] | [厦门] 顺 [sun⁷] | [龙岩] 顺 [sun⁶] | [漳平] 顺 [sun⁷]。

[按] 顺,原是动词,表示沿着一个方向。《诗·鲁颂·泮水》:"顺彼长道,屈此群魂。"宋·苏轼《前赤壁赋》:"方其破荆州,下江陵,顺流而东也。"《儿女英雄传》第五回:"便依着那两个骡夫说的路数儿,顺了大道一路寻来。"在闽南方言中,"顺"引申为介词,表示沿着。

十七、量词

量词部分的词条计 9 条,即件、套、条、朵、捆、块、窝、杯、次。现分别考证如下:

(一) 件 (衣服)

台湾闽南方言:领 [liã²] ‖ 福建闽南方言:[漳州] 领 [niã²] | [泉州] 领 [liã²] | [厦门] 领 [liã²] | [龙岩] 领 [liã²] | [漳平] 领 [liã²]。

[按] 领,本指脖子。《说文·页部》:"领,项也。"《广韵》郎郢切,上静来。耕部。后根据邻近引申为衣领。《释名·释衣服》:"领,颈也,以壅颈也。亦言总领衣体为端首也。"它也可引申为量词,用于衣服。《荀子·正论》:"太古薄葬,棺厚三寸,衣衾三领。"杨倞注:"三领,三称也。"《北齐书·河清三岳传》:"初岳与高祖经纶天下,家有私兵,并畜戎器,储甲千余领。"元·关汉卿《窦娥冤》第三折:"要一领净席,等我窦娥站立。"闽南方言现在依然称一件衣服称"一领衫"。

(二) 套 (衣服)

台湾闽南方言:袭 [su²] ‖ 福建闽南方言:[漳州] 躯 [su¹] | [泉州] 躯 [su¹] | [厦门] 躯 [su¹] | [龙岩] 身 [sin¹] | [漳平] 身 [sin¹]。

[按] 袭,最早指死者穿的衣服。《说文·衣部》:"袭,左衽袍。"《广韵》似入切,入缉邪。缉部。后引申为量词,相当于"套"。《史记·赵世家》:"赐相国衣二袭。"裴骃集解:"单复具为一袭。"《南齐书·褚渊传》:"朝服一具,衣一袭。"《太平广记》卷二百三十七引《杜阳杂编》:"衣龙绡之衣,一袭无二三两。"躯,身体。

《说文·身部》:"躯,体也。"因为一套衣服一般指人上下身衣服总称,因此由"躯"引申出"套"的意思。漳厦方言中就有这样的说法。身,本义是身孕。《说文·身部》:"身,象人之身。"《正字通·身部》:"身,女怀妊曰身。"后来身可泛指身体。《说文》:"身,躯也。"《字汇·身部》:"身,躯也。"清·王引之《经义述闻·通说上》:"人自顶以下,踵以上曰身。"身作为量词,指衣服时,相当于"套"。《老残游记》第三回:"叫个成衣做一身棉袍子马褂。"

(三)条(鱼)

台湾闽南方言:尾[be²]‖福建闽南方言:[漳州]尾[bue²]|[泉州]尾[bə²]|[厦门]尾[be²]|[龙岩]尾[ue²]|[漳平]尾|[潮汕]尾[bue²]。

[按]尾,尾巴。《说文·尾部》:"尾,微也。"《释名·释形体》:"尾,微也,承脊之末梢,微杀也。"后来可泛指整个事物,多用来指鱼。唐·柳宗元《游黄溪记》:"有鱼数百尾,方来会石下。"《儒林外史》第二十七回:"当下鲍家买了一尾鱼。"叶圣陶《城中·前途》:"一尾清炖鲫鱼,一壶'陈绍',其实也算不得放纵无度的享用。"现在闽南方言称一条鱼为"一尾鱼"。

(四)朵(花)

台湾闽南方言:蕊[lui²]‖福建闽南方言:[漳州]蕊[lui²]|[泉州]蕊[lui²]|[厦门]蕊[lui²]|[龙岩]蕊[lui²]|[漳平]蕊[lui²]。

[按]蕊,种子植物的繁殖器官。《六书正伪》:"蕋,华蕋也。俗作蕊。"《广韵》如累切,上纸曰。清·朱骏声《说文通训定声·随部》:"蕋,或曰花心也。字亦作蕊。"蕊又可泛指花朵。《楚辞·离骚》:"览木根以结茝兮,贯薜荔之落蕊。"唐·黄巢《题菊花》:"飒飒西风满院栽,蕊寒香冷蝶难来。"清·王宗炎《题鲁春雨绘听花图小影》诗:"凭君寄语雨前蕊,莫遣红雨随风飞。"在闽南方言中,蕊又可作量词,相当于朵。如"一蕊花"。

(五)捆(柴)

台湾闽南方言:缚[pak⁸]‖福建闽南方言:[漳州]爻[ha⁵],缚[pak⁸]|[泉州]缚[pak⁸],爻[ha⁵]|[厦门]缚[pak⁸]|[龙岩]缚[pak⁸]|[漳平]捆[kʻun²]。

[按]缚,木为动词,捆绑。《说文·系部》:"缚,束也。"《玉篇·系部》:"缚,束缚也。"《广韵·药韵》:"缚,系也。"符钁切,入药奉。又符卧切。铎部。缚根据此义引申为量词,用于捆起来的东西。鲁迅《书信集·致许寿裳》:"昨得遇先书并《小学答问》一大缚,君应得十五部。"捆,用绳索束。《广韵》苦本切,上混溪《吕氏春秋·士节》:"齐有北郭骚者,结罘罔,捆蒲苇,织葩屦,以养其母犹不足。"陈奇猷校释引杨树达曰:"捆,《说文》作'稇',云:'絭束也。'"段玉裁注:"絭束,谓以

绳束之。"《红楼梦》第七回 :"众小厮见说出来的话有天没日的,唬得魂飞魄丧,把他捆起来,用土和马粪满满地填了他一嘴。"沙汀《卢家秀》:"几个兄弟妹妹,照顾我是要照顾的,一天把我捆到家里也不行哇!"捆由此义可引申为量词。《儿女英雄传》第三十一回:"里面包着三寸来长的一捆小箭儿。"爻是一个同音代替词,它表示"捆"的意义在字典中无从查起。

（六）块

台湾闽南方言 :坵 [kʻuˡ] ‖ 福建闽南方言 :[漳州] 丘 [kʻuˡ] | [泉州] 坵 [kʻuˡ] | [厦门] 坵 [kʻuˡ] | [龙岩] 坵 [kʻuˡ] | [漳平] 丘 [kʻuˡ]。

[按] 坵,同丘,丘,田垄,田畴。《广韵》去鸠切,平尤溪。之部。《文选·李康〈运命论〉》:"命驾而游五都之市,则天下之货毕陈矣 ;褰裳而涉汶阳之丘,则天下之稼如云矣。"李善注 :"曹子曰 :愿请汶阳之田。"《新唐书·宇文融传》:"融乃奏慕容琦……贾晋等二十九人为劝农判官,假御史分按州县,括正丘亩,招来户口而分业之。"丘引申为量词,相当于"块"。周立波《湘江十夜》:"在一丘荞麦干田里,他们找到了二大队长。"茹志娟《高高的白杨树·在果树园里》:"翻过几丘连接起来的光秃秃的山坡,就可以望见社里的办公房了。"坵同丘,都是表示田地的量词"块"。

（七）一（窝）动物

台湾闽南方言 :宿 [siu⁷] ‖ 福建闽南方言 :[漳州] 岫 [siu⁷] | [泉州] 岫 [siu⁷] | [厦门] 岫 [siu⁷] | [漳平] 宿 [siu³]。

[按] 宿,最初的意义是过夜。《说文·宀部》:"宿,止也。"《玉篇·宀部》:"宿,夜止也。"《广韵》息逐切,入屋心,沃部。可引申为住宿的地方,即房子。《周礼·地官·遗人》:"凡国野之部,十里有庐,庐有饮食。三十里有宿,宿有路室。路室有委。"郑玄注 :"宿,可止宿,若今亭有室矣。"林尹注译 :"路室,客舍也,可以止宿。"在台湾话中,宿也可指动物巢穴,由此引申出表示一次孵出的动物的量词。如 "一宿鸡"。岫,指洞穴。《说文·山部》:"岫,山穴也。"《尔雅·释山》:"岫,山有穴为岫。"郭璞注 :"岫,谓岩穴。"晋·陶潜《归去来辞》:"云无心以出岫,鸟倦飞而知还。"《文选·张协〈七命〉》:"临重岫而揽辔,顾石室而迴轮。"李善注引仲长统《昌言》:"闻上古之隐士,或伏重岫之内,窟穷皋之底。"宋·韩拙《论山》:"洪谷子云尖者曰峰,平者曰陵,圆者曰峦,相连者曰岭,有穴曰岫,峻壁曰岩。"岫同宿一样,后来都引申为量词,相当于窝。窝最初也是鸟兽栖止处。章炳麟《新方言·释宫》:"凡鸟巢曰窝 ;鸡犬栖处亦曰窝。"《字汇》乌禾切。唐·张仁溥《题龙窝洞》:"折花携酒看龙窝,镂玉长旌俊彦过。"《全元散曲·水仙子·春日即事》:"鱼鳞玉尺戏晴波,燕嘴芹泥补旧窝。"作为量词,它产生较晚。《儿女英雄传》第五回 :"那老树上半截剩了一个树杈儿活着,下半截都空了,里头住了一窝老枭。"

周立波《艾嫂子》:"那四只猪婆,每一只怀了两窝。"

(八) 杯

台湾闽南方言:盏[tsuã²]‖福建闽南方言:[漳州]瓯[au¹]|[泉州]杯[pue¹]|[厦门]杯[pue¹]|[龙岩]瓯[au¹]|[漳平]瓯[au¹]。

[按]盏,本是浅而小的杯子。《方言》卷五:"盏,桮也。自关而东,赵魏之间曰椷,或曰盏。"郭璞注:"盏,最小杯也。"《广雅·释器》:"斝,爵也。"王念孙疏证:"爵谓之醆,杯谓之盏,一也。"《广韵》阻限切,上产庄。后引申为茶或灯的计量单位。晋·王羲之《杂帖》:"煎酥酒一盏服之。"唐·罗隐《听琴》:"不知一盏临邛酒,救得相如喝病无?"《红楼梦》第五回:"此离吾境不远,别无他物,仅有自采仙茗一盏。"瓯,本也是一种饮器。《说文·瓦部》:"瓯,小盆也。"桂馥《说文解字义证》:"小盆也者,《字林》同。《三苍》:'瓯,瓦盂也。'"《玉篇·瓦部》:"瓯,椀小者。"它也可以作量词。宋·邵雍《安乐窝中吟》:"有酒时时泛一瓯,年将七十待何求?"元·杨文奎《儿女团圆》第二折:"买瓶酒来,与叔叔吃几欧。"杯,本义是盛饮料器。《集韵·灰韵》:"杯,《说文》:'㯃也。'盖今饮器。或作杯。"朱骏声《说文通训定声·颐部》:"杯,古盛羹若注酒之器,通名为杯也。"杯,作量词由来已久。《孟子·告子上》:"今之为仁者,犹以一杯水救一车薪之火也。"《史记·项羽本纪》:"吾翁即若翁,必欲烹而翁,则幸分我一杯羹。"《儒林外史》第二十三回:"牛浦自己啃了几杯茶,走回下处来。"现代汉语普通话只保留了"杯"这一量词,而"盏"、"瓯"则成为方言词。

(九) 次

台湾闽南方言:摆[pai²]‖福建闽南方言:[漳州]摆[pai²]|[泉州]摆[pai²]|[厦门]摆[pai²]|[龙岩]摆[pai²]|[漳平]摆[pai²]。

[按]摆,摇振;摆动。《正字通·手部》:"摆,持而摇振之也。"《广韵》北买切,上蟹帮。唐·皎然《五言戏赠薛彝》:"何处销君兴,春风摆绿杨。"明·周履靖《群物奇制·衣服》:"洗头巾,用沸汤入鉴,摆洗,则垢自落。"柳青《铜墙铁壁》第十一章:"那同志却不告诉,胳膊一摆说:'老百姓不要乱打听。'"摆动一次可以称"一摆",那么"摆"渐渐被借为量词,表示摆动的次数。闽南方言中,"摆"则泛指次数。

第二节　闽台闽南方言词汇的异同

　　台湾话是闽南方言的一支,台湾话的"根"是在中国大陆的,是福建闽南方言中不可忽视的一部分。从台湾和福建闽南方言的语缘关系来看,它们不但在语音上有很大的相似性,在词汇上更是具有明显的一致性。前面我们对闽台闽南方言进行考源,探求了它们的语源关系,下面,我们从另一个角度来考察一下闽台闽南方言词汇的异同,顺便旁及潮汕话的词汇。

一、闽台闽南方言词汇的共同点

　　第一,闽台闽南方言中保存了许多古代汉语里的词语,这些词不仅能独立使用,而且使用的频率很高。它们在普通话中虽没有完全死亡,却已不能在口语中独立使用,有的只在书面语中使用,有的只保存在固定词组或惯用语里。而在闽南方言中,它们依然活跃在人们的日常语言里,继续为人们的交际服务。这种保留古代词语的现象,是闽台闽南方言最显著的特点。

普通话	台 湾	漳 州	泉 州	厦 门	龙 岩	漳 平	潮 汕
案板	砧	砧	砧	砧	砧	砧	砧
枪	铳	铳	铳	铳	铳	铳	铳
锅	鼎	鼎	鼎	鼎	鼎	鼎	鼎
稀饭	糜	糜	糜	糜	糜	糜	糜
晒	曝	曝	曝	曝	曝	曝	曝
迁移	徙	徙	徙	徙	徙	徙	徙
走	行	行	行	行	行	行	行
他	伊	伊	伊	伊	伊	伊	伊
你	汝	汝	汝	汝	汝	汝	汝

　　第二,闽南方言中保存下来的一些古语词,有些普通话中也继承下来了,并且经常使用,但是闽南方言保存了它的古义,而普通话在口语中已消失了它原来的古义,用的是后来获得的新义。

　　如:走,在现代汉语中是步行的意思,而在闽南方言中,它却是"跑"的意思,这在古代汉语中是十分常见的;拍,在现代汉语中的用手轻轻打击的意思,而在闽南方言中,它就是"打"的意思,"打架"就是"相扑";饲,在现代汉语中主要是用来表示喂养动物,而在闽南方言中,它既可以用来表示喂养动物,也可以用来表示喂养人;烧水,在现代汉语中是一个动词,而在闽南方言中,它是一个名词,表示

"热水";面,在现代汉语中指人们吃的面粉,而在闽南方言中,它却用来表示"脸","毛巾"就是"面巾";沃,在现代汉语中是个形容词,指肥沃,而在闽南方言中,它是个动词,指浇水;册,在现代汉语中是个量词,而在闽南中是个名词,指"书本";涂(塗),在现代汉语中是动词,有抹的意思,而在闽南方言中是名词,指泥土。它在闽南方言中还是个十分活跃的词。

第三,有一些词语在闽南方言和普通话中都保留下来了,但是在闽南方言中,它的意义却发生了变化,产生了新的意义,使它们成为闽南方言中特有的方言词。如:

寮,原指僧舍。而在闽南地区,它指"小屋"。这与历史上的移民有关。移民每到一地,因为是寄居一方,不可能大兴土木,姑且就地取材盖一个简易的中屋,通常是草木等搭成的草寮,用以暂且安身,后来渐渐用"寮"这个词来指小屋。

溪,在普通话中指山间的小河沟。在闽南地区,它的意义相当于"河",并且在闽南方言中,多用"溪"而少用"河"。如"溪仔"指小河,"大溪"指大河;"河岸"漳州话说"溪堤",厦门话说"溪墘",龙岩话说"溪岸",漳平话说"溪磘",台湾话说"溪岸"。

蠓,普通话中是指一种小飞虫,雌虫吸人畜的血。而在闽南方言中它专指蚊子。

薰,是一种香草,指烟草,吸之而有香气,故闽南方言叫做薰。抽烟则是"食薰"。

疕,本指头疮,后可指疮上结的薄壳,即伤好后所结的痂。而在闽台闽南方言中,根据它的特点,引申为鼎疕,即锅巴。

宿,最初的意思是过夜。在普通话中是"住"的意思。在闽南方言中它则是一个量词,表示一次孵出的动物的量词。如"一宿鸡"。

蕊,是种子的系列器官。在闽南方言中,蕊又可作量词,相当于朵。如"一蕊花"。

第四,闽台闽南方言中都存在着与现代普通话的词语词序相反的词。这些词的产生也有其深刻的历史渊源,同时也与人们的认识有着密切的关系。这一类词在闽南方言中也是很有代表性的。如:

普通话	日历	客人	前头	热闹	寻找	母鸡	喜欢
闽南方言	历日	人客	头前	闹热	找寻	鸡母	欢喜

第五,由于受外来文化的影响,人们对从外国传入的东西有一种特殊的认识和感受,这表现在词汇上最明显的特点是:凡从外国输入的东西,名称上往往带有"番"、"洋"、或"红毛"等词素。如:"番薯"(红薯)、"番茄"(茄子)、"番豆"(花生)、"洋装"(西装)、"红毛灰"(水泥)、"洋楼"(楼房)等。

厦门话称马铃薯为"番仔番薯"。这个称呼表明马铃薯的传入比甘薯来得晚,也就是说,甘薯传入之后,人们一直称之为"番薯",久而久之,便习以为常了,渐渐忘了它原来的舶来品身份,所以当马铃薯传到国内时,人们又在"番薯"前加上

"番仔"。另外,中国与马来人贸易以闽南人为多,经济文化往来给各自的语言带来了新的词语,这些词语在其他方言中是没有的,因此它也成了闽南方言特有的方言词。如:"肥皂",台、漳、泉、厦、称"雪文",而在闽南的某些方言中也没有这些词,如:漳平话中,肥皂称"腊",龙岩话称"番仔硕"。

第六,由于自然环境的关系,人们对一些事物产生了某种不同的认识和感受,因而产生了一些特殊词语。如:

雷阵雨,闽南大部分方言叫"西北雨"。这是我国东南沿海,由于受热带性海洋气候团影响而形成的午后有雷阵雨的典型气候形态。

闽南地区的华侨称中国大陆为"唐山"。这是因为过去在海外各地的中国人都称祖国为唐山,而自称唐人,这是因我国唐代国势强盛,声威远播海外,自此后,凡到海外华侨,都如此称呼。一是因为这是汉唐子孙的荣耀,二是表示不忘本,居远尚思源的意思。台湾虽是我国一省,但因孤悬于海外,加上有一段被外族窃据的历史,所以,"唐山"、"唐山客"的称呼,在光复前十分普遍。

冰糕,在闽南称"雪枝"。这也与当地的气候形态有关。因为在闽南一带,气温一般不会降至零下,所以很难见到冰,因此会把"冰"、"雪"、"霜"混淆。当地的人还一般称"霜"为"冰"。所以"冰糖"则称"糖霜"。

台湾话与闽南方言有着亲密的语缘关系,这是为人们所公认的。然而,由于两地的历史文化背景不同,并且由于两岸长期缺乏交往,即使是福建省内的各地区也由于地理环境等诸多因素的影响,交往不是很密切,而使词汇走上了各自发展的道路。词汇是反映社会变化发展的最活跃的因素,社会发展的方向不同,社会政治、经济、文化、教育等方面的状况不同,社会风俗习惯、文化背景不同,这些都会反映在词汇的差异上。

二、闽台闽南方言词汇的不同点

闽台闽南方言中,存在许多意义相同而词形有异的词。这里所谓的不同,有的是由于对古代汉语的不同沿用,或是人们对客观事物认识的不同;有的则表现为构词上的差别,当然也有一些词,从读音上考察,它们是一致的,但是由于各地方言学家所采用的汉字不同,也造成了一些差异。

第一,词形完全不同的有:

普通话	台　湾	漳　州	泉　州	厦　门	龙　岩	漳　平	潮　汕
乡村	草地,庄脚	乡里	乡里	乡里,社	乡里,乡下	乡里头	乡里
上面	顶面	顶片	顶骹	顶面	上片,上裏	上片,上裏	顶畔
剪刀	铰刀	铰剪	铰剪	铰刀	铰刀	铰刀	铰刀

续表

普通话	台湾	漳州	泉州	厦门	龙岩	漳平	潮汕
锅巴	饭疕	鼎疕	鼎疕	饭疕	鼎疕	鼎疕	鼎疕,饭疕
父亲	阿爸	阿爸,阿爹	阿爹,爸	老父	爹,老爸	安爹	阿爸
母亲	阿妈,阿母	阿姐	阿母	老母	老母	安妈,安尔	姨
儿子	后生	囝,后生	囝	囝	后生	囝,后生	逗仔
下巴	下颏	下斗	下斗	下额	下桥腮	下[ham⁵⁵]	下颏
啃	齧	吃	喫	咬	咬	咬	
折	拐	拗,遏	拗,遏	拗,遏	遏	遏	拗
绑	缚	缚	缚	缚	绑	绑	缄
套	袭	躯	躯	躯	身	身	

第二,构词上存在差别的词:

普通话	台湾	漳州	泉州	厦门	龙岩	漳平	潮汕
墙壁	壁堵	壁	壁堵	壁	墙壁	墙壁	
橡	桶仔	桶仔	桶枝	桶支	桶仔枋	桶仔	桶
灶房	灶骹	灶骹	灶骹	灶骹	灶下	灶下	灶下
胡瓜	匏	匏仔	匏	匏	匏	白匏	白匏仔
愚笨	戆	戆仔	戆神	戆神	戆	戆	柴戆
自己	家己	家己	家己	家己	家己	植家	植家
全部	笼,拢	拢	拢总	拢总	拢总	笼总	拢共
蚊子	蠓仔	蠓仔	蠓仔	蠓仔	蠓	蠓	蠓

第三,有的词词形不同,只是各地方言家采用的字不同,读音是一致的。

普通话	台湾	漳州	泉州	厦门	龙岩	漳平	潮汕
泥土	塗	涂	涂	涂	涂	涂	涂
房屋	厝	厝	厝	厝			厝
米制糕点	粿	粿	粿	粿	粿	粿	粿
衣裤	衫裤	衫裤	衫裤	衫裤	衫裤	衫裤	衫裤
烟	熏	薰	熏	熏	薰	薰	薰
胡子	喙鬏	喙鬏		喙须	喙鬏	喙鬏	鬏
随便	清採	清采	清采	清采	清采	清彩	
吸		嗍	嗍	嗍	嗍	嗍	嗋

由于台湾曾被日本统治50年,这种特殊的历史背景对台湾的语言文化产生了很大的影响,于是在词汇上便表现出有与福建闽南方言不同的词。如:制本(装订)、下女(女佣)、邮便局(邮电局)、新闻局(邮电局)、自动车(汽车)、别庄(别墅)等。当然在日据时代,台湾人民也是进行了不屈不挠的斗争的。如:他们以

"甘薯仔"自称。这并不是因为台湾盛产甘薯,而是在日据时代,台湾同胞受了日本人的种种迫害和压榨,在心理上便产生了极浓烈的反抗情绪,处处认为日人"非我族类",但在公开场合又不敢明言,所以创造了许多代名词。如:称台人为"人",日人为"番";称台人为"咱",称日人为"伊";称农历春节为"台湾过年",新历新年为"日本过年";后来因怕通台语的日人怀疑,又自称"甘薯仔",称日人为"四脚的"。

由于海峡两岸社会意识形态的不同,影响到各自对外开放的程度。台湾实行资本主义社会制度,与西方资本主义世界的直接接触和联系既早又密切;大陆实行社会主义制度,直到 20 世纪 70 年代末才开始对外开放,所以,与西方世界的联系便相对地少了。由于这种文化开放程度的差异,加上对西方世界价值观念等方面采取不同的态度,导致了海峡两岸外来词的不同特点。

在翻译外国人名时,台湾尽量采用汉姓,并且对人名的翻译比大陆更加简洁。如:戈巴契夫(戈尔巴乔夫),胡笙(侯赛因),施诺汉(西哈努克),史达林(斯大林),艾森豪(艾森豪威尔)。在对一些科技用语的翻译上,台湾与内地的差异更为明显。如:太空梭(航天飞机)、镭射(激光)、身历声(立体声)、程式(程序)、硬体(硬件)、培基(basic)等。这可能是由于对原词理解角度不同,或是受地方语文习惯和文化心理的影响而造成的。

通过以上对台湾闽南方言与福建闽南方言词汇异同的文化考释,我们发现它们二者之间有很大的相似性,是同大于异,是流和源的关系。海峡两岸人民有着密切的血缘、语缘关系,通过对两岸文化的考察,不但可以确认台湾的根柢在大陆,而且可以正本清源,认同引归。

总之,福建闽南方言是汉语方言的一支,台湾闽南方言的祖根在闽南,这是举世共知,不可辩驳的事实。无数的历史事实向我们说明了一切。海峡两岸爱国的语言工作者正积极地投入到闽台闽南方言的研究工作中,这对两岸人民加强交流,消除隔阂,达成共识有着十分重要的作用。

第五章 粤闽台客家方言篇

第一节 粤闽台现代客家方言音系比较研究

客家方言是汉语七大方言之一。据陈修《梅县客方言研究》统计,使用客家方言的人口约有 9610 万,其中国外占 300 万人。客家人在国内主要分布在广东粤东、粤北、福建闽西、赣南、桂南、湖南、四川、台湾等部分地区;国外主要分布于马来西亚、新加坡、印度尼西亚、越南、泰国、菲律宾以及美洲的客家聚居地区。粤东、粤北,即今梅县、大埔、兴宁、五华、蕉岭、丰顺、和平、龙川、紫金、河源、连平、始兴、英德、翁源、仁化、平远。福建闽西,即包括上杭、武平、永定、长汀、连城、清流、宁化、明溪、龙岩的万安等;此外,闽南南靖的曲江、平和的九峰、诏安的秀篆、官陂等也说客话。台湾的桃园以南各乡镇和中坜、新竹、竹东、苗栗一带乡镇以及屏东县一部分乡镇、高雄县的美浓镇。本章里,我们着重介绍广东客话代表点梅县、福建客话代表点长汀以及台湾桃园、美浓、海陆几个客话代表点,并将其声韵调系统进行全面的比较,以便窥探它们之间的关系。

一、粤东梅县客家方言声韵调系统

本节里,我们着重介绍梅县客话的语音系统,同时注意与平远、大埔、兴宁、五华四个县进行比较。根据黄雪贞编纂的《梅县方言词典》"引论",现将梅县声韵调系统介绍如下:

(一)声母系统

梅县方言共有 17 个声母,包括零声母在内:

声 母	例 字	声 母	例 字	声 母	例 字	声 母	例 字	声 母	例 字
p	爸拜班	p'	怕平办	m	买尾明	f	夫花会	v	无委王
t	打都冬	t'	他大毒	n	拿耐南	l	罗来兰		
ts	做姐装	ts'	粗坐唱			s	苏沙船		
k	哥家广	k'	科共期	ŋ(n.)	我鱼牙	h	何侯鞋		
∅	野如仁								

袁家骅等著《汉语方言概要》指出,客家方言声母有很大的一致性,但也有些分歧。①梅县、平远没有卷舌声母;大埔、兴宁、五华却保存了照二和照三的区别,照二读 ts-、ts'-、s-,如"庄"字读作[tsoŋ],照三读 tʂ-、tʂ'-、ʂ,如"众"字读作[tʂuŋ]。②梅县的零声母齐齿呼 i-,大埔、兴宁读 z-,如"阳"字,梅县、平远读[ioŋ];大埔、兴宁读作[zoŋ];山摄合口元韵喉音字,梅县读零声母齐齿呼 i-,大埔、兴宁读 v,如"远"字,梅县、平远读作[ian],大埔、兴宁读作[vian]。③晓母开口三等韵字"戏、喜",梅县读作[hi],五华读作[ʂ]。

（二）韵母系统

梅县方言韵母有 73 个：

		元音韵	鼻音韵	声化韵
开口呼	舌声	ɿ a o e ai au oi eu 思 家 和 街 带 包 台 某	am em əm an en on ən aŋ oŋ 凡 岑 针 班 跟 安 珍 耕 方	m̩ n̩ 唔 鱼
	促声		ap ep əp at et ot ət ak ok 答 涩 执 达 德 割 质 百 博	
齐齿呼	舒声	i ia iai iau iu io ie iui 衣 也 皆 妖 流 茄 你 锐	im iam ian ien in iun iaŋ iaŋ iuŋ ion 音 尖 艰 鞭 令 均 饼 将 龙 软	
	促声		ip iap iat iet it iut iak iok iuk 立 夹 洁 憋 笔 屈 壁 却 足	
合口呼	舒声	u ua ui uai uo 古 瓜 对 乖 果	uan uen uon un uaŋ uoŋ uŋ 关 耿 官 尊 矿 光 冯	
	促声		uat uet ut uak uok uk 刮 国 不 曖 郭 腹	

梅县韵母系统与广东其他客家方言存有一些差异。袁家骅等著《汉语方言概要》指出,①大埔比梅县、兴宁、平远、五华多了五个韵母 æu、æm、æn、æp、æt,声和韵的配合关系也有不同。如"鸟"字,梅县读作[tiau],大埔读作[tæu];"店"字,梅县读作[tiam],大埔读作[tæm];"典"字,梅县读作[tæn],大埔读作[tian];"蝶"字,梅县读作[t'iap],大埔读作[t'æp];"铁"字,梅县读作[t'iat],大埔读作[t'æt]。②梅县、大埔均有韵尾 -m、-p,而兴宁则没有韵尾 -ŋ、-k,古咸、深摄字韵尾为 -ŋ、-k。如"林"字,梅县、大埔读作[lim],兴宁则读作[liuŋ];"担"字,梅县、大埔读作[tam],兴宁则读作[taŋ];"立"字,梅县、大埔读作[lip],兴宁则读作[liuk];"答"字,梅县、大埔读作[tap],兴宁则读作[tak]。③效摄章、知组韵字,梅县读 au,平远读 eu,如"招"字,梅县读作[tsau],平远读作[tseu]。④山摄二等开口见组韵字,梅县读作[ian],五华读作[an],如"间"字,梅县读作[kian],五华读作[kan];桓删合口见组韵字,梅县读作[uon],五华读作[on],如"官"字,梅县读作[kuon],五华读作[kon];先开口端组韵字,梅县读作[ien],五华读作

[en],如"颠"字,梅县读作[tien],五华读作[ten]。

(三)声调系统

梅县方言有 6 个声调:

调类	阴平	阳平	上声	去声	阴入	阳入
例字	夫天家	符田麻	府老假	父共嫁	屈急惕	局食敌
调值	44	11	31	53	1	5

袁家骅等著《汉语方言概要》指出,梅县客家话古平声字清声母字今读阴平,浊声母今读阳平。入声分化为阴阳,也是同样道理。上声不分阴阳,但古全浊声母字大部分读去声,小部分读阴平,古次浊声母大部分读阴平。古去声字今仍读去声。这也是客家话调类演变的大概情况。但也有存在分歧之处。如梅县、大埔全浊上声字大部分读去声,小部分读阴平,而五华则部分字读上声,部分读去声,部分读阴平。如"惰厦在亥尽"等字,梅县、大埔读去声,五华读上声。

二、闽西长汀客家方言声韵调系统

福建西部的纯客住县有 7 个,由北至南依次为宁化、清流、长汀、连城、武平、上杭、永定。这些客家住县连成一片,东边与福建明溪、永安、龙岩接壤,北边、西边与江西石城、瑞金会昌、寻乌交界,南边与广东平远、蕉岭、大埔和福建南靖相邻。除了福建的明溪、永安、龙岩和南靖属闽语区外,其余相邻县市均为纯客住县。福建客话代表是闽西首府长汀,在比较闽西诸方言点时,还与南靖的曲江、平和的九峰、诏安的秀篆、官陂等客话音系做比较。根据黄典诚主编《福建省志·方言志》第六章"闽西客话",将闽西长汀方言声韵调系统介绍如下:

(一)声母系统

现将闽西长汀方言 20 个声母列表如下:

声母	例字	声母	例字	声母	例字	声母	例字	声母	例字
p	布包班	p'	步泡盘	m	毛木梦	f	夫胡混	v	雾窝翁
t	刀带东	t'	大土同	n	奴南日	l	路列良		
ts	祖灾宗	ts'	初财仓			s	苏色心		
tʃ	猪举正	tʃ'	川欺郑			ʃ	食稀声		
k	古怪公	k'	枯跪空	ŋ	鱼岸雨	h	孝开行		
∅	暗野约								

闽西客家话声母数不一致:长汀 20 声、连城 20 声、宁化 16 声、清流 20 声、上杭 17 声、永定 18 声、武平 17 声、南靖曲江 17 声、平和九峰 21 声、诏安秀篆、官陂21 声。据蓝小玲《闽西客家方言》研究:①闽西长汀方言浊音声母清化不论平仄

一律送气,与赣南、闽西、粤东至四川、台湾等地一样。②闽西长汀方言帮非组在各地基本一致,非组有文白两读,白读为重唇。但并不是所有的非组字都有两读,有的只有文读,如"匪",各点都是[f-];有的只有白读,如"痱、尾",各点都是[p-][m-]。还有些字的读音各地并不一致。如"味"在永定、上杭、武平为[m-],在长汀、宁化为[v-]。③舌齿音精、庄、知、章组在闽西客家方言中的分合情况不一:一是长汀、清流、连城等方言精庄合一为[ts-、tsʻ-、s-],知章合一为[tʃ-、tʃʻ-、ʃ-];二是武平方言精庄知章合一为[ts-、tsʻ-、s-],知章个别归端为[t-、tʻ-];三是宁化、永定、上杭等方言精庄知章不论洪细全部合一,读作[ts-、tsʻ-、s-]。④《切韵》牙喉音三四等在闽西长汀、上杭、武平、永定等方言中已经腭化,二等也有的开始腭化,宁化、连城、清流、长汀的濯田、童坊、官坊、永定的下洋等方言都未腭化。⑤《切韵》端透定读音各点一致,泥母比较复杂:泥母长汀一律读作[n],宁化、上杭、武平、永定等方言洪音读作[n],细音读作[ŋ]。来母的一二等在闽西客家话没有什么特殊之处,而在三等,长汀、连城、上杭、永定等方言却有[t-]一读。

诏安客家方言与平和、南靖客家方言有异同之处:①诏安、平和客家方言有[n]与[l]的区别,如"奶"声母读作[n],"利"声母读作[l];而南靖则无[n],只有[l]。②诏安客家方言有[ts-、tsʻ-、s-]和[tʃ-、tʃʻ-、ʃ-]两套声母的对立,与平和客家方言同。南靖客家方言则不然,只有[ts-、tsʻ-、s-]而无[tʃ-、tʃʻ-、ʃ-]。③诏安客家方言有[j]母,南靖亦然,而平和则无。④平和有[dz],而诏安、南靖均无。

（二）韵母系统

闽西长汀方言共有30个韵母:

	元音韵	鼻音韵	鼻化韵	声化韵
开口呼	ɿ a o e ɔ ue ai 支 巴 波 北 包 牛 戴	aŋ eŋ oŋ ɔŋ 单 陈 东 张		ŋ 五
齐齿呼	i ia ie io iɔ uei 皮 夜 街 弱 小 酒	iaŋ iŋ ioŋ iɔŋ 惊 音 雄 香	iẽ 言	
合口呼	u ua ue ui 布 瓜 割 归	uaŋ ueŋ 罐 昆	ũ 川	

闽西客家话韵母数不一致:长汀30韵母、连城30韵母、宁化44韵母、清流48韵母、上杭41韵母、永定43韵母、武平38韵母、南靖曲江39韵母、平和九峰77韵母、诏安秀篆、官陂75韵母。《福建省志·方言志》第六章"闽西客话"指出:①普通话读əŋ(唇音声母下)uŋ和iuŋ的字(古通摄),闽西客话分别读为ɔŋ、 ioŋ、ŋo、ci、oŋ、ioŋ 等。客话一般是宕摄的字主要元音比通摄开。②普通话读ʅ韵和ɿ韵的字（古止开三精、知、庄、章组声母），客话除宁化精、庄组字读ɤ韵外，其他一般读ɿ韵。长汀、连城舌叶音韵母ʅ，音值接近ʅ。"知"在闽西客话区，除武平外，白读音为 ti。③普通话读 u 韵的一些字（古遇摄合口一等疑母），除永定读成 m 外，其他各点读成 ŋ，个别字读 ŋu。④普通话读 ai 韵的字，除永定、长汀有读 ai 的外，其他各点大多数读为开尾韵。⑤普通话读为前鼻音韵 –n 的字（中古咸、深、山、臻等摄），客话大多读成后鼻音 –ŋ，同中古宕、江、曾、梗、通等摄一样（除永定有 –n、–ŋ 两套韵尾，m 自成音节，清流、上杭、永定有的摄读为鼻化韵外）。

漳州地区客家方言有以下异同点：①诏安客家方言有 75 个韵母，平和客家方言有 77 个韵母，都比较接近于广东梅县方言；南靖则只有 39 个，却更接近于闽西永定客家方言；②平和有 æu、æm、æn、æp、æt 诸韵母，而诏安无，而有 ɛu、ɛm、ɛn、ɛp、ɛt；③平和有 o 韵母，诏安和南靖则无；④诏安和平和均有撮口呼韵，而南靖则无；⑤诏安和平和均有鼻化韵，而南靖则无；⑥诏安和平和均有收 –p、–t、–ʔ 韵尾的促声韵，而南靖只有收 –ʔ 尾韵；⑦南靖有 [ə] 韵母，诏安和平和均无。

（三）声调系统

长汀方言有 5 个声调：

调 类	阴 平	阳 平	上 声	阴 去	阳 去
例 字	三暖	寒急	古老	爱汉	大读
调 值	33	24	42	54	21

蓝小玲在《闽西客家方言》中指出，闽西客语的声调数目多为 5 个至 6 个，内部差异比粤东客语大，大致可分为三类：①入声消失，这是连城和长汀的特点，长汀的入声归阳平、阳去，连城则都进入了去声；②入声分阴阳，去声不分阴阳，这是上杭、武平、永定的特点，入声都只剩喉塞音，调值也极接近，阴调低，阳调高；③入声不分阴阳，去声分阴阳，这是宁化、清流的特点，宁化保留清入，浊入归阳去；清流却是保留了浊入，清入归上声。

诏安客家方言声调有 6 个，与南靖方言声调同；平和客家方言声调有 7 个，即阴平、阳平、上声、去声、阴入、中阴入、阳入，中阴入的字大部分从阴入调分出来，其喉塞成分不如阴入和阳入，比较微弱。

三、台湾客家方言声韵调系统

台湾客家人多半是在两三百年前从广东的嘉应、惠州、潮州等府东渡，居住在台湾南部的高雄、屏东等县及北部的桃园、新竹、苗栗等县内，至今仍然保持和使用广东梅县、海陆丰等地的生活、风俗习惯和语言。台湾客家人的总人数，据统计，占台湾总人口的13%。

台湾的客家话主要有：四县腔、海陆腔、大埔腔（东势腔）、诏安腔、永定腔和饶平腔等。

一是四县腔。四县是指广东省平远、兴宁、五华、蕉岭，旧属嘉应州，其州治在今梅县，实际上是五县。如今说四县腔客话者主要分布于台湾桃园县的中坜、龙潭、平镇，新竹县的关西，苗栗县的苗栗市、公馆、头份、大湖、铜锣、三义、西湖、南庄、头屋，屏东县的竹田、万峦、内埔、长治、麟洛、新埤、佳冬、高树，高雄县的美浓、杉林、六龟，台东县的池上、关山、鹿野、成功、太麻、碑南。

二是海陆腔。海陆是指海丰和陆丰。海丰县，位于广东省东部滨海的丘陵地带，东与陆丰县邻接；陆丰县位于广东省的东江中上游一带，西与海丰县相接，东与梅县非常邻近，大多位于山区。如今说海陆腔客话者主要分布于台湾桃园县的观音、新屋、杨梅，新竹县的新丰、新埔、湖口、芎林、横山、关西、北埔、宝山、娥眉、竹东，花莲县的吉安、寿丰、光复、玉里、瑞穗、凤林、复金。

三是大埔腔（东势腔）。大埔是广东省大埔县，原属潮州府。如今说大埔腔客话者主要分布台湾台中县的东势、石冈、新社、卓兰、和平。

四是诏安腔。诏安是指福建省诏安县，原属漳州府。如今说诏安腔客话者主要分布于台湾云林县的仑背、二仑、西螺。

永定腔和饶平腔等散居各地。

洪惟仁《台湾方言之旅》认为："台湾客家话以四县话占绝对优势，屏东的六堆、苗栗、新竹南部，中坜、杨梅、龙潭一带是其分布区。海陆话分布于桃园的观音、新屋、杨梅（一部分）；新竹的大部分如竹东；苗栗的南庄（东村、西村、南江、东河、南富）；造桥（丰湖）；后龙（校椅）；西湖（金狮、龙洞、二湖、三湖、四湖、湖东）；通宵（势北、福兴），本县海陆话人口只有四县的七分之一弱。区内另有饶平话，在卓兰镇老庄里，人口更少，只有海陆话的十分之一强。"

现将台湾客家话的声、韵、调系统介绍如下：

（一）台湾客家话声母系统（21个声母）

声母	例字	声母	例字	声母	例字	声母	例字	声母	例字
p	班	pʻ	潘	m	满	f	番	v	弯
t	单	tʻ	滩	n	难	l	兰		
ts	煎	tsʻ	千			s	仙		
tʃ	足	tʃʻ	痴			ʃ	扇	j	烟
k	奸	kʻ	权	ŋ	硬	h	贤		
∅	安								

海陆话有舌尖前塞擦音和舌叶音的对立,如"纸"[tʃi³⁵]和"子"[tsi³⁵]的声母是有分的,但台湾四县话,如六堆、苗栗、中坜不分,与现代梅州话一样,同读舌尖前塞擦音"纸"tsi³¹和"子"tsi³¹,只有杨梅、东势的四县话分舌尖前塞擦音和舌叶音。这是因为杨梅、东势属潮州籍区,尤其东势、新社的潮州饶平腔很浓。

(二)台湾客家话韵母系统

舒声韵44个,入声韵18个,共62个韵母。

		元音韵	鼻音韵	声化韵
开口呼	舒声	ɿ a o e ai au oi eu 师 加 膔 细 待 拗 来 楼	am em an en on aŋ oŋ 杉 森 班 能 闩 硬 糠	m̩ n̩ ŋ̍ 毋 你 鱼
	促声		ap ep at et ot ak ok 鸽 涩 瞎 踢 脱 碛 落	
齐齿呼	舒声	i ia ie io iu iau ieu ioi 地 惹 蚁 瘹 久 晓 钩 □	im iam ian in iun iaŋ ioŋ iuŋ ion 寻 添 边 精 近 迎 强 龙 软	
	促声		ip iap iat it iut iak iok iuk 立 帖 缺 必 □ 锡 脚 六	
合口呼	舒声	u ue ui uai 赌 □ 龟 乖	uan un uaŋ uŋ 关 坤 茎 蜂	
	促声		uat ut uk 刮 骨 嗽	

台湾客家话韵母系统有以下特点:①四呼不齐,只有开口呼、齐齿呼和合口呼;②阳声韵尾 -m,-n,-ŋ 保存完整,收 -m 韵尾,如杉、森、寻、添等字;收 -n 韵尾,如班、能、闩、边、精、近、软、关、坤等字;收 -ŋ 韵尾,如硬、糠、迎、强、龙、茎、蜂等字;③塞尾音 -p,-k,-t 保存完整,收 -p 韵尾,如鸽、涩、立、帖、十、汁等字;收 -t 韵尾,如瞎、踢、脱、刮、骨、缺、必等字;收 -k 韵尾,如碛、落、锡、脚、六、嗽等字。

(三)台湾客家话的声调系统

腔调	阴平	超阴平	阳平	上	阴去	阳去	阴入	阳入
四县腔	24		11	31	55		2	5
海陆腔	53		55	13	31	22	5	2
东势腔	33	24	11	31	53		2	5
饶平腔	11		55	53	25		2	5
诏安腔	22		52	31	33		3	4

从上表可见,台湾客家的声调有以下特点:①四县腔调值与海陆腔相反,前者高而后者低,前者低则而后者高;②东势腔的调值比较接近于四县腔,但其声调比较低;③东势腔和海陆腔均7调,其余6调,但前者有阴平和超阴平之分,后者有阴

去和阳去之别,是其他客家腔调所没有的;④变调方面东势最复杂、海陆次之,四县最简。

四、粤闽台客家方言声韵调系统比较

在本节里,我们根据罗雪贞《梅县方言词典》、丁邦新《台湾语言源流》第四章"客家语的音韵结构"、黄典诚主编《福建省志·方言志》和蓝小玲《闽西客家方言》,将梅县话、长汀话、桃园四县腔、美浓四县腔以及桃园、新竹的海陆腔的声、韵、调系统进行比较。

(一)声母系统比较

例　字	梅县 17 声	长汀 20 声	桃园 20	美浓 17 声	海陆 20 声
包比	p	p	p	p	p
爬旁	p'	p'	p'	p'	p'
马民	m	m	m	m	m
风虎	f	f	f	f	f
蛙晚	v	v	v	v	v

梅县客家方言有双唇音和唇齿音两类。[p]为双唇不送气的清塞音,[p']为双唇送气的清塞音,[m]为双唇浊鼻音。丁邦新认为"在桃园、美浓及海陆等方言中,[m]带有较重的塞音成分,听起来像[mb]"(《台湾语言源流》第 68 页)。[f]是清擦音,[v]是浊擦音。罗雪贞认为梅县客话"[v]的摩擦很轻,实际音值是[υ]"(《梅县方言词典》第 4 页)。黄典诚认为长汀"唇齿音 v– 在开口呼韵母前发音时摩擦较轻微,在和韵母 –u 结合时摩擦较重,及至拟自成音节,如乌 vu → v"(《福建省志·方言志》第 278 页)。丁邦新认为"惟有在美浓方言中,两者都接近双唇擦音,前者读成[φ];后者读成[β]",还认为"在梅县及美浓唇音声母不配[ui]韵母,桃园及海陆则可以相配"(《台湾语言源流》第 68 页)。

例　字	梅　县	长　汀	桃　园	美　浓	海　陆
带冬	t	t	t	t	t
胎谈	t'	t'	t'	t'	t'
内纳	n	n	n	n	n
兰露	l	l	l	l	l

梅县客家方言舌音声母有四个:[t]是舌尖中不送气清塞音,[t']是舌尖中送气清塞音,[n]是舌尖中浊鼻音,[l]是舌尖中浊边音。丁邦新认为[n]声母"在桃园及海陆,连接开、合口韵母是,发音部位稳固,带有较重的塞音成分,听起来像[nd]。连接齐齿音韵母时有读成[ȵ]的倾向,与[ŋ]母的同位音[ȵ]很接

近"(《台湾语言源流》第 69 页)。[1] 在粤闽台客家方言中的读音都是一致的。

例字	梅县	长汀	桃园	美浓	海陆
租嘴	ts	ts	ts	ts	ts
中猪		tʃ	tʃ		tʃ
茶窗	tsʻ	tsʻ	tsʻ	tsʻ	tsʻ
除虫		tʃ	tʃ		tʃ
三悉	s	s	s	s	s
书蝉		ʃ	ʃ		ʃ

梅县客家方言齿音声母有两类:[ts-、tsʻ-、s-] 和 [tʃ-、tʃʻ-、ʃ-]。[ts] 是舌尖前不送气清塞擦音,[tsʻ] 是舌尖前送气清塞擦音,[s] 是舌尖前清擦音,[tʃ] 为舌叶音不送气清塞擦音,[tʃʻ] 为舌叶音送气清塞擦音,[ʃ] 为舌叶音清擦音。各方言之间很不一致。丁邦新认为"其分化的条件有历史上的渊源,在桃园、海陆两地大约原属精系及照二系的读作[ts-],原属知系及照三系的读作[tʃ-]。桃园本地也有两派,另一派则全读作[ts-]"(《台湾语言源流》第 70 页)。长汀、桃园、海陆客话均有 [ts-、tsʻ-、s-] 和 [tʃ-、tʃʻ-、ʃ-] 两套声母的对立,梅县、美浓客话声母均17个,少了舌叶音 [tʃ-、tʃʻ-、ʃ-],只有舌尖前塞擦音 [ts-、tsʻ-、s-]。黄典诚认为长汀方言"舌叶音 tʃ、tʃʻ、ʃ- 受介音 -i 影响时,舌面前部向齿龈和硬颚上抬腭化,带有舌面音 tɕ、tɕʻ、ɕ- 的音色"(《福建省志·方言志》第 278 页)。

例字	梅县	长汀	桃园	美浓	海陆
家金	k	k	k	k	k
枯轻	kʻ	kʻ	kʻ	kʻ	kʻ
牙人	ŋ	ŋ	ŋ	ŋ	ŋ
香/河	ʃ/h	ʃ/h	h	h	h
安圆	Ø	Ø	Ø	Ø	Ø

[k] 是舌面后不送气清塞音,[kʻ] 是舌面后送气清塞音,[ŋ] 是舌面后浊鼻音,[h] 是喉音清擦音,[Ø] 是零声母。罗雪贞认为 "[k、kʻ、ŋ、h] 与 [i、i-]相拼时,实际音值是 [c、cʻ、ɲ、ç]"(《梅县方言词典》第 5 页)。丁邦新也认为"[k][kʻ] 在各方言中接齐齿韵时都有腭化的倾向,音值接近舌面中的塞音 [c] 和[cʻ]。各方言中以 [k、kʻ] 为声母的语汇都很一致"(《台湾语言源流》第 71 页)。

(二)韵母系统比较

梅县客家方言韵母系统有以下特点:①四呼不全,唯有开口呼、合口呼和齐齿呼,与普通话不同,无撮口呼;②单元音 [i、e、a、o、u] 是梅县客家方言所共有的,梅县和长汀还有 [ɿ],长汀有 [ɔ],桃园、海陆有 [ï],美浓有 [ə];③梅县、桃园、美浓和海陆各点都有鼻音韵尾 [-m、-n、-ŋ] 和入声韵尾 [-p、-t、-k],只有长汀仅有阳声韵［-ŋ］尾。现将各点异同点比较如下：

例　字	梅县韵母	长汀韵母	桃园韵母	美浓韵母	海陆韵母
知李	i/ɿ	i	i	i	i
梯梅	i/oi	i	oi	oi	oi
杯飞	i	e/i	ui	i	ui

“知李”二字,各点均可读作［i］韵母,唯有“知”字梅县读作［ɿ］韵母;“梯梅”二字,梅县和长汀均读作［i］,桃园、美浓、海陆则均读作［oi］韵母,“梅”字梅县也有［oi］一读;“杯飞”二字,梅县、长汀和美浓均读作［i］韵母,而桃园、海陆则读作［ui］韵母。

例　字	梅县韵母	长汀韵母	桃园韵母	美浓韵母	海陆韵母
洗细	e	e	e	e	e
批啼	e	e	i	i	i
鸡	e	e	e	ai	ai

“批啼”二字,梅县和长汀均读作［e］韵母,而桃园、美浓和海陆均读作［i］;“鸡”字,美浓和海陆读作［ai］韵母,其余则读作［e］韵母。

例　字	梅县韵母	长汀韵母	桃园韵母	美浓韵母	海陆韵母
花家	a	a	a	a	a
斜谢	ia	ia	ia	ia	ia
瓜夸	ua	ua	ua	ua	ua

以上3个韵母［a］［ia］［ua］,各点基本上一致。

例　字	梅县韵母	长汀韵母	桃园韵母	美浓韵母	海陆韵母
子世	ɿ	i	ï	ə	ï
租苏	ɿ	u	u	u	u

“租苏”二字,唯独梅县读作［ɿ］韵母,其余均读作［u］韵母;“子世”二字,梅县读作［ɿ］,长汀读作［i］,桃园和海陆读作［ï］,美浓则读作［ə］。

例　字	梅县韵母	长汀韵母	桃园韵母	美浓韵母	海陆韵母
刀/哥	au/o	ɔ/o	o	o	o
靴瘸	io	io	io	io	io
都鼓	u	u	u	u	u
周		eu	iu	iu	iu
卖再	ai	e/ai	ai	ai	ai
街解	iai	e	iai	iai	iai
乖	uai	ue	uai	uai	uai

"刀哥"二字,各点均可读作[o],但"刀"字,梅县还有[au]一读,长汀有[ɔ]韵母;"周"字,唯有梅县读作[u],长汀读作[eu],其余均读作[iu];"卖再"二字,各点均读作[ai],"卖"字唯独长汀读作[e]。"街解"二字,唯有长汀读作[e],其余各点均读作[iai]。各点有[uai],只有长汀无此韵母。

例　字	梅县韵母	长汀韵母	桃园韵母	美浓韵母	海陆韵母
台/害	oi	ai/ue	oi	oi	oi
归谁	ui	ui	ui	ui	ui

"台害"二字,梅县、桃园、美浓、海陆均读作[oi],而长汀则分别读作[ai]和[ue]。

例　字	梅县韵母	长汀韵母	桃园韵母	美浓韵母	海陆韵母
流就	iu	ieu	iu	iu	iu
斗厚	eu	eu	eu	eu	eu
包考	au		au	au	au
刀高	au	ɔ	o	o	o
招绍	au		eu	eu	au
条廖	iau		iau	iau	iau
标娇	iau	iau	eu	eu	iau

梅县有[iu]、[eu]、[au]、[iau],桃园、美浓、海陆基本上与梅县相同,唯独"刀高"字读作[o]韵母,梅县则读作[au];"标桥"二字梅县、海陆读作[iau],桃园、美浓则读作[eu]。长汀与其各点差别较大。

例　字	梅县韵母	长汀韵母	桃园韵母	美浓韵母	海陆韵母
林金	im		im	im	im
森	em	eŋ	em	əm	em
帆柑	am	aŋ	am	am	am
镰欠	iam	iŋ	iam	iam	iam
针深	əm	eŋ	em	əm	em

梅县有[im]、[em]、[am]、[iam]、[əm]等韵母,桃园、美浓、海陆与之基本相同,只有美浓稍有差异。长汀只有[-ŋ]韵尾,因而与梅县差别颇大。

例　字	梅县韵母	长汀韵母	桃园韵母	美浓韵母	海陆韵母
贫静	in		in	in	in
冰恨	en		en	ən	en
争生	en	eŋ	en（aŋ）	ən	en（aŋ）
耿亘	uen		uen	uən	uen

例 字	梅县韵母	长汀韵母	桃园韵母	美浓韵母	海陆韵母
班山	an	aŋ	an	an	an
天肩	ien/ian	iŋ	ian	ian	ian
关惯	uan	uaŋ	uan	uan	uan
真／成	ən/aŋ	eŋ/aŋ	en	ən	en
短肝	on	uŋ	on	on	on
全	ien	iŋ	ion	ion	ion
官罐	uon	uŋ	on	on	on
轮笋	un	eŋ	un	un	un
军裙	iun		iun	iun	iun

　　梅县有［in］、［en］、［uen］、［an］、［ian］、［ien］、［uan］、［ən］、［on］、［uon］、［un］、［iun］等韵母,桃园、美浓和海陆与之基本相同,唯独美浓"冰争"二字读作［ən］,"耿亘"二字读作［uən］,与其他各点不同。长汀与梅县差别很大,主要是全部收［-ŋ］尾。

例 字	梅县韵母	长汀韵母	桃园韵母	美浓韵母	海陆韵母
彭耕	aŋ	eŋ	aŋ	aŋ	aŋ
名青	iaŋ	iaŋ	iaŋ	iaŋ	iaŋ
矿	uaŋ	ɔŋ	—	—	—
唐霜	oŋ	ɔŋ	oŋ	oŋ	oŋ
纺网	oŋ	iaŋ/iɔŋ	ioŋ	ioŋ	ioŋ
枪香	ioŋ	iɔŋ	ioŋ	ioŋ	ioŋ
光广	uoŋ	ɔŋ	oŋ	oŋ	oŋ
风／双	uŋ	oŋ/ɔŋ	uŋ	uŋ	uŋ
龙弓	iuŋ	oŋ	iuŋ	iuŋ	iuŋ

　　梅县有［aŋ］、［iaŋ］、［oŋ］、［ioŋ］、［uŋ］、［iuŋ］等韵母,桃园、美浓和海陆基本上与之相同,而梅县有［uaŋ］、［uoŋ］二韵母,其他则无。

例 字	梅县韵母	长汀韵母	桃园韵母	美浓韵母	海陆韵母
立急	ip	i	ip	ip	ip
涩	ep	e	ep	ep	ep
答／鸽	ap	a/o	ap	ap	ap
碟妾	iap	e/	iap	iap	iap
汁湿	əp	i	ip	əp	ip

梅县、桃园、美浓和海陆均有［ip］、［ep］、［ap］、［iap］等韵母,梅县和美浓有［əp］,桃园和海陆则读作［ip］。长汀与之差别大,因其［-p］韵尾已经脱落。

例 字	梅县韵母	长汀韵母	桃园韵母	美浓韵母	海陆韵母
笔历	it	i	it	it	it
得客	et	e/a	et	et	et
国	uet	ue	uet	uet	uet
八舌	at	e	at	at	at
铁歇	iat	e	iat	iat	iat
刮	uat	ue	uat	uat	uat
织实	ət	i	it	ət	it
脱割	ot	ue	ot	ot	ot
不骨	ut	e/ui	ut	ut	ut
屈	iut	ue	iut	iut	iut

梅县、桃园、美浓和海陆均有［it］、［et］、［uet］、［at］、［uat］、［ot］、［iut］等韵母,差异的是:梅县和美浓有［iat］,而桃园和海陆则读作［iet］;梅县有［iot］,其余各点均无;美浓有［uət］,而其余则读作［ut］。长汀无入声韵,与以上各点差别大。

例 字	梅县韵母	长汀韵母	桃园韵母	美浓韵母	海陆韵母
百尺	ak	a	ak	ak	ak
壁锡	iak	ia	iak	iak	iak
薄角	ok	o	ok	ok	ok
雀脚	iok	io	iok	iok	iok
郭	uok	o	ok	ok	ok
木哭	uk	u	uk	uk	uk
足畜	iuk	u	iuk	iuk	iuk

梅县、桃园、美浓和海陆均有［ak］、［iak］、［ok］、［iok］、［uk］、［iuk］等韵母。不同的是:梅县有［uak］韵母,桃园、美浓和海陆均无;梅县读作［uok］者,桃园、美浓和海陆均读作［ok］。长汀只保留介音或韵腹,［-k］韵尾已经脱落。

例 字	梅县韵母	长汀韵母	桃园韵母	美浓韵母	海陆韵母
（不）	m		m	m	m
鱼五	ŋ	ŋ	ŋ	ŋ	ŋ

只有长汀仅有［ŋ］一个声化韵,其余各点均有［m］和［ŋ］的声化韵。

（三）声调系统比较

调类	阴平	阳平	上声	去声		阴入	阳入
				阴去	阳去		
梅县	44	11	31	52		21	44
长汀	33	24	42	54	21	—	—
桃园	24	11	31	55		22	55
美浓	24	11	42	55		32	55
海陆	53	55	13	31	22	55	32

梅县、桃园、美浓均 6 调，平声分阴阳，上声独成一类，去声不分阴去和阳去，入声分阴阳；海陆 7 调，去声分阴阳；长汀 5 调，去声分阴阳，但无入声。

通过梅县、长汀、桃园、美浓和海陆 5 个客话代表点声韵调系统的比较，我们可以清楚地看到，梅县与桃园、美浓和海陆比较相近，与长汀相距甚远。其主要原因是台湾客家人移民发源地的不同。桃园、美浓主要来自于广东四县，海陆主要来源于海丰和陆丰。闽西客家人迁入台湾毕竟比较少，因此闽西客话在台湾的影响也就比较小。

第二节　粤闽台客家方言音系与中古音系比较研究

在本节里，我们拟将粤闽台客家方言的代表——梅县话的声韵调系统与中古音——《广韵》音系进行历史地比较。凡是与梅县客家方言不同之处则一一标出，相同者就不另注明。

一、粤闽台客家方言声母系统与中古声母系统比较

《广韵》有 36 个声母，即唇音帮（非）、滂（敷）、並（奉）、明（微），舌音端、透、定、泥（娘）、知、彻、澄、来，齿音精、清、从、心、邪，庄、初、崇、山、章、昌、床、书、禅、日，牙音见、溪、群、疑，喉音影、晓、匣、云（喻三）、以（喻四）。现将粤闽台客家方言声母系统与中古声母系统历史比较如下：

（一）中古声母系统与粤闽台客家方言声母系统比较

1. 唇音

《广韵》帮母字，粤闽台客家方言读作 [p]，滂母字读作 [p‘]，並母平声字读送气 [p‘]，仄声字读不送气 [p‘]；唐宋三十六字母非敷奉母字，粤闽台客家方言读作 [f]，少数读作 [p] 或 [p‘]；明母和少数微母字读作 [m]，多数微母字读作 [v]。如

下表：

中 古	客 家	例 字	中 古	客 家	例 字
帮	p	巴把波饱霸坝靶豹哺埔补布佈	（敷）	f	敷泛芳蜂纺捧覆麦夫
滂	pʻ	葩胚怕铺普溥浦铺坡颇叵颇破	（敷）	pʻ	殕
並平声	pʻ	爬琶杷蒲匍菩婆皮疲脾庖咆袍	（敷）	p	捧
並仄声	pʻ	爸罢部步捕哺爸被婢避备鼻枇	（奉）	f	腐装翡蜚裴吠烦番繁樊蕃
明	m	妈骂摸摩毛摩矛磨蘑谋冒贸戊	（奉）	pʻ	肥扶冯缝冯房符吠
（非）	f	夫肤府俯斧甫脯赋付富辐傅	（微）	m	尾味微问网蚊袜
（非）	p	菲斧腹	（微）	v	无未晚文望物

2.舌音

　　《广韵》端母字,粤闽台客家方言读作［t］,透母读作［tʻ］,定母读同部位清音,平声字和仄声字均读作［tʻ］;泥（娘）母读作［n］。《广韵》知母,梅县、美浓客家方言读作［ts］,长汀、桃园、海陆客家方言则读作［tʃ］;彻母梅县、美浓客家方言读作［tsʻ］,长汀、桃园、海陆客家方言则读作［tʃʻ］;澄母梅县、美浓客家方言平声字和仄声字均读作［tsʻ］,长汀、桃园、海陆客家方言则读作［tʃʻ］。《广韵》来母,粤闽台客家方言一般读作［l］。具体情况如下表：

中 古	客家方言	例 字
端	t	倒低堤底短戴帝带底抵诋
透	tʻ	偷土吐兔拖讨妥椭唾套胎梯
定平声	tʻ	徒屠涂图驼陀驮沱陶桃逃萄涛
定仄声	tʻ	肚渡窦惰道导蹈盗舵弟第达独
泥（娘）	n	男南念难年嫩农脓女闹柠钮扭
知	ts（梅县、美浓）	罩贮知猪致置著拄肘昼朝
	tʃ（长汀、桃园、海陆）	罩贮知猪致置著拄肘昼朝
彻	tsʻ	耻抽丑超琛蛏趁逞骋宠畅撑
	tʃʻ（长汀、桃园、海陆）	耻抽丑超琛蛏趁逞骋宠畅撑
澄平声	tsʻ（梅县、美浓）	厨池持迟锄除厨踌绸筹畴捶
	tʃʻ（长汀、桃园、海陆）	厨池持迟锄除厨踌绸筹畴捶
澄仄声	tsʻ（梅县、美浓）	稚致治痔箸治坠赵兆肇传阵
	tʃʻ（长汀、桃园、海陆）	稚致治痔箸治坠赵兆肇传阵
来	l	啦庐鲁虏卤连怜涟联鲢禄鹿

3. 齿音

《广韵》齿头音精母字,粤闽台客家方言读作[ts],清母,粤闽台客家方言读作[ts'],从母平声字和仄声字,粤闽台客家方言均读作[ts'],心、邪二母,粤闽台客家方言读作[s]。如下表:

中 古	客 家	例 字	中 古	客 家	例 字
精	ts	做租祖资兹走尊作则纵足酒姐	从仄声	ts'	坐座在罪自脏造族贼净静就捷疾
清	ts'	粗猜催次餐村且清取签秋悄	心	s	宋梭琐送死损嫂三孙蒜心新些姓
从平声	ts'	蚕从泉全前	邪	s	似遂随邪斜叙序

《广韵》正齿音庄、章二母字,梅县、美浓客家方言读作[ts];初、昌二母和崇母平声、仄声字,梅县、美浓客家方言读作[ts'];生、书、禅和船母字,梅县、美浓客家方言读作[s]。日母字,梅县客家方言读作[ȵ]或[ø]。《广韵》章母字,长汀、桃园、海陆客家方言读作[tʃ];昌母和船母平声、仄声字,长汀、桃园、海陆客家方言读作[tʃ'];书、禅二母字,长汀、桃园、海陆客家方言则读作[ʃ]。如下表:

中 古	客家方言	例 字
庄	ts	榨诈壮装扎债斩庄邹阻诅楂臻
初	ts'	楚初疮炒础叉厕钗抄窗创
崇平声	ts'	锄柴谗查愁馋潺床雏岑
崇仄声	ts'	寨助状骤闸栈侪撰铡
生	s	沙纱师霜山衫梢使数疏驶晒
日	ȵ	染入热软人忍认日
日	ø	如儒柔然让若绒仁
章	ts（梅县、美浓）	枝指止旨址只趾主煮志至贽
	tʃ（长汀、桃园、海陆）	枝指止旨址只趾主煮志至贽
昌	ts'（梅县、美浓）	处臭吹车唱炊川穿喘串秤称
	tʃ'（长汀、桃园、海陆）	处臭吹车唱炊川穿喘串秤称
船平声	s（梅县、美浓）	船蛇唇神晨绳
	ʃ（长汀、桃园、海陆）	船蛇唇神晨绳
船仄声	s（梅县、美浓）	示谥
	ʃ（长汀、桃园、海陆）	示谥
书	s（梅县、美浓）	舒输书始失世势书舒输师署
	ʃ（长汀、桃园、海陆）	舒输书始失世势书舒输师署
禅	s（梅县、美浓）	是氏视殊署墅树侍仇售酬禅
	ʃ（长汀、桃园、海陆）	是氏视殊署墅树侍仇售酬禅

4.牙音

《广韵》牙音见母,粤闽台客家方言读作〔k〕;溪母读作〔kʻ〕;群母平声字和仄声字均读作〔kʻ〕;疑母一、二等变开口读作〔ŋ〕,三四等变齐齿读作〔ȵ〕。如下表:

中 古	客 家	例 字	中 古	客 家	例 字
见	k	哥个该改姑古怪恭供巩癸规诡家	群仄声	kʻ	共跪柜臼枢徛俭苂菌
溪	kʻ	可开快看奎孔筐葵逵跪柜腔羌	疑	ŋ(ȵ)	雅吴吾梧蜈我五伍午偶误悟晤雅
群平声	kʻ	渠强期乔求骑蜞逵葵葵癪琴禽檎			

5.喉音

《广韵》晓母合口字,粤闽台客家方言读作〔f〕,开口字读作〔h〕;匣母合口字读作〔f〕,部分合口字读作〔v〕,开口字读作〔h〕;影母合口字读作〔v〕,开口字读作〔ø〕;云母合口字读作〔v〕,部分读作〔ø〕;以母字读作〔ø〕。如下表:

中 古	客 家	例 字	中 古	客 家	例 字
晓	f	呼虎挥花化伙火幻欢昏荤	影	v	委畏弯蛙温汪翁屋秽乌洼(合口)
晓	h	海好虚许喜戏呵靴孝晓喊险兴显	影	ø	秧音宴衣医意阿挨矮爱拗夭腰邀
匣	f	胡户回苗会汇狐湖蝴糊壶话画和	云	v	位王往围胃芋旺(合口)
匣	v	会换浑横滑划禾和镬皇黄完还	云	ø	雨羽越耘云运
匣	h	何孩号侯含合杭亥下夏系河荷鞋	以	ø	耶野夷油耀以馀姨夜也锐舀鹞摇

(二)粤闽台客家方言声母系统与中古声母系统比较

现将粤闽台客家方言声母系统与中古声母系统比较如下:

客家方言	中 古	例 字
p	帮	巴把波饱霸坝靶豹晡埔补布佈
p	(非)	痱斧腹
p	(敷)	捧
pʻ	滂	葩脬怕铺普溥浦铺坡颇叵颇破
pʻ	並平声	爬琶杷蒲匍菩婆皮疲脾庖咆袍

客家方言	中　古	例　字
p'	並仄声	爸罢部步捕哺爸被婢避备鼻枇
p'	（敷）	殕
p'	（奉）	肥扶冯缝冯房符吠
m	明	妈骂摸茅毛摩矛磨蘑谋冒贸戊
m	（微）	尾味微问网蚊袜
f	（非）	夫肤府俯斧甫脯赋付富辐傅
f	（敷）	敷泛芳蜂纺捧覆麦夫
f	（奉）	腐裴翡蜚痱吠烦番繁樊蕃
f	晓	呼虎挥花化伙火幻欢昏荤
f	匣	胡户回苗会汇狐湖蝴糊壶话画和
v	（微）	无未晚文望物
v	匣	会换浑横滑划禾和镬皇黄完还
v	影	委畏弯蛙温汪翁屋秽乌凹（合口）
v	云	位王往围胃芋旺（合口）
t	端	倒低堤邸底短戴帝带底抵诋戴
t'	透	偷土吐兔吐拖讨妥椭唾套胎梯
t'	定平声	徒屠涂图驼陀驮沱陶桃逃萄涛
t'	定仄声	肚渡窦惰道导蹈盗舵弟第达独
n	泥（娘）	男南念难年嫩农脓女闹柠钮扭
ts	知	罩贮知猪致置著拄肘昼朝昼
ts	精	做租祖资兹走尊作增则纵足酒姐
ts	庄	榨诈壮装扎债斩庄邹阻诅楂臻
ts	章	枝指止旨址只趾主煮志至赘
ts'	彻	耻抽丑超琛蛏趁逞骋宠畅撑
ts'	澄平声	厨池持迟锄除厨蹰绸筹捶
ts'	澄仄声	稚致治痔箸治坠赵兆肇传阵
ts'	清	粗猜催次餐村且清取签秋悄
ts'	从平声	蚕从泉全前
ts'	从仄声	坐座在罪自脏造族贼净静就捷疾
ts'	初	楚初疮炒础叉厕钗抄窗创
ts'	崇平声	锄柴谗查愁馋潺床雏岑
ts'	崇仄声	赛助状骤闸栈侪撰铡铡
ts'	昌	处臭吹车唱炊川穿喘串秤称
s	心	宋梭琐送死损嫂三孙蒜心新些姓

客家方言	中 古	例 字
s	邪	似遂随邪斜叙序
s	生	沙纱师霜山衫梢使数疏驶晒
s	船平声	船蛇唇神晨绳
s	船仄声	示谥
s	书	舒输书始失世势书舒输师暑
s	禅	是氏视殊署墅树侍仇售酬禅
tʃ	知（长汀、桃园、海陆）	罩贮知猪致置著挂肘昼朝昼
tʃ	章（长汀、桃园、海陆）	枝指止旨址只趾主煮志至贽
tʃʽ	彻（长汀、桃园、海陆）	耻抽丑超琛蛏趁逞骋宠畅撑
tʃʽ	澄平声（长汀、桃园、海陆）	厨池持迟锄除厨蹰绸筹畴捶
tʃʽ	澄仄声（长汀、桃园、海陆）	稚致治痔箸治坠赵兆肇传阵
tʃʽ	昌（长汀、桃园、海陆）	处臭吹车唱炊川穿喘串秤称
ʃ	船平声（长汀、桃园、海陆）	船蛇唇神晨绳
ʃ	船仄声（长汀、桃园、海陆）	示谥
ʃ	书（长汀、桃园、海陆）	舒输书始失世势书舒输师暑
ʃ	禅（长汀、桃园、海陆）	是氏视殊署墅树侍仇售酬禅
l	来	啦庐鲁虏卤连怜涟联鲢禄鹿
ȵ	日	染入热软人忍认日
∅	日	如儒柔然让若绒仁
k	见	哥个该姑古怪恭供巩癸规诡家
kʽ	溪	可开快看奎孔筐葵逵跪柜腔羌
kʽ	群平声	渠强期乔求骑蜞逵葵瘸琴禽檎
kʽ	群仄声	共跪柜臼枢徛俭芡菌
ŋ	疑	雅吴吾梧蜈我五伍午偶误悟晤雅
h	晓	海好虚许喜戏呵靴孝晓喊险兴显
h	匣	何孩号侯合含杭亥下夏系河荷鞋
∅	影	秧音宴衣医意阿挨矮爱拗夭腰邀
∅	云	雨羽越耘云运
∅	以	耶野夷油耀以馀姨夜也锐舀鹞摇

由上表可见，粤闽台闽南话声母与中古声母有相同之处，也有不同之处。其分合异同大抵有以下几点：

第一，中古唇音只有一类，不分轻唇重唇，只有重唇"帮滂并明"一类，而没有轻唇"非敷奉微"。粤闽台客家方言则分重唇轻唇，中古帮组字读作［p］、［pʽ］、

[m]，非组读作[f]、[v]。部分非组字读作[p]、[pʻ]、[m]。黄雪贞说："读双唇声母的是较早层次的读音，读齿唇声母的是后起的音。有时同一个字有两个音，用法不同。如'发'字有[pot]与[fat]两音。"（黄雪贞编纂《梅县方言词典》1995年版引论，第16页）

第二，中古舌音分舌头音"端透定泥（娘）"和舌上音"知彻澄"；而粤闽台客家方言亦分舌头舌上，端组字读作[t]、[tʻ]、[n]，知组字梅县、美浓客家方言读作[ts]、[tsʻ]，长汀、桃园、海陆客家方言则读作[tʃ]、[tʃʻ]。

第三，中古齿音有精组、庄组、章组三类；梅县、美浓客家方言则齿头和正齿不分，照系的二、三等也不分，读作[ts]、[tsʻ]、[s]。而且，精、庄、章三母字与知母字合流，读作[ts]，清、从、初、崇、昌、船六母与彻、澄二母字合流，读作[tsʻ]；长汀、桃园、海陆客家方言章、知二母合流读作[tʃ]，昌与彻、澄三母合流读作[tʃʻ]，船、书、禅三母合流读作[ʃ]。

第四，中古牙音见、溪、群、疑四母，见母粤闽台客家方言读作[k]，溪、群二母均读作[kʻ]，疑母一、二等变开口读作[ŋ]，三四等变齐齿读作[ȵ]。

第五，中古的35个声母中，全浊声母有10个，即"并、定、澄、从、邪、崇、船、禅、群、匣"，其中"古浊塞音和浊塞擦音'并（奉）定、澄、群、从、崇'诸声母，不论平仄，一律变送气清音"（袁家骅《汉语方言概要》第2版，第154页）。

第六，中古中晓与匣，是清与浊相对的；而晓母合口字粤闽台客家方言读作[f]，开口字读作[h]；匣母合口字粤闽台客家方言读作[f]，部分合口字读作[v]，开口字读作[h]；影母合口字粤闽台客家方言读作[v]，开口字读作[Ø]。

第七，中古有喻三（云）和喻四（以）的对立，而粤闽台客家云母合口字则读作[v]，部分字与以母字合流，读作[Ø]。当然，粤闽台客家方言白读音还出现一些离常轨较远的读音，我们只能认为是例外。这里就不再加以讨论了。

二、粤闽台客家方言韵母系统与中古韵母系统比较

（一）中古韵母系统与粤闽台客家方言韵母比较研究

本节《广韵》十六摄是以《方言调查字表》所列的十六摄为序的，即果摄、假摄、遇摄、蟹摄、止摄、效摄、流摄、咸摄、深摄、山摄、臻摄、宕摄、江摄、曾摄、梗摄、通摄。每摄所辖之韵，根据其等、呼的不同，逐一与梅县方言73个韵母列表比较，以考察其异同点及其演变轨迹。

1. 果摄

《广韵》有歌、戈二韵，粤闽台客家方言与其对应读音如下表（《广韵》以平赅上去入）：

中 古	说 明	客 家	例 字	中 古	说 明	客 家	例 字
果/歌	开一	o	他拖驮舵箩歌	果/戈	开三	io	茄
果/戈	合一	o	菠簸破惰螺座	果/戈	合三	io	瘸靴
果/戈	合一	uo	果过				

2. 假摄

《广韵》有麻韵,粤闽台客家方言与其对应读音如下表:

中 古	说 明	客 家	例 字	中 古	说 明	客 家	例 字
假/麻	开二	a	巴拿牙把帕爬	假/麻	合二	ua	挂瓜剐寡
假/麻	开三	ia	借斜且谢泻野	假/麻	合二	a	花蛙华化话画
假/麻	开三	a	奢车社舍赦赊				

3. 遇摄

《广韵》有模、鱼、虞三韵,粤闽台客家方言与其对应读音如下表:

中 古	说 明	客家方言	例 字
遇/模	合一	u	租祖醋素部度
遇/模	合一	ɿ(梅县)	租苏
遇/模	合一	ŋ	五伍午
遇/模	合一	m	唔
遇/鱼	合三(精庄组)	ɿ(梅县)	租组初粗阻祖
遇/鱼	合三(精见组)	i	旅居裾锯据踞
遇/鱼	合三	u	猪除锄躇著箸
遇/鱼	合三	n	鱼渔女
遇/鱼	合三	ie	佢
遇/虞	合三(精见组)	i	缕趣须拘区娱
遇/虞	合三(日母)	i	儒如乳孺
遇/虞	合三	u	株珠朱诛住拄

4. 蟹摄

《广韵》有咍、灰、泰、皆、夬、祭、废、齐九韵,粤闽台客家方言与其对应读音如下表:

中 古	说 明	客家方言	例 字
蟹/咍	开一	ai	戴胎代袋贷怠
蟹/咍	开一	oi	台抬苔代贷袋
蟹/咍	开一	ai(长汀)	台
蟹/灰	合一	oi	背焙玫梅煤妹
蟹/灰	合一	ui	对胚推退内雷
蟹/灰	合一	i	杯每回苗汇陪

续表

中古	说明	客家方言	例字
蟹/灰	合一	oi（桃园、美浓、海陆）	梅
蟹/灰	合一	ui（桃园、海陆）	杯
蟹/灰	合一	iu	贿
蟹/泰	开一	ai	带泰太汰大奈
蟹/泰	开一	oi	害盖
蟹/泰	开一	ue	害
蟹/泰	合一	oi	外会
蟹/泰	合一	ui	最兑
蟹/皆	开二	ai	拜湃排牌差斋
蟹/皆	开二	iai	介戒届挨皆阶
蟹/皆	合二	uai	乖怪
蟹/皆	合二	ue（长汀）	乖
蟹/皆	合二	ai	怀淮坏
蟹/佳	开二	ai	摆派稗买卖鞋
蟹/佳	开二	e（长汀）	卖街解
蟹/佳	开二	iai	解
蟹/佳	开二	e	街
蟹/佳	合二	uai	拐
蟹/佳	合二	a	画蛙
蟹/佳	合二	ua	挂卦
蟹/佳	合二	ai	歪
蟹/夬	开二	ai	败
蟹/夬	合二	uai	快
蟹/夬	合二	ua	快话
蟹/祭	开三	ๅ	制世势
蟹/祭	开三	ๅ（梅县）	世
蟹/祭	开三	i（长汀）	世
蟹/祭	开三	ï（桃园、海陆）	世
蟹/祭	开三	ə（美浓）	世
蟹/祭	开三	i	祭际闭弊蔽例
蟹/祭	开三	e	滞
蟹/祭	合三	iui	锐
蟹/祭	合三	ui	缀赘岁
蟹/祭	合三	oi	税
蟹/废	合三	i	肺废吠
蟹/齐	开四	e（梅县、长汀、桃园）	洗细鸡契瘠齐
蟹/齐	开四	ai（美浓、海陆）	鸡

中古	说明	客家方言	例字
蟹 / 齐	开四	i（长汀）	梯
蟹 / 齐	开四	oi	梯
蟹 / 齐	开四	i（桃园、美浓、海陆）	批啼
蟹 / 齐	开四	e（梅县、长汀）	批啼
蟹 / 齐	开四	i	蓖米提剃第蒂
蟹 / 齐	合四	ui	桂

5. 止摄

《广韵》有支、脂、之、微四韵，粤闽台客家方言与其对应读音如下表：

中古	说明	客家方言	例字
止 / 支	开三	i	陂碑披皮被知
止 / 支	开三	ɿ（梅县）	知
止 / 支	开三	ɿ	紫此斯支枝
止 / 支	合三	ui	嘴捶随
止 / 支	合三	iui	蕊
止 / 脂	开三	i	比鼻地尼腻梨
止 / 脂	开三	ɿ	资姿自次私肆
止 / 脂	合三	ui	追泪花翠绥水
止 / 之	开三	i	你釐理里鲤李
止 / 之	开三	ɿ（梅县）	兹滋子梓辞祠
止 / 之	开三	i（长汀）	子
止 / 之	开三	ɿ（梅县）	李
止 / 之	开三	ï（桃园、海陆）	子
止 / 之	开三	ə（美浓）	子
止 / 之	开三	ie	你
止 / 微	开三	i	气汽衣
止 / 微	合三	ui（桃园、海陆）	飞沸肥尾味挥
止 / 微	合三	i（梅县、长汀、美浓）	飞

6. 效摄

《广韵》有豪、肴、宵、萧四韵，粤闽台客家方言与其对应读音如下表：

中古	说明	客家方言	例字
效 / 豪	开一	au	冒帽抱到老糟
效 / 豪	开一	ɔ（长汀）	刀考高
效 / 豪	开一	o（桃园、美浓、海陆）	刀高
效 / 肴	开二	au	包胞跑饱抛匏

续表

中 古	说 明	客家方言	例 字
效/肴	开二	ɔ（长汀）	包
效/肴	开二	iau	猫肴
效/宵	开三	iau	表腰夭妖邀摇
效/宵	开三	au	朝招昭潮赵兆
效/萧	开三	ɔ（长汀）	招绍
效/宵	开三	eu（桃园、美浓）	招绍标娇
效/萧	开四	iau	刁凋雕吊条调

7. 流摄

《广韵》有侯、尤、幽三韵,粤闽台客家方言与其对应读音如下表:

中 古	说 明	客家方言	例 字
流/侯	开一	eu	某斗抖陡偷头
流/尤	开三	eu	否瘦愁
流/尤	开三	iu	留榴刘流硫琉
流/尤	开三	ieu（长汀）	流就
流/尤	开三	eu（长汀）	周
流/幽	开三	iau	彪
流/幽	开三	iu	丢幼

8. 咸摄

《广韵》有舒声韵覃、谈、咸、衔、盐、严、添、凡八韵,促声韵合、盍、洽、狎、叶、业、帖、乏八韵,粤闽台客家方言与其对应读音如下表:

中 古	说 明	客家方言	例 字
咸/覃	开一	am	潭谭南参感勘
咸/谈	开一	am	担淡蓝三敢谈
咸/谈	开一	aŋ（长汀）	柑
咸/咸	开二	am	站陷碱咸赚占
咸/咸	开二	iam	蘸
咸/衔	开二	am	衫监衔
咸/盐	开三	iam	镰沾闪染钳淹
咸/盐	开三	iŋ（长汀）	镰
咸/盐	开三	am	沾占瞻詹
咸/盐	开三	ien	贬
咸/严	开三	iam	欠严酽
咸/严	开三	iŋ（长汀）	欠
咸/添	开四	iam	垫添忝拈谦颔

中 古	说 明	客家方言	例 字
咸 / 凡	合三	am	凡帆梵范泛犯
咸 / 凡	合三	aŋ（长汀）	帆
咸 / 合	开一	ap	搭沓纳合盒
咸 / 合	开一	a（长汀）	答
咸 / 合	开一	o（长汀）	鸽
咸 / 盍	开一	ap	榻腊磕塔塌蜡
咸 / 洽	开二	ap	插恰洽喏
咸 / 洽	开二	iap	夹狭峡
咸 / 狎	开二	ap	甲压匣鸭
咸 / 叶	开三	iap	蹀猎睫捷辄叶
咸 / 叶	开三	ap	涉摺
咸 / 业	开三	iap	劫业
咸 / 帖	开四	iap	蝶协帖
咸 / 帖	开四	e（长汀）	碟姜
咸 / 乏	合三	ap	法
咸 / 乏	合三	at	乏

9. 深摄

《广韵》有舒声韵侵韵，促声韵缉韵，粤闽台客家方言与其对应读音如下表：

中 古	说 明	客家方言	例 字
深 / 侵	开三	em	岑参森
深 / 侵	开三	əm	针斟枕深沉甚
深 / 侵	开三	im	林淋临凛懔侵
深 / 侵	开三	in	品
深 / 侵	开三	eŋ（长汀）	林金针深森
深 / 侵	开三	əm（梅县、美浓）	针深
深 / 侵	开三	əm（桃园、海陆）	针深
深 / 缉	开三	ip	立集辑习袭急
深 / 缉	开三	i（长汀）	立急
深 / 缉	开三	əp（梅县、美浓）	执汁湿
深 / 缉	开三	ip（桃园、海陆）	汁湿
深 / 缉	开三	i（长汀）	汁湿
深 / 缉	开三	ep	粒涩立
深 / 缉	开三	e	涩
深 / 缉	开三	it（长汀）	缉

10. 山摄

《广韵》有舒声韵寒、桓、山、删、元、仙、先七韵,促声韵曷、末、黠、鎋、月、薛、屑七韵,粤闽台客家方言与其对应读音如下表:

中　古	说　明	客家方言	例　字
山/寒	开一	an	坛檀弹蛋单丹
山/寒	开一	on	干竿肝杆赶
山/寒	开一	uŋ（长汀）	肝杆赶
山/桓	合一	an	般潘番搬半伴
山/桓	合一	on	端酸换短团
山/桓	合一	uŋ（长汀）	端酸换短团
山/桓	合一	uon	官罐观冠管馆
山/桓	合一	on（桃园、美浓、海陆）	官罐
山/桓	合一	uŋ（长汀）	官罐
山/桓	合一	uan	款
山/山	开二	an	山扮办瓣产铲
山/山	开二	aŋ（长汀）	山扮办瓣产铲
山/山	开二	ian	间艰简眼
山/山	合二	am	幻
山/山	合二	uan	鳏
山/删	开二	an	班斑般颁板版
山/删	开二	aŋ（长汀）	班斑般颁板版
山/删	开二	ian	奸颜雁
山/删	合二	an	还环弯湾挽
山/删	合二	on	纂撰
山/删	合二	ion	纂
山/删	合二	uan	关惯
山/删	合二	uaŋ（长汀）	关惯
山/元	开三	ian	建健键言献
山/元	合三	an	番翻烦反返饭
山/元	合三	ian	卷元源原愿怨
山/仙	开三	an	颤战阐扇煽善
山/仙	开三	ian	鞭编篇偏便棉
山/仙	开三	en	悃
山/仙	开三	ien	变篇偏骗辫棉
山/仙	合三	ian	全宣喧旋璇选
山/仙	合三	ien（梅县）	全宣选
山/仙	合三	iŋ（长汀）	全
山/仙	合三	ion（桃园、美浓、海陆）	全
山/仙	合三	on	转川穿传喘

中 古	说 明	客家方言	例 字
山／仙	合三	ion	软旋
山／先	开四	ian	田填电奠淀莲
山／先	开四	ien	边扁片巅天田
山／先	开四	iŋ（长汀）	边肩扁片巅天
山／先	合四	ian	犬玄悬涓
山／曷	开一	at	达笪妲獭辣擦
山／曷	开一	ot	割葛渴喝曷
山／曷	开一	ue（长汀）	割
山／末	合一	at	钵泼沫抹拨末
山／末	合一	uat	括阔
山／末	合一	ot	脱撮掇夺
山／末	合一	ue（长汀）	脱
山／镝	开二	at	铡刹瞎辖
山／镝	合二	ot	刷
山／镝	合二	uat	刮
山／镝	合二	ue（长汀）	刮
山／黠	开二	at	八拔扎轧札察
山／黠	开二	e（长汀）	八
山／黠	合二	at	滑猾挖
山／黠	合二	ot	刷
山／月	开三	iat	揭竭歇谒
山／月	开三	e（长汀）	歇
山／月	合三	at	发伐筏罚袜
山／月	合三	iat	厥阙月越曰粤
山／薛	开三	at	舌哲折浙彻撤辙
山／薛	开三	e（长汀）	舌
山／薛	开三	iat	别列裂烈泄杰
山／薛	开三	iet	列
山／薛	合三	iat	绝雪说悦
山／薛	合三	iet	雪
山／薛	合三	ot	劣拙说
山／屑	开四	iat	撤铁节屑截结
山／屑	开四	e（长汀）	铁
山／屑	开四	et	篾
山／屑	开四	iet	跌铁切
山／屑	合四	iat	缺血穴

11. 臻摄

《广韵》有舒声韵痕、魂、真、谆、臻、殷、文七韵,促声韵没、质、术、迄、物五韵,粤闽台客家方言与其对应读音如下表:

中 古	说 明	客家方言	例 字
臻/痕	开一	en	跟根恳垦很痕
臻/痕	开一	eŋ（长汀）	恨
臻/痕	开一	ən（美浓）	恨
臻/魂	合一	un	敦墩顿盾尊存
臻/臻	开二	in	臻榛
臻/真	开三	ən（梅县、美浓）	真陈身珍诊疹
臻/真	开三	en（桃园、海陆）	真陈身珍诊疹
臻/真	开三	en（长汀）	真陈
臻/真	开三	in	贫邻秦信彬贫
臻/真	开三	iŋ（长汀）	贫邻秦信彬贫
臻/真	开三	iun	忍刃银韧
臻/谆	合三	un	沦论轮伦仑遵
臻/谆	合三	eŋ（长汀）	轮笋
臻/谆	合三	ion	吮
臻/殷	开三	in	斤
臻/殷	开三	iun	芹近欣谨
臻/文	合三	un	文纹闻粪分问
臻/文	合三	iun	君军群裙熏训
臻/文	合三	eŋ（长汀）	军裙
臻/没	合一	ut	没卒骨突凸猝
臻/没	合一	ui（长汀）	骨
臻/栉	开二	it	蟋瑟
臻/栉	开二	et	虱
臻/质	开三	it	笔栗吉七毕必
臻/质	开三	i（长汀）	笔栗吉七毕必
臻/质	开三	et	密蜜觅
臻/质	开三	ət（梅县、美浓）	实质失侄室
臻/质	开三	it（桃园、海陆）	实
臻/质	开三	i（长汀）	实
臻/术	合三	ut	出术述秫律
臻/术	合三	it	律率橘
臻/物	合三	ut	弗拂物勿屈郁
臻/物	合三	e（长汀）	不
臻/物	合三	iut	屈
臻/物	合三	ue（长汀）	屈
臻/迄	开三	et	讫乞迄

12. 宕摄

《广韵》有舒声韵唐、阳二韵,促声韵铎、药二韵,粤闽台客家方言与其对应读音如下表:

中 古	说 明	客家方言	例 字
宕/唐	开一	oŋ	榜茫当汤郎仓
宕/唐	开一	ɔŋ(长汀)	唐
宕/唐	合一	oŋ	汪黄荒
宕/唐	合一	uoŋ(梅县)	光胱广
宕/唐	合一	oŋ(桃园、美浓、海陆)	光广
宕/唐	合一	ɔŋ(长汀)	光广
宕/阳	开三	oŋ	张长丈漳掌涨
宕/阳	开三	ioŋ	凉粮将枪相强
宕/阳	开三	iɔŋ(长汀)	凉粮将枪相强
宕/阳	合三	oŋ(梅县)	纺网
宕/阳	合三	ioŋ(桃园、美浓、海陆)	纺网
宕/阳	合三	oŋ	方房望往芒铓
宕/阳	合三	ɔŋ(长汀)	霜
宕/阳	合三	iɔŋ(长汀)	纺网
宕/铎	开一	ok	博泊膜托跻诺
宕/铎	开一	o(长汀)	薄
宕/铎	合一	uok(梅县)	郭泊获
宕/铎	合一	ok(桃园、美浓、海陆)	郭
宕/铎	合一	o(长汀)	郭
宕/药	开三	iok	灼酌铄绰著着
宕/药	开三	io(长汀)	雀脚
宕/药	合三	ak	缚攫

13. 江摄

《广韵》有江开二江韵,江开二觉韵,粤闽台客家方言与其对应读音如下表:

中 古	说 明	客家方言	例 字
江/江	开二	oŋ	江讲降巷项扛
江/江	开二	uŋ	窗双
江/江	开二	ɔŋ(长汀)	双
江/觉	开二	ok	剥搦戳浊学朴
江/觉	开二	o(长汀)	角

14. 曾摄

《广韵》有舒声韵登、蒸二韵,促声韵德、职二韵,粤闽台客家方言与其对应读音如下表：

中 古	说 明	客家方言	例 字
曾 / 登	开一	en	崩等曾层赠肯
曾 / 登	开一	uen	亘
曾 / 登	开一	uən（美浓）	亘
曾 / 登	开一	eŋ（长汀）	亘
曾 / 登	合一	uen	肱薨弘
曾 / 蒸	开三	en	冰凭
曾 / 蒸	开三	in	菱陵凌兴应孕
曾 / 德	开一	et	墨北得德塞刻
曾 / 德	开一	e（长汀）	得
曾 / 德	开一	iet	忒
曾 / 德	合一	et	或惑
曾 / 德	合一	uet	国
曾 / 德	合一	ue（长汀）	国
曾 / 职	开三	et	逼力息直值职
曾 / 职	开三	ət（梅县、美浓）	织
曾 / 职	开三	it（桃园、海陆）	织
曾 / 职	开三	i（长汀）	织

15. 梗摄

《广韵》有舒声韵庚、耕、清、青四韵,促声韵陌、麦、昔、锡四韵,粤闽台客家方言与其对应读音如下表：

中 古	说 明	客家方言	例 字
梗 / 庚	开二	aŋ	彭猛冷撑更庚
梗 / 庚	开二	eŋ（长汀）	彭猛冷撑更庚
梗 / 庚	开二	en	生牲甥省更孟
梗 / 庚	开二	uen	耿
梗 / 庚	开二	uən（美浓）	耿
梗 / 庚	开二	eŋ（长汀）	耿
梗 / 庚	开二	in	行
梗 / 庚	合二	uaŋ	矿
梗 / 庚	合二	aŋ	横
梗 / 庚	开三	en	盟
梗 / 庚	开三	in	平萍评明鸣命
梗 / 庚	开三	iaŋ	柄病命
梗 / 庚	合三	in	永咏
梗 / 庚	合三	iuŋ	兄

中古	说　明	客家方言	例　字
梗/耕	开二	aŋ	棚橙耕
梗/耕	开二	eŋ（长汀）	耕
梗/耕	开二	en	萌皿争筝幸
梗/耕	开二	əne（美浓）	争筝
梗/耕	开二	eŋ（长汀）	争筝
梗/耕	合二	uaŋ	轰宏
梗/清	开三	əne（梅县、美浓）	征整正程成圣
梗/清	开三	en（桃园、海陆）	成圣
梗/清	开三	eŋ（长汀）	成圣
梗/清	开三	in	并秉令精晶旌
梗/清	开三	iaŋ	饼名岭领井晴
梗/清	合三	en	倾顷
梗/青	开四	en	铭暝冥螟丁宁
梗/青	开四	in	瓶屏顶鼎暝厅
梗/青	开四	iaŋ	艇青
梗/青	合四	in	萤迥
梗/陌	开二	it	迫
梗/陌	开二	et	帛择
梗/陌	开二	ak	伯百格客搭
梗/陌	开二	iak	额
梗/陌	合二	et	获
梗/陌	开三	iak	逆剧屐
梗/麦	开二	et	策革
梗/麦	开二	ak	核册
梗/麦	合二	it	获
梗/麦	合二	iak	划
梗/麦	合二	uet	掴
梗/麦	合二	uak	暧
梗/昔	开三	ak	尺赤只炙
梗/昔	开三	a（长汀）	尺
梗/昔	开三	at	斥释
梗/昔	开三	it	僻惜益璧辟积
梗/昔	开三	ip	夕
梗/昔	开三	ət	斥适释
梗/昔	合三	it	疫役
梗/锡	开四	iak	壁锡劈霹
梗/锡	开四	ia（长汀）	壁锡

中　古	说　明	客家方言	例　字
梗／锡	开四	i（长汀）	历
梗／锡	开四	et	觅
梗／锡	开四	ət	吃
梗／锡	开四	it	敌锡激惕狄溺

16. 通摄

《广韵》有舒声韵东、冬、钟三韵,促声韵屋、沃、烛三韵,粤闽台客家方言与其对应读音如下表:

中　古	说　明	客家方言	例　字
通／东	合一	uŋ	东同拢葱丛送
通／东	合三	uŋ	缝风疯丰凤忠
通／东	合三	oŋ（长汀）	风疯
通／东	合三	iuŋ	崧嵩弓躬宫
通／东	合三	oŋ（长汀）	弓
通／冬	合一	uŋ	冬统农宗松攻
通／钟	合三	uŋ	封逢奉俸钟种
通／钟	合三	iuŋ	龙纵怂从松诵
通／钟	合三	oŋ（长汀）	龙
通／屋	合一	uk	卜曝木速谷斛
通／屋	合一	u（长汀）	木哭
通／屋	合三	uk	牧竹熟目穆福
通／屋	合三	iuk	宿
通／沃	合一	uk	督毒沃酷
通／烛	合三	uk	蜀嘱促束赎属
通／烛	合三	iuk	绿足粟俗辱褥
通／烛	合三	u（长汀）	足畜
通／烛	合三	iut	曲

根据上表所罗列的材料来看,中古韵母系统与粤闽台客家方言韵母系统比较研究如下:

（1）果摄一等歌、戈韵字粤闽台客家方言读作[o],三等戈韵字读作[io],少数一等戈韵合口字读作[uo]。

（2）假摄部分开口二、三等麻韵和部分合口二等麻韵字粤闽台客家方言读作[a],部分开口三等麻韵字读作[ia],部分合口二等麻韵字读作[ua]。

（3）遇摄大部分模韵字粤闽台客家方言读作［u］、部分鱼韵和虞韵字读作［u］，梅县部分鱼韵精庄组字和少数模韵字读作［ɿ］，部分鱼韵、虞韵字读作［i］，少数模、鱼韵字读作［ŋ］，少数模韵字读作［m］，少数鱼韵字读作［n］，少数鱼韵字读作［ie］。

（4）蟹摄部分祭韵章组字读作［ɿ］，灰、祭、废、齐诸韵部分韵字读作［i］，佳韵部分韵字读作［a］，部分合口韵字与夬韵合口字读作［ua］，祭、齐、佳韵部分开口韵字读作［e］，咍、泰、皆、佳、夬诸韵部分开口韵字读作［ai］，皆、佳韵部分开口韵字读作［iai］，皆、佳、夬韵部分合口韵字读作［uai］，咍、灰、泰、祭诸韵部分合口韵字读作［oi］，灰、泰、祭、齐诸韵部分合口韵字读作［ui］，少数祭韵合口字读作［iui］，个别灰韵字读作［iu］。少数咍韵字长汀客家方言读作［ai］；少数灰韵字桃园、美浓、海陆客家方言读作［oi］，桃园、海陆客家方言读作［ui］；少数皆韵字长汀客家方言读作［ue］；少数佳韵字长汀客家方言读作［e］；少数祭韵字长汀客家方言读作［ɿ］或［i］，桃园、海陆客家方言读作［ï］或［i］，美浓客家方言读作［ə］；齐韵字梅县、长汀、桃园客家方言读作［e］，美浓、海陆客家方言读作［ai］，长汀客家方言读作［i］。

（5）支韵开口字读作［i］，长汀客家方言读作［ɿ］；支韵合口字读作［ui］或［iui］。脂韵开口字读作［i］或［ɿ］。之韵字梅县客家方言读作［ɿ］，长汀读作［i］，桃园、美浓读作［ï］，美浓读作［ə］；微韵合口三等字桃园、海陆读作［ui］，梅县、长汀、美浓读作［i］。

（6）效摄一、二等豪、肴韵字和部分三等宵韵字读作［au］，部分韵字长汀客家方言读作［ɔ］，桃园、美浓、海陆读作［o］，四等萧韵和部分三等宵韵字读作［iau］，桃园、美浓客家方言三等韵字读作［eu］。

（7）流摄一等侯韵和部分尤韵字读作［eu］，多数尤韵字和少数幽韵字读作［iu］，个别幽韵字读作［iau］。少数尤韵字长汀客家方言读作［eu］或［ieu］。

（8）咸摄覃、谈、衔三韵、咸、盐二韵部分开口韵字和凡韵字读作［am］，严、添二韵和部分盐韵字及少数咸韵字读作［iam］，唯独长汀方言读作［iŋ］，个别盐韵字读作［ien］。咸摄合、盍、狎三韵和洽、叶、乏诸韵部分韵字读作［ap］，洽、叶、业诸韵部分韵字读作［iap］，个别乏韵字读作［at］。谈、凡二韵字长汀客家方言读作［aŋ］，盐、严二韵字长汀读作［iŋ］，合韵字长汀读作［a］或［o］，帖韵字长汀读作［e］。

（9）深摄多数深韵字粤台客家方言读作［im］，部分韵字梅县、美浓读作［əm］，桃园、海陆读作［em］，个别字读作［in］，长汀读作［eŋ］。深摄多数缉韵字读作［ip］，少数字梅县、美浓读作［əp］，桃园、海陆读作［ep］，个别字读作［it］，长汀读作［i］或［e］。

（10）山摄寒、桓、山、删、元、仙诸韵部分韵字粤台客家方言读作［an］，山、删、元、仙、先诸韵部分韵字读作［ian］，桓、山、删诸韵部分合口韵字读作［uan］，先、仙二韵部分韵字读作[ien],寒、桓、删、仙诸韵部分韵字读作[on],删、仙二韵部分合口韵字读作[ion],个别山韵字读作[am],个别仙韵字读作[en],个别桓韵字读作[uon]。唯独长汀方言读作[aŋ]、[uaŋ]、[iŋ]或[uŋ],与其他客家方言不同。山摄曷、末、鎋、黠、月、薛诸韵部分韵字读作[at],末、鎋二韵少数合口字读作[uat],月、薛、屑诸韵部分字读作[iat],薛、屑诸韵部分字读作[iet],曷、末、鎋、黠、薛诸韵字读作[ot],个别屑韵字读作[et]。长汀方言没有入声韵,则读作[e]、[ue],与其他客家方言不同。

（11）臻摄真韵部分韵字粤台客家方言读作[ən],臻、真、殷部分韵字读作[in],痕韵字读作[en],魂韵和谆、文诸韵部分读作[un],真、殷二韵和文韵部分韵字读作[iun],个别谆韵字读作[ion]。痕韵字长汀读作[eŋ],美浓读作[ən];真韵字梅县、美浓读作[ən],桃园、海陆读作[en],长汀读作[en]或[iŋ];谆、文二韵字长汀读作[eŋ]。臻摄部分质韵字读作[ət],栉、质、术诸韵部分韵字读作[it],栉、质、迄诸韵部分韵字读作[et],没、术、物诸韵多数韵字读作[ut],个别物韵字读作[iut]。没韵字长汀读作[ui];质韵字长汀读作[i],梅县、美浓读作[ət],桃园、海陆读作[it];物韵字长汀读作[e]或[ue]。

（12）宕摄唐、阳二韵多数韵字读作[oŋ],部分阳韵开口三等韵字读作[ioŋ],少数唐韵合口一等韵字读作[uoŋ]。唐韵字长汀客家方言读作[ɔŋ];唐韵字合口梅县读作[uoŋ],桃园、美浓、海陆读作[oŋ]。阳韵开口字长汀读作[iɔŋ];阳韵合口字梅县读作[oŋ],桃园、美浓读作[ioŋ],长汀读作[ɔŋ]或[iɔŋ]。宕摄铎韵开口一等字读作[ok],合口读作[uok];药韵开口三等字读作[iok],合口字读作[ak]。促声韵铎韵字梅县读作[uok],桃园、美浓、海陆读作[ok];长汀方言没有入声韵,则读作[o]或[io]。

（13）江摄多数江韵见组字与宕摄唐、阳二韵字一样,粤台客家方言读作[oŋ],少数江韵庄组字读作[uŋ],与通摄舒声韵诸韵同。江摄觉韵字读作[ok]。江摄舒声韵长汀读作[ɔŋ],促声韵字读作[o]。

（14）曾摄部分蒸韵字粤台客家方言读作[in],与梗摄部分开口韵字同;少数蒸韵字和登韵多数开口字读作[en],少数登韵字读作[uen];登韵字美浓读作[uən],长汀读作[eŋ]。曾摄职韵字和德韵部分韵字读作[et];个别德韵开口字读作[iet],合口字读作[uet]。德韵字长汀读作[e]或[ue];职韵字梅县、美浓读作[ət];桃园、海陆读作[it],长汀读作[i]。

（15）梗摄部分清韵开口三等韵字粤台客家方言读作[ən];庚、清、青诸韵部分韵字读作[in];庚、耕、清、青诸韵部分韵字读作[en],个别庚韵二等字读作[uen];部分庚、耕韵二等字读作[aŋ],少数合口二等字读作[uaŋ],部分庚、清、青诸韵开口三四等字读作［iaŋ］；个别庚韵合口三等字读作［iuŋ］。庚耕二韵开口字长汀读作［eŋ］,美浓读作［uɐn］；耕韵开口字美浓读作［ən］；清韵开口字梅县、美浓读作［ən］,桃园、海陆读作［en］,长汀读作［eŋ］。梗摄少数昔、锡开口韵字读作［ɐt］,陌、麦、昔、锡诸韵部分字读作［it］,少数昔韵字读作［at］,陌、麦、锡诸韵少数韵字读作［et］,陌、麦、昔诸韵部分开口字读作［ak］,陌、麦、锡诸韵部分字读作［iak］,个别麦韵字读作［uet］或［uak］；昔、锡二韵开口字长汀读作［a］、［ia］或［i］。

（16）通摄一等字和部分三等韵字读作［uŋ］,部分三等韵字读作［iuŋ］。通摄屋、沃、烛诸韵部分韵字读作［uk］,屋、烛二韵部分字读作［iuk］,个别烛韵字读作［iut］。东韵三等、钟韵字长汀读作［oŋ］；屋、烛二韵字长汀读作［u］。

综上所述,果摄一等开口韵歌和合口韵戈的绝大多数韵字已合流,读成［o］,三等戈开合口韵不分,均读成［io］。假摄麻韵部分开口三等韵字、部分合口二等韵字与开口二等韵字合流,读成［a］。遇摄鱼、虞、模三韵原属合口韵,但三等韵精、庄、见组字则演变读为［i］或［ɿ］。蟹摄部分合口一等灰韵字读成［oi］、［i］或［iu］；部分合口一等泰韵字读成［oi］；部分合口二等皆韵字读成［ai］与开口韵字合流；少数合口二等佳韵字读成［a］或［ua］,与麻韵合口字合流。三四等韵字祭、废、齐合流,读作［i］或［ui］。止摄开口三等韵字支、脂、之、微四韵合流,读成［i］或［ɿ］,合口韵合流,读作［ui］。流摄少数三等尤韵字与一等韵合流,读成［eu］,多数韵字与部分幽韵字合流,读作［iu］,少数幽韵字与效摄三四等韵字合流,读作［iau］。咸摄一、二等韵字与部分三等韵字合流,舒声韵读作［am］,促声韵读作［ap］,多数三等韵字读作［iam］或［iap］,个别盐韵字读作［ien］,与山摄先仙开口韵字合流,个别乏韵字,读作［at］,与山摄部分促声韵合流。臻摄合口一、三等韵字合流,舒声韵读作［un］,促声韵读作［ut］,部分开口二、三等韵字合流,舒声韵读作［in］,促声韵读作［it］或［et］。宕摄一、三等部分开合口韵字合流,读作［oŋ］；部分唐韵字有开合口的对立,有［oŋ］和［uoŋ］的对立,铎韵字也有［iok］和［uok］的对立；阳韵字读作［ioŋ］,与药韵字［iok］相对应,合口韵字则不然。江摄江韵字有［oŋ］和［ok］的对应,个别字读作［uŋ］,只是例外。曾摄有部分一、三等开口韵字合流,读作［en］或［et］,一等韵字有［uen］和［uet］的对应。梗摄部分二、三等开口庚韵、二等开口耕韵、四等青韵字合流读作［en］,与入声韵陌、麦、锡韵字对应,读作［et］；部分韵字读作［in］,与其促声韵对应,读成［it］。通摄一、三等韵部分东、冬、钟韵字粤台客家方言读作［uŋ］,与其对应的促声韵屋、沃、烛读作［uk］；部分三等东、钟韵字读作［iuŋ］,与其对应的促声韵读作［iuk］。福建长汀、广东梅县与台湾桃园、美浓、海陆客家方言不太一样,说明广东客家方言与台湾客家方言更接近,与福建长汀客家方言反而相差远一些。

（二）粤闽台客家方言韵母系统与中古韵母系统比较研究

现分别将粤闽台客家方言"阴声韵"、"阳声韵"、"入声韵"与《广韵》韵母系统列表比较如下：

1. 阴声韵的比较

粤闽台客家方言阴声韵母共 25 个，即 ๅ、i、ï、ɔ、ə、u、a、ia、ua、e、ie、ue、o、io、uo、ai、iai、uai、oi、ui、iui、au、iau、eu、iu。它们与《广韵》对应情况如下：

粤闽台客家方言单元音与中古音比较表

客家	说明	中古	例字	客家	说明	中古	例字
ๅ	合三	遇 / 鱼	租锄楚醋苏梳	u	合三	通 / 烛	足畜
ๅ	开三	蟹 / 祭	制世势	a	开二	假 / 麻	巴拿牙把帕爬
ๅ	开三	止 / 支	紫此斯支枝	a	开三	假 / 麻	奢车社舍赦赊
ๅ	开三	止 / 脂	资姿自次私肆	a	合二	假 / 麻	花蛙华化话画
ๅ	开三	止 / 之	兹子辞祠词慈	a	合二	蟹 / 佳	画蛙
i	合三	遇 / 鱼	旅居徐序渠举	a	开一	咸 / 合	答
i	合三	遇 / 虞	缕趣须拘区娱	a	开三	梗 / 昔	尺
i	合一	蟹 / 灰	杯每回苗汇陪	e	开三	蟹 / 祭	滞
i	开三	蟹 / 祭	祭际闭弊蔽例	e	开四	蟹 / 齐	洗细鸡契瘠齐
i	合三	蟹 / 废	肺废吠	e	开二	蟹 / 佳	街
i	开三	止 / 支	陂碑被知里蚁	e	开四	咸 / 帖	碟妾
i	开三	止 / 脂	比鼻地尼腻梨	e	开二	山 / 黠	八
i	开三	止 / 之	你理李记欺耳	e	开三	山 / 月	歇
i	开三	深 / 缉	立急	e	开三	山 / 薛	舌
i	开三	臻 / 质	笔栗吉七毕必	e	开四	山 / 屑	铁
i	开三	曾 / 职	织	e	合三	臻 / 物	不
i	开四	梗 / 锡	历	e	开一	曾 / 德	得
i	开三	止 / 微	气汽衣	o	开一	果 / 歌	他拖驮舵箩歌
i	开四	蟹 / 齐	蔫米提剃荔挤	o	合一	果 / 戈	菠簸破惰螺座
ï	开三	止 / 之	之	o	开一	咸 / 合	鸽
ɔ	开三	蟹 / 祭	世	o	开一	宕 / 铎	薄
ɔ	开三	止 / 之	之	o	合一	宕 / 铎	郭
u	合一	遇 / 模	租祖醋素部度	o	开二	江 / 觉	角
u	合三	遇 / 鱼	猪除锄躇著鼠	o	开一	效 / 豪	刀考高
u	合三	遇 / 虞	株柱橱扶俯符	ɔ	开二	效 / 肴	包
u	合一	通 / 屋	木哭	ɔ	开三	效 / 宵	招绍

粤闽台客家方言复元音与中古音比较表

客家	说明	中古	例字	客家	说明	中古	例字
ia	开三	假/麻	借斜且谢泻野	ui	合一	蟹/泰	最兑
ia	开四	梗/锡	壁锡	ui	合三	蟹/祭	缀赘岁
ua	合二	假/麻	挂瓜剐寡	ui	合四	蟹/齐	桂
ua	合二	蟹/佳	挂卦	ui	合三	止/支	嘴捶随
ua	合二	蟹/夬	快话	ui	合三	止/脂	追泪花翠绥水
ie	合三	遇/鱼	佢	ui	合三	止/微	飞沸肥尾味挥
ie	开三	止/之	你	ui	合一	臻/没	骨
io	开三	果/戈	茄	iui	合三	蟹/祭	锐
io	合三	果/戈	瘸靴	iui	合三	止/支	蕊
io	开三	宕/药	雀脚	au	开一	效/豪	冒帽抱到老糟
uo	合一	果/戈	过果	au	开二	效/肴	包抛匏罩茅抄
ai	开一	蟹/咍	戴胎代怠殆乃	au	开三	效/宵	朝招潮赵兆肇
ai	开一	蟹/泰	带泰太大奈蔡	iau	开二	效/肴	猫肴
ai	开二	蟹/皆	拜排牌差斋豺	iau	开三	效/宵	表腰夭邀摇舀
ai	合二	蟹/皆	怀淮坏	iau	开四	效/萧	刁凋雕吊条调
ai	开二	蟹/佳	摆派稗买卖鞋	iau	开三	流/幽	彪
ai	合二	蟹/佳	歪	eu	开一	流/侯	某斗陡偷头投
ai	开二	蟹/夬	败	eu	开三	流/尤	否瘦愁
iai	开二	蟹/皆	介戒届挨皆阶	iu	合一	蟹/灰	赂
iai	开二	蟹/佳	解	iu	开三	流/尤	留榴刘流秋就
uai	合二	蟹/皆	乖怪	iu	开三	流/幽	丢幼
uai	合二	蟹/佳	拐	ue	开一	蟹/泰	害
uai	合二	蟹/夬	快	ue	合二	蟹/皆	乖
oi	开一	蟹/咍	台袋概凯害亥	ue	开一	山/曷	割
oi	合一	蟹/灰	背焙玫梅煤妹	ue	合二	山/鎋	刮
oi	开一	蟹/泰	害盖	ue	合一	山/末	脱
oi	合一	蟹/泰	外会	ue	合三	臻/物	屈
oi	合三	蟹/祭	税	ue	合一	曾/德	国
ui	合一	蟹/灰	对推退内雷				

由上表可见,粤闽台客家方言阴声韵与中古阴声韵大致对应如下:①梅县客家方言[ɿ]韵字,来源于《广韵》鱼、祭、支、脂、之等韵部分韵字;②粤闽台客家方言[i]韵字,来源于《广韵》舒声韵鱼、虞、灰、祭、废、支、脂、之、微、齐和促声韵缉、质、职、锡等韵部分韵字;③粤闽台客家方言[u]韵字,来源于《广韵》舒声韵模、鱼、虞和促声韵屋、烛等部分韵字;④粤闽台客家方言[a]韵字,来源于《广韵》舒声韵麻、佳和促声韵合、昔等韵部分韵字;⑤粤闽台客家方言[ia]韵

字,来源于《广韵》舒声韵麻韵和促声韵锡部分韵字;⑥粤闽台客家方言［ua］韵字,来源于《广韵》麻、佳、夬等韵部分韵字;⑦粤闽台客家方言［e］韵字,来源于《广韵》舒声韵祭、齐、佳和促声韵帖、黠、月、薛、屑、物、德等部分韵字;⑧粤闽台客家方言［ie］韵字,来源于《广韵》之、鱼等韵部分韵字;⑨粤闽台客家方言［ue］韵字,来源于《广韵》泰、皆、曷、镨、末、物、德等韵部分韵字;⑩粤闽台客家方言［o］韵字,来源于《广韵》舒声韵歌、戈和促声韵合、铎、觉等韵部分韵字;⑪粤闽台客家方言［io］韵字,来源于《广韵》舒声韵戈和促声韵药等部分韵字;⑫粤闽台客家方言［uo］韵字,来源于《广韵》戈部分韵字;⑬粤闽台客家方言［ai］韵字,来源于《广韵》哈、泰、皆、佳、夬等韵部分韵字;⑭粤闽台客家方言［iai］韵字,来源于《广韵》皆、佳等韵部分韵字;⑮粤闽台客家方言［uai］韵字,来源于《广韵》皆、佳、夬等韵部分韵字;⑯粤闽台客家方言［oi］韵字,来源于《广韵》哈、灰、泰、祭等韵部分韵字;⑰粤闽台客家方言［ui］韵字,来源于《广韵》舒声韵灰、泰、祭、齐、支、脂、之、微和促声韵没等韵部分韵字;⑱粤闽台客家方言［iui］韵字,来源于《广韵》祭、支等韵部分韵字;⑲粤闽台客家方言［au］韵字,来源于《广韵》豪、肴、宵等韵部分韵字;⑳粤闽台客家方言［iau］韵字,来源于《广韵》肴、宵、萧、幽等韵部分韵字;㉑粤闽台客家方言［eu］韵字,来源于《广韵》侯、尤等韵部分韵字;㉒粤闽台客家方言［iu］韵字,来源于《广韵》灰、尤、幽等韵部分韵字;㉓台湾美浓客家方言［ə］韵字,来源于《广韵》祭、之等少数韵字;㉔台湾桃园、海陆客家方言［ï］韵字,来源于《广韵》之韵少数字;㉕长汀客家方言［ɔ］韵字,来源于《广韵》豪、肴、宵等韵字。

2. 阳声韵的比较

闽台客家方言阳声韵韵母共 34 个,即 əm、im、am、iam、em、ən、uən、in、an、ian、uan、en、ien、uen、on、ion、uon、un、iun、aŋ、iaŋ、uaŋ、oŋ、ioŋ、uoŋ、uŋ、iuŋ、eŋ、iŋ、ɔŋ、ioŋ、m̩、ŋ̩、n̩。它们与《广韵》对应情况如下:

粤闽台客家方言收 –m 尾韵母与中古音比较表

客家	说明	中古	例字	客家	说明	中古	例字
əm	开三	深/侵	针斟枕深沉甚	am	合二	山/山	幻
im	开三	深/侵	林临凛侵心金	iam	开二	咸/咸	蘸
am	开一	咸/覃	潭南参感勘含	iam	开三	咸/盐	镰沾闪染钳淹
am	开一	咸/谈	担淡蓝三敢览	iam	开三	咸/严	严醃
am	开二	咸/咸	站陷咸赚占尴	iam	开四	咸/添	垫添忝拈谦颔
am	开二	咸/衔	衫监衔	em	开三	深/侵	岑参森
am	开三	咸/盐	沾占瞻詹	m̩	合一	遇/模	唔
am	合三	咸/凡	凡梵范泛犯				

粤闽台客家方言收 –n 尾韵母与中古音比较表

客家	说明	中古	例字	客家	说明	中古	例字
ən	开三	臻/真	真陈身珍振镇	uan	合二	山/删	关惯
ən	开一	臻/痕	恨	en	开三	山/仙	愊
ən	开二	梗/耕	争筝	en	开一	臻/痕	跟根恳痕恨恩
ən	开三	梗/清	征整程诚圣盛	en	开三	臻/真	真陈珍诊疹
uən	开一	曾/登	亘	en	开三	臻/清	成圣
uən	开二	梗/庚	耿	en	开三	曾/蒸	冰凭
in	开三	深/侵	品	en	开一	曾/登	崩等曾层赠肯
in	开二	臻/臻	臻榛	en	开二	梗/庚	生牲甥省更孟
in	开三	臻/真	贫邻秦信彬贫	en	开二	梗/庚	盟
in	开三	臻/殷	斤	en	开二	梗/耕	萌皿争筝幸
in	开三	曾/蒸	菱陵凌兴应孕	en	合三	梗/清	倾顷
in	开三	梗/庚	平明鸣命景警	en	开四	梗/青	铭暝冥蜓丁宁
in	开二	梗/庚	行	ien	开三	咸/盐	贬
in	合三	梗/庚	永咏 *	ien	开三	山/仙	变篇辨绵面连
in	开三	梗/清	并秉令精晶旌	ien	合三	山/仙	全宣选
in	开四	梗/青	瓶屏顶鼎暝厅	ien	开四	山/先	边扁片巅天田
in	合四	梗/青	萤迥	uen	开一	曾/登	亘
an	开一	山/寒	坛弹蛋单丹滩	uen	合一	曾/登	肱薨弘
an	合一	山/桓	般潘搬半瞒慢	uen	开二	梗/庚	耿
an	开二	山/山	山扮办瓣产铲	on	开一	山/寒	干看寒韩汉汗
an	开二	山/删	班般颁版蛮慢	on	合一	山/桓	端酸换端短团
an	合二	山/删	还环弯湾挽	on	合二	山/删	篡撰
an	合三	山/元	番翻烦反返饭	on	合三	山/仙	转川穿传喘
an	开三	山/仙	颤战阐扇煽善	ion	合三	臻/谆	吮
ian	开二	山/山	间艰简眼	ion	合三	山/仙	软旋
ian	开二	山/删	奸颜雁	ion	合二	山/删	篡
ian	开三	山/元	建健键言献	uon	合一	山/桓	官罐观冠管馆
ian	合三	山/元	卷元源原愿怨	un	合一	臻/魂	敦墩顿盾尊存
ian	开三	山/仙	鞭编篇偏便棉	un	合三	臻/谆	沦遵笋俊旬循
ian	合三	山/仙	全宣喧旋璇选	un	合三	臻/文	文纹闻粪分问
ian	开四	山/先	田填电奠淀连	iun	开三	臻/真	忍刃银韧
ian	合四	山/先	犬玄悬涓	iun	开三	臻/殷	芹近欣谨
uan	合一	山/桓	款	iun	合三	臻/文	君军群裙熏训
uan	合二	山/山	鳏	n	合三	遇/鱼	鱼渔女

粤闽台客家方言收 –ŋ 尾韵母与中古音比较表

客家	说明	中古	例字	客家	说明	中古	例字
aŋ	开二	梗/庚	彭猛冷撑更庚	eŋ	开一	曾/登	亘
aŋ	合二	梗/庚	横	eŋ	开二	梗/庚	彭猛冷撑更
aŋ	开二	梗/耕	棚橙耕	eŋ	开二	梗/庚	耿
aŋ	开一	咸/谈	柑	eŋ	开二	梗/耕	耕争筝
aŋ	合三	咸/凡	帆	eŋ	开三	梗/清	成圣
aŋ	开二	山/山	山扮办产铲	iŋ	开三	咸/盐	镰
aŋ	开二	山/删	班斑般颁板	iŋ	开三	咸/严	欠
iaŋ	开三	梗/庚	柄病命	iŋ	合三	山/仙	全
iaŋ	开三	梗/清	饼名岭领井晴	iŋ	开四	山/先	边扁片巅天
iaŋ	开四	梗/青	艇青	iŋ	开三	臻/真	贫邻秦信彬
uaŋ	合二	梗/庚	矿	uŋ	开二	江/江	窗双
uaŋ	合二	梗/耕	轰宏	uŋ	合一	通/东	东同拢葱丛送
uaŋ	合二	山/删	关惯	uŋ	合三	通/东	缝风丰凤忠终
oŋ	开一	宕/唐	榜茫当汤郎仓	uŋ	合一	通/冬	冬统农宗松攻
oŋ	合一	宕/唐	汪黄荒	uŋ	合三	通/钟	封逢奉俸钟浓
oŋ	开三	宕/阳	张章长丈掌涨	uŋ	开一	山/寒	肝杆赶
oŋ	合三	宕/阳	方望往芒铓筐	uŋ	合一	山/桓	端酸换端短
oŋ	开二	江/江	江讲降巷项扛	iuŋ	合三	梗/庚	兄
oŋ	合三	通/东	风疯弓	iuŋ	合三	通/东	崧嵩弓躬宫
oŋ	合三	通/钟	龙	iuŋ	合三	通/钟	龙纵松诵颂恭
ioŋ	开三	宕/阳	凉粮将枪相强	ɔŋ	开一	宕/唐	唐
ioŋ	合三	宕/阳	纺网	ɔŋ	合一	宕/唐	光广
uoŋ	合一	宕/唐	光胱广	ɔŋ	合三	宕/阳	霜
eŋ	开三	深/侵	林金针深森	ɔŋ	开二	江/江	双
eŋ	开一	臻/痕	恨	iɔŋ	开三	宕/阳	枪香
eŋ	开三	臻/真	真陈	iɔŋ	合三	宕/阳	纺网
eŋ	合三	臻/谆	轮笋	ŋ	合一	遇/模	五伍午
eŋ	合三	臻/文	军裙				

　　由上表可见,粤闽台客家方言阳声韵与中古阳声韵大致对应如下：①粤闽台客家方言[əm]韵字,来源于《广韵》侵韵部分韵字；②粤闽台客家方言[im]韵字,来源于《广韵》侵韵部分韵字；③粤闽台客家方言[am]韵字,来源于《广韵》覃、谈、咸、衔、盐、凡、山等韵部分韵字；④粤闽台客家方言[iam]韵字,来源于《广韵》咸、盐、严、添等韵部分韵字；⑤粤闽台客家方言[em]韵字,来源于《广韵》

侵韵部分韵字;⑥粤闽台客家方言［m］韵字,来源于《广韵》模韵部分韵字。⑦粤闽台客家方言［ən］韵字,来源于《广韵》真、痕、耕、清等韵部分韵字;⑧粤闽台客家方言［uən］韵字,来源于《广韵》登、庚等韵部分韵字;⑨粤闽台客家方言［in］韵字,来源于《广韵》侵、臻、真、殷、蒸、庚、清、青等韵部分韵字;⑩粤闽台客家方言［an］韵字,来源于《广韵》寒、桓、山、删、元、仙等韵部分韵字;⑪粤闽台客家方言［ian］韵字,来源于《广韵》山、删、元、仙、先等韵部分韵字;⑫粤闽台客家方言［uan］韵字,来源于《广韵》桓、山、删等韵部分韵字;⑬粤闽台客家方言［en］韵字,来源于《广韵》仙、痕、真、蒸、登、庚、耕、清、青等韵部分韵字;⑭粤闽台客家方言［ien］韵字,来源于《广韵》盐、仙、先等韵部分韵字;⑮粤闽台客家方言［uen］韵字,来源于《广韵》登、庚等韵部分韵字;⑯粤闽台客家方言［on］韵字,来源于《广韵》寒、桓、删、仙等韵部分韵字;⑰粤闽台客家方言［ion］韵字,来源于《广韵》谆、删、仙等韵部分韵字;⑱粤闽台客家方言［uon］韵字,来源于《广韵》桓韵部分韵字;⑲粤闽台客家方言［un］韵字,来源于《广韵》魂、谆、文等韵部分韵字;⑳粤闽台客家方言［iun］韵字,来源于《广韵》真、殷、文等韵部分韵字;㉑粤闽台客家方言［n］韵字,来源于《广韵》鱼韵少数韵字;㉒粤闽台客家方言［aŋ］韵字,来源于《广韵》庚、耕、谈、凡、山、删等韵部分韵字;㉓粤闽台客家方言［iaŋ］韵字,来源于《广韵》庚、清、青等韵部分韵字;㉔粤闽台客家方言［uaŋ］韵字,来源于《广韵》庚、耕、删等韵部分韵字;㉕粤闽台客家方言［oŋ］韵字,来源于《广韵》唐、阳、江、东、钟等韵部分韵字;㉖粤闽台客家方言［ioŋ］韵字,来源于《广韵》阳韵部分韵字;㉗粤闽台客家方言［uoŋ］韵字,来源于《广韵》唐韵部分韵字;㉘粤闽台客家方言［eŋ］韵字,来源于《广韵》侵、痕、真、谆、文、登、庚、耕、清等韵部分韵字;㉙粤闽台客家方言［iŋ］韵字,来源于《广韵》盐、严、仙、先、真等韵部分韵字;㉚粤闽台客家方言［uŋ］韵字,来源于《广韵》江、东、冬、钟、寒、桓等韵部分韵字;㉛粤闽台客家方言［iuŋ］韵字,来源于《广韵》庚、东、钟等韵部分韵字;㉜粤闽台客家方言［ɔŋ］韵字,来源于《广韵》唐、阳、江等韵部分韵字;㉝粤闽台客家方言［iɔŋ］韵字,来源于《广韵》阳韵部分韵字;㉞粤闽台客家方言［ŋ］韵字,来源于《广韵》模韵部分韵字。

　　3.入声韵的比较

　　粤闽台客家方言入声韵韵母共 24 个,即 əp、ip、ap、iap、ep、ət、it、at、iat、uat、et、iet、uet、ot、ut、iut、ak、iak、uak、ok、iok、uok、uk、iuk。它们分别与《广韵》对应情况如下:

粤闽台客家方言收 –p 尾韵母与中古音比较表

客家	说明	中古	例字	客家	说明	中古	例字
əp	开三	深/缉	执汁湿	ap	开三	咸/叶	涉摺
ip	开三	深/缉	立集辑习袭急	ap	合三	咸/乏	法
ip	开三	梗/昔	夕	iap	开二	咸/洽	夹狭峡
ap	开一	咸/合	搭沓纳合盒	iap	开三	咸/叶	蹑猎捷辄叶接
ap	开一	咸/盍	榻腊磕塔塌蜡	iap	开三	咸/业	劫业
ap	开二	咸/洽	插恰洽喢	iap	开四	咸/帖	蝶协帖
ap	开二	咸/狎	甲压匣鸭	ep	开三	深/缉	粒涩立

粤闽台客家方言收 –t 尾韵母与中古音比较表

客家	说明	中古	例字	客家	说明	中古	例字
ət	开三	臻/质	质失窒质室实	uat	合二	山/镝	刮
ət	开三	梗/昔	斥适释	et	开四	山/屑	篾
ət	开四	梗/锡	吃	et	开二	臻/栉	虱
it	开三	深/缉	缉	et	开三	臻/质	密蜜觅
it	开二	臻/栉	蟋瑟	et	开三	臻/迄	讫乞迄
it	开三	臻/质	笔栗吉七毕必	et	开一	曾/德	墨北得德塞刻
it	合三	臻/术	律率橘	et	合一	曾/德	或惑
it	开二	梗/陌	迫	et	开三	曾/职	逼力息直职食
it	合二	梗/麦	获	et	开二	梗/陌	帛择
it	开三	梗/昔	惜益辟积迹脊	et	合二	梗/陌	获
it	合三	梗/昔	疫役	et	开二	梗/麦	策革
it	开四	梗/锡	敌锡激狄溺历	et	开四	梗/锡	觅
it	开三	曾/职	织				
at	合三	咸/乏	乏	iet	开三	山/薛	列
at	开一	山/曷	达笪姐獭辣擦	iet	合三	山/薛	雪
at	合一	山/末	钵泼拨末活豁	iet	开四	山/屑	跌铁切
at	开二	山/镝	铡刹瞎辖	iet	开一	曾/德	忒
at	开二	山/黠	八拔扎轧札察	uet	合一	曾/德	国
at	合二	山/黠	滑猾挖	uet	合二	梗/麦	掴
at	合三	山/月	发伐筏罚袜	ot	开一	山/曷	割葛渴喝曷
at	开三	山/薛	哲彻撤辙设舌	ot	合一	山/末	脱撮掇夺
at	开三	梗/昔	斥释	ot	合二	山/镝	刷
iat	开三	山/月	揭竭歇谒	ot	合二	山/黠	刷
iat	合三	山/月	厥阙月越曰粤	ot	合三	山/薛	劣拙说
iat	开三	山/薛	列裂烈泄杰揭	ut	合一	臻/没	没卒骨突凸猝
iat	合三	山/薛	绝雪说悦	ut	合三	臻/术	出术述柿律
iat	开四	山/屑	撇铁节屑截结	ut	合三	臻/物	弗拂物勿屈郁
iat	合四	山/屑	缺血穴	iut	合三	臻/物	屈
uat	合一	山/末	括阔	iut	合三	通/烛	曲

粤闽台客家方言收 –k 尾韵母与中古音比较表

客家	说明	中古	例字	客家	说明	中古	例字
ak	合三	宕/药	缚攫	ok	合一	宕/铎	郭
ak	开二	梗/陌	伯百格客搭	ok	开二	江/觉	剥搦戳浊学朴
ak	开二	梗/麦	核册	iok	开三	宕/药	灼酌铄绰著着
ak	开三	梗/昔	尺赤只炙	uok	合一	宕/铎	郭泊获
iak	开二	梗/陌	额	uk	合一	通/屋	卜曝木速谷斛
iak	开三	梗/陌	逆剧屐	uk	合三	通/屋	牧竹熟目穆福
iak	合二	梗/麦	划	uk	合一	通/沃	督毒沃酷
iak	开四	梗/锡	壁锡劈霹	uk	合三	通/烛	蜀嘱促束赎属
uak	合二	梗/麦	曝	iuk	合三	通/屋	宿
ok	开一	宕/铎	博泊莫托踱诺	iuk	合三	通/烛	绿足粟俗辱褥

由上表可见,粤闽台客家方言入声韵与中古入声韵大致对应如下:①粤闽台客家方言[ap]韵字,来源于《广韵》缉韵部分韵字;②粤闽台客家方言[ip]韵字,来源于《广韵》缉、昔等韵部分韵字;③粤闽台客家方言[ap]韵字,来源于《广韵》合、盍、洽、狎、叶、乏等韵部分韵字;④粤闽台客家方言[iap]韵字,来源于《广韵》洽、叶、业、帖等韵部分韵字;⑤粤闽台客家方言[ep]韵字,来源于《广韵》缉韵部分韵字;⑥粤闽台客家方言[ət]韵字,来源于《广韵》质、昔、锡等韵部分韵字;⑦粤闽台客家方言[it]韵字,来源于《广韵》缉、栉、质、术、陌、麦、昔、锡等韵部分韵字;⑧粤闽台客家方言[at]韵字,来源于《广韵》乏、曷、末、镎、黠、月、薛、昔等韵部分韵字;⑨粤闽台客家方言[iat]韵字,来源于《广韵》月、薛、屑等韵部分韵字;⑩粤闽台客家方言[uat]韵字,来源于《广韵》末、镎等韵部分韵字;⑪粤闽台客家方言[et]韵字,来源于《广韵》屑、栉、质、迄、德、职、陌、麦、锡等韵部分韵字;⑫粤闽台客家方言[iet]韵字,来源于《广韵》薛、屑、德等韵部分韵字;⑬粤闽台客家方言[uet]韵字,来源于《广韵》德、麦等韵部分韵字;⑭粤闽台客家方言[ot]韵字,来源于《广韵》曷、末、镎、薛等韵部分韵字;⑮粤闽台客家方言[ut]韵字,来源于《广韵》没、术、物等韵部分韵字;⑯粤闽台客家方言[iut]韵字,来源于《广韵》物、烛等韵部分韵字;⑰粤闽台客家方言[ak]韵字,来源于《广韵》药、陌、麦、昔等韵部分韵字;⑱粤闽台客家方言[iak]韵字,来源于《广韵》陌、麦、锡等韵部分韵字;⑲粤闽台客家方言[uak]韵字,来源于《广韵》麦韵部分韵字;⑳粤闽台客家方言[ok]韵字,来源于《广韵》铎、觉等韵部分韵字;㉑粤闽台客家方言[iok]韵字,来源于《广韵》药韵部分韵字;㉒粤闽台客家方言[uok]韵字,来源于《广韵》铎韵部分韵字;㉓粤闽台客家方言[uk]韵字,来源于《广韵》屋、沃、烛等韵部分韵字;㉔粤闽台客家方言[iuk]韵字,来源于《广

韵》屋、烛等韵部分韵字。

三、粤闽台客家方言声调系统与中古声调系统比较

中古有 4 个声调,即平、上、去、入。发展到现代粤闽台客家方言,梅县、桃园、美浓的四县话基本上一致,均 6 调,平声分阴阳,上声独成一类,去声不分阴去和阳去,入声分阴阳;海陆 7 调,去声也分阴阳;长汀 5 调,去声分阴阳,但无入声。现以梅县、桃园、美浓 3 个点作为粤闽台客家方言代表与中古声调进行比较。他们各有 6 调,即阴平、阳平、上声、去声、阴入和阳入。粤闽台客家方言声调与中古声调比较如下:

中古四声	古清浊	例字	梅县6调	长汀5调	桃园6调	美浓6调	海陆7调
平声	全浊	同时	阳平	阳平	阳平	阳平	阳平
	次浊	南良	阳平	阳平	阳平	阳平	阳平
	清	东诗	阴平	阴平	阴平	阴平	阴平
上声	全浊	坐舅	去声	阴平	去声	去声	阳去 阴去
	次浊	买冷	阴平	阴平	阴平	阴平	阴平
	次浊	五野	阴平	上声	阴平	阴平	阴平
	清	董久	上声	上声	上声	上声	上声
	全浊	动道	去声	阳去	去声	去声	去声
去声	全浊	住豆	去声	阳去	去声	去声	阳去 阴去
	次浊	类夜	去声	阳去	去声	去声	阳去 阴去
	清	栋四	去声	阴去	去声	去声	阴去
入声	全浊	独白	阳入	阳去	阳入	阳入	阳入
	次浊	益绿	阳入	阳去	阳入	阳入	阳入
	清	督百	阴入	阳平	阴入	阴入	阴入

上表可见,梅县声调与桃园、美浓、海陆的调类基本相同,但与桃园、美浓更为接近。长汀声调与他们差别较大,也与中古音差别大一些。

第三节　粤闽台客家方言的语法特征述略

闽西区客家话以连城话为代表;粤东区客家话以梅县话代表。它们基本上可以反映整个客家话的语言特征。广东东部的梅州是世界上客家人最集中的聚居地,是传播客家文化的重要地区。许多海外客家乡亲把梅州誉为“客都”,梅县客

家话被公认为标准的客家方言。论述是以梅县的客家话为主,兼及其他地方的客家话。考虑到篇幅问题,只选取部分语法特征加以简要说明。详情可参见具体调查材料。

一、构词法

（一）倒序词

前文的闽南方言中,我们提到了"逆序词",在这一点上,闽客方言存在相似之处,例如梅县话有"要紧（紧要）""闹热（热闹）""欢喜（喜欢）""人客（客人）""尘灰（灰尘）""菜干（干菜）"等说法。罗美珍、邓晓华（1995）在"百越语言的影响"一小节中还列"鸡公""地土（土地）""气力（力气）""背脊（脊背）"等词,而且他从侗、泰、苗、瑶语的事实证明客家话语序倒置是受百越语影响的结果。

（二）常用的一些特殊词缀

1. 词头

这里主要介绍"阿"和"老"。

"阿"用在对亲属特别是对长辈的称呼上,如"阿哥""阿婆""阿姐""阿姑""阿伯"等。"阿三"和"阿五"则是放在人物排行的前面。台湾东势客家话的"阿"还可以放在人名之前,如"阿枝""阿进达"等。不过,"阿"不可以放在姓氏之前,故不能说"阿张""阿李"。这一情况在祖国大陆的客家话中也是相同的。

"老"除了像普通话那样加在姓氏的前面表示亲昵的意思之外,还可以用在对平辈或晚辈的称呼上,如"老妹（妹妹）""老弟（弟弟）""老妹婿（妹夫）"等。值得一说的是,台湾东势话的"老"之后不可以接姓氏,没有"老张""老李"的用法。

2. 词尾

"公""牯""嬷"等可用在动物名词之后表示雌雄之别,这一点和闽方言是很相似的。"牯""嬷"放在表人的名词之后往往是含有贬义色彩,如贼牯、短命嬷、懒尸嬷（懒婆娘）等。"佬"加在表人的名词之后表示男性,有褒亦有贬,如"大户佬""死佬（死鬼,骂人话）"。

"公"在客家方言中的一些说法虚化得相当彻底,如台湾东势话的"蚁公""雷公""太阳公""鼻公""耳公"。连城客家话里,猫的雌雄分别叫做"猫妈"和"猫牯",不分雌雄叫做"猫公","公"在这里也是一个虚化的词尾,跟"鸭公"的"公"有所不同。

"嬷"在客家方言中有时也是起着虚词素的作用。如"舌嬷"、"笠嬷"、"勺嬷"、"虱嬷"等。

"头"尾的名词或形容词在客家方言中是比较多的,如"日头"、"上昼头(上午)"、"夜哺头(晚上)"、"角落头(旮旯儿)"、"无食头(没有什么可以品味的)"。普通话中的"儿"、"子"在客家方言中是用"哩",它的声母和声调还会发生变化的,它不仅可以作名词词尾,还可以放在形容词、动词带有后附音节的后面以及放在名词加重叠的形容词或动词之后,其作用均是表示情貌。如"笑眯眯哩(笑眯眯的样子)"、"嘴堵堵哩(撅嘴生气的样子)"。

"子"尾词在客家方言里也是很多的,如连城客家话的"狗子(小狗子)"、"桌子(小桌子)"、"老妹子(小妹妹)"等等,是在一些名词之后加上"子"起着小称的作用。"名词+子"本来已经是小称,但是为了强调小,前面还可以再加上"细",如"细桌子"、"细狗子"等等,"细"相当于普通话的"小"。连城客家话的"竹"表示"毛竹","竹子"表示小竹子。此时的"子"加在一些名词性词根之后就造成一个新词。部分"子"尾词用于指自己往往有自谦之意,用于指别人则往往有蔑视之意,如"科长子"表示"小科长";"乡长子"表示"小乡长",等等。

3. 中缀

黄雪贞(1987)一文说到,客家话词缀比较丰富,除了有前缀和后缀之外,还有中缀,常见的有"子"、"晡",如"男子人(男人)"、"女子人(女人)"、"今晡日(今天)"、"昨晡日(昨天)"等,但也有不少地区称"男人"和"女人"时不带中缀"子"。在詹伯慧(1991)第六章"汉语方言语法调查"中不是说成"中缀",而是把"子"、"晡"说成"词腰",是嵌在合成词的中间形成独特的三音节合成词,而且"子"是用在指人名词中间,"晡"是用在指日子的名词中间。这种词中缀(或作词腰)是一种词嵌入的现象,在闽南方言当中"仔"也有着这一种功能。在前文已经进行过讨论,在此不再赘述。

(三)用重叠方式构词

1. 名词的重叠

客家方言里的名词重叠式可以表示等等之类、什么的一类的意思。比如连城客家话的"人人客客"就是人呀客呀什么的,"鞋鞋袜袜"就是鞋子呀袜子呀什么的,"肠肠肚肚"表示的是肠子呀肚子呀等一类的东西。连城话的部分方位词是合成方位词,而且它们是重叠在一起的,如"下底"可以说成"下下底"或者"下ə下底","下ə下下底"表示程度进一步加深,往往有无以复加的意味。能进行这种重叠的合成方位词还有如"内(上、外)底"、"底下"、"脚下"、"豚下"等。

2. 动词的重叠

客家方言的动词一般不能重叠。如"踏"不能说成"踏踏"。也没有像普通话的"A–A"格式,"寻"就没有"寻一寻"的说法。动词的 AABB 式可以表示次数或动作的持续;"无 A 无 B"式则表示次数少或没有出现这种情况。此时的 A 和 B 是两个同义(近义)或反义的动词。如"讲讲笑笑"、"行行走走"、"上上下下"、"出出入人","无讲无笑"、"天行无走"、"天出无入"。不过有不少两个同义或近义的动词只有 AABB 式而没有"无 A 无 B"式,如"摸"和"觅"都表示人闲暇在家,对家物和环境随便收拾摆弄的意思,就只有"摸摸觅觅"的重叠形式,而没有"无摸无觅"的组合形式。

3. 量词的重叠

客家方言的量词大多可以重叠的,如"条条"、"张张"、"桶桶"等,这种重叠表示"每"的意思,"条条"有"每一条"的意思。连城话的一些名量词可以进行变声重量。如"堆擂"是由"堆[tiu]"加上变音词"[1iu]"(用同音字"擂")重叠而成的,"包"可以重叠成"包拉","块"可以重叠成"块癞"。这种重叠式都是变 1 重叠,原式在前,变音在后。一般情况下,声母读 1 的名量词不能变声重叠。非[1]声母的名量词也有一小部分不能进行变声重叠,如条、行、只、口、顶、碗等。

二、部分词类的语法特点

(一)关于"个"和"侪"的用法

1. 个

在客家话中,"个"可以作量词外,还可以由量词虚化为表示相当于普通话结构助词"的"的语法意义,即一种领属和限制的关系,也可以表示某类人(或物)。如"肥个(肥的)"、"食个饭(吃的饭)"、"做活路个(干活的)"。此外"个"还可以放在形容词后面表示情貌,如"静静个食(静静地吃)"。罗美珍、邓晓华(1995)从壮侗语族语言的"个高那(高的那个)"、"棵树大(大棵的树)"、"只虎凶(凶的虎)"之类的量词用例推断,用"个"表示"的"是受百越语的影响。

2. 侪

与"个"相比,"侪"有着相同的用法,可以放在动词和形容词的后面。"个"可用于指人,也可以用于指物。"侪"则不能用于指物,专指人。如"大侪"专门表示"个头大或年龄大的人";"衰侪"表示"运气不好的人";"有钱侪"表示"富人","有钱个"则表示"富人或有钱的单位"。

(二)关于表示时态和体貌的助词

"倒"、"等(紧、稳、定)"、"撇"、"唎(了)"、"过"、"紧"等,它们也是从实词虚化而来的。

1. 倒

"倒"的用法有三种：

其一是表示动作达到，即"及、中、着"的意义。如"东西买倒了（指东西买到了）"。

其二是表示"倒下"，后面可以接"来"，多用于命令句。如"打倒来（横放下）"。

其三是表示动作的方式和情态，与"来"轻声连用，和动词一起构成动补结构修饰后面的动词。如"目珠闭倒来想（眼睛闭着想）"。如果动词和"倒"之间加上助词"得"、就可以表示"可能"。如大埔客家话"东西买得倒"是"东西能买到"的意思。

2. 等

"等"的用法是放在动词后面表示动作进行的状态，如（梅县）"你先食等饭来（你先吃着饭）"。有些客语区如长汀则在动词后面加"紧"、"稳"、"定"表示动作正在进行着。如"食稳唎饭（正吃着饭）"。

3. 撇

"撇"表示物质或性状是以某种方式消失不见的，放在动词和形容词后面。如（梅县）"食撇饭去嫽街（把饭吃掉去逛街）"、（长汀）"纸票无撇唎（钱没了）"。

4. 过

"过"表示"经历过"和"重新动作"的意思，放在动词之后。如（长汀）"尔回唔算，来过！（这次不算，再来过）"。

5. 添

"添"经常放在句子的最后，它的用法和意义跟粤方言相同，如（梅县）"等下添"表示"再等一会儿"，"看一摆电影添"表示"再看一次电影"。

6. 紧

"紧"相当于普通话的时态助词"着"，表示动作的进行态或持续态。如大埔客家话的"食紧饭（吃着饭）"、"拿紧书（拿着书）"、"行紧路（走着路）"。不过这种性质的"紧"和普通话的"着"又有着不同。客家方言的"紧"与动词之间可以加上一个方音为[het]的成分，表示的意思仍然是动作活动正在进行或持续。

（三）**方位词的用法**

客家方言中的方位词不以"面"为中心来测向，而是以"背"或"头"为中心给方向命名，如"上面"叫"上背"或"上头"；"下面"叫"下背"或"下头"；"里面"叫"里背"或"里头"；"外面"叫"外背"或"外头"，可能这与迁徙至山区有关。上山时或耕作时突出的是背部和头部而不是"脸面",因此以背或头为中心来定上、下、里、外。连城话里,普通名词加上"头"构成合成方位词。主要的如"脑头(上面)"、"市满头(后面,市满指屁股)"、"栋头(顶头)"、"背头(后头)"等。这种合成方位词在客家方言中是很有特色的。

"上"、"下"以及"前"三个单纯方位词还可以受程度副词"恁"和"忒"等的修饰。如"贴忒上"表示"贴得太靠上了"。"唇"在客家话中可以作为一个方位词,意思是边缘。如"海唇(海边)"、"圳唇(水渠边)"、"井唇(井口)"、"床唇(床沿)"、"布唇(布的沿边部分)"、"边唇(边缘)"等。黄雪贞(1994)讲到,"唇"引申为"边缘"的意思古已有之,《诗经》的诗句就有用例。

连城客家话的"底"相当于普通话的"里",它的结合能力非常强.许多名词后面都可以加上"底",如"店底(店里)"、"间底(房间里)"、"灶下底(厨房里)"等等。方位词加上"底"构成方位组合,如"上底"表示"上面","外底"表示"外面","内底"表示"内面"。

(四)关于动词"有"的用法

"有"在客家方言里的用法是很有方言特色的。"有"除了可以接名词作宾语,还可以接动词或动词短语作宾语,如"有食饭"、"有坐"、"有做"、"有睡";"有+动词"之后可以加上"头",如"有食头"、"有行头"、"有扛头"、"有煮头"。还可以接上形容词,形容词前加上程度副词"靠"(相当于普通话的较)等,如"有靠好"、"有靠平"、"有靠安乐",此时的"有"实际上是一个虚化的成分。还可以接述补结构作宾语,如"(东西)有洗净"、"猪肉有煮熟"等。"有"还经常放在动词后作补语。如"买有"、"买得有"、"买唔得有"、"买唔得会有"。

三、几种特殊句式

(一)关于被动、给予和处置的用法

普通话用"被"和"给"二词表示被动,而客家方言的被动句是用"分"表示,如(梅县)"拿黄豆分佢"表示"拿黄豆给他"。客家方言的把字句一般用"帮"、"将"、"拿",如(长汀)"拿细郎当子(把女婿当儿子)","帮碗洗净来(把碗洗干净)"等便是用"帮"和"拿",用"将"是更为普遍的,如(梅县)"将镜子打破"。

(二)比较句

在普通话中比较句多用"比"来表示,客家方言的比较句则不同,如"佢比偓过大"表示"他比我大","今晡日比秋晡日过冷"表示"今天比昨天冷",这就是成了"甲+比+乙+过+性状词"的结构,与普通话不同。这只是其中的一种。用"比"和"靠"表示也是比较句的一种类型,格式为:甲+比+乙+靠+性状词．如"𠊎比佢靠大"表示"我比他大"。还有一种是用"当"表示，如"𠊎当佢唔得"表示"我比不上他"。

关于"比较句"的详细阐述，可见项梦冰（1997）所著，他在书中将连城客家话的比较句分为平级比较句、不平级比较句和渐进比较句三方面来加以阐析。

平级比较句是用"一般"表示普通话的"一样"之义，如连城话里"猪肉合牛肉一般贵"表示"猪肉跟牛肉一样贵"，"四件衫都一般多钱"表示"四件衣服的价钱都一样"。

不平级比较句包括较胜和不及两种情况。前者如"迎子比我子较识事"表示"你儿子比我儿子懂事"。后者如"我老弟无合尔般高"表示"我弟弟没你高"。

渐进比较句表示程度逐渐加深。如"一个比一个较大食"表示"一个比一个饭量大"等。

（三）疑问句

客家方言的疑问句表示法主要如下：

连城话的特指问句是用语气词"［e］、［ou］、［a］等"，如"迎嬷 e？"询问的是"你奶奶呢？"

选择问句与闽南方言相似，"抑"起着相当重要的作用，如大埔客家话表示"有还是没有？"用的是"有 a 无？"，此处方音"［a］"的本字应作"抑"；连城话用"抑还是"连接，如"好抑还是唔好？"表示"好还是不好？"

连城话的是非问是用语气词"［hia］"和"［a］"，如"尔老弟［hia］？"表示"是你弟弟吗？"

"有"和"无"在表示疑问句当中起着很大的作用，如大埔客家话的"有人来无（有没有人来）？"、"爱来无（要不要来）？"。

第四节　客家方言词汇比较研究

客家方言在我国的分布较广，它的产生与客家先民的迁徙有关。因此由于时间的有同，客家方言所分布的七个省区大体又有两种情况。第一期（即西晋末年到南北朝时期中国第一次大分裂）：迁移的闽西赣南为一片；第二、三期（即唐末移民浪潮和宋元之际移民浪潮）：迁移的广东、广西、四川、台湾等地为一片。今居住在粤东梅州等地的客家人，其祖先在唐、宋时多聚居在闽西的汀州和赣南的赣州，南宋末年始多迁居梅州等地。客家文化具有中原文化"内核"的一面，即它在本质上具有中原文化的传承特性。中原是客家先民的发祥地，客家系中原汉民族中脉络分明的民系,这是不争的事实。因之客家文化的"根"在中原。所以闽西客家方言与以广东梅县为代表的粤东客家方言在词汇上有很大的一致性。下面我们就这两地的客家方言进行一个比较说明。

一、闽西客家词汇与粤东客家词汇的相同点

第一,两地客家方言中都保留了古代词语中的一些词。这些词在客家方言中有的仍独立运用,有的也只用作构词词素,有的能单独运用了。如:

"田埂",闽西客家方言与粤东客家方言中都说"田塍";"热水",在两地客家方言中都说"烧水";"开水",两地客家方言都说"滚水";"上午",两地客家方言都说"上昼",并且它们都把"下午"说成"下昼",只有武平说"昼边";"站"在两地客家方言中都说"徛";"添"都说成"舔"。

"食"在客家方言中的作用也很大,它的意义包括了"喝"(如食茶)、"吃"(如食肉)、"抽"(如食烟),类似的词还有"食滚水"、"食朝"、"食昼";"新娘"在两地客家方言中都叫"新妇",等等。

第二,两地客家方言在构词上的一大特点是使用后缀的很多。如:

"太阳",在两地客家方言中叫"热头";"梨",在梅县叫"梨儿",长汀叫"梨哩",宁化和武平叫"梨子";"蚂蚁",两地客家方言中都叫"蚁公";"虾",两地客家方言中都叫"虾公";"窗户",梅县叫"窗儿",长汀和武平叫"窗子",宁化叫"窗门";"口袋",梅县叫"袋儿",而闽西客家方言都叫"袋子",等等。

第三,两地客家方言中都有许多很有特色的形容词和动词。如:

表一:

语言类别	例 子				
普通话	小孩	树梢	小手指	大拇指	剩饭
梅 县	细人儿	树尾	手指尾	手指公	旧饭
武 平	细人子	树尾	尾手指	伯公手指	旧饭
长 汀	细人哩	树尾	手指尾	手指公	旧饭
宁 化	子女	树尾	尾指尾	手指公	旧饭

表二:

语言类别	例 子						
普通话	砌灶	砌墙	做梦	生火	买布	抓药	号脉
梅 县	打灶	结墙	发睭	起火	剪布	捡药	打脉
武 平	打灶	结墙头	发眠梦	起火	剪布	撮药	打脉
长 汀	打灶	结墙	发梦	起火	剪布	点药	打脉
宁 化	□灶	砌墙	对眠梦	起火	扯布	撮药	□脉

二、闽西客家词汇与粤东客家词汇的不同点

由于每次大规模南迁的间隔时间大约三五百年,这就势必促使南迁北人使用的古代北方话同东南一带的汉语方言发生频繁接触,广泛交流和互相影响,互相渗透,也使已形成的客家方言有可能吸收古代东南一带的方言词以丰富和发展自己。因此,几百年来,闽西客家方言与粤东梅县客家方言也产生了一些差异,这里仅举出有比较明显差异的两片方言区进行说明。

第一,以梅县为代表的粤东客家方言在亲属称谓上,普遍冠有词头"阿",闽西客家方言只有少数有,但不成套。如:

语言类别	例　子						
普通话	父亲	妈妈	祖父	祖母	伯父	叔叔	哥哥
梅　县	阿爸	阿弥	阿公	阿婆	阿伯	阿叔	阿哥
武　平	爷哩	娭哩	公爹	娭姐	伯伯	叔叔	老伯哩
长　汀	爹哩	娭哩	公爹	娭姐	大伯	叔哩	老伯
宁　化	爹	母	公公	妈妈	伯伯	叔叔	老伯

第二,对以上词,在两个方言区采用不同的表达方式,有的词是两地采用了不同的词素构成的,有的词则是词的音节多少的差别。如:

语言类别	例　子						
普通话	星星	冰	颜色	水渠	白天	鸟枪	橡
梅　县	星哩	凝	色	圳哩	日辰头	铳儿	桷
武　平	星子	凌冰	色道	圳	日子头	鸟子铳	桷子
长　汀	星宿	凌冰	色道	圳沟	日哩	鸟哩铳	桷子板
宁　化	天星	凌冰	色道	圳	日昼	铳	桷子板
普通话	娶亲	抬(头)	害怕	喜欢	晚	上面	没有
梅　县	讨老婆	昂	惊	中意,爱	迟	上背	无
武　平	讨老婆	赘	怕	爱,好	夜	上背	毛
长　汀	讨亲	赘	怕	欢喜	晏	上头	毛
宁　化	归亲	担	怕	喜欢	迟	上面	毛

通过以上比较,我们可以看到,闽西客家方言与广东梅县为代表的客家方言的区别,也可以发现,闽西客家方言内部也存在着较大的差异,这主要表现在闽西客家方言南北片之间的不同,这与闽西特殊的地理环境不无关系。同时,我们还可以通过以上的比较看到客家方言与中原文化的传承关系,无论是闽西客家方言还是粤东客家方言,它们的根都是在中原的。

参考文献

一、著作部分

1. 编者不详：《渡江书十五音》，东京外国语大学亚非言语文化研究所 1987 年影印本。

2. 陈彭年等：《宋本广韵》，北京市中国书店 1982 年版。

3. 陈支平：《福建六大民系》，福建人民出版社 2001 年版。

4. 陈寿：《二十四史·三国志》，中华书局 1997 年版。

5. 陈泽平：《福州方言研究》，福建人民出版社 1998 年版。

6. 陈修：《梅县客方言研究》，暨南大学出版社 1993 年版。

7. 丁邦新：《台湾语言源流》，台湾学生书局 1980 年版。

8. 房玄龄等：《二十四史·晋书》，中华书局 1997 年版。

9. 葛剑雄主编：《中国移民史》，福建人民出版社 1997 年版。

10. 光绪《漳州府志》卷二二《兵纪》上。

11. 郭启熹：《龙岩方言研究》，香港纵横出版社 1996 年版。

12.《国家语言文字政策法规汇编》(1949～1995)，语文出版社 1997 年版。

13. 黄谦：《增补汇音妙悟》，光绪甲午年（1894）文德堂梓行版。

14. 黄雪贞编纂：《梅县方言词典》，江苏教育出版社 1995 年版。

15. 黄宗羲：《赐姓始末》，《台湾文献丛刊》第 25 种。

16. 黄典诚主编：《福建省志·方言志》，方志出版社 1998 年版。

17. 黄典权：《郑成功史事研究》，台湾商务印书馆 1971 年版。

18. 黄有实编：《台湾十五音辞典》，台北南山堂出版社 1972 年版。

19. 何耿镛：《客家方言语法研究》，厦门大学出版社 1993 年版。

20. 洪惟仁：《台湾方言之旅》，台湾前卫出版社 1994 年版。

21. 洪惟仁：《〈汇音妙悟〉与古代泉州音》，"国立中央国书馆"台湾分馆 1995 年版。

22. 洪惟仁：《台湾话音韵入门》附《台湾十五音字母》，"国立复兴剧艺实验学校"1995 年印行。

23. 何乔远撰：《闽书》，福建人民出版社 1994～1995 年版。

24.《汉语大字典》，湖北辞书出版社、四川辞书出版社 1995 年版。

25.《汉语大词典》，汉语大词典出版社 1986 年版。

26. 蓝小玲：《闽西客家方言》，厦门大学出版社 1999 年版。

27. 李如龙：《福建方言》，福建人民出版社 1997 年版。

28. 李永明：《潮州方言》，中华书局 1959 年版。

29. 林伦伦、陈小枫：《广东闽方言语音研究》，汕头大学出版社 1996 年版。

30. 林仁川、黄福才：《闽台文化交融史》，福建教育出版社 1997 年版。

31. 林连通：《泉州市方言志》，社会科学文献出版社 1993 年版。

32. 林立芳：《梅县方言语法论稿》，中华工商联合出版社 1997 年版。

33. 罗常培：《厦门音系》，科学出版社 1956 年版。

34. 罗美珍、邓小华：《客家方言》，福建教育出版社 1995 年版。

35. 罗香林：《客家研究导论》，新加坡客总会 1938 年版。

36. 罗肇锦：《客语语法》，台湾学生书局 1984 年版。

37.（清）梁僧宝：《四声韵谱》，古籍出版社 1955 年版。

38. 连横：《台湾通史》，商务印书馆 1983 年版。

39. 廖纶玑：《拍掌知音》：建阳，梅轩书屋藏。

40. 刘照雄主：《普通话水平测试大纲》，吉林人民出版社 1996 年版。

41.《击木知音》（《汇集雅俗通十五音——击木知音》），台中瑞成书局 1955 年版。

42. 马重奇：《汉语音韵学论稿》，四川巴蜀书社 1998 年版。

43. 马重奇：《漳州方言研究》，纵横出版社 1996 年版。

44. 沈富进：《增补汇音宝鉴》，嘉义文艺学社 1954 年版。

45. 南靖地方志编纂委员会编：《南靖县志》卷四十二《方言》，方志出版社 1997 年版。

46. 欧阳修、宋祁：《二十四史·新唐书》，中华书局 1997 年版。

47. 欧阳修：《二十四史·新五代史》，中华书局 1997 年版。

48. 平和地方志编纂委员会编：《平和县志》，群众出版社 1994 年版。

49. 阮元（清）校刻：《十三经注疏》，中华书局 1982 年版。

50.《人民志·民族篇》第三章"本省之居民"第二节"河洛与客家"。

51. 日台总督府官房调查课：《台湾在籍汉民族乡贯别调查表》，1928 年。

52. 司马迁：《二十四史·史记》，中华书局 1997 年版。

53. 沈约：《二十四史·宋书》，中华书局 1997 年版。

54. 宋濂等：《二十四史·元史》，中华书局 1997 年版。

55.《太平寰宇记》卷一〇二《泉州风俗》。

56. 脱脱等：《二十四史·宋史》，中华书局 1997 年版。

57. 田珏主编：《台湾史纲要》，福建人民出版社 2000 年版。

58. 台湾总督府民政局学务部编印：《台湾十五音字母详解》，明治二十九年（1895）。

59.《文物考古工作三十年（1949～1979）》，文物出版社 1979 年版。

60. 魏徵等：《二十四史·隋书》，中华书局 1997 年版。

61.《文选·班固〈西都赋〉》：中华书局 1981 年版。

62. 王福堂：《汉语方言语音的演变和层次》，语文出版社 1999 年版。

63. 萧云屏：《潮语十五音》：中华民国十二年（1923）汕头市科学图书馆发行。

64. 萧子显：《二十四史·南齐书》，中华书局 1997 年版。

65.《浦城县志》卷五《人口》，中华书局 1994 年版。

66. 谢重光：《陈元光与漳州早期开发史研究》，台北文史哲出版公司 1995 年版。

67. 谢秀岚：《汇集雅俗通十五音》，文林堂本 1818 年版。

68. 徐通锵：《历史语言学》，商务印书馆 1996 年版。

69. 许极燉：《台湾语概论》，台湾语文研究发展基金第一出版社 1990 年版。

70. 厦门市地志编纂委员会办公室编：《厦门市方言志》，北京语言学院出版社 1996 年版。

71. 项梦冰：《连城客家方言语法研究》，语文出版社 1997 年版。

72. 许慎：《说文解字》，中华书局 1978 年版。

73. 许极燉：《台湾语概论》，台湾语文研究发展基金第一出版社 1990 年版。

74. 杨时逢：《台湾桃园客家方言》，《史语所单刊二十二》1957 年版。

75. 杨时逢：《台湾美浓客家方言》，《史语所集刊》1970 年版。

76. 姚思廉：《二十四史·陈书》，中华书局 1997 年版。

77. 袁家骅等：《汉语方言概要》，语文出版社 2001 年版。

78. 叶开温：《八音定诀》，光绪二十年（1894）甲午端月版。

79. 游汝杰：《汉语方言学导论》，上海教育出版社 2000 年版。

80. 张廷玉等：《二十四史·明史》，中华书局 1997 年版。

81. 张世珍辑：《潮声十五音》，汕头文明商务书局石印本。

82. 张振兴：《台湾闽南方言记略》，福建人民出版社 1983 年版。

83. 张振兴：《漳平方言研究》，中国社会科学出版社 1992 年版。

84. 赵尔巽等：《清史稿》，中华书局 1997 年版。

85. 周振鹤、游汝杰：《方言与中国文化》，上海人民出版社 1986 年版。

86. 周长楫、欧阳忆耘：《厦门方言研究》，福建人民出版社 1998 年版。

87. 中共中央台湾工作办公室、国务院台湾事务办公室：《中国台湾问题》，九州图书出版社 1998 年版。

88. 詹伯慧：《潮州方言》，《方言和普通话丛刊》，中华书局 1959 年版。

89. 詹伯慧主编：《汉语方言及方言调查》，湖北教育出版社 1991 年版。

90. 竺家宁：《台北闽南方言音档》，上海教育出版社 1996 年版。

91. 郑良伟、郑谢淑娟：《台湾福建话的语音结构及标音法》，台湾学生书局 1980 年版。

92. 郑良伟：《演变中的台湾社会语文——多语社会及双语教育》，自立晚报社文化出版部 1990 年版。

93. 著者不详：《击掌知音》，见李新魁、麦耘著《韵学古籍述要》，陕西人民出版社 1993 年版。

94. 著者不详：《增补汇音》，民国十七年（1928）上海大一统书局石印本。

95. 中国科学院语言研究所：《方言调查字表》，科学出版社 1955 年版。

96. 朱德熙：《语法讲义》，商务印书馆 1982 年版。

97. 诏安地方志编纂委员会编：《诏安县志》卷三十七《方言》，方志出版社 1999 年版。

二、论文部分

1. 白星、苏贤辉、林泽熙、俞圭等：《潮州方言一些语法特点的讨论》，《中国语文》1959 年 1 月号。

2. 陈法今：《闽南方言的两种比较句》，《中国语文》1982 年第 1 期。

3. 陈法今：《闽南话"有"、"无"字句式》，《华侨大学学报》1987 年第 2 期。

4. 陈法今：《闽南方言的两种比较句》，《中国语文》1982 年第 1 期。

5. 董忠司：《台南市、台北市、鹿港、宜兰等四个方言音系的整理与比较》，《语言研究》1991 年增刊。

6.《福建松溪县发现西晋墓》，《文物》1975 年第 4 期。

7. 黄雪贞：《客家方言的分布与内部异同》，《方言》1987 年第 2 期。

8. 黄雪贞：《客家方言的词汇和语法特点》，《方言》1994 年第 4 期。

9. 黄典诚：《台湾同胞祖根在中原（以音韵为例）》，厦门大学中文系，油印本。

10. 黄丁华：《闽南方言的虚字眼"阿"和"仔"》，《中国语文》1958 年 1 月号。

11. 黄丁华：《闽南方言里的常用否定词》，《中国语文》1958 年 4 月号。

12. 黄丁华：《闽南方言里的人称代词》，《中国语文》1959 年 12 月号。

13. 黄丁华：《闽南方言里的指示代词》，《中国语文》1961 年 12 月号。

14. 黄丁华：《闽南方言里的疑问代词》，《中国语文》1963 年第 4 期。

15. 何耿镛：《大埔客家方言的性状词》，《中国语文》1981 年第 2 期。

16. 何耿镛：《大埔客家方言的后缀》，《中国语文》1965 年第 6 期。

17. 洪惟仁：《麦都思〈福建方言字典〉的价值》，《台湾文献》1990 第 42 卷第 2 期。

18. 李如龙：《闽南话的"有"和"无"》，《福建师范大学学报》1986 年第 2 期。

19. 李如龙：《闽南方言里的代词》，刊《代词》（中国东南部方言比较研究丛书·第四辑），暨南大学出版社 1999 年版。

20. 李作南：《客家方言的几个语法特点》，《语文知识》1957 年第 1 期。

21. 李作南：《客家方言的代词》，《中国语文》1965 年第 3 期。

22. 李作南：《五华方言形容词的几种形态》，《中国语文》1981 年第 5 期。

23. 林连通：《福建永春方言词汇概说》，《中国语文》1991 年第 3 期。

24. 林伦伦：《粤东粤西闽方言词汇的同与异》，《中国语文》1992 年第 4 期。

25. 林伦伦：《汕头话的一种形容词》，《中国语文》1990 年第 1 期。

26. 林伦伦：《潮汕方言实词的几种词法特点》，《汕头大学学报》（人文科学版）1991 年第 2 期。

27. 林伦伦：《潮汕方言的虚词及其语法意义》，《汕头大学学报》（人文科学版）1992 年第 1 期。

28. 林忠干等：《福建六朝墓初论》，《福建文博》1987 年第 2 期。

29. 林宝卿：《厦门话的常用词尾》，《中国语文》1982 年第 3 期。

30. 林运来：《梅县方言名词、代词、动词的一些结构特点》，《中国语文》1957 年第 11 期。

31. 江俊龙：《台湾东势客家方言的派生词研究》，《台湾源流》第 21 卷。

32. 马重奇：《台湾闽南方言韵书比较研究》，《福建师范大学学报》2001 年第 4 期。

33. 马重奇：《福建闽南方言韵书比较研究》，《福建师范大学学报》2002 年第 2 期。

34. 马重奇：《福建福安方言韵书〈安腔八音〉》，《方言》2001 年第 1 期。

35. 马重奇：《〈汇集雅俗通十五音〉声母系统研究》，《古汉语研究》1998 年 12 月。

36. 马重奇：《〈汇集雅俗通十五音〉韵部系统研究》，《语言研究》1998 年 8 月。

37. 马重奇：《〈增补汇音〉音系研究》，《中国音韵学研究会第十次学术讨论会暨汉语音韵学第六届国际学术研讨会论文集》，香港文化教育出版社有限公司 2000 年版。

38. 马重奇：《〈渡江书十五音〉音系性质研究》，《中国语言学报》第 10 期，商务印书馆 2001 年版。

39. 马重奇：《漳州方言同音字汇》，《方言》1993 年第 3 期。

40. 马重奇：《漳州方言的文白异读》，《福建论坛》1996 年第 4 期。

41. 马重奇：《福建方言研究概况》，《福建论坛》1997 年第 4 期。

42. 马重奇：《〈广韵〉韵系与漳州方言韵系比较研究》，《福建师范大学学报》1997 年第 2、3 期。

43. 马重奇：《闽台闽南方言与普通话韵母系统比较研究》，《福建论坛》2002 年第 4 期。

44. 马重奇：《漳州方言的重叠式形容词》，《中国语文》1995 年第 2 期。

45. 马重奇：《漳州方言重叠式动词研究》，《语言研究》1995 年第 1 期。

46. 南台：《客家话人称领属代词的用法》，《中国语文》1957 年第 11 期。

47. 周振鹤：《现代汉语方言地理的历史背景》，《历史地理》第九辑，上海人民出版社 1990 年版。

48. 张惠英：《闽南方言常用指示词考释》，《方言》1994 年第 3 期。

49. 张敏：《汉语体词重叠式语义模式的比较研究》，《汉语方言共时与历时语法研讨论文集》，暨南大学出版社 1999 年版。

50. 詹伯慧《潮州话的一些语法特点》，《中国语文》1958 年 5 月号。

后　记

　　在出版印刷业高度发达的今天,出版一本书固然不那么困难了,但要出版一本有较高学术价值的著作就没有那么容易了,至于要出版一套有鲜明特色、被学界认可的丛书,难度就更大了。凡是当过丛书主编的人应该都有共同的体会,即著书立说是个人的行为,只要自己把自己搞定了就可以,而编纂丛书则是集体的行为,需要诸多作者的齐心协力,除了需要丛书的所有作者对某个学术问题有着共同的学术兴趣、相似的学术理念、深厚的学术积淀外,还需要作者们在某个时段内集中精力撰写书稿,并在规定的时间内提交,这一点往往很难做到步调一致。而本丛书从动议到出版,整个过程环环相扣,非常顺利,首先自然要归功于各位作者的齐心协力,他们在百忙中把丛书的撰稿放在首要位置,按时甚至提前提交了高质量的书稿,从而为丛书的顺利出版奠定了坚实基础。所以我们要特别感谢各位作者为本丛书的出版所付出的辛勤劳动和作出的重要贡献。其次,本丛书的出版得到未署名的诸多学者的帮助,他们或撰写某个重要章节,或提供某些珍贵资料,或审读了某些书稿并提出宝贵的修改意见,或参与修订、录入和校对工作,由于涉及的人很多,恕不一一列出尊姓大名,但我们感铭在心,并在此表示衷心的感谢! 再次,要感谢福建师范大学海峡两岸文化发展协同创新中心对丛书的出版给予的大力支持,感谢人民出版社的领导和编辑们付出的辛勤工作。另外,本丛书吸收了学术界许多研究成果,虽然在书后的参考文献中已一一列出,但难免有遗珠之憾,在此请求各位方家谅解,并致以衷心的感谢!

刘登翰　林国平

二〇一三年七月